LEOPOLD VON RANKE

ITALIENISCHE GESCHICHTE

LEOPOLD VON RANKE

LEOPOLD VON RANKE

ITALIENISCHE GESCHICHTE

Studien und Porträts

Herausgegeben von
PROFESSOR DR. WILLY ANDREAS

EMIL VOLLMER VERLAG

Gesamtherstellung : Millium Media Management
Printed in Germany

ISBN 3-88851-178-X

EINLEITUNG DES HERAUSGEBERS

Meisterschaft eines Historikers erprobt sich nicht bloß in der Geschichtschreibung großen Stils. Auch in kleineren Aufsätzen, seien es Quellenuntersuchungen, seien es Darstellungen, kann sie sich erweisen, wie es das Beispiel Taines und Sorels in Frankreich, Macaulays in England und Rankes bei uns in Deutschland dartut.

So ergäbe es ein unvollkommenes Bild, wenn wir unseren Lesern nicht auch einige Kabinettstücke solcher Art vorlegten. Besonders geeignet hierfür erscheinen uns einige Arbeiten, die Ranke der italienischen Geschichte gewidmet hat, und zwar behandeln sie bestimmte Ausschnitte aus der Entwicklung von Florenz und von Venedig, wie denn von seinen ersten Forschungsreisen an immer wieder seine persönliche Liebe für Italien in seinen Büchern durchschimmert.

Was die venezianischen Relationen für Rankes Geschichtschreibung und gerade für seine Meisterwerke als Quelle bedeuten, ist öfters von uns berührt worden. – Was sie andererseits über Venedigs Staatskunst, die Eigenart, Auf- und Abstieg seiner Diplomatie aussagen, hat der Verfasser dieser Zeilen als Vertreter einer späteren Wissenschaftsgeneration und einer geistesgeschichtlichen Betrachtungsweise in einem eigenen Buche gezeigt*. Mir kam es nicht wie einstmals Ranke darauf an, die Gesandtenberichte daraufhin zu befragen, was sie über die Fürsten, Höfe und Länder Europas tatsachenmäßig berichten. In dieser Hinsicht hätte man nach einem Vorgänger wie Ranke kaum Neues aus ihnen schöpfen können. Mir galt es vielmehr, aus den Relationen ein Bild Venedigs selber zu gewinnen, zumal seines Verhältnisses zur Kultur der Renaissance. Wie spiegelt sich darin der Geist seiner eigenen Politik in jener hochbewegten Epoche des Cinquecento, wie die Auffassung der Venezianer vom Menschen ihrer Zeit, in welcher Art äußert sich ihr Lebensgefühl und überhaupt ihr Verhalten zur Wirklichkeit und ihr Charakterisierungsvermögen? – So ungefähr lauteten die über Ranke hinausführenden andersgearteten neuen Fragestellungen, die bereits im Zeichen Jacob Burckhardts und Wilhelm Diltheys standen. Aber auch sie vergaßen nie, daß es Ranke war, der als erster uns jene kostbaren Quellenzeugnisse erschlossen und fast ein Jahrhundert zuvor schon den Blick auf sie gelenkt hat.

Als Ranke den Gesandtenberichten im Archiv der Republik nachforschte, ließ er auch die inneren Verhältnisse nicht außer acht. Ja, er trug sich vorübergehend mit dem Gedanken, einmal eine Geschichte von Venedig zu verfassen. Es hätte ihn gelockt, sich in jene Wechselwirkung von Orient und Okzident zu vertiefen, aus der die Macht Venedigs hervorgegangen ist. Zur Ausführung dieser Absicht ist es leider nicht gekommen. Wohl aber hat er drei ebenso gewichtige wie reizvolle Ab-

---

* *Willy Andreas* „Staatskunst und Diplomatie der Venezianer im Spiegel ihrer Gesandtenberichte". Koehler & Amelung, Leipzig (1943)

handlungen „Zur venezianischen Geschichte" zusammengefaßt, die mit den beigegebenen Analekten einen eigenen Band (XLII) in der Ausgabe seiner Gesammelten Werke (1878) ausmachen. Es sind Studien, sagt er selber im Vorwort dazu, über einige der wichtigsten und zugleich dunkelsten Momente der venezianischen Geschichte des sechzehnten und siebzehnten Jahrhunderts. Er unterstreicht dabei die Einzigartigkeit der Bedingungen und der Möglichkeiten einer Stellung, wie sie dieses unvergleichliche Staatswesen bis zu seinem Verschwinden einnahm.

Die erste bis dahin ungedruckte der drei Abhandlungen entwarf ein Bild Venedigs um die Mitte des sechzehnten und zu Anfang des siebzehnten Jahrhunderts. – Es ist eine Art Querschnitt, der ausgehend von der allgemeinen Lage der Lagunenrepublik, ihre Verfassung, Verwaltung und ihr Behördensystem, so auch sehr eingehend die gefürchtete Institution der Staatsinquisition schildert.

Die berühmte Staatsschrift, die der einem der vornehmsten Geschlechter und der höchsten Behördenhierarchie angehörende spätere Kardinal Gasparo Contarini, auch er ein früherer Ambasciatore, seinem heimatlichen Gemeinwesen aus reichem Erfahrungsschatz gewidmet hat, konnte Ranke als Ausgangspunkt und als eine Art Leitfaden dienen, gegen dessen idealisierende Haltung er freilich nicht blind war. Soviel seitdem namentlich neuere italienische und deutsche Forschung geleistet haben, ein unbeschönigtes, auch die Schatten der venezianischen Verfassung, Verwaltungs- und Gesellschaftsordnung kennzeichnendes Bild zu schaffen, ist doch Rankes Darstellung als Ganzes und in zahlreichen Einzelzügen grundlegend geblieben*. Jedenfalls die vom Idealbild des Contarini abweichende, neuerlich erarbeitete realistischere Beurteilung der venezianischen Praxis geht in einer ihrer Wurzeln auf Ranke zurück.

Hatte nun diese Schrift vorwiegend beim Zuständlichen verweilt und mehrere Jahrzehnte überblickt, so griff die zweite, schon zu Anfang der dreißiger Jahre (1831) einmal gesondert erschienene**, eine sehr hintergründige, höchst spannende Episode aus der Welt des Handelns auf. Es ist die von abenteuerlichen Elementen betriebene, aber verratene und rechtzeitig aufgedeckte „Verschwörung gegen „Venedig", deren wichtigster Drahtzieher der spanische Vizekönig von Neapel, Herzog von Osuña, war, ein ehrgeiziger, um die Ausdehnung der spanischen Flottenmacht im Mittelmeer unermüdlich bemühter Mann. Es gelang sie zu ersticken, ehe sie reif war. Das Jahr dieser Vorkommnisse (1618) ist dasselbe, das alle Mächte des Erdteils in Bewegung setzt und mit dem Ausbruch des Dreißigjährigen Krieges zusammenfällt. Ein politischer Kriminalfall also, in den Rahmen der großen europäischen Gegensätze hineingestellt. Die Adriarepublik aber, dieser geheimnisvollste aller italienischen Staaten, Objekt, Siegespreis und Schauplatz zugleich. Darin besteht ein Hauptreiz der mit brennendem Eifer von Ranke ausgeführten Studie.

---

* Zum Ganzen der „Geschichte von Venedig" und seiner Verfassungsentwicklung vergleiche man das dreibändige Werk von *Heinrich Kretschmayr* (1905—1934); ferner im besonderen zu Contarinis Traktat „De magistratibus e republica Venetorum" die tiefdringende Untersuchung meines Schülers Dr. *Hermann Hackert* „Die Staatsschrift Gasparo Contarinis und die politischen Verhältnisse Venedigs im 16. Jahrhundert", Heft 69 der Heidelberger Abhandlungen zur Mittleren und Neueren Geschichte, herausgegeben von Willy Andreas (1940). Daselbst auch ein Verzeichnis der neueren italienischen Spezialliteratur.

** Nebst dem Zusatz „Mit Urkunden aus dem venezianischen Archiv".

Nicht minder anziehend die Art der Darstellung: scharfsinnige, urkundlich unterbaute gelehrte Untersuchung geht hier in farbige Erzählung von malerischem Reiz über! Aus der kritischen Durchleuchtung der zeitgenössischen Überlieferungsreste und späteren historischen Deutungsversuchen, die sich wie ein Kreuzverhör lesen, entwickelt sich allmählich das tatsächliche Bild der Hergänge und beteiligten Personen einer – wie gesagt – im Werden schon niedergeschlagenen und blutig bestraften Verschwörung. Keinem geringeren als Hugo von Hofmannsthal, diesem vom Zauber Venedigs hingerissenen Dichter, hat sie den Vorwurf zu einem Schauspiel geliefert. „Das gerettete Venedig!"*

Zeitlich weit tiefer ins siebzehnte Jahrhundert stieß Ranke mit der zuerst in seiner Frühzeit (1835) in der Historisch Politischen Zeitschrift (Band II) abgedruckten, nur um einige Zusätze vermehrten Abhandlung über „Die Venezianer in Morea" vor. Räumlich berührte sie den südöstlichen Rand des Mittelmeeres, die Grenzzonen von Morgen- und Abendland. Historisch beschwor sie die Erinnerung an einen der glanzvollsten Abschnitte aus dem Kampf der ermatteten, in politische Erstarrung und in Wohlleben versinkenden Markusrepublik mit der Türkei. Er war eingebettet in die allgemeinen europäischen Zusammenhänge, in die Abwehr der österreichischen Monarchie und ihrer Verbündeten gegen das im Niedergang befindliche, aber nochmals zu kräftigem Vorstoß ansetzende Osmanische Reich. – Die Insel Kreta war trotz der heldenhaften Verteidigung durch Francesco Morosini, dieser letzten Ruhmestat des sterbenden venezianischen Staates, an die Türken verlorengegangen (1654–1669). Aber im Frieden von Carlowitz (1699), einem bedeutenden Epochenpunkt in der Geschichte der Orientalischen Frage, vermochte Venedig nach den erfolgreichen Waffentaten Morosinis die Halbinsel Morea, dieses Stück Griechenland, als freien Besitz zu behaupten. Eine Eroberung klassischen Bodens, die freilich die letzte der Venezianer sein sollte. – Eine günstige Wendung der allgemeinen Verhältnisse hatte ihnen Morea eingebracht; eine für sie unvorteilhaftere Konstellation vertrieb sie, noch war kein volles Menschenalter vergangen, wieder aus dem Peloponnes. Auf Grund des Friedens von Passarowitz (1718) setzten sich die Türken abermals dort fest.

Den Leistungen der Venezianer in dieser Zwischenzeit, der Wiederaufbauarbeit ihrer Verwaltung, ihren wirtschaftlichen und kolonisatorischen Maßnahmen in Handel, Gewerbe und Agrarwesen, ihrer Bevölkerungs- und Finanzpolitik hat Ranke ein Kabinettstück seiner Forschung gewidmet. Es ist trotz der genauen Unterlagen, die er vor allem diesmal den Relationen der Proveditori und der Behördenstatistik abgewann, musterhaft in Licht und Schattenverteilung, alles andere als trocken, vielmehr Zug um Zug lebendig, farbig und intim. In Thema, Arbeits- und Betrachtungsweise tritt es aus der Reihe aller Rankeschen Schriften als etwas Einzigartiges heraus. Darstellerisch die scheinbar abgelegene Monographie eines begrenzten Raumes, eines kleinen, von seiner ehemaligen Weltmachtgröße herab-

* Der Stoff wurde übrigens schon 60 Jahre nach den Vorkommnissen in Venedig von dem englischen Dramatiker Thomas Otway zu einer Tragödie gestaltet (1682), auf dessen Stück Hofmannsthal fußt, wie auch von dem französischen Klassizisten A. de La Fosse (1698). Vergl. Fritz Winther „Das gerettete Venedig" University of California Publications 1914.

gesunkenen halb maritimen, halb festländischen Staatswesens: Geschichte in Kleinformat, aber vom unruhigen Lichterspiel der großen europäischen Auseinandersetzungen überglänzt!

Mit den beiden Aufsätzen Rankes zur Geschichte von Florenz tritt man trotz der gemeinsamen Renaissancezugehörigkeit in eine von Venedig grundverschiedene Welt ein. Sie zeichnet sich gegenüber den ausgewogeneren Verhältnissen der Markusrepublik, die eher zu einer gewisssen Stabilität neigt und denn auch oft genug von den zeitgenössischen Schriftstellern – nicht ganz zutreffend – als Harmonie von monarchischen, aristokratischen und demokratischen Verfassungselementen gefeiert wird, durch leidenschaftliche Bewegtheit aus. So heftig bekämpften sich hier die Parteien, die politischen Richtungen und die Familien, daß schon Dante von seiner Vaterstadt sagte, wie eine Fieberkranke auf ihrem Lager wälze sie sich von einer Seite zur anderen. So ist auch die Wende vom fünfzehnten zum sechzehnten Jahrhundert und dessen erste Hälfte von mehrfachen Regierungs- und Systemwechseln erfüllt. Die Medici und ihre Gegner lösen sich ab im Regiment des Stadtstaates, der auch von den auswärtigen in Italien eingedrungenen Großmächten, Frankreich und Spanien, bedroht oder abhängig ist.

Die Entwürfe zu dem in der endgültigen Fassung stark gegliederten „Savonarola" stammten noch aus der Zeit von Rankes Archivstudien in Italien; über vier Jahrzehnte blieben sie liegen. Ausgearbeitet wurden sie erst für die Gesammelten Werke (1877), als bereits schon wieder ein größerer Wurf eines Renaissancekenners in Gestalt der zweibändigen Savonarolabiographie Pasquale Villari's (1856–1861) vorlag, der der Wissenschaft auch ein noch heute unentbehrliches Werk über Machiavelli (1877 ff.) geschenkt hat. Auch Alfred von Reumonts Schilderung des Lorenzo Medici und seiner Zeit war seit einigen Jahren erschienen*. Wie nicht anders zu erwarten, hat Ranke auch diesmal der Umweltzeichnung der geschilderten Persönlichkeiten seine Sorgfalt zugewendet, was bei der erregenden Kraft, die gerade von Savonarola ausging, in besonderem Maße gerechtfertigt war.

Das historische Porträt, ja man möchte fast sagen, die Kurzbiographie, die Ranke der in Mit- und Nachwelt heiß umstrittenen Prophetengestalt des Dominikanermönches Girolamo Savonarola gewidmet hat, führt mitten in die religiöse und politische Problematik der florentinischen Geschichte der Renaissancezeit hinein. Die eigentlich politische Wirksamkeit Savonarolas, aufwühlend und hochgespannt, hebt mit dem Einbruch der Franzosen in Italien und der ersten Vertreibung der Medici an. Savonarola war von seiner Sendung tief überzeugt, eine bis zum Fanatismus davon besessene Reformernatur. Als Träger einer strengeren und reineren Gottesvorstellung wurde er zum Bußprediger in dem weltlich-üppigen, schönheitstrunkenen, kunstfreudigen, fast heidnischen Treiben des mediceischen Florenz, aber auch zum Ankläger der ebenso glänzenden wie politisch leistungsfähigen, freilich auch verderbten Diktatur des Lorenzo Magnifico. Seine schonungslose Kritik der kirchlichen, sittlichen und staatlichen Gebresten gipfelte im Ideal eines theokratisch-

* *Alfred von Reumont* „Lorenzo de'Medici und seine Zeit", 2 Bände.

republikanischen Gemeinwesens, gegründet auf die Souveränität des Volkes, zumal der niederen Schichten. Der Weg des redegewaltigen Priors des Markusklosters, der vom erweckenden Wort in den Versuch staatlicher Neugestaltung einmündet, endete mit seiner Hinrichtung durch den Strang und der Verbrennung als Ketzer. Eine der erschütterndsten geschichtlichen Tragödien aller Zeiten! Sie behält ihre beunruhigende geistige Nachwirkung und aufwühlende Seelenmacht bis in die Gegenwart hinein.

Savonarola ist eine der kompliziertesten Erscheinungen der Geschichte. Namentlich die zwischen politischem und religiösem Eifer verschwimmenden Züge seines Wesens, die Verbindung von Gotterfülltheit, kirchlichem Reinigungsstreben gegen die Verweltlichung und den Machthunger des unter dem Borgia Alexander dem Sechsten so tief gesunkenen Papsttums mit staatlichem Reformwillen forderten zu immer neuen Deutungsversuchen, zu Verherrlichungen und Verwerfungen heraus. Erst jüngst wieder hat ein angesehener italienischer Historiker, Roberto Ridolfi, eine gediegene zweibändige Biographie veröffentlicht, quellenkundig und von besonnenem Urteil*. Man staunt über die Menge der seit dem Tode Savonarolas ihm gewidmeten Schriften, die Ridolfi in einer verdienstvollen kritischen Revue über die gesamte Savonarolaforschung vorüberziehen läßt. Aber man ist befremdet, daß in dieser langen Reihe, in der wesensverschiedene Historiker wie Villari und Schnitzer, diese beiden Biographen des Mönchs als Höhepunkte hervorragen, der Beitrag Rankes mit völligem Schweigen übergangen ist.

Man höre deshalb, was der Neubegründer der Savonarolaforschung in Deutschland, Joseph Schnitzer**, überzeugter Katholik und Priester, ein selbständiger, charaktervoller und sehr kultivierter Gelehrter, über Rankes Jugendschrift zu sagen hat. Schnitzer, als Quellenforscher wie darstellender Historiker von gleich hohem Niveau und Ansehen, fand vom rein wissenschaftlich-kritischen Standpunkt nur wenig unhaltbar oder schief, so etwa die Behauptung, Savonarola sei Verfechter der konziliaren Bestrebungen des 15. Jahrhunderts gewesen oder auch die Meinung, von Anfang an sei er auf die Absetzung des verruchten Papstes ausgegangen, ja vom ersten Tage seiner Ankunft in Florenz zum Kampfe gegen ihn entschlossen gewesen. Auch hielt Schnitzer es für anfechtbar, daß Ranke die Lehre von der Prophetie statt aus Thomas von Aquino aus angeblich mißverstandenen Stellen des Alten Testaments ableite.

Aber wie viel hatte er auf der anderen Seite anzuerkennen: die Sorgfalt der Quellenprüfung von den ältesten Zeugnissen bis zu den Savonarolabiographien der jüngeren Zeitgenossen des alternden Ranke wie Pasquale Villari, der typische Stimmungen des neugeeinten Italien vertritt, das säkularisierte Weltbild der Profangeschichte, der liberalen Freiheits- und Humanitätsgedanken. Schnitzer lobt ferner Rankes Blick dafür, wie er die Verkettung zwischen den einheimischen florentinischen Parteiverhältnissen mit den Angelegenheiten der italienischen Mächte

* *Roberto Ridolfi* „Vita di Girolamo Savonarola", 2 Bände, Rom (1952).

** *Joseph Schnitzer* „Savonarola. Ein Kulturbild aus der Zeit der Renaissance", 2 Bände. München (1924).

und die Stellung des Mönchs zu ihnen zur Anschauung bringt. Ebenso wertvoll erscheint ihm die vorsichtige Beurteilung der oft übertrieben geschilderten Gewalt des Frate über Florenz, die Jacob Burckhardt als polizeiliche, ja tyrannische Einmischung ins Privatleben mißbilligte. Schließlich rühmt Schnitzer Rankes Sinn für die entscheidende Bedeutung der Prophetie und die nicht zu bezweifelnde Ehrlichkeit und Wahrhaftigkeit Savonarolas, für die Großartigkeit seines mit den höchsten Fragen der Christenheit ringenden Wesens und nicht zuletzt die Lebhaftigkeit der Rankeschen Pinselführung und der feinen Einzelzüge seiner Charakteristik.

Dem Vollklang dieser von einem Savonarolakenner höchsten wissenschaftlichen und menschlichen Rangs ausgesprochene Anerkennung wird sich auch heute noch ein unbefangener Leser Rankes kaum verschließen.

In fast noch erstaunlicherem Maße wird Rankes Treffsicherheit von der späteren deutschen und italienischen Forschung im bezug auf die Weiterentwicklung der florentinischen Verfassungsverhältnisse nach dem Tode Savonarolas bestätigt.

Die Niederschrift einer Art Doppelporträt Pietro Strozzis und des Cosimo, ersten Granduca der Toskana, hat, wie wir aus einer brieflichen Äußerung Rankes an den Freund Alfred von Reumont erfahren*, durch ein Werk dieses feinsinnigen rheinländischen Italienkenners Anstöße erhalten. Danach ist Ranke auf früher über den Medicäer Geschriebenes zurückgekommen, und Reumonts „Geschichte Toscanas seit dem Ende des florentinischen Freistaates“ ** verdankte er einige Erweiterungen. Die Beschäftigung mit Savonarola und Villaris Biographie mochte ihm Lust machen, nun auch die Weiterentwicklung der an Umschwüngen und überraschenden Wendungen reichen florentinischen Geschichte ins Auge zu fassen.

Strozzi wie Cosimo sind im Florenz der Medici aufgewachsen und doch zugleich darüber hinausgeführt worden, zwei Persönlichkeiten von völlig verschiedenem Temperament, Kontrastfiguren in ihrer Lebensweise, ihrem Staatsideal, ihren Zielen, ihrem Schicksal. Der eine in kaltem, sicherberechnetem, aber auch vom Glück begünstigten Aufstieg zum Besitz der Macht und zu ihrer planvollen Erweiterung – der andere, von Haus aus verwöhnt, reich an Mitteln, politisch begabt und von nicht geringerem Ehrgeiz als jener, aber bald vom Mißgeschick verfolgt und halb entwurzelt. – Der glücklichere Rivale wird Repräsentant des Absolutismus und des erweiterten toskanischen Mittelstaates, der andere – aller egozentrischen Bestrebungen und Klassenbindungen ungeachtet – bleibt doch der Mann der republikanischen und der stadtbürgerlichen Freiheit. Seine menschliche und politische Individualität ist weniger geschlossen als die des ersten Großherzogs, zwiespältiger und schwerer zu durchschauen. Sicher, daß Cosimo im harten Guß seiner Persönlichkeit und der beharrlichen Geradlinigkeit seiner staatsmännischen Entwicklung die leichter zu erfassende Erscheinung war. Ein Virtuose des Machtgewinns und der Alleinherrschaft, so ungefähr formuliert es Ranke einmal. So hat auch moderne

* Siehe den Brief vom 24. Februar 1877 an Alfred von Reumont in: „Leopold von Ranke. Das Briefwerk“, herausgegeben von W. P. Fuchs (1949), S. 549.

** 2 Bände (1876).

Forschung sein Bild herausgearbeitet, nicht ohne wissenschaftliche Verfeinerung von Problemstellung und Einzelerkenntnissen gegenüber früher*. In den Grundzügen jedoch des Lebensganges von Strozzi, der Analyse seiner politischen Bestrebungen und der Deutung seines Endes dürfte sie kaum über die Leistung Rankes und seine Auffassung hinausweisen.

Das ist eine gewisse Genugtuung, ja eine Ermutigung für den Vertreter der Geschichtswissenschaft. Denn bei aller Einsicht, daß die eigene Erkenntnis von den Späteren überwunden werden wird und übertroffen werden muß, mag er bisweilen den Dienst an der Historie eben wegen der Vergänglichkeit ihrer Forschungsergebnisse auch einmal als bedrückend empfinden. Desto froher und getroster ist man, wenn das, was wir die historische Wahrheit nennen, Dauer und Bestand zeigt, wie es oft genug bei Ranke der Fall ist.

WILLY ANDREAS

* Dazu vergleiche man jetzt *Rudolf von Albertini* „Das florentinische Staatsbewußtsein im Übergang von der Republik zum Prinzipat", Bern (1955), und *Willy Andreas* „Zur Geschichte von Florenz im Cinquecento", Historische Zeitschrift Bd. 182/3 (1956).

INHALT

ZUR VENEZIANISCHEN GESCHICHTE

Seite

I. Venedig im sechzehnten Jahrhundert und im Anfang des siebzehnten

Einleitung 1
I. Allgemeine Lage der Republik um die Mitte des 16. Jahrhunderts . . . 7
II. Über die venezianische Verfassung, besonders den Rat der Zehn 17
III. Staatsveränderung von 1582. Dogenwahl von 1585 37
IV. Staatsinquisitoren 48

II. Die Verschwörung gegen Venedig im Jahre 1618

Erste Nachrichten 64
Offizielle Darstellung 65
St. Real, seine Quellen, seine Nachfolger 68
Opposition 73
Chambrier 74
Daru 76
Der französische Botschafter 83
Neue Quellen – Das venezianische Archiv 86
Politische Verhältnisse 91
Die Mietstruppen 97
Einverständnis 101
Anschläge 105
Entdeckung 109
Beruhigung 118
Schluß 124

III. Die Venezianer in Morea

Angabe der Quellen 129
Erstes Kapitel. Rückblick auf den Krieg 133
Zweites Kapitel. Verwaltung 140
Kolonisation 142
Landverleihungen 145
Zehnten 148
Domänen 150
Einkünfte 152
Handel 156

Seite

Kommunitäten 158
Rechtspflege 159
Allgemeine Sicherheit 160
Mainoten 161
Geistliche Angelegenheiten 163
Bemerkung 167
Drittes Kapitel. Verlust von Morea 168
Schluß 175

SAVONAROLA UND DIE FLORENTINISCHE REPUBLIK GEGEN ENDE DES FÜNFZEHNTEN JAHRHUNDERTS

Vorrede 179
Erstes Kapitel. Emporkommen des Hauses Medici in Florenz 180
Zweites Kapitel. Piero Medici und die Staatsveränderung von 1494 191
Drittes Kapitel. Sinnesweise Savonarolas 203
Viertes Kapitel. Einführung einer popularen Verfassung in Florenz 211
Fünftes Kapitel. Republikanische Agitationen bis zum Frühjahr 1496 218
Sechstes Kapitel. Einwirkungen der europäischen Verhältnisse 224
Siebentes Kapitel. Savonarola und Francesko Valori 230
Achtes Kapitel. Koinzidenz der geistlichen und weltlichen Fragen 240
Neuntes Kapitel. Feuerprobe; Gefangennehmung Savonarolas 253
Zehntes Kapitel. Verdammung und Tod Savonarolas 260
Schlußbemerkungen 265

FILIPPO STROZZI UND COSIMO MEDICI, DER ERSTE GROSSHERZOG VON TOSCANA

Biographisches Nachwort des Herausgebers 323
Register 344

ZUR VENEZIANISCHEN GESCHICHTE

VORWORT

Indem ich in dem vorliegenden Bande meiner sämtlichen Werke zwei bereits vorlängst gedruckte Abhandlungen zur venezianischen Geschichte reproduziere, füge ich denselben noch einiges nicht Veröffentlichte hinzu, oder vielmehr ich schicke es voraus, weil es frühere Zeiten betrifft.

Als ich den Relationen der Gesandten in den venezianischen Archiven nachforschte, ließ ich auch die innere Geschichte der Republik nicht außer acht. Ich trug mich sogar vorübergehend mit dem Gedanken, einmal eine Geschichte von Venedig zu verfassen. Mit Vergnügen würde ich mich in die Mitte der Verhältnisse zwischen Orient und Okzident, aus denen die Macht Venedigs hervorgegangen ist, vertieft haben; ein Gegenstand, welcher die historische Wißbegierde reizen konnte. Zur Ausführung eines solchen Vorhabens zu schreiten, bin ich jedoch weit entfernt geblieben.

Was ich darbiete, sind nur Studien über einige der wichtigsten zugleich und dunkelsten Momente aus der venezianischen Geschichte besonders des sechzehnten und siebzehnten Jahrhunderts, die noch immer die Aufmerksamkeit auf sich ziehen, obwohl nicht allein die Republik untergegangen ist, sondern auch die Bedingungen, unter denen sie bestand, und die Möglichkeit einer Stellung, wie die, welche sie einnahm, von dem Erdboden verschwunden sind.

ERSTE ABTEILUNG

Venedig im sechzehnten Jahrhundert und im Anfang des siebzehnten

EINLEITUNG

Noch vor wenigen Jahrzehnten wohnte im Lago santo bei Comacchio eine kleine Gemeinde von 2000 Menschen, deren Häuser mitten im Wasser auf Pfählen gebaut, deren ganzer Reichtum ein Kahn und ein paar Netze, deren einzige Nahrung Fische und Seevögel waren, unbekannt in der Welt und mit der Welt.

Nicht viel anders waren vor alters die Einwohner der venezianischen Lagunen; Cassiodor sagt, daß sie wie Wasservögel ihre Häuser aus Weidengeflecht und Lehm bauen, an den Wänden seien die Kähne wie Haustiere angebunden; ihre Nahrung Fische, ihr Reichtum Salz; in Speise und Wohnung einander alle gleich.

Wie man die Luft der Lagunen oft mit der Luft der Gebirge verglichen hat, so hat auch die Sinnesweise der Bevölkerungen derselben etwas Verwandtes. Beide zeichnen sich durch Kraft, Gelehrigkeit und Kühnheit aus. Den Bewohnern der Lagunen am Adriatischen Meere stand nun eine große Zukunft bevor.

Die Völkerstürme des Mittelalters haben die Venezianer berührt, aber nicht niedergeworfen. Als die Langobarden die ganze oberitalienische Ebene einnahmen, flüchtete sich eine bedeutende griechisch gesinnte Bevölkerung zu den Venezianern an den Küsten und baute Städte in ihrer Nähe auf den Lagunen selbst.

In fortwährender Fehde haben die Venezianer den lombardischen Königen zu widerstehen gehabt: diese Gefahr aber ist ihnen nicht schädlich geworden. In eben diesen Kämpfen haben sie eine gewisse Unabhängigkeit dem Griechischen Reiche gegenüber erworben und sich einen Dogen gegeben. Die Bistümer des festen Landes wurden auf die Lagunen übertragen.

Nach der Unterwerfung der Langobarden unter das Fränkische Reich sollten auch die Lagunen bezwungen werden. Noch lebte Karl der Große, als sein Sohn Pipin, entrüstet über die fortwährende Verbindung der Venezianer mit Konstantinopel, sie selbst überzog. Von beiden Seiten der Lagunen griff er sie an; auf der einen Seite fielen ihre Hauptorte Heraclea und Equilium in seine Hand, von der anderen nahm er Chioggia und Palestrina: erst da sammelte sich aller Widerstand der Venezianer auf einen Punkt. In den Gewässern von Albiola gelang es ihnen, den Feind zum Rückzug zu zwingen. Sie wollten indes einer so großen Gefahr nicht zum zweiten Male ausgesetzt sein. Sie verlangten nach einer Wohnstätte, wohin kein Pferd ihnen nachkommen könne, und bauten die Stadt auf dem Rialto, das heutige

Venedig. Bei dem Verhältnis der neuen Stadt zu dem benachbarten festen Lande wird man an die Verpflanzung des phönizischen Handels von Alttyrus nach Inseltyrus erinnert, welche darauf beruhte, daß die handeltreibende Bevölkerung sich vor den Feindseligkeiten, die das feste Land beherrschten, sichern wollte.

Während sich die Venezianer vor den Bewegungen des Westens nur zu retten bedacht waren, haben sie in den Angelegenheiten des Ostens, wie sie denn, nur mit wachsender Selbständigkeit, ein Glied des Oströmischen Reiches auszumachen fortfuhren, zur See tätig und wirksam eingegriffen.

Kolonien im Sinne des Altertums haben sie nicht gegründet; denn die Küsten waren bereits allenthalben von streitbaren Bevölkerungen eingenommen; ihr Trachten war, in dem Kampfe derselben untereinander einen Anteil an der Herrschaft zu gewinnen, zum Vorteil zugleich ihres Verkehrs und ihrer Macht.

Einmal waren slawische Seeräuber nahe daran, sich den ganzen Golf zu eigen zu machen. Bis nach Venedig drangen sie, und die Sage wie die Sitte hat immer den Raub venezianischer Bräute vor dem Kastell der inneren Stadt, von Olivolo selbst, in der Erinnerung erhalten. Wie sie ihnen die Bräute wieder entrissen haben, so sind sie endlich ausgegangen, Narenta zu zerstören. Die ganze istrische und dalmatische Küste erkannte sie an, und schon damals begann man in Lesina nach dem Lobe des griechischen Kaisers das Lob des venezianischen Dogen zu singen. Bis in diese Zeiten geht die Desponsation des Adriatischen Meeres mit dem Dogen zum Zeichen wahrer und immerdauernder Herrschaft zurück.

Für das Griechische Reich haben sie früh den Kampf gegen die Sarazenen aufgenommen. Sie wurden anfangs geschlagen, aber an derselben Stelle, wo ihnen dies widerfahren war, siegten sie darauf und rächten ihre Niederlage in mörderischer Seeschlacht.

Noch hielten sie sich zu dem Griechischen Reiche, auch in seinem Verfall, aber durch Sprache und Herkunft waren sie doch Lateiner; von dem mächtig emporkommenden Geiste der romanisch-germanischen Völker und der römischen Kirche wurden sie selbst, ohne es zu wollen, ergriffen. Sie folgten der allgemeinen Richtung des Westens gegen den Osten, die in den Kreuzzügen zutage kam, und wurden sogar einmal Führer darin.

Schon war ihr Handel nach den syrischen Küsten mächtig emporgekommen; jetzt nahmen sie an der Eroberung derselben durch die romanisch-germanischen Völker einen sehr eingreifenden Anteil und erwarben auch infolge der Gelddarlehen, die sie gewährten, große Vorrechte in den eroberten Städten und Ländern. Dasselbe Verhältnis, Teilnahme an dem Kriege, aber Selbständigkeit bei der Benutzung der Eroberungen, wiederholte sich, als die Kreuzzüge eine Richtung gegen das Griechische Reich selbst nahmen. Die Venezianer warfen sich auf die Inseln und nahmen eine nach der anderen in ihren Besitz. Ein großer Teil der Spolien des Reiches von Konstantinopel fiel ihnen zu. Sie brachten Candia an sich, das sie nach den sechs Quartieren ihrer Stadt abteilten und überhaupt nach dem Muster von Venedig einrichteten. Die venezianischen Nobili erscheinen als Herren in den Inseln des Archipelagus. Man darf annehmen, daß die kriegerische Nobilität, die sich nach dem Vorbild der Ritterschaften des Abendlandes in den eroberten Gebieten gestaltete, eine Grundlage der Ausbildung ihrer Aristokratie geworden ist, die alsdann in verschiedenen Stufen, definitiv im Jahre 1297 sich enger zusammenschloß. Dieselbe war eine faktische, wie sie aus den Eroberungen hervorging, keineswegs eine durchaus genealogische.

In diesem Zustande bedurfte es für sie keines langen Bedenkens, um auf dem festen Lande, wo sich ihnen eine gute Gelegenheit dazu zeigte, Besitz zu ergreifen.

Wohl hatte ihnen Kaiser Friedrich II. geraten, sich nicht allzuviel in fremde Händel zu mischen, allein das war nun nicht zu vermeiden.

Eine große Gefahr entsprang ihnen aus dem Emporkommen des Hauses, welches an die Stelle Friedrichs II. trat, der Anjou in Neapel, welches die Ionischen Inseln beherrschte, und später auch Ungarn an sich brachte, dem die Küsten von Dalmatien gehorchten, so daß sie, wenn die verschiedenen Zweige, in die es zerfiel, einmütig blieben, die Venezianer in dem Golf einschließen zu können schienen.

König Ludwig von Ungarn war mit den Carrara auf dem festen Lande und der mit Venedig rivalisierenden Seemacht von Genua verbündet. Der Krieg zwischen Venedig und Genua war die Folge der an den syrischen Küsten entstandenen Handelseifersucht; jetzt meinten die Genuesen ihren Streit über die Propontis und das Schwarze Meer in dem Adriatischen auszufechten. Nachdem sie bei Pola einen großen Sieg davongetragen hatten, schienen die Venezianer vernichtet zu werden oder ihr ferneres Bestehen durch Unterwerfung unter den König von Ungarn erkaufen zu müssen.

Es ist der größte Moment in der Geschichte der Venezianer, daß sie sich in dieser Gefahr behaupteten. Die Vornehmen hatten den tapferen Vettor Pisani, weil er geschlagen worden war, ins Gefängnis geworfen; das Volk, das in ihm seine einzige Rettung sah, befreite ihn aus seiner Haft und rief ihm ein Viva zu. Er antwortete ihnen, nicht ihm sollte ein Lebehoch gebracht werden, sondern San Marco, das heißt der Republik. Auch die Vornehmen scharten sich um diese Fahne, sie brachten ihre Habe mit Vergnügen dar, und vor allem, sie schlugen sich mit heldenmütiger Tapferkeit. Mit Recht ist der Tag, 21. Juni 1380, heilig gehalten worden, an welchem der neunjährige Doge Chiogga wieder einnahm. Es war zugleich der Beginn eines neuen Emporkommens, welches durch die Umwandlung der großen Verhältnisse der Welt, die sich eben vollzog, möglich wurde.

Wie alles individuelle Leben von dem Gemeinwesen abhängt, dem jeder angehört, so knüpft sich wieder das Leben der Staaten an die allgemeinen Verhältnisse der Welt an, in denen sie emporkommen oder verfallen.

Die Zeiten traten ein, in welchen sich die großen Organisationen des Abendlandes auflösten. Das Papsttum wurde durch einen Wahlstreit, der nicht zu schlichten war, heimgesucht, so daß sich Europa in verschiedenen Obedienzen spaltete. Der Widerstreit derselben ergriff insofern auch das abendländische Kaisertum, als das Reichsoberhaupt der einen, die ihm zunächst stehenden Reichsgewalten, die Kurfürsten, der anderen anhingen, diese aber einen Kaiser ihrer Partei an ihre Spitze stellten, so daß zwei Kaiser nebeneinander bestanden, sowie zwei Päpste oder selbst mehr an Zahl. Und daraus folgte dann eine allgemeine Auflösung der bestehenden Ordnungen, die auf Italien zurückwirkte, wo ein Kampf der verschiedenen Autonomien untereinander begann, von denen die eine ihre Kräfte gegen die andere versuchte. Und viel zu schwach war die Christenheit in diesem Zustand, um die in dem illyrischen Dreieck vordringenden Osmanen zurückzuwerfen. Diese würden schon im Anfang des fünfzehnten Jahrhunderts Herren und Meister geworden sein, wäre nicht eine noch stärkere Gewalt, die mongolische Tamerlans, über sie gekommen, durch deren Übergewicht dann der Widerstand der abendländischen Populationen gegen die Osmanen aufs neue belebt wurde. Und da das wiederhergestellte Griechische Reich nicht fähig war, die schon gespaltenen Kräfte wieder zu vereinigen, so bildeten sich neben demselben unabhängige Fürstentümer aus, welche doch wieder den Umfang nicht hatten, um auf eigenen Füßen stehen und sich behaupten zu können.

Diese Lage im Orient und Okzident war nun der Moment, in welchem eine tatkräftige kleine Macht emporkommen konnte.

Infolge der Entzweiungen der beiden Linien des Hauses Anjou und noch im Gegensatz zu den Genuesen, gelang es den Venezianern, sich Korfus zu bemächtigen, wo ihr Provveditore des Golfs, Miani, freudige Aufnahme fand. Die Schwäche der kleinen unabhängigen Landschaften, die eines Schutzes bedurften, den sie in der Fahne von San Marco erblickten, und der Streit mannigfaltiger Ansprüche wirkten zusammen, daß den Venezianern eine Anzahl von Plätzen auf altgriechischem Gebiet und ansehnliche Ortschaften an der Küste, wie Trau und Zara, in die Hand fielen. Zugleich eröffnete sich ihnen ein neuer Schauplatz zu Besitzergreifungen in ihrem Sinne auf dem festen Lande von Italien; der Streit der Visconti und der Carrara, ihrer alten Feinde, bahnte ihnen den Weg. Die Visconti waren ihre natürlichen Verbündeten. Trevigi ward ihnen im Kampfe zwischen den Carrara, die es von Österreich erworben hatten, und den Visconti von den letzteren endgültig überlassen. So unterwarf sich ihnen Belluno, von den Carrara bedrängt, von den Visconti nicht mehr unterstützt. Um zu einer gewissen Sicherheit zu gelangen und zugleich ihre Rechte zu wahren, erkannten die ansehnlichsten Städte ihrer Nachbarschaft, Vicenza, Verona und Padua selbst, endlich auch Bergamo und Brescia, ihre Oberherrschaft an.

Die Macht der Venezianer, begründet in früherer Zeit, ist doch, wie sie später bestand, ein Produkt der letzten Jahrzehnte des vierzehnten und der ersten des fünfzehnten Jahrhunderts. San Marco bildete die schützende Macht, unter die sich die kleineren Gemeinwesen flüchteten. Aber allmählich konsolidierten sich die großen Weltverhältnisse. Im Orient gelangten die Osmanen zu einer Macht, vor der alle anderen verschwanden und die zugleich den Anlauf nahm, die See zu beherrschen. Die Eroberung von Konstantinopel durch die Osmanen erschien anfangs nicht als ein Unglück für Venedig, da der Großherr ihnen die alten Privilegien der griechischen Kaiser bestätigte. Es gelang ihnen selbst damals noch einmal, eine hochbedeutende Erwerbung zu machen. Zypern, in dem sich gleichsam das Königreich Jerusalem fortsetzte, war doch zuletzt so weit herabgebracht, daß es unter der

Herrschaft der Mamelucken von Ägypten stand und überall nur durch die seefahrenden Kaufleute des Abendlandes gegen die Osmanen beschützt wurde. Im Jahre 1489 gelang es nun den Venezianern, durch eine Abkunft mit der letzten Königin, die eine Venezianerin war, die Herrschaft über diese Insel an sich zu bringen.

Dann aber trat noch ein Ereignis im Orient ein, das für Venedig ebenso schwer ins Gewicht fiel, wie die Eroberung von Konstantinopel selbst; die Osmanen bemächtigten sich Kleinasiens und Ägyptens und wurden danach selbst eine Seemacht von erstem Range. Indessen aber vollzog sich auch in Italien eine Veränderung der Verhältnisse von Grund aus. Seit dem Zuge Karls VIII. gelangten die benachbarten Reiche und Nationalitäten zu erneutem Einfluß auf die Halbinsel, wie sich versteht, in lebhaftem Gegensatz gegeneinander. Eine Zeitlang schien es, als ob Venedig dadurch um so größer werden würde. Es bemächtigte sich einiger ansehnlichen Städte des Kirchenstaates und faßte Fuß im Gebiete von Neapel.

Die Venezianer hatten sehr die Absicht, Pisa gegen die Florentiner in Schutz zu nehmen, und waren nahe daran, dies Ziel zu erreichen; sie meinten, die Tugend der Römer repräsentiere sich in ihnen; sie dachten Meister von Italien zu werden und es gegen alle Auswärtigen zu verteidigen.

Aber im Jahre 1509 traf sie ein Unwetter, dem sie erliegen zu müssen schienen. Die Franzosen vereinigten sich mit dem König von Spanien und dem deutschen Kaiser gegen die Venezianer. Diese verloren eine große Schlacht gegen die Franzosen, was einen allgemeinen Umschlag ihres Glückes in sich schloß, zumal da auch der römische Papst mit ihren Feinden verbunden war. Sie haben nun in dem langen, angestrengten Kriege das Verlorene bei weitem zum größten Teil wieder erworben, besonders auch dadurch, daß der Papst wieder auf ihre Seite trat; aber mit ihren umfassenden Entwürfen ging es zu Ende. Das Schicksal der Welt und Italiens hing allein von dem Kampfe der großen Mächte ab, der nach langen Agonien das Resultat hatte, daß das Haus Österreich, mächtig in Spanien, Deutschland und Ungarn, die Oberhand behielt. Auf diese Weise waren den Venezianern im Osten und Westen nicht sowohl durch Verträge und Friedensschlüsse, als durch die Machtentwicklung großer Potenzen Schranken gezogen, die sie selbst sich nicht vermaßen zu überschreiten.

Aber auch in dieser Beschränkung bietet doch der Staat von Venedig und seine Entwicklung mannigfaltiges Interesse dar: eine republikanische Unabhängigkeit, immer wie vor alters in der Mitte zwischen Orient und Okzident, aber auf eigenen Füßen stehend und nur eben bemüht, das, was sie besitzt, auch ihren Handel und ihre Industrie, durch Waffen und Politik zu behaupten.

Für die Geschichte des sechzehnten und siebenzehnten Jahrhunderts bildet es ein wesentliches Moment, wie diese Republik in sich selbst war und sich aufrecht erhielt.

I. Allgemeine Lage der Republik um die Mitte des 16. Jahrhunderts

Unüberwindlich scheinen im Orient die Osmanen; der ganze Okzident glaubt sich von der Übermacht der Spanier bedroht. In der Mitte zwischen beiden haben sich diese Nobili eine Macht verschafft, die einen Rang unter den Mächten der Welt behauptet.

Wo ihre Schiffe nach dem Orient fahren, bald zur Rechten, bald zur Linken des Laufes derselben, bis an die Küste von Asien hin, gebieten sie über eine Menge Uferplätze und Eilande. Die reichen Ebenen in ihrem Westen um die Flüsse her, die in ihre Lagunen münden, bis hinein an das Joch der Alpen, haben sie in den zweifelhaftesten und gefährlichsten Kriegen zu behaupten gewußt. Dort aber sieht der Osmane ihre Flagge nur mit Unwillen in den Gewässern, die er als sein Eigentum betrachtet. Hier ist bald von den Inhabern des Herzogtums, zu dem einst ein guter Teil der venezianischen Besitzungen gehörte, dem König von Spanien, bald von dem Kaiser, der das übrige in Anspruch nimmt, immer von dem Hause Habsburg Gefahr zu befürchten. Nach beiden Seiten hin sind die Venezianer zu einer starken bewaffneten Aufstellung genötigt.

Über das Meer wacht ihnen ein Provveditore, den sie mit sechs Galeeren nach Korfu, der Mitte ihrer Besitzungen, senden. Alle Schiffe salutieren, wo sie die zwei viereckigen Flaggen seines Hauptschiffes sehen; alle Plätze an den Ufern erkennen ihn als ihren Oberen: die Anführer der übrigen Geschwader sind ihm unterworfen, appellieren sogar an ihn. Zunächst vor ihm liegt ein Governator bei Candia. Nur des Winters ist er daselbst, mit dem Frühjahr kommt er nach Korfu zurück: wenn es Krieg gibt mit 10, im Frieden mit 4 Galeeren, die er immer in Candia bewaffnet: während des Sommers wartet er der Befehle des Provveditors in Korfu. Noch weiter nach Osten liegt ein Kapitän mit 4 Galeeren bei Zypern. Sein vornehmstes Geschäft ist, die Seeräuber zu verfolgen, welche den Handelsschiffen bei Damiette oder an der syrischen Küste auflauern: er läßt sie in seiner Insel kein Wasser einnehmen; die, welche in seine Gewalt fallen, läßt er ersäufen. Diesen zwei Geschwadern zwischen Korfu und der syrischen Küste entsprechen zwei andere, zwischen Korfu und Venedig. Das eine liegt in dem Hafen von Lesina, den man mit einem Molo befestigt, und mit einem kleinen Arsenal versehen, wo alle Schiffe anlegen, die zwischen Venedig und Apulien, zwischen Venedig und der Levante fahren; es besteht aus Galeeren unter dem Kapitän des Golfes. Auch alle fremden Schiffe, selbst wenn ein Ragusaner nur nach Ancona überfährt, müssen ihn als den Herrn des Golfes erkennen. Das zweite besteht aus fünf Fusten und fünf langen Barken. Mit diesen kreuzt der Kapitän der Fusten gegen die Uskochen, welche die äußersten Winkel des Golfes lebhaft beunruhigen. Alle diese fünf Geschwader gehören zusammen: sie bilden ein stehendes Heer zur See; sie sollen die Gewässer von Venedig bis Tripolis und Alessandrien frei von dem Feinde und frei von Seeraub halten.

Zu diesen Galeeren nahm man Ruderer und Soldaten aus den Zünften der Stadt, aus den Gondolieren der Lagunen, von den Dalmatinern und Candioten, die geborene Seeleute sind. Vornehmlich trug man Sorge, das Rudern gut einzuüben. Die Galeeren waren mehr zum Rudern als zum Segeln eingerichtet: sie hatten mehr Bänke und kleinere Segel, als etwa die florentinischen: 26 Bänke bis heran an das Tau der Segelstange und den Mastbaum, so nah am Vorderteil, daß die Segel nur klein sein durften; eben daher mochte kommen, daß sie nur langsam schifften, jeden Sturmwind fürchteten und sich abends bei guter Zeit in den Häfen einzufinden pflegten. Im ganzen Jahr schifften sie nicht zehn Nächte. Die venezianischen Galeeren waren vorzüglich gut mit Geschütz versehen. Die schweren und leichten Galeeren verglich man mit schwerer und leichter Reiterei: eine Linie aus beiden hielt man für unüberwindlich. Um das Jahr 1560 waren immer 35 bis 40 unter den Waffen, doch sah man im Arsenal wohl zweihundert andere: und dies war so gut eingerichtet, daß einer unserer Berichterstatter binnen 10 Tagen ihrer dreißig völlig ausrüsten sah. So oft sich die Osmanen regten, eilten die Venezianer zu rüsten: dann sandten sie einen General der Flotte mit völliger Gewalt über Leben und Tod und so unbeschränkter Macht aus, daß sie dieselbe nur ungern gaben. Doch geschah es zuweilen: sie überredeten sich, schon sein Name erschrecke den Feind.

Wie zur See, hielten sie sich auch auf dem festen Land in steter Bewaffnung. Auch nachdem jene Stürme vorüber waren, welche die erste Hälfte des sechzehnten Jahrhunderts erfüllten, besoldeten sie 600 Uomini d'arme, jeden mit 3 Pferden, und 1000 Stradioten; sie hielten eine Landmiliz unter Waffen, die auf 25 000 Mann berechnet wird: ihre Festungen waren wohl besetzt. Wie indes die zweite Hälfte des Jahrhunderts sich immer friedlicher entwickelte, ließen sie von einer für jene Zeit so großen Anstrengung ein wenig nach. Die Uomini d'arme behielten nur zwei Pferde. In Istrien finden wir 50 Helme, jeder Reiter mit einem Streitroß und einem geringeren Tier; sie stehen unter einem eigenen Hauptmann und man sorgt dafür, daß sich die einheimischen Behörden in kein Verhältnis zu ihnen setzen. Da die Stradioten leicht zu haben und immer gleich brauchbar waren, schien bald auch eine geringere Anzahl derselben genügend. Nur die Festungen suchte man gegen jeden unerwarteten Angriff stark zu halten. Fast alle waren mit festen Mauern, tiefen und breiten Gräben, wohlangelegten Bollwerken versehen; einige, wie Padua, schien überdies ihr großer Umfang vor eigentlicher Belagerung; andere, wie Brescia, eine Zitadelle, selbst auf den Fall zu schützen, daß die Stadt überrascht würde: dritte, wie Trevigi, trotzten darauf, daß keine Kunst der Welt sie des Wassers berauben könne. Julio Savorgnano, ihr Nobile, hatte unter den damaligen Festungsbaumeistern einen großen Namen; er hat ihnen Bergamo und Brescia fortifiziert. Lange Zeit beschäftigte sie nichts so sehr wie die Erbauung von Palma. Wenn die Venezianer, wie angedeutet, sich zuweilen mit den Römern vergleichen, so glauben sie den Wasserleitungen und Heerstraßen derselben ihre Festungsbauten an die Seite stellen zu können.

Die Gebiete nun aber, welche sie so nach beiden Seiten verteidigen, waren doch weit entfernt, in voller Untertänigkeit unter ihnen zu stehen.

Nicht durch Erbe, wie unter anderen Fürsten, beinahe nie durch eigentliche Eroberung, sondern fast immer durch freie Überlieferung in bedrängten Augenblicken sind die venezianischen Städte und Staaten unter der Fahne von S. Marco verewigt worden. Es versteht sich aber, daß diejenigen, welche zu einem Äußersten griffen, um ihren Zustand, ihre Verfassung vor irgendeiner vorhandenen Gefahr sicherzustellen, diese nicht ihren Beschützern werden aufgeopfert haben. Den Venezianern stand allenthalben nur ein beschränktes Recht zu: vornehmlich hatten sie fast überall einen nicht unmächtigen Adel zur Mitherrschaft aufgenommen.

In Dalmatien bestand ihnen zur Seite ein Rat aus den Edlen der Städte und der Inseln. In Cattaro waren 100 stolze Adelige, die die Reichtümer der Stadt besaßen und ihren albanesischen Handel trieben. In Lesina nahm sich der Adel das Recht, wenn der Rettore und einige Beamte besoldet, wenn vielleicht noch die dringendsten Ausgaben bestritten waren, den Rest der Einkünfte für sich zu behalten. Allenthalben hatte dieser Adel einen Anteil an der Gerichtsbarkeit. Oft war freilich das Volk mit demselben in um so heftigere Streitigkeiten verwickelt, da es immer einige Rechte behauptete. „Die Gemeinen von Zara", sagt Giustiniani, „sind Venedig vollkommen ergeben; zwischen ihnen und ihrem Adel aber herrscht alle die erregte Feindschaft, die wir in ganz Dalmatien wahrgenommen." In Antivari gerieten die Parteien sogar zuweilen am Karfreitag, bei den feierlichen Prozessionen dieses Festes so hart aneinander, daß es ohne die Dazwischenkunft der Venezianer zu Blut und Mord kam. Nur eine einzige Gemeinde war ohne Adel. Es war die Gemeinde Pastrovichi: zwölfhundert waffenfähige Männer, die unter selbstgewählten Richtern über Gut und Blut in ihren Bergen in so ungeschminkter Einfalt dahinlebten, daß man sie aufgesucht hat, um die Sitten des homerischen Zeitalters an ihnen zu studieren; mit Venedig mehr durch Privilegien verknüpft, die man ihnen für freiwillige Dienste gewährte, als durch erzwungenen Gehorsam; von unbescholtener Treue; zum Dienst des Matrosen so geschickt wie zu den Waffen.

Wie in Dalmatien finden wir überall auf den Inseln der Levante einen Adel mit gewissen besonderen Berechtigungen, mit einigem Anteil an der Verwaltung, allenthalben ein ungern herabgedrücktes Volk. Am schärfsten aber ist dieser Gegensatz dort, wo zwei voneinander ursprünglich verschiedene Nationen nebeneinander wohnen, die eine herrschend, die andere dienend, in Candia und Zypern. Wie unglücklich ist der Versuch ausgefallen, den die germanisch-romanischen Nationen in Zypern gemacht, sich mit Griechen zu vermischen. Man hat die Masse der alten Einwohner ihrer Freiheit berauben müssen. Von den 180 000 Menschen, die man um das Jahr 1570 dort zählte, waren über die Hälfte höchst unterwürfige Bauern, dem Stand der Leibeigenen so nah, daß sie ihren Herrn die Hälfte des Feldertrages überlassen mußten: genannt Francomati, an Zahl 95 000. Überdies aber zählte man daselbst 70 000 wahre Leibeigene, dem Herrn anfangs zur Vertauschung, sogar gegen Tiere, und als dies durch ein Gesetz abgestellt worden, wenigstens zu Fron, Tribut und Gericht überlassen, genannt Paröken, Parici. An sie schlossen sich die Sorianer an, die in freierem Zustand unter ihren Rais die Städte bewohnten. Über ihnen allen, und allen gegenüber durch Herkunft, Recht, Religion von ihnen geschieden, stand der germanisch-romanische Adel, der sich seit den Zeiten der Kreuzzüge daselbst angepflanzt. Diese Barone genossen eine außerordentliche Unabhängigkeit. Einige waren zu einem geringfügigen Reiterdienst oder Knappendienst, einige, nur einen Mann zu Fuß zu stellen, oder einen Falken zu geben verpflichtet. Die Reichsten aber waren samt allen ihren Lehen, samt allen ihren Leibeigenen, von jeder Belastung, von jeder Pflicht freigesprochen. Die Assisen legten der Regierung einen beengenden Zügel an. Dieser entging es nicht, was für eine Gesinnung in den Unterworfenen sei, welche Unzufriedenheit mit ihrem Zustand, welch ein Haß gegen ihre Herren. Aber dieser Zustand war der gesetzliche geworden: wie hätte sie wagen können, ihn zu ändern? In Candia, das die Venezianer doch selbst kolonisiert, stand es nicht besser. Als sie zuerst die sechs Teile, in welche sie die Insel sonderten, nach den sechs Quartieren von Venedig austeilten, gaben sie zu jedem Los unter dem übrigen Eigentum auch Bauern; da hören wir auch hier den unglücklichen Namen der Paröken. War dieser Zustand etwa älter als man annimmt? Wie es in dem alten Kreta zweierlei Paröken gab, allgemeine und Kleroten, die den einzelnen zugehörten, so unterschied man hier Paröken der Kavallerien und allgemeine Paröken. Wäre unter allem Wechseln herrschender Geschlechter dies an dem Boden haftende Volk, gleich unveränderlich wie dieser, in seinem unseligen Zustand verharrt? Denn das Glück ist vorübergehend, lange dauert das Elend. Indes aus so uralten Erinnerungen entschuldigte man den Zustand der candiotischen Paröken nicht. Man wußte eine lange Mär zu erzählen, wie die Insel von Arabern eingenommen und ihnen endlich wieder entrissen, wie die Gefangenen, die man hierbei gemacht, durch eine Art Vertrag in jene Lage versetzt worden. Wie wären aber diese Griechen geworden, was sie doch waren? Dem sei, wie ihm wolle, so weiß man doch, daß die hier angepflanzten Venezianer in dem Interesse, welches Kolonien gegen ihr Mutterland geltend zu machen pflegen, sich einmal enger mit den Griechen zu verknüpfen versucht haben. Im Jahr 1363 bekannten sie sich zum griechischen Glauben: statt des S. Markus nahmen sie den Schutzheiligen der Insel in ihre Fahnen: alle aber, die zu Venedig geboren worden, warfen sie in Gefängnisse. Eine merkwürdige Erscheinung müßte es gegeben haben, wenn diese so ganz von romanisch-germanischem Wesen durchdrungenen Menschen sich mit den Griechen zu wahrer Einheit vermischt hätten. Die Waffen aber entschieden hiergegen. Sie wurden zum lateinischen Ritus, zum Gehorsam gegen die Republik zurückgeführt; neue Ankömmlinge brachten das ausheimische Element aufs neue zu selbständiger Wirksamkeit. Seitdem war an keine wahre Vereinigung zu denken. Man behauptet, Foscarini habe den Zustand der Paröken erträglicher gemacht. Allein dabei blieb es immer, daß in Candia wie in Zypern ein Element vorhanden war, welches die Herrschaft der Venezianer ihrer Natur nach als aufgedrungen und gewaltsam betrachtete und in den vornehmsten Feinden, welche die Republik zu bekämpfen hatte, sogar ihre Befreier sahen.

Wie nun die Inseln und Küsten, so waren auch die Kommunen der Terra ferma weit entfernt davon, den Venezianern unbedingt unterworfen zu sein. Auch da finden wir fast allenthalben ein Consiglio von Edelleuten, welches einen nicht geringen Anteil an der öffentlichen Verwaltung nimmt.

So hatten die Vizentiner dem venezianischen Rettore eine Consolaria aus ihren Optimaten zur Seite gestellt, ohne welche jener kein Kriminalurteil fällen konnte. Von Natur heftig, trotzig auf ihren Reichtum, hielten sie immer eine eigensinnige Opposition gegen Venedig. Palladio baute ihnen die schönsten Paläste, Stadthäuser, Theater, die Italien in neuerer Zeit entstehen sah. Die Veronesen waren nicht so reich, aber sie wollten ihren Nachbarn weder an Glanz noch an Selbständigkeit nachstehen: man hat bemerkt, daß sie sich oft den Venezianern widersetzten und auf ihre eigene Weise zu leben suchten. Obgleich Bergamo nur arm war, hielt es sich in so gutem Ansehen, daß man es nie zu drücken wagte. Vornehmlich mächtig aber war Brescia. Es hatte sich zwei bedeutende Rechte erhalten, das eine bedeutend für die vornehmen Geschlechter: in die umliegenden Kastelle und Täler, die oft bis 50 000 Untertanen zählten, selbst wenn sie mit venezianischen Truppen besetzt waren, aus ihrer Mitte Podesta's mit dem Recht über Leben und Tod zu Kriminal- und Zivilgericht zu senden; das andere bedeutend für die Kommune: daß keine Alienation ihrer Güter stattfinden, daß sich kein Auswärtiger, auch kein Venezianer in diesem Gebiet ankaufen durfte. Da blieben die vornehmen Geschlechter immer in einem großen Glanz. Martinengi, Cesareschi hatten ein Einkommen von 30 000 Dukaten. Die Brescianer erhielten sich in einer eigentümlichen Existenz. Die großartigen Baue, den reichen Schmuck der Zimmer ihrer Oberherrn ahmten sie nicht nach: sie gefielen sich vielmehr in rasch vorübergehender Pracht, in kostbaren Kleidern, in schönem Waffenschmuck, bei guter Tafel, mit glänzenden Karossen und zahlreicher Dienerschaft. Oft genoß man die flüchtige Lust musikalischer Feste. Hier wurden die prächtigsten Waffenspiele, welche die Lombardei sah, gegeben, die Chronik sucht die Namen der ausgezeichnetsten Kavaliere zu verewigen. Neben ihnen hielt sich die Kommune, eng verbunden, von überwiegendem Einfluß Venedigs frei; die Stadt, sagt jene Chronik, wuchs an Gebäuden und an Gewerbe; in der Zahl ihres Volks, in der Menge ihrer Waren konnte sie sich mit jeder anderen Stadt von Italien messen. Wie nun in den lombardischen Städten ein Consiglio, so gab es in Friuli ein Parlament mit noch nicht erloschenen Rechten. Mit den dalmatinischen Pastrovichi ließen sich in den Gebirgen über Vizenza die Deutschen der sieben Gemeinden vergleichen: ebenso einfach, tapfer, treu; durch Privilegien von unvordenklicher Zeit geschirmt, sichere Hüter der Klausen.

Es ist hier noch ein großes Feld statistisch-historischer Untersuchungen darüber übrig, wie sich Venedig zu allen diesen provinziellen Besonderheiten verhielt. Gedenken wir nur der Handhabung der öffentlichen Ordnung gegen das Treiben der Banditen und Räuber, die noch im Anfang des 17. Jahrhunderts die Straßen unsicher machten, so daß selbst der kaufmännische Verkehr darunter litt. Die mit der Hauptstadt in der Rechtspflege konkurrierenden Kommunen bildeten hier eine fast unüberwindliche Schwierigkeit. Die Venezianer hielten darüber, daß die Bedingungen, unter denen sie die Herrschaft erworben, beobachtet wurden. Unter der Aristokratie der Hauptstadt erhielten sich auch die Aristokratien aller unterworfenen Gemeinheiten; sie hätten nicht gebrochen werden dürfen, ohne daß man Empörung und Abfall zu fürchten gehabt hätte. Wir können und wollen darauf nicht näher eingehen; wir suchen nur zu einer Anschauung des allgemeinen Verhältnisses beider Gebiete der Venezianer zu gelangen.

Oft hat man Venedig getadelt, daß es nach glücklichen Unternehmungen zur See sich gelüsten lasse, eine Landmacht zu werden. Jene findet man naturgemäß und heißt sie gut: dies zu tadeln ist fast ein Herkommen geworden: man leitet davon eine Menge Unglücksfälle, selbst den Verfall der Seemacht her. Im sechzehnten Jahrhundert tritt indes besonders in finanzieller Hinsicht ein sehr merkwürdiges Verhältnis zwischen beiden Gebieten hervor.

Wir sind nicht imstande, den Staatshaushalt der Venezianer in allen seinen Teilen genügend zu überschauen und vorzustellen. Das aber zeigt sich deutlich, daß die Länder am Meer nicht durch die Einkünfte, die sie unmittelbar abwarfen, erhalten werden konnten. Von Candia, Zante, Cefalonia wird uns ausdrücklich versichert, daß sie mehr kosteten als einbrachten. Wie arm war die dalmatinische Küste! Diese Inseln, zwar in den Tälern mit einiger Viehzucht, mit einigem Weinbau, die aber so wenig Getreide trugen, daß sie oft nur vier Monate, wie Curzola, oft gar nur zwei, wie Brazza, damit ausreichten; diese Städte hart unter dem hohen Gebirg, deren kleines Gebiet, wie bei Spalato nur auf fünf, wie bei Cattaro nur auf sechs Monate Getreide hervorbrachte und welches überdies von den Türken beunruhigt wurde. Die Sebenzanen hätten Hungers sterben müssen, wären nicht die Morlachen gewesen, die ihnen für ihr Salz Getreide und Käse brachten. Wie sollten diese Ortschaften ihre Kastelle instand halten, die Besatzungen, die Stradioten besolden! Gar oft muß ihnen Venedig zu Hilfe kommen. Den Sebenzanen mußte es im Kriege von 1571 für 3500 Dukaten Getreide geben, ohne auf eine Erstattung rechnen zu dürfen. Aber auch im Frieden sandte es regelmäßig bedeutende Summen dahin: 600 Dukaten nach Budua, 2000 nach Antivari, 3000 nach Spalato, 3900 nach Cattaro, 4000 nach Sebenigo, nach Zara 8000. Wie wenig fähig waren Städte und Inseln, die Seemacht instand zu halten, welche sie beschützte.

Woher aber schöpfte man nun diese Summen? – Die Einrichtung der venezianischen Kassen zeigt uns, wenn ich nicht irre, die Quelle derselben und das wahre Verhältnis an. Nicht alle Einkünfte nämlich flossen unmittelbar zusammen, so daß alle Ausgaben aus einem allgemeinen Schatz hätten bestritten werden können; sondern den Mangel irgend einer bestimmten Kasse deckte man immer mit dem Überschuß irgend einer anderen. Da man fand, daß Candia und Korfu die Truppen nicht besolden konnten, von denen sie beschützt wurden, so bestimmte man zu diesem Solde die Einkünfte der Kammern Crema und Verona. Es war nur allzu deutlich, daß die Flotte zu ihrer Ausrüstung und Bemannung ganz anderer Hilfsquellen bedurfte, als die, welche die maritimen Besitzungen gewährten. Die Einkünfte von vier Kammern des festen Landes von Padova, Trevigi, Bergamo, Rovigo wurden dafür angewiesen. Wenn man im Osten die Festungen instand zu setzen, herzustellen, auszubessern hatte, wandte man sich an die Kasse der Festungen, zu der vornehmlich die Kammer von Udine steuerte. Unter den Einkünften des Arsenals, auf denen die ganze Seemacht basiert ist, finden wir den Ertrag von Cologna obenan. Die eigentliche Bestimmung der Zehnten des lombardischen Klerus war, zur Erhaltung der Flotte und des Arsenals beizutragen. Trevigi gewährte die Eichen zum Schiffbau. Wenn es sich auch so verhält, daß die Gelder, welche man nach den Städten der Levante und Dalmatiens schickte, vom Ertrag der Zölle und des Salzes genommen werden konnten, so wurden doch die übrigen Bedürfnisse damit nicht gedeckt. Genug, nur durch die Reichtümer des festen Landes geschieht es, daß man die Flotten bauen kann, die die östlichen Meere durchschiffen; daß man die Truppen besolden kann, welche Inseln und Städte der Levante und Dalmatiens beschützen.

Und so stellt sich uns die Gesamtheit des venezianischen Staates, die Verknüpfung der zwiefachen Art seiner Landschaften in eigentümlicher Gestalt vor die Augen. Wenn Venedig Bedeutung für die Welt, allgemeineres Ansehen hauptsächlich den ausgebreiteten Besitzungen an dem Meere verdankte, so lag doch der Nerv seiner Macht, seine wahre Kraft, in den Erwerbungen, die ihm auf dem festen Lande gelangen. Mit seinem oberherrlichen Recht über jene hatte es die Verpflichtung, sie zu verteidigen, mit seiner Herrschaft über diese die Fähigkeit, das zu tun, erworben. Ist es nun ein Verdienst gewesen, die Reste des christlichen Namens und einige lateinische Besitzungen Jahrhunderte lang vor den Osmanen geschützt zu haben, so kann man jene Eroberungen nicht verdammen, welche durch dies allein möglich ward. Die Kräfte eines doch nur sehr geringen Teiles okzidentaler Landschaften dienen dazu, auf den Rückhalt von Europa gelehnt, den Fortschritten der drohenden Barbaren im Okzident Einhalt zu tun.

Daran wäre doch niemals zu denken gewesen, hätte sich Venedig nicht als eine der ersten Handelsmetropolen der Welt behauptet. Man hat es als eine weise Maßregel betrachtet, daß die Republik auch die untertänigen Kommunen an den Handelsvorrechten venezianischer Bürger teilnehmen ließ. Darüber hielt sie aber allezeit aufs strengste, daß der Handel der Kommunen, des festen Landes und der Inseln in Venedig konzentriert blieb. Bei ihrem Eid sind die Rettoren von Bergamo und Brescia verpflichtet, darüber zu halten, daß weder Wolle noch Baumwolle, noch auch Spezereien in ihre Bezirke eingeführt werden, ausgenommen die, welche von Venedig kamen; Cremona und Gheradadda sind kaum gewonnen, so stellt man die Waren, die nur von Venedig aus daselbst eingeführt werden dürfen, in einem langen Verzeichnis zusammen.

So wurden auch alle die Handelsbeschränkungen, durch welche Kolonien an ihre Metropole gewiesen zu werden pflegen, von den Venezianern über die Küsten und die Inseln der Levante ausgebreitet. Das gesamte Gebiet wurde gleichsam zu einer einzigen merkantilen Genossenschaft, die ihren Sitz in der Hauptstadt hatte, vereinigt. Der auswärtige Handel war noch in großer Blüte; der Rialto war einer der bedeutendsten Handelsplätze der Welt und verschaffte dem Staate, indem er ihm eine eigentümliche Weltstellung gab, die weiteren Mittel seiner Existenz. Dabei kamen die drei Mächte in Betracht, welche die Politik dominierten, und zwar schon für die nächsten Lebensbedürfnisse: aus den österreichischen Gebieten zieht Venedig sein Schlachtvieh, höchst empfindlich ist ihm ein Aufschlag der Abgabe, welche die kaiserliche Regierung auf die Ausfuhr des Hornviehs erhob, sowie eine Störung seines Verkehrs mit der Türkei, von wo ihm das Getreide, dessen es nicht entbehren kann, zugeführt wird. Für die Manufakturen bedarf man der Wolle aus Spanien. Ungleich wichtiger ist, daß Venedig den Verkehr zwischen Okzident und Orient, den es während der mittleren Jahrhunderte besessen hatte, auch im sechzehnten Jahrhundert konservierte. Durch die Gewaltsamkeiten der orientalischen Machthaber, das Emporkommen der Barbaresken, die zuweilen bis in den Golf vordrangen, den Seeräuberkrieg, der das ganze Mittelmeer erfüllte, war der Handel geschädigt und erschwert, aber doch nicht unterbrochen.

Wir finden, daß die venezianische Manufaktur, die noch in großer Blüte erhalten war, ihren besten Absatz in dem osmanischen Reiche hatte. Eine unserer Relationen berichtet, Venedig habe jährlich 25 000 Stück Tuch nach der Türkei versendet, von denen ein jedes 200 Dukaten gekostet; es seien hauptsächlich scharlache, violette, karmesine Tuche gewesen, wie sie der Orient liebt; dies gebe dann einen ungemeinen Vorteil und nähre eine große Zahl Menschen. Daß das nun nicht übertrieben ist, bezeugt die Reisebeschreibung Texeiras nach dem Orient. Texeira versichert, daß Venedig jährlich 5–6000 Stück Tuch nach Aleppo bringe; er fügt hinzu, ebenso viele Stücke führe es dahin in Brokat und Seide: sein Verkehr belaufe sich daselbst auf anderthalb Millionen Dukaten. Oft ließ der Schah von Persien für seine Armee Tuch von Aleppo holen. Nicht minder bedeutend war gewiß der eigentliche konstantinopolitanische Verkehr. Was forderte allein die Pracht des Harems! Man erinnerte sich noch lange der kunstreichen Juweliere Leuriere und Carolini, die für Soliman einen langen Helm mit vier Kronen, reich mit Edelsteinen besetzt, einen Federbusch, ein Pferdegezäum von außerordentlicher Pracht und Schönheit gearbeitet. Alle anderen Erzeugnisse venezianischen Kunstfleißes nahmen ihren Weg nicht minder dahin. Die vornehmste Station der Venezianer im Orient war jedoch Aleppo; da befanden sie sich noch im Jahre 1605 in einer stattlichen Lage. Es waren daselbst außer dem Konsul, der immer ein Edelmann, 12 große Häuser, jedes mit zwei Vorstehern, damit, wenn der eine fehle, doch die Geschäfte keinen Stillstand litten, verbunden. Sie hatten ihre Franziskaner, die ihnen in einem Khan Messe und Predigt verwalteten und deren Guardian von dem Papst mit außerordentlicher Vollmacht, zu absolvieren, versehen war. Über ihre gemeinschaftlichen Angelegenheiten pflegten sie nach der Sitte ihres Vaterlandes mit Kugeln zu stimmen. Sie hatten die schönsten Ordnungen; sie lebten auf eine prächtige und glänzende Weise; sie nahmen die Fremden gastlich und gütig auf. Den Verkehr, den sie hier trieben, berechnet man auf anderthalb Millionen Dukaten. Vor ihnen, noch weiter nach Osten, waren auch manche Venezianer tätig. In Bassora finden wir sie ansässig. Zwischen Ormuzd und Aleppo ziehen sie hin und her. Aber vornehmlich in der ganzen asiatischen Türkei hatten sie ihre Factore, ihre Agenten.

Im Vorbeigehen sei bemerkt, daß die merkantilen Geschäfte bei der Teilnahme Venedigs an der allgemeinen Kultur des Abendlandes nicht ohne Beziehung auf Gelehrsamkeit und Altertum geblieben sind. Die Häuser Bembo und Contarini waren mit Antiquitäten reich ausgestattet. Broccardo untersuchte die ägyptischen Monumente; nach Marco Grimanis Zeichnungen sind die ägyptischen Denkmäler von Sebastian Serlio 1584 herausgegeben. Und indem man die Stätten und Wege der alten Kultur aufsuchte, begleitete man doch auch die neuen Entdeckungen mit großer Aufmerksamkeit; die erste bedeutende Sammlung von Reisebeschreibungen nach beiden Indien stammt von dem Venezianer Ramusio; sie wird noch heute gebraucht.

Entfernen wir uns aber nicht von unserem Gegenstande. Man behauptete in der Mitte des sechzehnten Jahrhunderts, in der ganzen Türkei sei kein irgend bedeutender Ort, wo die Venezianer nicht ihre Leute hätten; von denen werde ihnen gemeldet, welche Waren da angekommen, so daß sie berechnen konnten, wie sie auf das vorteilhafteste zu verkaufen sein würden.

Wo Floriani die Erzeugnisse des türkischen Reiches nacheinander aufzählt, Seide, Kaviar, Korn, Getreide, fügt er hinzu, daß das Mark davon nach Venedig komme. Doch dies war es nicht allein.

Es ist ein Irrtum, zu glauben, daß der indische Handel nach der Umschiffung des Kaps lediglich auf portugiesischen Schiffen von Lissabon aus getrieben worden sei. Noch immer blieben die uralten Wege dieses Handels im Gange. Ein Hauptplatz für denselben wurden die Niederlagen von Aleppo. – Da empfingen die Venezianer für ihre Einfuhr nicht allein rohe Seide und Baumwolle, sondern auch Zimt, die indischen Gewürze, Perlen und Edelsteine.

Die erste Frage ist: wie dies alles dahin kam. Einmal durch die Araber. Navagero unterrichtet uns, daß man noch immer von Arabien aus durch das Germasir nach Ormuzd dahin zog; daß man von da Ingwer und Gewürznelken, Muskatnüsse und Muskatblüte, allerlei Spezerei und Perlen herbeiführte; daß die Araber der Wüste, wohlversehen mit Kamelen und Saumtieren, die Reichtümer von Indien bis unmittelbar nach Aleppo brachten. Überdies auch durch Persien. Der Verkehr der Venezianer mit Persien war so rege, daß ein Krieg, den sie mit den Türken hatten, den Preis der Seide auf die Hälfte herabdrückte, und die Verkäufer der Spezereien, da der Verkehr von Aleppo eine Zeitlang gestört war, die sonderbarsten Auswege zu suchen nötigte. Die Kaufleute begaben sich nach Konstantinopel. Sie nahmen von da ihren Weg durch die Walachei nach Polen. Man begegnete wohl den nämlichen Armeniern, die man in Tauris gesehen, wiederum in Lemberg. Von hier zogen sie nach Danzig, welches damals die größte Handelsmetropole des Ostens und Nordens war. Hier aber traf man auf jenen Verkehr des Atlantischen Ozeans; und die Kosten des Landweges waren so ungemein groß, daß der Vorteil die Mühe nicht bezahlte. Alles das war jedoch eine Ausnahme. In gewöhnlichen Zeiten blieb Aleppo der große Stapelplatz des Orients.

Die zweite Frage ist, wie man von da, wie man von dem Orient überhaupt nach Venedig gelangte. Keineswegs nämlich geschah dies immer zur See. Der Karawanenhandel ward in Europa selbst fortgesetzt. Wir wissen, daß im Jahre 1534 eine venezianische Karawane, 100 Pferde stark, die von Konstantinopel nach der venezianischen Küste zog, in der Türkei von Räubern angefallen und geplündert worden ist. Allmählich aber wurde diese Straße sicherer, und die orientalischen Kaufleute nahmen sie selbst. Spalato ward, wenn wir Sagredo glauben, auf Anraten eines, wie es scheint, spanischen Juden Michel Rodrige der Hauptplatz für diesen gesamten Handelsverkehr. Besonders gegen Ende des sechzehnten Jahrhunderts gelangte derselbe zu großer Aufnahme. Dahin sammelten sich nicht allein die Nachbarn von dem Adriatischen Meer bis zur Donau und von Konstantinopel bis an die Grenze, sondern vor allem kamen die Seide, die Baumwolle, die Gewürze, die Hervorbringungen des fernen Orients dahin. Da sah man indische und persische Kaufleute; hier nahmen sie die kunstreichen Zeuge, die Gewebe von Gold- und Silberstoff, welche Venedig darbot, in Empfang. Der Orient kam dem Okzident auch einmal wieder selbsttätig nahe und suchte ihn auf. Die Venezianer sandten regelmäßig ihre bewaffneten Galeeren aus, doch nur 200 Miglien weit nach einer eigenen Stadt, wo sie selber Quarantäneanstalten, Lazarette und große Niederlaghäuser gegründet.

So reicht ein großartiger Landverkehr des fernsten Osten mit unseren Ländern in alter Weise, bis nahe zu unseren Zeiten heran. Er berührte Deutschland unmittelbar.

Wenn die Waren jene kurze Überfahrt über das Adriatische Meer gemacht, wurden sie, wie nach anderen Gegenden, so nach Deutschland geführt. Wir finden in dem sechzehnten Jahrhundert noch immer venezianische und portugiesische Spezereien nebeneinander in den deutschen Städten. Der deutsche Barchent ward fast durchaus von Baumwolle, die aus Venedig kam, verfertigt.

Wo Paolo Paruta des deutsch-venezianischen Verkehrs, der zu seiner Zeit, im Anfang des siebzehnten Jahrhunderts, vorzüglich blühte, gedenkt, erwähnt er vornehmlich der Baumwolle und der Spezereien, durch die derselbe bestehe. Eine Menge Waren, Erzeugnisse der Natur oder des Fleißes, gab dafür Deutschland, vornehmlich aber Eisen und Stahl. Die Alpen hinauf und herab ward dieser Handel getrieben. Oft begegnete man auf den Alpenstraßen den Kaufleuten mit ihren Warenballen, Arbeiter mit Hacke und Schaufel vor sich her, sie geboten den kommenden Fremden von fern auszuweichen. Die oberdeutschen Städte, deren Handelsleute sich auf der Messe zu Bozen mit venezianischen Untertanen zusammenfanden, sandten ihre Ware meist durch den Paß von Primolano bis nach Mestre. Durch den Kanal des Eisens, über das halb italienische, halb deutsche Pontieba, langten die Güter österreichischer Provinzen, von Steiermark bis Schlesien an. Das Holz flößte man, nicht ohne Vorteil für die kaiserlichen Zölle, die Etsch hinunter. – In dem Fondaco der Deutschen traf dieser gesamte Verkehr zusammen. In den Bibliotheken finden sich genaue Notizen über die Zölle, welche man bei der Einfuhr und Ausfuhr zu zahlen hat. Man hat damals auch nicht versäumt, in Widerspruch mit den Gesetzen des Reiches Silber in großen Massen nach Venedig auszuführen, wo es bei weitem höher im Preise stand als in Deutschland. Erst im sechzehnten Jahrhundert hielt man es der Mühe wert, das deutsche Haus neu und prächtig auszubauen: Tizian und Giorgione haben ihre kunstreichen Hände daran versucht. Das Gewölbe der Fugger war eine Sammlung okzidentaler und orientalischer Reichtümer.

Indem Venedig diese Verhältnisse zwischen Deutschland und dem Osten vermittelte, ließ es seinen Seehandel nach dem Westen nicht untergehen. Den Barbaresken zum Trotz schiffte man noch nach Spanien, häufig die Meerenge hinaus. In Portugal erwarben die Venezianer im Jahre 1522 die Bestätigung wichtiger Privilegien.

Unter Heinrich VIII. waren sie in England sehr begünstigt. Noch im Jahre 1560 brachten sie ihre Gewürze nach Antwerpen. Diese entfernten Unternehmungen hörten auf, seitdem England selbständig unter die Handelsmächte eintrat; – das wichtigste aber, der Verkehr mit Spanien, erhielt sich auch dann. Spanien lieferte den Venezianern die Wolle zu dem Tuch, das sie nach dem Orient führten. Man findet, daß levantinische und italienische Wolle für dies Tuch nicht fein genug, französische und englische nicht wohlfeil genug gewesen; notwendig habe man sich der spanischen bedienen müssen. Dafür gewährte dann Spanien für die Produkte der venezianischen Manufaktur, ihr Glas, ihr Wachs, ihre Brokat- und Seidenzeuge, vornehmlich aber für ihre Waffen einen sicheren Markt.

Fassen wir nun, daß diese Waren größtenteils nach Westindien gingen, wie man denn behauptet hat, daß Venedig, wenn es gleich die Entdeckungen des Kolumbus anfangs zurückgewiesen, doch den Vorteil von ihnen eine Zeitlang genossen habe, so tritt uns die Weltstellung dieser Stadt nach allen Seiten glänzend und großartig vor die Augen.

II. Über die venezianische Verfassung, besonders den Rat der Zehn

Wie in dem achtzehnten Jahrhundert die englische Verfassung, so hatte in dem sechzehnten die venezianische die allgemeine Aufmerksamkeit und Bewunderung auf sich gezogen. Nicht von gewöhnlichen Menschen sei sie gegründet, sagt ein Bericht an Philipp II., sondern von Philosophen, von Gott selbst. Der eine rühmt das gute Zusammenhalten der Venezianer untereinander, die Liebe zur allgemeinen Freiheit, die bei ihnen jedes besondere Interesse überwinde; der andere die Gesetze, die ihnen niemand gegeben, die sie von niemand entlehnt, die gleich ihr eigenes Werk seien; die Vereinigung aller Arten der Regierungsformen in ihrer Verfassung; ein dritter wie die sichere Lage der Stadt, so die trefflichen Vorkehrungen, die man getroffen, die Bürgerschaft zugleich zu schützen und in Zaum zu halten. Glücklich fühlten sich vor allen die Franzosen, wenn sie aus den wilden Unruhen, die ihr Vaterland zerrütten, nach Venedig fliehen können, wo man nur eine Religion bekenne, einen Fürsten ehre, ein Gesetz beobachte, wo jedermann ohne Furcht noch Bedrängnis in voller Sicherheit seine Tage zubringe. Diese Lobeserhebungen nahmen die Venezianer als verdiente Huldigungen auf. Regierungen pflegen wohl sonst gerade in ihrer unmittelbaren Nähe die lebhafteste Unzufriedenheit zu erregen. Hier bemerken wir, daß auch die einzelnen Bürger gleichfalls sich von der Vortrefflichkeit ihrer Institutionen durchdrungen zeigen. Mancher weiß im Laufe der Weltgeschichte keine ähnlichen zu finden, aus denen Weisheit, Tugend und Selbstverleugnung ihrer Urheber in gleichem Grade hervorleuchten.

Wie sich von selbst versteht und auch ganz billig ist, hatte die allgemeine Bewunderung der venezianischen Verfassung weniger in einer genauen Kenntnis des inneren Getriebes derselben ihren Grund, als in der Wahrnehmung ihrer Wirksamkeit.

Die großen italienischen Republiken waren zu Grunde gegangen, oder doch tief herabgekommen; das freiheitliebende Florenz unter die Herrschaft des mächtigsten seiner Geschlechter geraten; Genua von Spanien abhängig und unaufhörlich von Faktionen zerrissen; Bologna dem Papst, Mailand sogar einem fremden Fürsten unterworfen; Lucca hielt sich noch, jedoch auch nur in steter Furcht vor dem einen und unter der Protektion des anderen seiner Nachbarn: Venedig allein hatte den gefährlichen Weltbewegungen zum Trotz seine volle Unabhängigkeit und die alten Formen seiner Verfassung behauptet. Hier ward keine Tyrannei ausgeübt, weder von einzelnen Gewalthabern noch von einer stürmisch aufgeregten Menge. Niemals kam es, selbst nicht unter den Mächtigen, zu tumultuarischen Feindseligkeiten, geschweige zu bürgerlichen Kriegen: hier gab es keine religiösen Verfolgungen, wie sie die übrige Welt mit Bitterkeit erfüllten: es war der Ort des Friedens, wo jedermann, von welcher Religion und Nation er auch war, in Ruhe sein Gewerbe trieb. In ihrer Stellung zwischen Orient und Okzident bewahrten die Venezianer, wie in den Entzweiungen der großen Mächte, eine selbständige stolze Haltung.

Es ist gewiß der Mühe wert, den inneren Motiven eines Staatswesens nachzuforschen, das so glückliche Resultate gehabt hat.

Bei weitem in den meisten Büchern, die über die venezianische Verfassung erschienen sind, tritt uns die Lehre entgegen, das Gedeihen der Republik beruhe auf einer weisen Verbindung der demokratischen, aristokratischen und monarchischen Form, die man zu treffen gewußt habe.

Der namhafteste Gründer dieser Staatslehre ist Gaspar Contarini, der in der Mitte des 16. Jahrhunderts in der gelehrten Literatur Italiens eine Rolle spielte, und ein Buch von Kenntnis und Geist über seine Vaterstadt hinterlassen hat.

Contarini und seine Nachfolger sehen zunächst das demokratische Prinzip in dem Großen Rate, zu dem alle Nobili nach ihrem 20. Jahre Zutritt haben; hier vollziehe man die Wahlen zu beinahe allen Ämtern, unter wohlerdachten, Unterschleif, Parteilichkeit und die Umtriebe des Ehrgeizes verhindernden Formen: hier bestätige man alle wichtigen Gesetze oder hebe sie auf: hier sei im gewissen Sinne der Sitz der Souveränität. Dann folge der Senat oder der Rat der Pregadi, der das aristokratische Prinzip repräsentiere: außer den eigentlich gewählten Senatoren, welche in der Regel alle Jahr bestätigt würden, und ihren Adjunkten (Zonta) eine Vereinigung der wichtigsten Magistrate, der Prokuratoren von S. Marco, der Zehn, der drei Quarantien, denen die Rechtspflege oblag; dieser Rat nun, wie Aristoteles vorschreibe, aus den Alten zusammengesetzt, denen die Jugend billig Folge leisten müsse, verwalte sowohl die inneren als die äußeren Geschäfte: Einnahmen und Ausgaben, Entscheidung über Krieg und Frieden; er bestimme die Auflagen; er ernenne in dringendem Falle neue Magistrate und habe das Vorrecht, die Botschafter zu wählen und abzufertigen. Endlich stelle sich die Monarchie, welche die verschiedenen Zweige erst vereinige, in dem Dogen dar, der auf Lebenszeit gewählt werde, die Majestät eines Königs habe, in dessen Namen jede Verordnung jedes Gesetz erlassen werde: dem jedoch, seine Willkür beschränkend, die Consiglieri als sein geheimer Rat zur Seite stehe.

In dieser sich so würdig in Form einer Pyramide schließenden Staatsvereinigung gehe nun alles nach uralten heilig gehaltenen Gesetzen her mit wohlberechneter langsamer Überlegung, gegenseitiger Beschränkung; allen Verwandtschaften komme ihr Anteil an den öffentlichen Ämtern zu: jedoch sei hierin Berechtigung und Wahl so gut vereinigt, daß kein Untauglicher emporkommen könne.

Fast idealisch erscheinen uns hier die Institute dieser Republik: wie eine Ausführung der aristotelischen Regeln, gleich als sei hier der vollkommene Staat vorhanden, als seien alle seine Einrichtungen nicht aus der Notwendigkeit des Augenblicks und dem Gange der Ereignisse, sondern aus höheren Rücksichten in dem Reich der Ideen entsprungen. Derselben anordnenden Weisheit wird nun die Blüte der Republik zugeschrieben.

Wenn man dies liest, so regt sich, so wenig man auch gegen die einzelnen Angaben einzuwenden haben mag, doch ein unwillkürlicher Zweifel an der Wahrheit der allgemeinen Ansicht. Nicht so in regelmäßigem, nach einem Ideal zielenden Fortgang pflegen sich die Dinge der Welt zu gestalten: allzu leicht irrt dagegen die abstrahierende Reflexion. Den Kategorien der Doktrin, zumal wenn sie sich an der Betrachtung lange vergangener Zeiten ausgebildet hat, entsprechen die lebendigen Dinge nur selten; so wenig wie das Fachwerk der Literatur für die Produktionen ausreicht, die ein schöpferischer Geist aus der unendlichen Fülle mit frischer Kraft hervortreibt. Seiner Natur nach muß das immer fortströmende Leben die Formen zersprengen, welche die Beobachtung des bisher Gewesenen festsetzt.

Auch finden wir, sowie wir das Ganze der venezianischen Verwaltung betrachten, gar bald, daß die Praxis dem Ideal, wie es Contarini aufstellt, bei weitem nicht entsprach.

Schon gleich von vornherein, wie kann man eine Vereinigung adliger Geschlechter, welche alle anderen von der Staatsverwaltung ausgeschlossen hat, eine Demokratie nennen? Es mag sein, daß sie, für sich selbst betrachtet, wieder in demokratischen Formen sich bewegt, aber ihr Prinzip ist aristokratisch. Gegen Ende des 15. Jahrhunderts setzte ein alter Venezianer, der in den Geschäften ergraut war, Domenico Morosini, sich beiden entgegen, dem Prinzip und den Formen, in welchen dasselbe erschien. Er verfaßte ein Buch von der Republik, in welchem er von Venedig ebenso nach seinem Ausdruck, wie die Maler vollkommener Schönheit von irgend einem vorzüglich schönen Körper, das Muster nimmt, um eine vollkommene Republik zu schildern, und in welchem er in der Tat anzugeben sucht, wie die venezianische zu verbessern sei. Er ist ein entschiedener Gegner der Gewalt des großen Konsiliums; er findet es bei weitem zu zahlreich, zu ähnlich einer Volksmenge, als daß man ihm die Verteilung der Ämter anvertrauen sollte. Er tadelt den Eintritt der Jüngeren, namentlich der vierzig in den Senat. Man findet, sagt er, junge Leute von Talent, Gelehrsamkeit, Beredsamkeit; weise aber sind nur alte Männer und unter diesen wenige. Hat man die Wahl zwischen einem jungen Manne von natürlicher Einsicht und Geist und einem alten von Erfahrung, wenn gleich von mittelmäßigem Talent, so ist der Alte vorzuziehen. Alt sei, wer im Rat der Alten sitzen soll: denn die Erfahrung schärfe den Verstand. Mit unzweideutigen Worten erklärt er sich gegen die erbliche Gewalt der Nobili; nur das Alter, sagt er, keineswegs die Herkunft unterscheidet die Menschen. Sein Sinn war, daß der Große Rat aus dem Volke, nicht nach den Geschlechtern, sondern aus allen Bürgern und nur mit Ausschluß der niedrigsten Gewerbe gewählt würde, um das Gericht zu verwalten, die Ämter zu bestellen, die Stadt zu verschönern; aus ihm seien dann durch Skrutinium die Senatoren auszulesen, welche die Staatsgewalt mit dem Rechte, die schweren Verbrechen zu bestrafen, vereinigen sollen. Da dies jedoch von der bisherigen Verfassung allzusehr abweichen würde, so schlägt er vor, wenigstens unter den Nobili zwei Räte, einen der Alten und Jüngeren einzurichten; auch den letzteren könne man die Verteilung einiger Ämter überlassen, doch im Ganzen sei die Jugend in Gehorsam zu halten, von dem Ehrgeiz auf die Arbeit abzulenken: der Staat müßte nicht von ihr abhängen. Ein Senat von hundert werde für die wichtigeren Geschäfte hinreichen.

Es ist deutlich, was man dergestalt an der Republik tadelte. Die zahlreiche Menge des großen Konziliums schien nicht geeignet, die Wahlen, die noch immer bedeutende Anzahl des Senates nicht geeignet, die politischen Beratungen auf eine angemessene Weise zu verwalten. Domenico Morosini schildert, wie solche Mitglieder des Kollegiums, die die Gunst der Menge zu haben wünschen, nachdem die Briefe verlesen sind, sich auf die Straße begeben, die angekommenen Nachrichten, die laut gewordenen Ansichten mitteilen und zu vernehmen suchen, wohin sich die Meinung der Mehrheit neige; diese alsdann vorschlagen und mit großem Beifall durchsetzen.

Das war indes nicht das größte der Übel. Will man die Wahrheit sagen, so war Venedig in der zweiten Hälfte des fünfzehnten Jahrhunderts in einen Zustand geraten, der durch die Folgen der demokratischen Verfassung einer exklusiven Aristokratie die Zukunft der Republik in Frage stellte.

Wir sehen einige Geschlechter stark genug, um sogar den Dogen abzusetzen. Wir nehmen heftige und langwierige Familienparteiungen wahr. Wir begegnen trotz aller Beschränkung übermächtigen Dogen. Wir finden die über das Wohl der Republik entscheidenden Beschlüsse durch das Urteil der Jüngeren, das Interesse der Menge herbeigeführt und die Republik von ihrem Ideal weit entfernt.

Von diesen Dingen reden freilich die Geschichtschreiber, deren Werke im Druck erschienen sind, wenig oder gar nicht, doch sind sie nichts desto minder wahr.

Warum mußte man den alten Foscari, nach so vielem Glück und nach so vielem Herzeleid in seinem neunzigsten Jahre absetzen? Schon seiner Wahl hatten sich namentlich die Loredani entgegengestellt; dem Ruhme gegenüber, den dem Dogen seine Unternehmungen auf dem festen Lande verschafften, erhob sich darauf Pietro Loredano durch glückliche Unternehmungen zur See zu wetteiferndem Ansehen. Als Pietro unerwartet mit Tode abging, maß man dem Dogen die Schuld davon bei. Aber auf den Spuren des Vaters einhergehend, gelangte Jacopo Loredano, der auch den Tod seines Oheims dem Dogen zuschrieb, nach und nach zu einer überwiegenden Autorität; er stand an der Spitze der venezianischen Flotte, als die Türken Konstantinopel einnahmen. Man erzählt von ihm, in seinem Hausbuch über Soll und Haben habe er den Tod seines Vaters und seines Oheims als eine Schuld des Dogen bezeichnet und eine Seite leer gelassen, um zu bemerken, wenn dieselbe getilgt worden sei. Endlich im Jahre 1457 kam die Zeit der Rache. Als die Partei der Loredani den Rat der Zehn und das Kollegium mit Verwandten, Schwägern, Freunden eingenommen hatte, klagte Jacob Loredano den Dogen, der aus politischem Unmut seit einiger Zeit nicht mehr in den Räten erschien, vor den Consiglieren, den Avvogadoren und den Häuptern der Zehn an. Der gesamte Rat der Zehn mit der Zonta ward berufen. Wir haben die Rede Jacob Loredanos, worin er vorstellt, daß das Kollegium in Verwirrung, die Räte in Unordnung seien und die allgemeine Sache in schlechtem Zustand, nur darum, weil es an einem Oberhaupt fehle, das durch seine Gegenwart die Streitigkeiten zu schlichten suche. Er fand einen gewissen Widerstand. Bernardo verteidigte den Dogen, und erst am zweiten Tag konnte man es durchsetzen. Jedoch die Partei erreichte ihr Ziel. Der alte Doge ging in sein Haus jenseits des großen Kanals; er hörte noch die Glocken zur Wahl und Einführung seines Nachfolgers läuten; zwei Tage darauf ist er gestorben.

Die Verfassung war nicht so gut, daß sie nicht einem einzelnen Mann, einem einzigen Geschlecht möglich gemacht hätte, einen solchen Einfluß auszuüben.

Es war aber nicht allein ein Haus wider ein anderes. In der zweiten Hälfte des fünfzehnten Jahrhunderts nehmen wir eine bedeutende und durchgehende Parteiung in der Stadt wahr. Es ist die Entzweiung zwischen den alten und neuen Häusern. Schon seit dem Jahre 1382 war kein Doge aus den vierundzwanzig alten Häusern, die früher das Dogat fast aus Hand in Hand gegeben, gewählt worden. Möglich, daß dies anfangs mehr zufällig als aus Absicht geschehen war. Man hat wohl gesagt, daß ein geheimer Bund einiger mächtigen Geschlechter unter den neuen keinen aus den alten Häusern zu der Dogenwürde habe gelangen lassen. Ein tiefer Ingrimm verzehrte die aufstrebenden Mitglieder der alten, der sich dann und wann Luft machte.

Als im Jahre 1470 statt eines Contarini von den alten ein Erizzo von den neuen Häusern zum Podesta in Padua gewählt wurde, trat ein junger Mann aus einem der vornehmsten Adelsgeschlechter, Bartolomeo Memmo, in dem großen Konsilium voll Wut zu einigen seiner Genossen; er schlug ihnen vor, in guter Anzahl nächsten

Sonntag bewaffnet in den Senat zu kommen, und diese Verräter, vor denen die Ihrigen zu keiner Stelle mehr gelangen könnten, zu ermorden, von Christof Moro, dem Dogen an. Bartolomeo Memmo büßte seinen trotzigen Mut mit dem Tode; aber die Heftigkeit des inneren Hasses ließ nicht nach.

Als im Jahre 1486 Bernardo Justinian, von den ältesten Geschlechtern durch die Bemühungen seines Sohnes, der unter den Wählern saß, nahe daran war, Doge zu werden, geriet die ganze Stadt in Bewegung. Man sprach davon, daß die höchste Würde den neuen Häusern entrissen und den alten zurückgegeben werden solle. Jedoch wurde es nicht durchgeführt; vielmehr erfuhren die alten die ganze rückwirkende Kraft ihrer Gegner. Diese brachten es dahin, daß bei der nächsten Approbation des Senats viele der angesehensten Männer ausgestoßen wurden. Auch Lodovico Sforza, Herzog von Mailand, hörte davon und fragte Antonio Morosini, Gesandten der Republik, darüber. Gern hätte es dieser geleugnet. Lodovico hielt ihm vor, daß er ja selbst mit vielen anderen von den Häusern Morosini, Contarini, Justiniani, Zeno, Sanuto, aus der Zonta der Pregadi gestoßen worden. Es war eine so gefährliche Gärung, daß viele besorgten, Venedig werde durch innere Parteiung das Schicksal von Genua über sich hereinziehen.

Durch die Rede in dem Großen Rat, wie Venedig nur durch Einigkeit von geringstem Anfange zu dieser Macht gelangt, suchte der Doge die Bewegung zu dämpfen. Doch brachte er damit zunächst keine Wirkung hervor. Wir erfahren, daß einige sich die Namen der alten Häuser zu dem Zwecke verzeichnet hatten, um ihre Freunde zu überreden, keinem Mitglied derselben die Stimme zu irgend einem Amt zu geben. Man sah ein Verzeichnis der alten und neuen Häuser an öffentlichen Säulen angeschlagen: und setzte vergebens einen Preis von 12 000 Lire auf die Entdeckung des Täters.

Dieser Doge aber, Marco Barbarigo selbst gab nicht wenig Anlaß zu gegründeten Klagen. Man glaubt wohl insgemein, sagt einer der unterrichtetsten Chronisten zum Jahre 1505, daß ein Fürst von Venedig einem Traume in der Schenke gleich sei, daß er nichts ohne seine Räte tun könne; aber ich erkläre, daß ein Fürst viel vermag und am Ende tut, was ihm gefällt; denn niemand wagt ihm zu widersprechen und jedermann sucht seine Gnade zu haben. Allen Einfluß, den ihm die Dogenwürde verlieh, machte Barbarigo zu seinem Vorteil geltend. Er erfüllte die Ämter mit seinen Dienern und Freunden; er nahm von allen Rettoren, die in einer Sache zu ihm kamen, Geschenke, und wehe dem, der ihm keine darbot. Man klagte ihn an, die Kammern von Padua, Feltre Piave di Sacco, Rovigo, beraubt zu haben. Man rechnete ihm eine erhebliche Beeinträchtigung der Zölle nach. Feile Gerechtigkeit, Verbindung mit fremden Fürsten, Gewaltsamkeiten gab man ihm Schuld; als Herr und Tyrann habe er sich betragen. Mehr als 200 Zeugen standen wider ihn auf. Gegen seine Verwaltung war es, daß die Inquisition über die Vollziehung der herzoglichen Promission eingesetzt wurde.

So viel Einfluß auf die öffentlichen Dinge war auch bei dieser Verfassung dem Haß oder der Habsucht der Personen gelassen.

Es war unmöglich, in dem Großen Rat die freie Wahl nach der bloßen Rücksicht auf Würdigkeit und Verdienst durchzusetzen. Zwar schwur ein jeder, dem seine Stimme nicht zu geben, der ihn mit Worten, ja nur mit Winken und Grüßen darum gebeten haben würde. Aber die wenigen, die dem Eide treu sein wollten, sahen sich selbst eben deshalb von den Ämtern ausgeschlossen. Man mußte aus Entsetzen über unaufhörliche Meineide den Schwur endlich ganz abschaffen. Hierbei war alsdann ein überwiegender Einfluß der Mächtigen auf die Geringen nicht zu vermeiden. Man wachte eifersüchtig darüber, wie einst in Rom, daß derselbe nicht einem einzelnen zuteil wurde. Als Franz Falier einst die Absicht hegte, auf eine Pension für die armen Edelleute in gewissen Lebensjahren anzutragen, schien dies, zumal da sich niemand ohne eigene Gefahr widersetzen konnte, so gefährlich, daß man Falier zu verbannen eilte. Aber wie konnte man minder merklichen Einflüssen widerstehen. Im Jahre 1509 war Franz Cornaro, Neffe der Königin Cornaro, des größten Verbrechens in diesem Staat, des Einverständnisses mit fremden Fürsten förmlich überwiesen. Aber der Einfluß seines großen Geschlechts machte sich dergestalt geltend, daß man ihn mit einer viermonatlichen Entfernung aus dem Großen Rat und allen Ämtern bestrafte, und daß man ihn beinahe völlig freisprach. Der gewöhnliche Triumph der Mächtigen, ruft Paruta aus.

Es konnte nicht anders sein, als daß dieser Zustand auf die wichtigsten Verhältnisse der Republik einwirkte. Als sich die Liga von Cambrai vorbereitete, war es noch möglich, den Sturm zu beschwören, wenn man den Papst, auf dessen Beifall und Rücktritt alles ankam, zu begütigen suchte. Viele rieten dazu. Vor allen aber widersetzte sich im Senat Georg Emo und Anton Venier; sie glaubten nicht, daß der Papst wider die Republik etwas ausrichte. Das Interesse der ärmeren Menge, die Verwaltung der in der Romagna besetzten Plätze in Händen zu behalten, unterstützte sie, und sie setzten ihre Meinung durch, ein Beschluß, der an den großen Unglücksfällen von 1509 vorzüglich schuld war.

Insofern als der Große Rat gesetzlich und unbestritten die oberste Macht ausübte, kann die Verfassung von Venedig als eine souveräne Demokratie betrachtet werden. Der vornehmste Mangel einer solchen wird immer sein, daß das herkömmliche Ansehen großer Geschlechter, oder das Talent emporstrebender Männer, oder ein Anhang, durch eigene Interessen gebunden, die Meinung der Menge mit sich fortreißt, und die Ausführung der Gesetze unmöglich macht.

Es ist zuweilen der Vorschlag gemacht worden, die Jüngeren, besonders die Mitglieder der Quarantien, wenigstens aus dem Senat auszuschließen. Wenn man aber einmal auszuschließen begann, wo wollte man aufhören? Warum nicht auch die Ärmeren, die der Abhängigkeit von den Reicheren allzusehr ausgesetzt waren? Warum nicht auch die Kaufleute, bei denen ein partikulares Interesse die Deliberation in Staatssachen bedenklich macht? Auch dies hatte Domenico Morosini für nützlich gehalten; er fand es nur unausführbar, da wenigstens zu jener Zeit die Nobili sämtlich Kaufleute waren. Also ließ man es, wie es war. Man erblickte dann sogar in der Verbindung der mannigfaltigen Alter einen Vorteil. „Siehst du, mein Sohn Marin“, sagte Ferigo Badoero, Savio des Consiglio der Prokuratoren, ein guter würdiger Greis, eines Tages zu Marin Sanudo, dem Geschichtschreiber, „siehst du diesen Saal (des Senats) wie er gemacht ist? Man hat ihn zu Zeiten des Herrn Piero Gradenigo Dogen gemacht. Siehst du diese großen, mittleren und kleineren Bäume? So verhalten sich diejenigen, welche zur Regierung des Staates berufen sind, untereinander. Die kleinen lernen, dann kommen die mittleren, dann die großen. So sind die drei Alter, Junge, Mittlere und Alte, und auf diese Weise regieren sich wohl eingerichtete Republiken."

Gewiß: wenn es die Jüngeren gewesen waren, welche durch die Behauptung der Romagna das Unglück über die Republik gebracht hatten, so waren es auch dieselben, welche den Alten und vor allem aber dem Aluise da Molin Mut machten, sich Paduas zu bemeistern.

Wenn nun aber diese Verfassung wie jede andere mannigfaltige Übelstände in sich schloß, so hat man auch von jeher gesucht, derselben durch eigene Institutionen Herr zu werden. Eine solche bilden die Avvogadori di Comune, die Venedig vor den meisten anderen Freistaaten alter und neuerer Zeit eigen sind.

Sie sind die Anwälte des Interesses der Gemeinheit. Ursprünglich vielleicht nur, inwiefern der Besitz der Gemeinde von den Usurpationen der Privatleute sicher zu stellen war, aber allmählich erweiterte sich ihre Befugnis. Jeder Mißbrauch der amtlichen Gewalt, dem Worte des Gesetzes entgegen, durch welche auch, wie man sieht, das Recht der Gemeine, dem einzelnen übertragen, von ihm zu persönlichen Zwecken usurpiert ward, war ihrer Rüge anheimgestellt.

Die höchsten Magistrate sind ihrer Aufsicht ausdrücklich unterworfen. Sie sollen jedermann anklagen, wer es auch sei.

Inwiefern nun auch richterliche Ämter ihrer Aufsicht unterworfen sind, gelangen die Appellationen an sie.

Sie haben das Recht, in allen Kriminalgerichten sich der Angeklagten anzunehmen, und selbst Vorschläge zu ihren Gunsten zu machen. Sie sollen sitzen, um die Klage derer zu vernehmen, welche Unbill erlitten. Man wird dabei an die Gewalt des Justicia von Aragon erinnert. Der Unterschied der Avvogadoren ist, daß sie nicht nur anzuklagen haben und eigentlich nicht politisch sind.

Wie kann es aber geschehen, daß, während persönlicher Einfluß soviel in der Verfassung vermag, nicht auch sie von demselben ergriffen und fortgerissen werden? Hat man auch dafür gesorgt, daß sie einen Rückhalt haben, um etwas wagen zu können?

Soviel die Verfassung zu tun vermag, hat sie getan. Das Amt des Dogen erscheint hier in seiner wahren Würde. Er soll nicht Heere in den Krieg führen, er soll nicht die auswärtigen Angelegenheiten leiten; sein Amt ist ihm vor allem darum übertragen, was er an persönlichem Ansehen besitzt, ist ihm darum gelassen, daß er die Gesetze handhabe, mit einem Wort, daß er die Avvogadoren unterstütze. Von allen Pflichten schärft ihm Domenico Morosini keine nachdrücklicher ein. In den großen Kriminalsachen soll er sich mit den Avvogadoren verbinden: mit ihnen die der Veruntreuung staatlicher Gelder Schuldigen verfolgen; der Insolenz der Magistratspersonen, den Anmaßungen der Rettoren Einhalt tun: auf die unnachsichtliche Bestrafung der Verbrecher dringen; doch nicht dies allein, sondern die Avvogadoren ermutigen, die Unterdrückten, die Unschuldigen zu befreien: ja, in wichtigen Fällen, wenn sie es wünschten, selbst ihr Amt übernehmen. „Darum heißt der Fürst in unserer Republik Großavvogador; solange er dies, sein Amt verwaltet, gehen die Geschäfte wohl, sie stehen still, sobald er darin nachlässig ist."

Wir müssen anerkennen, daß im 15. Jahrhundert das Amt der Avvogadoren mit lobenswertem Eifer ausgeübt wurde. Man rühmt uns, wie gut es sei, jemand zu wissen, der die Klage höre, dem Bittenden Hilfe leiste, dem Unrecht Einhalt tue, der Keckheit der Bösen sich widersetze.

Dieses Amt ist die Säule von Venedig, sagt uns eine Beschreibung der Republik von 1430.

Dabei aber konnte es doch sein Verbleiben nicht haben; die Anklage konnte nicht genügen. Es gehörte eine stärkere, mit gerichtlicher Autorität und exekutiver Gewalt ausgerüstete innere Gewalt dazu, um das republikanische System aufrechtzuerhalten.

Denkt man sich einen Augenblick die sämtlichen Beamten einer Monarchie in einer republikanischen Verfassung, so wird man sofort inne, welche Schwierigkeiten es haben würde, sie alle zusammen und dem Begriffe ihres Staates untertänig zu halten, eine strenge Kontrolle auszuüben, und in der Mitte der Freien und Gleichen eine starke, zentrale Gewalt zu gründen. Wie würde dies möglich sein, ohne der Freiheit Eintrag zu tun, ohne der Persönlichkeit oder der Partei Spielraum zu geben?

In Venedig war die Schwierigkeit noch größer, weil die Nobili sozusagen einen erblichen Beamtenstand bildeten.

Es wird ein starkes Ferment dazu gehören, dem in jeder Mannigfaltigkeit vorhandenen Prinzip des Auseinanderstrebens die Waage zu halten.

Ein Institut in diesem Sinne ist der Rat der Zehn. Es kommt darauf an, zu sehen, welches seine Macht war; wie sie ausgeübt ward; ob er in der Tat die Einheit erhielt, und wie er die Freiheit der Republik möglich machte.

Im 14. Jahrhundert, unter inneren Kämpfen, welche die aristokratische Verfassung gefährdeten, war der Rat der Zehn mit seiner Zonta errichtet worden. Die Quarantia, in der sich bisher kriminalrechtliche Befugnisse und die Sorge für die Sicherheit des Staates vereinigt hatten, war in den Stürmen jener Zeit nicht mehr fähig, die öffentliche Ordnung zu erhalten. In den Unruhen des Jahres 1310 nun wurde von der Partei, welche in dem Kampfe gegen Bajamonte Tiepolo die Oberhand behalten hatte, das Kollegium der drei Häupter der Quarantia durch eine Verstärkung zum Rate der Zehn erweitert. Diese Zehn sollten alle die Macht haben, welche der Große Rat besitze, d. h. die souveräne Macht, in den obschwebenden Gefahren die erforderlichen Mittel zu ergreifen. In den folgenden Zeiten traten aber Umstände ein, in denen sie ihrer Aufgabe nicht genügen zu können meinten. Der Doge selbst, das Oberhaupt der Republik, Marino Falier, wurde eines Versuchs, die Verfassung umzustürzen, schuldig befunden. Man stellte den Grundsatz auf, daß auch der Doge den Gesetzen unterworfen sei, selbst mit seinem Leben, er wurde, wie man weiß, hingerichtet. Bei dem Verfahren, das gegen ihn eingeleitet wurde, forderte und erhielt der Rat der Zehn eine Verstärkung, die anfänglich zufällig durch spätere Dekrete zu einem integrierenden Teile des Tribunals erwuchs, und diesem durch den Namen, die Würde und die anderweiten Amtsbefugnisse der neuen Mitglieder eine den ganzen Staat umfassende Autorität gab.

Wenn am Ende des 15. Jahrhunderts trotz aller der angedeuteten Übelstände und Mißverhältnisse dennoch die öffentliche Ordnung erhalten wurde, die schon damals die Bewunderung der Fremden erweckte, so war dies besonders der strengen Aufsicht, die dieser Rat ausübte, zu verdanken.

Man bemerkte den Unterschied zwischen Venedig und den anderen italienischen Städten; die großen Verbannungen wurden hier vermieden. Wenn es immer ein auswärtiges Florenz gab, und das innere, der eigentliche Staat, sich in einem fortwährenden Kampfe gegen dasselbe befand, so wurden in Venedig die miteinander kämpfenden Parteien in Ruhe erhalten. Wir finden die nächsten Verwandten der Verjagten doch wieder in den wichtigsten Ämtern; der Zwiespalt der alten und neuen Geschlechter kam doch nie zu vollem Ausbruch. Zwischen den Nobili, die das Consiglio bildeten, und den anderen bürgerlichen Geschlechtern war kein offenbarer Gegensatz. Auch die letzteren genossen einige bedeutende Vorzüge. Die Nobili, die ihrerseits kein Haupt dulden wollten, wurden doch wieder durch eine Macht, in welcher sich die Einheit des Staates und die allgemeine Gerechtigkeit repräsentierte, im Zaum gehalten.

Ich will hier nicht ausführen, welche Umänderungen mit diesem Rate im Laufe der Zeiten vorgegangen sind.

In der Mitte des 15. Jahrhunderts hatte man seine Befugnisse einmal beschränkt, im zweiten Dezennium des 16., im Jahre 1518 fand man geraten, sie wieder herzustellen. Von da bis zum Jahre 1582 ist die Zeit der größten und ausgebildetsten Macht dieses Magistrats. Es ist eben die, welche wir hier zu betrachten haben, in der die venezianische Verfassung und Verwaltung die allgemeine Bewunderung genoß.

Wir erinnern uns der Natur dieses Staates überhaupt; er bestand, wie oben angedeutet, aus einer Menge von ursprünglich autonomen Kommunen und Landschaften, die unter gewissen Bedingungen dem venezianischen Gemeinwesen beigetreten oder unterworfen worden waren.

Daß es dabei an mannigfaltigen Gegensätzen und Konflikten nicht fehlen konnte, liegt am Tage. Wo aber fand sich ein Gericht oder eine Behörde, um solche auszutragen und zu entscheiden? Die venezianischen Nobili waren, im allgemeinen genommen, selbst Partei. Was sollte ihren Gewalttätigkeiten Einhalt tun, wenn sie es nicht selbst taten? Die Aristokratie also mußte auf das strengste in den gehörigen Schranken gehalten werden, wenn nicht alles auseinander fallen sollte: denn daß vorkommende Ungerechtigkeiten den Abfall, dies aber den Verlust von Ansehen und Gebiet herbeiführen mußte, konnte niemand bezweifeln. War nun aber die herrschende Aristokratie selbst inneren Parteiungen zugänglich, so wurde alles zweifelhaft und unsicher. Man hielt also dafür, eine Behörde aufzurichten, welche gleichsam die Idee des Staates repräsentieren und durch eine unbedingte Autorität zur Anerkennung bringen sollte.

Ohne alle Rücksicht auf jene Mischung dreier Prinzipien waren diesem durchaus aristokratischen Rate die wichtigsten Befugnisse zuteil geworden.

Seinem ursprünglichen Zwecke nach bildete er zunächst einen höchsten Gerichtshof gegen Meuterei und Verrat. Was läßt sich nicht alles unter diesem Titel begreifen?

Aber einige Fälle, wenn z. B. ein venezianischer Nobile das ihm angewiesene Amt verlassen, oder wenn ein Patrizier einer unterworfenen Stadt sich einem venezianischen Magistrat widersetzte, waren ihm noch besonders übertragen. Der Rat glaubt, sich hierbei über die gewöhnliche Form des Gerichts hinwegsetzen zu können: eine Verteidigung des Beklagten nimmt er nicht an; er urteilt allein nach dem Resultate des Verhörs; Geheimnis, treffende Gerechtigkeit und rasche Vollziehung verschafften ihm eine furchtbare Autorität.

Außerdem aber erwarb er allmählich noch eine Menge anderer Berechtigungen, die mit seiner ursprünglichen Bestimmung in der Tat nur wenig zusammenhingen.

Man hat es zuweilen leugnen wollen, aber die Register der Staatsverwaltung zeugen unwidersprechlich, daß die Zehn, die höchste Instanz, über die Verwaltung der öffentlichen Gelder entschieden. Ich sah eines ihrer Dekrete, in welchem sie den Kammern der vornehmsten Städte des festen Landes den Auftrag gaben, ihre Einnahmen im nächsten Monat nicht nach Venedig zu schicken, wie gewöhnlich, sondern unmittelbar an den Generalproveditor ihres Heeres auszuzahlen, nach Venedig nur die Summe zu melden. Sie erließen öffentliche Schulden; sie entnahmen von den Zöllen; sie machten Geschenke an fremde Minister, besonders an türkische Wesire und Paschas, ohne dem Senat auch nur Nachricht davon zu erteilen: sogar Vermächtnisse, die zu einem bestimmten Zweck gemacht worden, verwandten sie zu einem anderen.

Es ergibt sich, welchen Einfluß sie hierdurch auf die auswärtigen Verhältnisse bekamen.

Auch bei jener Verringerung ihrer Befugnisse im 15. Jahrhundert war ihnen doch diese Gerechtsame geblieben.

Wichtige Sachen, sagt unser Domenico Morosini ausdrücklich, wo es das Wohl oder das Wehe der Republik gilt, z. B. Traktate mit fremden Mächten, in denen das Geheimnis notwendig ist, werden zum Heil der Republik von diesem Rat besorgt.

Wieviel mehr war dies alsdann der Fall, nachdem ihre Macht ausdrücklich wieder erweitert worden war. Wir werden ihren Anteil an den wichtigsten politischen Unterhandlungen des 16. Jahrhunderts sogleich noch berühren.

Da nun die geistlichen Geschäfte namentlich in einem katholischen Staate, wegen des Verhältnisses zur römischen Kurie einen Teil der auswärtigen Angelegenheiten auszumachen pflegen, so folgt, daß auch diese in ihren wichtigsten Zweigen dem Rate der Zehn anheimfallen. Unter anderen übte er das Recht aus, zu der angesehensten geistlichen Stelle im Staate, zu dem Patriarchat der Kurie vier Kandidaten vorzuschlagen, aus denen man in Rom dann einen wählen mußte: natürlich immer unter dem strengsten Geheimnis, sowohl um der Bedeutung der Sache, als um der Würde des Rates selber willen.

Inmitten der Republik erhebt sich vor unseren Augen eine Gewalt, welcher wie im Gericht, so in den Finanzen, in den geistlichen wie in den auswärtigen Verhältnissen die wichtigsten Befugnisse zustehen. Nicht anders wie jenes spartanische Ephorat, vor welchem, wie es auch entstanden sein möge, die Macht der vor alters konstituierten Gewalten zusammenschwand.

Aus den Dekreten der Zehn, die noch in dieser Epoche auf Pergament verzeichnet, in dem Archiv aufbewahrt werden, erhellt, daß es in der ganzen Republik nichts gab, worin sie ihre Hand nicht hätten legen können. Wie konnte es auch anders sein, da ein ausdrückliches Gesetz vom Jahre 1518 ihnen erlaubte, alle Sachen vor sich zu ziehen, die sie mit fünf oder sechs Stimmen ihres Rates für dazu geeignet erklären würden.

Die drei Häupter der Zehn waren ohne Zweifel allemal die mächtigsten Männer in der Republik.

Man höre einen einzigen Paragraphen aus dem Kapitular, das sie sich unter öffentlicher Autorität selber vorgeschrieben. Jedesmal, lautet es, wenn ich mich in die Versammlung der Signoren begebe, sollen alle Fremden entlassen werden, die sich um eines Geschäftes willen daselbst befinden, welches auch irgend es sein möge: man soll alle anderen Sachen fallen lassen, und mich hören. Sie hatten die Prärogative einer wahrhaft fürstlichen Autorität.

Betrachten wir dies alles, so nimmt unsere Frage eine andere Wendung.

Wir sehen wohl, daß es eine Gewalt gab, welche jene nach verschiedenen Seiten auseinandergehenden Bestrebungen in der Republik zusammenzuhalten vermochte. Allein wir fragen, wo denn die Grenze dieser Befugnisse war, wie die allgemeine Freiheit dabei bestehen konnte: ob nicht die übrigen Räte alle wesentliche Macht verloren, und diese dem Rate der Zehn ausschließend zuteil wurde.

Wir werden dem Sinne und Geist der venezianischen Verfassung nähertreten, wenn wir bemerken, wie der Rat der Zehn mit den übrigen Behörden zusammengreift, und sie nicht allein selber beschränkt, sondern auch von ihnen hinwieder modifiziert wird.

Da ist es nun schon von vielem Belang, daß dieser Rat altem Herkommen gemäß durch eine Zonta aus den Pregadi, d. i. einem Zusatz aus dem Senat, erweitert wird. Es sind das die angesehensten Mitglieder, die in allen auf die Administration bezüglichen Geschäften nicht allein ein Gutachten, sondern sogar eine entscheidende Stimme abzugeben haben. Dadurch war der Kreis der Machthaber erweitert, die Befugnisse, die auf wenige eingeschränkt, unerträglich werden könnten, auf viele ausgedehnt.

Es wäre ein Irrtum, anzunehmen, daß der Rat der Zehn irgend einen Zweig der Geschäfte in seiner Totalität verwaltet hätte. Die Pregadi hatten daran unaufhörlich den größten Anteil.

Obgleich, wie wir sehen, die geistlichen Angelegenheiten unter dem Einfluß der Zehn standen, so übte doch auch der Senat in denselben eine nicht geringe Autorität aus. Er reguliert die Art und Weise, wie der weltliche Arm der geistlichen Behörde zu Hilfe kommen sollte; er verordnet die Assistenz weltlicher Behörden, auch bei der Untersuchung der geistlichen Gerichte, sowie auch gegen geistliche Personen: daß im April 1547 die venezianischen Nobili mit einer päpstlichen Inquisition zusammentreten, um wider die Ketzer in Venedig zu inquirieren und Klage anzunehmen, war eine Einrichtung, die nicht von dem Rate der Zehn ausging, obwohl dann die Zehn die Modalitäten dieser Inquisition unter ihre besondere Aufsicht nahmen.

Wie der Rat der Pregadi von allem Anfang für Handelsangelegenheiten eingerichtet worden, so hatte er die Aufsicht darüber unaufhörlich beibehalten. Wir finden eine große Anzahl seiner Verordnungen, nicht allein in so untergeordneten Gegenständen, wie Befrachtung der Schiffe, oder die Anfangszeit und das Ende der Schifffahrt, sondern auch über den Zwischenhandel auf dem Golfe, die Ausladung in unterworfenen Orten, was nach der Türkei auszuführen, was ihr zu versagen, wie es einzurichten sei, daß auch das Land von dem Kriege keine nachteiligen Folgen verspüre.

Ja zuweilen scheint es wohl, als beschränke dieser Rat sich selbst. Im Jahre 1549 verwarf er ein Gesetz, durch welches ihm das Recht zugestanden werden sollte, über die weitere Erstreckung einer Auflage zu verfügen; er bemerkte, es habe dem Kollegium nur zugestanden, die hierauf bezüglichen Vorschläge zu machen; dabei möge es auch sein Verbleiben haben.

So bildete sich nun das eigenste Verhältnis von der Welt. Der Rat der Zehn hat eine Macht in der Verwaltung, die sich aber nur auf die besonders wichtigen, politisch bedenklichen Fälle erstreckt; er ist weit entfernt, die Tätigkeit anderer Behörden zu lähmen, zu vernichten: nur da tritt er ein, wo es eines besonders eifersüchtigen Auges, wo es des Geheimnisses und eines raschen Entschlusses bedarf.

So werden z. B. die Behörden, welche die Forsten, aus deren Holz die Schiffe gezimmert wurden, oder den Schiffbau selbst und das Arsenal beaufsichtigen, von dem Senat oder dem Großen Rat ernannt; aber es gibt einen Wald, dessen Eichen ausschließlich für das Arsenal bestimmt sind, der Wald von Montello; sieben Miglien vom Abhang des Gebirges im Norden der Piave breitet er sich aus, dieser Wald ist den Zehn anvertraut: da gestatten sie nur eine einzige Wohnung, die des Capitano, den sie selber setzen und dem sie sehr besondere Befugnisse einräumen.

Sorgt der Senat übrigens für Gewerbe und Handel, so hat doch der Rat der Zehn sich die Fabriken von Murano vorbehalten; kein Arbeiter darf die Insel verlassen ohne seine Erlaubnis. Es zeigt sich, daß einige Glasarbeiter von Murano, einige Wollenweber und Seidenfabrikanten, einige Marangoni des Arsenals, die man verbannt hat, ihre Kunst in fremdem Gebiet ausüben: die Zehn eilen, sowie sie das in Erfahrung bringen, diese Arbeiter sämtlich und jeden insbesondere von ihrem Banne loszusprechen. Vor allem scheint es ihnen wichtig, deren Gewerbe in Venedig festzuhalten.

Nicht mit Unrecht vergleicht Franz Barbaro, wie er von Savoyen zurückkommt, die Versammlung der drei Stände mit dem Großen Rat, das Parlament mit dem Senat, die Macht des Fürsten aber mit der Macht der Zehn.

Versteht sich eine fürstliche Macht, die nicht in Zierat und Pomp, sondern in wesentlicher Wirksamkeit bestehe. Ich war nie in dem Rat der Zehn, sagt Marco Donato, und kenne daher die Grundlage unseres Vaterlandes nicht.

Es ist untunlich, alle die übrigen Zweige der Verwaltung durchzugehen, um zu erkennen, wie die Gewalt verteilt war, wie über die mannigfaltige Tätigkeit anderer Magistrate die Zehn eine höchste Autorität ausübten. Allein die Besorgung der auswärtigen Geschäfte erfordert unsere volle Aufmerksamkeit; hier, wo der Staat inmitten der anderen, gleichsam als eine Person erscheint, ist vor allem Geheimnis und Entschiedenheit notwendig; und dennoch machen hier viele auf gleiche Einsicht Anspruch und wollen darin tätig sein. Es erscheint mir nicht als ein Vorzug der venezianischen Republik, daß die auswärtigen Sachen ihre Aufmerksamkeit so sehr beschäftigen. Die Pregadi, 200 Männer, nahmen an denselben fortwährenden Anteil. Wie wird es möglich sein, hier zugleich die Zügel anzuziehen und diesen Anteil nicht ganz aufzulösen? Um die venezianische Regierungsweise kennenzulernen, müssen wir einiger Fälle gedenken, in denen sie mitten in großen Verlegenheiten ihren Charakter entwickelte.

Im Jahre 1525 setzte die Schlacht von Pavia ganz Europa in Besorgnis.

Nach der Niederlage der Franzosen schien der Kaiser Herr von Europa werden zu können. Es war gefährlich für alle, seine Macht sich weiter entwickeln zu lassen, für jeden einzelnen aber, zuerst hervorzutreten.

Ganz in dem Mittelpunkt der Bewegung stand Venedig. Und da war nun die Frage, ob und wie es ihm möglich sein werde, an den geheimen Umtrieben der Politik den Anteil zu nehmen, der ihm gebührte.

In der Tat zweifelte man selbst zu Rom daran. Jakob Salviati wünschte, daß der Papst in ein Verteidigungsbündnis mit Venedig treten möchte, und man fragte bei dem venezianischen Botschafter in Rom an, ob ein solches woanders könne verhandelt werden als in dem Senate.

Die Zehn antworteten, sie würden ein solches in ihrem Rate mit der Zonta schließen können. Wirklich hatte eben dieselbe schon ihrerseits Anstalten zu anderen Unterhandlungen getroffen. Schon am 3. März, wenige Tage nach der Schlacht, hatte das Kollegium auf ihre Ermächtigung insgeheim einen Abgeordneten nach Frankreich geschickt, um zu sehen, welche Anstalten zur Verteidigung man dort treffe; an dem achten gaben sie eine ähnliche, für einen nach England zu sendenden Sekretär; an dem neunten befahlen sie ihrem Gesandten in Mailand, sich über ein Wort des Herzogs, daß er nämlich in engere Verbindung mit Venedig zu treten wünsche, des näheren zu belehren. An allen Orten knüpften sie augenblicklich die Fäden der Politik an. Anfangs geht es nicht ganz nach Wunsch. Der Papst und der Herzog von Mailand verraten Absichten, die man in Venedig nicht billigt, und sofort sind sie bereit, alles dem Senat mitzuteilen. Aber schon im April beginnt eine andere Unterhandlung, auf der Basis, welche sie wünschen, daß Mailand im Besitz des Hauses Sforza verbleibe. Indem sie auf die ersten geheimen Vorschläge des Papstes eingehen, versichern sie ihm, daß ihre Sache in dem Rat der Zehn begraben liege; sie unterhandeln während des ganzen Mai und Juni in Konstantinopel, Mailand, Frankreich; erst im Juli ist die Sache ganz im Gange, und nunmehr erst geben sie den Pregadi davon Nachricht und überlassen ihnen einen großen Teil der ferneren Entwicklung.

Der Senat hat danach an der Politik von Venedig seinen Anteil, jedoch geschieht dies nicht ohne eine gewisse Bevormundung. Durch ein ausdrückliches Gesetz wird den Zehn verstattet, die bei der Signoria und dem Kollegium eingegangenen Berichte in dem Senat entweder gar nicht, oder nicht vollständig lesen zu lassen, wenn sie zwei Drittel ihrer Stimmen dafür haben. Wir finden, daß dies nicht selten geschehen ist. Selbst Dinge, die sie nichts angehen; wenn etwa der Ambassador von Rom gemeldet, Pius IV. suche die Frauen der Königin Elisabeth zu bestechen oder den Prinzen Condé zu gewinnen, oder wenn man in der Relation eines zurückkommenden Gesandten von bedenklichen Äußerungen eines Königs von Frankreich über das damals tagende Konzil hört, beschließen sie, das im Senat zu verschweigen. Zuweilen teilen sie Schreiben, die sie im November bekamen, dem Senat erst im folgenden März mit. Doch sind dies außerordentliche Fälle.

Wir finden fortwährend auch den Senat sehr tätig. Vor uns liegt sein Tagebuch von 1537. Fast jeden Tag finden wir zwölf bis sechzehn wichtige Depeschen (Dispacci) verlesen, drei bis vier wichtige Beschlüsse gefaßt. Der Rat der Zehn teilt ihnen gewisse Anträge mit, und die Pregadi beschließen, was darauf zu entgegnen. Sie erklären den Türken, weshalb sie den Frieden zu brechen genötigt seien; an dem Abschluß der Liga jenes Jahres haben sie lebhaftesten und selbständigsten Anteil; sie ordnen die Erbauung der Schiffe, die Werbung der Truppen, die Befestigung ihrer Plätze an, sie wählen den Generalkapitän; und lese man ihre Beschlüsse allein, so sollte man glauben, die Regierung des Staates stünde vollständig bei ihnen.

Jedoch weit gefehlt. In eben diesem Kriege erschien die Gewalt des Rates der Zehn eingreifender als jemals. Durch den zurückgekommenen Gesandten Pietro Zeno, den sie, alle dawiderlaufenden Gesetze nicht angesehen, an ihren Beratungen teilnehmen ließen, der alsdann ihre Schreiben als die seinen beförderte, unterhielten sie im Jahre 1539 eine enge Verbindung mit Konstantinopel.

Nachdem sie alles vorbereitet, teilten sie ihre Absicht, Friede zu machen, dem Senat mit, doch nicht mit vollkommenem Vertrauen. Über ein Schreiben nach dem andern wird vor der Mitteilung ballotiert. Und so wird wohl der Senat unterrichtet, und auch er gibt den Abgeordneten, die den Frieden unterhandeln, seine Aufträge; jedoch werden diese von dem Rat der Zehn sofort entscheidend überboten. Es ist merkwürdig, unter welcher Form dies geschieht. „Ob wir wohl hoffen", schreiben sie dem Bailo zu Konstantinopel, am 18. August 1540, „daß Ihr die hochmögenden Paschas zum Frieden auf die in Eurer vom Senate erhaltenen Kommission angegebenen Bedingungen bewegen werdet; so haben wir doch mit unserem Konsilium der Zehn, und der Zonta (die Briefe sind im Namen des Dogen ausgefertigt) beschlossen, Gegenwärtiges hinzuzufügen, und so sagen wir Euch: Solltet Ihr sehen, daß jene hochvermögenden Paschas die Überlieferung unserer Städte Napoli di Romania und Malvasia von Euch fordern würden, in diesem Fall geben wir Euch Erlaubnis, in die Abtretung der einen von beiden zu willigen; solltet Ihr jedoch sehen, daß ohne die Verzichtleistung auf beide an dem Friedensabschluß zu verzweifeln wäre, in diesem Fall geben wir Euch Freiheit, den Frieden abzuschließen, und in die Abtretung jener beiden Städte zu willigen." So geschah es auch. Der Frieden ward geschlossen, die Städte wurden abgetreten. Ohne alle Anfrage bei den Pregadi, ohne an den Großen Rat irgend zu rekurrieren, dekretierten die Zehn eine Abtretung eines Gebietes.

Noch auffallender ist ihr Verfahren beim Abschluß des Friedens von 1573, in welchem die letzte große Erwerbung, die Insel Zypern, der Herrschaft des Islam wieder überlassen wurde.

In den Dekreten der Zehn können wir verfolgen, wie sie noch im März 1572 so kriegerisch gesonnen, daß sie den Papst ersuchten, diejenigen Gefangenen, die dem Feinde immer wieder als Anführer dienen könnten, töten zu lassen, doch schon im Juni denken sie an den Frieden.

Ein französischer Botschafter hatte eine Unterhandlung eingeleitet. Noch wollen sie ihm die Sache überlassen, und machen ihrem Bailo zur Pflicht, nur bei allgemeinen Ausdrücken stehen zu bleiben. Das Ereignis der Bartholomäusnacht aber machte sie aufmerksam, wie die Sachen in Frankreich standen. Besorgt, daß infolge der inneren Bewegungen die Bemühungen Frankreich erkalten, geben sie am 19. September dem Bailo den Auftrag, die Unterhandlung selbst in die Hand zu nehmen, doch unter dem möglichsten Geheimnis. Er soll Geschenke an den Pascha bis auf 50 000 Zechinen und größeren Tribut für Zypern versprechen, um das Entrissene wieder zu erhalten; ist es unmöglich, so sollte er wenigstens auf die Rückgabe der Städte und Ortschaften dringen, die in Dalmatien und Albanien verlorengegangen sind. Immer dringender erscheinen ihnen die Umstände. Ihr Schreiben vom 19. November enthält die Worte: „Gefällt es Gott, es Euch möglich zu machen, auf eine der angegebenen Bedingungen den Frieden zu schließen, so würden wir nichts für gefährlicher halten, als langen Aufschub." Noch einen Schritt weiter gehen sie. Lorenzo Soranzo schlägt vor, auch die Rückgabe jener Territorien nicht für die unerläßliche Bedingung zu halten. Man dachte nicht mehr an Zypern, das von den Türken erobert worden war, man hoffte nicht, die einmal entrissenen Städte wieder zu bekommen; man entschied sich, selbst Territorien, die man noch behauptete, aufzugeben. Soranzo setzte seine Meinung durch, und den obigen Aufträgen fügte man die Worte hinzu: „Und wäre es nicht möglich, die Rückgabe aller Territorien zu erlangen, so werdet ihr dafür sorgen, daß wenigstens ein so großer Teil als immer möglich zurückgegeben werde." Alles dies taten sie, indem sie die Welt glauben machten, daß sie auf nichts, als die Fortsetzung des Krieges bedacht seien.

Man argwohnte nicht, daß der Senat hiervon dennoch vielleicht eine Kunde gehabt habe, die uns nur verborgen geblieben wäre. Wir wissen genau, daß im September der Consigliere Donato darauf antrug, diese Sache dem Senat zu übergeben, doch erhielt er nur zwei Stimmen dafür. Im November erneuerte er denselben mit Valaresso vereint: sie erhielten drei Stimmen, aber nicht mehr. Die Sache blieb, wie sie sich ausdrücken, im Rat der Zehn begraben.

So war in diesem Jahrhundert die Gewalt der Zehn, so ward sie ausgeübt.

Der Rat der Zehn, mit seiner Zonta erhob sich; die anderen Räte, obwohl er sie bestehen läßt, beherrscht er, ihm fallen die wichtigen, geheimen, eingreifenden Geschäfte zu; er gibt dem Ganzen Bewegung und Antrieb. In dem Verhältnis, das er gestattet, in das man sich zu ihm stellt, liegt das Maß des Lebens und der Freiheit, die einem jeden zukommt. Er hält durch den Schrecken seines Gerichtes alles zusammen.

Paul Verònese hat im Sitzungssaal der Zehn einen Jupiter gemalt, wie er den Blitz wider die Laster schleudert; ungefähr wie in dem Sitzungshause der Ephoren in Sparta ein Sakellum der Furcht errichtet wurde.

Da fragt es sich nun, wer sie waren, diese gefürchteten Häupter, wie ihr Rat zusammengesetzt ist, wie man in denselben gelangte.

Er besteht nicht allein aus den zehn Männern, die alle Jahre aus dem Großen Rat ausdrücklich für denselben gewählt sind; sondern in kriminellen Fällen hat der Doge und seine sechs oberen Räte, Consiglieren, Eintritt in denselben: und sind die sogenannten roten Mitglieder des Tribunals. Für die politischen Fälle haben dann noch die beiden höheren Bänke der Savi, von denen jeder Vorschlag im Senat ausgehen muß, die Prokonsultoren desselben, die Savi des festen Landes und die großen Savi neben der Zonta Anteil.

Die Beschlüsse sind sehr häufig entweder von dem Rat der Zehn in Gegenwart des Kollegiums, oder von dem Kollegium in Gegenwart der Häupter des Rats abgefaßt. So werden sie auch bezeichnet. Aber dabei waren diese Behörden doch wesentlich unterschieden; nicht selten ist der Geschäftsgang, daß der Rat der Zehn Initiative und Entscheidung hat, die Beratung aber dem Kollegium überlassen war. Unter anderem lernt man das Verhältnis aus den Verhandlungen über Cervia im Jahre 1573 kennen.

Am 30. Oktober faßten die Zehn den Beschluß, daß zwei Savi, einer des Consiglio, einer der Terra Ferma beauftragt werden sollen, zugleich mit den Häuptern der Zehn die Unterhandlung zu führen: über dieselbe sollen sie alsdann an das Kollegium referieren und dies sollte zuletzt dem Rat der Zehn die Sache zur endlichen Deliberation vorlegen.

Diese Vereinigung der höchsten Behörde ist es nun, welche jene zentrale Gewalt bildet; sie schließt, wie wir sehen, den Dogen ein; obwohl er keine prädominierende Macht darin hat, so genießt er doch immer ein großes Ansehen.

Um aber das Wesen dieser Verfassung inne zu werden, müssen wir noch folgendes in Betracht ziehen.

Das Gesetz ist, daß keines von diesen Ämtern über eine gewisse Zeit dauert, daß man auch zu einem jeden erst nach einer sogenannten Contumaz, das ist, nachdem man eine gewisse Zeit davon entfernt gewesen ist, wiedergewählt werden kann, und so scheint es die Idee einer Republik zu fordern, wie Contarini sie faßte, die Idee einer allgemeinen gleichen Berechtigung. Auch war die Bestimmung so; jedoch es war von vornherein dafür gesorgt, daß sie nicht ausgeführt wurde.

Wie wäre es auch denkbar, daß eine Gewalt, deren Wesen das Geheimnis war, im voraus abwendende Vorsicht, nachdrückliche Ausführung einmal gefaßter Entschlüsse, daß eine solche Gewalt so leicht und oft hätte von einem an den anderen übergehen sollen. Vielmehr war darum eben die Verwaltung des Rates so kompliziert. Andere Räte von so verschiedenem Ursprung und Titel nahmen daran Anteil, damit man, indem man aus einem in den anderen übertrat, doch immer an der Summe der Gewalt teilbehalten konnte.

Diese höchsten Würden der Consiglieri, Savi gerandi, Savi di Terra ferma gingen immer unter denselben Mitgliedern in denselben Kreisen von Hand zu Hand. Ist jemand einmal Savio des festen Landes geworden, sagt Donato Giannotti, so wäre es ein seltener Fall, wenn er nicht immer in denselben höchsten Würden beschäftigt bliebe.

Dieci und Consiglieri machen, wie wir sehen, wesentlich einen einzigen Rat aus, denen sich die anderen nur adjungieren: aus dem Senat tritt man in das Consiglio und umgekehrt.

Überdies ist jene Zonta aus dem Senat ohne Contumaz: sie hat Jahr für Jahr immer dieselben Mitglieder.

Wie enge zieht sich nun der Kreis der Gewalt zusammen; es sind ungefähr 40 Männer, welche diese Republik regieren, sagt eine unserer Relationen. Von vielleicht 2000 Nobili, welche in dem großen Rat erschienen, von denen etwa dritthalbhundert, welche in dem Senate saßen, nur vierzig, unter denen, wie sich versteht, dann wieder die Geschicktesten, Klügsten, Tätigsten den überwiegenden Einfluß ausüben.

Verstehen wir nur diesen Zustand recht, so kommen auch diese nicht durch einen Zufall, nicht allein durch persönliches Verdienst empor: dieser mächtige Rat ist, wenn nicht ausschließlich, doch in seiner Mehrzahl immer aus jenen neuen Geschlechtern zusammengesetzt, welche die Dogenwürde nicht aus ihrem Kreise lassen, die alten Häuser standhaft von derselben ausgeschlossen halten.

Notwendigerweise ist damit verbunden, daß die Ausgeschlossenen auch an der Summe der übrigen Geschäfte nicht den vollen Anteil nehmen, der den anderen zufällt.

Die Autorität der Zehn hatte, wie angedeutet, eine Analogie mit der fürstlichen Gewalt. So wie das Fürstentum in dieser Zeit von unzähligen Beschränkungen umgeben ist, und nur die Summe der obersten Gewalt festhält, und den untergeordneten Kreisen eine freie autonome Bewegung gestattet, so hebt auch die Macht der Zehn Tätigkeit und in gewissem Sinne Selbständigkeit der unteren Magistrate nicht auf.

In die Rechte der unterworfenen Kommunen einzugreifen, dürfte es sich nicht gelüsten lassen. Wir gedachten schon der Gerechtsame, die denselben vorbehalten waren. In allen Anweisungen, die den Rettoren nach den verschiedenen Städten mitgegeben werden, wird ihnen eingeschärft, daß sie den Vertrag, durch welchen sich diese Orte überliefert, alle Versprechen und Zugeständnisse, die ihnen gemacht worden sind, zu halten haben; sollten sie einen Befehl bekommen, der dawiderliefe, so haben sie gegen denselben Vorstellungen zu machen.

Und wenn das System ein wesentlich aristokratisches war, so dürfte man doch nicht glauben, daß die bürgerlichen Einwohner der Stadt, die Popolanen, obwohl sie von den Adligen so scharf geschieden, und von dem Großen Rat auf alle Zeiten ausgeschlossen sind, ohne Recht, ohne Einfluß geblieben wären. Sie bildeten eine Korporation mit eigentümlichen Befugnissen, unter denen das vornehmste ist, daß ihnen die gesamte Sekretaria ausschließend zuteil wird. Aus ihrer Mitte wird allemal der Großkanzler genommen, welchen man für die zweite Person der Republik hält. Es hatte dies aber in einer republikanischen Verfassung, wo die Ämter vielfach wechselten, eine sehr wesentliche Bedeutung. Die Nobili gingen von Amt zu Amt über: die Sekretäre der Ämter blieben, und behielten dadurch den Faden der Geschäftsführung in ihren Händen: in ihnen repräsentierte sich die jeder Behörde notwendige Folgerichtigkeit in der Behandlung ihrer Geschäfte, sie hatten einen zwar verborgenen, aber nichts desto minder höchst bedeutenden Einfluß. Das allmähliche Anwachsen der Macht des Rates der Zehn hat man oft von den Bestrebungen der Sekretäre hergeleitet.

Der Große Rat, welcher das Fundament der aristokratischen Verfassung ist, besitzt doch keine bedeutende direkte Macht, er hat keinen Einfluß in den laufenden Geschäften. Es hat sich selbst eingeführt, daß die Wahl zu den Ämtern, die in den Händen des Großen Rates ist, nicht viel sagen will, da die Senatoren von Jahr zu Jahr immer wieder bestätigt zu werden pflegen. Jedoch ist die Regel nicht ohne Ausnahme. Die Reprobation ist selten, aber sie kommt doch vor. Wir finden ein Beispiel, daß einst einmal alle Savi abgestimmt wurden. Überdies müssen alle konstitutionellen Gesetze der Billigung des Großen Rates unterworfen werden. Er repräsentiert gewissermaßen die öffentliche Meinung: die Regierung darf keinen Gang einschlagen, durch welchen sie in Opposition mit dem Großen Rat trete; auch der mächtigste Mann muß sich hüten, ihn zu reizen oder zu beeinträchtigen.

In dem Senate wiederholt sich dies, insofern hier die Wahl zu den wichtigsten Würden vollzogen wird, vielleicht noch in stärkerem Maße. Es ist bekannt, was man Broglio nannte, die fluktuierende Bewegung, die in republikanischen Verfassungen jeder Wahl vorauszugehen pflegt, das indirekte Werben um die Stimmen, die Gegenbemühung der Nebenbuhler. Es war niemand so mächtig, daß er nicht unaufhörlich den Broglio zu fürchten gehabt hätte. Auch gab es im Senat eine Anzahl jüngerer Leute, welche ihrer Natur nach Opposition machten. Wenn dergestalt der Senat immer vielfache Rückwirkung auf die Inhaber der höchsten Ämter ausübte, so kam hinzu, daß der Versammlung selber ein so großer Anteil an allen Zweigen der Verwaltung blieb, wie wir gesehen haben.

Auf eine so merkwürdige Weise verschlungen und sonderbar gegliedert ist diese Verfassung. Sie erinnert an die Konstruktion der Markuskirche: fünf Kuppeln nebeneinander, auf die gleiche Weise gewölbt und prächtig, durch die das Licht in den weiten Dom dringt; jedoch eine von ihnen ist die größte, breiteste und höchste, sie bringt das meiste Licht, sie macht doch nicht, daß es in dieser Halle eigentlich Tag wird.

So erscheint uns die Verfassung dieses Staates in den Akten ihrer geheimen inneren Verwaltung: um wie vieles anders, als man uns darstellte! Von der Staatsinquisition ist noch wenig die Rede: aber auch jene Bewegungen gleichberechtigter Räte und Behörden verschwindet. Es ist eine kompakte Vereinigung vornehmer Geschlechter, welche die Summe der Gewalt ausübt, und sie, nachdem sie einmal erworben, von Generation zu Generation vererbt, ohne daß man viel davon gespürt hätte.

Ich bekenne, daß ich, indem ich diese Dinge so wahrgenommen, mich doch von einem gewissen Erstaunen ergriffen gefühlt habe.

Diese Sache verhalte sich so: aber wie ist es möglich, daß selbst die Zeitgenossen davon wenig ahnten, daß man das Wesen der Dinge in den Formen sieht, aus denen es schon gewichen ist, daß man diese Verfassung als ein Muster pries, ja daß sie, wie wir sahen, wirklich glückliche Resultate hervorbrachte?

Denn das liegt am Tage: einmal war die Regierung oligarchisch, sodann war sie nicht ohne eine Beimischung wie von ungerechter Ausschließung anderer, so von geheimer Eigenmacht.

In dem Faktum selbst liegt auch schon die Erklärung desselben. Jene Ausschließung war nicht formell, die Ausgeschlossenen fühlten sie, die anderen sprachen nicht davon: die Akte der Gewalt geschahen nur in Übereinstimmung mit dem Bedürfnis, mit der öffentlichen Stimme.

Fassen wir aber das ganze Wesen zusammen, so kann sich der Ruf, den Venedig genoß, die Sicherheit und Ruhe, deren es sich mitten unter den Stürmen der Welt erfreute, bei weitem weniger auf die Form der Verfassung, als auf den Grundsätzen der Verwaltung, den Maximen, nach denen sie wirklich verfuhr, begründet haben.

Gerade der Sinn, in welchem jemand handelt, von dem doch zuletzt alles herstammt, die Tendenz, die er hat, welche zugleich die Wurzel seines Lebens ist und das Ziel, nach dem er trachtet, sind am allerschwersten aufzufassen. Sie sind so flüchtig, geistig,, nur durch die Gegenwart mitteilbar, und nach allen Seiten hin wirksam, daß nur ein Mitlebender, Eingeweihter, sie wahrnehmen kann: der Historiker, der nach Jahrhunderten kommt, der auf das Pergament angewiesen ist, vermag hier der Forderung der Sache niemals genug zu tun. Ich will indes einige Momente anzugeben versuchen.

Der Rat der Zehn war aus einer inneren Parteiung hervorgegangen: er beruhte auf einer Vereinigung, einem Verständnis gewisser Geschlechter: man suchte aber diesen Charakter soviel als möglich zu verwischen. Die Tiepoli, gegen welche dieser Rat ausdrücklich eingerichtet worden, wurden später zum Eintritt in denselben habilitiert.

Auch war es kein Gesetz, nicht einmal ein herkömmliches Recht, durch welches die einzelnen in den Besitz der Gewalt gelangten: durch Talent, Fleiß, lange Dienste mußten sie sich wie jeder andere erheben: niemals war ein Unfähiger in diesen Kreis aufgenommen worden.

In Venedig war es mehr als irgendwo sonst Prinzip, die Persönlichkeit zurücktreten zu lassen. Um darauf nicht eingehen zu müssen, bedienen sich ihre Geschichtschreiber der Auskunft, von einem Prinzeps zu reden, ein Wort, mit welchem keineswegs der Doge bezeichnet werden soll: es ist die moralische Einheit des Staats, der die Handlungen zugeschrieben werden. Das war nun auch der Sinn der einzelnen. „Hier", sagt Contarini, „findet man kein prächtiges Denkmal, keine Reiterstatue, ausgenommen die wenigen, welche fremden Feldherrn errichtet worden sind, die sich im Dienste der Republik hervorgetan haben, keine Schiffsschnäbel, keine Fahnen, so viele davon auch gewonnen worden sind". – Man weiß von Senatoren, denen die Republik in Fällen schwerer Bedrängnis ihre Rettung verdankt hatte, und die sich verbaten, auch nur etwa ihr Grab mit ihrem Familienwappen zu bezeichnen. Ich finde eine Anweisung an einen römischen Nuntius: wenn er nach Venedig komme, nicht gerade die vornehmsten einflußreichsten Senatoren vorzugsweise zu besuchen, sie sähen das nicht gerne.

Oft sucht man die Macht des Glanzes wegen, welche sie gibt, um einen gesellschaftlichen Ehrgeiz zu befriedigen: daran war hier wenig zu denken. Auch hatte man keinen guten Tag dabei: nur mit unaufhörlicher Aufmerksamkeit und geschickter Tätigkeit konnte man sich oben erhalten, und Ruhe wurde keinem. Nur durch die Bekleidung von Ämtern, die einen großen Aufwand erforderten, z. B. Gesandtschaften, wo die Bewilligung des Staats niemals zureichte, stieg man empor. Die wichtigsten einheimischen Ämter waren geradezu unbesoldet.

Alle die Dinge demnach, die den Neid erwecken, Bereicherung oder Wohlleben oder glänzende Erscheinung, oder auch der äußere Anschein der Gewalt, alle wurden entfernt gehalten: es blieb nichts übrig, als eine farblose Macht, mit der sich die Menschen wirklich seltener begnügen, als man glauben sollte, die dann lediglich im allgemeinen Interesse ausgeübt werden mußte. Sie muß es eigentlich ihrer Natur nach: denn nur dann, wenn sie auf dieser Basis beruht, hat sie den Nachdruck, den die Notwendigkeit der Dinge ihr gibt.

III. Staatsveränderung von 1582 - Dogenwahl von 1585

Die Geschichte des modernen Europa ist vorzugsweise monarchischer Natur. Sie gewinnt dadurch an Interesse, daß die Monarchien durch kirchlichen Einfluß oder ständische Institutionen beschränkt werden; aber die Abwandlungen der monarchischen Gewalt bilden doch immer den Faden, an dem sich alles aufreiht und geben den Schlüssel zu dem Verständnis.

Bei weitem schwerer ist es, die Geschichte der Republiken, die den Monarchien zur Seite im alten Europa bestanden haben, zu begreifen oder darzustellen: denn einmal ist keine von allen so selbständig geworden, daß sie nicht unaufhörlich die Einwirkungen der benachbarten Potenzen erfahren hätte; dann aber traten Momente der inneren Bewegung ein, welche insgeheim wirken, ehe sie zutage kommen. Indem alles beim alten bleibt und die äußeren Einrichtungen kontinuieren, regen sich jederzeit innere Gegensätze, die jedoch in den Büchern nicht verzeichnet werden. Man hat mich zuweilen gefragt, woher es komme, daß die Geschichtschreibung von Florenz durch und durch lebendig und auch für den Fremden anziehend, die venezianische dagegen eintönig, zwar wohl unterrichtet, aber über das, was man zu wissen wünscht, nicht eben unterrichtend sei. Der Grund liegt darin, daß in Florenz alles Parteiung war, so daß die persönliche Ansicht versucht sein konnte, sich geltend zu machen, in Venedig dagegen das Gemeinwesen selbst seine Historie schreiben ließ und nicht duldete, was über jene allgemeine Ansicht hinausging und die innere Ruhe hätte stören können.

Was in der Geschichte der Republiken die Aufmerksamkeit hauptsächlich erregt, ist die Vereinigung einer freien Bewegung, die der Name ankündigt, mit der Einheit eines Staatswesens, welches die Sache fordert. Der Rat der Zehn, der die Einheit der venezianischen Republik behauptete, war mit einer Zwangsgewalt bekleidet, durch welche alle anderen Magistrate beherrscht wurden. Der regierende Körper war in Sparta wie in Venedig eine aristokratische Demokratie; die Ephoren konstituierten in Sparta, wie in Venedig die Zehn, eine außerordentliche Gewalt außerhalb der anderweit bestehenden Ordnungen des Staates. Der Unterschied aber liegt darin, daß das Ephorat in Sparta von der demokratischen Menge ausging und der Oligarchie entgegengesetzt war; wogegen in Venedig die regierende Partei den Rat der Zehn einsetzte, um die demokratischen Bewegungen in Zaum zu halten; daher geschah es denn, daß die demokratische Aristokratie unaufhörlich gegen den Rat der Zehn ankämpfte. Hierauf beruht die Staatsveränderung von 1582, welche dahin zielte, die Macht der Zehn, wie wir sie geschildert haben, zu beschränken. Verschiedene Ursachen wirkten zu derselben zusammen.

Es läßt sich an sich nicht anders denken, als daß die Autorität des Rates der Zehn, dessen Politik und endlich eigenmächtiges Einschreiten den letzten Frieden herbeigeführt hatte, durch die schweren Verluste, welche man in demselben erlitt, erschüttert werden mußte. Die Hauptsache liegt jedoch in einem anderen Moment. Wenn schon überhaupt der Wechsel der Generationen auf die politischen Entwicklungen einen großen Einfluß ausübt, indem ja die späteren immer andere Bedürfnisse und Gesichtspunkte haben, als die früheren; so muß es besonders dann entscheidend eingreifen, wenn ein solcher Wechsel rasch und gleichsam unvermittelt eintritt, wie das in Venedig infolge der großen Pestilenz von 1575 und 1576 geschah. Ganz Italien und Sizilien wurden in jenen Jahren von verderblichen Seuchen heimgesucht, am meisten aber der Ort, der den größten Handelsverkehr hatte, Venedig. Man weiß, daß bei dem ersten Ausbruche der Krankheit die aus Padua herbeigerufenen Ärzte dieselbe eben nur aus lokalen Ursachen herleiteten und dem Grundsatz des Galen gemäß ihre Kontagiosität leugneten. Es waren bisher nur einzelne Fälle in den niederen Ständen vorgekommen, aber binnen kurzem riß ein allgemeines Sterben ein; man will, was kaum glaublich ist, 70 000 Menschen zählen, die der Krankheit erlegen seien. Nicht allein die Zahl aber kommt hierbei in Betracht, sondern auch die Qualität der Betroffenen; eine Zeitlang konnte der Große Rat nicht zusammengebracht werden; von den höchsten Beamten der Republik wurden solche, die noch am Morgen den Sitzungen beigewohnt hatten, am

Abend als Verstorbene angemeldet. Die Zeitgenossen bemerken, daß durch den Tod vieler in den Geschäften ergrauter Männer und Familienhäupter eine starke Veränderung eingetreten sei. Man hat es von den zahlreichen Todesfällen, die auf den Seefahrten erlitten wurden, hergeleitet, daß die Nobili Bedenken trugen, sich den Handelsgeschäften in der Fremde zu widmen wie vorher. Sie zogen es vor, Ländereien auf der Terra ferma zu erwerben, nicht gerade zur Genugtuung der unterworfenen Kommunen. Wieviel aber hat das überhaupt zu bedeuten; die Nobili der Republik gaben den Handel auf, der doch ihr eigenstes Geschäft war. Die aufwachsende Generation riß sich von den Traditionen ihrer Altvorderen los. Auf die innere Verfassung aber mußte dieselbe dadurch zurückwirken, daß sie in den Räten der Republik die größte Zahl ausmachten. Der alte Doge, Aloise Mocenigo, unter dessen Verwaltung die großen Unglücksfälle erlitten worden, sah sich mit allgemeinem Haß beladen, gleich als wäre er an denselben schuld.

Als er erkrankte, lief das Volk nach dem Palast, um sich zu erkundigen, ob der Doge denn noch nicht gestorben sei, was sie alle wünschten. Auch den Nobili war er verhaßt, weil er noch immer eine Art von fürstlicher Hoheit in Anspruch nahm, die man nicht mehr dulden wollte, da der Doge nur der Repräsentant des Gemeinwesens sei. Der nächste seiner Nachfolger war jener Sebastian Venier, der dadurch auch bei den Fremden Aufsehen erregt hatte, daß er, tapfer und glücklich im Kriege und angesehen bei allem Volk, doch nach seiner Rückkunft sich in die Stellung eines Privatmannes, die ihm die Gesetze vorschrieben, fügte. Es bedurfte nur eines einzigen Skrutiniums, um ihn zu wählen: denn er verband Kriegsruhm, der alle hinriß, mit einer Bescheidenheit, die alle gewann. Nach seinem Tode, der schon im nächsten Jahre eintrat, folgte ihm Nicolò da Ponte, fast weniger ein Kriegsmann als ein Theolog, der aber in der Debatte leicht nachgab und dem Volke alle die Verluste, die es in dem letzten Kriege erlitten hatte, vergessen zu machen strebte. Unter dessen Dogat trat eine Bewegung ein, die auf eine Beschränkung des Rats der Zehn, wie er damals bestand, zielte. Seine allumfassende Autorität beruhte auf der sogenannten Zonta, dem dem Rate beigeordneten Ausschuß der vornehmsten Senatoren; denn durch denselben wurde die Autorität des Rates auf die verschiedenen Geschäfte der Verwaltung, inwiefern sie ein Geheimnis wünschenswert machten, ausgedehnt. Man fühlte von jeher, daß dadurch das oligarchische Element verstärkt und besonders die politischen Prärogativen des Senats geschmälert wurden. Die Zonta enthielt den Nerv der oligarchischen Macht in sich. Und schon seit einiger Zeit hatte sich bei den Wahlen derselben ein gewisser Widerstand in dem Großen Rate gezeigt, ohne Erfolg jedoch wegen des Ansehens der vorwaltenden Geschlechter und besonders der ehrwürdigen und verehrten Häupter derselben, die in den obersten Räten saßen. Diese aber waren allmählich abgegangen; die ganze Stimmung wurde verändert. Als es nun (1582) zu neuen Wahlen kam, erlebte man, daß ein Teil der zur Zonta Vorgeschlagenen die erforderliche Stimmenanzahl in dem Großen Rate nicht erhielt. Es war sehr unerwartet. In dem Jahrbuch des Molino wird das gleichsam von einer göttlichen Inspiration hergeleitet. Von den Ausländern, namentlich den Franzosen, werden einige Gründe angegeben, welche die

Sache erklärlich machen. Danach waren nämlich nach und nach viele auf den Grund erheblicher Geldzahlungen, die sie in dem letzten Kriege geleistet, von der Pflicht, das 25. Lebensjahr zum Eintritt in den Großen Rat abzuwarten, freigesprochen worden. Von einem Jahre zum anderen traten jüngere Leute ein, in denen, da sie auch etwas bedeuten wollten, der Geist der Opposition sich regte, zumal da er nicht mehr von der Ehrfurcht, welche die älteren Mitglieder der obersten Verwaltung bisher erweckt hatten, im Zaum gehalten wurde. Es bildete sich eine Partei von Männern von jüngerem und mittlerem Alter, welche dem Übelstande, den alle fühlten, ein Ende zu machen entschlossen waren. Es erschien wie ein Streit der jüngeren Mitglieder, welche auch etwas gelten wollten, gegen die älteren Männer; sie wollten die Vormundschaft nicht mehr dulden, der sie sich bisher gefügt hatten. Den Verlauf dieser Bewegung lernen wir aus einem ausführlichen Tagebuche, Fasti Veneti, und einer gleichzeitigen kürzeren Erzählung näher kennen. Indem wir ihren Nachrichten folgen, wohnen wir einer Verhandlung der inneren Staatsgewalten bei, eine so seltene Erscheinung, daß man wohl eine gewisse Mühe darauf verwenden mag.

Am 1. Oktober gingen von fünfzehn für die Zonta Vorgeschlagenen nur zwölf Stimmen durch; ob sich der Widerstand schon entwickelt gehabt, mag zweifelhaft sein. Am 4. Oktober sollten die drei übrigen gewählt werden, doch fand sich für keinen die erforderliche Stimmenzahl. Von den Prokuratoren, welche gewählt werden sollten, ging keiner durch; besonders machte es Aufsehen, daß Andrea da Lezze mit 804 Stimmen gegen 374 verworfen ward. Welches waren nun die Gründe dieser so ungewöhnlichen Verweigerung? Unsere Urkunden geben folgende an: in dem Rate der Zehn fasse man Beschlüsse, die mit den Dekreten des Großen Rats im Widerspruch seien; der Rat der Zehn ziehe alle Geschäfte an sich und habe den Senat derselben beraubt; und komme eine Sache in den Senat, so setze man in demselben alles durch, was man wolle; ferner werde vieles von dem öffentlichen Gelde zugunsten der Sekretäre des Consiglio und der Predigt verwendet. Gegen alles Erwarten ergab sich, daß die Bewegung eine allgemeine war; die Regierung fühlte sich angegriffen und wußte nicht, wie sie der Sache beikommen sollte.

Am 15. Oktober wurde nun eine Sitzung des Rates der Zehn gehalten, bei welchem sich die Savi einfanden, und der Beschluß gefaßt, in einigen Punkten nachzugeben, namentlich in bezug auf die Verwendung der Gelder und die Verteilung geringerer Ämter. Aber diese Konzessionen führten zu keinem Resultate. Am 17. Oktober ging doch von den zur Zonta Vorgeschlagenen kein einziger durch. In dem Senat scheinen die Vorschläge der Zehn gebilligt worden zu sein, allein in dem Großen Rate erwiesen sie sich mehr schädlich als nützlich. Am 24. Oktober wuchs die Zahl der verwerfenden Stimmen noch stärker an. Nach mancherlei Beratungen der Savi und Capi beschloß man, die Grundgesetze, auf denen der Rat beruhe, von 1310, 1356 und 1468 in dem Großen Rate vorzulesen. Man machte aber auch damit keinen Eindruck; die Gegner bemerkten, daß in den Dekreten nur von Verrätereien und nicht von eigentlichen Staatssachen die Rede sei. Es blieb also nichts übrig, als den Gesetzen eine Deklaration zu geben, mit welcher der Große Rat zufrieden sein und bei denen der Rat der Zehn doch auch bestehen könne. Am 7. Dezember wurde ein Vorschlag dieser Art gemacht. Da es besonders die Geheimhaltung von allgemein wichtigen Angelegenheiten war, was den Unmut erweckte, so bestimmte man dieselbe dahin näher, daß nur solche Nachrichten geheimgehalten werden sollten, deren Mitteilung bewirken würde, daß man das Vertrauen derer, von denen man sie bekommen habe, verliere. Dem Senate sollte ein Teil der Geldverwaltung zurückgegeben werden. Diese Ermäßigungen der bestehenden Gewalt des Rates der Zehn bewirkten nun in der Tat so viel, daß die Zahl der Opponenten erheblich abnahm; und wenn die Vorschläge dabei doch nicht angenommen wurden, so ließ sich hoffen, bei einer günstigen Gelegenheit damit durchzudringen. Zu weiteren Beratungen setzten die Mitglieder der Regierung einen Tag, an welchem das Oberhaupt der Opposition, Ferigo Badoero, in dessen Familie ein Todesfall eingetreten war, nicht erscheinen konnte. Aber gerade dies bewirkte, daß der Vorschlag nicht durchging, weil der Große Rat die Besorgnis hegte, man wolle ihn betrügen. Noch eines anderen Kunstgriffes bediente sich die erschreckte Regierung in bezug auf die Quarantia. Diese erhob auf Grund der alten Gesetze den Anspruch, daß ihre drei Oberhäupter in den Rat der Zehn wieder Eintritt haben sollten. Die Consiglieri suchten nun einen jener Capi Benedetto Barozzi zu vermögen, von dieser Forderung abzustehen. Barozzi hörte erst eine Messe, bei der er betete, daß Gott ihm eingeben möge, was er tun solle. Hierauf ging er in das Collegio und erklärte, daß er von der Forderung abstehe, um nicht mit ihm selbst in Streit zu geraten. Die beiden anderen Capi, Piero Marin und Francesko Gradenigo blieben standhaft bei ihrem Anspruch; sie meinten damit bei dem großen Consiglio Anklang zu finden. Dagegen aber brachten die Savi einen alten Beschluß von 1549 zum Vorschein, nach welchem zwei Capi allein keinen Vorschlag in dem Gran Consiglio machen durften.

Am 19. fand eine neue Sitzung des Großen Rates statt, bei der die obenerwähnten Vorschläge nochmals vorkamen, jedoch mit einem Zusatz, der sich auf die Cancellaria bezog. Dabei war es nun, daß einige große Reden gehalten wurden, die man oft wiederholt hat. Die beiden Häupter der Vierzig widersprachen dem Vorschlag, besonders Francesco Gradenigo; Priuli verteidigte denselben. Auch Alberto Badoero sprach, es wurde aber Abend, ehe ein Beschluß zustande kam. Alles wurde auf die nächste Sitzung verschoben.

Am 20. wurden nun die obenerwähnten Vorschläge nochmals gemacht und einzeln darüber debattiert. Besonderen Eindruck machte die Rede des Ferigo Badoero. Er faßte die Sache wohl am besten, indem er die Befugnisse der Zehn und der Zonta unterschied; der einfache Rat der Zehn reiche vollkommen hin, um die Machinationen gegen den Staat, welche vorkommen möchten, zu entdecken und zu bestrafen; aber von der Zonta behauptet er, daß sie verderblich für die Gesetze und für die Freiheit gefährlich sei. Badoero galt damals für den beredtesten Mann, den die Stadt besitze, und dabei war er bescheiden. In der Debatte hatte er das Verdienst, die Fragen zu fixieren, und zugleich trat er der allgemeinen Meinung bei, welche dahin ging, die Zonta nicht wieder zu erwählen, aber den einfachen Rat der Zehn bestehen zu lassen. Er sprach viel von der Würde des Senats, der gerade durch seine Zusammensetzung aus Männern von höherem, mittlerem und jüngerem Alter bedeutend werde, so daß ein alter Herzog von Urbino gesagt habe, es gebe keinen gescheiteren Kopf in Italien, als den Senat von Venedig; dem Senate vindizierte er drei Dinge, Krieg, Bündnisse und Geldsachen.

Ihm antwortete Franz Longo. Seine Rede war lang und langweilig gefunden; dann sprach Taddeo Contarini, über den man lachte, endlich Soranzo, den man, obwohl seine Stimme nur schwach war, doch gern hörte. Er machte besonders darauf aufmerksam, daß die Uneinigkeit ein großes Aufsehen bei den Fürsten in aller Welt hervorbringe, während doch die Entzweiung nicht eben eine bedeutende sei; was man dem Rat der Zehn vorwerfe, daß er die Gesetze überschritten, das Geld verschwendet, die Bürger von ihren Verbindlichkeiten losgesprochen habe; dadurch werde nicht bewiesen, daß man ihn abschaffen müsse: durch den neuen Vorschlag hebe man die Übelstände auf: es sei das beste, einen Versuch damit zu machen.

Diese Ansicht, daß nämlich eine Verbesserung ausgeführt werden, aber doch die Zonta bestehen sollte, schien jetzt die Oberhand zu behalten. Unter den Gesetzvorschlägen, welche durchgingen, war auch einer, der sich auf die größte Beschwerde bezog, die man gegen die Zonta hatte, daß sie nämlich Jahr für Jahr aus denselben Mitgliedern bestehen konnte; diese Beschwerde wollte man haben. Auch die Mitglieder der Zonta sollten immer ein Jahr Contumaz haben, wie die übrigen Mitglieder des Rates der Zehn. Wurde nun die Beschränkung der Zonta angenommen, so schien es, daß sie selbst dadurch bestätigt wurde. Allein der Widerstreit der Parteiungen wuchs dadurch nur um so stärker an. Viele blieben dabei, daß dem Senat seine volle Freiheit zurückgegeben werden müsse. Die alten Senatoren, sagt Molino, und selbst ihre Söhne und Anhänger waren für die Beibehaltung der bisherigen Verfassung; überhaupt alle die, welche die Macht besaßen und so zahlreiche Verwandtschaften hatten, daß auch die Nachkommen derselben hoffen konnten, zu ihren Zeiten zu einer gebietenden Stellung zu gelangen. Die Gemüter zeigten sich so heftig erregt, daß man in der Stadt selbst den Ausbruch einer offenen Entzweiung und den Ruin der Republik befürchtete. Schon triumphierten die Verfechter der Zonta, weil sie doch durch jenes Gesetz anerkannt sei. Allein als es nun zu den Wahlen kam, so erschien die Opposition gegen dieselbe in ihrer vollen Stärke. Am 1. Januar 1583 ging von 112 Vorgeschlagenen nur ein einziger durch, Zuane Corner, Savio del collegio; am 9. schlug man sieben vor, aber keiner ging durch. Am 18. sprach Soranzo nochmals für die Zonta. Er machte auf die große Unordnung aufmerksam, die nun seit mehreren Monaten herrsche, durch welche die Regierung zugrunde gehe und ihre Reputation verloren werde. Aber seine Worte, die einmal Eindruck gemacht hatten, verhallten jetzt; von sieben vorgeschlagenen Kandidaten wurde kein einziger angenommen; ebensowenig bei den neuen Versuchen im Laufe des Februar und im Anfang des März. Man schaffte die Zonta nicht durch Gesetz ab, aber man wählte sie nicht wieder, und bei dem Wechsel der Magistrate, der im Anfang des neuen Jahres nach venezianischer Sitte, im

März 1583, eintrat, hörte die alte Zonta, deren Zeit abgelaufen war, auf zu existieren. Man erlebte, daß bei der Abreise eines französischen Staatsboten eine kleine Geldsumme, die man demselben auszahlen wollte, da die Zonta nicht mehr war und die Pregadi gerade keine Sitzung hatten, auf Anordnung des Dogen und seiner Consilieren aus der bisherigen Kasse der Zehn genommen wurde, was denn als eine Eigenmächtigkeit erschien, für die man sich erst eine Art von Indemnität ausbitten mußte. Der französische Gesandte de Maisse beklagt die entstandene Konfusion; denn da kein höchster Magistrat bestehe, welcher die Autorität über die anderen habe, so halten sich alle für gleich, einer wolle so viel gelten wie der andere. Niemand fürchte mehr eine Bestrafung; die Geschäfte müßten in dem Senat vorgetragen werden, der aus mehreren hundert Personen bestehe, die alle untereinander verwandt seien; das Verhalten der Jüngeren, die sich alles herausnehmen, werde nach und nach unerträglich werden.

Ich werde in einem folgenden Aufsatz nachweisen, daß eben in diesem Zustand der Ursprung der eigentlichen Staatsinquisition zu suchen ist: denn es war notwendig, ein Mittel zu finden, um das Geheimnis der Verhandlungen unter den veränderten Umständen aufrecht erhalten zu können. Noch aber hatte die bisherige Regierung nicht alle Hoffnung, die Zonta durchzusetzen, aufgegeben. Es wurden einige neue Vorschläge gemacht, um die loyale Gewalt derselben, besonders den Pregadi gegenüber, dem allgemeinen Wunsche gemäß zu beschränken. Der französische Gesandte berichtet, eines Tages habe man das große Consiglio unvermutet berufen, in der Hoffnung, daselbst die Mehrheit zu erlangen, allein die Gegner seien wachsam genug gewesen, um auch ihrerseits in starker Anzahl zu erscheinen, so daß der Vorschlag gar nicht einmal habe gemacht werden können. Der Versuch war am 9. April gemacht worden, und damit, daß er vergeblich war, mag zusammenhängen, daß die Staatsinquisitoren am 15. gewählt wurden. Der April 1583 ist die Epoche, in welcher die große republikanische Gewalt, welche, wie wir sahen, alles regierte und eine eigentlich fürstliche Autorität besaß, aufgehört hat, und zwar eben nur dadurch, daß man die Zonta zu wählen hartnäckig vermied, was einem Gesetze der Abrogation gleichkam. Nur der einfache Rat der Zehn blieb bestehen, doch trug man Sorge, auch dessen Gewalt in engere Grenzen einzuschließen. Die vornehmste Frage war, ob ihm noch die Aufsicht über die Cecca, überhaupt Einfluß auf das Geldwesen gestattet werden sollte. Im Mai 1583 wurden darüber zwei Vorschläge gemacht, von denen der eine von dem Dogen selbst, der dazu die Befugnis hatte, der andere von den Räten desselben ausging. Der Doge suchte die Rechte des Rates der Zehn möglichst zu retten, nach wie vor sollte derselbe die höhere Verwaltung des Geldwesens führen, vereinigt mit drei Proveditoren, die der Senat ernennen würde. Bei dem Vorschlage der Consiglieren ward von diesem Aufsichtsrecht abgesehen; er lautete dahin, daß, wie die Ausgabe des Geldes, so auch die höhere Verwaltung desselben dem Senate angehören solle. Anfangs scheint der große Rat geschwankt zu haben. Bei der ersten Ballotation hatte der Vorschlag des Dogen eine unerwartet große Zahl von Stimmen für sich. Bei der zweiten aber änderte sich das Verhältnis; für den Vorschlag der Konsiglieren entschieden sich

753 Stimmen, für den Dogen noch nicht die Hälfte, nämlich 354. Auf diese Weise wurde die große konstitutionelle Frage, die wichtigste, welche vorkommen konnte, entschieden. Molino bezeichnet das Verhältnis der verschiedenen Magistrate, das sich nunmehr bildete, folgender Gestalt: jene Zonta, die einen langen Zeitraum fast absolut regiert, sei abgeschafft worden; dem einfachen Rat der Zehn sei die Entscheidung der Kriminalverbrechen, die sich auf den Staat beziehen möchten, verblieben, dem Rat der Quaranta die übrige Kriminaljustiz und die Ziviljustiz, dem Senat seien alle Deliberationen reserviert worden, dem großen Consiglio die gesetzgebende Gewalt und das Recht die Magistrate zu ernennen; es sei wieder das Haupt der Republik geworden.

Für die Nobilität, welche den großen Rat erfüllte, war es ohne Zweifel ein Gewinn, daß ihr Anspruch in ihrer Gesamtheit der Souverän von Venedig zu sein, zur Anerkennung kam.

Indem man sich nun aber mit einiger Schwierigkeit in den neuen Verhältnissen bewegte, trat ein anderes Ereignis ein, welches eine noch weiter ausgreifende Veränderung anzukündigen schien. Wir haben des Streites zwischen den alten und neuen Häusern schon oben gedacht. Die alten Häuser, deren Ursprung und Adel auf die ältesten Zeiten der Republik, noch ehe es einen Dogen gab, zurückgeführt wurde, waren 24 an der Zahl. Wir finden darunter die Badoer, Bragadin, Contarini, Corner, Gradenigo, Memmo, Morosini, Tiepolo, Giustiniani. Die meisten von diesen Familien hatten in früheren Jahren Dogen aus ihrem Schoß emporkommen sehen; aber seit der Mitte des 15. Jahrhunderts, seitdem Marino Falier, der zu ihnen gehörte, abgesetzt worden war, war dies unterblieben. Wir erwähnten schon, daß eine Anzahl von neuen Häusern darüber hielt, daß keiner von den alten mehr zu dem Dogat gelangte, sondern diese Würde nur unter ihnen von Hand zu Hand ging. Als die namhaftesten erscheinen Grimani, Gritti, Loredano, Mocenigo, Priuli, Vendramin, Venier. Der Gegensatz zwischen den Familien trat um so stärker hervor, da die alten es liebten, sich nur untereinander zu verheiraten und eigentlich das Volk auf ihrer Seite hatten; denn in den Republiken setzen sich, wie man noch heutzutage, besonders in den südlichen Provinzen von Nordamerika erlebt, die Erinnerungen an Herkunft und Distinktion der Geschlechter sehr lebhaft fort. Es war gleichsam ein Streit zwischen Oligarchie und Aristokratie. Die neuen Häuser, die durch den Namen ducali von den übrigen wieder geschieden wurden, erschienen doch gleichsam als Usurpatoren. Alle inneren Staatsverhältnisse wurden dazu benutzt, um ihre faktische Prärogative aufrechtzuerhalten. Ihre vornehmste Repräsentation hatten sie in dem Rate der Zehn, bei dessen Zusammensetzung eine oligarchische Tendenz vorwaltete. Man darf wohl annehmen, daß bei den eben erwähnten Reformbewegungen 1582 und 1583 dieser Gegensatz mitgewirkt habe, wie denn der vornehmste Gegner der Verfassung der Zehn der ausgezeichnetste Mann aus den alten Geschlechtern war, Ferigo Badoero. Durch die Reform wurde das bisherige oligarchische Regiment überhaupt erschüttert; die alten Ideen und Sympathien traten wieder hervor, so daß bei dem Abgang des Nicolo da Ponte, der sich noch zuletzt für eine Behauptung der Autorität der Zehn verwandt hatte, bei den alten Häusern die Absicht gefaßt werden konnte, den Bann, der über ihnen lag, zu durchbrechen und die Dogenwürde wieder an einen der Ihren zu bringen. Sie hatten dazu damals in ihrer Mitte eine geeignete Persönlichkeit, Vincenzo Morosini, der um seiner allgemeinen Verdienste und persönlichen Haltung willen eben der rechte Mann zu sein schien, um zum Dogen gewählt zu werden. Aber die neuen Geschlechter waren entschlossen, ihn nicht dazu kommen zu lassen. Sie setzten ihm einen anderen Prokurator di S. Marco, des Namens Emo, entgegen, der auch nicht zu der Stimmenzahl, die zu einer gültigen Wahl gehörte, 25 Stimmen unter 41 Wählern, gelangen konnte. Die Skrutinien führten zu keinem Resultat; man will wissen, dem Vincenzo Morosini habe es nur an einer einzigen Stimme gefehlt, welche von einem seiner nächsten Verwandten hätte gegeben werden können; dieser aber sei durch die Furcht vor der Macht der neuen Häuser, welche Rache an ihm nehmen würden, abgehalten worden, sie in diesem Sinne abzugeben. Die beiden Parteien sahen darin eine Entscheidung auf immer. Die älteren bestanden auf ihrem Recht, die neuen wollten von ihrem Besitz nicht zum ersten Male zurückweichen. Der ganze Adel nahm für und wider Partei. Auf dem Platze vor dem Dogenpalast, wo sie einander begegneten, kam es einmal zu einem heftigen Wortwechsel zwischen einem Mitglied der alten und einem der jüngeren Häuser, der blutig zu werden drohte. Man mußte die Streitenden rasch entfernen, um es nicht zu einem allgemeinen Tumult kommen zu lassen, welcher den Ruin der Republik hätte herbeiführen können. Die Bewegung war so groß, daß man in den Kirchen für einen glücklichen Ausgang der Wahl betete; endlich entschloß sich Morosini nachzugeben, d. h. für sich selbst abzustehen, aber nicht etwa zugunsten Emos; man schreibt ihm und seinen Freunden von den älteren Häusern die Absicht zu, die Würde eines Dogen, wenn sie ihnen nicht wieder zuteil werden könne, herabzuwürdigen. Man fügte hinzu: in dieser Absicht habe man schon dem Nicolo da Ponte ungewöhnliche Opposition gemacht; es war vorgekommen, daß bei der Audienz eines fremden Gesandten der Doge mitten in der Anrede unterbrochen worden war, weil man erst Beratungen über die Sache pflegen müsse. Der Vorschlag, den Vincenzo Morosini machte, ging auf die Wahl eines Mannes von untergeordnetem Range, der zu den ducali nicht zählte, des Namens Pasquale Cicogna, und diesen setzte er durch. Man erzählte damals, Cicogna habe sich eben in einer Kirche befunden und beim Heraustreten aus derselben, als er einen großen Lärm hörte, einen der Bettler, die vor der Tür standen, gefragt, was es denn gebe; dessen Antwort sei gewesen, man habe den Cicogna zum Dogen gemacht. Cicogna zog sich hierauf in die Kirche zurück und dann in einen daran stoßenden Konvent, wo zwei Consiglieri und der Gran Canzelliere ihm seine Wahl ankündigten; sie führten ihn nach dem Palast, wo er gekrönt wurde.

Die innere Bewegung wurde dadurch, wie sich denken läßt, nicht beschwichtigt. Man hat vielmehr gemeint, es werde zu einem offenen Kampf kommen und vielleicht zu einer Herbeirufung fremder Mächte; alles in der Welt habe seinen Anfang, sein Wachstum, endlich auch seine Katastrophe. Es schien wohl, als ob die letzte Epoche schon jetzt auch für Venedig eintrete. Wenn man aber um sich her sah, so war doch davon keine Spur zu entdecken; alles bewegte sich innerhalb der Formen, wie sie von jeher konstituiert und damals reformiert worden waren.

Von Cicogna konnte man nicht erwarten, daß er vielen Einfluß ausüben würde, doch ist gerade in seiner Zeit eine der großen Veränderungen der venezianischen Politik erfolgt, welche auf die spätere Zeit bestimmend eingewirkt hat. Die Republik wußte recht wohl, daß sie ihr Dasein den entgegengesetzten Interessen der großen Mächte verdankte. Das wichtigste von allem lag in dem Emporstreben der spanischen Monarchie zu einer universalen Herrschaft. Für die Venezianer gab es manches Interesse, das sie an Spanien knüpfen konnte; König Philipp II. hätte sie gern in die große Handelskombination gezogen, zu deren Mittelpunkt er Lissabon machen wollte; er bot ihnen Teilnahme an denselben an, die ihnen einen großen Teil der ostindischen Spezereien unmittelbar in die Hände gebracht haben würde. Das hätte ihnen aber eine jährliche Zahlung gekostet, durch deren Verwendung in Italien der König zu stark gegen sie selbst hätte werden können; sie fürchteten, er würde ihre Hauptleute bestechen, sich Verständnisse in ihren Festungen verschaffen und überhaupt Herr in ihrem Lande werden, eigentlich hegten sie immer Mißtrauen gegen ihn; durch allerlei verdächtige Wahrnehmungen geängstigt, fürchteten sie schon damals einen Anfall der Spanier auf ihre Stadt; sie beklagten den allenthalben losbrechenden Religionskrieg auch deshalb, weil der König von Spanien dadurch ihnen die Möglichkeit, Freunde für sich zu gewinnen, entziehe. Da trat die Katastrophe Heinrichs III. ein, der mit der Republik immer in gutem Verständnis gelebt hatte. Die Venezianer empfanden ganz, was darin liege, daß sie nun des Rückhalts entbehren sollten, der ihnen bisher durch Frankreich verschafft worden war. Wohl wußten sie, und unaufhörlich wurde ihnen gesagt, welcher Vorteil für die katholische Kirche darin liege, daß in der Politik der beiden großen Mächte Frankreich und Spanien ein und dasselbe religiöse Prinzip herrschte, allein diese Betrachtung trat jetzt zurück; sie nahmen nur wahr, daß die Opposition Frankreichs gegen Spanien durch den Tod Heinrichs III. vernichtet und ihre eigene Freiheit gefährdet werde. Es war nicht der Doge, die Regierung überhaupt, in denen dieser Gedanke erwachte, es war das Gemeingefühl aller Senatoren, aller Nobili, selbst der Cittadinanza, die an der Regierung wenigstens einen indirekten Anteil hatte, ja des gesamten Volkes. Und wie es immer in der Welt große Fragen gibt, welche unabhängig von der Nationalität die Gemüter bewegen, so war es jetzt das Verhältnis des exklusiven Katholizismus zu einer Staatsgewalt, die doch ohne ihre besondere Unabhängigkeit nicht gedacht werden kann, was in Europa allenthalben die Geister anregte, in Venedig aber zum eigensten Ausdruck gelangte. Damals wandte sich Paolo Sarpi, der bisher mehr naturwissenschaftlichen Studien obgelegen, zu den Fragen über die kirchliche Politik. In einem seiner Briefe sagt er ausdrücklich, daß es eben die französischen Verhältnisse gewesen seien, was ihn dazu vermocht habe. In der Stadt bildete sich um Andrea Morosini her eine Gesellschaft von talentvollen Männern von Einfluß, welche unter Sarpis Mitwirkung die Unabhängigkeit des Staates gegen die geistlichen Übergriffe doktrinär auszufechten unternahmen. Nicht von speziell venezianischen Irrungen ist die Idee ausgegangen, daß der Staat der von Gott gesetzte Fürst sei, welchem die Kirche nicht gebieten könne; sie erwuchs aus den allgemeinen Verhältnissen, auf welche Venedig auf diesem Wege eine neue Einwirkung ausübte. Was hatte es nicht zu bedeuten, daß Heinrich IV. von einem katholischen Staate als König anerkannt wurde im Gegensatz gegen das Papsttum? Die Venezianer kamen dadurch zu Heinrichs IV. übrigen Verbündeten, der Königin von England und den Niederlanden, die eben in diesem Momente ihre Unabhängigkeit neu begründeten, in ein näheres Verhältnis, welches ihnen dann zu nicht geringem Vorteil ausschlug, da Heinrich IV. nach einigen Jahren die Oberhand behielt.

Es ist meines Erachtens unleugbar, daß alles dies zusammenhängt. Unter der Herrschaft des Rates der Zehn mit der Zonta, welcher zwar den Einfluß der Kurie nicht überwiegend werden lassen wollte, übrigens aber vor allen Dingen den Frieden liebte und an den altgewohnten Grundsätzen festhielt, wäre es wohl nie zu einer Politik gekommen, die den auswärtigen Verhältnissen gleichsam eine neue Farbe gab. Doch leiste ich Verzicht darauf, es im einzelnen nachzuweisen: denn wenn die Umwandlungen in den öffentlichen Verhältnissen sich schon der historischen Kunde entziehen, wie viel mehr muß dies mit den inneren Bewegungen der Meinung der Fall sein. Der Hader zwischen den alten und neuen Häusern trat mehr zurück. Nach dem Tode Cicognas im Jahre 1595 war es eigentlich die allgemeine Meinung, welche den Dogen einsetzte. Die öffentliche Stimmung forderte Grimani, aus einem Hause, das zwar nicht zu den alten gehörte, aber in einem Manne repräsentiert war, welcher in Zeiten der Teuerung sein großes Vermögen zum Besten der Menge aufgewendet hatte, und diese Zuneigung wußte Grimani bis an seinen Tod zu behaupten. Niemals wurde der Hingang eines Dogen tiefer und allgemeiner betrauert, als der Tod Grimanis im Jahre 1605. Bei der neuen Wahl regte sich wohl der oft erwähnte Gegensatz von neuem; denn zwei Kandidaten aus den neuen Häusern, Priuli und Donato, traten auf, denen sich ein Mitglied der alten, Marcantonio Memmo, mit einiger Aussicht auf Erfolg entgegensetzte. Aber eine lange dauernde Wahlberatung zeigte sich in diesem Augenblick gefährlich, da der römische Hof sich mancherlei Eingriffe erlaubte, welche niemand dulden wollte, so daß Priuli seine Stimmen zugunsten Donatos aufgab. Donato gehörte zu jener Vereinigung, die sich im Jahre 1588 gebildet hatte; er stand in engsten Beziehungen zu Paolo Sarpi und führte jenen Kampf gegen Papst Paul V., welcher in der damaligen Welt den Venezianern einen großen Ruf erwarb, glücklich durch. Die Verhältnisse waren wieder dahin gediehen, daß Spanien und Frankreich einander das Gleichgewicht hielten. Ihr erneuerter Gegensatz kam den Venezianern zustatten. Die Jesuiten, welche die Republik aus Vorliebe für das Papsttum verlassen hatten, brauchten nicht wieder aufgenommen zu werden. Nach dem Tode Donatos nun, im Jahre 1612, gelangte dann wirklich Marcantonio Memmo zu der Dogenwürde, der erste seit anderthalb Jahrhunderten, von welchem der Bann, der die alten Familien exkludierte, gehoben wurde. Es geschah ohne Kampf und ohne Erschütterung.

Die Politik von Venedig hatte ihre besondere Richtung genommen, welche die inneren Gegensätze beherrschte und die in den Staatsinquisitoren zutage kam. Auf dieses Institut richtet sich nun unsere ganze Aufmerksamkeit.

IV. Staatsinquisitoren

Auch in anderen italienischen Republiken hat es Staatsinquisitoren gegeben. Wir finden sie in Genua und Lucca. Bei weitem die größte Aufmerksamkeit aber haben die Staatsinquisitoren von Venedig erweckt, und mannigfaltige fabelhafte Erzählungen sind von denselben in Umlauf; es erfordert eine nicht gerade sehr verwickelte, aber eine lange und langatmige Untersuchung, wenn man darüber ins klare kommen will. Ich rechne auf das Interesse der Sache, wenn ich mir Hoffnung mache, daß mich der Leser in dieselbe – denn vor seinen Augen will ich sie aufstellen – begleiten wird. Ich abstrahiere dabei von den bei Daru* mitgeteilten angeblichen Statuten der Inquisition, über welche ich jedoch eine kleine, schon vor 50 Jahren verfaßte Abhandlung im Anhang beifüge**, und halte mich nur an die Dokumente des venezianischen Archivs.

In schwierigen und zweifelhaften Angelegenheiten hat die Republik Venedig von jeher Inquisitoren ernannt, aber sie hörten immer wieder auf, wenn die Sache zu Ende gebracht war, die man ihnen übertrug. Wir können ohne Skrupel über sie hinweggehen; mit dem Institut der Staatsinquisitoren haben sie nichts zu tun. Um dies Institut zu verstehen, muß man sich das oben geschilderte Verhältnis vergegenwärtigen. Zwischen den Mächten der Welt hatte die Republik die schwierigste Stellung. Ihre Aktion mußte so durchgreifend und geheimnisvoll sein, wie sie nur von einer unbeschränkten Gewalt ausgeübt zu werden pflegt. Und auch in dem Inneren durfte nichts geduldet werden, was die einmal eingeführte Ordnung der republikanischen Behörden untereinander und ihr Verhältnis zu den untergeordneten Landschaften und Kommunen verletzen konnte. Aus der Gesamtheit der Gleichberechtigten mußte eine neue Gewalt gebildet werden, welche jede Abweichung vom Prinzip, jede Verletzung der eingeführten Ordnungen zu verhindern vermochte. Im allgemeinen war dies die Aufgabe des Rates der Zehn, wie er bis zu dem Jahre 1582 bestand. Doch fand dieser selbst ratsam, für den schwierigsten Teil seiner Aufgabe, die Behauptung des Geheimnisses, aus seinem Schoße eine eigene Behörde zu schaffen. Im Jahre 1539 haben sie die Inquisitoren gegen die Verletzung der Staatsgeheimnisse begründet. Der Anlaß war der folgende: Venedig hatte sich dem Bunde des Kaisers und des Papstes gegen die Türken angeschlossen, aber diese Liga war unheilvoll; denn sie hatte den König von Frankreich gegen sich, der seinerseits mit den Türken verbündet war. Es war damals, daß Barbarossa mächtig an den Küsten von Toscana erschien; in Morea und in dem Adriatischen Meere erlangten die Osmanen das Übergewicht; die Republik kam in den Fall, ihre Teilnahme an der Liga zu bereuen, die ihr viele Kosten gemacht und sie in Nachteil verwickelt hatte. Wir haben diese Angelegenheit schon oben berührt; sie verdient aber eine nähere Erörterung. Es war

---

* *Es handelt sich hier um Pierre Comte Daru, einen Staatsmann aus der Schule Napoleons I., und sein siebenbändiges Hauptwerk „Histoire de la république de Venise" (1819), seitdem mehrfach neu aufgelegt, 1854 auch ins Deutsche übersetzt.*

** *Unseren Editionsgrundsätzen gemäß wird von dem Nachdruck dieser 1827 geschriebenen, aber ungedruckt gebliebenen „Analekten zu der Abhandlung über die Staatsinquisition" abgesehen, zumal die Ergebnisse in den folgenden Rankeschen Text von ihm selbst eingearbeitet worden sind.*

nicht etwa eine einfache Sache, eine Abkunft mit den Osmanen zu treffen; denn deren Forderungen gingen so weit, daß es sogar schimpflich für die Republik erschien, sie anzunehmen; überdies aber, man durfte sich nicht mit dem Kaiser, noch auch mit dem Papste entzweien. Und wenn damals eine Verständigung zwischen Karl V. und Franz I. im Werke zu sein schien, so wurde die Lage der Republik dadurch nur noch schwieriger; denn sie würde dann der Vermittlung der Franzosen in Konstantinopel entbehrt, vielleicht die drückendsten Bedingungen habe eingehen müssen, und danach doch nur um so größere Gefahr durch die Allianz zwischen dem Papst dem Kaiser und dem Könige zu bestehen gehabt haben. Auch auf Zapolya in Ungarn und dessen Partei mußte sie Rücksicht nehmen. Wenn je, so war in diesem Augenblick das strengste Geheimnis für die Unterhandlungen notwendig. Die Summe derselben war in den Händen der Zehn mit ihrer Zonta, allein dem Senat mußten doch eingehende Kommunikationen gemacht werden. Und diese geschahen bereits in den Jahren 1537 und 1538 unter Einschärfung der strengsten Verschwiegenheit, wie man sagte, der strettissima credenza. Von den Briefschaften, welche vorgelegt wurden, sollte kein Senator weder mündlich noch auch schriftlich das mindeste anderen bekanntwerden lassen, auch nicht durch Winke und Andeutungen, sie sollten selbst untereinander von der Sache nicht außerhalb der Türen des Saales sprechen. Das sollten sie alles eidlich angeloben. Wer das Geheimnis dennoch verletzte, sollte durch Konfiskation der Güter und selbst an Leib und Leben gestraft werden.

Im Jahre 1539 wurde dies nun viel dringender als zuvor. Dennoch wußte man wohl, daß das Geheimnis nicht eben pünktlich gehalten worden war. Da haben nun, um einem so höchst verderblichen Unwesen ein Ende zu machen, die Zehn mit der Zonta am 20. September 1539 den Beschluß gefaßt, drei Inquisitori über alle die, welche das ihnen durch die Gesetze eingeschärfte Geheimnis verletzen würden, einzusetzen; sie sollten diese Kommission ein Jahr ausüben und nach Ablauf desselben wiedergewählt werden können. Der Senat ist hierbei nicht gefragt worden, noch auch das große Consiglio. Es war einfach ein Akt der Zehn, der bei der nächsten Kommunikation, welche die Friedensunterhandlungen, in denen man begriffen war, betraf, dem Senate mitgeteilt wurde. Dies ist am 17. November desselben Jahres geschehen. Man übergibt dem Senat Aktenstücke, welche die Verhandlungen und den Friedensschluß betreffen, aufs neue unter Einschärfung des strengsten Geheimnisses; zugleich aber teilt man ihm die Ernennung der Inquisitoren mit, die nun von Jahr zu Jahr erneuert wurden. So sind die Inquisitoren gegen die Verletzung der Geheimnisse ins Leben getreten.

Bei dieser strengen Rücksicht auf das Geheimnis tritt zugleich von vornherein die Frage ein, inwiefern sich die Verlesung der Relationen der zurückkehrenden Ambassadoren in dem Senate damit vereinbaren ließ. Darüber ist 1542 (5. Juni) ein besonderer Beschluß gefaßt worden. Aloise Badoer, dem der Abschluß des Friedens mit den Osmanen anvertraut gewesen war, kam soeben von Konstantinopel zurück. Es wurde ihm durch ein besonderes Dekret die Erlaubnis gegeben, sich mit vollkommener Freimütigkeit auszudrücken, auch über die damals in Konstantinopel vorwaltenden Persönlichkeiten. Die Einführung von Inquisitoren stand dem nicht allein nicht entgegen, sondern machte es möglich, da man nun auf die Beobachtung des Geheimnisses um so mehr zählen durfte.

Noch bildeten diese Inquisitoren kein eigentliches Tribunal; sie waren selbst in Verlegenheit über das Zimmer, wo sie sich versammeln sollten; sie bedienten sich eines Sekretärs der Zehn. Von ihrer Tätigkeit, die sich ihrer Natur nach in das Dunkel zurückzog, finden sich wenig nachweisbare Spuren, doch erscheinen sie von Zeit zu Zeit in Angelegenheiten, die besonders geheim bleiben sollten. Im Jahre 1558 werden alle Repräsentanten der Republik, alle Senatoren, Provveditoren, Generale angewiesen, bei ihrer Heimkehr ihre Papiere dem Rat der Zehn einzuhändigen. Dann wird aber auch der Relationen der Ambassadoren, die für uns so wichtig geworden sind, aufs neue gedacht. Es erschien als ein Mißbrauch, daß die Verfasser ihre Arbeit an Freunde und Bekannte mitgeteilt hatten, ein Mißbrauch, dem wir unsere Kunde derselben zunächst verdankt haben; aber die Zehn wollten ihn damals nicht dulden; jeder heimkehrende Gesandte sollte seine Relationen lesen, sie aber dann dem Rate der Zehn übergeben, der sie verwahren würde. Sie sollen zugleich einen Eid leisten, daß sie weder von der Relation noch von anderen gesandtschaftlichen Papieren Kopien in ihren Händen haben oder gar anderen zu Händen haben kommen lassen. Die Inquisitori sopra i secreti sollen darüber wachen, daß diese Geheimhaltung genau beobachtet werde. Und wie sehr man darüber hielt, beweist ein anderer Beschluß vom Jahre 1563. Ein Ambassador, der in Spanien gestanden, hatte seine Relation an seinen Bruder gelangen lassen, welcher Kapitän in Bergamo war. Die Zehn schickten an denselben einen reitenden Boten mit dem Befehl, diesem die Relation wohlverpackt und wohlversiegelt einzuhändigen samt allen anderen Schriften, welche darauf Bezug haben könnten, damit sie wohlverpackt und wohlversiegelt – denn das wird nochmals wiederholt – in die Hände der Capi der Zehn gelangen können.

Für die Geheimhaltung eigentlicher Staatsakten war hierdurch wohl gesorgt, aber die Zehn waren damit noch nicht befriedigt. In dieser Epoche fingen geschriebene Zeitungen an, die Runde durch die Welt zu machen. Für diese Art von Mitteilung gab es keinen geeigneteren Platz als Venedig, wo so viele Fäden der Politik und des Handels zusammenliefen. Es waren besondere Schreibstuben oder Büros dafür errichtet; die Verfasser wurden wohl bezahlt, wobei dann notwendig manches zutage kam, was man geheim zu halten wünschte. Die Zehn wollten dem Einhalt getan wissen; sie verboten ausdrücklich, Neuigkeiten irgendwelcher Art nach auswärts oder auch in der Stadt mitzuteilen. Man sollte auch davon nicht schreiben, wovon man öffentlich in Venedig redete. Die härtesten Strafen, selbst die des Anschmiedens an die Galeeren, wurden den Übertretern angedroht und dem Denunzianten Belohnungen versprochen. Die Inquisitoren über das Geheimnis wurden mit der Ausführung des verordneten beauftragt.

Im Jahre 1574 erhielten die Inquisitoren von den Zehn den Auftrag, über eine Äußerung, die der Prokurator Marc Antonio Barbaro im Senate über den Waffenstillstand des Papstes und des Königs Philipp mit den Türken getan hatte, eine

Untersuchung anzustellen. Als sie aber mit ihrem Bericht vor den Dieci erschienen, waren zwei von ihnen selbst der Meinung, daß aus Gründen, welche mündlich geäußert worden, darin nicht fortgefahren werden möge; sie selbst hätten das nicht beschließen können, der Rat der Zehn aber faßte diesen Beschluß. Aus allem ergibt sich, daß den Inquisitoren zwar eine mannigfaltige und geheime Tätigkeit zugewiesen war, aber noch keine Selbständigkeit irgendeiner Art; sie waren eben bloß eine Kommission des Rates der Zehn, und nicht sehr weit konnte ihre Tätigkeit sich erstrecken, da das eigentliche Geheimnis in diesem Rate selbst beschlossen war. Senatoren und Nobili konnten nichts Wichtiges verraten, da sie nichts Wichtiges erfuhren. Mit der Staatsveränderung von 1582 aber wurde nun dies Verhältnis durchaus verändert. Man hätte glauben dürfen, mit der Beschränkung des Rates der Zehn würden auch die Befugnisse der Inquisitoren, die von demselben abhingen, sich vermindern, aber gerade seit diesem Momente sind sie emporgekommen, und zwar doch auch wieder sehr folgerichtig. Denn wenn die Inquisitoren schon zu der Zeit, wo die Zehn die exklusive Autorität in den wichtigsten Angelegenheiten besaßen, dazu bestimmt gewesen waren, die Verletzung des Geheimnisses durch Mitglieder des Senats zu verhindern, so wurden sie nun vollends unentbehrlich, nachdem diese exklusive Gewalt gefallen und auch die geheimsten Staatsangelegenheiten der Versammlung der Senatoren, welche 250 Mitglieder zählte, mitgeteilt werden mußten. Die Senatoren wollten sich die Kunde des Geheimnisses schlechterdings nicht entziehen lassen; gerade der darauf bezügliche eventuelle Vorbehalt, welchen die vermittelnden Vorschläge in jenem Augenblicke doch noch immer festhielten, hatte die Annahme derselben verhindert. Wie wichtig diese Veränderung war, fühlten zuerst die auswärtigen Gesandten; namentlich befand sich der französische in der größten Verlegenheit, in jenem Augenblick, da sich aufs neue alle europäischen Verhältnisse verwickelten und der Gegensatz zwischen Frankreich und Spanien zu einem neuen Ausbruch zu führen drohte, der ganz Europa erschüttern mußte. Da hat nun am 18. April 1583, als die Zonta zwar nicht abgeschafft war, aber sich doch nicht versammeln konnte, der französische Gesandte in dem Kollegium, d. h. vor den Consiglieri, den verschiedenen Savi und den Capi eine Mitteilung gemacht, deren Inhalt unbedingt geheim gehalten werden mußte und nach der neuen Ordnung der Dinge doch den Senatoren nicht verborgen gehalten werden durfte. Den Tag darauf wurde nun in dem Rat der Zehn, versteht sich dem einfachen ohne die Zonta, der Beschluß gefaßt, diese Mitteilungen mit einer neuen Verwarnung der Senatoren gegen die Verletzung des Geheimnisses bekanntzugeben. Sie werden an die Konfiskation der Güter, Strafen und selbst an Leib und Leben erinnert, die früher zuweilen angedroht worden waren; es ward ihnen allen ein Eid auf das Missale abgenommen, und selbst der Eid, nicht verraten zu wollen, daß sie einen solchen Schwur geleistet hätten. Wenn man aber schon früher mit diesen oder ähnlichen Gelöbnissen nicht zufrieden gewesen, sondern die Inquisitoren sopra i secreti eingeführt hatte, so wurde das jetzt wiederholt. Drei Inquisitoren wurden ernannt, und diese mit allen den Rechten ausgestattet, welche ihnen der Rat der Zehn mit der Zonta im Jahre 1539 zuerkannt hatte. Es war an sich nur eine

Wiederholung; allein bisher hatten die Inquisitoren so wenig faktische Bedeutung gehabt, daß der französische Gesandte die Wiederherstellung derselben als eine neue Institution betrachtete.

Der große Rat hat davon, wie es scheint, gar nicht einmal Notiz genommen. Der Senat, dem eine solche mitgeteilt wurde, ist doch dabei nicht gefragt worden. Alles wie im Jahre 1539. Man bezog sich einfach auf ein ältestes Gesetz, das mit der Zonta gegeben worden, aber unmöglich mit derselben abrogiert sein könne. Die Veränderung liegt hauptsächlich darin, daß die Wahl auf einen engeren Kreis, nämlich den Rat, ohne die Zonta, aber mit den Consiglieri, beschränkt wurde. Von diesen Sechzehn mußten immer drei auf ein Jahr erwählt werden.

Daß diese Einrichtung einer inneren Notwendigkeit entsprach, zugleich aber, daß sie anfangs nur wenig nützte, entnehmen wir aus den Depeschen desselben französischen Gesandten, der sie eigentlich veranlaßt hat. Im August 1583 sendet er seinem König einen Bericht über die letzten Verhandlungen, die in dem Senat vorgekommen waren, die Propositionen, welche gemacht, die Reden, welche gehalten worden. Er verdankt den Bericht einem Senator, welcher ähnliche Mitteilungen regelmäßig zu machen verspricht, wenn ihm der König von Frankreich eine Pension von 300–400 Skudi zusichere. Der Gesandte bittet um diese Bewilligung; denn der König bekomme dadurch ein Mittel in die Hand, um alles, was in der Welt vorgehe, zu erfahren, da man in dem Senat die von allen Orten eingehenden Depeschen täglich vorlese.

Man braucht nur einen Blick auf jene Zeiten zu werfen, in denen der Kampf der Guisen gegen Heinrich III., der zugleich ganz Europa betraf, sich vorbereitete, um zu bemerken, wie wichtig diese Mitteilungen werden konnten. Alle die niederländischen und französischen Ereignisse fanden ihr Echo in Venedig.

Nicht allein aber der französische Gesandte de Maisse, sondern auch sein größter Antagonist, der spanische Geschäftsträger Salazar, empfing solche Mitteilungen. Auch in Spanien erfuhr man alles haarklein, was in dem venezianischen Staate vorkam. Der venezianische Botschafter in Spanien selbst mußte inne werden, daß die spanische Regierung den Inhalt seiner nach Venedig gerichteten Depeschen ohne ihn kennenlernte. Man ermißt die Verlegenheit, in die er nun geriet, wenn er etwas zu melden hatte, was notwendig geheimgehalten werden mußte; er wagt es nicht zu sagen, weil es bekannt werden würde, und wollte es doch auch nicht verschweigen, weil das wider seine Pflicht laufe. Auch an den Rat der Zehn wagte er sich nicht zu wenden, weil er damit die Unzufriedenheit des Senates zu erregen fürchtete.

Gradenigo ergriff den Ausweg, seine Meldungen an ein einzelnes Mitglied des Rates zu machen. Das war im Jahre 1584. Zwei Jahre später war die Sache noch schlimmer geworden. Gradenigo, der venezianische Botschafter in Spanien, beklagt sich, daß Salazar insgeheim alles erfahre, was in dem Senat vorgehe. Darüber, wie das geschehe, gibt er seine Vermutungen den drei Inquisitori sopra i secreti an, denen er zu Gemüte führt, es sei unmöglich, einen Staat gut zu regieren, in welchem es keine Geheimnisse gebe.

Wenn nun den Senatoren die Staatsgeschäfte mitgeteilt werden mußten und doch ohne Bewahrung des Geheimnisses nicht verwaltet werden konnten, so leuchtet auf den ersten Blick ein, wie wichtig das Institut der Inquisitoren gegen die Verräter der Geheimnisse wurde. Es entsprang so recht aus der Mitte der Angelegenheiten der Republik; da, wo sich die inneren Geschäfte, auf welche jetzt die Zehn keinen Einfluß mehr ausüben sollten, und die äußeren, welche das Geheimnis notwendig machten, einander berührten.

Unter diesen Umständen begreift man, wenn nun die Befugnisse der Inquisitoren verstärkt und vermehrt wurden. Schon im Oktober 1583 wurden sie ermächtigt, denen, durch deren Beihilfe man diejenigen, welche die Geheimnisse ausbreiten, zu ermitteln in den Stand kommen wird, Belohnungen zu versprechen, je nachdem solche gefordert werden; der Rat werde sie dann mit zwei Dritteil der Stimmen bestätigen. Am 7. März 1584 wird ihnen dann erlaubt, den Denunzianten Straflosigkeit zu versprechen, wenn sie an dem Verbrechen teilhaben würden, und sogar die Tortur anzuwenden, um zur Kenntnis der Wahrheit zu gelangen.

Noch war das ganze Institut nicht recht geregelt. Da die Inquisitoren aus den Zehn und den Consiglieri der Dogen gewählt werden konnten, so geschah wohl, daß einmal zwei oder drei Consiglieren gewählt wurden, worin der eigentliche Rat der Zehn eine Beeinträchtigung sah. Im Jahre 1588 ordnete er an, daß niemals mehr als ein Consigliere unter den Inquisitoren sein dürfe, die beiden anderen sollen dem Kollegium der Zehn angehören, von denen die Inquisitoren unmittelbar abhingen. Man lernt diese Verhältnisse aus einem Beschluß vom 29. Dezember 1589 kennen, in welchem es heißt, es sei notwendig, denen auf die Spur zu kommen, welche die Beschlüsse des Senats den Ambassadoren auswärtiger Fürsten mitteilen; dazu aber brauche man Kundschafter und andere Mittel. Den Inquisitoren wird nun gestattet, eine kleine Summe dafür aus der Kasse des Rates der Zehn zu entnehmen, jedoch immer auf Grund eines Mandats der Häupter der Zehn. Zuweilen aber war die geforderte Summe auch sehr ansehnlich. Eine Person, die aber ihren Namen nur den Inquisitoren nennen will, erbietet sich, den Senator anzugeben, mit seinem Namen, Vornamen und allen Besonderheiten, der dem spanischen Gesandten die Geheimnisse des Staates verrate; man solle, sagte der Denunziant, die Sache gleichsam mit Händen greifen können. Aber er fordert dafür eine Belohnung von 4000 Dukaten, und auf das Wort der Inquisitoren, die ihm eine solche versprachen, allein will er sich nicht verlassen; er verlangt die Bestätigung der Capi der Zehn. Wir finden dann, daß der Unbekannte vor dem Rate erscheint und dieser den Beschluß faßt, daß die 4000 Dukaten auf seine Anweisung gezahlt werden sollen. Man sieht hierbei, daß der früher gerügte Fehler vermieden war und beinahe in den anderen umschlug. Von den damaligen Inquisitoren waren zwei selbst Capi der Zehn; was sie als Inquisitoren versprochen, bestätigten sie als Häupter der Zehn; wenn sie als Inquisitoren fungierten und in diesem Geschäft den Rat verließen, mußten sie als Häupter der Zehn ihre Stellvertreter haben.

Bereits im Jahre vorher war den Inquisitoren ein Raum, der über den Kammern des Rates der Zehn lag, überlassen worden, um in demselben diejenigen festzuhalten, deren Verhaftung ihnen um ihrer amtlichen Geschäfte willen nützlich und notwendig erschien. Ich denke, es sind keine anderen, als die verrufenen Gefängnisse unter den Bleidächern. Das höchst Sonderbare ist, daß diese Lokalität den Inquisitoren zugestanden wird, weil das gewöhnliche Gefängnis des Rates der Zehn zu hart sein würde; man sieht, die Gefangenen der Inquisition sollten milder behandelt werden, als andere Gefangene des Rates der Zehn. Wir werden wohl nicht irren, wenn wir mit diesen Vorgängen einen anderen in Verbindung bringen, der in den September 1592 fällt. Man hatte zwei Verdächtige, des Namens Dolce und Zattarello, festgenommen und verhaftet, und die Frage war nun, ob diese Verhaftung aufrechterhalten werden solle. Die Inquisitoren trugen darauf an, die Capi hatten Bedenken; man beschloß zuletzt, die beiden Verhafteten freizulassen, aber mit einer Ermahnung, die ihnen von den Inquisitoren in dem Vorzimmer der Capi wirklich erteilt wurde. Die Sache selbst erscheint nicht gerade bedeutend. Das Merkwürdige aber ist, daß gerade hierbei der Name der Staatsinquisitoren zuerst erscheint, und zwar finden wir in dem Dokument anfangs den Ausdruck Inquisitori contra i propalatori di secreti; darauf ganz im allgemeinen das Wort Inquisitori di stato. Das bezog sich, wenn unsere Kombination der verschiedenen Fälle nicht falsch ist, darauf, daß es eben Staatsgeheimnisse waren, welche verraten worden sein sollten. Der Titel Inquisitoren gegen die Verräter der Geheimnisse des Staates setzt sich unmerklich um in den Titel Staatsinquisitoren.

Im Jahre 1593 ward ihnen mit nachdrücklicher Betonung ihrer Wichtigkeit die Befugnis erteilt, wenn sie zu ihren Verhandlungen eines Prozesses, der bei den Capi oder bei den Essecutori contro la bestemmia oder irgendeinem anderen Magistrat verwahrt werde, zu bedürfen glauben, die Mitteilung desselben zu fordern, ohne einen Grund dafür anzugeben: denn das erheische das Bedürfnis des tiefsten Geheimnisses und die Autorität einer so großen Magistratur. Es ist von Wichtigkeit, daß die Inquisitoren bereits als Magistrat bezeichnet werden.

Im Jahre 1596 wurde das oben erwähnte Dekret von 1558 über die Vorlegung der Schriftstücke eines zurückkehrenden Repräsentanten, wie ausdrücklich gesagt wird, auch der heimkehrenden Ambassadoren mit Bezugnahme auf deren Relationen wiederholt: denn im Laufe der Zeit sei es beinahe in Vergessenheit geraten. Die Erben sollen die nachgelassenen Skripturen der bereits Verstorbenen binnen acht oder zehn Tagen einliefern. Ein Dekret findet sich, in welchem die Capi beauftragt werden, für die Ausführung dieser Verordnung zu sorgen. Aber zugleich betraute ein anderes die Inquisitoren mit diesem Geschäft; hier erscheinen sie abermals bald als Inquisitori sopra i secreti, bald unter dem Titel Inquisitori di stato. Auch wird ihres besonderen Sekretärs gedacht, welcher über die Ausführung der Verordnungen Buch zu halten, den Auftrag erhält. Der Name der Staatsinquisitoren wird nicht zuerst in dieser Verordnung genannt, was schon 1592 und nochmals in einem Dekret vom 9. März 1595 geschehen war, aber das Amt erscheint immer wichtiger und bedeutender.

Im Juli 1599 tragen die Inquisitoren auf Aufhebung der über einige namhaft gemachte Persönlichkeiten ausgesprochenen Verbannungen an, weil von diesen Personen einige solche angegeben worden waren, die Geheimnisse des Staates nach außerhalb, und zwar schriftlich mitgeteilt hatten. Der Antrag wurde gemacht, ohne daß Prozesse oder andere Schriftstücke irgendeiner Art vorgelegt worden wären, und so wurde der Vorschlag doch auf der Stelle genehmigt, obwohl die Verbannung von den Zehn selbst ausgegangen war, und zwar, wie es in einer Randbemerkung heißt, weil Staatsrücksichten dabei obwalteten.

Man hat in den ersten Zeiten nach dem Sturze der Republik die Inquisitoren und das ganze Staatssystem von Venedig zu tief herabgewürdigt. Dann ist in den neuesten Zeiten eine Reaktion gegen diese Auffassung erfolgt; man hat einen Ton der Entschuldigung und Rechtfertigung angeschlagen. Aber auf diesem Wege muß man sich doch hüten, der Wahrheit nicht wieder Eintrag zu tun. Wir erkennen die Unentbehrlichkeit einer strengen Aufsicht, nachdem das Geheimnis nicht mehr auf wenige beschränkt war, unbedingt an. Allein wir können doch nicht die gewaltsamen und vor dem Moralgesetz nicht zu rechtfertigenden Mittel und Wege unerwähnt lassen, deren sich die Zehn auch nach ihrer Reform und die Inquisitoren zur Behauptung der Staatsraison bedienen. Wie sie selbst Kundschafter und Späher ausschickten, so waren ihnen fremde Kundschafter, oder die für solche gehalten wurden, im höchsten Grade verhaßt. Gleich in diesen Zeiten finden wir ein Beispiel davon in dem Verfahren, das sie gegen einen Dominikaner, des Namens Cyprian, der sich in dem Kloster Giovanni e Paolo aufhielt, einschlugen. Die Inquisitoren nötigten ihn, das Kloster und die Stadt zu verlassen. Da er sich aber an die österreichischen Höfe begab und nicht allein bei den Erzherzögen Ferdinand und Maximilian, sondern auch bei dem Kaiser Rudolf Zutritt fand, so erscheint er ihnen dort noch gefährlicher als in Venedig selbst; er könne, sagte man, der Republik die allerschlechtesten Dienste erweisen; denn schon geriet man damals mit dem Hause Österreich durch die Uskochen in die widerwärtigsten Verwicklungen. Um allen Einwirkungen des Dominikaners, welche gefährlich werden könnten, vorzubeugen, haben die Zehn unbedenklich den Inquisitoren den Auftrag gegeben, den Menschen auf die eine oder die andere Weise umbringen zu lassen. Cyprian war indes unversehrt nach Konstantinopel gelangt. Die Zehn tragen hierauf dem Bailo in Konstantinopel auf, dem Vaterlande den Dienst zu tun, ihn aus dem Wege zu räumen. Wenn das nun doch nicht geschehen ist, so daß wir Cyprian später sogar noch einmal in Venedig finden, so kann das die Zehn nicht entschuldigen; die Staatsgewalt selbst, in ihnen repräsentiert, ließ sich herbei, den Meuchelmord anzuordnen.

Ein neuer Fortschritt zur Selbständigkeit der Inquisitoren geschah im Jahre 1600. Es wurde ihnen ein besonderer Versammlungsort bewilligt und ein Wochentag zu ihren Amtsverhandlungen festgesetzt. Sie sollen sich eidlich verpflichten, jedesmal zu erscheinen; man bezeichnet sie schlechthin als Staatsinquisitoren. Ihre Aufgabe ist eine doppelte: nicht allein die Untersuchungen gegen diejenigen einzuleiten, welche die Geheimnisse der Ratsversammlungen und Kollegien verraten, sondern überhaupt die Überschreitungen, welche zu ihrer Kunde kommen, zu rügen. Im folgenden Jahre wurde ein Dekret erlassen, welches für den Fall, wenn einer oder der andere der Natur der Sache wegen ausscheiden müsse, doch dafür Sorge trug, daß das Tribunal allezeit komplett sei. Wie es auch in anderen Kollegien der Fall war, in Angelegenheiten von Rom durfte niemand mitreden, der in irgendeiner Verbindung mit dem römischen Hofe stand. Die Klasse führte den Namen der Papalisten. Auch unter den Inquisitoren sollte kein Papalist geduldet werden, wenn man von den Angelegenheiten von Rom rede. Hauptsächlich aus diesem Grunde wurde außer den drei noch ein Stellvertreter, der kein Papalist sein durfte, gewählt.

Die Besorgnis, daß die Geheimnisse und die Beratungen allen Vorkehrungen zum Trotz dennoch bekanntwerden könnten, wuchs alle Tage an. Weil man schon daraus, daß die Geheimhaltung aufs neue beschworen oder der Anhang des Papstes von den Beratungen ausgeschlossen werde, auf die Gegenstände schließen könne, welche in den Beratungen vorgekommen, so wurde eine neue Verordnung erlassen, nach welcher niemand außerhalb der Türen des Collegio und des Senates auch nur von diesen Äußerlichkeiten reden sollte; denn daß von den Sachen selbst, welche vorgekommen, nichts geäußert werden dürfe, verstand sich von selbst. Mit der Erforschung auch solcher Übertretungen wurden die Inquisitoren, deren Wichtigkeit noch besonders betont wird, beauftragt.

Aus Verfolgern derjenigen, die das Geheimnis verraten, werden sie gar bald selbst Empfänger der geheimsten Mitteilungen. Dabei unterscheidet man nicht, ob es sich um Kriminal- oder Staatssachen handelt, ob sich der Fall auf die auswärtigen oder auf die inneren Verhältnisse bezieht: wenn die Sache nur recht geheim scheint, so wird sie ihnen mitgeteilt.

Mit dem Ausbruch der Irrungen mit dem Papst Paul V. tritt, wie gar nicht anders zu erwarten ist, der Rat der Zehn wieder sehr in den Vordergrund. Von ihm gehen jene Befehle an die geistlichen Personen aus, kein Wort vernehmen zu lassen, das dem Interesse der Republik entgegenlaufe. Ihm kommen alle die Anzeigen aus der Terra ferma zu, welche irgendwie ein Mißvergnügen mit den von dem Senat gefaßten Beschlüssen zu erkennen geben. Die Inquisitoren beauftragen dann die Rettori in den verschiedenen Plätzen, Untersuchungen nach dem Gebrauch der Zehn zu veranstalten. Das Wesentliche dieses Ritus ist, daß den Denunzianten Belohnungen und Schadlosigkeit, wenn sie selbst schuldig wären, zugesichert werde. Ihre Bücher sind gerade in diesen Tagen sehr gefüllt und von einer gewissen Erheblichkeit. Einen Provveditore bringen sie in Erinnerung, daß er auch die allergeheimsten Angelegenheiten ohne Ausnahme an den Rat der Zehn berichten könne. Mit den inneren greifen aber auch die äußeren Angelegenheiten um so mehr zusammen, da sich in einem katholischen Gemeinwesen eine gewisse Sympathie mit der päpstlichen Politik und den Staaten, in denen diese eben vorwaltet, voraussetzen ließ. Vornehmlich ist ihr Augenmerk unter diesen Umständen auf Spanien gerichtet, das sie ohnehin mit seiner Übermacht bedroht. In Neapel erbietet sich ein Spanier, den Venezianern von den Korrespondenzen zwischen dem König, dem Governator von Mailand und dem Vizekönig von Neapel Nachricht zu geben, ihnen selbst die Chiffern mitzuteilen, deren sich der Governator von Mailand in seinen Depeschen an den König und die Fürsten von Italien bedient. Sie beschließen, diesen unschätzbaren Mann durch Versprechungen nach Venedig zu locken, wo sie dann bald finden, daß er ein Betrüger ist: denn dahin führte eben das ganze Verhältnis, daß man nicht allein ihren geheimen Anschlägen zu begegnen, sondern sie auch auf eine falsche Fährte zu leiten oder auch nur ein Stück Geld von ihnen zu erlangen suchte. Sie sind sehr begierig, das Geheimnis zu erfahren, aber doch auch sehr auf der Hut, sich nicht betrügen zu lassen. Den, der sie hintergehen will, sind sie entschlossen, auf ihre Weise aus dem Wege zu räumen, wie das eben jenem Spanier begegnet ist. Daran glaubten sie selbst nicht, daß Spanien Krieg mit ihnen beginnen wolle; aber ihr ernstlichster Verdacht wurde rege, wenn man ihnen sagte, daß der Governator von Mailand Verständnisse in der einen oder der anderen ihrer Festungen angeknüpft habe; denn daß er solche in Besitz nehmen würde, wenn er könne, darüber hegten sie keinen Zweifel. Und gewiß gab der Streit mit dem Papst dazu Anlaß; es war davon die Rede, daß durch die Beichtväter das Mittel gesucht werde, auf die Gemüter zu wirken. Bald hören sie von dem einen, bald von dem anderen Anschlag: sie sind überaus tätig, um denselben zu begegnen. Bei weitem das meiste geschieht im Namen des Rates der Zehn durch die eigensten Beschlüsse desselben, wobei dann das Tribunal der Inquisitoren besonders in Anspruch genommen wird. Wie man dabei verfuhr, zeigt folgender Vorfall.

Der Inquisitor Pasqualigo hatte von Mailand eine Anzeige erhalten, welche eine erwünschte Entdeckung erwarten ließ. In Gegenwart des Rates der Zehn verfaßte der Inquisitor einen Brief, der nach Mailand abgeht und auf welchen eine Antwort einläuft, die einige Zeit darauf verlesen wird. Dem Inquisitor Pasqualigo wird nun der Inhalt einer Rückantwort angegeben, die er so fassen soll, als komme sie von ihm selbst allein. Die Summe derselben ist, daß der Sekretär des Senats bezeichnet wird, der den Befehl erhalten soll, sich mit dem Korrespondenten zu besprechen; nachdem dieser Sekretär dahin gegangen, zurückgekommen ist und seinen Bericht erstattet hat, wird ein neuer Brief von Pasqualigo abgefaßt, in welchem derselbe nur von der Dankbarkeit des Rates der Zehn spricht. Der Beschluß ist, daß der Camerlengo beauftragt werden soll, den Inquisitoren eine Summe Geldes zu ihrer weiteren Verwendung in dieser Sache auszahlen zu lassen.

Man würde mit Unrecht schließen, daß der Brief Pasqualigos einen Beweis von der geringeren Bedeutung der Inquisitoren liefere, ich schließe nur, daß die Existenz derselben in dem Verkehr mit Mailand geheim gehalten werden mußte. Die Inquisitoren werden ermächtigt, auch nach Parma und Piacenza eine Person, die der Welthändel kundig ist, zu schicken, um alles das zu erkunden, was das Interesse der Republik betreffen könnte.

Wie unentbehrlich die ununterbrochene Tätigkeit der Inquisitoren erschien, ergibt sich aus einem Dekret, nach welchem die Amtshandlungen derselben niemals unterbrochen werden sollten, auch nicht durch die Zeit, welche zwischen der Erneuerung des Rates der Zehn und der Wiederwahl der Inquisitoren durch denselben verstreichen könne: sollte etwas Wichtiges vorfallen, so sind die Inquisitoren ermächtigt, nach wie vor ihre Verrichtungen fortzusetzen.

Bei der erneuerten Anzeige, daß es jemand gebe, der von dem König von Spanien bezahlt werde, um demselben die Geheimnisse des Staates zu verraten, werden die Inquisitoren ermächtigt, dem Denunzianten dieses Verräters hohe Belohnungen zu versprechen, und zwar 5000 Zecchinen, wenn der Verräter ein solcher ist, der zu den geheimen Consiglien Zutritt habe oder gehabt habe. Die Capi werden dafür sorgen, daß diese Summe ganz auf die Art bezahlt werde, wie die Inquisitoren versprechen.

Man verfährt mehr als einmal auf die oben angedeutete Weise. Im Jahre 1609 sind es vornehmlich geistliche Personen, gegen welche die Inquisitoren einschreiten.

Am 26. März 1610 wurde das Dekret vom Jahre 1606 erneuert, doch ist das Motiv allgemeiner als damals. Es bezieht sich nicht auf Verrätereien an die Spanier, sondern überhaupt darauf, daß es Menschen gebe, welche sich bezahlen lassen, um die Geheimnisse der Republik zu verraten. Worauf das zielt, kann nicht zweifelhaft sein, wenn mit besonderem Nachdruck der Entfernung der Papalisten aus dem Rate der Zehn bei der Fassung dieses Beschlusses gedacht wird. Erst nachdem die Ballotation geschehen ist, können die Papalisten wieder eintreten, aber man nimmt ihnen einen Eid ab, niemand sagen zu wollen, daß sie bei der Fassung des Beschlusses ausgeschlossen gewesen seien.

Im Jahre 1612 folgt ein neues Dekret, durch welches die Befugnis der Inquisitoren erweitert wird. Sie durften schon bisher Straflosigkeit und Geldgeschenke versprechen; jetzt wird ihnen verstattet, für den Fall, daß ihnen ein Verräter der Geheimnisse angezeigt werde, der zu den geheimen Räten Zutritt habe, so daß derselbe zur Strafe gezogen werden könne, dem Denunzianten nicht allein ohne weiteres ein ansehnliches Geschenk zuzusichern, sondern auch eine Provision auf Lebenszeit und Befreiung eines Verbannten und stete Geheimhaltung seines Namens; Zugeständnisse, die fürwahr zur Denunziation reizen konnten, Straflosigkeit, stete Geheimhaltung des Namens, ein unmittelbares ansehnliches Geldgeschenk, eine fortwährende Pension für das ganze Leben und Befreiung eines zur Verbannung Verurteilten. Nur für das letzte behält sich der Rat der Zehn die Zustimmung mit dreiviertel der Stimmen vor.

In diesen Zeiten war der Verdacht besonders rege und die Aufsicht besonders streng. Den Nobili wird durch ein Gesetz vom November 1612 jeder Verkehr mit den Bevollmächtigten fremder Mächte untersagt; sie sollen diese weder besuchen noch einen Besuch von ihnen empfangen. Nur denen, welche zu einer Gesandtschaft ernannt sind oder von einer solchen zurückkehren, wird ein einmaliger Besuch bei den fremden Diplomaten gestattet; zu einem zweiten gehört allemal eine Erlaubnis des Rates der Zehn. Die Ausführung des Dekretes wird sowohl den Capi als den Inquisitori übertragen.

Wir halten hier inne: denn man wird es müde, den geheimen Gängen dieser gewaltsamen Polizei im einzelnen nachzufolgen. Aber eine allgemeine Bemerkung drängt sich auf. Wie sollten Männer, die in Geschäften gestanden und mit der Politik des Staates nicht übereinstimmten, sich durch alle diese Vorkehrungen nicht in ihren eigensten Überzeugungen und Lebensrichtungen beeinträchtigt gefühlt haben?

Angelo Badoer, der die wichtigsten Staatsämter verwaltet hatte und durch seine Verwandtschaft mit Rom in Verbindung stand, erschien als ein besonderer Gegner des Dogen Donato, von welchem alle gegen Rom gerichteten Maßregeln ausgingen. Schon war der Versuch gemacht worden, ihn von dem Senate auszuschließen; doch war derselbe mißlungen, weil es Genossen seiner Gesinnung, die für ihn stimmten, in der Versammlung gab. Besonders war er der Regierung dadurch verdächtig geworden, daß er bei der Ankunft eines päpstlichen Nuntius nach geschlossenem Frieden eine Zusamenkunft mit demselben im Garten der Frari gehalten hatte; er behauptete, daß in ihrem Zwiegespräch, welches nicht ohne Zeugen stattgefunden habe, nichts weiter vorgekommen sei, als eine Betrachtung über die eigentümlichen Formen der venezianischen Regierung. Seine Meinung war, daß ein gewisser Verkehr mit auswärtigen Gesandten und Fürsten der Republik eher förderlich sein könne, als nachteilig; so sei es in seiner Jugend gehalten worden; man habe damals Korrespondenzen mit benachbarten Fürsten sogar gewünscht, um diese in gutem Vernehmen mit der Republik zu erhalten. Jetzt aber, sagt er, sei alles verändert. Hauptsächlich daher rühre das, weil unter den jüngeren Leuten, die in den Senat eingetreten, andere Gesinnungen zur Herrschaft gekommen seien; denen aber wage niemand zu widerstreben: denn von ihnen gehe die Ernennung zu allen Ämtern aus. Daß er sich darum nicht kümmere, sondern immer geradehin seines Weges gehe, hält er für die wahre Ursache der Zurücksetzung, die er erfuhr. Dadurch aber, daß er von der Regierung ausgeschlossen sei, werde er auch von den Pflichten befreit, die denen obliegen, welche an derselben Anteil nehmen; es gebe kein Gesetz, durch welches einem einfachen Nobile auswärtige Korrespondenzen verboten seien. Es war noch vor dem November 1612, daß er dies sagte. Aber schon fand er sich veranlaßt, gegen den Rat der Zehn und das Verfahren der Inquisitoren Einwendungen zu erheben. Er bemerkt gegen dies Verfahren überhaupt, daß es doch höchst außerordentlich sei, wenn sich der Rat der Zehn an die gewöhnlichen gerichtlichen Ordnungen nicht binde; selbst die Form seiner Prozesse kenne man nicht. Daß eine solche Gewalt einer mächtigen Korporation anvertraut worden, sei nur zu dem Zwecke geschehen, um in bezug auf die öffentlichen Angelegenheiten eine unbedingte Autorität zu schaffen; nun aber mische sich auch der Privathaß in diese Verhandlungen.

Im Jahre 1612 erging ein Verhaftsbefehl der Inquisitoren gegen ihn, von dem behauptet wird, er sei nur durch persönliche Feindseligkeiten veranlaßt worden. Aber es gelang, noch zur rechten Zeit aus Venedig zu entkommen: denn, sagt er, er sei noch nicht sehr alt und habe keine Lust gehabt, den Rest seiner Jahre in einem dunklen Kerker zuzubringen.

Wenn man die weiteren Ereignisse seines Lebens in Betracht zieht, so bleibt kein Zweifel daran übrig, daß er mit der papalistischen Partei, mit den Jesuiten, verbunden war; und wahrscheinlich rührten die Ungelegenheiten, die er erfuhr, nicht gerade von persönlichem Haß her, sondern von der allgemeinen geistlich-politischen Richtung, welche die venezianische Regierung befolgte, und von der sie, eifersüchtig wie alle Staatsgewalten, keine Abweichung dulden wollte. Auch gegen Badoer sind Verordnungen ergangen, durch welche die venezianischen Gesandten angewiesen wurden, den gefährlichen Rebellen – denn mit diesem Wort haben sie ihn bezeichnet – auf eine oder die andere Weise aus dem Wege zu schaffen. Das ist jedoch nicht gelungen und Badoer ist zuletzt auf seinem Bette in Rom gestorben. Vor seinem Tode hat er noch eine Epistel an seine Vaterstadt verfaßt, in der er, wie man angibt, seine Unschuld aufs neue beteuert und ans Licht zu bringen gesucht hat. Der Rat der Zehn hat es aber verschmäht, diesen Brief zu lesen und ihn uneröffnet verbrannt.

Daß nun aber die antipapistische Richtung, welche dies alles veranlaßte, in Venedig nicht die allein herrschende gewesen sei, geht aus den Begegnissen Antonio Foscarinis hervor. Ziemlich früh zu den höchsten Stellen gelangt, war Foscarini im Jahre 1606 sehr nützlich gewesen, um die geheimen Verbindungen mit Rom zu überwachen. Er hatte dann, nachdem er Gesandter in England geworden war, die Meldung gemacht, daß Geheimnisse des Senates und des Staates verraten würden und zu doppelter Aufmerksamkeit auf die Verräter der Geheimnisse angetrieben. Da mußte es ihm begegnen, daß er selbst als ein solcher denunziert wurde. Sein Sekretär begab sich eigenmächtig nach Venedig (März 1615), was man ihm nachsah wegen der politischen Wichtigkeit, welche die Anzeigen, die er angekündigt hatte, haben könnten. Und diese waren so beschaffen, daß Foscarini selbst nach Venedig zurückberufen und einer Untersuchung unterworfen wurde. Man legte ihm besonders zur Last, daß einige Stellen aus seinen Dispacci allgemein bekannt geworden waren. Die Untersuchung hat herausgestellt, daß dies durch einen vertrauten Diener des Hauses veranlaßt worden war, der die Entwürfe der Depeschen und die Register der Gesandtschaft einem Fremden gegen Bezahlung eingehändigt hatte. Die Sache kam aber von der anderen politischen Partei, mit welcher der Sekretär in Verbindung getreten war. Man warf dem Gesandten vor, daß er sich mit einigen Persönlichkeiten des englischen Hofes in allzu nahe Beziehungen gesetzt habe, daß er zu dem anglikanischen Ritus hinneige und die Sendung eines Protestanten als Gesandten von England nach Venedig vermittelt habe. Er wurde damals einer strengen Untersuchung der Inquisitoren unterworfen, jedoch freigesprochen; wie er sagt, weil Gott seinen Erklärungen und selbst seinem Schweigen Kraft verlieh. Ein paar Jahre später (1622) ist aber eine neue Anklage gegen ihn erhoben worden, von zwei offenbar dazu gedungenen Delatoren, gegen welche, da sie übereinstimmten, sein Ableugnen keine Berücksichtigung fand. Er wurde mit Schimpf hingerichtet; allein der Rat der Zehn ist gleich darauf in den Fall gekommen, sein Urteil für erschlichen zu erklären und die Delatoren hinrichten zu lassen. Ein Ereignis, welches das größte Aufsehen erregte: denn das sei dem Rate der Zehn in den drei Jahrhunderten, daß er bestehe, noch niemals begegnet.

Man wird es entschuldigen, wenn ich hierbei über das Ereignis von 1618, das die folgende Abhandlung behandeln soll, hinausgehe. Die Gewalt der Zehn und das Institut der Inquisitoren sind für die Gesamtgeschichte der Republik zu wichtig, als daß ich nicht noch einige Bemerkungen aus der späteren Zeit hinzufügen sollte.

In den Jahren 1627 und 1628 hatte der Rat der Zehn einen schweren Angriff zu bestehen gehabt, der einen gewissen Zusammenhang mit den großen religiös-politischen Kämpfen verrät, die damals Europa entzweiten. So gräßlich die Ereignisse des offenen Kampfes in Deutschland auch gewesen sind, so möchte man doch beinahe bedauern, daß Venedig nicht auch einen entschiedenen Anteil an demselben nahm. Die inneren Entzweiungen, in denen man sich bewegte, führten dort nur zu einem dumpfen Parteikampf, dem man keine rechte Teilnahme widmen kann. Der Rat der Zehn behauptete, trotz der Beschränkungen, die man ihm damals auferlegte, auch fortan eine politische Wirksamkeit. Angelegenheiten, zu deren Behandlung ein strenges Geheimnis erforderlich ist, wurden von ihnen nicht selten den Inquisitoren überlassen, z. B. schon im Jahre 1620 Erkundung der Verhältnisse zwischen Spanien, Österreich und Polen, der Mächte, auf deren Zusammenhalten der Fortgang der Restauration des Katholizismus in dieser Epoche hauptsächlich beruhte; im Jahre 1650 eine Verhandlung mit Chmielnizky, dem General der Kosaken, die dem Rate der Zehn von dem Senat übertragen worden war. Dieser überweist sie den Inquisitoren, um sie mit ihrer gewohnten Klugheit und ihren wohl erwogenen, Vorsicht atmenden Formen zu behandeln. Ihre Aufmerksamkeit ist hauptsächlich auf das Verhältnis der benachbarten Mächte zu den Osmanen gerichtet. Zuweilen wird ihnen aufs neue der Auftrag zuteil, einen oder den anderen höchst Verdächtigen selbst aus der türkischen Nation aus dem Wege zu räumen. Den Verkehr der Nobili mit den Fremden zu verhindern, ist man unaufhörlich beflissen. In der Mitte des siebzehnten Jahrhunderts wurden die strengsten Gesetze gegeben oder erneuert, welche eine vollkommene Absonderung der Nobili, den Dogen eingeschlossen, von allem Verkehr mit Fremden bewirken sollten. Dieser ganze Körper des Adels sollte nur eine Gesinnung haben, die Idee der Republik; jenes Dekret, nach welchem die Staatsinquisitoren sogar die Briefe diktieren sollten, welche ein Nobile auf irgend eine Zuschrift von außerhalb, selbst wenn sie nur ein Kompliment enthalten sollte, zu geben habe, ist doch das äußerste, wozu man schreiten konnte. Die Inquisitoren sind eigentlich der Mund des Staates geworden, von denen jede Äußerung ausgehen soll. Will man sich davon Rechenschaft geben, wie bei alledem der Rat der Zehn und die Inquisition bestehen konnte, so muß man sich erinnern, daß ihre Aufsicht und Repression nicht allein in den äußeren Angelegenheiten, sondern noch mehr in den inneren zutage kam. Bei der eigentümlichen Zusammensetzung dieses Staates und dem Anspruch der Nobili auf die höchste Stelle in dem ganzen Gefüge des Staates und eine gewisse Autonomie, da sie keinen Fürsten über sich sahen, mußte es eine Macht geben, die den Unordnungen, welche eintreten, unmittelbar steuerte, oder ihnen zuvor kam. Eine solche war die Staatsinquisition. Der Hauptgrund für das Bestehen einer außerordentlichen Gewalt lag darin, daß, wenn die Nobili nicht in Zaum gehalten wurden, die Bedingungen, unter welchen das Land sich unterworfen hatte, nicht beobachtet werden konnten.

Wie im Jahre 1626, so ist das Institut der Zehn, wie das der Inquisition im Jahre 1761 einer Korrektion unterworfen worden, bei welcher alles zur Sprache kam, was sich dagegen einwenden ließ. Das vornehmste Argument zu ihren Gunsten war auch diesmal, daß ohne die strengste Aufsicht über die Nobili der Gehorsam der Staatsangehörigen nicht zu behaupten sein werde. Die Herrschaft der

Nobili über die Nachbarn, ihre Bedeutung unter den Mächten in der Welt war zugleich der Grund, daß sie der strengsten Aufsicht unterworfen wurden. Die Idee des Staates repräsentierte sich in diesen außerordentlichen Gewalten. Der letzte Akt der Republik ist die Auslieferung der Inquisitoren gewesen.

ZWEITE ABTEILUNG

Die Verschwörung gegen Venedig im Jahre 1618

Mehr als eine Schwierigkeit hat die Untersuchung, an die ich mich wage. Die Schriftsteller, denen sie gilt, begehen oft unverschuldete, zuweilen selbst vorsätzliche Irrtümer; die Aktenstücke, die man uns vorlegt, sind weit entfernt, alle echt zu sein; die Handelnden selbst begegnen sich mit wahren und erheuchelten Anschlägen, mit falschem so gut wie mit gegründetem Verdacht. Indem ich das echte ungetäuscht zu erkennen, den wahren Verlauf der Sache zu unterscheiden suche, wäre mein Wunsch, den Leser aus diesem Labyrinth zu einer reinen und befriedigenden Überzeugung zu führen.

Nicht genug indes, daß ich bei einem solchen Gange niemandem einen Genuß versprechen kann, wie man ihn vielleicht aus unbedingten historischen Darstellungen zu schöpfen gewohnt ist; ich kann nicht einmal die Kenntnis eines großen Ereignisses oder sehr bedeutender Zustände erwarten lassen. Wir durchschneiden nicht die hohe See, um etwa an wenig besuchten Küsten unbekannte Bildungen der Natur zu entdecken; es ist ein kleiner Golf zu durchmessen: die Linien seiner Ufer, welche übel beschrieben, die Strömung seiner Gewässer, welche mißverstanden worden, haben wir fleißig zu beobachten und aufzuzeichnen.

Demungeachtet sollte unser Gegenstand auf eine gewisse Aufmerksamkeit Anspruch zu haben scheinen. Die europäische Politik, immer beflissen, die Ereignisse zu lenken, und in der Regel in dem Nachteil, sich dieselben überlegen zu finden, folgt ihnen in unaufhörlicher Metamorphose nach. Ihre Gestalten sind vorübergehend, immer andere, und schwer in ihrem Umriß zu fassen. Aber wie sie aus der Tiefe der Existenz unserer Gesellschaft herrühren, so greifen sie auf mannigfaltige Weise in dieselbe zurück; sie sind der Betrachtung höchst würdig. Für die Politik, wie sie unmittelbar vor dem Ausbruche des Dreißigjährigen Krieges war, ist vielleicht kein Moment bezeichnender, als die Verschwörung, der unsere Untersuchung gewidmet ist. Außerdem hat man über dieselbe soviel geschrieben: es ist so oft und von Jahrzehnt zu Jahrzehnt immer wieder einmal die Rede davon gewesen: man hat so viele Anklagen, bald einer, bald der anderen Regierung daran geknüpft, daß es jemand, der zu dem Besitze unbekannter und, wie ihm scheint, der entscheidenden Aktenstücke gelangt ist, wenn nicht für Pflicht, doch für erlaubt halten kann, nochmals darauf zurückzukommen.

Erste Nachrichten

Im Mai 1618 vernahm man, daß zu Venedig eine große Verschwörung wider diese Stadt entdeckt worden sei. Die einheimischen Chroniken, in denen man noch nach der Sitte des Mittelalters fortfuhr, die Ereignisse der Zeit von Tag zu Tag zu verzeichnen, schildern dieselbe als außerordentlich furchtbar. „Die Absicht sei gewesen, den Senat zu überfallen und in Stücke zu hauen, Venedig einzunehmen und zu plündern; zu der nämlichen Zeit die Flotte in Brand zu stecken und die vornehmsten Plätze auf dem festen Lande zu besetzen. Hierzu habe eine Verabredung zwischen Don Pietro Giron d'Ossuna, Vizekönig von Neapel, Don Pietro de Toledo, Governator von Mailand, Don Alfonso de Cueva, Marchese de Bedmar, Ambassador zu Venedig, allen dreien in spanischen Diensten, bestanden. Französischer Soldaten habe man sich bedienen wollen, weil diese minder verdächtig: glücklicherweise aber seien die Anschläge durch einige von denselben an den Tag gekommen und die Schuldigen unter ihnen bestraft worden." Damals dienten hauptsächlich briefliche Nachrichten, die man abschrieb und weiter gab, zur Verbreitung der Neuigkeiten; sie trugen dies nicht ohne Zusätze durch alle Welt. Man machte einige venezianische Nobili, die in das Einverständnis gezogen, und einige Plätze, wo die Garnison zum Verrat erkauft worden, namhaft; in der Stadt seien 1200 Mann gegenwärtig, der Tag der Ausführung – der Himmelfahrtstag – Rendezvous, Posten zum Angriff, Parole, Signal, verabredet: die Galeeren Ossuna's bereits in Ancona, spanische Truppen von Görz, Triest, Seng aus in das Gebiet der Republik einzurücken bereitgewesen: als ein Mitverschworner alles verraten habe. Solche Briefe fanden in gedruckten fliegenden Blättern, deren erstem wir im Juli 1618 in Rom begegnen, ein noch größeres Publikum; eine zeitlang sprach man von nichts anderem.

In der Tat hatten die Venezianer in der Stadt und auf der Flotte einige Hinrichtungen verhängt; eine nicht unbedeutende Anzahl von dienstlosen Mannschaften, welche damals Herbergen und Plätze der Stadt anfüllten, hatten dieselbe hierauf ohne Zeitverlust geräumt. Der spanische Botschafter war von Venedig abgereist.

Wie aber? Sollten Franzosen und Spanier, deren Entzweiung die Welt in Bewegung setzte, zu so verruchten Anschlägen zusammengetreten sein? Sollten die großen Beamten der spanischen Krone sich zu einer Verschwörung mit fremden Mietstruppen, dem Auswurf von Frankreich, erniedrigt haben? Die venezianischen Behauptungen fanden augenblicklich ihren Gegensatz. Jenen Nachrichten, die in Chroniken verzeichnet, in Briefen ausgebreitet wurden, begegnete man mit Betrachtungen über Unwahrscheinlichkeit. Ein Ereignis wird in der Regel von den Zeitgenossen, die es am lebendigsten berührt, auch am meisten von seinen verschiedenen Seiten betrachtet. Es sind zwei Haupteinwendungen, welche den Venezianern hundertmal und bei jeder Gelegenheit wieder entgegengehalten worden sind: sie wurden gleich damals geltend gemacht. Einmal, wer habe doch die Anschläge der Spanier auf Venedig zu allererst angegeben? Nicht etwa eben jene unglücklichen Franzosen bei ihrem Eintritt in den venezianischen Dienst? Wie unwahrscheinlich, daß sie die nämlichen darauf selber hätten ins Werk setzen wollen! Sodann, wie sollten ein paar Elende, zwei oder drei eine Stadt von 200 000 Einwohnern, drei, vier andere eine Flotte mit 20 000 Mann zu verraten, nur den Gedanken haben fassen können? Nicht allein der spanische Botschafter spottet solcher Hirngespinste. Der französische weiß das Ministerium Ludwigs XIII. von der Nichtigkeit dieser Beschuldigungen zu überreden. Es kommt ihnen wahrscheinlich vor, daß jene armen Menschen, von denen man höre, sie hätten etwas wider die Türken auszuführen im Sinne gehabt, um deswillen, diesen Verbündeten der Republik zu Gefallen, um das Leben gebracht worden seien.

Während diese beiden Ansichten einander entgegentraten, beobachteten diejenigen, welche die Hinrichtungen verfügt hatten, beinahe unverbrüchlich ihr gewohntes Stillschweigen. Der Kriminalrat, der Rat der Zehn, vor welchem der Prozeß geführt worden war, äußerte sich nur in inneren Mitteilungen an die Regierungsbehörde, den Senat: dieser ließ wohl seinen Gesandten an fremden Höfen einige derselben zukommen, jedoch lediglich zu eigener Belehrung und mit dem ausdrücklichen Befehl, sich über diese Sache nur im Notfall, und mit besonderer Zurückhaltung zu äußern; gegen die auswärtigen Minister, die bei der Republik beglaubigt waren, enthielt man sich aller Kundmachung; in dringenden Fällen begnügte man sich, die Existenz der Verschwörung in allgemeinen, aber entschiedenen Worten zu bestätigen.

Erst nachdem die Häupter der damaligen Politik verstorben, die damaligen Interessen von anderen völlig verdrängt waren, bei fünfzig Jahre später, hielten es die Venezianer für gut, sich auszusprechen.

Offizielle Darstellung

Es war ein wohlberechnetes Institut der Republik, ihre Geschichte von Periode zu Periode unter öffentlicher Autorität schreiben zu lassen. Senatoren von anerkanntem Talent, geübt in den Staatsgeschäften, vertraut mit allen Interessen ihres Vaterlandes, wohlbewandert in den Archiven, verfaßten sie; ihre Arbeit ward erst nach genauer Durchsicht herausgegeben. Es ist wahr, daß ihnen eben darum nicht unbedingt zu trauen ist. Einiges verschweigen, anderes verhüllen sie. Da es jedoch keins von diesen Werken geben wird, das nicht mannigfaltige Aufklärungen enthielte; da man fern davon war, etwas zu erdichten; so erreichte man, wenn nicht vollständig, doch in gewissem Sinne den Zweck, der öffentlichen Meinung zugleich genug zu tun und ihr die Richtung zu geben, die man wünschte.

Der Staatshistoriker, in dessen Periode unsere Verschwörung fällt, ist Battista Nani*. Die Kenner wissen, von welchem Werte sein Werk für die gesamte europäische Geschichte ist.

---

* Historia della republica Veneta. 1663. — *Von Nani siehe auch das Musterbeispiel einer groß angelegten Relation seiner „Venezianischen Gesandtschaftsberichte über das Frankreich Mazarins", übersetzt und eingeleitet von Annemarie Freiin von Silleinitz in Reclam's Universalbibliothek No. 103 (Bücher für staatsbürgerliche Bildung, herausgegeben von Richard Schmidt, Leipzig 1920).*

Nani nun bestätigt das Gerücht mit einigen Beschränkungen. Nachdem er erzählt hat, wie nach den Irrungen zwischen der Republik und dem Erzherzog Ferdinand, zwischen Spanien und Savoyen ein gemeinschaftlicher Friede gemacht worden, welche Hindernisse aber die Ausführung desselben in Mailand und Neapel bei Ossuna und Toledo gefunden habe, meldet er, der geheime Grund ihres erstaunenden Betragens sei eben jener verräterische Anschlag wider Venedig gewesen. Schon früher habe Cueva die holländischen Milizen in einem übrigens unbedeutenden Aufruhr wider ihre Offiziere bestärkt; er habe längst getreue Leute von dem Dienst der Republik abwendig zu machen, andere aber, geeignet zur Ausführung seiner hinterlistigen Pläne, in denselben einzuführen gesucht. Unter den letzten nennt er vornehmlich Jacques Pierre, einen Korsaren aus der Normandie, „einen Mann von Talent, aber ergraut im Bösen". Er sagt geradezu: „Ossuna sandte ihn." Gewisse Mißverständnisse, um deren Willen sich derselbe an den Vizekönig rächen zu wollen vorgab, erklärt er für erheuchelt.

„Aufgenommen in venezianischen Dienst", fährt Nani fort, „machte Jacques Pierre viele scheinbare Vorschläge; er stellte sich, als entdecke er die Absichten des Vizekönigs und gebe die Mittel, sich ihnen zu widersetzen, an. So erwarb er sich großes Vertrauen und ward mit Langlad (Langraud), seinem Kameraden, einem Feuerwerker im Arsenal, beschäftigt. Insgeheim aber hatte er Zusammenkünfte mit Cueva, fortwährend gingen Kuriere und Kundschafter nach Neapel. Für ihre bösen Absichten gewannen sie Nicolo Rinaldi (Regnault), Carl und Johann de Boleo (des Bouleaux), Lorenz Nolot, Robert Revellido, Vincenz Roberti und Kapitän Tournon, der eine Kompanie Soldaten im venezianischen Dienst hatte, und einige andere, zum Teil Burgunder, übrigens Franzosen. Die Übereinkunft war, daß Ossuna, unter einem Engländer namens Haillot, einige Brigantinen und Barken zu senden habe, die in die Häfen und Kanäle vordringen könnten – man hatte zu dem Ende deren Tiefe untersucht –; größere Fahrzeuge sollten folgen, um an der Küste von Friuli anzulegen; während der Verwirrung, die die ersten anrichten würden, unter dem Rückhalt der zweiten, wollte Langlad im Arsenal – denn schon waren die Ämter ausgeteilt –, andere in anderen Teilen der Stadt Feuer anlegen; noch andere sollten die Münze sprengen; man wollte die vornehmsten Punkte der Stadt einnehmen, die ausgezeichnetsten Einwohner, deren Häuser schon mit gewissen Merkmalen unterschieden waren, ermorden; alle hofften, durch die ungewohnte, überaus ansehnliche Beute reich zu werden. Einige von diesen Dingen waren in der Tat schwer auszuführen; aber von Bosheit und Gier verblendet, hielten sie jeden ausschweifenden Entwurf für eine leichte Sache. Eben damals hatte Toledo in Crema den Jean Bérard, Leutnant einer französischen Kompanie, und einige andere bestochen, und unterhandelte mit ihnen die Überraschung dieses Platzes, zu welchem Ende er Soldaten nach Lodi hatte rücken lassen. Aber von den Wolken her vernichtet Gott verkehrte Anschläge. Während die Brigantinen eilten, sich zu vereinigen, und die Verschworenen ungeduldig alle Tage auf die höchsten Glockentürme der Stadt stiegen, um zu sehen, ob sie kämen, wurden einige von den Fusten der Korsaren genommen, andere vom Sturm zerstreut; sie konnten sich zu der festgesetzten Zeit nicht wieder sammeln und man mußte die Ausführung auf den Herbst verschieben. Pierre und Langraud erhielten Befehl, sich auf die Flotte zu begeben, und konnten sich nicht weigern, mit dem Generalkapitän Barbarigo dahin abzugehen. Die anderen, die in Venedig geblieben, hörten nicht auf, die Art und Weise der Ausführung zu überlegen und erwarteten ungeduldig die Zeit derselben. Aber indem sie häufig davon redeten und um Gefährten zu werben, das Geheimnis anderen ihrer Nation anvertrauten, so geschah – denn selten ist die Bosheit so blind, daß sie nicht einen Gewissensbiß fühle –, daß Gabriel Montcassin und Balthasar Juven, Edelleute, der eine aus der Normandie, der andere aus der Dauphiné, nahe verwandt mit Lesdiguières, voll Abscheu vor so bösen Anschlägen, sie dem Rat der Zehn entdeckten. Durch Hilfe anderer, die insgeheim ein Mittel fanden, um ihren Konferenzen und Gesprächen zuzuhören, wurden diese Anschläge noch genauer bekannt; bewiesen ward die Verräterei durch Schriften, die man fand, und durch das Bekenntnis der Schuldigen selbst, welche mit geheimer oder öffentlicher Hinrichtung dafür bestraft wurden."

Wie hierauf viele zu Ossuna entflohen, Pierre und Langraud im Meere ersäuft, Berard und seine Genossen in Crema hingerichtet worden seien, Cueva aber, aus Furcht, von dem Volke erwürgt zu werden, sich nach Mailand entfernt habe, erzählt Nani weiter. Ossuna, meint er, sei trotz allen Leugnens durch die Aufnahme der Flüchtlinge und durch die ehrenvolle Entlassung der Frau des Jacques Pierre seines Anteils genugsam überwiesen. Um den Frieden, mit dessen endlicher Ausführung man eben beschäftigt gewesen, nicht wieder zu hindern, habe der Senat ein tiefes Stillschweigen zu beobachten beschlossen.

Wir sehen, mit wie zweifelloser Gewißheit Nani von dieser Verschwörung redet. Es ist wahr, den Gerüchten stimmt er nicht vollkommen bei. Er nimmt keinen so allgemeinen Anschlag wider die venezianischen Staaten an: von einer Bewegung spanischer Truppen, von Seng und Görz her, weiß er nichts. Vornehmlich weicht er darin bedeutend ab, daß er die Pläne fest eher scheitern, als entdecken läßt. Ihre Ausführung wird ohne alles Zutun der Venezianer verschoben, erschwert, gehindert. Allein nur um so fester bleibt er dabei stehen, daß Jacques Pierre von Ossuna nach Venedig gesendet worden, mit Bedmar in fortwährender Verbindung gestanden; und sein Anschlag bis in das einzelne genau bestimmt gewesen sei. Die Einwendung jedoch, die man hiergegen von Anfang gemacht hat, erledigt er mitnichten. Er gibt an, daß Jacques Pierre gewisse Absichten des Ossuna scheinbar verraten habe: aber er sagt nicht, daß es eben dieselben gewesen, welche ausführen zu wollen er hernach selber verdächtig ward; den Widerspruch, der in dieser Tatsache zu liegen scheint, berührt er nicht. Er nennt nur eine kleine Anzahl Verschworener und schweigt von dem Anhang, den sie vielleicht haben mochten; wie sie nun, ohne wahnsinnig zu sein, mit so geringen Kräften so außerordentliche Erfolge zu bewirken hoffen konnten, setzt er nicht auseinander: seine Behauptung, sie seien von Bosheit und Habgier verblendet gewesen, wird keinen Zweifler befriedigen. Er sagt, das eigene Bekenntnis habe die Verschworenen verdammt: aus ihrem Munde habe man ihre Anschläge gehört. Demungeachtet läßt er Jacques Pierre abreisen, ehe die Anzeige geschieht, ehe die Verräter belauscht werden. Wodurch war es alsdann, daß man auch von dessen Schuld überzeugt ward? Genug, nicht wenige Zweifel bleiben zurück. Überhaupt ist die Verschwörung spanischer Machthaber mit französischen Abenteurern zur Einnahme und Plünderung einer volkreichen, mächtigen, schwer zugänglichen Hauptstadt, die mit beiden Nationen im Frieden, eine so außerordentliche Sache, daß erst die Angabe der näheren, der bestätigenden Umstände sie glaublich machen würde. Diese Darstellung, wie sie ist, eignet sich mehr, die Neugierde zu erregen, als sie zu befriedigen. Sollte man nicht glauben, daß es in Nanis Gewalt gestanden hätte, allem Zweifel, allem Gerede auf immer ein Ende zu machen? Was ihn auch daran verhindert haben mag, vielleicht vornehmlich der Umfang seines Werkes, der ihm nicht erlaubte, sehr spezielle Untersuchungen anzustellen, wir sehen, daß die eigentlich literarische Diskussion sich mit seinem Berichte allererst eröffnete.

St. Real, seine Quellen, seine Nachfolger

Es war jener, durch andere mindestens sehr zweideutige Erzählungen wohlbekannte Abbé St. Real, der die öffentliche Neugier zu befriedigen und sich an dieser Sache zu dem Range des modernen Sallust zu erheben unternahm. Ich handle nicht von seiner Darstellung, deren außerordentliches Verdienst sich in der Wirkung zeigt, die sie auch in Deutschland noch bis auf den heutigen Tag selbst auf Kenner des klassischen Altertums hat, ich rede nur von seinem Stoff. Bei anderen Arbeiten hatte sich St. Real wenig bemüht, etwaige Zweifel an der Wahrheit seiner Sachen zu heben; bei dieser aber behauptete er sehr wahrhaftig und wohl unterrichtet zu sein. In der Tat hatte er hier Aktenstücke in den Händen, welche der Aufmerksamkeit des Nani entgangen zu sein schienen. Das vornehmste ist ein „Sommario della congiura contra la città di Venetia", das sich handschriftlich fast in jeder italienischen Bibliothek und mehrere Male auch in Paris befindet. Bald nach St. Real ist es von Vittorio Siri herausgegeben worden*. Es pflegen ihm einige Briefschaften des Jacques Pierre beizuliegen. Was sich aus diesen Papieren, der Erzählung Nanis und einigen älteren fliegenden Blättern ergab, stellte St. Real kunstreich genug zusammen; er verband es zu einem für den ersten Anblick ganz zusammenhängend scheinenden Gewebe.

Es ist nicht nötig, daß wir die Analyse desselben unternehmen. Wir haben die Grundlage, auf die er baut, mit welcher seine Erzählung steht und fällt, in Händen. Diese zu untersuchen, ist unerläßlich, und der Leser wird sich nicht entschlagen können, uns einen Augenblick in eine kritische Betrachtung derselben zu folgen.

Das Sommario stellte eine Akte über die bei dem Rate der Zehn ergangenen Verhöre vor. Es sind ihrer fünf. Das erste eines Franzosen, Antoine Jaffier, der über einige persönliche Verhältnisse des Jacques Pierre Aufschluß gibt. Das zweite eines anderen Franzosen, den man Brambilla und eines Holänders, den man Theo-

* Memorie recondite IV, 447.

dor nennt, welche das Komplott, am Himmelfahrtstage Venedig zu plündern und zugleich die Flotte in Brand zu stecken, geradezu bekennen; das dritte eines gewissen Renaud und seines Gefährten, eines Kapitän Lorenz Bruslart, von denen der erste nichts eingesteht, der zweite aber das Komplott und das Einverständnis des spanischen Ambassadors bestätigt; das vierte zweier Feuerwerker, die in dem Palast dieses Botschafters gearbeitet zu haben bekennen; das fünfte und letzte eines Leutnants der Grafen Johann und Wilhelm von Nassau, welcher – unerhört – das Verständnis dieser seiner Obersten mit den Spaniern und den Franzosen, ja ihre Absicht, sich selber zu Herren von Venedig zu machen, eingesteht.

Fürs erste ist auffallend, daß dies Aktenstück, obgleich es ebenmäßig die Verschwörung bejaht, doch so wenig mit Nani übereinstimmt. Ganz andere Namen führt es auf; widersprechende Tatsachen, z. B. die Festsetzung der Unternehmung auf den Himmelfahrtstag auch nach der Entfernung des Jacques Pierre, da sie doch, jenem zufolge, bereits zuvor auf den Herbst verschoben war, macht es geltend.

Allein es enthält noch ganz andere, noch fabelhaftere Umstände.

Es läßt Haussuchungen in dem Palast des spanischen Botschafters vornehmen und Waffen daselbst finden. Wir haben die Korrespondenz zwischen den Zehn und dem Senat über die Rücksicht, die man nach Völkerrecht und Herkommen dem Charakter eines fremden Gesandten schuldig sei, in Händen; wir wissen, daß man die Konvenienz sogar mit einer Ängstlichkeit beobachtet hat, welche der Verwaltung später zum Vorwurf gemacht worden ist. Wir haben die Vorträge, welche Bedmar mehrere Tage nach den Verhaftungen in dem Kollegium gehalten hat: er beklagt sich über den Verdacht gegen seine Person, über die drohende Stimmung des Pöbels; von einer Haussuchung, welche die äußerste Verletzung eines damals heiligen Asylrechts gewesen wäre, sagt er kein Wort. Man hätte nichts mehr gewünscht, als einen gewissen Bruillard, einen Hausgenossen Bedmars, in die Hände zu bekommen, und hierzu wäre etwa nur nötig gewesen, Sbirren in den spanischen Palast zu schicken; aber auf alles andere verfiel man eher, als auf ein solches Attentat. Wir können mit Zuversicht behaupten, daß die Venezianer den Palast des spanischen Gesandten in dieser Angelegenheit nie betreten haben.

Das Sommario läßt das nämliche auch in dem Palast des französischen Gesandten geschehen. Dahin verlegt es die Verhaftung des Renaud und zweier anderer Franzosen. Wir werden sehen, welch ein entschiedener Gegner der venezianischen Regierung dieser Gesandte war. Wir haben die Korrespondenz desselben mit seinem Hof, in der er ausführlichen Bericht über unsere Sache abstattet; wir haben einen Vortrag von ihm vor dem Kollegium von Venedig, in welchem er sich schon über die Gerüchte lebhaft beklagt. Er empfand es übel, daß man die Zimmer eines gewissen Vidal, unter welchem die Posten zwischen Venedig und Lyon standen, eröffnet und durchsucht hatte; ein Versuch, wie ihn das Sommario enthält, müßte ihn empört und seine Beschwerden verdoppelt haben; doch ist davon nirgends eine Spur. Er ist so wenig in dem französischen und in dem spanischen Palast gemacht worden.

Noch viele andere falsche Dinge enthält dies Verhör. Eine große Rolle läßt es den Staatsinquisitor Marc Anton Marcelli spielen. Im April und Mai 1618, in welche die Entdeckung, die Verhaftungen fallen, hießen die Staatsinquisitoren, den authentischen Registern ihrer Namen zufolge, Niccolo Dandolo, Franz Correr, Lorenzo Capello; ein Marco Anton Marcelli findet sich weder damals noch in den folgenden Monaten, in welche die Untersuchung übergreift. Ein Nobile aus dem Hause Falier soll die erste Anzeige hervorgerufen haben; es war ein Bollani, der dies tat, wir haben seine Briefe in Händen, mitnichten ein Falier.

Der Erzählung eines Historikers kann, wenn sie auch einzelne Fehler hat, doch im ganzen eine gewisse Glaubwürdigkeit beiwohnen; aber ein Dokument ist entweder ganz falsch oder ganz echt. Ich begreife Daru nicht, welcher die Fehler des Sommario nicht unbemerkt ließ, und demungeachtet seine neue Ansicht zum Teil auf dasselbe gegründet, ja einen Auszug daraus ohne weiteres in sein historisches Kapitel eingeflochten hat.

Ohne Zweifel ist unser Aktenstück von Anfang bis Ende erdichtet. Die erste Anzeige machte jener Juven, dessen auch Nani gedenkt; aus diesem Namen entstand in der Verfälschung Jouven, Giaffre, Jaffier; doch mit den Bekenntnissen des angeblichen Jaffier haben die echten Juvens nicht das mindeste gemein. Von der Verbindung, in welcher die ersten Angeber mit Bollani standen, mochte ein dunkles Gerede auch zu dem Verfälscher dringen; es wurde ihm ein Anlaß, die Verhältnisse seines Falier, Brambilla und Theodor, von welchen allen in echten Schriften nicht die mindeste Spur gefunden wird, auszusinnen; Regnault, lange Zeit der Sekretär und Wortführer Jacques Pierres, wird hier zu dem Hauptmann de Renault, oder Renaud d'Arnault, in einer sehr verschiedenen Lage; was hätten die Venezianer nicht darum gegeben, den Sekaretär Bedmars, Lorenzo Bruillard, in ihre Hände zu bekommen. Unserm Verfälscher wird es leichter, er verwandelt auch ihn in einen Hauptmann, Brular, und läßt ihn ohne weiteres verhaften; aus der Brüdern des Bouleaux bildet er seine beiden Petardiere aus; die längst beruhigten Bewegungen in dem holländischen Quartiere verleiten ihn, auch die Grafen Nassau zu beschimpfen. Die Venezianer, immer geheimnisvoll, sind es in dieser Sache absichtlich noch mehr als sonst gewesen. Was aus den Mauern des Kerkers dunkel und halbwahr hervordrang, was das Gerede der Menge, unkundig, hinzufügte, ward von einem Unberufenen aufgegriffen, mit absichtlichen Erdichtungen erweitert und in die Gestalt eines Dokuments zusammengefaßt. Die man hier verhaften, martern, bekennen, hinrichten läßt, haben nie existiert.

Diese starke Betrügerei macht uns auf eine Schule von Verfälschern aufmerksam, welche, um zu verkaufen, was sie nicht hatten, etwas erfanden, dem analog, was man forderte. Diese Leute haben Aktenstücke aus den frühesten Zeiten der Republik in die Häuser der angesehensten Nobili verkauft, unschätzbar, wären sie echt, und um gute Preise; sie haben selbst den Wurmstich so alter Papiere nachgeahmt, aber allerdings ist das etwas unvollkommen geschehen, und der Betrug springt bei dem ersten Blick in die Augen; sie haben Münzen erfunden; einige Dokumente der späteren Zeit, die allgemeinen Glauben erworben, sind ihnen schlechterdings zuzuschreiben; unter denselben das unsere.

Nicht unverdächtig war es schon dem Vittorio Siri. Er nennt es „eine Relation, die von einer venezianischen Feder ausgegangen, welche gleichzeitig war, und die genaueste Kenntnis zu haben behauptete". So läßt er wenigstens die Möglichkeit zu, daß es erdichtet sei. St. Real aber glaubt ihm vollkommen und baut seine ganze Darstellung darauf. Der Widerstreit, in welchem es mit Nani steht, veranlaßt ihn, nur noch verwickeltere Umstände auszusinnen. Nichts entfernt weiter von der Erkenntnis, als ein konziliatorisches Talent, welches das Echte und das Falsche, die Wahrheit und die Lüge zu vereinigen unternimmt. Die Irrtümer St. Reals sind diesmal eher zu entschuldigen als vielleicht sonst, aber in der Tat weicht seine Erzählung von dem Verlaufe der Tatsache auf eine abenteuerliche Weise ab, und verdient in keinem ihrer Teile den mindesten Glauben.

Durch einen merkwürdigen Zufall hat sie demungeachtet selbst in Venedig, sogar bei gelehrten Männern, Eingang gefunden.

Nicht leicht gibt es einen gelehrteren Autor, als Vettor Sandi ist. Wohl ist seine Wissenschaft ein wenig schwerfällig. Sein Buch zu lesen erfordert einen Teil jener Geduld, die es gekostet hat, dasselbe zu schreiben. Dafür wird man, besonders über spätere Sachen, selten ohne gründliche Belehrung von ihm scheiden. In der Erzählung von unserer Verschwörung folgt Sandi zwar in der Hauptsache dem Nani getreulich nach; allein er deutet an*, er tue dies nur aus Zurückhaltung: „Aus handschriftlichen Denkmalen, die in dieser und jener Privathand befindlich seien, keineswegs ganz fabelhaft, sondern zum großen Teil tadelfrei, könnte er sonst noch viele anmutige Umstände hinzufügen." Es ist nur weniges, worin er von Nani abweicht, indem er ihn zu ergänzen glaubt; mit Verwunderung nehmen wir wahr, daß dieses völlig mit St. Real übereinstimmt. Sollte es nicht am Ende scheinen, St. Real habe wohl authentischere Urkunden benutzt, als es uns vorkommen wollen? Unsere Verwunderung wächst, wenn wir den Nachfolger Sandis, Christoforo Tentori, befragen. Tentori, an den noch lebendiges Gedächtnis in Venedig übrig ist, steht nicht in dem Ruf, besonders gelehrt gewesen zu sein: man kennt die unglücklichen Streitigkeiten, die er mit dem ehrlichen, unbescholtenen, in klassischer Literatur und den venezianischen Altertümern wohl bewanderten, grundgelehrten Galliccioli, ihm bei weitem nicht gewachsen, anfing. Tentori ließ es das Hauptgeschäft seines Lebens sein, das Werk Sandis für die venezianische Jugend zu bearbeiten. In dem Hause Tiepolo, wo er wohnte, gab es einige Handschriften, an die er sich dann und wann, unabhängig von seinem Vorgänger, aber wieder mit vollkommener Abhängigkeit von ihnen, anschloß. Ein glücklicher Zufall, wenn sie von Wert waren. Über die Schließung des großen Rats wird er solange lesenswert bleiben, als eine Schrift Muazzos über die venezianische Verfassung, aus der er seinen Abschnitt wörtlich, jedoch nicht ohne einige absichtliche Verstümmelungen, entnommen, ungedruckt sein wird. Der Verschwörung von 1618 hat er ein langes Kapitel gewidmet; er sagt, er mache dabei vornehmlich von einem Kodex Gebrauch, der sich in einigen Privatbibliotheken befinde, dessen anonymer Autor das Ereignis mit Genauigkeit und Urteil geschildert habe. Nachdem er dergestalt die Erwartung gespannt, ja Miene gemacht hat, St. Real, von dem er indes nur dunkle Notiz hat, widerlegen

* Principj di storia civile di Venezia, Tom. VI. p. 1000.

zu wollen, sind wir erstaunt, eine fast wörtliche Übersetzung von der Erzählung eben dieses Autors zu finden. Wie? Hätte es venezianische Handschriften gegeben, aus denen der Nebenbuhler des Sallust nur geradezu hätte abschreiben dürfen? Oder hätten die beiden Venezianer den Franzosen übersetzt und ihre Kodizes erdichtet?

Ein Rätsel, das sich sehr einfach löst.

In etlichen venezianischen und mehreren anderen italienischen Bibliotheken habe ich eine handschriftliche Relation über diese Verschwörung gesehen, mit den Schriftzügen des 17. Jahrhunderts, die, in der Reihe anderer authentischer Schriften aufgestellt, ein gewisses Ansehen zu verdienen scheinen sollte, aber in der Tat von Anfang bis Ende nichts ist, als eine Übersetzung des St. Real.

Vielleicht machte man anfangs in Venedig Schwierigkeiten, eine Übersetzung seiner Arbeit drucken zu lassen; eine solche mag sich deshalb handschriftlich in die Büchersammlungen vornehmer Familien Eingang habe suchen müssen. In dieser Gestalt alt geworden, fand sie Glauben. Wenn man St. Real nannte, so zweifelte niemand, daß dessen Bericht fabelhaft sei; wie dies denn Foscarini ausdrücklich sagt; anonym aber, italienisch, in dem Kodex einer angesehenen venezianischen Familie befindlich, machte eben dieser Bericht großen Eindruck, und bestach selbst so gelehrte Männer wie Sandi. Eben dies war es ohne Zweifel, was Lebret verführte, dem armen Tentori begegnete, daß er auf eine schlechte Kopie voll von Schreibfehlern stieß. Er verstümmelt die Namen ins abenteuerliche. Juven, bereits Jaffier geworden, wird hier zu Taifer; Rinaldi zu Renaleut; des Bouleaux zu Belet. Wie die Namen, so ist das Faktum behandelt. Wehe dem, der an diese wunderlichste aller historischen Überlieferungen gerät, um sich zu belehren!

Auch übrigens werden die Venezianer, unter denen nur allzu häufig die Unterrichteten schweigen, wohl eingestehen, daß von ihrer Seite zur Aufklärung dieses Ereignisses sehr wenig geschehen ist. Jacomo Diedo gedenkt desselben nur summarisch, jedoch nicht ohne über die Entfernung des spanischen Botschafters eigene Irrtümer hinzuzufügen. Vor anderen wäre vielleicht der Graf Domenico Tiepolo, der zuletzt darüber geschrieben hat*, die Wahrheit ans Licht zu bringen geeignet gewesen, jedoch hat er sich begnügt, die schwachen Seiten seines Gegners Daru aufzuzeigen; die Sache selbst hat er nicht von neuem untersucht, noch etwas Unbekanntes zur Aufhellung derselben beigetragen. Als er die Exposition Bedmars in dem Kollegium, welches Daru französisch mitgeteilt, zu wiederholen hatte, war es ihm leicht, dünkt mich, das Original in dem Archiv seiner Vaterstadt nachzusehen. Er zog es vor, das Französische ins Italienische zurück zu übersetzen. Man kennt die Übersetzungen der Franzosen, und Tiepolo selbst hat gezeigt, wie wenig Daru und dessen Gehilfen vom Italienischen verstanden haben. Jetzt begegnet dem Widerleger, daß er, auf seinem Widerlegten fußend, den Botschafter nicht allein sagen läßt, was er nie gesagt hat, sondern auch ausdrücklich bei ihm vermißt, was er doch in der Tat ausgesprochen hatte, und daraus Schlüsse zu seinem Nachteil zieht. Die abenteuerliche Darstellung Tentoris hat sich Tiepolo nicht entschließen können, für falsch zu erklären.

---

* Discorsi sulla storia veneta. 1828. vol. II.

Opposition

Wie ausgebildet und verbreitet diese Erzählungen auch immer sein mochten, so konnten sie sich doch die allgemeine Überzeugung niemals unterwerfen.

Nicht allein, weil keine Erweiterung die alten inneren Unwahrscheinlichkeiten zu heben vermochte, sondern hauptsächlich, weil sogleich, nachdem die Fabel vollendet worden, unmittelbar nach St. Real, ein bedeutender Gegensatz gegen dieselbe hervortrat.

Ebenderselbe Siri, welcher das Sommario herausgegeben, stellte ihm einen Auszug aus den Depeschen des französischen Gesandten gegenüber. Mit ebensoviel Entschiedenheit, wie jenes bejahte, leugneten diese. Allein das erste war unbeglaubigt und schwach in sich selbst. Die anderen trugen den Namen eines Botschafters an der Spitze, dessen Glaubwürdigkeit Siri nicht genug empfehlen konnte. „Er sei", sagte er in seinem sonderbaren Stil, „der Schrein aller Schriften des Jacques Pierre, der Depositär seiner geheimsten, verborgensten Gedanken und Anschläge gewesen: man könne niemand finden, von diesem Geschäft besser unterrichtet." Auch wie zweifelhaft man in Rom von diesen Dingen redete, bringt er aus den Schreiben des französischen Gesandten am päpstlichen Hofe bei.

Diese Erscheinung überzeugte nicht sogleich. Sie hatte anfangs nur eine völlige Indifferenz zur Folge.

Obwohl Siri sich von der Glaubwürdigkeit des französischen Ambassadeurs so durchdrungen zeigt, so konnte er sich doch selbst nicht entschließen, für falsch zu erklären, was derselbe verwarf. Er sagt zuletzt: „Der Leser möge beifallen welcher Meinung ihm beliebe: ihm gelte es gleichviel: er warte nur seines Amtes, die geheime Kunde, die er erlangt, getreulich mitzuteilen." Nicht weiter geht le Vassor in der Geschichte Ludwigs XIII. Er zählt auf, was für die eine, und was für die andere Meinung sei. Er selbst weiß sich nicht zu entscheiden.

In der Tat, in dem Widerstreit der vorhandenen Dokumente, von denen die einen, wie es schien, urkundlich bejahten, was die anderen, wie es schien, mit gutem Grund leugneten, wie hätte man eine von beiden Meinungen geradezu ergreifen können, ohne die andere durch eine genügende Erklärung zu erledigen? Hatte die Verschwörung stattgefunden, was veranlaßte doch den französischen Botschafter, sie zu leugnen? Wie lösen sich die Schwierigkeiten der Darstellung? – War aber nichts daran, welche Ursache hatten dann diese Hinrichtungen? Die beharrlichen und immer wiederholten Anklagen Bedmars und Ossunas? Woher kamen diese genauen Nachrichten über Entwurf und Verständnisse der Verschworenen?

Erst in dem gegenwärtigen Jahrhundert hat man diese Schwierigkeiten, namentlich die letzten, zu lösen versucht. Zwei scharfsinnige Männer, ein preußischer Diplomat, Baron de Chambrier, und der Graf Daru, beide von den Zweifeln, die in den französischen Depeschen ausgesprochen worden, überzeugt, haben den entgegenstehenden Tatsachen eine andere Erklärung zu geben unternommen. Ich halte für zweckdienlich, zuerst die Hypothesen der Untersuchung zu unterwerfen, und alsdann auf jene Depeschen zurückzukommen, bei welchen, als bei der Grundlage allen Zweifels, auf die letzte immer noch einmal stehenzubleiben sein wird.

Chambrier

Herr von Chambrier, Mitglied der Berliner Akademie, setzte sich die Aufgabe, nach gewissen im voraus aufgestellten Grundsätzen unter anderen historischen Problemen auch das unsere zu lösen*. Er hatte, soviel ich sehe, keine anderen, als die von Siri bekanntgemachten Dokumente.

Seine Hypothese gründet er auf eine öfter wiederholte Behauptung Jacques Pierres: Pater Joseph habe einen gemeinschaftlichen Kreuzzug der Spanier und Franzosen wider die Türkei unterhandelt: er nahm an, daß man desselben bereits übereingekommen; um ihn vorbereiten zu helfen, habe sich Jacques Pierre, als Agent des Herzogs von Nevers, in Venedig aufgehalten.

Dieser ersten Grundlage fügte Chambrier hinzu, nicht allein die Türkei, sondern auch Venedig, orientalischen Unternehmungen immer abhold, habe diesen Kreuzzug gefürchtet. Eben sei ein Tschausch, als Gesandter des Sultans Osman nach seiner Thronbesteigung, in Venedig angekommen: diesem habe man, auch um übrigens das gute Vernehmen wieder herzustellen, den Jacques Pierre geopfert. „Der Tschausch", sagt Chambrier, „forderte die exemplarische Bestrafung des französischen Kapitäns, unter dem Vorwand seiner Seeräubereien. Renaud, sein Gefährte, ward eben, wie er, der Empfindlichkeit der Pforte aufgeopfert." Er glaubt, das Märchen von der Verschwörung sei erfunden worden, um Bedmar zu seiner Entfernung zu nötigen; einige holländische Offiziere habe man als Mitschuldige verhaftet, um ihre Truppen in Schrecken zu setzen und sie los zu werden.

Ich weiß nicht, welcher Meinung ich sein würde, wenn ich nichts als die Angaben Siris vor mir hätte: und will niemand tadeln. Aber sollte sich diese Hypothese, den Fakten gegenüber, bewähren?

Einmal sind die Notizen von jenem Kreuzzug so unzuverlässig, er lag in so weiter Ferne, daß es schwer ist, einer Vermutung Raum zu geben, die sich auf eine Befürchtung desselben von seiten zweier Mächte gründet. Wo wären doch die Beweise für jene Agentschaft des Jacques Pierre?

Sodann ist es unmöglich, daß der Tschausch, der die Ankunft Osmans auf den Thron seiner Väter anmeldete, die Bestrafung des Korsaren gefordert habe. Der Tschausch kam am 10. Juni 1618 nach Venedig. Jacques Pierre war schon am 12. Mai zum Tode verdammt und vorlängst hingerichtet.

In solcher Ausbildung ist diese Behauptung ohne Zweifel falsch. Jedoch ihr wesentlicher Inhalt, den man mehr als einmal und von allem Anfang vorgetragen, die Hinrichtungen seien den Türken zu Gefallen vollzogen worden, ist hiermit allein noch nicht erledigt. Es scheint mir dienlich, die verschiedenen Möglichkeiten desselben mit einem Worte zu erörtern.

* Sur les problèmes historiques. Second mémoire. De la conjuration des Espagnols contre la république de Venise. Mémoire de l'académie de Berlin 1801. Classe des belles lettres p. 54.

Noch ein anderer Tschausch, der die Thronbesteigung Mustafas anzuzeigen hatte, ist in dieser Zeit in Venedig gewesen; er ist Anfang März angelangt und bis Anfang Mai daselbst geblieben.

Einmal wäre möglich, daß es dieser gewesen wäre, dessen Auftrag dem Tode des Jacques Pierre gegolten hätte.

Wir haben seine ganze Unterhandlung, seine erste Vorstellung, die Briefe, die er mitbrachte, die Antworten, die er erhielt, seine geheimen Verhandlungen mit dem Dragoman, sogar seine Schreiben nach Konstantinopel. Daraus ergibt sich, daß es ganz andere Interessen waren, die er verfocht. Im Jahre 1617 hatte Ossuna zwei venezianische Schiffe genommen, auf denen unter anderen auch Güter türkischer Handelsleute von Clissa, Herzegowina und Bosnasarai waren. Die Türken behaupteten, der Erstattung ihrer Güter im Fall eines Verlustes versichert worden zu sein, und forderten dieselbe ungestüm von der Republik. Überdies hatten die Ragusaner, als heimliche Freunde Ossunas von den Venezianern feindlich behandelt, die Verwendung der Pforte in Anspruch genommen und drangen auf Vergütung ihres Schadens. Diese Ansprüche waren es, welche der Tschausch geltend machen wollte; setzte er sie durch, so hatte er von der Erkenntlichkeit der Beteiligten reichliche Belohnung zu erwarten; auf diese allein beziehen sich seine Papiere: von jenen Verrätereien und Umtrieben ist darin nicht die mindeste Spur.

Aber wäre es nicht möglich, daß er dennoch in bezug darauf eine geheime, uns verborgen gebliebene Unterhandlung geführt hätte? – Unwahrscheinlich an sich, unvereinbar mit seinen Briefen. Hätte er eine Forderung, so erniedrigend für die Republik, durchgesetzt, so würde er sich dessen ohne Zweifel gerühmt, er würde sich sehr zufrieden gezeigt haben. Allein in seinen Schreiben an den Kaimakan klagt er über nichts als Vernachlässigung. Wir bleiben stumm, spricht er, wir wissen nicht, was wir sagen sollen.

Die letzte Möglichkeit ist übrig, daß man durch den Bailo eine ähnliche Unterhandlung gepflogen hätte. Jedoch nicht genug, daß man es nicht findet, alle Umstände sind dawider.

Würde man nicht geeilt haben, den Bailo von dem Beschluß, von dem Vollzug der Hinrichtungen in Kenntnis zu setzen? Ganz zufällig, und erst im Juli bei der Ankunft eines Handelsschiffes, erhielt derselbe Nachricht. Würde man nicht in der Türkei über die Verhältnisse eines so gefürchteten, verfolgten Korsaren wohl unterrichtet gewesen sein? Da Jacques Pierre früher die Türken befehdet hatte, meldete der Bailo dem Wesir die Exekution desselben. Dieser wußte nicht einmal, daß Jacques Pierre in venezianischen Diensten sei. Er fragte verwundert, wie er denn in dieselben gekommen.

Nein: wir können zuversichtlich sagen, daß, wenn auch jene Verschwörung erdichtet wäre, doch das Verhältnis der Republik zu den Türken an den Hinrichtungen, die sie verhängte, nicht den mindesten Anteil gehabt hat.

Daru

Von dieser Hypothese, welche, so wenig sie auch richtig ist, doch von Anfang an bei den Leugnenden die eigentlich herrschende gewesen, hat sich schon Graf Daru abgewendet.

Die Verschwörung von 1618 hatte für Daru einen großen Reiz. Er hat ihr mehr Fleiß gewidmet als irgendeinem anderen Punkte der venezianischen Geschichte. Auch war er besser ausgerüstet als irgend jemand vor ihm. Zwar haben ihm die venezianischen Archive weder für diese Sache noch überhaupt für sein Werk viel geholfen. Solange sein Herr und Meister die Zügel der Welt führte, hatte ein so vertrauter Diener desselben wenig Zeit, Geschichte zu verfassen. Nachdem man die Herrschaft verloren, konnte man auch die Papiere nicht behaupten. Doch hatte Daru das Glück, in dem Archiv der auswärtigen Geschäfte von Frankreich einige echte Aktenstücke venezianischer Provenienz zu finden. Von den Auszügen bei Siri ging er auf die Originale der Depeschen des französischen Botschafters zurück. Das Sommario und die Schriften, die dasselbe zu begleiten pflegen, versäumte er nicht wieder hervorzuziehen. In zwei langen Abschnitten, einem historischen und einem kritischen, dem die Denkmale folgen*, versucht er sein Talent an diesem Stoff.

Wodurch die Franzosen überreden, eben dadurch pflegen sie auch selbst überzeugt zu werden. Es ist vornehmlich die Folgerung eines leicht fassenden Verstandes, was sie auszeichnet und wodurch sie andere beherrschen. Mit allem Scharfsinn jedoch kann man sich so gut in andere, wie in scholastische Träume verlieren. Aus dem ersten Schritt entspringt seine ganze Konsequenz.

Es waren zwei Schlüsse, die unserem Autor die Richtung seiner Untersuchung gaben. Jene alte Einwendung, daß Jacques Pierre nicht selbst beabsichtigt haben könne, was er einige Monate früher angegeben, machte um so größeren Eindruck auf ihn, da er den Depeschen des französischen Botschafters die angeblichen Anzeigen des Korsaren beiliegend fand. Unzählige Male kommt er auf diese Tatsache zurück. – Sein Schluß ist: „Jacques Pierre gab Kunde von einem Anschlag wider Venedig, er zeigte die Mittel an, demselben zuvorzukommen; unmöglich kann er selbst in einen ähnlichen verflochten gewesen sein."

Diesem ersten fügte er einen zweiten hinzu, der ganz sein eigen ist. Von einer bei Nani hingeworfenen Behauptung, die ersten Entdecker der Verschwörung seien in genauem Verhältnis mit dem Marschall Lesdiguières gewesen, veranlaßt, griff er zu der Lebensbeschreibung des Marschalls von Louis Videl. Hier las er zwar nichts von jenen Personen; allein er fand, daß Ossuna noch ganz einen anderen Plan gehabt habe, als Venedig zu nehmen, den Plan, sich zum König von Neapel zu machen, ja daß er hierüber nicht nur mit Frankreich und Savoyen, sondern mit Venedig selber einverstanden gewesen sei. Dem Autor schien das ein Lichtstrahl im Dunkel. Er machte den zweiten Schluß: „Ossuna hat sich, im Bunde mit Venedig, zum König von Neapel machen wollen: also kann er nicht die Absicht gehabt haben, diese Republik und ihre Hauptstadt zugrunde zu richten."

* Histoire de Venise IV. 388—542. VIII. 21—186.

Woher kommt nun aber das Vorgeben der Verschwörung, die Hinrichtung der Angeklagten? Von jenen Folgerungen geht Daru zu einer völligen Umkehr der bisherigen Annahmen weiter. Man hatte geglaubt, die Spanier seien in eine Verschwörung wider Venedig, er nimmt an, die Venezianer seien in eine Verschwörung wider Spanien verwickelt gewesen. Man hatte nicht gezweifelt, Venedig habe im Mai 1618 Hinrichtungen seiner Feinde verhängt; er sucht zu zeigen, die Republik habe ihre Einverstandenen ermorden lassen, um das Verständnis zu verhehlen. Dies schien ihm die endlich gelungene Auflösung des alten Problems.

Indem wir über diese Vermutung erstaunen, welche ebenso kühn ist, als neu, werden wir begierig, wie der Autor die Schwierigkeiten wegräumen wird, welche sich ganz von selber aufdrängen.

Er setzt das Einverständnis zwischen Ossuna und Venedig bereits in das Jahr 1617. Weiß man aber nicht, daß Ossuna eben damals an dem Kriege zwischen Venedig und dem Erzherzog Ferdinand, der im Grunde weder ihn noch seinen König viel anging, mit entschiedener Feindseligkeit wider die Republik einen ungebotenen, beinahe selbständigen Anteil nahm? Daru versichert uns, dieser Krieg sei eine Fiktion gewesen. Man sehe die Flotten einander begegnen, aber nicht miteinander schlagen; Kanonaden aus allzu weiter Entfernung; sechsstündige Seetreffen, in welchen kein Mann bleibe; die Wegnahme von ein paar isolierten Fahrzeugen, das seien alle Ereignisse dieses spiegelfechterischen Krieges. Er habe vielmehr dem Vizekönig zum Vorwand gedient, Fremde in seine Dienste zu rufen, Regimenter auszurüsten, Schiffe in See zu halten; alles, um sein großes Vorhaben vorzubereiten; indes habe er seine Emissäre in Venedig gehabt, unter ihnen den Korsaren Jacques Pierre, um die Truppen auch dieses Staates an sich zu ziehen.

Wie aber, werfen wir ein, Jacques Pierre wäre mit dem Herzog einverstanden gewesen, er, welcher, wie ihr anderen selber sagt, der Republik Anzeige von den Plänen Ossunas zu ihrem Verderben machte; auf dessen Anklage diese, wie ihr ferner berichtet, den Kapitän zu Chiogga, Alessandro Spinoza, als eines verräterischen Einverständnisses mit dem Vizekönig schuldig, hinrichten ließ. Klagt man jemand an, für den man arbeiten will? Läßt ein Staat Leute hinrichten, die eines Einverständnisses mit dem eigenen Verbündeten ohne Zweifel fälschlich angeklagt worden? Daru findet, Jacques Pierre habe nur einen Teil der Pläne Ossunas gekannt. Der Absichten desselben auf Neapel unkundig, mit dem Auftrag ausgesendet, venezianische Truppen zu verführen, überredete er sich, unserem Autor zufolge, der Herzog gehe mit einem Anschlag auf Venedig selbst um, und verriet das der Republik. Allein die Zehn wußten die Sache besser. Spinoza ließen sie allerdings hinrichten; die Sache war ruchbar geworden, und ihn unbestraft lassen, hätte Verdacht erweckt. Allein aus der Hauptanzeige machten sie nichts. Wider das angebliche Vorhaben Ossunas trafen sie keinerlei Anstalt; sie gaben nicht einmal dem Senate Nachricht davon; den neapolitanischen Emissären, welche ihre Truppen bearbeiteten und in kurzem Tausende derselben abtrünnig machten, sahen sie ruhig zu. Sie wußten nämlich, daß diese in ihrem eigenen Interesse angewendet werden würden.

So ändern die Sachen, es ändern auch die Personen ihren Charakter. Jacques

Pierre, nach anderen Berichten wild, ruchlos, durchtrieben, erscheint als ein Betrogener, welcher den Venezianern Dinge angab, die diese lange besser wußten. Bedmar ist nicht mehr der feine Diplomat, der die geheimsten Gänge venezianischer Politik ausspürt und seine eigenen Zwecke mit fester Hand und unergründlicher Verstellung verfolgt; auch er ist von Ossuna getäuscht. Gutmütigerweise glaubt er, der Vizekönig wolle wirklich Venedig angreifen; doch er ist verworfen genug, ihm dazu die Hand zu bieten; sein geheiligter Charakter hindert ihn nicht, geheime Zusammenkünfte mit offenbaren Verrätern zu halten, aber er irrt sich, wie sie sich irren; Ossuna ist mit den Venezianern einverstanden; diese kennen die Umtriebe Bedmars und lachen ihrer, einen gemeinschaftlichen großen Plan verfolgen sie mit ihrem vermeinten Feinde. Unglücklicherweise geschieht, und der Autor meint durch den Pater Lorenzo Brindisi, daß der Plan ruchbar wird, ehe er reift. Unmittelbar, ohne einen Moment zu verlieren, nur darauf bedacht, ihren Anteil zu verhüllen, werfen sich die Venezianer in Maßregeln anderer Natur. Sie geben vor, eine Verschwörung zu entdecken, sie lassen alle Emissäre des Herzogs und alle, welche von diesen gewonnen sind, ergreifen: allesamt werden sie geopfert, so wenig oder so viel sie auch in das Geheimnis eingeweiht sein mögen. Der vornehmste von ihnen, obwohl auch er nicht völlig unterrichtet ist und seit langer Zeit alles angegeben hatte, was er nur wußte, wird ersäuft, ohne daß man sich auch nur die Zeit nimmt, ihn zu verhören. Andere werden allerdings einem Verhör unterworfen, ehe man sie heimlich hinrichtet, jedoch nicht etwa, um sie die Verschwörung gestehen zu machen, von welcher die Richter bessere Kunde hatten, als sie selber, sondern um die Namen der Einverstandenen zu entreißen; auch nicht ein einziger durfte entkommen. Die Ankläger verschwinden in dem nämlichen Augenblick wie die Angeklagten. Das Volk knirscht über das Komplott, das man ihm anzeigt; der Botschafter von Spanien findet sich dadurch kompromittiert und verläßt Venedig; der französische Gesandte, von Erstaunen ergriffen, kann das furchtbare Geheimnis nicht durchschauen; die Republik, nachdem sie alle Spuren ihres Anschlags vernichtet hat, den sie selbst hatte schmieden helfen, ergreift über die spanische Regierung den Vorteil der Initiative in der Anklage.

Dieses ist die Darstellung Darus. Gerade unsere Einwürfe dienen ihm zu Beweisen. Aus den Tatsachen, die uns schlagend erscheinen, entwickelt er auf überraschende Weise ihr Gegenteil, wieviel verbrecherische Einverständnisse, welchen zugleich ruchlosen und dummen Verrat, welch eine entsetzende Mordjustiz, die niemand so geahnt, bringt er zum Vorschein! Scharfsinnig, aus verlorenen Spuren und Vermutung auf Vermutung, baut er eine zusammenhängende Erzählung vor uns auf.

Ob sie aber auch wahr ist? Ob dies ergangene Geschichten sind oder erdachte? Wir sind gehalten, Ereignisse und Personen nochmals in ungeirrte Erwägung zu ziehen.

Zuerst: das Einverständnis Ossunas mit der Republik, um Neapel von Spanien zu trennen, was der Hauptfaden in diesem Gewebe ist. Daru zeigt sich von einem solchen vollkommen überzeugt: es wundert ihn, daß er den Traktat nicht findet, den sie hierüber miteinander abgeschlossen.

Gab ihm aber auch nur derjenige Autor, dem er vor allen anderen in dieser Sache Glauben beimißt, Louis Videl, Anlaß zu einer so bestimmten Behauptung? Louis Videl redet davon nur ein einziges Mal. Er sagt*: „Der Herzog von Ossuna hatte mit den Venezianern durch ihren Residenten in Neapel insgeheim unterhandeln lassen: er wünschte, daß sie ebensogut wie andere Prinzen von Italien, die nicht von der spanischen Faktion sind, seinen Plan (sich unabhängig zu machen) begünstigen möchten; jedoch sie waren entschlossen, nicht das mindeste zu tun, ehe er sich nicht offen erklärt hätte."

Nicht entschiedener drückt sich dieser Autor aus, und wir können zweifeln, ob dies eine Grundlage sei, fest genug, um darauf eine der ganzen Historie widersprechende, so weit ausgesponnene, so viele Anklage einschließende Vermutung zu gründen.

Allein ist auch nur so viel wahr, als Videl hat? Ließ Venedig wirklich eine Einstimmung hoffen, wenn der Herzog sich offen erkläre? Wir haben die Depeschen eben jenes Residenten, mit welchem nach Daru die Agenten des Vizekönigs unterhandelten, des Gaspar Spinelli; sie sind zahlreich und ausführlich; die geheimsten, in Chiffren fehlen nicht; sie füllen eine ganze Reihe von Bänden; sie müssen uns hierüber alle wünschenswerte Aufklärung geben.

In der Tat enthalten sie die Unterhandlung, welche wir suchen. Es war in der Nacht vom 15. Mai 1619, daß einer der vertrautesten Freunde Ossunas dem Residenten einen geheimen Besuch machte. Nach der ersten Einleitung eröffnete er, er habe über ein Geschäft von der größten Wichtigkeit zu reden. Der Vizekönig sei im Mißverständnis mit der Regierung von Spanien; um so mehr, als diese jetzt den Prinzen Philibert von Savoyen nach Neapel senden wolle; nicht umsonst habe Ossuna 20 000 Mann geübte Fußvölker; alle seinem Wink ergeben, in dem Königreiche, und die Partei des Volkes in der Hauptstadt auf seiner Seite; er sei ein entschlossener Herr: man dürfe überzeugt sein, er gedenke dieses Reich dem Könige zu entreißen.

Der Resident zeigte sich erstaunt, zweifelhaft und abgeneigt, auf die Sache einzugehen. Noch in derselben Nacht aber meldete er es nach Venedig.

Und was war es nun, was man ihm von da antwortete? Sei es, daß man an der Redlichkeit jener Mitteilungen zweifelte, oder vor allem anderen die Ruhe von Italien zu behaupten entschlossen war, man antwortete, ohne lange zu zögern, schon am 23. Mai Spinelli folgendergestalt: „Wohlgetroffen hast du unseren Sinn, indem du dich abgeneigt gezeigt hast, diese Eröffnung anzuhören. Es liegt uns daran, daß man erfahre, daß wir jedweder Neuerung abhold sind, vornehmlich aber solchen, welche unseren Staat und Italien beunruhigen könnten." Am 6. Juli befahl man ihm, jede dahin zielende neue Eröffnung schlechterdings abzubrechen. Sind dies die Versprechungen, die Venedig dem Herzoge machte, die Traktate, die es mit ihm abschloß? Hier ist kein Rückhalt noch Bedenken möglich; in den unzweifelhaften Registern der Depeschen der höchsten Regierung finden wir diese Beschlüsse: in allen ihren Schreiben an ihre Gesandten in Frankreich und Savoyen spricht sie den näm-

* Histoire du connestable Lesdiguères. Grénoble 1649. liv. X. ch. 2. p. 641.

lichen Sinn aus. Hat Ossuna die Absichten in der Tat gehegt, die man ihm schuld gibt (wir werden es weiter erörtern), so sind es die Venezianer gewesen, die sich denselben allenthalben widersetzt und sie wesentlich rückgängig gemacht haben.

Nur eine Ausflucht wäre möglich. Man könnte annehmen, daß schon früher ähnliche Anträge gemacht worden wären, die man nicht so entschieden abgelehnt hätte. Auch ist es die Behauptung Durus, daß Venedig schon im Jahre 1617 ein Einverständnis mit Ossuna gehabt habe. Darauf bezieht sich seine Meinung, die Feindseligkeiten von diesem Jahre seien nur eine Fiktion gewesen.

Ich wünsche eine einzige Angabe irgendeines historischen Buches, eines Dokumentes, eines Briefes zu sehen, welches den Plan Ossunas im Ernst in das Jahr 1617 verlegte. Selbst Leti und Videl, denen Daru folgt, setzen ihn ausdrücklich auf 1619. Sollte es erlaubt sein, aus Nebenumständen, welche diese an sich unzuverlässigen Autoren angeben, Konsequenzen zu ziehen, und welche Konsequenzen, um sie ihren ausdrücklichen Versicherungen entgegenzusetzen? Wir sind glücklich, wenn wir in der Hauptsache nicht von ihnen getäuscht werden.

Da nun niemand jenes Datum hat, so kommt es nur darauf an, ob die Feindseligkeiten von 1617 ernstlich gemeint waren; wir sind in dem sonderbarsten Falle, untersuchen zu müssen, ob ein Krieg in der Tat ein Krieg gewesen ist oder nicht! –

Wäre es genug, um einen Krieg für erheuchelt zu erklären, daß man bewiese, es sei darin nicht zu bedeutenden Taten gekommen, an wie vielen ließe sich zweifeln: wie unzählige Seezüge zumal wären problematisch!

Die Feindseligkeiten Ossunas aber waren sehr gefährlich. Da das ganze Mittelmeer von Korsaren unsicher gemacht war, hatte sich der Verkehr der Venezianer mit dem Orient auf den Handel mit Spalato, wohin nicht allein die türkischen, sondern selbst die indischen Waren ihren Weg nahmen, beschränkt. Diese Handelsstraße war um so wichtiger, da sie die einzige sichere war. Eben diese aber griff Ossuna an. Als es ihm gelang, zwei der reichsten Kaufgaleeren aufzubringen, wurden die Venezianer von einem Schrecken betroffen, der nicht auszusprechen wäre, und unbeschreiblich war der Jubel der Neapolitaner.

Nie, durch keine Friedensbedingungen, durch keinen Befehl des Königs war Ossuna dazu zu bringen, seinen Raub herauszugeben. Die Venezianer waren in dem Lebenspunkt ihrer Existenz angetastet.

Man höre nur, wie sich Ossuna selbst über seine Unternehmungen ausdrückt. Als ihm daran lag, die Republik, wenn nicht zu gewinnen, doch wieder zu begütigen, versuchte er es etwa, die Intention seiner Züge zu beschönigen? Ganz etwas anderes stellt er dem venezianischen Residenten vor. Er will ihn überzeugen, was er getan, habe er nicht aus eigener Bewegung unternommen, sondern allein auf höheren Befehl. Er weist ihm ein Schreiben aus dem spanischen Kabinett, vom Juni 1617, vor, worin ihm ausdrücklich befohlen wird, so viele Schiffe als möglich, wohlausgerüstet in den Golf zu senden, jedoch in seinem eigenen Namen, und der Republik so viel Schaden zu verursachen, als er vermöge. „Ich sollte", sagt er, „eine Diversion zugunsten Ferdinands machen. Ich ward angewiesen, alles zu tun, um die Schiffahrt der Venezianer zu ruinieren und ihnen ihre Ansprüche auf die Herrschaft der See zu verleiden. – – – Immer habe ich dem König gedient, wie meine Pflicht war." Ich untersuche nicht, ob diese Briefe echt waren, ob sich das Kabinett Philipps III. in der Tat einer solchen Zweizüngigkeit schuldig gemacht hat; ich bleibe nur dabei stehen, daß kein Mensch sich auf solche Weise über erheuchelte Feindseligkeiten bei denen entschuldigen wird, mit welchen er über dieselben einverstanden war.

Nein: der Krieg von 1617 war ebenso ernsthaft als gefährlich. An ein Einverständnis mit Ossuna und Venedig war nicht zu denken; auch war dem Vizekönig die Absicht, sich unabhängig zu machen, noch nicht in den Sinn gekommen. Erst 1619 entwickelte sich die Lage seiner Verhältnisse so, daß er daran dachte. Nie aber gelang es ihm, Venedig dafür zu gewinnen. Sein Projekt hat mir an der Verschwörung keinen anderen Anteil, als daß es zeigt, wie ausschweifender Absichten sein hochfahrendes Gemüt fähig war.

Bestand aber kein Einverständnis mit Ossuna und Venedig, wie erklärt es sich, daß Daru behauptet, daß der Rat der Zehn die Anzeige des Jacques Pierre über die Anschläge Ossunas gegen die Stadt so lange verheimlichte; daß er in seinen Mitteilungen an den Senat vorgab, dieser Jacques Pierre sei erst im März 1618 nach Venedig gekommen, da er doch seine erste Eingabe schon im August 1617 empfangen; wie kam es, daß er zu Operationen Ossunas unter seinen Augen, welche feindselig waren, wenn man sich nicht darüber einverstanden hatte, konnivierend stillschwieg?

Es bedarf keines großen Aufwandes von Scharfsinn, um hierauf zu antworten. Im August 1617 ward Jacques Pierre in venezianische Dienste aufgenommen und fing gar bald an, seine Anzeigen zu machen. In den Büchern der Zehn, Originalen und Kopien gleichlautend, stoßen wir auf folgenden Beschluß vom 2. September 1617: „Die Eingabe des Kapitäns Jacques Pierre, wie es scheint, am 30. des verflossenen Monats geschrieben und gestern vorgelegt, in betreff der Anschläge des Herzogs von Ossuna wider diese Stadt Venedig, samt seiner Erinnerung über die Mittel, sich solchen zu widersetzen, soll den Savi unseres Kollegiums (d. i. den Präkonsultoren des Senats) vorgelegt werden, damit sie verfügen können, was ihnen zum allgemeinen Besten heilsam scheinen wird." Sollen wir nun glauben, der nämliche Rat habe jemals die Anwesenheit des Jacques Pierre geleugnet oder verheimlicht? Die Assertion unseres Autors beruht allein auf einem Mißverständnis. In den Mitteilungen der Zehn an den Senat geschieht der Ansprüche, Forderungen, Eingaben des Korsaren nur allzuoft Erwähnung. In eben denselben verfolgt man jede kleinste Bewegung Ossunas mit unablässigem, ja mit übertriebenem Verdacht. Wenn ein Kurier von Neapel bei Bedmar ankommt, wie im Januar 1618, wenn ein candiotischer Verbannter bei dem Vizekönig ist und sein Arsenal mit ihm besucht wie im Februar, wenn derselbe Galeeren ausrüstet, die wider Korfu oder Venedig selbst bestimmt sein könnten, wie im März, so sind sie jedesmal in Bewegung und teilen diese Sache dem Senat, den Savi mit. Der angeblichen Verführung ihrer Truppen gedenken sie hierbei allerdings kaum einmal, wahrscheinlich nur, weil dieselbe kaum einmal stattgefunden hat. Überdies war Venedig mit Mietstruppen überfüllt und hätte viel darum gegeben, ihrer los zu werden. Sonst aber sind die Zehn dem

Vizekönig fortwährend auf den Spuren: argwöhnisch belauern sie alle seine Schritte. Im April 1618 erbietet sich ein Neapolitaner, ihnen die geheimen Anschläge desselben, insofern sie auf Venedig bezüglich seien, zu enthüllen: mit Vergnügen nehmen sie das an.

Nur noch ein Moment von Bedeutung ist übrig, welches für die Ansicht Darus Zeugnis zu geben scheinen möchte, seine Behauptung: nicht genug an den Angeklagten, auch die Ankläger seien ermordet worden; so sehr habe man jede Spur jenes Komplotts zu tilgen gestrebt. Er zählt deren sieben: Jacques Pierre und Regnault, Jaffier, Brainville, Theodor, Juven und Montcassin; alle seien sie geopfert worden, nur von Juven bekennt er nicht zu wissen, was aus ihm geworden. Jaffier, Brainville, Theodor nun haben weder angeklagt noch den Tod deshalb erlitten; sie existierten niemals; Daru entnahm sie aus jenem erdichteten Aktenstücke. Jacques Pierre und Regnault haben, als die Haupturheber einer gefährlichen Verschwörung, das Leben verloren: die Anzeigen, die sie gemacht, beziehen sich weder auf den Grund ihrer Verdammung noch auf die Phantome unseres Autors. Juven treffen wir noch lange beim Leben an. Niemand ist übrig als Montcassin. Daru erzählt, zwar weder ein Geschenk noch eine Pension sei demselben für seine Anzeige versagt worden, aber bald habe man sich seiner entledigt. Man habe ihm Furcht eingeflößt, ihn nach Candia gehen machen, und hier dem kaum Angekommenen eine vom Zaun gebrochene Streitigkeit erregt, in welcher er noch im Jahre 1618 getötet worden sei. Hiervon ist wahr, daß Montcassin nach Candia ging. Keineswegs aber ward er daselbst getötet. Noch im Jahre 1619 (19. August) gewährt man ihm die Befreiung eines Banditen. Im Jahre 1620 sagt man ihm seine Pension auf vier Jahre dergestalt zu, daß im Falle er in dieser Zeit sterben sollte, auch sein Sohn sie zu genießen haben würde. Er ist später nach Frankreich zurückgegangen: noch einmal erschien er bei dem venezianischen Botschafter daselbst; erst alsdann verlieren wir ihn aus dem Gesicht.

Gott wolle nicht, daß ich jemals irgendeine Gewalttat, sei sie begangen von den Machthabern oder ihren Gegnern, verhülle oder bemängele; allein zur Verteidigung derjenigen, die sich nicht mehr verteidigen können, die Wahrheit ans Licht zu bringen, werde ich immer für eine der wichtigsten Pflichten der Historie halten.

Hier aber befinden wir uns in einem Reich von Irrtümern und Verwirrungen. Daru nimmt an, die Pläne Ossunas seien am spanischen Hofe durch die Sendung des Pater Lorenzo Brindisi enthüllt worden, und in den venezianischen Hinrichtungen sieht er einen Erfolg dieser Entdeckung. Allein die Hinrichtungen fanden im Mai 1618 statt; die Sendung des Paters Lorenzo ist am 2. Oktober 1618 allererst beschlossen worden. Wie könnten diese Dinge zusammenhängen? Übrigens bezogen sich die Aufträge des Paters auf ganz andere Sachen als eine solche Anzeige. Einmal ist von jenen Absichten vor 1619 niemals die Rede gewesen; sodann haben die Neapolitaner ihren Ehrgeiz darin gesucht, sie immer zu leugnen: denn wie hätte Ossuna hoffen können, ein so loyales Volk von seiner Pflicht abwendig zu machen? Genug: der Verfasser hat die unvereinbarsten Dinge gewaltsam zusammengestellt.

Durch die hartnäckige Verfolgung eines flüchtig gefaßten Gedankens geriet er in diese Widersprüche. Er wandte sein ganzes Talent an, alle entgegenstehenden Umstände demselben dienstbar und sogar förderlich erscheinen zu lassen.

Wäre es ein Theaterstück, so könnte man die Gewandtheit, mit welcher die Schwierigkeiten beseitigt und die Intrige bis zum letzten Moment durchgeführt worden, nicht anders als loben. Ich weiß nicht, ob dieses Talent hinreicht, Staaten zu regieren. So viel ich sehe, Geschichte schreibt man nicht damit. Sie wird nicht verfaßt, indem man seinen Gedanken allein nachhängt und das Element eigenmächtig zu seinem Willen bringt; sie fordert ein auf Dinge und Personen eingehendes Studium, das dieselbe gelten lasse und in ihrer Wesenheit zu erkennen suche, sie fordert Hochachtung vor der ergangenen Begebenheit. –

Der französische Botschafter

Ich weiß nicht, ob ich einleuchtend gemacht habe, wie ungegründet die vorgetragenen Auslegungen sind. Aber selbst im besten Fall ist die Realität der Verschwörung damit noch lange nicht erhärtet. Unsere Untersuchung galt nur der Version, die man den Fakten gegeben. Die Zweifel, die man gegen die Behauptung der Venezianer über ihren Grund geltend gemacht hat, haben wir kaum berührt.

Forschen wir dem Ursprunge derselben nach, wie sie sich anfangs im Gespräch, in fliegenden Blättern, später in der Indifferenz historischer Sammler, endlich in so kühnen Hypothesen, als wir betrachtet, geäußert haben, so kommen wir allemal auf den damaligen französischen Botschafter in Venedig zurück, Mr. de Léon Bruslart, der seine Bedenken von allem Anfang in wiederholten Briefen an seinen Hof und andere französische Geschäftsträger vorgetragen, die ersten Gegenschriften beantragt hat, dessen Depeschen die Grundlage der ganzen späteren Opposition geworden sind. Wir wissen es Daru Dank, daß er die Originale hat abdrucken lassen.

Die Berichte und Schreiben der Gesandten gehören zu den wichtigsten, beachtungswertesten Denkmalen der neueren Geschichte. Die Angaben eines Mannes, der gleichzeitig anwesend und in der Möglichkeit war, den Grund und Gang der Ereignisse zu beobachten, sind allemal von vielem Belang. Demungeachtet wird man sich ihren Behauptungen nicht blindlings anzuvertrauen haben. Der gesunde Menschenverstand ergibt, daß zweierlei erforderlich ist. Damit man ein gegründetes Vertrauen fasse, ist es notwendig, daß der Berichtende außerhalb der Sachen stehe, nicht von ihnen beteiligt werde und unparteiisch sei; damit man etwas von ihm lerne, ist unerläßlich, daß er selbst sich eine genaue Kunde verschafft habe.

Die Frage ist, ob Herr de Léon einer oder der anderen dieser natürlichen Forderungen entspricht.

Einmal war er im Augenblick der Verhaftungen, der ersten Exekution, nicht in Venedig; er war auf einer Wallfahrt nach Loreto begriffen; drei Wochen später ist sein erstes Schreiben über dieselbe abgefaßt.

Wer war es alsdann, von dem er seine Notizen empfing, von dem seine Ansicht influenziert ward? Unter anderen nennt er einen gewissen Danus, einen Edelmann aus der Bourgogne, der ihm über den Tod Jacques Pierres berichtete. Wir haben ein

Schreiben der Venezianer an ihren Generalkapitän, worin sie ihm eben diesen Danus als einen gefährlichen, der Teilnahme an den Plänen Jacques Pierres verdächtigen Menschen bezeichnen. Aber viele andere Franzosen waren dabei beteiligt, ja ihre Nationalehre war gekränkt. Der Pöbel von Venedig hatte sie alle laut für Verräter erklärt. Die Venezianer hatten französische Untertanen hinrichten lassen, ohne dem Gesandten auch nur eine Mitteilung darüber zu machen. Soll man sich wundern, wenn er sich dagegen erhebt?

Diesen Einflüssen aber war Herr de Léon besonders zugänglich; er stand mit Bedmar auf sehr vertrautem Fuße. Die Franzosen, die an ihn empfohlen waren, führte er, zu ihrem Erstaunen, bei demselben ein, und ward nicht müde, die guten Eigenschaften dieses Kavaliers zu rühmen. Er war sogar in dem Verdacht, nicht gefühllos gegen das spanische Gold zu sein, und hat für nötig gehalten, ausdrücklich wider denselben zu protestieren.

Nein! Des Goldes bedurfte es nicht, ihn zu gewinnen. Unter Maria Medici hatten sich in Frankreich zwei Parteien gebildet, von denen die eine an der Politik Heinrichs IV., an der Feindschaft wider Spanien festhielt, die andere dagegen das Heil ihres Landes in einer Allianz mit dem Nachbarn sah. Eins der Häupter dieser letzten war Sillery, Kanzler von Frankreich, ein Bruslart. Sein Bruder hat die spanische Vermählung abgeschlossen: sein Sohn Puysieulx hat lange die auswärtigen Angelegenheiten geleitet. Schon durch sein Geschlecht gehörte Mr. de Léon Bruslart zu dieser Partei. Auch aus Devotion war er ihr zugetan. Ist er doch so weit gegangen, als die Venezianer einen holländischen Gesandten in Padua feierlich empfangen ließen, den Paduanern Mitleiden mit ihrer Knechtschaft zu bezeugen, welche sie nötige, sogar einem Ketzer Ehre zu erweisen. Schon im Jahre 1617 machte Béthune, welcher die Streitigkeiten zwischen Mailand und Savoyen auszugleichen nach Italien gekommen war, die Venezianer aufmerksam, daß Léon die unvorteilhaftesten Berichte über sie, namentlich ihren Kriegszug gegen Erzherzog Ferdinand, erstatte, und ihnen von Herzen abgeneigt sei. Er gehöre zu einer entschieden spanischen Faktion: er wolle durch weit andere Dinge groß werden, als durch den Dienst seines Königs. – Béthune weigerte sich, mit ihm gemeinschaftlich zu unterhandeln.

Dies ist die Stellung unseres Gesandten. Jedermann wird gestehen, daß seine Opposition durch seine Stellung nicht wenig von ihrem Gewicht verliert.

Denn wären es etwa neue, zu seiner Kunde gekommene Tatsachen, welche sein Leugnen motiviert, welche ihm eine andere Erklärung dessen, was geschehen, an die Hand gegeben hätten?

Von den Venezianern ward ihm keinerlei Erläuterung zuteil. Wir müssen ihm die Gerechtigkeit widerfahren lassen, daß er ihnen im Kollegium seine Zweifel in aller ihrer Stärke und Lebhaftigkeit vortrug. Allein man löste sie ihm nicht. Man antwortete ihm, es sei an der Wahrheit dieser Verschwörung kein anderer Zweifel möglich, als den man an der Existenz von Dingen haben könne, die man mit der Hand fasse. Man setzte seinen Folgerungen und Vermutungen schlechthin die Unleugbarkeit der Tatsachen entgegen.

Die andere Partei war allerdings gegen Herrn de Léon etwas freigebiger gewesen. Er enthielt von ihr einige Entwürfe, voll von Korrekturen, zu jenen Eingaben beim Rat der Zehn, in welchen Jacques Pierre und Regnault den Spaniern Pläne zur Last legten, denjenigen sehr ähnlich, deren sie darauf selber angeklagt wurden. Wie aber? Wodurch bewies man die Echtheit dieser anonymen, verlorenen Blätter? Wie wollte man wissen, daß diese Anzeigen nicht allein entworfen, sondern auch eingereicht worden? In den Mitteilungen der Zehn an den Senat finden wir einige Eingaben von Jacques Pierres Hand unterzeichnet; sie sind von den Entwürfen, die Herrn de Léon zugekommen, durchaus verschieden. Erhielt er nun die unbezweifelten nicht, wie will man sagen, daß diejenigen echt seien, die er erhielt? Wie vieles mochte die angeberische Betriebsamkeit jener Menschen entworfen, zurückgelegt, wieder aufgenommen und wieder verworfen haben! Da mochten gar manche Papiere von seltsamem Inhalt sich in ihren Pulten und Koffern finden! Ich kann mich nicht überreden, daß dieselben ernsthafte Rücksicht verdienen sollten.

Auch hat der Botschafter nichts zum Vorschein gebracht, was die Hinrichtungen sonst motiviert haben könnte. Nur flüchtig, nicht ohne bezug auf den Tschausch hat er die Version angedeutet, welche danach Herr von Chambrier ausgeführt hat; allein wir haben gesehen, wie wenig haltbar sie ist, in dem Lichte der Verhältnisse, wie sie waren, betrachtet.

Eine reine und parteilose Beobachtung der Tatsache war es demnach wohl nicht, die den französischen Gesandten dazu vermochte, die Existenz der Verschwörung zu leugnen. Seine Opposition war von den Beteiligten hervorgerufen, sie war im Interesse seiner Nation, seiner Freunde, seiner Partei. Dennoch ist sie nicht geradezu von der Hand zu weisen. Nur die rasche Verneinung schreibe ich seiner persönlichen Stellung zu. Die Schwierigkeiten, die er an sich in der Sache fand, verdienen alle Rücksicht.

Es sind eben dieselben, deren wir schon oft gedacht: die Unwahrscheinlichkeit, daß Jacques Pierre zu einem Vorhaben die Hand geboten, von dem er früher selber Anzeige gemacht hatte; die absolute Unfähigkeit von ein paar armseligen Flüchtlingen, ein so großes Projekt auszuführen; – würde sich der spanische Ehrgeiz mit so schwachen Instrumenten verbündet haben? warum habe man sich nicht die Zeit genommen, Jacques Pierre auch nur zu verhören? welche Vorbereitung habe man doch gefunden, welche Waffen, ja nur welchen Brief, was für ein Zeugnis?

Gerade diese Schwierigkeiten sind es, die uns von der ganzen Opposition übrig bleiben.

Noch immer stehen wir, nach so vielen Bemühungen, nicht viel anders, als man unmittelbar nach dem Mai 1618 stand. – Schon damals kämpfte das bejahende Gerücht mit eben denselben Zweifeln. Zwar ist es seitdem, von Nani geläutert, glaubwürdiger hervorgetreten, aber dessen Darstellung nur summarisch, ohne eigentliche Rücksicht auf die Zweifel abgefaßt, ist nicht fähig, dieselben niederzuschlagen. Es sind danach ausführlichere Erzählungen erschienen, allein sie haben sich unbegründet, ja fabelhaft gezeigt, und der Verneinung nur größeren Spielraum gegeben. Indessen ist es auch dieser nicht gelungen, ihres Gegensatzes Herr zu werden. Die Hinrichtungen zu erklären, hat man weitgreifende Hypothesen mit Scharfsinn und

Gelehrsamkeit durchzuführen gesucht: wir haben gesehen, wie sie demunerachtet der Wahrheit der Begebenheiten schnurstracks widersprechen. Lassen wir alles fahren, was unhaltbar ist. Fortwährend machten sich die behauptende Erzählung, wie sie bei Nani steht – glaubwürdig, weil sie von dem Historiker des Staates, unter öffentlicher Autorität mitgeteilt wurde –, und die Zweifel, wie sie der französische Gesandte vorgetragen hat, in sich selbst von Bedeutung, einander gegenüber geltend; unvereinbar und doch unfähig mit eigenen Kräften ein Teil den anderen zu überwinden.

Neue Quellen - Das venezianische Archiv

Ich weiß nicht, ob es so vieler Mühe wert ist, dieser Sache auf den Grund zu kommen: auf jeden Fall kann es nur geschehen, indem man sich in dem venezianischen Archiv nach genauerer Kunde aus echten Aktenstücken umsieht.

In den Räumen des venezianischen Archivs verweilt man mit Erstaunen und Vergnügen. Den Papieren der Republik, die früher zerstreut waren, hat der Kaiser, aus eigenem Antriebe, mit nicht unbedeutenden Kosten, in den ehemaligen Wohnplätzen der Klosterbrüder bei der Kirche der Frari eine gemeinschaftliche Stätte einrichten lassen. Aus den Umgängen bei der Kirche, an den Arbeitszimmern der Beamten vorüber, steigt man hinauf. Zwei Säle, die, einander durchschneidend, ein Kreuz bilden, etwas schmal für ihre Länge und breiten Korridoren zu vergleichen, hell, hoch und kühl – in den heißen Tagen des August atmete man da wieder auf –, sind an ihren Wänden mit den unabsehlichen Reihen stattlicher Foliobände bekleidet. Den großen Raum, den sie in vier Abteilungen trennen, zu ihren Seiten hat man in zwei Stockwerke, und in mehr als anderthalbhundert Kammern, geschieden. Nicht ganz, denn die Akten der letzten und der gegenwärtigen Regierung, nach Verhältnis zahlreicher, da man um so viel mehr schreibt, sind unmittelbar hinzugesellt, aber doch, zum großen Teil nehmen die Papiere der Republik diese Säle und Kammern ein. Was auch von denselben durch Brand und Unordnung früher, später bei den Wanderungen nach Paris, Wien und Mailand, zu denen sie verdammt waren, verlorengegangen sein mag: immer sind sie von großem Umfang und von außerordentlicher Bedeutung, wenn nicht für die übrige Welt, so doch vornehmlich für Venedig.

Noch steht der Palast der Republik; er ist wie ein aufgeschlagenes Buch; Schritt für Schritt mit seinen Säulen und seinem Eingang, seinen Treppen und Sälen, Verzierungen und Bildwerken, bringt er uns die alten Begebenheiten unwillkürlich in Erinnerung; es erheben sich noch ihre Münster und Kirchen, Zeugen ihrer Frömmigkeit, ihres Reichtums und ihrer Weltverbindung; noch ist der größte Teil der Privatpaläste in dem Besitz der alten historischen Geschlechter, an deren Namen so viel Ruhm geknüpft ist; der geschwätzige Lärm des Rialto hat sich so fort vererbt; und die Fahrzeuge, die noch immer an der Riva der Slavonier anlegen, im Angesicht des Löwen von S. Marco, können eben darum, weil ihrer nur wenige sind, nicht anders als an den alten Verkehr des Orient und Okzident erinnern, der hier solange und glücklich stattfand –; will man aber von diesen unbestimmten Ahnungen zu einer Anschauung der vergangenen Existenz fortgehen, will man das innere Treiben kennenlernen, das allem diesem Wesen Bestand gab, so muß man sich nach jenen Räumen verfügen, und die pergamentnen Schätze zu Rate ziehen. Deutlich wieder zu erkennen ist doch allein derjenige Teil des Lebens, der in Schriften aufbewahrt worden.

Schon in dem Umfange der verschiedenen Abteilungen dieser Papiere erkennen wir einige Lebensformen der Venezianer wieder. Man weiß, daß sie in den letzten Jahrhunderten nicht eben allzustark, aber eben deshalb nur um so eifersüchtiger auf ihre Unabhängigkeit, den politischen Verhältnissen eine große Aufmerksamkeit gewidmet haben. Zuerst fallen uns die langen Bändereihen in die Augen, in denen ihre gesandtschaftliche Korrespondenz aufbewahrt ist. Sie hatten fünf große Botschaften zu Rom, Madrid, Paris, Wien und Konstantinopel. Man blieb auf jeder in der Regel drei Jahre und machte sie alle durch: es war dafür gesorgt, daß der Aufwand, den die anderen erforderten, in Konstantinopel wieder eingebracht werden konnte; nach langen Jahren kehrte man zurück, um in den Kollegien zu sitzen, welche die auswärtigen Angelegenheiten leiteten.

So wie die ganze Staatsverwaltung zwischen Nobili und Cittadini geteilt war, so hatte man in Turin, Zürich, London und Neapel, doch weder von Anfang, noch auch später ohne Unterbrechung, Residenten aus dem Stande der Bürger: auch diese hatten ihren Kreis zu beschreiben und gelangten bei ihrer Rückkehr zu den einflußreichsten Stellen. Ich fürchte fast, einer unbegründeten Vorliebe für Venedig beschuldigt zu werden, doch kann ich nicht verschweigen, daß ich bei jeder Gelegenheit, die ich hatte, venezianische Depeschen mit den Berichten diplomatischer Agenten von anderen Nationen zu vergleichen, einen gewissen Unterschied wahrzunehmen glaubte. Viel leichter, wie mir schien, beschränken sich andere auf das Geschäft, das der Tag bringt: sie sind um so weniger frei von persönlichen Rücksichten, da sie an dem Ort ihres Aufenthaltes veralten –: die Venezianer, welche wohl wissen, daß ihre Berichte von denen gelesen werden, die ihre Vorgänger gewesen sind, daß ein anderer sich schon bereitet, ihnen nachzufolgen, suchen sich in allgemeiner freier Aufmerksamkeit zu behaupten: die Verhältnisse der Länder, in denen sie stehen, pflegen sie umsichtig zu beobachten: ihr praktischer Sinn ist unausgesetzt auf ihr Vaterland gerichtet. Ich möchte den Grund nicht in einem natürlichen, etwa angeborenen Talent suchen. Aber wenn man vielleicht finden könnte, daß der venezianische Senat, welcher in vierzehntägigen Zwischenräumen die von so viel Gesandten, Residenten und Konsuln eingehenden Depeschen in ganzer Versammlung vernahm, zuviel Kräfte auf die auswärtigen Verhältnisse verwandt habe, so ward doch eben durch diese Übung des politischen Sinnes nicht an den Gerüchten und dem Schein, sondern an wahren und erkannten Verhältnissen, eine eigene Entwicklung desselben möglich, und auf jeden Fall stellten sich die Gesichtspunkte der Betrachtung fest. Leider fangen die Sammlungen erst in der Mitte des 16. Jahrhunderts an. Fragmente finden sich von etwas früheren Jahren (die Verträge von früheren Jahrhunderten): fortlaufend werden wir über Spanien und Frankreich erst von 1554, über Rom und Österreich von 1566, über die Türkei von 1552 an, und in ähnlichem Verhältnis über die anderen Länder und Höfe unterrichtet; die Depeschen von 1787 bis zum Untergange der Republik, welche in Venedig vermißt werden, befinden sich im Broletto zu Mailand. Über welches Weltereignis in diesem Zeitraume man auch Aufschluß verlange, hier wird man in der Regel fleißig eingezogene Nachrichten, ein genaues Detail finden, zur Aufklärung desselben beizutragen fast allemal geeignet. Es ist eine von wohlunterrichteten, wie es die Lage der Republik mit sich brachte, größtenteils unparteiischen, den Ereignissen nahe stehenden Männern von Tag zu Tag geschriebene Geschichte. Ein unermeßlicher, nicht auszuschöpfender Schatz! Ihnen zur Seite steht billig, zwar von geringerem Umfang, aber eben deswegen um so anfaßlicher, die Sammlung von Relationen, welche die Botschafter bei ihrer Rückkehr von jedem ihrer Posten in dem Senate vorzutragen und einzugeben gehalten waren. Leider ist auch sie keineswegs vollständig. Man kann es nicht genug beklagen, daß alle, soviel gegen das Ende des 15. Jahrhunderts gemacht worden sein mögen, unwiederbringlich, ohne Hoffnung verloren sind: nicht ohne Schmerzen überliest man die Namen früherer Gesandten, von denen eben nichts übrig ist, als die Notiz ihrer Sendung. Die erste dieser Arbeiten, welche sich erhalten haben, verdanken wir dem Fleiße des Marino Sanuto, der sie seiner großen Chronik von 1494 bis 1534 einverleibt hat. Von 1530 bis 1750 verwahrt das venezianische Archiv eine zwar nicht vollständige, aber doch sehr ansehnliche Reihe derselben. Ich werde ein anderes Mal von ihnen ausführlich zu handeln haben: ihnen eigentlich galt meine Bemühung: die außerordentliche Gunst, mit der ich von den beiden großen deutschen Regierungen, ohne mein Verdienst, beehrt ward, machte mir möglich, ihnen fünf Monate lang ein ununterbrochenes, unbeschränktes Studium zu widmen.

Kaum wage ich zu gestehen, daß ich im Angesicht und Genuß dieses Reichtums das Interesse für ein im ganzen so wenig bedeutendes Ereignis, wie unsere Verschwörung, nicht aus den Augen verlor.

Würde man urteilen, daß ich, wie ich hoffe, der Wahrheit auf die Spur gekommen, so würde ich eine Art von Pflicht erfüllt zu haben glauben. So tief hat die Hypothese Darus das Nationalgefühl der Venezianer verletzt: den Betrogenen, Besiegten, zugrunde Gerichteten überdies in den letzten Zufluchtsort seines unschuldigen Selbstgefühls zu verfolgen, in seine Vergangenheit und sie ihm zu beschimpfen, es schien ihnen so grausam! Auch für diese Sache aber waren die gesandtschaftlichen Korrespondenzen zu untersuchen; es war notwendig, die Depeschen des Pietro und Anzolo Contarini, die damals in Frankreich, des Simon Contarini, der zu Rom, des Pietro Gritti, der zu Madrid, des Girolamo Soranzo, der zu Konstantinopel residierte, und was sich in ihren Relationen dafür auffinden ließ, die Berichte M. A. Vincentis von Mailand, und Gaspar Spinellis von Neapel zu befragen. Vornehmlich waren die letzten von Gewicht. Glücklicherweise konnte ich ihre Wahrhaftigkeit an einem Tagebuch, das damals zu Neapel geführt worden ist, und an einigen neapolitanischen Handschriften, die in der Bibliothek Chigi zu Rom aufbewahrt worden, prüfen und bewähren.

Das Bedeutendste indes ließ sich nur in den Büchern erwarten, welche die innere Verwaltung angehen.

Ein guter Teil derselben ist in ähnlicher Form abgefaßt. Es erschien auch als eine Art von Gesandtschaft, einen Repräsentanten der Republik als Podesta oder Provveditore oder Generalkapitän auswärts anzustellen. Aus Berichten und Antworten, auch hier vornehmlich aus den Relationen der Zurückgekommenen, erkennen wir den Gang der inneren Verwaltung.

Die Beschlüsse und Schreiben des Senates, welche anfangs ungetrennt fortlaufen, aber in dem 15. Jahrhundert in die beiden Hälften „Land" und „See" zerfallen, sind für die Entwicklung dieses Staates, für Krieg und Handel von unschätzbarem Wert.

Nur weniges konnte sich für uns da finden: schon darum, weil die Untersuchung der Verschwörungen nicht vor den Senat, sondern vor den Rat der Zehn gehörte: zu dessen Büchern, der eigentlichen Sekreta, war es notwendig fortzugehen.

Man weiß, daß der Rat der Zehn, in der größten Gefahr der Aristokratie gegründet, und allemal am tätigsten, sobald sich eine solche erneute, jenen Beisatz administrativer Gewalt, der ihm, bekennen wir es sofort, zu seiner kriminalrichterlichen von Anfang zugestanden war, bald erweiterte, bald einzuziehen genötigt ward. Die Sammlungen seiner Beschlüsse, genannt Parti, sind in den Zeiten, in denen jene Gewalt vorzüglich ausgebildet gewesen ist, besonders zwischen 1529 und 1582 die wichtigsten der Republik. In Venedig bewahrt man die Originale auf, die auf Papier in einzelnen Blättern, in Wien die Kopien, die auf Pergament in großen Büchern verzeichnet sind; prächtiger nehmen sich die letzten aus: die ersteren sind schon darum wichtiger, weil ihnen zuweilen die beweisenden Aktenstücke: Verhöre, Anzeigen, Briefschaften, beiliegen. Häufig, und zum Beispiel im Anfang des 17. Jahrhunderts, waren die Zehn beschränkter, und ihre Beschlüsse natürlich von um so viel minderer Bedeutung: das sehr eigene Verhältnis aber, in welches sie alsdann zum Senat traten, gab dafür ihren Mitteilungen an diesen – Communicate genannt – einen hohen Wert. Vergegenwärtigt man sich, daß die Untersuchung der Verbrechen beleidigter Majestät, sei es, daß sie wirklich begangen oder nur vermutet worden, eine Rückwirkung auf die Verwaltung haben mußte, die Untersuchung aber den Zehn, die Verwaltung dem Senat zustand –, daß jede geheime Anzeige, mochte sie sich auf auswärtige Politik beziehen oder innere Gefahren enthüllen, zuerst den Zehn gemacht wurde, und durch diese dem Senat zukam, der allein befugt war, vorkehrende Maßregeln zu treffen, so begreift man die Wichtigkeit dieser Korrespondenz. Sie umfaßt alles, was die geheime Polizei, ein höchster Kriminalhof, und der Chiffrist der auswärtigen Angelegenheiten der leitenden Zentralbehörde des Staates mitzuteilen haben kann.

Einige Jahrzehnte später ist ein Teil dieser Befugnisse an die Staatsinquisitoren übergegangen, deren Archiv einen abgesonderten, zwar sehr hoch gehaltenen, aber im Verlauf der Jahre in Abnahme und Unordnung geratenen Teil des allgemeinen Archives bildet.

Für uns sind jene Mitteilungen die wichtigste Quelle. Denn den Prozeß aufzufinden, ist so wenig in unserem, als in dem Falle des Carmagnola, des Falier und anderer, die für die Weltgeschichte Bedeutung haben, möglich gewesen. Die Prozesse wurden, wie man sagt, in Casson gelegt. Niemand weiß weder, was derselbe gewesen, noch was aus ihm geworden. Indessen finden sich die Sammlungen der Urteile, und einige Aktenstücke sind bei den Parti und bei den Communicate aufbewahrt.

Es war fünf Tage nach der ersten Sitzung, die der Rat der Zehn in dieser Sache gehalten, daß er dem Senate Nachricht von ihr gab. So wie die Untersuchung fortschritt und sich entwickelte, tat er demselben ihr Ergebnis in wiederholten Meldungen kund.

Einige von diesen hat schon Daru gekannt: wenn nicht in ihrer ursprünglichen, doch in einer Gestalt, die im wesentlichen echt; leider aber ist die Übersetzung, in der er sie mitteilt, durch starke Mißverständnisse gerade in den entscheidenden Stellen fast unbrauchbar geworden. Ich habe für notwendig gehalten, die bedeutenderen Aktenstücke im Original herauszugeben. Man wird dabei eine besondere Merkwürdigkeit finden. Die Venezianer hatten eine Zeitlang die Absicht, die nur durch die späteren politischen Verwicklungen rückgängig geworden sein mag, eine authentische Darstellung dieser Dinge bekanntzumachen. In einem beiseite gelegten und fast vergessenen Bande von Miscellaneen fand sich das Gutachten, das die beiden Staatskonsultoren, Fra Paolo Sarpi und Servilio Treo, hierüber abgegeben, mit ihrer eigenhändigen Unterschrift. Zur Aufhellung der Sache tragen die Bedenken, welche so scharfsichtige Männer äußern, und die Antworten, mit denen der Rat der Zehn ihnen begegnet, nicht wenig bei. Auch übrigens ist es ein Glück, daß man die Mitteilungen trotz der bestimmten und strengen Ansicht, die man hatte, doch nicht zu eigentlicher Einheit zu verarbeiten gesucht hat; wir können sie mit leichter Mühe in ihre Elemente zerlegen; und obwohl wir die Tatsachen hauptsächlich aus ihnen entnehmen, wird sich doch unser Urteil in seiner Unabhängigkeit zu behaupten vermögen.

Nur eins vermissen wir hierbei, wie durch die ganze venezianische Geschichte. Man hat sich begnügt, die Beschlüsse, die Schreiben in Bücher einzutragen. Die Beratungen aber, aus denen diese erst hervorgingen, in denen die bestimmenden Momente zur Sprache kommen mußten, hat man versäumt zu verzeichnen. Ein Tagebuch der Verhandlungen des Senates, das so leicht zu führen war, ein anderes der Zehn, würde die lebendige Erkenntnis und Darstellung venezianischer Geschichten und Zustände allererst möglich machen.

Indessen hat es auch ohne dies, wie man sieht, zu einer neuen Untersuchung nicht an mannigfaltigem Stoff gefehlt. Mein Ehrgeiz wäre, den reinen Inhalt desselben aufzufassen, und die wesentlichen Tatsachen zu einem überzeugenden Ergebnis zusammenzustellen.

Ich gehe von dem allgemeinen aus.

Politische Verhältnisse

Die Bewegungen, welche die Reformation auf der einen, die Herstellung des Katholizismus auf der anderen Seite begleitet haben, waren vorüber; die ersten großen Stürme hatten sich gelegt; die Meinungen sich festgesetzt.

Ganz Europa war in entgegengesetzter Rechtgläubigkeit zerspalten, und zwei große Parteien bekannten, in einem natürlichen Kriege miteinander zu sein.

Es fehlte indes viel, daß ihr Gegensatz allein das Verhältnis der Staaten bestimmt hätte.

Die Faktionen der Meinung, wie sie sich unter den Protestanten durch abweichende Glaubensbekenntnisse, unter den Katholiken durch stärkeren oder schwächeren Widerstand gegen den Papst und die Jesuiten hervortaten, gingen die Politik außerordentlich nahe an. Niemals hat sich jene geheime Gewalt, welche die Staaten von Innen her zusammenhält, tätiger, wirksamer gezeigt. Fest auf seinem Standpunkt nahm jedweder seine Ansprüche, Rechte, Aussichten, Verbindungen, seine Weltstellung wahr, und demgemäß gestaltete sich in der Regel selbst das Verhältnis seiner Religion.

Was alsdann die Besonderheiten in ein System verknüpfte; was der Politik der damaligen Zeit Leben und Bewegung gab, war vor allem die spanische Monarchie. Emporgekommen in Handhabung, Verteidigung und Ausbreitung der strengsten katholischen Grundsätze –, aber zugleich mit dem Anspruch, ein oberstes Ansehen in der Welt zu behaupten, bedrohte die spanische Monarchie durch ihren Katholizismus die protestantischen, durch ihre Politik die katholischen Mächte. Einige deutsche und einige italienische Fürsten waren ihre natürlichen Verbündeten. Häufig schloß sich ihr Polen an.

Dürfen wir uns eines Ausdrucks vom heutigen Tage bedienen, so hatten Frankreich und England die Zentra eingenommen. Allerdings war Heinrich IV. mit der Zertrümmerung aller spanischen Größe umgegangen; aber nach seinem Tode hielt man es für besser, mit dem Nachbarn in gutem Vernehmen zu stehen, und glaubte genug zu tun, wenn man die alten Verbündeten nicht ganz fallen ließ. Der Krone England wäre es zugekommen, an der Spitze der Protestanten deren europäisches Interesse wahrzunehmen: aber die persönlichen Eigenschaften Jakobs I. machten ihn zu einem Bündnis mit Spanien geneigt.

Nur Holland, einige nordische, einige deutsche Mächte, und unter den südlichen allein Venedig, hielten sich in entschiedener Opposition.

Unter allen europäischen Staaten allein hatte die Republik von Venedig keine Schulden, sondern einen Schatz; unangetastet besaß sie noch die Reichtümer, welche ihr durch den Verkehr der früheren Jahrhunderte aufgehäuft worden; nicht übel war sie bewaffnet, und ihre Festungen, an denen sich zuerst die neuere Fortifikation geübt hat, galten für uneinnehmbar. Seit dem Augenblick, daß sie sich entschlossen hatte, zuerst in Europa, im Gegensatz mit dem Papst und mit Spanien, Heinrich IV. auf dem Thron von Frankreich anzuerkennen, hatte sie ihre europäische

Stellung mit Kühnheit behauptet. Der Widerstand, den sie Papst Paul V. so glücklich geleistet, machte sie mutvoll und trotzig.

Im Jahre 1613 erneuerte der Herzog von Savoyen seine alten Ansprüche auf Montferrat, und es schien, als wäre er mit dem Governator von Mailand darüber einverstanden: die erste Macht, die sich ihm widersetzte, war die Signorie von Venedig –; sie machte die Pläne des Herzogs scheitern. Im Jahre 1616 war eben derselbe von Spanien bedrängt und bedroht; sie trug keinen Augenblick Bedenken, ihm ganz ansehnliche Hilfsgelder zu zahlen und ihn in seinem Widerstand zu behaupten. Mochte sie ihm helfen oder entgegen sein, ihre Intention ging immer wider die Übermacht der spanischen Monarchie.

Allerdings war dies damals nicht allein ein europäisches, sondern ihr besonderes Interesse. Gegen den vornehmsten Verbündeten der Spanier, den Erzherzog Ferdinand von Steiermark, waren die Venezianer bereits in offenen Waffen. Sie hatten das Herz gehabt, die Uskochen, die schon lange alle Buchten und Inseln des Golfes unsicher machten, zuletzt aber für einen von den Albanesern in venezianischem Dienst ihnen beigebrachten Verlust zu entsetzlicher Blutrache an den Venezianern selbst fortgeschritten waren, in dem Gebiete des Erzherzogs aufzusuchen und zu züchtigen.

Hierüber gerieten sie mit Österreich in Feindseligkeiten, mit Spanien selbst in die lebhafteste Spannung. Der Erzherzog ward von Neapel aus unterstützt; ihr Vorteil war es, wenn wenigstens die mailändischen Streitkräfte der Spanier von Savoyen beschäftigt wurden. Aber sie begnügten sich nicht, diesem beizustehen; mit den ältesten und glücklichsten Feinden der Monarchie, den Holländern, verbündeten sie sich und riefen deren Kriegsfahrzeuge in das Mittelmeer: vergebens widersetzte sich den Kommenden ein spanisches Geschwader an der Meerenge.

War es nicht, als fordere Venedig, obwohl so unendlich schwächer, die spanische Monarchie zum Kampfe heraus? Ihre Verbündeten wenig und entfernt: ihre Gegner zahlreich und nah: es scheint, als sei ihr Mut eine Art von Verwegenheit gewesen.

Ich möchte nicht gern eine unbegründete Verwunderung veranlassen. Die Opposition, welche Venedig hielt, beruhte allerdings auf einer, schon geraume Zeit ausgebildeten, sehr entschiedenen Richtung; allein daß man dieselbe geltend machte, war die Folge nicht so sehr von dem Gefühl besonderer Stärke oder von natürlicher Kühnheit, als von politischer Überzeugung. Die Venezianer wußten, daß Spanien keinen Krieg in Italien wollte. Seit achtzig Jahren hatten dies alle ihre von Madrid zurückkehrenden Gesandten wiederholt, und der Lauf der Begebenheiten hatte es bestätigt.

Deutlich liegt ihre Politik in einer Stelle der Relation vor Augen, welche Andrea Lando, Provveditore general di Terra ferma, bei der Rückkehr von seinem Amte am 15. Dezember 1615 vortrug. „Man kann für gewiß halten", sagt derselbe, „daß der König von Spanien schlechterdings keinen Krieg in Italien will: rühre dies nun von Mutlosigkeit oder von Schwäche her, von einem Mangel an Geld oder an Kriegsanführern. Wir müssen von dieser Erfahrung Vorteil ziehen. Meines Erachtens müssen wir uns unwiderruflich entschließen, unsere gerechten Ansprüche mutig zu behaupten: und uns nichts gefallen, uns auf keine Weise, wo wir die Spanier zu Land oder See berühren, in keiner Art von Jurisdiktion, weder in Hinsicht auf Schiffahrt, Handel und Wandel, noch durch Korsaren in der Levante oder durch die Uskochen, in Nachteil setzen lassen."

Diese sonderbare Lage der Dinge, ein Krieg, jedoch mehr der Verbindungen, Interessen, Prinzipien als der Waffen, fortwährende Feindseligkeit mit der Aussicht auf fortwährenden Frieden, ward durch die eigene Gestalt der Verwaltung von Spanien noch verwickelter.

Es litt keinen Zweifel, daß das Ministerium Philipps III. friedlicher Gesinnung war. Jene Familie, die sich der Ausübung der höchsten Gewalt bemächtigt hatte, konnte den Krieg nicht wünschen, einmal weil er die Schätze verzehrt hätte, deren sie in ruhigen Zeiten, im Besitz der königlichen Gnade, selber zu genießen die Aussicht hatte, sodann weil derselbe immer wieder neue Namen emporbringen mußte, die ihr nur in den Weg treten konnten. Der alte König, Philipp II., hatte in aller Welt Krieg geführt, aber für nötig erachtet, Italien in Frieden zu behaupten. Lerma, der allenthalben Friede gemacht, der von Natur Ruhe und Luxus liebte, sollte er den Krieg in Italien ausbrechen lassen?

Aber nicht alle Beamten der Krone teilten die Gesinnung der Minister. Die Stellvertreter des Königs in seinen italienischen Staaten hatten ein Interesse dabei, Unruhe und Befehdung zu veranlassen. Schon für den Frieden hatten sie große Berechtigungen, aber erst im Kriegszustande wurden sie ihrer ganzen Gewalt inne. Wohl wußte man das am Hofe zu Madrid. In Kriegszeiten, sagte der Staatssekretär Arosteghi, wollte ich lieber Governator von Mailand sein, als König von Spanien; denn der König regiert mit seinen Consultas und Ratskollegien; die Verwaltung des Krieges hängt ganz und gar von der Willkür des Governator ab.

Hierzu kamen noch zwei andere Momente. Der Anspruch, die große Nation zu sein, die erste der Welt, war damals in der spanischen; vorzüglich betrugen sich jene Governatoren und Vizekönige mit Hoffahrt. Nicht daß sie immer die Absicht gehabt hätten, weiter zu schreiten, neuen Besitz zu ergreifen; aber sie waren voll von dem Ehrgeiz, ein oberstes Ansehen über die Nachbarn geltend zu machen und sie den Nacken ehrfurchtsvoll beugen zu sehen. Sobald man sich ihren Ansprüchen widersetzte, hatte man von ihnen nichts als Gewaltsamkeiten zu erwarten.

In diese Lage, die an sich zu kriegerischen Bestrebungen aufforderte, setzten überdies die Minister nicht selten Männer, deren Gegenwart ihnen am Hof lästig fiel, oder geradezu ihre Gegner. Der Opposition, die sie in der Nähe des Königs von ihnen erfahren konnten, zogen sie diejenige vor, die in der Ferne in großen Verwaltungsstellen ausgeübt werden mochte.

Kann man sich noch wundern, wenn nun in den Provinzen zuweilen andere Grundsätze befolgt wurden, als die man in dem Kabinett beliebte? Jene Doppelseitigkeit venezianischer Politik fand durch naturgemäße Entwicklung ihren entsprechenden Gegensatz. Die Venezianer hielten sich im allgemeinen friedfertig, aber bei jeder Gelegenheit, bei jedem Zerwürfnis in Italien oder Europa übten sie geheimen oder offenen Widerstand aus. In Madrid war man weit entfernt, den Krieg zu wollen; allein die Stellvertreter des Königs in Mailand, Neapel und Sizilien hätten ihn nicht nur gern gesehen: auch im Frieden begingen sie Feindseligkeiten. Der Unterschied ist jedoch bedeutend. Die venezianische Politik, von der Einheit der höchsten Gewalt ausgehend, ist zwar im Grunde nicht so kühn, wie es den Anschein hat, aber doch von rechtlicher Natur: die spanische geht von verschiedenen Inhabern der Gewalt aus und hat den Charakter der Ungesetzlichkeit.

Schon in den letzten Jahren Philipps II., als die Venezianer sich so gut französisch zeigten, fingen die spanischen Schiffe von Sizilien und Neapel sie dafür in ihrem Handel zu stören an. Man hat die Fahrzeuge des Toledo, des Leiva oder des Doria, die in den Gewässern der ionischen Inseln kreuzten, mit den Raubvögeln verglichen, welche weite Kreise beschreiben, bis die Beute, auf die sie lauern, hineingerät. Sie erwarteten die venezianischen Kauffahrer, die von Smyrna oder Alessandria ruhig ihres Weges kamen; unter dem Vorwand, es seien Güter der Ungläubigen an Bord, fielen sie dieselben an und beraubten sie. Zwar hat Philipp II. immer gesagt, sei dem so, so solle die Beute wieder erstattet werden, aber niemals ist es geschehen.

Viel weiter ging man unter Philipp III. Nicht genug, daß man die alten, noch von Karl V. bestätigten Privilegien der venezianischen Handelsleute im Neapolitanischen brach oder aufhob, daß man der Republik ihre hergebrachte Herrschaft über den Golf bestritt – öffentlich trieb man das Korsarenhandwerk gegen ihre Kauffahrer, brachte ihre Schiffe nach Neapel und Messina auf, und verkaufte die Ladung von denselben; kaum scheint es glaublich, aber es wird uns versichert, daß die Vizekönige ihren bestimmten Anteil an der Beute hatten. Überdies kam der alte Fuentes, welcher frei erklärte, er wünsche sein Leben in Kriegstaten zu endigen, mit absoluter Autorität nach Mailand. Er erfüllte die Lombardei mit Truppen und Kriegserwartung. Da half keine Remonstranz in Madrid, es half kein Gegenbefehl aus Spanien. Oft ward Fuentes angewiesen, einen Teil seiner Truppen nach Flandern zu senden und die übrigen zu entlassen, aber er entgegnete hochmütig, er wolle auf seine Weise verfahren: wem eine andere beliebe, der möge dies Amt selbst übernehmen und ihm die Rückkehr gestatten. Er wußte wohl, daß Lerma ihn niemals in der Nähe zu haben wünschte.

Da ist es merkwürdig zu sehen, wie bei den Irrungen der Republik mit dem Papste Fuentes in die Waffen tritt, die Grenze bedroht, und alles anwendet, um den Krieg zum Ausbruch zu bringen, wie dagegen Lerma nichts unversucht läßt, um den Frieden zu behaupten. Es wird vielen unerwartet sein, aber nichtsdestoweniger geht es aus den Darstellungen der venezianischen Geschäftsmänner unwidersprechlich hervor, daß die Zugeständnisse, die der Papst am Ende der Signorie machte, weit mehr dem spanischen als dem französischen Einflusse zuzuschreiben sind.

In den Irrungen der Republik mit dem Erzherzog wiederholte sich das nämliche. Lerma wünschte die Unterhandlungen, die erst am kaiserlichen Hof, dann in Madrid, endlich in Paris geführt wurden, zu glücklichem Ende zu bringen. Anderer Gesinnung aber waren Don Pietro de Toledo, Governator von Mailand, und der

Herzog von Ossuna, Vizekönig von Neapel. Jener verwarf jeden Vorschlag mit bitterem Stolz; um den Fall von Gradisca zu verhindern, rückte er in das Venezianische ein, nahm einen festen Platz zwischen Bergamo und Crema weg und plünderte in beiden Gebieten. Indes erschien die neapolitanische Flotte im Golf. Was auch Ossuna später gesagt haben mag, damals hat er frei heraus bekannt, wider den ausdrücklichen Befehl des Königs sende er seine Fahrzeuge aus; unerträglich scheine es ihm, stille zu sitzen, während die Republik den Herzog von Savoyen zum Widerstand gegen den König stark mache. Sonderbar! Die Botschafter residieren zu beiden Seiten: man ist dem Anschein nach in gutem Verständnis; indessen befehdet man sich an den Grenzen; bald sind die neapolitanischen Schiffe in den Buchten der dalmatinischen Inseln; bald erscheinen die Venezianer vor der Bai von Brindisi; endlich gelingt jenen der glückliche Schlag, ein paar reiche Kaufgaleeren aufzubringen, und im Triumph führt Ossuna die Beute in Neapel ein: noch weitergreifenden Absichten scheint er Raum zu geben.

Eben darin liegt eine der Hauptaufgaben jeder Staatsverwaltung, daß der Repräsentant der höchsten Gewalt, dem sie in irgendeinem Zweige anvertraut und übertragen worden, sie mit alle dem Eifer ausübe, als gehöre sie ihm eigentümlich an, und doch frei von persönlichem Interesse. Er scheint mit ihr bekleidet zu werden, doch die Wahrheit ist, daß er nur ihr Organ sein soll.

Ossuna ließ sich die Pflichten seiner Stellung sehr angelegen sein. In Sizilien, das er zuerst, in Neapel, das er nachher verwaltet, hat er nicht versäumt, Gerechtigkeit zu handhaben, Sicherheit herzustellen, Handel und gute Münze einzuführen, das königliche Patrimonium vorteilhaft zu verwalten, Flotte und Heer instand zu setzen: er zeigte dafür viel Talent, Gewandtheit, Entschlossenheit, Strenge; er hielt die Beamten in Zaum und war den Armen gnädig und zugänglich. Dabei aber vergaß er nicht, daß er Don Pietro Giron war, Grande von Kastilien, aus uraltem, mächtigem Hause, den herrschenden Geschlechtern der Halbinsel nahe verwandt: und wenn er den Ehrgeiz hatte, wie er sagt, im Dienste des Königs allen anderen voranzugehen, wenn er in seinem Amte, weit entfernt etwas zu ersparen, vielmehr seine eigenen Einkünfte aufwandte, so wollte er dafür das Gefühl haben, Herr zu sein. Der Stolz eines großen Beamten ward in ihm zu einer Art souveränen Übermuts. Den Eingebungen des Genius, den er in sich spürte, und wären es nur Launen, wollte er ganz nachhängen. Unversöhnlich war er in seinem Haß; mit jedem Mittel, das ihm seine Stellung gab, verfolgte er seine Gegner, und ruhte nicht, bis er sich gerächt hatte; jedes Gelüste wollte er befriedigen, und überdies dafür angesehen sein, daß er das könne; er spottete der Beleidigten: fast mit Bewußtsein warf er Unwürdigen, unwürdig Empfohlenen Gnaden zu: den Genuß der höchsten Gewalt in einem Lande, das dazu einlud, er wollte ihn vollkommen haben und bis auf den Grund erschöpfen. Indem er nun von seinen Untergebenen unbedingten Gehorsam verlangte, erlaubte er sich, den Befehlen seines Hofes zu widerstreben. Oft glaubte er die Interessen der Krone besser zu verstehen als die Minister des Königs.

Im September 1617 ward der Friede zwischen Venedig und dem Erzherzog auf der einen, zwischen Savoyen und Spanien auf der anderen Seite, zusammen und als ein einziger abgeschlossen. Allein weder Toledo noch Ossuna machten Anstalt, die Bedingungen, welche zu erfüllen ihnen zukam, ins Werk zu setzen. Toledo gab Vercelli nicht zurück und hielt seine Truppen auf dem Kriegsfuß. Ossuna erklärte geradezu, die Beute von den Galeeren und den übrigen venezianischen Schiffen nicht herausgeben zu wollen, obwohl es der Friede gebot. Er scherzte über diesen Frieden: „Es sei ein schwaches Gebäude, bei dem man die Erde nicht mit Wasser vermischt habe: wer das Wasser wolle, müsse ihn fragen."

Seit es ihm mit jenen Galeeren gelungen war, war ihm der Mut außerordentlich gewachsen: er hatte ein ungezäumtes Pferd zu seinem Sinnbild; er setzte darunter: Sieger zu See und Land. Nichts machte ihn stolzer als die Venezianer geschlagen zu haben. „Der Herzog von Ossuna", sagt er selbst in einer dem König später eingereichten Schrift, „hat seine Fahrzeuge und Galeeren ins Adriatische Meer geführt. Dreimal hat er die Venezianer vor sich hergetrieben und nach allen Seiten an die Küste gesprengt; sie glaubten sich in ihrer Stadt nicht mehr sicher, sie flüchteten ihre Habe nach den Bergen."

Wenn man ihn hörte, so hätte man nicht zweifeln sollen, er habe, trotz des Friedens, einen Anschlag auf diese Stadt vor. Seinen Vertrauten verschwieg er nicht: „Er wolle Venedig nehmen, er wolle sie züchtigen, diese adlige Jugend, die sich der Monarchie von Spanien widersetze." „Ehe ein Jahr vergeht, will ich es haben", rief er aus, „in ihrem Blute will ich mich baden."

In der Tat machte er Anstalten, die ein seltsames Aussehen hatten. Mitten im Frieden rüstete er immerfort. Das Land erfüllte er mit Spaniern, Wallonen und Franzosen. Einige fürchteten, er wolle zu einer Gewalttat im Inneren desselben schreiten: allein da er das Geschütz von den Kastellen, die er dann hätte behaupten müssen, wegführen ließ, um seine Galeeren damit zu besetzen, und seine Völker nach den Küsten des Golfes sendete, so mußte er andere Absichten haben. In Brindisi sammelte er seine Flotte. Sie war noch mannigfaltiger zusammengesetzt als das Heer. Er hatte ragusische Karaken, holländische Urken, Bertonen, kaiserliche, genuesische, englische Fahrzeuge; er hatte darauf außerordentliche Summen gewendet, und immer noch baute man im Arsenal zu Neapel. – Was konnte er mit dem allen beabsichtigen?

Die Venezianer waren überzeugt, daß er etwas wider sie im Sinne habe. Wer aus Korfu oder Candia verjagt war, vor allem wer eine Kunde der Lagunen hatte, unter anderen ein verbannter Nobile, Hieronymo Grimani, fand bei ihm bereite Aufnahme. Im Anfang des Mai 1618 sah ein vertriebener Korfiot, namens Bernardo Drusi, eine der sonderbarsten Zeichnungen von der Welt in den Zimmern des Vizekönigs. Venedig war in dem Augenblick dargestellt, daß es einen Angriff erlitte. Ein Fahrzeug griff Castelnuovo an, mit vollen Segeln schiffte ein Geschwader zwischen den Kastellen hindurch; Galeeren hatten die Stadt umzingelt und beschossen sie bei S. Marco, S. Nicolo und Forni.

Noch ehe man diese Notizen alle zu Venedig erhielt, hatte man daselbst schon andere Spuren, die auf einen durch tief angelegte Verständnisse vorbereiteten Anschlag zu deuten schienen.

Die Mietstruppen

Im Anfang des 17. Jahrhunderts war die italienische Miliz in großem Verfall. Man hat gesagt, sie sei nur dann etwas wert, wenn sie außerhalb ihrer Heimat dient. Damals aber hatten die Fürsten ihre Landschaften, auch die Päpste Mark und Romagna auswärtigen Werbungen verschlossen. Nicht genug können die Venezianer über die Erbärmlichkeit ihres Volkes klagen; „es finde sich nur zur Zeit der Bezahlung bei dem Führer ein: auch bei guter Besoldung laufe es auseinander: es sei so weit gekommen, daß die unterscheidende Eigenschaft des Italieners nur im Davongehen bestehe; auf dem Schlachtfeld würde er seinen Herrn verlassen". Es blieb ihnen nichts übrig, als sich nach fremden ultramontanischen Kriegsvölkern umzusehen, und nicht weit waren solche zu suchen.

Die französische Nation hatte sich während der bürgerlichen und religiösen Kriege zu einer sehr gewaltsamen, wilden Gesinnung entwickelt.

Nicht allein, daß man in Frankreich das Waffenhandwerk für allein ehrenvoll hielt: konnte man es nicht üben im Kriege, so büßte man seine Lust im Duell. Nie gab es mehr, noch gefährlichere Duelle, als im Anfang des 17. Jahrhunderts. Man schlug sich in der Regel auf Leben und Tod: statt den Streit zu trennen, griffen die Sekundanten oft selbst zu den Waffen: man behauptet, daß zuweilen beide Parteien, die Streitenden und ihre Gehilfen, auf dem Platze geblieben. Indessen war das nicht das Ärgste. Obgleich man strenge Gerechtigkeit handhabte und alle Tage aufhing, vierteilte, auf das Rad flocht, und mit tausend Qualen hinrichtete, so erfolgten doch täglich neue Untaten. Wie viele Söhne hatten den Vater, Brüder den Bruder, Untergebene den Fürsten gemordet! Wie viele Plätze hatten sie den Feinden überliefert, wie viel Versuche gegen das Leben ihres großen Königs Heinrich IV. gemacht.

Begierig ergriffen die Franzosen jede Gelegenheit, in Krieg zu gehen: sie waren bei allen italienischen Fehden. Als die Venezianer in jene Entzweiung mit Erzherzog Ferdinand geraten waren, boten sich ihnen vor allen französische Kapitäne und Soldaten an. „Den ganzen Tag", sagt der venezianische Botschafter in Frankreich, „ist mein Haus voll von Leuten, die sich bereit erklären, der Republik zu dienen: und ich habe unzählige Anträge gehabt. So überfüllt ist das Reich mit unbeschäftigten Menschen. Begierig greifen sie nach jeder Unternehmung, die ihnen etwas einbringen könnte: haben sie die Waffen einmal getragen, so scheint es ihnen unmöglich, ohne dieselben zu leben."

Zu jeder Zeit werden sich Leute finden, die den öffentlichen Bewegungen allenthalben nachfolgen. Es gibt unter ihnen edle Naturen, welche sich mit Aufopferung zu dem Zeichen der Religion, die sie bekennen, oder einer erwählten Politik halten: sie setzen ihr Leben im großen an einen höheren Zweck. Viele aber werden immer Abenteurer sein, denen im Grunde des Herzens jede Fahne gleich gilt: sie suchen emporzukommen, wohl oder übel reich zu werden, und wenn nichts weiter, doch auch mit dabei zu sein.

Unter den Franzosen, welche damals in venezianische Dienste traten, hielten es wohl einige für das Interesse Frankreichs oder des Protestantismus, Spanien und

Österreich allerorten zu bekämpfen. So sandte der Marschall Lesdiguières einen seiner Neffen, Balthasar Juven, der die Spanier von Grund des Herzens haßte, der sie für den Ruin von Frankreich, ja für den bösen Geist desselben erklärte; sein Ausruf war: Pest den Spaniern; er bekämpfte sie aus Grundsatz. Die meisten jedoch suchten den Krieg um ihrer Vorteile willen: und jener Botschafter hatte klüglich geraten, ihnen wenigstens keinen festen Platz anzuvertrauen. Denn wie wäre es möglich gewesen, sich ihrer zu versichern? Man pflegte damals eine Kompanie nur durch die Annahme eines Hauptmanns ins Feld zu stellen, welcher alsdann seine Leute in der bestimmten Anzahl auf eigene Hand aufzubringen hatte. Ihn kannte man wenig: von diesen wußte man nicht einmal die Namen, und in der Verwirrung der Kriegsrüstung konnte man keinerlei Aufsicht über sie führen. Einige dienten zur See, andere zu Lande. Die meisten kamen durch die Lombardei, etliche langten auch aus Neapel an.

Unter diesen war jener Korsar Jacques Pierre aus der Normandie: und es ist für uns wichtig, zu erfahren, wie er in venezianische Dienste gekommen ist.

Lange schon suchte er dieselben. Bereits im November 1615 ward er einstmals bei dem Gesandten der Republik zu Rom, Simon Contarini, „als einer der verwegensten Menschen, welche je bewaffnete Schiffe befehligt", angekündigt, und in später Nacht, unter tiefem Geheimnis, eingeführt. Noch war er nämlich in Diensten Ossunas, damals Vizekönig von Sizilien, mithin der Spanier. Jedoch stellte er sich an, als wolle er die Anschläge derselben den Venezianern, natürlichen Freunden seines Vaterlandes, verraten. Nur waren seine Andeutungen etwas rätselhaft. Er übergab dem Gesandten ein Verzeichnis spanischer Streitkräfte, doch zeigte er nicht genau an, wozu sie verwendet werden sollten. Notwendig, sagte Contarini, im Archipelagus oder in Albanien. Geheimnisvoll ergriff der Kapitän seine Hand: ein wenig höher, sprach er, ein wenig tiefer: zu einer näheren Bestimmung war er nicht zu bringen. Nur ließ er verlauten, man denke in der Türkei eine Art sizilianischer Vesper gegen die Osmanen zu veranlassen, und dies Reich alsdann einem spanischen Prinzen zu verleihen: unerträglich sei ihm, als einem guten Franzosen, die Übermacht, die Spanien solchergestalt in aller Welt erlangen würde.

Von jeher hatte dieser Mensch großen politischen Anschlägen auf der Spur zu sein behauptet. Er wollte von einer Verbindung wissen, welche Savoyen mit vielen Großen des türkischen Reiches, Paschas und Begs, von Valona bis Konstantinopel unterhalte: in Toskana wollte er erfahren haben, daß man die Seemacht von England und Holland durch eine neue Art von Schiffen zu vernichten denke, von denen er ein Modell vorzeigte: wenn er sich in Rom aufhielt, so geschah es, um gewisse Verhandlungen des Pater Joseph auszukundschaften. Dabei wechselte er unaufhörlich seine Dienste. Man kennt die Feindseligkeit, in der die Höfe von Savoyen und Toskana Jahrhunderte lang miteinander standen: gerade zu diesem ging er von jenem über. Nachdem er eine Zeitlang toskanische Galeeren angeführt, trat er bei Ossuna in Dienst; er behauptete, von der Großherzogin-Mutter beleidigt worden zu sein. Allein, da ihn der Vizekönig, wie er sagte, vor gewissen Übervorteilungen nicht geschützt hatte, so suchte er jetzt den Sold der Gegner desselben, der Venezianer. Er war entschlossen und verschlagen: halb Räuber, halb Soldat; geschickt selbst im Schiffbau, wie er denn immer einen neuen Vorteil ersehen haben wollte; und durch einige glückliche Erfolge zu einem gewissen Ansehen zur See gelangt. Den Halil Pascha hatte er kühnlich angefallen und alle seine Fahrzeuge genommen. Er rühmte sich, eine türkische Stadt, doch finde ich nicht welche, überrascht und ausgeplündert zu haben: auch Tenedos würde ihm nicht entgangen sein, hätte nicht einer seiner Leute, der sich zufällig entfernte, das Versteck verraten, in welchem er bereits mit seinen Kaufgaleeren lag. Voll Selbstgefühl und außerordentlich reizbar, niemandem getreu, immer mit neuen Dingen, mit tausend Anschlägen beschäftigt – denn auch die fremden machte er zu eigenen, indem er sie verriet –, ging er unaufhörlich von Gegner zu Gegner über.

Da er ein Gemisch aus Spanisch und Französisch sprach, und als ein Seemann die Feder nicht wohl zu führen wußte, so konnte er sich nur schwer verständlich machen. Ein alter Franzose, namens Regnault, der sich Sekretär der königlichen Kammer nannte und lange in Italien gelebt hatte, kam mit seinem Talent, zu sprechen und zu schreiben, dem praktischen des Kapitäns zu Hilfe. Wir befinden uns hier nicht in der besten Gesellschaft. Regnault lebte seinen Tag bei Tabak, Spiel und Trunk. Ja, Herr de Léon behauptet zu wissen, er sei in Frankreich mit den entehrendsten Strafen gezüchtigt worden. Es ist eine seltsame Genossenschaft, in die er mit Jacques Pierre getreten: wir treffen sie immer beieinander an. Schon in Rom war es Regnault, der den Kapitän bei dem Botschafter einführte: es war ein Jahr darauf, daß er denselben zu dem venezianischen Residenten in Neapel, Caspar Spinelli, brachte.

In Rom hatten sie mit unwahrscheinlichen und unbestimmten Anzeigen nichts ausgerichtet. Jetzt aber, da Ossuna in Neapel war und bereits seine feindselige Gesinnung gegen Venedig zeigte, da sie nicht mehr von jenen fabelhaften Plänen auf die Türkei redeten, sondern sehr genau von gewissen platten Barken erzählten, die Ossuna zu keinem anderen Zweck bauen lasse, als um Venedig selbst damit anzugreifen, jetzt schienen ihre Angaben bedeutender. Jacques Pierre erbot sich, vor dem Senat zu erscheinen und harte Strafe über sich ergehen zu lassen, wofern er nicht die genaueste, klarste Auskunft gebe. Er erhielt Erlaubnis, zu kommen, und man machte ihm einige Versprechungen.

Hierauf verließ Jacques Pierre, unter dem Vorwand, er könne zur Bemannung jener Barken, die unter seiner eigenen Aufsicht fertig geworden, die geeigneten Leute nur in Civitavecchia und Livorno finden, das neapolitanische Arsenal; statt aber Matrosen zu suchen, begab er sich nach Rom. Simon Contarini versicherte ihn, die Signorie werde seine Dienste erkennen, wie sich gebühre und ihre Gewohnheit sei; mehr zu versprechen, hatte er keinen Auftrag. Anfangs schien es, als genüge dies dem Kapitän nicht; er machte Ausflüchte und Schwierigkeiten: endlich aber ergab er sich. Im Mai 1617 kam er mit seinen Freunden, einem geschickten Feuerwerker namens Langraud, und einem französischen Kapitän Berald, genannt Labarrière, in Venedig an.

Hier aber ging es ihnen nicht so gut wie sie gehofft hatten: man zögerte, sie in Dienst zu nehmen: noch ehe sie gekommen, waren sie schon verdächtig.

Sie waren es durch Contarini selbst geworden. „Der Kapitän Jacques Pierre", schrieb dieser, „hat so hartnäckig, auf tausenderlei Wegen den Entschluß gezeigt, in Ew. Durchlaucht Dienste zu treten, daß ich zuweilen auf den Gedanken gekommen bin, als könne dieser Korsar, ein ebenso unzuverlässiger Mensch, als er beherzt und tapfer ist, wohl darum den Sold der Republik suchen, um, wenn er zu einer Anführung auf der Flotte gelangt sein wird, dem Herzog von Ossuna und den Spaniern einen Dienst zu tun. Ein so langes Anhalten ist mir nicht ganz natürlich vorgekommen. Ich kann mich täuschen und wünsche mich zu täuschen. Auf jeden Fall weiß ein geschickter Arzt sich auch des Giftes zu bedienen. Ich will sagen, Ew. Durchl. kann sich der Erinnerungen und Dienste sowohl seiner eigenen, als seiner Anhänger auf eine Weise bedienen, daß man den Vorteil davon habe ohne den Schaden."

So kam es, daß sie noch im Juli nicht angestellt waren, und Regnault, der sich sehr geschäftig gezeigt, noch nicht einmal zur Erstattung seiner Reisekosten hatte gelangen können. Sie griffen zu dem sonderbarsten Mittel, um ihren Zweck zu erreichen. Zwar anonym, aber unverkennbar, schrieben sie an Spinelli und hielten seinen Versprechungen den schlechten Erfolg entgegen. „Es scheint", sagen sie, „daß Ew. Herrlichkeit und die Signori ihren Spott mit uns treiben. Wofür wir Ew. Herrlichkeit versprechen, binnen wenig Tagen nach Neapel zu kommen, und Ew. Herrlichkeit für die versprochene und genossene Begünstigung zu danken."

Spinelli glaubte zu verstehen, daß man ihm an das Leben wolle. Die Rücksicht auf ihren Residenten war es, was die Venezianer endlich bewog, diese Verdächtigen im August 1617 in Dienst zu nehmen.

Unverweilt machte sich Jacques Pierre an die Erfüllung des von allem Anfang von ihm getanen Versprechens. Merkwürdig, wie ganz er in Angebereien lebt und webt. Jene Entwürfe, die man dem französischen Gesandten mitteilte, hat er zwar niemals eingereicht, allein es ist sehr möglich, daß er sie doch erfunden, und nur, als minder tauglich, beiseite gelegt hat. In seinen wirklichen Eingaben weist er einmal Falschmünzer nach, wofür er denn seine Belohnung empfangen hat; ein andermal handelt er aufs neue von jenem Anschlag der Spanier und Franzosen wider die Türkei; am ausführlichsten ist er über die Absicht Ossunas, Venedig mit Galeeren, welche unter dem Schein, mit Waren beladen zu sein, Soldaten unter dem Verdeck verborgen halten sollten, oder mit jenen niedrigen Barken, die nur drei Fuß im Wasser gehen und in den Lagunen ohne Schwierigkeit fortkommen würden, zu überraschen, und gibt einige Mittel an, die Stadt hiergegen zu sichern.

Bei alledem erwies man ihm kein besonderes Vertrauen. Bereits im August hatte Spinelli selbst vor ihm gewarnt. „Durch die Verzögerung seiner Besoldung verletzt, wie er sei, könne er gar leicht sein Ohr den Einflüsterungen Ossunas wiederum öffnen." In der Tat schickte man ihn nicht auf die Flotte. Im Januar 1618 fand man es bedenklich, daß einer seiner vertrauten Freunde nach Neapel zurückgegangen, wo er in gutem Vernehmen mit dem Vizekönig stand. Noch im März hielt es Regnault für notwendig, die Treue seines Kapitäns zu beteuern. Es ist einer seiner Briefe aufbehalten worden, in welchem er einem venezianischen Staatsmann meldet, daß die Frau Jacques Pierres in Gewahrsam genommen worden. „Hierdurch", ruft er aus, „ist die Maske gefallen, nunmehr ist der Kapitän überzeugt, eine gute Sache wider die Spanier zu haben; nunmehr wird man nichts von ihm hören, als den Ruin derselben." Wie, darf man fragen, fiel die Maske erst jetzt? Glaubte er nun das Recht gegen diejenigen zu haben, die er seit so vielen Monaten bekämpfen zu wollen vorgegeben hatte?

So viel ist offenbar, daß man ihm noch immer nicht vertraute: auch war das nicht wohl möglich. Man war vorlängst auf die Möglichkeit eines entweder nie unterbrochenen oder doch erneuerten Einverständnisses zwischen dem Kapitän und dem Vizekönig aufmerksam gemacht; man wußte, daß neapolitanische Kundschafter kamen und gingen; täglich hörte man etwas Neues von den Anschlägen Ossunas auf Venedig. Endlich, im Anfang des April, kam die bestimmte Anzeige hinzu. In dem Versammlungssaal des Kollegiums fand man ein anonymes, übel abgefaßtes, mit unkenntlichen Zügen geschriebenes Blatt, worin der unzertrennliche Gefährte Jacques Pierre, Langraud, geradezu angeklagt ward. Nicht allein habe er gesagt, für 2000 Skudi würde er den ganzen Rialt in Brand stecken, sondern im verflossenen Monat habe er Botschaft von Ossuna empfangen, und diesem, wie man höre, versprochen, falls er auf die Flotte komme, die Kapitängaleere in Brand zu stecken. Eine Anzeige, ohne Beglaubigung, auf die weiter nichts zu verfügen war. Jedoch ließ man sie dem Generalkapitän vorlegen, damit er auf die Dienstleistung nicht allein Langrauds, sondern auch Jacques Pierres, über den man ihm noch andere Erkundigungen mitteilte, eine genaues Augenmerk richten möchte.

Einverständnis

Es kann Anzeigen geben, die, indem ihre Wirkung auf dem Zusammentreffen der beweisenden Umstände mit persönlicher Bekanntschaft beruht, zwar eine subjektive Überzeugung begründen, aber dieselbe allgemein gültig zu machen oder der Nachwelt mitzuteilen, lange nicht vermögen.

Um uns nicht in der Menge der dunklen Spuren, die zu verfolgen wären, der Anklagen, denen die letzte Beweiskraft mangelt, unbehaglich, gleich als sei es auf einem Irrwege, zu fühlen, wird es nötig sein, ehe wir einen Schritt weiter tun, uns über das Verhältnis zwischen Jacques Pierre und den Spaniern nähere Aufklärung zu verschaffen.

Man hat behauptet, der Korsar habe sich schon im Einverständnis mit Ossuna von Neapel entfernt; die Venezianer haben dies selbst ausgesprochen. Ich finde keinen überzeugenden Beweis weder dafür noch dawider. Dafür wäre, daß Jacques Pierre, obgleich er schon in Rom daran dachte, er müsse seine Familie, die sich in Sizilien aufhielt, aus der Gewalt der Spanier entfernen, sie doch am Ende daselbst gelassen hat. Beweisend ist dies jedoch darum nicht, weil von dem Vizekönig in Sizilien, keineswegs einem Freunde Ossunas, für dessen Gegner und Abtrünnige wenig zu fürchten sein konnte. Dagegen würde sein, daß auch andere Korsaren nach dem Abgang ihres Hauptes den neapolitanischen Dienst zu verlassen drohten, und

Ossuna die mutmaßlichen Vertrauten des Kapitäns mit grausamen Qualen heimsuchte. Der venezianische Botschafter zu Rom vermutete von Anfang an ein Verständnis; der Resident zu Neapel leugnete es. Ich wüßte es weder zu bejahen, noch auch schlechterdings zu verneinen.

Glücklicherweise ist dies nicht entscheidend. Ein Mensch wie Jacques Pierre hätte, wenn auch ursprünglich für Ossuna, doch später venezianisch werden, wenn auch anfangs venezianisch, sich doch wieder, sobald er seinen Vorteil sah, auch zu Ossuna schlagen können. Wir müssen versuchen, ob wir auf einem anderen Wege zu einem zuverlässigen Resultate kommen.

Immer hat man den Botschafter des katholischen Königs zu Venedig, Alfonso della Cueva, Marchese von Bedmar, lebhafter Teilnahme an diesen Dingen, vornehmlich der Vermittlung des Einverständnisses zwischen dem Kapitän und dem Vizekönig, beschuldigt.

Es war schon lange her, daß die Venezianer Verdacht gegen ihn geschöpft hatten: seit Jahren beobachteten sie alle seine Schritte. Schon 1611 haben sie bei 20 Übeltäter gezählt, Häupter von Faktionen, denen er, zum Hohn der Gerechtigkeit, ein Asyl in seinem Palast geöffnet habe. Im Jahre 1614 versprechen sie einem gewissen Maffei Befreiung von seinem Banne, wenn er anzeige, wer der Nobile sei, welcher aufs geheimste mit dem spanischen Botschafter Verkehr habe, wer die Person, die schon seit mehreren Jahren bald einen, bald den anderen von ihrem Adel zu verführen trachte, eben demselben Botschafter die Geheimnisse der Republik zu verraten. Im Jahre 1616 war man wegen seiner Äußerungen über den Krieg mit dem Erzherzog besorgt; im März 1617 behauptete man, er habe dem König geraten, der Republik, wenn er sie anders im Zaum halten wolle, den apulischen Weizen zu versagen, von dem sie lebe; im Juli darauf, er habe sich den Plan der Festung Peschiera verschafft. Die Zusammenkünfte, die er damals, häufig und geheimnisvoll, mit dem französischen Botschafter und dem Nuntius hielt, wurden ihnen täglich bedenklicher.

Wohl wissen wir, daß Bedmar kein Bewunderer der Venezianer war. In dem Kreise diplomatischer Residenten bildet sich leicht eine gewisse, unter ihnen konventionelle Geringschätzung der Regierung, bei welcher sie stehen. Zwischen Bedmar und Léon war nur eine Stimme der Verachtung dieser Pantalons. Wir wissen ferner, daß Bedmar den Franzosen, die Léon ihm vorstellte, geradezu riet, lieber in Mailand oder Neapel zu dienen, als bei diesen Herren für Packknechte und Bediente. Ob er aber mehr getan, inwiefern jene Hinterbringungen und Vermutungen gegründet waren oder nicht, können wir nicht ermessen. Er, welcher nicht versäumte, sich in die religiösen Brüderschaften der Stadt aufnehmen zu lassen, um Ansehen und Freunde zu haben, redete nie ohne den Anschein der tiefsten Ergebenheit. In demselben Grade, wie Ossuna ungestüm, ging er leise, gewandt, geheimnisvoll zu Werke.

Wir würden allen Zweifels überhoben sein, wären jene Entwürfe echt, die Léon mitgeteilt hat. Es gibt einen darunter, in welchem geradezu erzählt wird, wie Jacques Pierre in tiefstem Geheimnis mit Bedmar zusammengekommen und von ihm ermuntert worden sei, in die Dienste des Vizekönigs zurückzukehren; von dessen

Absichten auf Venedig habe der Botschafter unverhohlen geredet, und versprochen, sie zu unterstützen. Es ist nicht unmöglich, daß dies geschehen; allein jene Entwürfe sind zu zweifelhaft, um es ihnen zu glauben.

Indessen Bedmar selbst hat sich über seinen Anteil an dieser Sache -- wir werden sehen, unter welchen Umständen – vor dem versammelten Kollegium der Venezianer auf eine Weise vernehmen lassen, die darüber ein gewisses Licht zu geben scheint. In dem ersten Augenblick erschreckt, bedrängt, gefährdet, hat er sich ganz anders ausgedrückt als später in seiner Relation.

Zwar leugnete er auch gleich damals, eine Haarbreit Anteil an diesen Dingen gehabt zu haben, allein „es ist wahr“ sagte er, „daß von den Fremden, die im Dienst der Republik stehen, einige gekommen sind, mit mir zu reden. Ich habe sie nicht anhören mögen. Diese Vagabunden, die sich heute in Venedig, morgen in Rom, ein andermal in Mailand aufhalten, von Ort zu Ort ziehen und in den Wirtshäusern leben, sind Leute von schlechter Beschaffenheit, und ich habe nichts mit ihnen zu tun. – Ob andere Minister ihnen Gehör geschenkt haben, ist mir unbekannt: aber mit Wahrhaftigkeit behaupte ich von mir, daß ich über Anschläge, wie die von dem allgemeinen Gespräch bezeichneten sind, niemals eine Zeile weder geschrieben noch empfangen habe. Tausendmal sind Leute bei mir gewesen, um mir die Mängel einer Festung und die Möglichkeit, hineinzukommen, anzuzeigen: nicht das mindeste habe ich darauf gegeben. – An den Dingen, von denen man redet, habe ich keinerlei Anteil gehabt. Ob einer aus meinem Hause dabei beteiligt gewesen ist, weiß ich nicht, doch wäre ich genötigt, einen solchen zu beschützen als einen Untertanen des Königs, der, falls die Schuld sich finden sollte, die gerechte Strafe über ihn verhängen wird.“

Man betrachte wohl, was er sagt. Er gesteht zu, daß er mit Leuten, welche der Absicht waren, eine oder die andere Festung zu verraten, Unterredungen gehabt, daß andere sich ihm zu nähern gesucht haben; nur daß er darauf eingegangen, daß er in dieser Sache etwas geschrieben oder getan, das leugnet er. Was war aber die vornehmste Behauptung seiner Gegner? Man beschuldigte ihn, durch seinen Sekretär Robert Bruillard den Verkehr zwischen Jacques Pierre und Ossuna unterhalten zu haben. Bedmar hat nicht den Mut, dies zu leugnen. Er gibt zu, daß einer seiner Hausgenossen in diese Sache verflochten sei; ja er erkennt an, daß ein anderer königlicher Minister seine Hand dabei gehabt haben könne. Ein solches Leugnen hielt der venezianische Senat für ein Geständnis. „An diesen Dingen“, schrieb er seinem Ambassador in Rom, „hat der bei uns residierende Botschafter von Spanien großen Anteil gehabt. Er selbst hat es nicht abzuleugnen vermocht, wie Ihr aus beiliegender Abschrift von zweien seiner Vorstellungen – eben denjenigen, in denen obige Stellen vorkommen – entnehmen werdet.“ Und wahr ist es, daß Bedmar die Existenz eines gefährlichen Anschlages auf Venedig nicht in Abrede stellt; daß seine Äußerungen überhaupt in dem Verdacht, derselbe möge mit Vorwissen der Spanier unternommen worden sein, außerordentlich bestärken. Allein wenn ein Bekenntnis in seinem Worte liegt, so ist es doch nur ein halbes; für uns wäre ein zweifelloseres zu wünschen.

Unumwundener ist in der Tat einer der Angeschuldigten herausgegangen. Wir wissen, wie genau Regnault mit Jacques Pierre verbunden, wie kundig aller seiner Geheimnisse er war. Kurz vor diesen Geschichten traf der Alte eines Tages den englischen Gesandten in einem Buchladen auf der Merzerie und raunte ihm ins Ohr, er habe ihm wichtige Dinge zu sagen. Es waren Anschläge der Spanier auf England und die Barbarei, mit denen er danach hervorkam: für uns ist das wichtigste, daß er zu erkennen gab, er sei einer der vertrautesten Diener des Vizekönigs von Neapel und in enger Freundschaft mit Jacques Pierre, der nun vollends diesem Vizekönig ganz, ganz zu eigen angehöre. Ein unhervorgerufenes, freies Geständnis! Verliert es aber nicht eben dadurch an seiner Glaubwürdigkeit, daß es gemacht ward? Regnault mochte sich auf die Verschwiegenheit des Engländers verlassen und irrte sich darin nicht. Erst lange nachher machte der Botschafter davon Anzeige; erst nach der Entdeckung der Verschwörung sah er, daß es so merkwürdig und bedeutend gewesen war.

Jedoch auch hierauf sind wir nicht genötigt, zu bauen. – Als Ossuna im Jahre 1619 jenen, vielleicht nur flüchtigen, vielleicht sehr ernsthaften Gedanken hatte, sich der Krone von Neapel zu bemächtigen, suchte er Venedig, das er so mutwillig gereizt und erbittert, wieder zu gewinnen. Er beschied den Residenten, den er seit langem nicht sehen mögen, wiederholt in den Palast. Er suchte ihn zu überzeugen, daß alles, was er gegen die Republik getan, mehr den Umständen oder höheren Befehlen, als feindseliger Gesinnung gegen dieselbe zuzuschreiben sei. Hierauf kam er auch einmal – es war am 22. Oktober 1619 – auf die Verschwörung zu reden. „Ich weiß“, sagte er, „daß man mir jene schlechte, unwürdige Unternehmung des Jacques Pierre zuschreibt. Doch habe ich niemals weiter etwas von derselben gewußt, als daß mir von Venedig ein Brief mit dem Anerbieten und der Information zugesendet worden ist; ich habe mich jedoch nicht darauf einlassen mögen, sondern alles, wie es war, nach Spanien geschickt. Indessen halten die Herren Venezianer dafür, ich sei der Urheber jenes unwürdigen und übel angelegten Anschlages gewesen.“ Der Resident erwiderte, er wisse nicht, was die Signoria durch die Prozesse der Schuldigen herausgebracht haben möge, doch wer davon rede, sei allerdings der Meinung, daß jenes Unternehmen von diesseits abgehangen, und daß man zu dem Ende Geld von hier nach Venedig geschickt habe. „Wohl weiß ich“, sagte der Vizekönig, „daß Geld dahin geschickt worden ist, doch nicht von woher: sicherlich nicht von mir. Nie wird man finden, daß ich durch Briefe oder Geld an dieser so häßlichen, so unwürdigen Handlung teilgenommen habe. Ich habe nichts getan, als Anerbieten und Information nach Spanien gesendet. Ich weiß nicht einmal, ob es dahin gelangt ist: man hat mir nichts weiter darüber geschrieben.“

Hierbei, dünkt mich, können wir stehenbleiben. Es ist wahr, daß Ossuna, wenn hierbei eine Schuld war, diese von sich auf die spanische Regierung zu wälzen suchte: allein eben darin liegt ein Beweis für die Wahrheit seiner Aussage. Denn indem er von Brief und Informationen redete, die an ihn gerichtet gewesen, und von ihm aus freien Stücken weiter gesendet worden seien, gab er damit nicht einen Teil jener Schuld zu, von der sich ganz rein zu machen seine Absicht gefordert hätte? Wäre es nicht wahr gewesen, hätte es ihm nicht selbst unleugbar geschienen, nie hätte er ein Wort davon gesagt. Indem er sich rechtfertigen will, klagt er sich an. Allerdings wird er lange nicht so viel bekannt haben, als er wußte: allein schon dies sein Geständnis ist für uns von entscheidendem Gewicht. Wir untersuchen nicht, was es zweifelhaft läßt: wir bleiben bei dem stehen, was es aussagt. Wir entnehmen daraus, mit alle der Sicherheit, dünkt mich, die in solchen Fällen überhaupt möglich ist, nicht allein, daß Jacques Pierre einen Anschlag wider Venedig im Sinne hatte; sondern auch, daß er ein darauf bezügliches Anerbieten an Ossuna und die Spanier nach Neapel schickte; und daß man ihm Geld zu seinem Vorhaben zukommen ließ. Hiergegen will der Einwand, daß der Kapitän nicht werde auszuführen gedacht haben, wogegen er früher selbst Schutzmittel an die Hand gegeben, nur wenig bedeuten. Denn wie nun, wenn doch? Nicht allein, was so gut möglich, daß er in ein Einverständnis, obwohl es allen Ernstes abgebrochen war, später zurückzutreten gesucht hätte: nein, er hat selber bekannt, was er ausführen wolle, sei von dem, was er angezeigt, im Wesen verschieden, und gerade durch seine früheren Angaben mochte er sich vor der Entdeckung seiner neuen Absichten desto sicherer gestellt glauben. Übrigens wurden seine Hinterbringungen immer sonderbarer. Noch im April gab er dem Senat einen Brief ein, den er nach Frankreich absenden wolle. Auch dieser ist voll von abenteuerlichen Plänen des Ossuna, jedoch, wohl zu merken, nicht mehr auf Venedig, sondern auf die Türkei, auf Mazedonien, wo derselbe Verständnisse unterhalte, auf Valona und Dardanellen. Von dem Plan auf Venedig wird darin als von einer vergangenen aufgegebenen Sache gehandelt. Ein solcher habe ausgeführt werden sollen, als man noch Unruhen in Frankreich, um den Marschall von Ancre zu stürzen, erwartet habe: längst aber sei das Haupt der Einverstandenen Ossunas, Kapitän Alessandro, entdeckt und festgenommen worden. Sollte es nicht scheinen, als habe der Verschmitzte die Wirkungen, die seine früheren Anzeigen gehabt haben konnten, auf diese Weise selber zu vernichten gesucht, und zu solchem Zweck die alten Anschläge als aufgegeben dargestellt? Eben jetzt, es ist nicht zu leugnen, ging er damit um, sie auszuführen. Mit Spanien, mit Neapel stand er, und wahrscheinlich durch die Vermittlung eines Hausgenossen des spanischen Botschafters, in Verbindung. Dieser Verbindung rühmten sich sogar seine Freunde, wo sie es insgeheim und sicher tun zu können glaubten. Worauf zielten aber seine Umtriebe? Wer waren seine Verbündeten? Was hatte er für Hilfsmittel? Wie weit gedieh er? Dies zu ermitteln, dahin führt uns jetzt unser Weg.

Anschläge

Man vergegenwärtige sich eine Anzahl kühner Hauptleute, welche ihr Vaterland verlassen haben, um den Krieg zu machen und reich zu werden, wie sie sich nach abgeschlossenem Frieden in der Hauptstadt, von der sie geworben worden, zusammenfinden und mit ihren Dienern und Soldaten müßig die Gasthöfe einnehmen. Sie sind entweder entlassen, oder werden doch nicht nach Erwarten bezahlt; in dem üblen Mut, in den sie hierdurch kommen, werden sie ihrer Zahl und Übermacht über eine friedliche und waffenlose Stadt inne.

Eben darum hatte man Venedig in der Lagune angelegt, damit die Stätte des Handels, die Niederlage der Waren und des Reichtums so vieler Nationen niemals von fremdem Kriegsvolk berührt würde.

Jetzt sah man unter diesen ruhigen Bürgern, die in langen Gewändern einhergingen, auf diesen engen Steigen, von vollen Kaufgewölben umgeben, über die Plätze, die eine Menge, welche ihres Tages genießen wollte, einnahm, jene fremdgeborenen Söldner in Kriegstracht stürmen, handfertig zu den Waffen, verwegener Unternehmungen gewohnt.

Die alten Bürger sahen dies mit Mißvergnügen und Besorgnis; in den Kapitänen stiegen wilde Gedanken auf. Bedmar bekennt zu wissen, daß sie auf den öffentlichen Plätzen, in Wirtshäusern und Trinkstuben verräterische Anschläge verlauten ließen, die Orte nannten, wo man angreifen, bald von der einen, bald von der anderen Unternehmung redeten, die man ausführen könne, und daran dachten, von einem Dritten sich hierzu mit Geld unterstützen zu lassen. Sie mochten, da sie französisch redeten, von den Einheimischen nicht verstanden zu werden sicher sein.

Es ließe sich begreifen, wenn durch eine solche Disposition ganz allein in Jacques Pierre die alten Gedanken, die er einst mit Ossuna überlegt hatte, wieder aufgeregt worden wären. Hatte er dieselben aber fahren lassen, oder aus welchem Grund auch immer schon von selbst wieder aufgenommen, so fand er hier seine Verbündeten, entschlossene Gefährten zu einer kühnen Freveltat; in ihrer Mitte erscheint er gar bald als ihr Oberhaupt.

Er redete sie, wie einer seiner Mitverschworenen ausführlich berichtet hat, auf den Plätzen, in den Kirchen an, führte sie zu Tisch, schlief mit ihnen in einer Kammer und machte auf alle Weise mit ihnen Freundschaft.

Dann begann er damit, ihnen die Feigheit der Venezianer zu schildern. Es seien alles Leute, in weitem unbehilflichem Gewand, Langschläfer, zu nichts gut, als zu essen und zu trinken. Mit einem Stocke in der Hand könne man sie jagen, wohin man wolle. Er habe erlebt, wie sie, bei einer Prozession durch einen unbedeutenden Lärm erschreckt, einer auf den anderen stürzten, und alles Verrat schrie; was hätte man da mit 300 Musketieren ausrichten können! Um ihrer Feigheit willen gelte ehrliches Volk, das die Waffen führe, bei ihnen nichts: hier achte man einen Lastträger höher.

Er führte seine Freunde auf den Kampanile von S. Marco, von welchem man die Stadt und weit und breit die Lagune übersieht. Er zeigte ihnen das Münzgebäude unter ihnen. Wie schade sei es, daß all das Geld, das man hier verwahre, nicht in der Hand eines Fürsten sei, der gegen tapfere Kriegsleute andere Erkenntlichkeit zeigen würde, als die venezianische Kanaille. Weiter hinaus wies er ihnen die Häfen, durch die man aus dem Meere in die Lagune gelangt, und machte sie auf die Kanäle aufmerksam, welche an die Stadt herangeleiten. Jetzt ist ihr gewundener Lauf durch Pfähle bezeichnet. Damals gehörten Übung und gute Kenntnisse dazu, um sie nicht zu verfehlen. Der Korsar rühmte, sich solche verschafft zu haben, und eine Anzahl Schiffe bis S. Marco bringen zu wollen. Wie leicht sei es, daß sich, wenn dieselben in der Nähe, die Kriegsleute, mit Schwert und Pistole unter dem Mantel, am gelegenen Ort versammelt hielten. Alsdann, wenn das Zeichen gegeben werde, sprenge man mit einer Petarde die Tür zum Großen Rat oder zum Senat auf, und während man hier die Häupter des Staates würge, eröffne man die Tür zum Waffensaale, um sich der ganzen Stadt zu bemächtigen. Sind es nicht Bestien? sagte Jacques Pierre. Sie haben hier Waffen für viele tausend Mann; die Hakenbüchsen und Pistolen sind geladen: man schießt sie alle drei Monate ab: für wen aber halten sie dieselben im Stand, als zum Gebrauch ihrer Feinde?

Soweit setzte er die Möglichkeit, die Leichtigkeit, sich dieser Stadt zu bemächtigen, auseinander; er wunderte sich, daß sie so lange Jungfer geblieben. Da aber sein ganzer Anschlag auf der Ankunft jener Schiffe beruhte, so fragte es sich, welche Hoffnung er habe, sie zu erwarten.

Er erklärte, daß er hierzu im Einverständnis mit dem Vizekönig von Neapel sei. Zwar habe er von einem Plan desselben wider die Stadt den Venezianern selber Nachricht gegeben, und auf seine Erinnerung halte man einige feste Stellen in der Lagune besetzt. Aber einmal mit elendem Gesindel, mit welchem er sogar in Verständnis stehe: – der spanische Botschafter habe ihm zur Fortsetzung desselben mehr Geld angeboten, als er gefordert –; sodann sei auch der Plan ganz ein anderer. Auf die erste Nachricht, daß man in Venedig soweit sei, werde ihm Ossuna zwei oder drei Galeonen mit wenigstens 500 entschlossenen und geübten Kriegsleuten schikken. Er redet nicht mehr von jenen niedrigen Barken, noch von den verdeckten Kaufgaleonen, auf die er die Venezianer aufmerksam gemacht hatte. Er redet jetzt von Kriegsschiffen, welche 60 Miglien von dem Lido Halt machen würden. Eine Feluke, deren Ankunft man auf dem Kampanile wahrzunehmen habe, werde sie anmelden: in der ersten günstigen Nacht werde er sie in die Lagune hereinführen und an dem angemessensten Ort anlegen lassen. Indes man an zwei Stellen der Fundamenta nuove Lärm mache, erfolge der Anfall auf den Großen Rat, die Bewaffnung aus dem Waffensaal, die Einnahme des Markusplatzes. Kapitän Langraud werde das Arsenal in Brand stecken; auch in anderen Teilen der Stadt lege man Feuer an; eine Anzahl Musketiere behaupte die Brücke des Rialt. Alles liege am Markusplatz; wer diesen habe, sei Herr von Venedig: es gebe keinen anderen, wo ein Haufe von einiger Stärke sich zum Widerstand in Ordnung stellen könne. Mache man Miene, die Häuser zu beschießen, so werde man die Einwohner mit dem Strick um den Hals kommen und um Gnade bitten sehen. Ossuna werde seinen Galeonen einen Sukkurs von 20 Segeln senden. Sollte aber dieser nicht zur bestimmten Zeit anlangen, sollte, obwohl es nicht zu erwarten, die Stadt Hilfe aus den Garnisonen des festen Landes bekommen, so sei doch nichts zu fürchten; auf den Fahrzeugen, besonders von der Tramontana begünstigt, könne man leicht den ehrenvollsten Rückzug machen.

Mit so kühnen, so außerordentlichen Entwürfen fand Jacques Pierre bei seinen Genossen Beifall und Glauben. Es waren die, welche mit ihm von Neapel gekommen, Langraud, Berald, genannt Labarrière, zwei Brüder, Charles und Jean des

Bouleaux, von denen der letztere als Geisel für Ossuna dienen sollte, Gabriel Lagardier de Montcassin, ein Edelmann aus Languedoc, der um eines unglücklichen Duelles willen aus Frankreich flüchten müssen, ein gewisser Dujardin, welcher die Verbindung mit Neapel unterhalten half, einige Offiziere, die unter den holländischen Truppen angelangt, und mehrere französische Hauptleute und Leutnants, von denen uns außer ihren Namen nichts weiter überliefert wird. Regnault fehlte nicht. In ihrem Kreise erzählte Jacques Pierre, wie er eine sehr ähnliche Tat wider eine türkische Stadt glücklich ausgeführt habe. Er gab an, auch in Venedig seien 15 bis 20 Nobili und eine Anzahl Bürger mit ihm einverstanden. Er schärfte ihre Gier, wenn er ihnen versicherte, dem Herzog liege nur an der Stadt; Münze, Geld, Beute überlasse er ihnen. Ja, wir werden Gefangene machen, sagte ein anderer, die uns ein Lösegeld zahlen, für das wir drei Jahre lang 10 000 Mann in Sold halten können. Langraud fand es beinahe unnütz, soviel Zurüstungen, soviel Vorbereitungen zu treffen. Wozu das alles, rief er aus. Mit einem einzigen bloßen Säbel jage ich sämtliche Venezianer in die Flucht. Die Toren, sie bilden sich ein, den Löwen an der Kette halten zu wollen. „Der Löwe", versetzte Jacques Pierre, „frißt zuweilen den Wärter auf, besonders den, welcher ihn aufbringt."

So redeten sie untereinander: und dies ist nun wohl im allgemeinen eben das, was die Gerüchte meldeten, aber im einzelnen ist es doch wesentlich davon verschieden.

Von jenem großen Anschlag auf die venezianischen Staaten, von welchem zwar gemäßigter, als die Gerüchte, aber doch ohne weiteres Bedenken auch Nani redet, ist hier keine Spur. Ja, wenn man befürchtet, daß die Garnisonen vom festen Land der Stadt zu Hilfe kommen könnten, so hebt sich damit auf, daß man jenes selbst in eine so außerordentliche Gefahr, als behauptet worden ist, zu bringen gedachte.

Es ergibt sich, daß man auch mit dem Unternehmen auf die Stadt noch im weiten Felde war. Jacques Pierre drückte sich nur schwankend aus. Bald schien er die Ankunft jener ersten Feluke Ossunas demnächst, bald erst im September oder Oktober zu erwarten. Ja, zuweilen schob er die Aussicht noch weiter in die Ferne. Er gab vor, er wolle den König von Frankreich zu einer Unternehmung gegen die Türken überreden; dieser bedürfe alsdann der Republik: auf des Königs Antrag werde er ein bedeutendes Kommando auf der Flotte erhalten: die ihm übergebenen Schiffe werde er aber dergestalt anführen, daß Ossuna indessen Gelegenheit habe, heranzukommen und Venedig einzunehmen. Bei so weit aussehenden Entwürfen darf man sich nicht wundern, daß er mit seinen Freunden nicht im reinen war, ob er lieber den Senat angreifen oder eine Versammlung des Großen Rates zu einem Anfall auf diesen abwarten solle; ob er auf acht oder nur vier Galeeren Ossunas zu rechnen habe.

Auch ist deutlich, daß die Bewegung keineswegs von einem Komplott der Spanier allein ausging, sondern daß sie sich vielmehr aus der Lage der Mietstruppen, ihrer Gesinnung und Richtung natürlich entwickelte. Wir können es unentschieden lassen, wer den ersten Anstoß gab. Wäre es so undenkbar, daß Jacques Pierre sich von selber wieder an den verlassenen Herrn gewendet hätte? Bedmar versichert, man habe sich ihm zu nähern gesucht, man habe ihm Anträge gemacht. Ossuna sagt, das Anerbieten sei ihm zugesendet worden. Ich finde dies nicht unmöglich.

Soviel sehen wir, daß dieser Haufe von beutegierigen meuterischen Kapitänen, wie er voll verräterischer Anschläge war, in den spanischen Machthabern eine entgegenkommende Neigung fand. Es kam zwischen ihnen zu einer gewissen Verbindung. Wie weit dieselbe ging, wird der Verlauf der Sache selbst zu mehr oder minder deutlicher Einsicht zu bringen haben.

Entdeckung

In der Mitte des April 1618 kam jener Neffe des Lesdiguières, Balthasar Juven, der mit seiner Kompanie in Crema stand, auf ein paar Tage nach Venedig; er wohnte in dem Gasthof, in welchem Jacques Pierre mit vielen seiner Genossen einlag. Auch er zeigte eine heftige, gewaltsame Natur; man machte einen Versuch, auch ihn zu gewinnen. Immer deutlicher ging Gabriel Montcassin, mit dem er zunächst bekannt geworden war, heraus: Juven gelobte ein unverbrüchliches Stillschweigen: endlich machte ihm Jacques Pierre, im Beisein der übrigen, zwar noch nicht eine vollständige, aber doch eine bedeutende Mitteilung*.

Diesmal aber hatte er sich geirrt. In Juven waren die protestantischen, die französischen Gesinnungen nicht ein Vorwand, wie in vielen anderen, sondern wahrhaft. Sollte er Venedig zum Vorteil der Spanier einnehmen lassen? Sein Entschluß war augenblicklich gefaßt. Als denke er wegen seiner Kompanie Rücksprache in dem Palast zu nehmen, ging er eines Tages in Gesellschaft von Montcassin dahin. Statt aber in die Kriegskanzlei, begab er sich unmittelbar in das Vorzimmer des Dogen und bat um Audienz. „Was willst du bei dem Dogen?“ sagte Montcassin. „Ihn um Erlaubnis bitten“, antwortete Juven, „Zecca und Arsenal zu petardieren und Crema an die Spanier zu überliefern.“ Montcassin versetzte blaß und halb tot: „Willst du uns alle zugrunde richten?“ „Dich nicht“, sprach der andere; „ich will dem Dogen melden, daß du hier seiest, um ihm weitere Auskunft zu geben.“ So trat er ein, sagte, was er wußte und machte auf Montcassin aufmerksam, den er indessen der Obhut eines Nobile, aus dem Hause Bollani, anvertraut hatte.

Montcassin war in peinlicher Verlegenheit. Wenn er schwieg, so fürchtete er, daß man die Wahrheit auch ohne ihn entdecken und ihn als einen der vornehmsten Mitschuldigen bestrafen würde; redete er aber, so besorgte er den Tod von der Hand seiner Freunde. Beinahe hielt er es schon für das beste, zu entweichen. Aber Bollani

* Man hat dies unwahrscheinlich gefunden. — Allein wie wollte man Vertrauen gewinnen, ohne dessen zu erweisen? — Wäre dies die erste Verschwörung, welche mißlungen ist, weil man sich in der Gesinnung der Personen irrte, die man zur Teilnahme bestimmt hatte? Auch zeigte Jacques Pierre keineswegs ein unbedingtes Vertrauen. Es war ein Entwurf vorhanden, der zwar auch auf eine Eroberung von Venedig lautete, aber im einzelnen ziemlich nahe an das streifte, was man der venezianischen Regierung früherhin selber angezeigt hatte. Diesen händigte man Juven ein. Glaubte Jacques Pierre etwa, auf diese Weise auch im schlimmsten Fall nicht kompromittiert werden zu können, und doch bei dem Ankömmling einen guten Schritt zu machen? — Die Anzeige Juvens bekam in der Tat ihre Wichtigkeit nur dadurch, daß er Montcassin in die Sache zog.

redete ihm so geschickt zu, daß er endlich vor die Staatsinquisitoren ging und ihnen Schritt für Schritt die ganze Sache entdeckte.

Er ist jener Mitschuldige gewesen, welcher die Gespräche des Jacques Pierre und seine Entwürfe so ausführlich mitgeteilt hat. Nie hat man behauptet, er habe seine Anzeige etwa aus persönlichem Haß gegen Jacques Pierre gemacht; wider die Wahrheit derselben hat man niemals etwas Erhebliches einzuwenden gewußt. Die Franzosen haben sich immer über ihn beklagt, aber nur, weil er zum Verräter an ihrer Nation geworden sei. „Nie", sagt der Baron de St. Agathe, „und hätte ich auch tausend und abertausend Verrätereien gewußt, so daß Venedig hätte geplündert und über und über in Feuer aufgehen müssen, nie hätte ich ein Wort gesagt."

Noch konnte man sich indes mit seinen Anzeigen nicht begnügen; vornehmlich wünschte man über das Verhältnis zu Ossuna nähere Auskunft. Der Doge und die Häupter der Zehn munterten ihn auf, fortzufahren: kein Diener noch Sohn der Republik solle ihm dann in Ehre und Belohnungen vorangehen. In kleinen, schlechten, übel geschriebenen Blättern, deren sich einige bei den Aktenstücken erhalten haben, obwohl er zuweilen bat, man möge sie verbrennen, gab er von Tag zu Tag, denn den Umgang mit seinen alten Freunden brach er nicht ab, weitere Nachricht. Er meldete, „seit dem Januar 1618 stehe Jacques Pierre in genauer Unterhandlung mit Ossuna; einen Freund, als Eremiten verkleidet, habe er an ihn gesendet, und denke ihm jetzt den jüngeren der Bouleaux als Geisel zu schicken. Übrigens vermittle Bedmar die Unterhandlungen. Briefe aus Neapel, hierauf bezüglich, lese er den Verschworenen wohl zuweilen selber vor und übersetze sie ihnen ins Französische. Von seiten Ossunas führte Uriva, dessen Sekretär, von seiten Bedmars Robert Bruillard, den er genau kenne, der schon mit den holländischen Truppen, als sie im Lazarett im Aufruhr waren, in Verbindung gestanden, die Korrespondenz." Indem er versicherte, daß er sein ganzes Herz eröffne, erbot er sich, damit man zu der genauesten Kunde gelangen möge, eine Gelegenheit anzuzeigen, wie man die Verschworenen belauschen könne.

Jacques Pierre und Langraud hatten endlich Befehl bekommen, sich auf die Flotte zu begeben. Er mochte ihnen damals sehr ungelegen kommen. Sie erwarteten Briefe von Neapel: ihre Entfernung mußte die Lage der Dinge durchaus verändern. Eben hierüber besprach man sich an dem Abend, an welchem Montcassin einen Abgeordneten der Regierung herbeiführte, sie zu belauschen. Es war, versichern die Zehn, „ein Mann von großer Einsicht und Klugheit, kundig der Sprache – des Vertrauens auf eine über allen Zweifel erhabene Art würdig."

Und was war es nun, was derselbe vernahm? – Unter den Handschriften des Dogen Marco Foscarini, die zu Wien aufbewahrt werden, habe ich einen Aufsatz über die Verschwörung gefunden, der unter so vielen, die ich auf anderen Bibliotheken angetroffen, allein der Aufmerksamkeit würdig ist*. Die anderen schweifen nach allen Seiten ab und zeigen sich des Wesentlichen unkundig: dieser teilt so viel

* Raggionamento nel quale si vede il malitioso tradimento ordito dall' ingannevol prudenza degli Spagnuoli contra la republica di Venetia. L'anno 1618. Cod. Fosc. 156. Der Titel scheint von späterer Abfassung.

wichtige Dinge mit, er stimmt mit den Briefen des römischen Gesandten, den Mitteilungen der Zehn und anderen Aktenstücken, die nur ein Eingeweihter sehen konnte, sowohl überein, daß er auch da Rücksicht verdient, wo er ein wenig ausführlicher ist, als was uns authentisch überliefert worden, und wo er dasselbe zu ergänzen scheint. Dieser Aufsatz nun meldet, es sei ein Nobile gewesen, welchen man mit Montcassin abgeordnet hatte; durch die Ritzen einer Holzwand habe er die Versammelten beobachtet. Jacques Pierre habe es beklagt, daß er, ohne Nachricht von Neapel zu haben, auf die Flotte gehen müsse. Charles des Bouleaux habe ihm geraten, dies nicht zu tun, sondern das Glück unverweilt zu versuchen. Wie leicht sei der Waffensaal genommen. Man überfalle den Großen Rat; die Häupter töte man, dann rufe man: Spagna und überwältige die übrigen. Wenigstens, versetzte Jacques Pierre, sei es dann besser, den Senat anzugreifen; er sitze in der Nacht, sei soviel minder zahlreich und habe doch die Summe der Geschäfte in seiner Hand. Langraud wiederholte, eins sei so leicht wie das andere: ganz Venedig in Trägheit begraben. Jean des Bouleaux rief aus: „Warum zögern wir noch, uns mit ihrem Blut zu besudeln?" Rosetti, welcher den Kapitän als Sekretär auf die Flotte zu begleiten hatte, bemerkte jedoch, Bedmars Wunsch sei, daß man nichts unternehmen möge, ehe man wegen der neapolitanischen Hilfe gewisse Versicherung habe. Hierauf wurden sie eins, daß Jacques Pierre, Langraud und Rosetti nach der Flotte, die beiden des Bouleaux, um die Verständnisse fester zu bestimmen, nach Neapel gehen sollten. – So berichtet der Foscarinische Aufsatz, doch will ich seine Einzelheiten nicht für gewiß ausgeben; die Mitteilung der Zehn schweigt davon. Seinen allgemeinen Inhalt bestätigen indes auch diese. „Er sah", sagen sie von ihrem Abgeordneten, „insgeheim die Eidbrüchigen und beobachtete sie in ihr Angesicht: er hörte aus ihrem eigenen Mund ihre Absichten, die aufs genaueste mit den früheren Meldungen übereinkamen".

Soweit war man. Zu dem allgemeinen Verdacht, und den ersten anonymen Anzeigen war die Angabe eines Mitwissenden, jedoch nicht ganz Eingeweihten, und das freiwillige Bekenntnis eines anderen gekommen, der im Innern des Verständnisses stand. Den Unterredungen der Verschworenen hatte ein Vertrauter lauschend zugehört.

Durch diese Entdeckungen, Schlag auf Schlag, war man überrascht, erschreckt, verworren; es war kein Verrat so ausgesponnen, kein Erfolg so entsetzlich zu denken, daß man nicht den einen geargwohnt, den anderen befürchtet hätte.

Es ist wahr, Venedig befand sich noch in Blüte, Reichtum und unverächtlicher Macht. Dem ungeachtet war man in dem Gefühl, den Nachbarn, mit denen man sich so heftig verfeindet hatte, nicht stark genug zu sein. Die Republik hat nicht die Ruhe einer in sich selber gegründeten, auf sich selber beruhenden Existenz; sie ist nicht frei von der Furcht, durch einen unerwarteten Schlag auf einmal zerstört werden zu können. Daher ist man unaufhörlich mit Verdacht erfüllt; man hat allenthalben seine Kundschafter; man fürchtet selbst, wo keine Gefahr; wo aber deren vorhanden, ist man geneigt, das äußerste zu besorgen.

Es ist offenbar, daß unsere Verschwörung ihrem Ziele nicht nahe war; aus allem, was man vernahm, ergab sich, daß das Verständnis, wenngleich im Werke, doch fern davon war, abgeschlossen zu sein. Den Venezianern schien es, als sei die Gefahr ebenso allgemein als dringend.

In diesem Gefühl hielt der Rat der Zehn am 12. Mai eine entscheidende Sitzung über unsere Sache.

Es saß das Kriminalkollegium; auf ihren Bänken waren die Cai Aluise da Ponte und Benetto Bondumier; der dritte von ihnen, Francesco Correr, saß auf der Bank der Inquisitoren mit den beiden anderen, Niccolo Dandolo und Lorenzo Capello. Die Avogadori di comun Marin Contarini und Niccolo Valier waren zugegen.

Nachdem die Anzeigen gemacht, die Schriften verlesen waren, faßte der Rat zwei jener Beschlüsse, die seine Strenge zu Hause und außerhalb in so außerordentlichen Ruf gesetzt haben.

Um der Sache willen, lautet der erste, die in diesem Rat vorgetragen und verlesen worden, sollen die Franzosen Carl de Boleos, genannt Lecadet, sein Bruder, und Niccolo Rinaldi lebendig oder tot ergriffen werden. Keine Stimme war dagegen noch unentschieden. Es lag ihnen daran, daß die Verschwörung ganz an den Tag gebracht, vornehmlich der Anteil der spanischen Minister enthüllt, noch mehr aber, daß die Anschläge in ihren Urhebern erstickt würden. Sie trugen kein Bedenken, diese Art von Todesurteil zu unterzeichnen.

Noch entschiedener war ihr Spruch über Jacques Pierre und seine Genossen auf der Flotte. Man hat ihn den Zehn immer zum Vorwurf gemacht: der französische Botschafter hat die Nichtigkeit der ganzen Verschwörung damit beweisen zu können geglaubt. Befahlen sie die Verhaftung des Korsaren, so fürchteten sie, ein so verschlagener, so verwegener Mensch finde Mittel, zu entfliehen und sei ihnen alsdann doppelt furchtbar. Verordneten sie eine öffentliche Bestrafung, so besorgten sie einen Aufruhr seiner Landsleute und Anhänger auf der Flotte. In Betracht übrigens, wie sie sagen, daß die Verschwörung mit Sicherheit entdeckt und Jacques Pierre mit seinen Genossen ohne Zweifel des Todes schuldig sei. In Erinnerung, daß nach dem allgemeinen Gebrauch alter und neuer Fürsten bei Hinrichtung von Rebellen dieser Art selbst der rascheste Vollzug noch für langsam gehalten werde, beschlossen sie, ihnen insgeheim und ungesäumt den Tod zu geben. Sie beauftragten ihren Generalkapitän, auf die Weise, die er nach seiner Klugheit selbst für die vorsichtigste und sicherste halte, und ohne einigen Anschein, als geschehe dies auf höheren Befehl, dafür zu sorgen, daß in einer und derselben Zeit sowohl den Kapitänen Jacques Pierre und Langraud, als dem Sekretär Jacques Pierres, Rosetti, auch einem Franzosen, das Leben genommen werde, und sich ihrer Schriften zu bemächtigen.

Von vierzehn Stimmen heißen dreizehn dies gut, und nur eine erklärte sich unentschieden. Der Rat der Zehn ging auseinander. Er war gewohnt, seine Befehle vollstreckt zu sehen; er durfte überzeugt sein, auch diesmal die Verschwörung in ihren Häuptern bestraft zu haben.

Regnault ward zu Venedig – in dem Moment, daß die beiden des Bouleaux auf ihrer Reise nach Neapel aus Chioggia fortwollten, am 14. Mai, wurden auch sie ergriffen. Noch an dem nämlichen Tage wurden die Häupter der Zehn und der Avogador Valier bevollmächtigt, in diesem Prozesse zur Tortur zu schreiten. Man durchsuchte, was man an Schriften bei ihnen fand.

Entscheidend schien vornehmlich ein Schreiben von Robert Bruillard, unter einer falschen äußeren Aufschrift inwendig an den Herzog von Ossuna gerichtet. Er beklagte darin, daß die Gelegenheit, um derenwillen man früher einen Einverstandenen nach Neapel geschickt, unbenutzt vorübergegangen sei, weil man denselben dort zu lange aufgehalten; sonst würde der Eifer, den man diesseits gehabt, die besten Erfolge hervorgebracht haben.

Man war nicht in Zweifel, welche Gelegenheit, was für einen Eifer Bruillard bezeichnete. Ein paar ältere Briefe, die man zugleich fand, schienen dieselben, obwohl in Verhüllung, nicht minder anzudeuten. Sie redeten von der Unterhandlung eines Herrn Pietro über die Verheiratung seiner Tochter mit dem Sohn des Kapitäns Briando, welche guten Fortgang habe: Herr Pietro wolle nicht, daß er, der Schreiber, zurückkehre, ehe alles beschlossen sei. Auf der Tortur bekannten die Brüder, daß Pietro den Herzog von Ossuna, Briando den Jacques Pierre, die Verheiratung der Tochter aber die Unternehmung auf Venedig bedeuten solle. Lorenz Nolot, von den Einverstandenen nach Neapel abgesendet, sei der Schreiber. Den Venezianern blieb kein Zweifel, daß man bereits vor einigen Monaten nahe an dem Abschluß einer sehr bestimmten Übereinkunft gewesen, daß derselbe nur durch irgendeine Nachlässigkeit verzögert worden war. Wäre dies nicht geschehen, versicherte Charles des Bouleaux, so würde Venedig schon eingenommen sein. Er wiederholte, immer habe sich Bedmar bereit erklärt, jede Unternehmung Ossunas mit Volk, ja mit Geld zu unterstützen.

Hierauf wurden diese drei zum Tode verurteilt. Über die Schuld des Charles des Bouleaux war keine Stimme zweifelhaft; über Jean eine, drei über Regnault; die größere Zahl entschied wider alle. Sie wurden in dem Gefängnis stranguliert, und ihre Leiber den Tag nach der Exekution, der Brüder am 18., des Regnaults am 23. Mai – denn das war das furchtbare Herkommen bei Staatsverbrechern –, unter dem Läuten der Marangona zwischen den beiden Säulen des S. Marcus aufgehängt.

An eben diesem 23. meldete Barbarigo den Tod Jacques Pierres und Rosettis, sowie die gegen Langraud zu unfehlbarer Ausführung getroffenen Maßregeln. Ich kann nicht authentisch finden, welche dies waren. Am 6. Juni danken ihm die Häupter der Zehn, daß er ihren Willen wohl ausgeführt habe. Die Papiere, die er gefunden, müssen sehr unbedeutend gewesen sein; es wird ihrer nicht weiter gedacht.

Wie aber, waren die Hingerichteten, der Erwürgten nicht Hunderte? War nicht das Geheimnis der Gefängnisse voll ihres Gewimmers? Die Kanäle voll von den Leichen der Ersäuften?

Ich habe gegen diese Angabe drei Einwendungen. Einmal konnte bei dem Zustand des Staates, bei der Beschränkung, in der noch die Gewalt der Staatsinquisitoren gehalten ward, keine Hinrichtung ohne Beschluß der Zehn stattfinden: deren geheimste Papiere sind in unseren Händen, etwas Ähnliches finden wir nicht darunter. Vielmehr das Gegenteil. In ihrer Mitteilung vom 17. Oktober machen sie ihre Bestraften namhaft; sie nennen keinen, als die, deren Urteile uns vorliegen: sie entschuldigen sich gleichsam, daß sie nicht mehrerer habhaft geworden: und geben an, über wie viele – sechs oder sieben – der Prozeß noch nicht entschieden sei. Endlich haben auch ihre gleichzeitigen Gegner ihnen niemals eine so entsetzliche Grausamkeit schuld gegeben. Die Depeschen des französischen Gesandten enthalten davon nichts: im Gegenteil, daß der Bestraften so wenige gewesen, ist ihm ein Beweis ihrer Unschuld. In jener ersten heftigen Deklamation wider die Verschwörung ist von dem Tode „einiger Franzosen“ die Rede.

Damit ist jedoch nicht gesagt, daß man es bei jener ersten Exekution in der Stadt und auf der Flotte habe bewenden lassen.

In Crema, bei der Kompanie Juvens, als dessen Leutnant und Sekretär, stand Jean Bérard, ein alter Freund und Gevatter Jacques Pierres, der zwei Monate lang mit ihm in Venedig zusammengewohnt hatte. Die erste Nachricht von jenen Exekutionen machte auf ihn einen Eindruck, der zum Ankläger gegen ihn wurde. Seine Gebärden, wie er den Hut von sich warf, und Furcht für sein eigenes Leben blicken ließ, veranlaßten den Provveditor von Crema, der schon lange gegen die Anschläge der Spanier wachsam zu sein erinnert worden, ihm samt seinen Freunden, Juven nicht ausgenommen, bald darauf einziehen und sie sämtlich nach Venedig bringen zu lassen. Hier bekannte Bérard ein Einverständnis mit Don Pietro de Toledo, Governator von Mailand, um ihm Crema zu überliefern. Der Plan sei gewesen, den nach Lodi vorgeschobenen spanischen Truppen, die zu einer bestimmten Stunde der Nacht vor Crema zu erscheinen hatten, die Tore zu eröffnen, indem man die Wachen von innen her überwältige. Furnier hieß der Zwischenträger zwischen Milano und Crema; auch der bekannte. Sie wurden beide zum Tode verdammt; jedoch die übrigen, unter ihnen Juven, befand man unschuldig und ließ sie frei. In der Annahme einer von fern her angelegten, den ganzen Staat umfassenden Verschwörung bestärkte nichts mehr, als diese Entdeckung von Crema. War es nicht ganz wahrscheinlich, daß der Vertraute des Jacques Pierre in Übereinstimmung mit diesem seinen Verrat ersonnen, daß der Marchese von Bedmar, der auch ihn ermuntert, die Fäden der verschiedenen Unternehmungen in seiner Hand hielt, daß sie alle zusammenzugreifen bestimmt waren?

Unbeschreiblich war die Aufregung, welche hierüber in Venedig entstand. Der Rat der Zehn, durch die rasche Folge von Anzeigen, Geständnissen, Entdeckungen, zu außerordentlichen Befürchtungen veranlaßt, brachte durch seine Mitteilungen Entsetzen in den Senat, Wut in das Volk. Sogleich nach den ersten Verhaftungen entwichen die Franzosen, die in der Stadt lagen. Gar bald waren die Gasthöfe leer und auf den Plätzen keine Spur von ihnen übrig. Einige gingen nach Mailand, andere nach Neapel; etliche nach Frankreich zurück. Einen und den anderen hat man später in Holland wieder angetroffen, und sie sollen bekannt haben, der Einverstandenen seien bereits 500 gewesen. Damals waren sie in einem Augenblick auseinander gestoben. Niemand zweifelte, daß ihr Plan dahingegangen sei, die Münze aufzusprengen, das Arsenal anzuzünden, den Adel zu erschlagen, die Bürger zu plündern, den ganzen Staat einzunehmen, daß diese Absicht, nahe daran, ausgeführt zu werden, nur durch die Wachsamkeit der Tribunals und Gottes unmittelbare Obhut hintertrieben worden sei. Man breitete jene Gerüchte aus, deren ich im Anfange gedacht habe. Man erklärte die Franzosen samt und sonders für Verräter, und schonte den französischen Gesandten nicht. Vornehmlich brach der Haß gegen den spanischen, den man als den Haupturheber dieser Dinge, einen ebenso gefährlichen als geschickten Feind ansah, offen hervor. Wer an seinem Palast vorbeifuhr und seines Wappens ansichtig ward, stieß Bedrohungen und Schmähreden aus; er wagte sich, wenn er es nicht länger verschieben konnte, trotz des Geheimnisses der Gondel, nur auf weiten Umwegen nach S. Marco: lediglich darum kam er, um einigen Schutz für seine Person nachzusuchen.

Wir können, von unserem Ort aus, diese Gefahr weder für so groß noch für so dringend ansehen.

Denn was war es doch, was man durch alle diese Anzeigen, Nachforschungen und Bekenntnisse herausgebracht hatte? So feindselig die Reden des Jacques Pierre, welche Montcassin anfangs mitteilte, so entschieden seine Absichten sein mochten, so bewegten sie sich doch nur in Möglichkeiten; ihre Ausführung lag in der Ferne. Festgesetzten Plänen trat der Ankläger darauf zwar etwas näher. Jedoch nur von Unterhandlungen, die im Januar begonnen, von Geiseln, die man senden wolle, wußte er zu reden, von einer getroffenen Übereinkunft hat er nichts gemeldet. Man hat die Einverstandenen belauscht; mehr aber hat man nicht von ihnen gehört. Man hat die Briefschaften der Eingezogenen durchsucht; man hat sie selbst peinlich vernommen: nur ein wenig weiter ist man damit gelangt. Man hat in Erfahrung gebracht, daß die im Januar eingeleiteten Unterhandlungen allerdings einen Anfall auf Venedig beabsichtigten; daß dazu manche Vorbereitungen getroffen, und die tätige Anteilnahme Ossunas, vermittelt durch einen Hausgenossen des spanischen Botschafters und durch diesen selbst, zu hoffen war; allein noch war man zu keinem Schluß gekommen, als die Abreise der Häupter nach der Flotte, der sie nicht ausweichen konnten, wollten sie sich nicht mutwillig verdächtig machen, die Lage der Dinge veränderte. Nani hat behauptet, die Fahrzeuge Ossunas, schon zu einem wirklichen Angriff auf Venedig abgefertigt und von den Einverstandenen alle Tage erwartet, seien durch Korsaren, Wetter und Wind zerstreut worden. Ich finde davon keinen authentischen Beweis. Das Hindernis lag in den Verzögerungen, der Unentschlossenheit Ossuna's selbst. Man sieht leicht, wie unwahrscheinlich es hierdurch wird, was wir anfangs unentschieden ließen, daß Ossuna die Sache von weitem angelegt und den Jacques Pierre selbst nach Venedig abgeordnet habe. Wie hätte er anstehen sollen, herbeizueilen, als man in Venedig endlich so weit war, wohin er es bringen wollte? Er zögerte aber, er fertigte den Zwischenträger nicht ab, er ließ die Gelegenheit vorübergehen. In dem Augenblick, als diese Sachen ruchbar wurden, waren sie nicht auf dem Punkte, ausgeführt zu werden: die alten Anschläge waren gescheitert; man war darauf bedacht, neue zu verabreden. Wenn die Franzosen es für eine Unmöglichkeit erklären, daß fünf, sechs Menschen, einige bereits zur Flotte gegangen, andere im Begriffe abzureisen, sich hätten einbilden können,

Venedig einzunehmen, seine Marine zu ruinieren, seinen Staat zu erobern, so kann man ihnen nicht Unrecht geben. Aber sie vergessen, daß jene Verhafteten als Häupter von Faktionen angesehen wurden, daß sie aber trotz dessen in der Lage, in der sie sich befanden, an keine Ausführung dachten. Eines festen Planes war man noch lange nicht eins geworden; weder gegen die Flotte noch gegen die Stadt: einen solchen abzuschließen, machten sich eben die des Bouleaux auf den Weg nach Neapel.

Wie aber? Beweist nicht der Fall von Crema ein sicheres, ausgebreitetes, umfassendes Verständnis? Ich will nicht leugnen, daß ein solches vielleicht in dem ursprünglichen Gedanken gelegen habe; an eine Ausführung desselben aber war weder damals zu denken, noch auch später. Damals nicht, denn das Hauptunternehmen war noch in weitem Felde. Später nicht, denn schon war der Nachfolger Don Pietros de Toledo ernannt, den man ausdrücklich als eine ungesetzlichen Bewegungen abgeneigte Natur ausersehen hatte, damit die gute Nachbarschaft hergestellt würde; er ward alle Tage in Mailand erwartet. Überhaupt war allerdings auch Don Pietro ein Gegner der Venezianer, doch kann ich nicht finden, daß er mit Ossuna einverstanden gewesen wäre. In den Schreiben des venezianischen Residenten stößt man mehr auf Spuren einer geheimen Opposition, als einer Übereinstimmung zwischen ihnen: wie sie denn auch von verschiedenen Fraktionen war. Wir können nicht bezweifeln, daß Toledo ein Verständnis in Crema hatte; daß er dem Jean Bérard Gehör schenkte und Geld gab. Allein sich Anhänger in einer fremden Festung verschaffen, Verständnisse daselbst unterhalten, schien der Politik eine erlaubte Sache und war sehr gewöhnlich. Empfing nicht etwa auch die Republik eben damals wiederholte Anerbietungen, ihr Tremiti zu überliefern, ohne sie irgend von der Hand zu weisen.

Nur allzu geneigt war man in Venedig, jeden neuen Umstand, den man erfuhr, mit dem großen Plane, den man argwöhnte, in Verbindung zu setzen. Man brachte eine Galeere Ossunas auf, die mit Salz von Triest kam. In dem peinlichen Verhör, welchem man den Kapitän Michael Neuenberger Valentini von Gräz unterwarf, fand man, daß Ossuna im Sommer 1617 Anschläge auf Capodistria, Mugia und Piran gehabt; eine durch Zeit und Ort ganz entfernt liegende Sache; aber man zweifelte nicht, daß es mit dem größeren Unternehmen in Verbindung gestanden und machte die Ansicht desselben nur um so dunkler.

In zuverlässigen Angaben finden wir nichts, was eine so weite Verzweigung dieser Verschwörung oder die Nähe ihres Ausbruchs oder nur eine feste Übereinkunft bewiese; darum aber stellen wir nicht in Abrede, daß Venedig gefährdet gewesen sei.

Die üble Gesinnung der spanischen Machthaber in Italien gegen die Republik läßt sich nicht leugnen; sie war in den allgemeinen Verhältnissen begründet, von den Venezianern wohl verdient, und zuweilen in offenen Feindseligkeiten hervorgebrochen. In Ossuna war sie zu einer entschiedenen Richtung gegen die Hauptstadt selbst ausgebildet worden. Er hatte so große Summen für seine Flotte aufgebracht, so ungemeine Anstalten gemacht: nachdem es mit der venezianischen Unternehmung gegangen war, wie es ging, hat man nie gehört, daß er zu einer anderen geschritten sei. Seine Aufnahme venezianischer Flüchtlinge, seine Erkundigungen über die Lagune, seine Arbeiten im Arsenal, seine vertraulichen Reden lassen wenig Zweifel an seiner Absicht übrig.

Indessen waren die französischen Mietstruppen, wenn nicht treulos, doch verdächtig, gewaltsamer Taten gewohnt – wie sie nach abgeschlossenem Frieden in der Hauptstadt eingekehrt, ihrer Übermacht in derselben inne geworden. Über ihre Verbindung kann kein Zweifel sein. Eben derselbe, welcher von ihnen nach Neapel gesendet worden ist, hat zwei Jahre später ihre Namen dem Rat der Zehn genannt. Sie faßten die gefährlichsten Absichten und offenbar meuterischen Anschläge; untereinander führten sie höchst bedenkliche Reden und gefielen sich in ausschweifenden Entwürfen. Es hätte ihnen wohlgefallen, sich der noch nie berührten Reichtümer von Venedig zu bemächtigen: da wären alle ihre Begierden befriedigt gewesen. Die Bewaffnung der Nobili und der Bürger, der Sbirren und Arsenalotten fürchteten sie nicht, sobald sie nur irgendeinen Rückhalt, irgendeine Hilfe wußten.

Jacques Pierre, leicht der Verwegenste von allen und der Mittelpunkt dieser Anschläge, früher ein vertrauter Diener des Ossuna und der Absichten desselben wohl kundig, nahm seine Verbindung mit ihm wieder auf. Zwischen beiden Parteien kam es zu Mitteilungen, Verhandlungen. Es scheint, als habe man sie vornehmlich seit dem Januar 1618 betrieben, als sei man im Februar oder März besonders in Bereitschaft, in Erwartung gewesen. Läßt sich daraus, daß man einen Einverstandenen als Geisel an Ossuna senden wollte, vielleicht schließen, daß dieser den Verrätern doch nicht ganz traute? Oder war er mit seinen Vorbereitungen noch nicht am Ziel? Genug, noch kam man zu keinem Abschluß. Ossuna ging nicht ohne Zurückhaltung zu Werke. So viel Mühe sich die Venezianer darum gaben, so haben sie doch nie auch nur eine Zeile weder von ihm noch von seinem Sekretär Ariva in die Hände bekommen können. Auch der Anteil Bedmars war wohl lange nicht so entschieden, als man angenommen hatte. Er mochte einige von diesen Verschworenen sehen: er mochte ihnen durch Bruillard Eröffnungen, Versicherungen machen lassen; ein weiteres beweisen die Aktenstücke nicht. Man hat die Gesinnung der Kapitäne schwerlich hervorgerufen: aber man mochte sie gerne sehen, hegen, ermuntern. Man gab ihnen Geld. Indem man jedoch beratschlagte, mit Neapel korrespondierte, Vorbereitungen traf, veränderte der notwendig gewordene Abgang der vornehmsten Mitglieder die Lage der Dinge und machte neue Verabredungen nötig.

Nicht so hochgefährlich, wie man geglaubt hat, aber gefährlich war es allerdings. In den nächsten Wochen konnte man sich von neuem und entschiedener verständigt haben. Sobald die Galeeren, an denen im Arsenal von Neapel gearbeitet wurde, vollendet waren, konnte Ossuna, im Einverständnis mit Jacques Pierre und seinen Anhängern, einen Angriff auf die Flotte machen; der lange besprochene Anfall auf die Stadt konnte bei den Verbindungen, die man noch in derselben unterhielt, damit verknüpft werden oder unmittelbar darauf folgen.

Der Republik, die mit Haß, Furcht und Verdacht um so mehr erfüllt war, da sie sich die Überlegenheit der Spanier nicht verbergen konnte und die schrankenlose Gewaltsamkeit der italienischen Machthaber nur allzu wohl kannte, gelang es, mehr zufällig als durch die Wachsamkeit ihrer Behörden, den Absichten, Gesprächen, Einverständnissen auf die Spur zu kommen. Sie war einer entschlossenen, raschen, selbst ihre eigenen Mitglieder auf den Verdacht hin verdammenden Justiz gewohnt. In Schrecken über das, was sie erfahren hatte, in Furcht vor dem, was ihr noch verborgen war, zögerte sie nicht einen Augenblick, über die vornehmsten Schuldigen schleunigen Tod zu verhängen; bald darauf richtete sie deren Mitgenossen hin; die ganze Schar jener dienstlosen Mietssoldaten flog auseinander. Das Gerücht vergrößerte, erweiterte diese Sachen weit über die Wahrheit; die Republik hielt es für angemessen und notwendig, stillzuschweigen. Es hatten sich zwei Gewitter, allerdings drohend, wenn sie anwuchsen und sich vereinigten, am Himmel aufgezogen, jedoch ehe sie noch zusammenstießen, hatten sie sich in einigen leichten Schlägen entladen: den Bedrohten schien es, als seien sie einem großen Sturm, einer außerordentlichen Gefahr entgangen, um so mehr, als sie ihres Fahrzeuges nicht so ganz sicher waren.

Von dieser Verschwörung läßt sich sagen, daß sie zugleich wahr und nicht wahr sei. Gehört es zu einer Verschwörung, daß man sich durch ausdrückliches Bündnis zu einem bestimmten Endzweck, für eine auf Tag und Stunde festgesetzte Zeit, in einer genau angegebenen Art und Weise vereinigt habe, so ist dies keine zu nennen. Reicht es aber hin, daß man im allgemeinen einverstanden sei, die Mittel vorbereitete, damit umgehe, die Ausführung näher zu bestimmen und eine endliche Übereinkunft zu schließen, so war dies allerdings eine Verschwörung. Den Venezianern gelang, sie zu ersticken, ehe sie reif ward.

Beruhigung

Damit war jedoch noch nicht alles getan: nur der eine Teil der Schuldigen war gestraft und vernichtet. Wollte man der Gefahr auf ein andermal vorbeugen, wollte man ruhig und sicher wohnen, so mußte man die spanischen Minister in Italien, von denen man nichts als geheime oder offene Feindseligkeiten erwartete, zu entfernen suchen.

Vor allem Bedmar. Was er auch sagen mochte – leugnen, ablehnen, zugeben –, niemand zweifelte an seiner Teilnahme, an seiner Schuld; auf das stärkste ließ man es ihn fühlen. Von den drohenden Stimmen des Pöbels erschreckt, wendete er sich bald schriftlich, bald mündlich, bald durch einen Sekretär an die Signori, „an die Quelle ihrer Güte, mit demselben Vertrauen, das er auf seinen Vater, auf seinen König setzen würde, unter die Flügel ihres Schirmes, von da er nicht weichen werde, ohne feste Zusicherung“; mit den Gebärden eines Flehenden suchte er ihren Schutz nach; man behandelte ihn immer mit wegwerfender Kälte. Man entgegnete anfangs, man werde ihm antworten, wofern es nötig, und antwortete ihm nicht, man gab seinem Sekretär keinen Bescheid; ihm selbst sagte man nach flehentlichem Andringen mit kurzen Worten, es sei auf die Ruhe der Stadt Bedacht genommen. Lebhaft, ja heftig ergriff dies der Botschafter. Jedoch die Wache, die man ihm zum Schutze zugestand, wies man zugleich an, ihn zu beaufsichtigen. Er mußte inne werden, daß seines Bleibens nicht länger in Venedig sein konnte.

Nicht auf seinen Entschluß indes wollte man dies ankommen lassen. Nachdem man gefunden, daß man schon früher einmal, als sich ein französischer Gesandter gegen die Republik vergangen, die Entfernung desselben durchgesetzt hatte, beschloß man, auch auf Bedmars Abberufung zu dringen.

Am 2. Juni beauftragte man den Botschafter in Spanien, Pietro Gritti, indem man ihn mit einem besonderen Beglaubigungsschreiben versah, so ernstlich als möglich darauf anzutragen. „Bei fürstlichem Wort“, sagt dieser dem König, „und von der äußersten Notwendigkeit gezwungen, versichere die Durchlauchtige Republik Seiner Majestät, es sei wahrhaftig unmöglich, daß der Marchese Bedmar, schon lange der Stein des Anstoßes und ein Same von Unkraut und Unordnung, auf seinem Posten zu Venedig verbleibe, weder lange, noch kurze Zeit.“

Es schien keine leichte Aufgabe, dies durchzusetzen. Hatte jemals der spanische Hof, wie wohl einmal auf Heinrichs IV., ein andermal auf Clemens' VIII. Ansuchen geschehen war, einen Botschafter abberufen, so war es mit dem Anschein der Freiwilligkeit nach dem Verlauf einiger Zeit geschehen.

Bedmar sollte entfernt werden; er sollte es, ohne daß sich Gritti auf eine nähere Begründung dieses Gesuches, auf eine Erläuterung des Vorgefallenen einlassen durfte; er sollte es endlich, obwohl er in besonderer Gunst bei dem ersten Minister, dem Herzog von Lerma, stand.

Aber eben dies war, wie es scheint, der Vorteil der Venezianer. Schon damals bildete der königliche Beichtvater jene entschiedene Opposition wider Lerma, die es vorzüglich gewesen ist, was wenige Monate später dessen Abdankung veranlaßt hat. Gegen die anderen beobachtete Gritti seine Zurückhaltung; gegen den Beichtvater ging er näher hinaus.

Dieser versprach ihm Genugtuung und hielt auf der Stelle sein Wort. Am 28. Juni war der erste Kurier von Venedig angelangt; am 2. Juli bereits erhielt der Botschafter den Bescheid: „In Rücksicht auf den Wunsch der Durchlauchtigen Republik werde der König dem Marchese Bedmar befehlen, daß er sich unverzüglich von derselben zu beurlauben und nach Flandern zu begeben habe.“

Bedmar, sei es, weil er sich aus einem Bedrohten halb und halb zu einem Gefangenen geworden sah, oder weil er von dem Gesuch um seine Abberufung unterrichtet war, oder aus beiden Gründen, hatte sich schon damals aus Venedig entfernt. Wie er sagte, auf Bitte Toledos, nur auf 14 Tage; wie er zu verstehen gab, um die Ausantwortung Vercellis zu bewirken. Einen Augenblick fürchteten die Venezianer, es möchte ihm die einstweilige Verwaltung von Mailand anvertraut werden. Allein Vercelli ward ohne ihn zurückgegeben. In Mailand lebte er eingeschlossen in dem Palast, ohne öffentliche Geschäfte. Nach Venedig ist er niemals wieder zurückgekehrt.

Noch ehe Bedmar Mailand verließ, ward Toledo von da abberufen. Auch hierzu trug Gritti das meiste bei, auch hierin kam ihm die Stellung der Parteien am Hofe zu Madrid zu Hilfe. Wie der Beichtvater die Klage über Bedmar, so nahm Lerma die Beschwerde über Toledo mit offenem Ohre auf. Wenn man ihm die heftigen, ja ungeziemenden Antworten vortrug, die der Governator bei den Friedensunterhandlungen gegeben, so merkte er sich dieselben mit eigener Hand an, um dem König desto gegründeteren Bericht zu tun. An die Stelle Toledos kam Feria nach Mailand. Von allem Anfang an erklärte derselbe: er habe den Befehl, mit den italienischen Fürsten, vornehmlich mit den angrenzenden, gute Freundschaft und Nachbarschaft zu halten und selbst dann zu entwaffnen, wenn es jene noch nicht täten. Nach Venedig kam Don Luis Bravo. Für diese Veränderung hat Gritti dem König besonders gedankt. „Die Ruhe der Provinz werde durch dieselbe außerordentlich befördert werden."

In der Lombardei lebte man seitdem in beiden Gebieten ruhiger. Allein der eigentliche Ursprung der Gefahr war in Neapel: er lag in Ossuna: und diesen zu entfernen, verzweifelte Gritti. Ossuna, aus einem der ersten kastilischen Häuser, mit der mächtigsten Familie verschwägert, fand nach dem Falle Lermas in dem Sohne und Nachfolger desselben, Uzeda, eine um so festere Stütze, da der Beichtvater, der den Vater verfolgt hatte, mit dem Sohne verbündet war.

Kaum traute man sich, die Beschwerde gegen den Vizekönig zu äußern. – Gritti hatte einmal dem Herzog von Infantado weitläufig die Unbilden vorgestellt, die Venedig von demselben erfahren. „Ich zweifle nicht daran", erwiderte der Herzog, „aber ich werde sie dem König oder dem Uzeda so wenig vortragen, als Ew. Herrlichkeit." Gleich als habe auch der Botschafter die Bedenklichkeiten der Höflinge. Vielmehr klagte Gritti unaufhörlich; nur richtete er nichts aus. Auch darum nicht, weil die Gewalthaber die Rückkunft eines so hochgestellten, unruhigen, unternehmenden Mannes an den Hof ungern gesehen haben würden.

Ein Glück für die Venezianer, daß die Entwicklung der Ereignisse ihnen selber zu Hilfe kam.

Denn indem Ossuna auch nach dem Mißlingen jenes Planes in Waffen blieb, von den Franzosen, welche aus Venedig kamen, einigen Reiterbesoldungen gab, andere in Kompanien zu Fuß aufnahm, neue Fahrzeuge kaufte und bemannte, die alten, die etwa gelitten hatten, wieder instand setzte, bedrohte er zwar Venedig immerfort – er hatte nicht verschwiegen, er denke den Golf zu erobern –; allein unmittelbaren, drückenden Nachteil fügte er nur dem Königreiche zu, das er verwaltete. Dies mußte ihm Geld und Lebensmittel liefern. Die Beamten der Sommaria, welche den gewöhnlichen Aufwand nicht zu bestreiten wußten, wurden oft, ohne Widerspruch, auf außerordentliche Leistungen zu denken genötigt. Gezwungene Anleihen fehlten nicht, und den Faktoren genuesischer Häuser ward es nicht erst gestattet, bei ihren Prinzipalen anzufragen: man legte sogleich auf ihre Einkünfte, etwa aus den verpfändeten königlichen Gütern, Beschlag. Stadt und Land litt von den Einquartierungen; die Soldaten, welche keinen Festtag hielten und die Kustodien der Sakramente aus den Kirchen stahlen, gaben auch den Geistlichen zu klagen: es entstand ein allgemeines Mißvergnügen.

Der erste, der es aussprach, war der Herzog von Vietri, unter dem Titel Scrivano della ration, gewissermaßen ein Kriegsminister, ein Greis von 90 Jahren. Er sagte, da der König mit keiner Macht der Welt in Krieg sei, so halte er nicht für gut, das Königreich mit so viel Truppen zu belasten. Wild und beleidigend fuhr ihn Ossuna an. „Ew. Exzellenz“, entgegnete der Alte, „als mein Generalkapitän und Vizekönig dieses Reiches, kann mir allerdings befehlen, was ihr gefällt, allein sicherlich kann Ew. Exzellenz nicht machen, daß ich nicht sei und bleibe Fabrizio di Sangro, Duca di Vietri, seit 72 Jahren ein Diener Sr. Majestät in den wichtigsten Ämtern, so gut in Ehren und Treuen, wie irgendein anderer, wer es auch sei.“ Der Vizekönig ließ ihn hierauf wegen schimpflicher Vergehen vor Gericht laden; er zog sich in ein Kloster zurück. Aber nur so viel bedurfte es, um den mißvergnügten neapolitanischen Adel, der schon lange in den Abendgesellschaften Vietris einen Vereinigungspunkt gehabt hatte, zu offener Opposition zu bringen.

In dem System der spanischen Monarchie ist die Einwirkung der Geistlichen, welche die Verfolgten aufnehmen, in den Predigten eine kühne Sprache führen und die Beschwerden als Beichtväter oder als besonders beglaubigte Abgeordnete an das königliche Ohr bringen, als ein natürlicher Gegensatz wider die Vergewaltigungen der höheren Beamten von vieler Bedeutung. Im Oktober 1618 sendete Adel und Volk von Neapel den Kapuziner Pater Lorenzo Brindisi, den man für frei von jeder weltlichen Neigung, ja für heilig hielt, an den König, um ihm die Lage des Reiches vorzustellen.

Es ist eine merkwürdige Vereinigung von hochfliegenden Plänen und gemeinen Mitteln, die wir in vielen Menschen dieser Zeit und auch in Ossuna wahrnehmen. Er war entschlossen, dieser Sendung ein Gegengewicht zu geben, welches es auch wäre. Bald hierauf hatte das Parlament das Donativ zu gewähren, und dabei nach alter Sitte eine Billigung oder Mißbilligung seiner Verwaltung auszusprechen. Er ließ nichts unversucht, die Wahlen zu leiten; er verfolgte seine Gegner, gab seinen Freunden Anstellungen, verschaffte die Prokuren der Abwesenden seinen Anhängern; allein, an der Entschiedenheit eines einzigen übrigens unbedeutenden Menschen, dem er vergebens hohe und einflußreiche Stellen anbot, scheiterte er und blieb doch in der Minorität. Durch einen Kunstgriff der eigensten Art suchte er dennoch zu seinem Zweck zu gelangen. Nachdem er bei Strafe von 10 000 Dukaten hatte verbieten lassen, von einem Gesuch für seine Bestätigung zu reden, schlugen seine Anhänger ein Schreiben des Inhaltes vor: man bitte nicht um die Bestätigung Sr. Exzellenz, weil er es selber verboten, aber seine gute und ersprießliche Verwaltung könne man nicht unterlassen zu rühmen. In der Tat brachte er es noch einmal dahin, daß nur eine Stimme fehlte, um dies Schreiben gültig zu machen, diese eine Stimme erlangte er nicht. Nichts erfüllt mit größerem Ingrimme, als ein nahe an sein Ziel gelangter und doch gescheiterter Ehrgeiz. Jetzt scheute sich Ossuna nicht, die alte Opposition des Volkes von Neapel gegen den Adel mit allen ihren Gefahren aufzuwecken; er trug kein Bedenken, einige Auflagen, weil sie dem Volke lästig waren, abzuschaffen, obwohl die Zinsen der Stadtschulden davon bezahlt wurden; endlich setzte er durch, daß das Volk den Eletto Grimaldi zu seinen Gunsten nach Spanien sendete.

Allein dies war eine schwache Stütze. Der Pater Brindisi, obwohl eine Zeitlang in Genua aufgehalten, J. Friedr. Spinelli, Abgeordneter des Parlamentes, der junge Herzog von Vietri waren zugegen; kräftiger waren deren Beschwerden als Grimaldis Empfehlung. Täglich erneuerte Venedig seine Klagen, und der Gesandte versichert, diese seien wirksamer gewesen als alles andere. Von Tag zu Tag erhielt Ossuna minder befriedigende Nachrichten vom Hofe. Man sagte ihm einmal im Jahre 1619, zunächst werde Prinz Philibert von Savoyen aus Spanien eintreffen, um den Oberbefehl über Heer und Flotte von Neapel zu übernehmen. Lebhaft entgegnete Ossuna: „Ich werde ihn mit 20 000 Mann empfangen."

Denn damals, nicht eher, war es, daß in Ossuna, wie er das Land mit zuverlässigen, vornehmlich französischen und wallonischen Milizen erfüllt, in der Hauptstadt eine gewaltsame, zu Neuerungen entschlossene Partei zu seinem Willen, sich aber demungeachtet von dem Hofe gefährdet sah, der Gedanke aufstieg, diese Macht auch wider den Willen des Königs, ja sie auf immer und unabhängig zu behaupten.

Da erst machte Chauteauvilain in jener Nacht, deren ich erwähnt habe, seine geheime Eröffnung dem venezianischen Residenten. Andere brachen auf, um bei den Höfen von Frankreich und Savoyen dasselbe anzuzeigen. Ihre Aufträge waren nur vorläufig, doch fanden sie Empfänglichkeit genug.

Lesdiguières hat später selbst bekannt, schon geraume Zeit darauf hingearbeitet zu haben: „Der Tyrannei des Hauses Österreich", sagte er, „hätte ich damit einen schönen Streich gespielt." Schon waren die böhmischen Unruhen ausgebrochen. Sein Sinn war, auch die spanische Linie dergestalt zu beschäftigen, daß sie der deutschen keine Hilfe leisten könne. Mit vielem Feuer ergriff es der Herzog von Savoyen. „Es ist", rief er aus, „eine allzu schöne Gelegenheit. Wenn die Republik sie unbenutzt läßt, bei Gott, so werde ich ein Eremit." Unbeschreibliches Vergnügen schien Ludwig XIII. bei der ersten Eröffnung zu empfinden; er machte dem Abgeordneten tausend Fragen. Wäre es auf die Meinung der meisten Franzosen angekommen, so hätten sie sich „wie eine Überschwemmung" nach Neapel ergossen; selbst die jüngeren Minister waren dafür. Nur die älteren, nicht minder um ihrer persönlichen Stellung, als um des Friedens willen, den sie erhalten wollten, hielten an sich.

Entschieden war allein die Republik dagegen. Ihre Feindschaft gegen die Spanier war keineswegs eine Feindschaft auf Leben und Tod; nur die Übermacht derselben wollte man nicht; nur den Frieden, das Bestehende und die eigene Unabhängigkeit wollte man behaupten. Unendlich verhaßter war ihr Ossuna als der spanische Hof. Nicht allein wies sie ihren Residenten an, sich seinen Mitteilungen schlechthin zu entziehen; sie erinnerte den Herzog von Savoyen: zu nichts anderem sei dies eine gute Gelegenheit, als der Welt zu beweisen, daß ihre Verbindung nur zur Verteidigung, nicht zur Verletzung geschlossen gewesen; in Frankreich machte sie geltend, es sei unglaublich, daß es der Vizekönig ernstlich meine.

Man kann zweifeln, ob sie damit Recht hatte oder Unrecht. Lesdiguières drang darauf, man möge sich nur erklären, so werde Ossuna unfehlbar losbrechen. Allein war dies so gewiß? Seine Absichten treten mehr oder minder lebhaft hervor, je nachdem seine Nachrichten aus Spanien günstig oder ungünstig sind. Konnte er nicht eine solche Erklärung nur zu seinem Vorteil bei dem Hof von Madrid benutzen wollen?

Jedoch indem er unterhandelte, zögerte, die Auswärtigen eine Erklärung erwarten ließ und sie nicht gab, seiner Regierung den gesetzlichen Gehorsam weder leistete noch auch versagte, hatte man in Madrid Zeit, ihm einen Nachfolger zu ernennen: und dieser, sich in Bereitschaft zu setzen. Es war der Kardinal Borgia. Erst am 5. Mai 1620 traf derselbe in Gaëta ein.

Fast schien es, als wolle ihm Ossuna mit Gewalt widerstehen. Er ließ die ergebensten Milizen nach der Stadt kommen; der neue Eletto del Popolo, Giulio Genovino, der in diesen Unruhen die Wiederherstellung der alten Privilegien des Volkes, gleichen Anteil an den öffentlichen Stellen und für den Eletto desselben ebenso viele Autorität, als die Eletti des Adels zusammen hätten, zu erlangen beabsichtigte, brachte es dahin, daß eine Deputation der Gemeindevorsteher dem Vizekönig versprach, ihn auch im Notfall mit Gewalt zu behaupten. Indessen befestigte man andererseits die Paläste; in manchem standen bei 100 Mann in den Waffen. Mehr als einmal des Tages erschien er, von Uskochen begleitet, auf den besuchtesten Plätzen und warf Geld aus. Mit den Vivas, die ihm der Pöbel dafür zurief, wechselte drohend das Serra, Serra ab, das den Tumulten vorauszugehen pflegt.

Indessen war der Kardinal nach Procida gekommen; still, ohne Lärm hatte er die Huldigungen der vornehmsten Behörden empfangen, welche Mittel fanden, sich heimlich nach der nahen Insel hinauszubegeben; er hatte mit dem Befehlshaber des neuen Kastells, Don Aluise de Mendoza, eine Übereinkunft abgeschlossen. Hierauf eines Abends, nur mit drei Begleitern, ungekannt bestieg er eine Barke. Das Meer ging hoch; jedoch bei Einbruch der Nacht war man glücklich an jenem Felsen von Nisita, der sich an der Küste ein wenig in das Meer vorlegt. Hier erwarteten ihn zwei neapolitanische Herren und ein Geistlicher: in ihrem Wagen gelangte er unbemerkt in der ersten Stunde der Nacht in das Kastell. Insgeheim ließ er die Befehlshaber in den beiden anderen Kastellen seine Ankunft wissen und empfing ihre Obedienz; er meldete sie den vornehmsten Beamten; den Maestro del campo wies er an, die Milizen ihm als dem neuen Generalkapitän zu verpflichten. Als alles vollendet, alles sicher war, mit dem ersten Tageslichte, ließ er eine allgemeine Salve aus allen Kanonen der Stadt geben.

Ossuna fuhr aus dem Schlafe auf und stürzte nach dem neuen Kastell. Don Aluise verschloß es ihm und rief ihm zu: so zu tun, befehle ihm Seine Majestät und Seiner Majestät Vizekönig. „Bin ich nicht der Vizekönig“, entgegnete ihm Ossuna. Der Kastellan erwiderte: „Der Vizekönig ist innerhalb dieses Schlosses.“

Was auch Ossuna noch ersinnen, unternehmen mochte, es war kein Ausweg: er mußte weichen. Am 14. Juni 1620 bestieg er seine schwarze Galeere. Noch ließ er seine Gemahlin, seinen natürlichen Sohn, seine Buhle aus Flandern zurück. Er drohte, binnen vier Monaten wiederzukommen, mit der Gewalt eines Generalvikars: dann werde er das Blut seiner Feinde trinken.

Er ist niemals wieder nach Italien gekommen; in einem spanischen Gefängnis ist er gestorben.

Schluß

So viel gehörte dazu, daß jene drei Feinde der Republik, von denen sie in eine größere Gefahr, als selber der Bund von Cambrai gewesen, gebracht worden zu sein glaubte, aus Italien entfernt wurden. Wie an Toledos und Bedmars, so schrieb Gritti den Beschwerden der Venezianer auch an Ossunas Entfernung einen sehr wirksamen Anteil zu. In der Tat waren sie fortwährend mit allen Gegnern desselben, dem Pater Brindisi, dem neapolitanischen Adel, dem Kardinal, in Verbindung und gutem Verhältnis. Niemand ward von Borgia lebhafter empfangen als der venezianische Resident. Wie Feria, sagte auch er gute Nachbarschaft zu; er versprach eine baldige Erledigung der noch immer obwaltenden Streitigkeiten.

Hätte man aber hiermit den Feindseligkeiten ein Ziel gesetzt, den Keim der Unruhen erstickt zu haben geglaubt, so wäre man im Irrtum gewesen. Nur zum Teil kamen dieselben aus den Persönlichkeiten, deren man sich entledigt; zum größeren lagen sie in der Natur der Menschen jener Zeit überhaupt. Mit den Staaten selbst waren die Gegensätze des einen wider den anderen aufgewachsen: sie lagen in ihren Prinzipien und ihrer Weltstellung: notwendig mußten sie zu geheimen oder offenen, niemals zu beseitigenden Mißhelligkeiten führen. Die fortdauernde Opposition von Venedig und die häufig wiederholte von Savoyen wider Spanien, der weltlichen Territorien wider den Papst, die Einwirkung des Kaisers auf der einen, des Königs von Frankreich auf der anderen Seite, streitige Sukzessionen, welche jedes Interesse aufregten – alles dies bildete in Italien Elemente, denen verwandt, welche eben damals in Deutschland zu einem so langen und blutigen Kampfe führten, wie der Dreißigjährige Krieg war.

In Italien bemerken wir überdies in den meisten Menschen, die zu öffentlicher Wirksamkeit hervortreten, statt der Mäßigung und glücklichen Klugheit früherer Zeiten ein hochfahrendes, wegwerfendes, gewaltsames Wesen. Gesetz, Sitte, gegenseitiges Vertrauen, alter Bund fesseln diese Welt nicht mehr. Wäre man nur stark, so würde man sich alles erlauben. Da man es aber nicht ist, auf keiner Seite, so fassen die einen überschwängliche, unausführbare Anschläge, die anderen lassen sich von unbegrenztem Verdacht fortreißen. Es ist eine sehr merkwürdige Erscheinung, daß die Übelstände der Literatur und Kunst dieser Zeit, welche wesentlich darin bestehen, daß man den Weg der Natur und des Gesetzes verläßt und sich in dem Willkürlichen, dem gewaltig und erhaben Scheinenden gefällt, auch in den tätigen Menschen hervortreten und die Welt verwirren. So wie es dort mit der schöpferischen Hervorbringung größtenteils vorüber ist, so mangelt es hier an stiller Größe, die, auf sich selber beruhend, sich selber genügte: Einfachheit, Ruhe und Würde werden selten. So wie dann die auf den Effekt berechnete, in Worten prangende Darstellung – die Heuchelei einer Erkenntnis, welche man nicht hat – nur dem Unkundigen die Abwesenheit innerer Einheit und Wahrheit verhüllt, so vermag das unruhige Treiben eines zur Gewalt neigenden Ehrgeizes den Mangel an innerem Gehalt, an der Grundlage einer starken und tüchtigen Natur nicht zu verbergen. An ihren Taten finden wir im ganzen dasselbe auszusetzen, was an ihren Werken.

Durch solche Gesinnung aber, dies Bedrohen und Befürchten, Beleidigen, Sichentrüsten ward die Verfeindung, welche an sich in den Verhältnissen lag, nur um so durchgehender; allein es gebrach ihr doch an der Schwungfeder der Tatkraft; 50 Jahre lang erwartete man den Krieg: nur in kleinen Fehden hat man ihn gehabt.

Während des Dreißigjährigen Krieges ist die Lombardei lange Zeit fortwährend, Mittelitalien zuweilen unter den Waffen gewesen; einen bedeutenden Aufruhr hat Neapel auszuhalten gehabt: auch hier sind Städte erobert und geplündert worden: und aus der Verwüstung hat sich die Pest entwickelt. Indessen von jenen Greueln, welche die dreißigjährige Bewegung über Deutschland ergossen, ist Italien frei geblieben.

Doch weiß ich nicht, ob man dies geradezu ein Glück nennen darf. Der Krieg hat seine Gefahr, aber gefährlich ist es auch, nur zu rüsten und nie zu schlagen. Die materiellen Kräfte werden nach und nach nicht weniger aufgerieben. Daß die beiden Gebiete der Lombardei, das venezianische und das mailändische, einander lange Zeit gerüstet gegenüberstanden, reichte hin, um beide zu erschöpfen, zu entkräften. Der geistigen Entwicklung kann die natürliche Spannung, eine Feindschaft, welche niemals tätig wird, auch unmöglich günstig sein.

Deutschland ward durch den Krieg verwüstet, zugrunde gerichtet, der Denkmale seines Altertums, seiner Kunst beraubt und entvölkert. Italien litt, aber es blieb im ganzen wohlhabend und im Besitz der Hervorbringungen seiner Vergangenheit. Aber in Deutschland wurden die lebendigen Menschenkräfte durch die Not wieder aufgerufen: in steter innerlicher Arbeit, immer beschäftigt, das Untaugliche zu demjenigen umzuwandeln, dessen man bedurfte, erhoben sich die Staaten zu einer Kraft, wie sie nie gehabt; es kam zu neuen Gestalten des öffentlichen Lebens. In Italien erschlaffte die lange, tiefe Ruhe; die Staaten verfielen Schritt für Schritt von ihrer alten Selbständigkeit; nur in den Formen des Privatlebens zeigten sich neue und eigentümliche Entwicklungen. – Die Weltgeschicke wurden von anderen ausgefochten. An ihrer Entscheidung nahm man nicht teil: wie hätte man sich aber ihrer Wirkung entziehen können? Europa erlitt durchgreifende Veränderungen; man mußte sich in das Unabwendbare fügen, sie an seinem Teile hinnehmen und die Gewaltigeren über sich anerkennen.

DRITTE ABTEILUNG

Die Venezianer in Morea

Es ist hinreichend bekannt, wie sich die Venezianer gegen Ende des 17. Jahrhunderts Moreas bemächtigten, und durch welche Unfälle sie es am Anfange des achtzehnten wieder verloren; – wie sie sich aber daselbst einrichteten, wie sie das Land verwalteten, welche Maßregeln sie hierbei ergriffen und wie weit sie es damit brachten, ist bisher durchaus unbekannt geblieben: selbst in den ausführlichsten venezianischen Geschichtschreibern findet man darüber nicht mehr, als ein paar flüchtige Zeilen. Die Geschichte einer Verwaltung hat ohnehin nichts, was einen ruhmliebenden Autor anlocken könnte; diese aber erweckte vollends keine Aufmerksamkeit: mit dem Verluste des Landes schien die Sache auf immer abgetan.

Heutzutage aber und für uns ist Griechenland wieder aufgelebt. Die Zeitungen unterhalten uns täglich von dem Geringsten, was sich dort ereignet; in ausführlichen Werken werden wir tiefer eingeführt; schon kehren von Zeit zu Zeit Reisende mit neuer und frisch angeregter Kenntnis von dort zurück; die Hauptsache jedoch ist: wie das Land jetzt steht? so gehört es zu uns, es nimmt teil an unserer Zukunft, alle Momente seiner Vergangenheit bekommen dadurch ein neues Interesse.

Es ist aber seit den Zeiten des Altertums das dritte Mal, daß Morea dem System der abendländischen Nationen anheimgefallen ist.

Zuerst haben es während jener großen Bewegungen des Okzidents nach dem Orient, die wir mit dem Namen Kreuzzüge bezeichnen, französische Geschlechter an sich gebracht. Wer für jene Zeiten Sinn hat, wird nicht anders als mit dem lebhaftesten Vergnügen die Chronik lesen, die ein Grieche des 14. Jahrhunderts über die Besitznahme, die Einrichtung und die Befugnisse der Franzosen in Morea hinterlassen hat. Sie ist mit aller der Anmut und naiven Anschaulichkeit geschrieben, welche die volkstümliche Literatur jener Zeit überhaupt auszeichnet; zugleich eröffnet sie uns eine Welt, die wir ohne sie nur sehr unvollständig kennen würden, und die in ihrer flüchtigen Erscheinung doch überaus merkwürdig ist.

Auf diesem so vorzugsweise klassischen Boden richtet sich der geistlich-ritterliche Staat des Mittelalters in aller seiner Eigentümlichkeit ein; die wohlbekannten Schauplätze des Altertums, lange unbeachtet, erfüllen sich uns wieder mit Leben, wiewohl von ganz neuem Wesen und Inhalt. Auf dem Isthmus hält man Ritterspiele: die Barone von Euboea und Athen erscheinen, um dem Prinzen des Peloponnes zu huldigen. Die Landschaften, in denen so viele tapfere Gemeinden in abgesonderter Freiheit geblüht, werden jetzt nach einer Art von Doomsdaybook in mannigfaltig abgestuften Lehen ausgeteilt. Auf den Anhöhen erheben sich Ritterburgen wie in Deutschland und Frankreich: die moraitischen Titel verdrängen die französischen

Geschlechtsnamen. Gar bald brechen Fehden aus, der Barone untereinander, der Vasallen gegen den Fürsten: auf jenem megarischen Gebiet, wo Athenienser und Spartaner einander sooft in dem Kampfe um die Hegemonie begegneten, werden nunmehr streitige Fragen über Vasallenpflichten durchgefochten: Fragen, über die selbst nach der Schlacht das Recht der Entscheidung noch dem König von Frankreich zufällt. Da auch die Kirche mit Lehen ausgestattet worden, von denen sie Dienste zu leisten hat, und da sie hier nicht minder als anderwärts nach einer so viel als möglich unabhängigen Stellung trachtet, so treten auch in Morea die Entzweiungen der geistlichen und weltlichen Macht ein, welche in der Geschichte des lateinischen Abendlandes eine so große Rolle spielten. Wir fragen billig, ob nun auch dieser okzidentalische Staat eine wahre und wesentliche Einwirkung auf die Eingeborenen ausgeübt hat. Nicht eigentlich unterjocht waren die Moraiten: es ist eine Unterwerfung, durch welche sie sich den Franzosen anschließen. Sehr eigentümlich lautet die Vorstellung, durch welche sie unserer Chronik zufolge dazu vermocht wurden. In Andravida, erzählt dieselbe, waren die Vornehmsten von den Ebenen Moreas versammelt: Messire Geoffroi Villehardouin – Marschall von Morea, der mit dem Heere daselbst angelangt – rief sie „als ein weiser Mann" alle zusammen und sprach zu ihnen: „Archonten, Freunde, Brüder und gute Gefährten. Ich weiß, daß ihr verständige Männer seid und will ohne Rückhalt mit euch reden. Seht ihr diesen unseren Führer? Glaubt nicht, er habe die Absicht Beute zu machen, eure Schätze an sich zu reißen und alsdann zu verschwinden. Er ist in euer Land gekommen, um es zu erobern. Seht diese Truppen an, den Glanz, mit welchem sie ihren Anführer umgeben. Er ist ein Fürst, ein König, der sich vergrößern will. Ihr, meine Freunde, habt keine Anführer, die euch helfen könnten. Müßten unsere Truppen euer Land mit Gewalt erobern, so würden sie rauben, plündern und viele umbringen, eure Reue würde späterhin daran nichts mehr ändern. Laßt uns lieber sogleich einen Vertrag schließen, durch den wir Plünderung und Mordtaten verhüten." Sonderbar naive Politik, die ebenso einleuchtend ist als naiv. Die Archonten fügten sich ihr. Sie behielten ihre Güter; ihre Vorrechte wurden eher erweitert als verringert; der griechische Ritus ward auf ihre Bitten für unantastbar erklärt. Dagegen aber zogen auch sie seitdem mit in den Krieg der Herren; sie halfen den Überrest der Besatzung des griechischen Kaisers aus den Festungen des Landes vertreiben; sie wurden tätige Mitglieder des ritterlichen Staates, nicht viel anders, als es die französischen Bürgerschaften in der Heimat waren. Hierdurch vollzog sich nun eine enge Vereinigung. Die Franzosen teilten ihre Bildung, Sitte und Gesinnung allmählich den Griechen mit. Unzählige französische Wörter drangen in die Sprache. Selbst unsere Chronik ist ein Beweis davon: sie ist von dem romantischen Geist erfüllt, der damals die Literatur des Abendlandes belebte. Noch manches eigentliche romantische Werk ist vorhanden, das diesen Charakter mit ihr teilt; die Sagen des entferntesten Westens sind in griechischer Sprache besungen worden.

Wäre diese Besitznahme von Bestand gewesen, wohin hätte sie führen müssen! Griechenland würde sich haben entwickeln können wie Italien. Die Verbindung, in der es mit dem okzidentalischen System geblieben wäre, in welches sich die Kultur der Welt nun einmal konzentriert hatte, würde es in denselben Bahnen, die wir durchlaufen, mit fortgerissen haben.

Aber es war anders bestimmt; alle die Staaten, welche durch die Kreuzzüge im Orient gegründet worden, gingen einer nach dem anderen unter. Nur einige kaufmännische Republiken behaupteten noch eine Weile wenige Überbleibsel. Auch Morea ging wieder verloren.

Die vornehmste Ursache dieses Verlustes lag ohne Zweifel in der Natur des Lehensystems. Es schuf allzu viele Selbständigkeiten, zu mannigfaltige, einander entgegenlaufende Interessen; es rief, zumal wie es sich in dem Orient ausbildete, eine fortwährende innere Gärung hervor, die den Widerstand gegen einen nahen, mächtigen und entschlossenen Feind fast unmöglich machte.

Erst gegen Ende des 17. Jahrhunderts gelang es den Abendländern, einen Teil des Verlorenen wiederzuerobern und Morea zum zweitenmal an sich zu bringen. Die Venezianer machten diese Erwerbung. Aber wie so ganz hatten sich indes Zeiten, Gesinnungen, Sitten und Einrichtungen verändert! Jetzt war nichts von Lehenwesen und Rittertum, von Kampfspiel und Fehde, von jenem romantischen Geist der früheren Jahrhunderte übrig.

In dem Lande wurden fremde, hauptsächlich deutsche Soldaten eingelagert, die schon ein ganz modernes militärisches Wesen ausgebildet hatten. Die Verwaltung setzte sich finanzielle Zwecke: venezianische Nobili nahmen sie in die Hand. Administrativ-militärische Gesichtspunkte herrschten durchaus vor.

Mag es nun nicht so anziehend sein, den ruhigen Gang dieser Verwaltung zu begleiten wie jene ritterlichen Abenteuer, so ist es doch vielleicht nützlicher. Gerade mit den Schwierigkeiten der Administration kämpft man dort auch jetzt. Es ist das nämliche Land: im ganzen ein sehr ähnlicher Zustand der Nation: nicht sehr entfernte Zeiten: gleiche Verhältnisse und Zwecke. Die Venezianer haben den Ruf gehabt, daß sie ihre Untertanen richtig zu behandeln verstünden. Es wird immer ein gewisses Interesse haben zu beobachten, wie sie Aufgaben angriffen, die man auch heute zu lösen hat.

Eben dies ist nun der zwar für die Welthistorie im ganzen wenig bedeutende, aber doch an sich der Rücksicht nicht unwerte Punkt, den ich aus bisher unbekannt gebliebenen, handschriftlichen Dokumenten zu erläutern versuchen will.

Es wird wohl am zweckmäßigsten sein, sie gleich von vornherein zu verzeichnen.

Angabe der Quellen

Wir haben nämlich hier den besonderen Fall, daß die Autoren, aus denen wir schöpfen, zugleich die Männer sind, auf die es uns bei der Sache selbst am meisten ankommt.

In Venedig erstatteten nicht allein die Gesandten bei ihrer Heimkehr einen Schlußbericht an den Senat, sondern die nämliche Pflicht lag auch einem jeden ob, der ein Amt in einer Provinz bekleidet hatte. Wie jene die auswärtigen Staaten, so schilderten diese Lage und Zustand der untertänigen Landschaften. Die Korporation, welche die Geschäfte leitete, hielt es für notwendig, fortwährend einen Überblick der gesamten inneren und äußeren Politik zu haben.

Auch die Provveditoren, welchen in den dreißig Jahren, in denen Morea den Venezianern gehörte, die Verwaltung dieses Landes aufgetragen war, haben ihre Relationen vorgetragen und eingereicht. In dem venezianischen Archiv findet sich noch eine beinahe vollständige Sammlung derselben. Ich verdanke es der hohen Liberalität Sr. Majestät des Kaisers von Österreich, daß ich auch diese Denkmale einsehen und benutzen durfte.

Der erste, dem wir begegnen, ist Domenego Gritti.

Unmittelbar nach der Besitzergreifung schickten die Venezianer drei Nobili zur ersten Einrichtung des Landes unter dem Titel von Sindici und Catasticadoren nach Morea: Johann Renier, Marino Michiel und Domenego Gritti. Renier ward krank und entfernte sich, er ist bald darauf gestorben; Michiel wurde in ein anderes Amt befördert; Gritti hatte das Geschäft allein zu Ende zu bringen. Seine Relation verbreitete sich besonders über die agrarischen und finanziellen Verhältnisse der neuen Provinz, ohne sie jedoch völlig zu erschöpfen. Er bezieht sich hier und da auf seinen Kollegen Michiel: von dem ich indes keine Relation gefunden habe und nicht weiß, ob er überhaupt eine verfaßt hat.

Während dieser Zeit hat man auch schon eine regelmäßige Form der Verwaltung begonnen. Dem Generalkapitän, der den Krieg im allgemeinen zu leiten hatte, zur Seite war das Amt eines Generalprovveditore in Morea eingerichtet worden, dem die Beaufsichtigung der geringeren Ämter, die Sorge für die Verteidigung des Landes und die Leitung der Verwaltung im ganzen zustand. Der erste Generalprovveditore, der zugleich mit den Sindici gewählt ward, von 1688 bis 1690, war Giacomo Corner. Seine Relation bezieht sich besonders auf die militärischen Verhältnisse, die Festungen, die Grenzen und die Anstelligkeit der Einwohner. Er war der erste, der den Bauern von Morea die Waffen in die Hände gab und sie zu einer Landmiliz zu bilden versuchte.

Der Nachfolger Corners, mit dem Titel eines außerordentlichen Provveditoren, war Taddeo Gradenigo; schon im März 1692 erstattete er seinen Bericht. Mit glänzenden Farben schilderte er die Hilfsquellen des Landes. Besonders die Hügel an den Abhängen der Gebirge und die Ebene habe die verschwenderische Natur mit allem ausgestattet, was der Mensch bedürfe. Er gibt an, wie man dem vernachlässigten Lande aufhelfen, seine Produkte benutzen könne. Zugleich aber treten bei ihm die ungemeinen Schwierigkeiten hervor, auf welche die Verwaltung stieß. Gradenigo sieht hierüber sehr deutlich.

Minder bedeutend ist die Relation des folgenden Provveditore estraordinario, Antonio Molin, der in der Tat auch nur den südlichen Teil des Landes eine Zeitlang verwaltete. Sie ist vom 30. Mai 1693. Sie schildert hauptsächlich die festen Plätze und die bedenkliche Lage, in der sie dem Feinde gegenüber seien: auch die Mißbräuche der Simonie in der griechischen Kirche werden hier erörtert: der Autor macht einen gewissen Anspruch; er hat einen gesuchten und hochtrabenden Stil.

Es waren dies noch die unruhigen Zeiten des Krieges, in denen nur eine tumultuarische Verwaltung möglich war. Die militärischen Zwecke walten vor und es ist kein Wunder, wenn auch die Berichte diesen Gesichtspunkt vor allem im Auge haben. Zuweilen haben sie jedoch auch nebenbei einen sehr bedeutenden statistischen Inhalt. Es existiert ein handschriftliches Werk über diesen Krieg, zwar anonym, aber, wie sich aus dem Inhalt ergibt, von einem Obersten, der einige Feldzüge mitgemacht hatte, des Namens Franz Muazzo: eine Arbeit von großem Wert, in welchem die offizielle Wahrhaftigkeit der venezianischen Geschichtschreiber an gar vielen Stellen belebt oder berichtigt wird. Gegen den Schluß desselben finden wir eine Erörterung über die Bewachung der lakonischen Küsten, wie es scheint, von 1694, und eine Beschreibung der Territorien der Provinz Lakonien, vornehmlich der Maina, vom Jahr 1695: beide für die Partikulargeschichte jener Gegenden erwünscht und schätzbar.

Erst mit dem Frieden konnte man an festere Einrichtungen denken. In dem Augenblick, daß derselbe geschlossen wurde, bekleidete ein Mann, der sich ganz dazu eignete, sie zu treffen, Franz Grimani, das Amt eines Generalprovveditore. Vielleicht griff er da und dort ein wenig weit aus, doch gehörte er zu den Naturen, die etwas zu gründen und schaffen vermögen. Wir haben von ihm eine Relation an den Senat und eine Information an seinen Nachfolger, beide ausführlich, speziell und von großer Wichtigkeit, aus denen man die Lage der Sachen, die Gesichtspunkte, die er faßte, die Resultate, die er erreichte, mit Sicherheit und Vergnügen abnimmt.

Von dem Nachfolger Grimanis und den neuen Sindici und Inquisitoren, welche im Jahre 1701 nach Morea geschickt wurden, finde ich keine ausführliche Notiz. Doch gehörte eine Beschreibung von Morea, von der die Sammlung Quirini in Venedig ein prächtiges Exemplar aufbewahrt, ohne Zweifel in diese Zeit. Wir finden darin eine statistische Angabe der Zahl der Ortschaften, Klöster, Familien, Einwohner überhaupt, endlich der Äcker, Stremmen, die erst nach den Bemühungen einiger Provveditoren, einen Kataster zustande bringen, möglich war.

Es folgte Daniel Dolfin. Seine Relation ist nicht von besonderer Bedeutung. Er war in dem Fall, nach einer Abwesenheit von 13 Jahren, über vier Ämter, die er in dieser Zeit verwaltet, zu referieren. Es hätte damals keinen Sinn mehr gehabt, auf Einzelheiten einzugehen, die sich indes verändert haben konnten. Er bleibt besonders bei seiner Verwaltung der Terra ferma stehen. Morea tritt ihm mehr in den Hintergrund.

Überaus wichtig, und nur mit Grimani zu vergleichen, ist nun aber die Relation des nächsten Generalprovveditore, Anzolo Emo, der von 1705 bis 1708 dies Amt verwaltete. Der Verstand und die Umsicht, welche seine Verwaltung auszeichneten, treten auch in seiner Darstellung hervor. Er sucht die Sache im ganzen zu fassen, von den ersten Einrichtungen Morosinis geht er aus, und berührt die wichtigsten Maßregeln seiner Vorgänger; hier lernen wir auch die Einrichtungen kennen, welche die letzten Sindici trafen: bis er dann Gesichtspunkte und Fortgang seiner eigenen Periode vorlegt. Nachdem er zuerst Morea, seine Hilfsquellen und Einwohner geschildert hat, bringt er seine Darstellung unter die vier Kapitel

Economia: wobei er zugleich von den Einkünften handelt;

Militia: vornehmlich eine Beschreibung der Festungen;

Governo civile: über den Unterschied der venezianischen und türkischen Justiz;

Religione: sehr wohl setzt er die Schwierigkeiten auseinander, in die man mit dem Patriarchen von Konstantinopel verwickelt ward.

Auf Emo folgte Marco Loredano. Wir haben von ihm wie von Grimani eine Relation an den Senat, 11. September 1711, und eine Information, die er seinem Nachfolger Antonio Loredano bereits im September dieses Jahres zurückließ. Sie sind zwar nicht so ausführlich wie die Arbeiten Emos und Grimanis, aber sehr interessant sind sie doch auch, und enthalten viel belehrendes Detail. Die Information finde ich noch wichtiger als die Relation.

Indessen hatten auch die Generalprovveditoren, genannt da ma, einen großen Einfluß auf die Verwaltung von Morea. Die Relation von Agostino Sagredo, der dieses Amt bis 1715 bekleidete, bezieht sich fast durchaus auf Morea und ist besonders über die Befestigung des Palamida wichtig. Sie ist auch deswegen merkwürdig, weil sie die letzte ist, die über diese Verwaltung abgelegt ward. Gleich darauf begann der definitive Angriff der Türken.

Über diesen berichtet dann noch Hieronymus Dolfin, der sich vergebens bemüht hatte, den Türken einen eigentlichen Widerstand entgegenzusetzen.

Seine Relation ist ohne Zweifel das Einleuchtendste, was über dieses Ereignis geschrieben worden.

Beim ersten Blick könnte es scheinen, als werde sich aus diesen Berichten, die man ohne weitere Bemühung nur aneinander zu reihen hätte, eine fortlaufende Geschichte der Verwaltung ganz von selbst herausstellen.

Indessen ist dies nicht der Fall. Es treten uns auch hier Männer von den verschiedensten Talenten und Einsichten entgegen. Im Anfang werden wir nur sehr dürftig unterrichtet, die ersten Einrichtungen müssen wir aus späteren Erwähnungen entnehmen. Einer ist flüchtig, ein anderer allzu ausführlich; an Widerspruch und indirektem Tadel fehlt es nicht; es kommen eine Menge Wiederholungen vor, und so sind wir hier zu derselben Arbeit verpflichtet, die uns andere Nachrichten auferlegen: zu untersuchen, zu sichten, das eine zu verwerfen, das andere anzunehmen, wofern wir es anders zur Anschauung und Urteil bringen wollen.

Ehe wir nun darangehen, wird es unerläßlich sein, zunächst des Krieges zu gedenken, durch welchen das Land erobert ward. Aus dem Ursprung eines Verhältnisses erläutert sich dessen ganze Natur.

ERSTES KAPITEL

Rückblick auf den Krieg

Im Jahre 1683 erschienen die Osmanen noch einmal vor Wien.

Zwei Motive haben von jeher die großen Eroberungszüge veranlaßt, aus beiden Welten stammend, denen der Mensch angehört: Religionseifer und Herrschbegier; in den Osmanen waren sie beide lebendig. Der Sultan Mohamed IV. glaubte an die Worte des Propheten; er hielt den Krieg gegen die Christen für eine heilige Pflicht, – man kennt den Effendi, der ihm das täglich einschärfte. Auf den Großwesir Kara Mustafa wirkten dagegen die weltlichen Beweggründe. Mit seinem Dragoman Maurocordato sah man ihn häufig einen Atlas studieren, den ihm die Holländer geschenkt hatten: er vergegenwärtigte sich die Verhältnisse der europäischen Staaten, ihre Entzweiungen, ihre innere Schwäche: er zweifelte nicht, allen seinen Nachbarn überlegen zu sein. Da ihn endlich Frankreich ermunterte, die ungarischen Mißvergnügten zu Hilfe riefen, sein Herr lebhaft erregt war, so hielt er den Augenblick für günstig und schritt zum Werke. Wer will sagen, wohin es gekommen wäre, wenn er eine Schlacht gewonnen, wenn ihm Wien nicht Widerstand geleistet hätte! In demselben Grade ward es ihm aber auch verderblich, daß Wien sich hielt, daß er sich in seinem Lager vor dieser Hauptstadt überfallen und schlagen ließ. Es war ein Tag der Entscheidung für das gesamte östliche Europa. Wie der Krieg eine gemeinschaftliche Gefahr für alle Nachbarn eingeschlossen hatte, so standen sie nunmehr insgesamt wider den geschlagenen Feind auf. Die Deutschen rückten in Ungarn vor und nahmen es auf immer ein, die Polen griffen Moldau und Wallachei an, die Russen erhoben sich zu den höchsten Aussichten; von Wien aus ward ihnen gesagt, das Rote Meer eröffne ihnen seine Arme, Griechenland und Asien erwarte sie: wo die Fürsten nicht zu den Waffen griffen, rührten sich die Untertanen; sechzig Bürger von Barcelona brachen auf, um den Kaiser im Kriege gegen die Ungläubigen zu unterstützen.

In dieser großen Bewegung, als der alte Feind von einer Niederlage betroffen worden, wie er sie noch nie erlitten, und nun einen Angriff erfuhr, so allgemein, wie ebenfalls noch keinen, regte sich auch in den Venezianern die Kriegslust früherer Zeiten. Jugend und Volk teilten die Begeisterung, von welcher ganz Europa ergriffen war, und rissen die zögernde Besonnenheit friedliebender Senatoren mit sich fort. Schon mehr als zwei Jahrhunderte waren die Venezianer in Feindseligkeiten mit den Osmanen verwickelt: jetzt zum ersten Male hatten sie das Herz, ihnen den Krieg anzukündigen.

Das machte: jetzt hatten sie einen Anführer, dem sie sich ganz anvertrauten, vor dem die republikanische Eifersucht sich beugte, der ihren Entschlüssen den großen Antrieb gab: Franz Morosini.

Franz Morosini war nicht, wie die meisten anderen, im Genusse jener schwelgerischen, friedlich-geschmeidigen Kultur alt geworden, die Venedig – damals eine Hauptstadt des europäischen Luxus – auszeichnete: die gesamten Jahre der Jugend und des Genusses, von dem zwanzigsten bis zum dreiundvierzigsten, hatte er zu Schiffe und unter den Waffen zugebracht. Nicht durch persönliche Verhältnisse, den gegenseitigen Austausch von Gefälligkeiten und Hilfsleistungen, der damals in Venedig üblich war (man bezeichnete ihn mit dem Namen Broglio), war er gestiegen, ihn hatten seine Taten emporgebracht: – daß er die Seeräuber zu Paaren trieb wie kein anderer, – daß er den stärkeren Feind, wo er ihn nur traf, übermannte, seine Magazine plünderte, seine Anhänger an die Galeere schmiedete, – daß er den wildesten Renegaten mitten in der feindlichen Flotte auf dem Hauptschiffe lebendig gefangennahm und nach den venezianischen Gefängnissen schickte, – daß der Sultan einmal persönlich Furcht vor ihm bezeigte –, alle jene tausend Akte der Bravour und des Glückes, die seinen Bewunderern zu reden gaben. Im Kriege von Candia trug er den Preis des Ruhmes davon. Namenlos und unbeachtet hatte er seine Vaterstadt verlassen: als ein berühmter Mann und Haupt der Republik kehrte er zurück. Eben dies gab ihm nun ein Gefühl von Selbständigkeit und unabhängiger Kraft, wie es keinem anderen seiner Mitbürger eigen war. Als er im Jahre 1669 nach dem Abzug der französischen und der päpstlichen Hilfsvölker den Steinhaufen, den er in Candia noch innehatte, nicht mehr verteidigen konnte, faßte er den Gedanken, ihn zum Preise des Friedens zu machen; ein Gedanke, unter jenen Umständen ohne Zweifel der glücklichste, der sich fassen ließ, aber für ein Mitglied dieser eifersüchtigen Republik doch ausnehmend kühn. Morosini schloß einen Frieden, ohne dazu beauftragt zu sein. Wenn er damit durchkam, so geschah das wohl nur, weil es das Notwendige, in dem vorhandenen Fall das Unvermeidliche war. So führte er mit seinen Freunden auch jetzt den Krieg herbei; die Republik hätte sich für tot erklärt, wenn sie sich so günstiger Umstände nicht hätte bedienen wollen. Morosini ward zum Generalkapitän ernannt und griff noch einmal zu den vielversuchten Waffen. Ein Aristokrat von altem Schrot und Korn: leutselig gegen die geringen Leute, deren Entbehrungen er gerne teilte, unermüdlich, seine Freunde und Angehörigen zu befördern, hartnäckig und unduldsam gegen seine Gegner; – unbarmherzig auch gegen den überwundenen Feind. Er war schon 66 Jahre alt, doch hätte man keinen kühneren Mann finden können. Nie legte er auf die Waagschale, was zu gewinnen und zu verlieren sei: er setzte alles ein, auch für einen geringen Vorteil. Es verlangte ihn nur, etwas Namhaftes zu tun, zu vollführen: es dürstete ihn nach Taten und Ruhm. Schon lange mochte es ihm in der Beschränkung, welche ihm das Maß der Macht und die Politik seiner Republik auferlegte, zu enge geworden sein, jetzt aber hatte er wieder eine große Laufbahn vor sich; er gab dem Krieg, den man unternahm, seine ganze Richtung.

Als man ihn ernannte, überließ man ihm zugleich, die Unternehmung zu wählen, die er für die angemessenste halten würde.

Vielen hätte es das beste geschienen, sich mit aller Kraft nach Dalmatien zu wenden, die Küsten vollends zu unterwerfen, so tief wie möglich in das Innere zu dringen, eine zweite Terra ferma jenseits des Adriatischen Meeres zu erwerben. Ohnehin war für die dortigen Küstenplätze eine Erweiterung ihres Gebietes höchst wünschenswert.

Morosini war nicht dieser Meinung. Alle seine Neigungen waren für den Seekrieg. Das europäische Interesse erforderte ohne Zweifel, daß das Türkische Reich, schon von allen Seiten zu Lande bedrängt, auch zur See angegriffen würde. Überdies aber mag es für seinen Ehrgeiz einen größeren Reiz gehabt haben, sich in dem alten Vaterlande des Ruhmes zu versuchen, Korinth und Athen zu erobern, als die letzte Kraft seiner Tage an ein paar Kastelle zu verwenden, von denen kein Mensch reden gehört hatte. Genug, er fuhr die Küste von Dalmatien, Castelnuovo, das man ihm besonders anzugreifen geraten hatte, ruhig vorüber: nachdem er St. Maura und Prevesa ohne viel Mühe genommen, richtete er sein Augenmerk auf den Peloponnes.

Er hat ihn in drei Feldzügen bezwungen.

In dem ersten, im Jahre 1685, griff er die südlichen Küsten an, er hoffte von den Mainoten unterstützt zu werden, deren Abgeordnete bei ihm gewesen, von denen er die besten Versprechungen hatte. Allein sie waren bedächtig genug, um erst einen enstchiedenen Erfolg abzuwarten. Nicht eben leicht wurde Morosini der erste Schritt. Koron, das er angriff, verteidigte sich hartnäckig: ein stattliches türkisches Heer eilte zum Entsatz herbei und machte bereits Miene, die Belagerer zu belagern. Wir können bemerken, daß dies überhaupt der Charakter dieser Kriege ist. – Man schreitet zu einer Belagerung: in der Regel muß man dann mit einem Heer schlagen, das zum Entsatz heranrückt. So hatten Christen vor Wien gesiegt: so wurden die Türken vor Ofen überwunden. So mußte auch Morosini zunächst sich mit Paschas messen, die angerückt waren, um Koron zu entsetzen und die christlichen Verschanzungen schon wirklich einmal erstiegen hatten. Es gelang ihm, sie in ihrem Lager zu überfallen und ihnen eine völlige Niederlage beizubringen. Hierdurch zuerst faßte er Fuß in Morea. Bald darauf fiel Koron: dann erklärten sich auch die Mainoten: mit ihnen vereint griff man Kalamata an. Sonderbare Zusammensetzung dieses Heeres, aus Italienern, Griechen und Deutschen! Die Deutschen, hauptsächlich Braunschweiger und Sachsen, bildeten ohne Zweifel die vornehmste Masse. Das Musketenfeuer der geübten sächsischen Infanterie wirkte mit dem venezianischen Geschütz von den Galeeren an der Küste so gut zusammen, daß das türkische Heer, das Kalamata retten sollte, in Unordnung geriet und die Flucht ergriff. Mit Kalamata fielen hierauf auch die kleinen türkischen Festungen im Gebiet der Mainoten, Zarnata, Chielafa, Passava: die gesamte südliche Küste, die lakonischen Gebirge, die Akropole des Peloponnes waren in den Händen der Venezianer.

Man hatte ein Gebiet, von welchem man sicher weiterschreiten konnte.

Im Jahre 1686 griff Morosini die zunächst gelegenen Küstenstrecken an. Leichter ward es ihm mit den westlichen: der Seraskier ward geschlagen, das wohlbefestigte Neunavarin genommen; die Deutschen fingen schon an, sich in dem Lande wohl zu gefallen, und Morosini hatte selbst sein Vergnügen daran, wie sie bei der Belagerung von Modon ihre Baracken sogleich und reinlich aufgerichtet und mit den schönsten Zypressen, Lorbeer und Orangenzweigen hochaufgebaut hatten: sie waren darum nicht minder tapfer. Bald ergab sich auch Modon. Desto gefährlicher aber ward ihnen Nauplia und die östliche Küste. Es war indes August geworden; der Sommer dieses ungewohnten Klimas brachte hitzige Fieber hervor; viele kamen um, eine noch größere Zahl ward unbrauchbar, und man hatte nur noch 4000 dienstfähige Leute, als ein wenigstens noch einmal so starkes türkisches Heer erschien und, von der Besatzung der Festung unterstützt, zum Angriff schritt. Da zeigte es sich recht, welch ein Glück es war, daß Morosini in dem General Königsmark einen so erfahrenen Gehilfen gefunden hatte. Kein anderer wäre so geeignet gewesen, die kühnen und rücksichtslosen Entwürfe des Generalkapitäns mit taktischer Wissenschaft, vorsichtiger und unerschrockener Ausführung zu unterstützen. Gleich im Moment der Landung hatte Königsmark die Wichtigkeit des Palamida erkannt und ihn befestigt. Jetzt begegnete er nur mit einigen Bataillonen zu Fuß und einem nicht sehr zahlreichen Geschütz einer weit überlegenen Reiterei auf einem für diese günstigen Terrain so geschickt, mannhaft und in guter Ordnung, daß sie sich nach ein paar Stunden zurückzog. Die Deutschen können sich selbst ihren Sieg kaum erklären. Sie meinen, eine panische Furcht – was man ein Feldschrecken nenne – sei dem Feinde angekommen: in ein und derselben Stunde sei das äußerste Verderben zu besorgen und der Sieg erfochten gewesen, nicht anders als durch wunderbare göttliche Hilfe. Der Hoffnung auf Entsatz beraubt, von dem Geschütz, das man auf der nahen Höhe aufgepflanzt, beherrscht, mußte sich hierauf auch Nauplia ergeben.

Der Befehlshaber hatte es um so hartnäckiger verteidigt, da er mit seiner Familie einen Teil der Umgegend eigentümlich besaß.

Und nun war nur noch der nördliche Teil der Halbinsel übrig. Während des Winters mußten die Venezianer noch viel von ansteckenden Krankheiten leiden: es dauerte bis in den Sommer, ehe sie wieder in See gingen. Da es die letzte Entscheidung galt, hatten sich die Türken diesmal besonders gut in Bereitschaft gesetzt. Auf beiden Seiten der Meerenge von Lepanto hatten sie Schanzen aufgeworfen, hinter denen sie des Angriffs warteten.

Unfern Patras, an einer von den Türken für sumpfig gehaltenen Stelle, landete Königsmark am 22. Juli 1687, und ohne einen Augenblick zu verlieren, rückte er vorwärts, um die Türken wo möglich in ihren Verschanzungen zu überfallen. Aber schon hatten sich diese aufgemacht, in der nämlichen Absicht, ihren Feind unvorbereitet zu überraschen. Mit Tagesanbruch stießen die Avantgarden aufeinander. Die Türken hatten einiges Geschütz bei sich: sie besetzten die Höhen und waren anfangs im Vorteil: nur mit Schwierigkeit konnte Königsmark in der von Gebüschen durchschnittenen Tiefe seine Linie bilden. Jedoch fand er noch Zeit, sie wie in den damaligen Türkenkriegen mit spanischen Reitern zu decken; und niemals mag sich diese Vorsicht nützlicher erwiesen haben. Die Heftigkeit des ersten Anfalls war dadurch gebrochen: man konnte dem wilden Feinde ein geordnetes Feuer entgegensetzen. Schon wankten diese drohenden Säbel, als ein Galoppangriff der christlichen Reiterei auf den rechten Flügel, und das Einhauen einer für verloren gehaltenen, aber zur rechten Zeit aus dem Gebüsch hervorkommenden Schwadron auf den linken, sie in völlige Unordnung brachte.

Das Gefecht entschied nun die Eroberung von Morea.

Da zugleich die Galeeren unaufgehalten zwischen jenen Dardanellen durchgegangen, so fielen gleich darauf Patras und das moraitische, alsdann Lepanto und das rumelische Kastell; der Seraskier schaffte alles, was davonzubringen war, von Korinth weg, und verließ es; dann ergaben sich auch die übrigen Plätze, die sich noch innerhalb des Landes hielten, und Malvasia ausgenommen gehorchte ganz Morea dem Löwen von Venedig.

Aber nicht auf Morea waren die Absichten Morosinis eingeschränkt.

Zwar gab es in Venedig Leute genug, welche innezuhalten und die gemachten Erwerbungen wenigstens erst befestigt zu sehen gewünscht hätten, ehe man einen Schritt weiter ginge, aber es waren die nämlichen, welche die Unternehmung überhaupt gemißbilligt hatten. Morosini hörte nicht auf ihre Bedenklichkeiten. – Muazzo sagt: „Ratschläge voll Kühnheit und Gefahr schienen ihm notwendig, um das Glück standhaft zu erhalten.“ Noch in demselben Jahr griff er Athen an und nahm es.

Freilich eine Eroberung, welche man eher für ein Unglück als für ein Glück halten muß. Die schönsten Ruinen der Welt, die Überreste vielleicht des vollkommensten Bauwerkes, das es jemals gegeben, wurden dabei durch einen unglücklichen Zufall zerstört. Damals aber schien sie nur ein Schritt vorwärts auf einer glänzenden Siegesbahn. Mit unbeschreiblichem Jubel wurden die Siegeszeichen bewillkommt, welche Morosini nach Venedig schickte, jene Löwen, die man dort noch vor den Toren des Arsenals bewundert.

Nach so vielen Verlusten genossen die Venezianer endlich auch einmal das Gefühl von Glück, Fortgang und Ruhm. Sie priesen sich glücklich, einen großen Mann zu besitzen. Alle ihre Ehre häuften sie auf ihn. Sie votierten ihm den Beinamen des Peloponnesischen: sie stellten seine Büste im Saale des Rates der Zehn auf: da gerade damals die Dogenwürde erledigt ward, traten alle anderen zurück, einmütig ward der Held und Eroberer zum Fürsten erwählt.

Morosini war dafür keineswegs unempfänglich. Andere Versuchungen waren an ihm abgeglitten. Es kam ihm früher einmal in Kandia höchst seltsam vor, daß ihm die Türken das Fürstentum der Moldau und Walachei antrugen, falls er zu ihnen übertreten wolle: „Was ist die Moldau“, sagte er, „was ist die Walachei?“ Desto erwünschter waren ihm die ererbten vaterländischen Würden. Leicht der glücklichste Tag seines Lebens mochte es sein, als er 1688, mit den Zeichen des Fürstentums bekleidet, wieder in See ging; mit einem Heer an Bord, wie er es noch nie gehabt, 16 000 Mann, bei denen 8000 Deutsche; zu einer Unternehmung, die ihn zum Herrn des Ägäischen Meeres machen mußte, wenn sie ihm gelang wie die früheren. Mit Tränen in den Augen soll er die allgemeinen Glückwünsche empfangen haben.

Es war sein glücklichster, aber auch sein letzter glücklicher Tag. In Negropont, gegen das er sich wandte, traf er auf einen Widerstand wie noch nirgends. Nicht allein war die Festung gut instand gehalten und wurde von den verjagten moraitischen Türken mit dem Mute der Verzweiflung verteidigt; die Hauptsache war, daß das Heer des Seraskiers, das sich auf dem festen Lande gesammelt, mit ihr in fortwährender Verbindung blieb. – Sonst hatte man immer zuerst das Heer geschlagen: jetzt war dies unmöglich: durch die Meerenge war man von demselben getrennt. Die Festung dagegen hing durch eine Brücke mit dem Kontinent zusammen, und durch die Erbauung des Forts Karababa, zu der ein Renegat von Guastalla* geraten, war die Kommunikation noch besonders gesichert. So mußte man denn zusehen, daß die Verwundeten bei Nacht aus der Festung gebracht, und durch frische Truppen ersetzt wurden. Dazu kam, daß eine noch weit gefährlichere ansteckende Krankheit ausbrach, als dort vor Nauplia: unter den Offizieren, die sie wegraffte, war auch Königsmark, der einzige General von wahrem Talent, den man hatte. Trotz so mißlicher Umstände drang Morosini dennoch auf einen Sturm. Natürlich ward er damit abgeschlagen; aber auch dann wollte er nicht weichen: er war um so mehr verstimmt, da diese Unternehmung ganz sein eigener Gedanke war; er wollte gleichsam nicht dulden, daß ihm ein Wunsch versagt, ein Plan unausgeführt bliebe: er faßte die Absicht, den Winter vor der Festung zuzubringen. Nur der entschlossene Widerspruch seiner Soldaten hinderte ihn daran. Er ward krank vor Mißmut, als er die Belagerung aufheben mußte.

Seitdem vermissen wir in diesem Kriege großartig angelegte, noch vielmehr wohl ausgeführte Unternehmungen. Es mag dazu beigetragen haben, daß die Lage von Europa verändert war, seit die Franzosen ihre Kriege gegen Deutschland und Österreich erneuert hatten: die Türken atmeten seitdem um vieles freier.

Im Jahre 1690 nahmen die Venezianer Malvasia; jedoch war es mehr durch Mangel an Lebensmitteln als durch die Waffen bezwungen worden.

Im Jahre 1692 griff Mocenigo Canea auf Candia an. Aber er fand die Festungswerke, die einst die Venezianer selbst mit vielem Aufwand und fortifikatorischer Einsicht errichtet hatten, für die Macht, die er mit sich führte, bei weitem zu stark. Als die Türken auch im Feld erschienen, fürchtete er ein vollständiges Mißgeschick und schiffte sich wieder ein.

Es schien gleichsam, als sei der Sieg an den Namen Morosini gebunden. Noch einmal ward der alte Doge im Jahr 1693 zum Generalkapitän ernannt. Ganz wider die venezianische Sitte lief dies, und es erregte doch Bedenklichkeiten, als man das bürgerliche Oberhaupt mit dem Kommandostab in der friedlichen Stadt erblickte. Morosini kehrte mit dem Gedanken nach Griechenland zurück, mit dem er es verlassen hatte: es lag ihm nichts im Sinne, als die Erneuerung seines Angriffs auf Negropont. „Sterbend", sagt Muazzo, „mit seinem letzten Atemzuge würde er es angegriffen haben." Aber er starb, ehe die Verstärkungen anlangten, die ihm doch selber notwendig schienen.

Indem nun die Venezianer keine rechten Fortschritte machten, geschah es, und zwar infolge eines scheinbar glücklichen Schlages, daß sie selbst wieder gefährdet wurden.

---

* Girolamo Galoppo. Die Beleidigung eines Nobile soll ihn veranlaßt haben, das venezianische Heer zu verlassen.

Im September 1694 nahm der neue Generalkapitän Zeno Chios ein. Jedermann hatte ihm die Unternehmung widerraten, hauptsächlich, weil man in Konstantinopel diese Insel nicht entbehren konnte und sich durch ihren Verlust zu ungewöhnlichen Anstrengungen angetrieben fühlen mußte. Zeno aber, der durch die Opposition der geringeren Nobili gegen die Großen zu einer so hohen Stellung erhoben worden, glaubte sich der Gunst, die er erfahren, durch irgendeine glänzende Tat würdig zeigen zu müssen*.

Allein es erfolgte, was man vermutet hatte. Die Osmanen waren aufgeschreckt und nahmen einmal ihre Kräfte wieder zusammen. Aus zehn Sandschaken forderten sie die waffenfähige Mannschaft ein: alle Soldatensöhne, alle Invaliden riefen sie auf; mit großer Lebhaftigkeit arbeiteten sie im Arsenal. Die Venezianer waren bisher hauptsächlich durch die Bauart ihrer Galeazzen in Vorteil gewesen: europäische Techniker bauten jetzt den Türken Schiffe, welche ein ungewöhnlich zahlreiches Geschütz aufnahmen, ohne in ihren Bewegungen gehindert zu werden; Mezzomorto, ihr Admiral, wußte die Bemannung zu guter Fertigkeit einzuüben. So erschienen die Osmanen plötzlich mit einer überlegenen Macht in See. Leicht jagten sie die venezianische Besatzung aus Chios, die sich dort bei der Feier des Karnevals überraschen ließ; sowie sie sich dann Herren des Meeres sahen, dachten sie auch sofort an eine Wiedereroberung von Morea.

Im Jahr 1695 drangen die Türken über den Isthmus und bedeckten die Ebene von Argos mit ihren Gezelten. Ein Mainot, zum Bey der Maina ernannt, Liberacchi, hielt es mit ihnen: seine Landsleute leisteten keinen rechten Widerstand: er plünderte das Land bis Tripolizza hin. Und schon fuhr Mezzomorto von Konstantinopel aus, um die Unternehmung zu unterstützen. Die Venezianer nahmen den einzigen Augenblick wahr, der ihnen blieb. Ehe Mezzomorto angelangt, griffen sie den Seraskier zugleich von Nauplia und der See her an: es kam zu keiner eigentlichen Schlacht, aber die geschickten Manöver des Generals Steinau trieben den Seraskier über den Isthmus zurück. Dann ging Molino dem Mezzomorto entgegen. Zweimal schlug er mit ihm in den Gewässern von Chios. Zu siegen vermochten die Venezianer nicht; aber sie hielten sich brav; ein Contarini erwarb sich durch geschickte Führung, ein Dolfin durch persönliche Bravour eine Stelle unter den rühmlich genannten venezianischen Namen: es war genug, daß sie das Gleichgewicht herstellten.

Da es zugleich gelang, jenen Liberacchi zum Eintritt in den venezianischen Dienst zu bewegen, so konnte man Morea für leidlich gesichert halten.

War aber Venedig unter diesen Umständen wohl fähig, die Türken zu wirklicher Abtretung zu nötigen?

Allein hätte es das nie vermocht. Nur durch die Vermittlung der europäischen Kombination, unter der es den Krieg unternommen und geführt, konnte es auch zum Frieden gelangen und seine Eroberung sichern.

---

* Er hat darüber einen prächtigen Bericht an den Senat erstattet, der so anfängt: A piedi del reggio trono di Vra Stà presento il dominio di ampia, fruttifera e popolata isola. Der arme Mensch hat die Protektion, die er genoß, und das Unglück, das er sich zuzog, im Gefängnis abbüßen müssen.

Die kaiserlichen Waffen, nach kurzer Unterbrechung wieder siegreich, bedrohten die Osmanen um so mehr, da sie nach der Abkunft von Ryswyk auf keiner anderen Seite beschäftigt waren: zwei so junge und ehrgeizige Fürsten, wie Peter I. und Friedrich August von Polen erschienen als sehr gefährliche Nachbarn: die Venezianer hielten wenigstens die See –: so vielen Feinden gegenüber glaubte der neue Wesir Hussein Köprili nicht bestehen zu können. Zum ersten Male bequemten sich die Türken zu einer regelmäßigen Unterhandlung: neun Botschafter der kriegführenden und der vermittelnden Mächte erschienen auf dem Kongreß. Es ist hier nicht der Ort, die mancherlei Schwierigkeiten auszuführen, auf welche man stieß: im Januar 1699 wurden die Friedensurkunden unterzeichnet. Den Venezianern gelang es nicht allein, ihr Dalmatien einigermaßen zu erweitern, sondern auch Morea als einen freien Besitz zu behaupten.

Es hätte dies indes weder für ihre Macht, noch für die Welt etwas zu bedeuten gehabt, hätten sie es sich nun nicht angelegen sein lassen, das erworbene Land emporzubringen, ihm eine Einrichtung zu geben, die seiner Natur entsprach, und es dadurch erst in ihr rechtes Eigentum zu verwandeln.

ZWEITES KAPITEL
Verwaltung

Wahrscheinlich war Morea weder früher noch auch später jemals in einem so trostlosen Zustand, wie in dem Angenblick, als es die Venezianer übernahmen.

Furchtbar hatte der Krieg gewütet. Ehe die Türken Morea völlig räumten, hatten sie es noch verwüstet –: nach der Schlacht bei Patras z. B. führten sie die Einwohner von Achaja fort und zerstörten Korinth: – dann war die Pest hinzugekommen. Die Bevölkerung war auf eine unglaubliche Art geschwächt, mehr als der vierte Teil der Dörfer und Meiereien vernichtet: der größte Teil des Landes war unbebaut. Überdies hatte es hier schon jahrhundertelang keine Straßen gegeben. Man kannte selbst die einfachste Erfindung der Wagen nicht: Saumtiere gingen von Ort zu Ort. Auch die Brücken, die etwa vorhanden gewesen, waren zerstört; über den Alpheus war nie eine gegangen: man machte die Überfahrt in einem ausgehöhlten Platanenstamm. Genau in den Dimensionen, die das Holz in den vernachlässigten und verkommenen Waldungen erreichte, waren die Häuser erbaut. Man unterwarf sich der Natur, die man nicht die Kraft fühlte zu beherrschen. Die Städte hatten nie etwas bedeutet: jetzt waren sie durch Verteidigung und Eroberung vollends zerstört. Die Venezianer verglichen die gesamte Halbinsel, wie sie dieselbe fanden, mit einer Ruine, in der eine Feuersbrunst gewütet hat. An Institutionen war nicht zu denken: weder, wie sich von selbst versteht, an höhere, da die Regierung allein von Osmanen abgehangen, noch auch an Einrichtungen der Landgemeinden. Nur den Papas war ein jeder in blinder Ehrfurcht ergeben.

Die Venezianer richteten sich nun so gut es ging in dem Lande ein. Die Grundeinteilung desselben behielten sie; mit wenigen Abweichungen entsprechen die 24 venezianischen Territorien den 23 osmanischen Gerichtsbarkeiten*. Nach ihrer vaterländischen Gewohnheit faßten sie dann mehrere Territorien unter einer Verwaltung zusammen. Anfangs richteten sie sieben Kammern ein: Patras, Casteltornesi, Modon, Koron, Chielafa, Malvasia, Napoli. Später fanden sie aber auch dies zu viel, und begnügten sich mit vier Provinzen: Romania, Lakonia, Messenia, Achaja: deren Hauptstädte Napoli di Romania, Malvasia, Navarin und Patrasso wurden. In jeder erschien ein venezianischer Provveditore für Verwaltung und Krieg, ein Rettore für die Justiz, ein Camerlengo für die Finanzen. Auch die Festungen, die man bis auf die letzten Jahre beibehielt und soweit es tunlich herstellte, waren mit venezianischen Befehlshabern besetzt. Es waren 25 Mitglieder des venezianischen Adels in dem Lande beschäftigt; an allen Hauptpunkten der Provinz waren die Repräsentanten der Staatsgewalt verteilt. Allen stand der Generalprovveditore vor, der eine Art von Hof hielt, und unmittelbar an den Senat berichtete.

Wenn man betrachtet, daß die Eingeborenen weder, wie wir sehen, an der Staatsverwaltung, noch auch an dem Krieg teil hatten –, sie zeigten nicht einmal Lust oder Anlage in die Landmiliz zu treten, wieviel weniger, die Besetzung der Festungen und die gesamte Landesverteidigung zu übernehmen, und es mußten immer fremde Regimenter im Lande bleiben –; wenn man ferner bedenkt, daß die Venezianer katholisch waren und in den Hauptorten den katholischen Kultus einführten: was nach dem Gefühl der Papa, der Verehrung des Mohammed und dem Dienst der Moscheen ungefähr gleichkam: so könnte man in der Tat beim ersten Blick versucht sein zu fragen, wodurch sich nun, abgesehen von den europäischen Verhältnissen und allein das Land im Auge behaltend, die venezianische Verwaltung von der türkischen wesentlich unterschieden habe.

Die Veränderung ist doch von unendlicher Bedeutung. Denn wodurch ist überhaupt eine barbarische Verwaltung von einer zivilisierten unterschieden? Ist es nicht dadurch, daß die eine die Kräfte des Landes für den Augenblick aufbraucht, zum Dienste einer herrschenden Klasse, in Willkür und Unordnung, während die andere die Zukunft desselben im Auge hat, und vor allem beabsichtigt, es in Aufnahme, Fortgang und Blüte seiner geistigen sowie seiner irdischen Interessen zu bringen. Das türkische Wesen beruhte darauf, daß es die Osmanli, welche das Heer ausmachten, zugleich als Herren des Landes anerkannte, und ihnen die gesamte Einwohnerschaft zu persönlichen Diensten verpflichtete. Nicht allein war nun bei den Venezianern hieran nicht zu denken: die Armee bestand aus Mietstruppen, denen man nicht geneigt sein konnte, eigenmächtige Handlungen zu verstatten: die mit den Regierungsgeschäften beauftragten Nobili in Zaum zu halten, waren von jeher unzählige Vorkehrungen getroffen; sondern die Lage der Dinge nötigte sie auch, auf das Aufkommen des Landes ernstlich Bedacht zu nehmen. Wie es stand,

* Die osmanischen Territorien im Hadschi Chalfa und bei Hammer Osmanische Geschichte VI, S. 183; die venezianischen in unserer statistischen Tabelle S. 177. Der Unterschied ist z. B. in der Maina, die bei den Venezianern mehrere Territorien bildet.

konnte es sich nicht halten. Es war unfähig, die Kosten seiner Verwaltung und Verteidigung zu decken. Es wäre für die Landeskasse eine fortwährende Last geblieben. Und so war es der erste Gedanke der Venezianer, Morea zu dem zu machen, was es sein konnte. Hier fanden sie keinen bevorrechteten Adel, wie in den meisten anderen ihrer Länder, hier hatten sie völlig freie Hand. Schon lagen die Tendenzen der modernen Staatswirtschaft im Geiste der Zeit. Was das achtzehnte Jahrhundert erfüllt und erlebt, bahnte sich schon alles gegen Ende des siebzehnten Jahrhunderts an. Auch für die Geschichte der praktischen Staatswirtschaft hat es vielleicht einigen Wert, diese Verwaltung zu beobachten. Für die Geschichte des heutigen Morea ist es ganz unerläßlich. Nicht die lakedemonischen Zeiten sind es, auf die man heutzutage dort zurückblicken kann: die nächste Vergangenheit desselben, die ein Licht auf seinen gegenwärtigen Zustand wirft, ist in der Tat diese venezianische.

Der Natur des Stoffes wird es, denke ich, am angemessensten sein, ihn nach den verschiedenen Hauptpunkten, auf welche sich die allgemeine Sogfalt richtete, auseinanderzulegen.

Kolonisation

Beginnen wir mit den Verhältnissen der Bevölkerung, von denen im Grunde doch alles ausgeht.

Unter den Osmanen mochte sich die christliche Bevölkerung auf 250 000 Seelen belaufen haben. Wenigstens sollte man das aus dem Kopfgeld schließen, welches auf einen Real für die Verheirateten, und einen halben Real für die unverheirateten Mitglieder der Familien angesetzt war, und im ganzen 167 000 Realen betrug. Aber, wie gesagt, Krieg und Pest hatten eine furchtbare Zerstörung angerichtet. Von 2115 Ortschaften und Meiereien, die man unter den Türken gezählt, waren noch 1459 übrig, sechshundertsechsundfünfzig lagen wüst. Der erste Generalprovveditore Giacomo Corner stellte eine Volkszählung an. Wer sollte es glauben? In der ganzen Halbinsel, die Maina und die Umgebungen von Korinth ausgenommen, fand er nur 20 213 waffenfähige Männer, und überhaupt nur 86 468 Seelen. Statistische Angaben nehmen sich in der Regel genauer aus, als sie sind: mancher Irrtum mag auch hier eingeschlichen, manche Verheimlichung geschehen sein: aber unerhört und beispiellos für eine so kurze Zeit bleibt doch allemal diese Verwüstung.

Die Population, welche die Venezianer fanden, bestand aus Griechen und Albanesen. Die Griechen hatten mit den Osmanen mehr die Städte bewohnt, und sich der See, dem Handel gewidmet; die Albanesen trieben die wandernde Viehzucht so vieler anderen Länder des südlichen Europa –: wie die Merinos der Mesta von Aragon nach Estremadura ihre Straße haben, die Herden von Barcellonetta nach den fetten Weiden der Crau in der Provence, die abruzzischen nach den Wiesen von Apulien herabsteigen. Die Hirten sind Nomaden: sie haben gleichsam das Vorrecht der Verwilderung. – Die Albanesen weideten ihr Vieh des Sommers in den arkadischen Gebirgen. Gegen den Winter kamen sie nach den Ebenen von Argos und Elis, den Küsten von Fanari herab. Auch mit dem Ackerbau beschäftigten sich wohl beide, Griechen und Albanesen: aber weder die einen noch die anderen mit besonderer Lust und Anstrengung. Merkwürdigerweise hatten sich die Stämme dergestalt vermischt, daß sie mehr wie verschiedene Stände betrachtet wurden. Die geringere Klasse galt für albanesisch, die wohlhabendere, etwas zivilisiertere für griechisch.

Unmöglich war man nun mit dieser Bevölkerung imstande, das Land in einige Aufnahme zu bringen. Schon um sie zu beleben, mußte man sie mit neuen Elementen versetzen. Dasselbe Land, das einstmals so zahlreiche Kolonien ausgeführt, das ein kleines Staatensystem mit derselben Sprache, Verfassung, Sitte, Literatur über die benachbarten Küsten ausgebreitet hatte, war nun selbst der Ansetzung fremder Kolonien höchst bedürftig.

Sollte man aber Morea italienisch zu machen suchen? Ich weiß nicht, ob sich Kolonisten in Italien gefunden, ob sich diese dann für das Land geeignet haben würden; genug, die Venezianer setzten nur Leute an von der nämlichen Nation, welche sie angetroffen, wenige Albanesen ausgenommen, lauter Griechen. Die Feldzüge, welche ihnen zu keinem glücklichen Ausgang gediehen, benutzten sie, um neue Einwohner für Morea zu gewinnen.

Nur allzubald sahen sie ein, daß sie sich mitten in dem feindlichen Land Athen nicht zu halten vermögen würden, besonders sobald es ihnen nicht gelang, Negroponte zu erobern; als sie es räumten, überredeten sie wenigstens eine ganz beträchtliche Anzahl atheniensischer Familien – es waren 662 –, ihnen nach Morea zu folgen. Auch diesmal waren die Athenienser Leute, die sich durch Feinheit der Bildung und Verstand auszeichneten. Zwar hatten sie keine Lust zum Ackerbau, selbst nicht die Geringsten unter ihnen: aber sie besaßen einige Mittel. Indem sie dann in das Innere des Landes zogen, trugen sie schon durch den lebhafteren Verkehr, den sie hier veranlaßten, zur Aufnahme desselben wesentlich bei.

Als Mocenigo Kanea zu erobern verzweifelte und sich zur Rückfahrt entschloß, nahm er noch ein paar tausend Candioten an Bord und führte sie nach Morea über. Eine alte Ergebenheit knüpfte sie an Venedig. Auch jetzt bewiesen sie eine unerschütterliche Treue. Sie waren arm, aber um so tätiger.

Auch von Chios folgte bei dem Verluste der Insel eine nicht geringe Anzahl Einwohner den Venezianern. Nur dauerte es eine Weile, ehe sie sich dem Landbau widmeten und sich zu eigentlicher Ansiedlung entschlossen.

Eroberungen hatte Venedig in Rumelien nicht gemacht: aber da es Lepanto eingenommen, hatte es doch Fuß daselbst gefaßt und einigen Einfluß gewonnen. Vor allem suchte es nun die Primaten jener Provinz an sich zu ziehen und mit ihrer Hilfe die Einwohner zur Übersiedlung zu vermögen. Schon 1691 bemerkt Corner, daß der Staat auf diese Art 6000 neue Untertanen erworben habe. Die Rumelioten kamen mit ihrer Habe und ihrem Vieh und ließen sich um Vostizza, Calqurita und Patrasso nieder. Sie zeigten sich um vieles kräftiger und unternehmender als die Moraiten: wo sie sich dem Ackerbau mit einigem Ernst widmeten, unterschied man ihre Ländereien gar bald von den übrigen. Auch gewährten ihnen die Venezianer so viel Begünstigungen als möglich. Sie wünschten nicht allein die Angekommenen selbst ihr Vaterland vergessen zu machen, sondern auch in den Zurückgebliebenen die

Neigung, diesen nachzukommen, zu erwecken. Bis nach Jannina regte sich die Bewegung.

Ein für die Raja in der Türkei überhaupt höchst wichtiger Zeitpunkt. Als der erste Schritt zu einer erleichterten Lage derselben mag es angesehen werden, daß um die Mitte des 17. Jahrhunderts der Knabenzins abkam. Gegen das Ende dieses Jahrhunderts geschah ein zweiter. Ungarn – nicht allein das kleine Morea – ward von der Türkei losgerissen. Allein dem Verlust der Länder folgte noch ein anderer nach. Aus den türkisch verbliebenen Gebieten wanderten dort slawische, hier hauptsächlich griechische und einige albanesische Geschlechter in die losgerissenen und um so mehr verwüsteten Provinzen ein. In Ungarn war die Einwanderung ohne allen Vergleich stärker als in Morea, doch ward sie auch hier im Laufe einiger Jahre ganz bedeutend. Es hängt unfehlbar hiermit zusammen, wenn in dieser großen Bewegung die Osmanen selbst Veranstaltungen trafen, das Los der Raja zu verbessern. Die ersten Versuche, dies zu tun, sind aus der nämlichen Zeit. Man mochte fürchten, eine noch allgemeinere Auswanderung eintreten zu sehen.

In Morea nun wuchs hierdurch, zumal da noch einige Einwanderungen von den ionischen Inseln hinzukamen, die Einwohnerzahl ungemein. Im Jahre 1692 werden bereits 116 000, im Jahre 1701 über 200 000 gezählt. Seitdem nahm sie durch natürlichen Gang der Dinge in steigender Progression zu.

Mit der Herbeiführung der Einwohner war jedoch noch lange nicht alles getan. Die Natur und Gewohnheit dieser Bevölkerung machte die umsichtigste Behandlung notwendig.

An den Moraiten bemerkten auch die Venezianer die Fehler, die man ihnen immer vorgeworfen hat. Grimani findet sie nicht allein unwissend, sondern auch hartnäckig in ihrer Unwissenheit. „Durch keine Belehrung", sagt er, „lassen sie sich von dem Gewohnten abbringen. Sie fürchten immer betrogen zu werden, alles und jedes erweckt ihnen Verdacht, aber in demselben Maße denken sie auf nichts als Betrug. Wenden sie sich an die Staatsgewalt, so sollte man im ersten Moment schwören, sie hätten das vollkommenste Recht von der Welt: in der Regel aber ist alles Falschheit und erlogenes Wesen. Nur auf Gewinn denken sie: das ist das erste, das einzige, wozu der Sohn vom Vater angewiesen wird. Sie leben armselig, denn sie bilden sich ein, der Erwerb hänge mehr davon ab, daß man sich schlecht nähre, als von Fleiß und Tätigkeit. Nur so viel arbeiten sie, als es die unvermeidliche Notwendigkeit gebietet. Wer es irgend vermag, läßt das Land lieber bauen, als daß er selbst Hand anlegen sollte." Es sind dies Fehler, wie sie sich auch bei einer geistreichen Nation im Drucke der Unterjochung nur allzu leicht ausbilden: Hartnäckigkeit, denn jede Neuerung schließt ein neues Übel ein; Argwohn, denn was ließe sich in diesem Zustand Gutes erwarten; schmutzige, geheimgehaltene Ersparnis, denn immer fürchtet man den gierigen Herrn; unbezwingliche Trägheit, denn man weiß nicht, ob man nicht für einen anderen arbeitet. Besonders verwunderte es die Venezianer, daß, die Mainoten ausgenommen, allesamt, auch die rüstigen und starken Landleute, einen unüberwindlichen Abscheu vor den Waffen und dem Soldatenstande bezeigten.

Aber auch die Angekommenen entwickelten bald bedenkliche Eigenschaften. Die Athenienser standen oft mit den Osmanen in offener oder geheimer Unterhandlung; sie hätten gewünscht, ihre alten Besitzungen wiederzubekommen, ohne doch die neuen zu verlieren. Von den Rumelioten hegten einige eine ähnliche Gesinnung, andere verließen ihre Wohnungen und ergriffen das Räuberhandwerk. In stete Streitigkeiten untereinander waren die Chioten verwickelt. Die Inselgriechen mochten tätiger und umsichtiger sein als andere, aber auch verschlagener waren sie, und da sie das venezianische Wesen schon allzu gut kannten, so zeigte sich ihre Berührung mit den übrigen Einwohnern eher verderblich: allenthalben richteten sie Unruhen an.

Da nun die venezianischen Nobili, denen die Ausführung der Anordnungen überlassen ward, eben auch nicht immer tadellos lebten und sich einen kleinen Gewinn gern gefallen ließen, so sieht man, wie schwer es für diejenigen, welche die Angelegenheiten leiteten und das Beste ernstlich wollten, werden mußte, es nun auch auszuführen.

Zunächst kam alles darauf an, das Land wieder in Anbau zu bringen. Die gesamte Zukunft desselben beruhte hierauf. Betrachten wir, wie man dieses Ziel zu erreichen suchte.

Landverleihungen

Mit der Entfernung der Türken war der Boden fast herrenlos geworden. Kraft des Rechts der Eroberungen waren nunmehr die Venezianer nicht allein Oberherren des Landes, sondern großenteils unmittelbare Eigentümer desselben.

Sie begannen damit, einen jeden in dem Besitz zu bestätigen, in dem sie ihn fanden. Einige Konzessionen hatten die Türken erteilt: sie wurden für gültig anerkannt. Aber wer sein Anrecht an ein Stück Landes auch nur durch zwei Zeugnisse erhärtete, behielt es ohne weiteres. Es ist wohl wahr, daß hiermit die meisten sich gleichsam aufgefordert fühlten, sich auch dasjenige anzueignen, was ihnen nicht zukam, und das Verfahren, das man im ersten Augenblick beobachtete, hatte etwas Tumultuarisches; es erweiterten mehr die Gescheitesten, die einigermaßen Wohlhabenden ihre Besitztümer, als daß die Bedürftigen, die Bauern, versorgt worden wären; allein es schien kein Verlust dabei zu sein, da man mit Grundeigentum überladen war.

Auch die Kirchen wurden in ihren Gütern bestätigt: sie griffen noch weiter um sich als die Privaten.

Obwohl die Osmanen das Land in der Regel nicht bauten, so gab es doch auch in Morea eine Anzahl mohammedanischer Bauern. Es mögen Leute gewesen sein, die einst um politischer Vorteile willen zum Islam übergegangen waren. Sie traten jetzt sämtlich wieder zum Christentum. Es waren 1317 Familien. Sie empfingen erst durch die Katastikatoren, hernach durch den Senat die Bestätigung in ihren Gütern.

Es versteht sich, daß bei alledem noch eine große Masse nicht allein von unbebauten Ländereien, deren es so viele in Morea gab, sondern auch von angebauten unangesprochen in den Händen des Staates blieben. „Auch gab es viele", sagt Emo mit großer Naivität, „die weder Rechte besaßen, noch auch Geschicklichkeit, sich deren zu verschaffen."

Es kam nun darauf an, sowohl diese zu versorgen, als die Ländereien, aus denen die Türken verjagt worden waren, gegen weitere Verödung zu sichern. Man entschloß sich, die verlassenen Wirtschaften, die man als öffentliches Gut betrachtete, aufs neue zu verleihen. Man beobachtete hierbei eine dreifache Methode.

Einige belastete man nur mit der Verpflichtung, den Zehnten zu zahlen, wie denn dieser auch auf den Privatgrundstücken lag, und die Gebäude herzustellen. Der Katastikator Gritti berechnet, daß er auf diese Weise 285 Häuser, 212 Mühlen und andere Gebäude, 840 Ackerstücke verteilt habe. Doch gab er sie nur auf fünf bis acht Jahre weg.

Andere wurden um den dritten Teil der Nutzung, wie es bei Privatpachtungen üblich war, in Pacht gegeben.

Für andere und, wie es scheint, die minder leicht zu bearbeitenden, zog man einen Zins vor, einen mäßigen in Geld fixierten Pacht, von dem man gleich damals bemerkte, daß er so gering wie möglich und auf solange wie möglich bestimmt sein müsse, wenn man das Land ausgebaut und mit Gebäuden besetzt zu sehen wünsche.

Wie die Eingeborenen wurden nun auch die fremden Ansiedlungen behandelt. Die Athenienser, die man besonders begünstigte, erhielten 1391 Ackerstücke, 7919 Weingärten, eine Menge anderer Gärten und über 47 000 Ölbäume. Sie hatten davon nichts als den Zehnten zu zahlen.

Es waren dies jedoch, wie man leicht sieht, fast durchaus provisorische Einrichtungen. Solange der Krieg währte, solange die Wechselfälle der Schlachten den Verlust des Landes noch immer als möglich erscheinen ließen, wäre eine definitive Einrichtung nicht einmal möglich gewesen. Auch würde sie nichts gefruchtet haben. Die vorsichtigen Griechen hätten sich dennoch dem Anbau eines Landes schwerlich mit Ernst unterzogen, das jeden Augenblick wieder in Feindeshand geraten konnte.

Ganz anders stellte sich die Sache, als der Friede geschlossen war, als die Türken wirklich auf das Land Verzicht geleistet hatten.

Dann ergriffen auch die Venezianer sofort entscheidende Maßregeln. Durch Beschluß vom 18. Juli 1699 erklärte der Senat die Perpetuität der Besitztümer. Francesco Grimani machte dies in einer feierlichen Proklamation dem ganzen Lande bekannt.

Nichts war förderlicher als diese Erklärung. Nunmehr begann alles an Landbesitz zu denken. Auch diejenigen meldeten sich, welche früher eher Widerwillen gegen ländliche Beschäftigungen gezeigt hatten. Diejenigen aber, die bereits Güter empfangen, ohne sich doch bis jetzt viel daraus zu machen, trafen Anstalt, Arbeiter aus den benachbarten osmanischen Provinzen herüberzuziehen.

Die Regierung konnte bereits einen Schritt weitergehen.

Sie hielt es nicht mehr für angemessen, die angebauten Ländereien so ohne weiteres wegzugeben. Um auch die unbebauten Fluren zum Anbau zu befördern, fügte sie den Verleihungen von jenen immer noch größere von diesen hinzu. Auch sorgte sie, daß die Vergabungen nicht allzu reichlich ausfielen. Sie wünschte nicht, mit dem neuen Anbau die Landleute von dem alten wegzulocken und diesen dadurch zu veröden. Durch kleine und mäßige Austeilungen meinte sie den Fleiß eher anzuspornen als durch allzugroße. Es entstand ein allgemeiner Wetteifer und man suchte sich schon aus Venedig Empfehlungen zu verschaffen, selbst um nur unbebautes Land zu bekommen.

Auf diese Weise wurden nunmehr auch die neuen Einwanderer behandelt. Grimani urteilte, daß 60 Stremmen für eine gewöhnliche und 100 Stremmen für eine Familie eines Oberhauptes hinreichend sei. Er gab ihnen fast durchaus unbebautes Land. Unglücklicherweise ward die Einwanderung damals aus politischen Gründen einen Augenblick eingehalten: Grimani mußte eine Anzahl von Familien, die sich gemeldet, zurückweisen; er vertröstete sie auf bessere Zeiten, die denn auch in der Tat bald darauf eintraten.

Mit der anwachsenden Zahl der Einwohner stand dergestalt, wie billig, Verteilung und Aufnahme des Landes in entsprechendem Verhältnis.

Schon hatte man einen Kataster unternommen. Er bestand anfangs freilich mehr in der Vermessung der Territorien im ganzen, als in einer genauen Bezeichnung der einzelnen Grundstücke; jetzt fand Grimani bei der Allgemeinheit der eingetretenen Veränderungen und der Neuheit allen Besitzes auch diese letzte notwendig. Der Kataster sollte nicht allein Umfang und Beschaffenheit, sondern auch Art und Titel des Besitzes angeben: hauptsächlich kam es auf eine Absonderung der Staatsgüter, die noch übrig waren, von dem Privateigentum an. Nachdem die Methode, die er vorschlug, in Venedig gebilligt worden, schritt er ans Werk. Er nahm zuerst die Territorien vor, welche überhaupt noch unvermessen geblieben, doch ging es damit etwas langsam. Es fand sich anfangs nur ein einziger Kunstverständiger. Nach dem Frieden wurden jedoch einige Ingenieure herangezogen; als Grimani abging, hinterließ er seinem Nachfolger ein Kollegium von 15 Mitgliedern unter einem Direktor namens Van Dyk. Soviel ich sehe, hat er nur Vostizza und zwei Territorien von Tripolizza auf diese Weise vermessen. Die Nachfolger setzten die Arbeit ununterbrochen fort. Nur darin trat eine Änderung ein, daß der Staat nach einiger Zeit die Ausgabe nicht mehr selbst tragen wollte, sondern die Eigentümer anhielt, die Kosten mit drei Soldi für die Stremme an seiner Statt zu übernehmen. Sie taten dies nicht ungern, da ihre Namen eingetragen wurden und die Erbfolge dadurch für ihre Nachkommen auf immer gesichert schien.

Ich werde am Schluß eine Tafel über die Statistik des Landes beifügen, welche das Resultat des ersten Katasters zu sein scheint. Von dem zweiten fand ich wenigstens in Venedig keine Spur. Ich weiß nicht, ob er nicht vielleicht dem zugrunde liegt oder es gar selbst ist, von dem man wissen will, er werde in Konstantinopel aufbewahrt.

Auf jeden Fall war hierdurch der Glaube an die Sicherheit des Eigentums wesentlich verstärkt und die Neigung zu dem Anbau des Landes erhöht.

Ehe jedoch die Agrikultur in den vollen Schwung gelangen konnte, den man ihr zu geben beabsichtigte, mußten einige andere Schwierigkeiten beseitigt werden, die hauptsächlich in der Belastung bestanden, welche auf das Land gelegt war.

Zehnten

Wie unter den persischen Königen und Satrapen, in so vielen römischen Provinzen, war auch in Griechenland der Zehnte von alten Zeiten her eingeführt. Hat doch Pisistratus selbst das freie Volk der Athener dem Zehnten unterworfen.

Nach so langer Zeit fanden auch die Venezianer diese Abgabe vor und zogen sie ein, so wie sie Ort für Ort eroberten.

Sie zeigte sich aber äußerst drückend, nicht so sehr vermöge ihres Betrages, als durch die Art und Weise ihrer Einsammlung.

Man trieb den Zehnten damals ziemlich ebenso ein, wie es hernach wieder üblich geworden ist, wie man es noch heutzutage tut. Er wurde verpachtet. Der Meistbietende hatte ihn auf seine eigene Gefahr einzubringen.

Natürlich waren mit dieser Methode die größten Übelstände verknüpft. Mit unbeschreiblicher Härte ward die Gebühr eingetrieben. Der Zehntner lebte überdies auf Unkosten des Dorfes, wo er sein Geschäft vollzog. „Der Trost der Ernte ward", wie sich Emo ausdrückt und wie es in der Natur der Sache liegt, „dem Bauer durch die Erscheinung des Zehntners unglaublich getrübt." Darum hatte indessen der Staat keine größere Sicherheit. Eben die gierigsten Einsammler blieben doch oft mit ihrer ganzen Summe in Rest.

Von allem Anfang wünschten die Venezianer dies abzustellen: schon die Sindikatoren waren dazu beauftragt; doch finde ich nicht, daß sie etwas dafür getan hätten.

Grimani dagegen, unterstützt durch die ausgesprochene Perpetuität der Besitztümer, mutig gemacht durch die größere Nachfrage nach Grundeigentum, tat einen entscheidenden Schritt. Es gelang ihm, die Gemeinden dahin zu bringen, daß eine jede die Auszahlung ihres Zehnten solidarisch selbst übernahm.

Es ist keine Frage, daß dies das wohlersonnenste Mittel war. Der Geist dieser Nation kann überhaupt nur durch Gemeinschaftlichkeit der Interessen erweckt und in einer gewissen Richtung geleitet werden, und es gab keine Institution, die hierzu beizutragen geeigneter gewesen wäre. Auch bemerkte man sogleich, daß der Ackerbau dadurch unmittelbar gewann. Früher hatten gar manche ihren Müßiggang mit den Plackereien der Einsammlung des Zehnten entschuldigt. Jetzt fiel nicht allein diese Entschuldigung weg, sondern als Gemeindeglieder mußten sie auch ihren Anteil unter jeder Bedingung zahlen; es erfolgte, daß sie dann auch dafür soviel wie möglich ernten wollten.

Nur war Grimani etwas zu rasch gegangen. Er war ein Mensch, der große Resultate liebte und sich leicht schmeichelte, alles das ins Werk zu setzen, was er auf dem Papier entworfen hatte. Wir erstaunen, wenn wir in seiner Relation lesen, daß er den Zehnten bald noch einmal so hoch steigen zu sehen hoffe, als er ihn angesetzt hatte. Es ergab sich ganz das Gegenteil. Er hatte bereits eine so starke Summe bestimmt, daß sie nicht aufgebracht werden konnte. In dem ersten Feuer hatten sich die Griechen gefügt; aber bei der nächsten minder ergiebigen Ernte zeigte sich, daß sie ihre Versprechungen unmöglich zu erfüllen vermochten. Sie wurden säumig und zahlten nicht, die Regierung ward mißvergnügt. Beide kehrten zu dem alten System zurück, auch die alten Gewaltsamkeiten traten wieder hervor. Unerträglich waren die Ausfälle der Kassen.

In diesem Zustande übernahm Anzolo Emo die Verwaltung, der, wie es scheint, von Natur praktischer, es nun auch überdies leicht hatte, einen Fehler zu durchschauen, dessen Folgen so offen am Tage lagen.

Er entschloß sich, von jenen prunkenden Zahlen abzusehen, mit denen diese Provveditoren ihr Budget, wenn wir uns so ausdrücken dürfen, ausstatteten. „Die Einkünfte", sagt er, „sind so groß als die Summe, welche effektiv in die Kasse kommt; alles andere ist Chimäre." In dieser Überzeugung suchte er nun zuvörderst sichere Leute zu Pächtern. Er schloß alle, welche in dem öffentlichen Schuldbuche standen, alle, welche keinen hinreichenden Besitz hatten, von den Lizitationen aus und nahm niemand an, von dem er nicht hinreichende Bürgschaften sah. Allerdings mußte er sich gefallen lassen, daß die Angebote sich nicht so hoch beliefen, als die Summe in den Registern Grimanis: der nominelle Betrag des Zehnten erfuhr einen nicht unbedeutenden Abfall; aber er versichert, daß der jetzt festgesetzte Betrag nun auch wirklich eingelaufen sei, ja daß die eingegangene Summe das frühere Einkommen beinahe um 20 000 Realen übertroffen habe.

Sollte nun aber hiermit jener höhere Zweck, die Kommunen durch gemeinschaftliche Übernehmung des Zehnten sowohl zu erleichtern, als enger zu verknüpfen, ganz beseitigt sein?

Sowie nur erst die Sache wieder in Ordnung gebracht war, so daß doch wenigstens die Kasse bestehen konnte, so dachte Emo auch hierauf. Hören wir ihn selbst: „Ich legte", sagt er, „dem Senate den Vorschlag vor, jeder Kommune ihren eigenen Zehnten zu überlassen, dergestalt jedoch, daß die Freiheit der Lizitation dabei stehen bliebe und keine über ihre Kräfte, über das Maß ihres Produktes hinaus angestrengt würde; zugleich schlug ich vor, den Zehnten nicht wie bisher auf ein Jahr, sondern immer auf fünf oder sechs Jahre zu verpachten. Einmal, weil damit eine Menge kleiner Intrigen abgeschnitten werden, sodann, um nicht den Leuten gerade dann, wenn die Feldarbeit am nötigsten ist, Gelegenheit zu geben, sie zu verlassen, um sich bei der Versteigerung einzufinden. In der solidarischen Verpflichtung der Kommunen erblickte ich die sicherste Bürgschaft. Durch Dukale vom 2. April 1707 ward meine Maxime gebilligt, und ich bekam Mut zur Ausführung. Im ersten Jahre gelang es mir, jedoch immer ohne das Gesetz der öffentlichen Versteigerung zu verletzen, viele Zehnten auf die Kommunen fallen zu machen: nur erst auf zwei oder drei Jahre; ich setzte es zunächst in Messenien im Einverständnis mit den Primaten und Ältesten durch." Er bemerkt, daß es ihm viele Mühe gekostet habe, ihren Widerwillen zu überwinden, der indes aus einem sehr löblichen Gefühl entsprang. Sie hatten sich früher mit äußerstem Mißvergnügen in die Registratur der öffentlichen Schulden eingeschrieben gesehen und wollten dies nicht wieder erleben.

Emo hat sich durch seine Maßregeln ein großes Verdienst erworben. Fort und fort sehen wir nun dieses wichtige Element des öffentlichen Haushaltes besser gedeihen. Gleich sein Nachfolger, Loredano, erklärt, daß die Zehnten beträchtlich angewachsen und alle auf das beste gesichert seien, entweder durch die Wohlhabenheit der Käufer oder durch hinreichende Bürgschaft oder durch die solidarische Verpflichtung der Kommunen. Er versichert, daß diesen letzteren Jahr für Jahr eine Menge Zehnten zugeschlagen worden, und zwar mit dem wünschenswertesten Angebot, er habe ihnen nach der Anweisung des Senates immer so viel Erleichterung als nur möglich angedeihen lassen. Auch Loredano hatte noch mit dem Widerwillen der Bauern zu kämpfen, und sie zögerten noch immer, zuweilen bei den Versteigerungen zu erscheinen; aber die guten Ernten, deren man sich ein paar Jahre erfreute, und die allmähliche Aufnahme des Landes überhaupt brachten auch diese Sache in einen besseren Fortgang.

Man hat bemerkt, daß Tine die bestangebaute Insel des Archipelagus sei, und den Grund davon in der Einrichtung und festen Bestimmung des Zehnten gesucht, der sich von venezianischen Zeiten her daselbst erhalten hat. Auch in Morea sehen wir, arbeiteten die Venezianer auf eine feste Bestimmung hin. Indessen gingen sie mit vieler Umsicht und nur allmählich zu Werke. Manche hätten den Kataster nun sofort zu einer allgemeinen Schätzung zu benutzen und den Zehnten nach Maßgabe derselben auf immer zu fixieren gedacht. Loredano wenigstens fand dies nicht ausführbar. „Es ist leicht", sagt er, „den Plan zu entwerfen: bei der Ausführung werden sich unüberwindliche Schwierigkeiten ergeben. In Morea kann man nicht verfahren, wie in Italien bei der Nähe und unmittelbaren Aufsicht der Regierung." Augenscheinlich fürchtet er, die Regierung werde durch eine allzu niedrige Schätzung auf immer in den größten Nachteil geraten.

Es erinnert dies an Schwierigkeiten, welche die heutige Regierung findet, die noch mit allen Nachteilen der Verpachtung zu kämpfen hat. Im Gefühle derselben schwankt sie, soviel wir sehen, zwischen dem System der unmittelbaren Regie und einer Fixierung auf immer. Dürfen wir aus der Ferne und ohne unmittelbare Anschauung ein Urteil wagen, so ist wohl zu besorgen, daß die Regie, solange der öffentliche Geist sich nicht wahrhafter an den Staat angeschlossen hat, die Kontrolle nicht durchgreifender geworden ist, den Kassen ungemeine Verluste zuziehen dürfte. An eine Fixierung ist nicht zu denken, solange man keinen auf die heutigen Verhältnisse gegründeten Kataster besitzt, und aus dem Urteil der Venezianer möchte man schließen, daß auch mit einem solchen noch immer vieles zu bedenken sein würde. Der Ausweg, den die Venezianer ergriffen, bei der Auflage der Kommunen zu interessieren, hat unendlich viel für sich. Die Zahlungen werden sicherer, zu dem Landbau liegt ein neuer Antrieb darin, der Geist des Kommunalwesens, auf dem der griechische Staat vor allem beruht, wird genährt, gehoben.

Im Jahre 1715 finden wir die Zehnten in großer Aufnahme und fortwährend steigendem Ertrage.

Domänen

Unermeßlich waren im Anfang die Domänen. Durch die Kolonisation, die Landverteilungen an die Eingeborenen waren sie nun allerdings sehr zusammengeschmolzen.

Es gab wohl Leute, die dies bedauerten. Wer das Land kannte, sah jedoch bald, daß es notwendig gewesen war, daß Morea nur um diesen Preis neue Bewohner hatte finden können. „Dies ist“, ruft Emo aus, „die wahre Politik eines Fürsten, der nicht rechnen darf wie ein Privatmann.“

Jedoch nicht alles hatte man sogleich weggeben mögen. Noch immer war eine ansehnliche Masse von Staatsgütern übrig geblieben, und es kam nun darauf an, sie vorteilhaft zu bewirtschaften.

Sie wurden anfangs, wie allenthalben herkömmlich, verpachtet. Es dauerte nicht lange, so zeigte sich hier das System der Verpachtung noch bedenklicher als anderswo.

Einmal hatte die Autorität geraume Zeit hindurch so wenig Nachdruck, daß sie sich stets Usurpationen der benachbarten Privateigentümer über das öffentliche Gut gefallen ließ. Man trug sogar Bedenken, diesen Ungesetzlichkeiten mit Entschlossenheit entgegenzugehen. Auf die Herstellung eines angemaßten Gutes zu dringen, schien politisch gefährlich.

Ferner geschah wohl, daß neuankommende Ansiedler die Arbeiter von den Domänen wegzuziehen und sich dagegen ihnen anzuschließen überredeten.

Die Hauptsache aber war die Unzuverlässigkeit der Pächter, die nur das Land aussaugten und es alsdann verließen, oft genug ohne ihre Pachtgelder zu leisten. Man dachte sehr bald daran, die Pachtzeit zu verlängern; denn desto verderblicher zeigten sich die Pachtungen allerdings, je kürzer der Zeitraum war, auf den sie geschlossen wurden; etwas mochte es helfen, aber nicht viel.

Als nach Beendigung der Kriegsbewegungen und unter anderem auch deshalb, weil die Kultur zunahm, die Getreidepreise merklich sanken, fielen die Pachtungen plötzlich auf eine unglaubliche Weise. Wofür man sonst 1000 Realen geboten hatte, dafür wollte man nur noch 400 geben. Und auch dafür verschmähte man das Land oft noch. Die schönsten Güter blieben jahrelang pachtlos.

Es war dies im Grunde wohl sehr natürlich. Da es so leicht fiel, Eigentum zu erwerben, so verlor man die Lust, eine Pachtung zu übernehmen. Sich anzustrengen, das Land wirklich in guten Zustand zu bringen, schien nur dann der Mühe wert, wenn man die Hoffnung hegen durfte, es seinen Nachkommen zu hinterlassen.

Dies war der Zustand der Dinge, als die Inquisitoren im Jahre 1701 nach Morea kamen. Um ihm abzuhelfen, fanden sie ein einziges Mittel. Sie entschlossen sich, auch die verpachteten Ländereien in eine Art von Eigentum zu verwandeln. Sie verwandelten die Pachtsumme in Erbzins.

Eine Maßregel, die augenblicklich einen ungemeinen Sukzeß hatte. Die Griechen drängten sich zu dem Erwerbe dieser Ländereien.

Die Inquisitoren glaubten sich durch die Konkurrenz zu einer Steigerung ihrer Forderungen berechtigt. Sie meinten, bei Verleihungen auf immer auch das unbebaute Land mit in Anschlag bringen zu können, da ja nach und nach angebaut werden könne, obwohl es bei den Pachtungen bisher nicht in Betracht gezogen worden. Daher forderten sie einen ziemlich hohen Erbzins. Lebhaft gingen die Griechen darauf ein und verstanden sich zu allem.

Anders aber stand es, als sie nun auch ihre Verpflichtungen erfüllen sollten. Nicht aus bösem Willen, sondern aus wirklicher Unfähigkeit konnten sie die Summe nicht aufbringen, zu der sie sich anheischig gemacht. Emo kann nicht beschreiben, wie er die Schuldbücher mit Namen angefüllt gefunden: die Hälfte der Einwohner zahlungsunfähig! Ein Volk von Schuldnern!

Wie Grimani bei dem Zehnten, waren die Inquisitoren bei dem Erbzins in ihren Erwartungen zu weit gegangen, Emo hatte den Zehnten herabgesetzt: er mußte auch den Erbzins ermäßigen.

Umstände, unter denen die weitere Verwandlung der Pachtgelder in Erbzins notwendig innehielt. Emo mußte noch immer vieles verpachten. Er fand freilich nur die geringsten Angebote; was ihn dann wieder nötigte, nur auf wenige Jahre zuzuschlagen.

Unter seiner Verwaltung kamen die Verhältnisse so zu stehen, daß die Pachtsumme 18 000, die Summe der Erbzinsen 50 000 Realen betrug.

Unter Loredano besserte es sich schon mit der Bezahlung der letzteren. Er findet allenthalben, wo man säumig ist, die Schuld in dem Unvermögen der Leute, nicht in ihrem Willen, und dringt auf Nachsicht.

Die Pacht dagegen wollte allmählich niemand mehr. Unter Loredano kam der Gesamtbetrag der Pachtungen so weit herab, daß er ihn gar nicht mehr der Erwähnung wert findet.

Sagredo erklärt sich ganz wider die Pacht. Er findet, der Pächter habe kein eigenes Interesse und mache eben deshalb keine rechten Anstalten. Alles gehe schlecht. Er widerrät, auch nur ein einziges Stück Land jemals wieder in Pacht zu geben.

Dagegen hatte die Verleihung auf Erbzins zu mäßigen Sätzen den besten Fortgang. Die Zahlungen wurden geleistet, täglich liefen Anträge ein. Sagredo hat über 18 000 Morgen Acker auf Erbzins verteilt. Es waren drei große Strecken unangebauten Landes.

Einkünfte

Als die Venezianer das Land übernahmen, errichteten sie in den sieben vornehmsten Orten, wie in ihren italienischen Städten, Kammern, um ähnliche Gefälle, wie dort, hauptsächlich indirekte Abgaben, auf Wein, Aquavit, Öl, Tabak und Salz, einzuziehen. Auch ging das im Anfang gut und die Erträge waren gar nicht unansehnlich*. Als aber die Bewegung des Krieges nachließ, sanken dieselben in einem Grade, daß einer der einsichtsvollsten von unseren Provveditoren, Anzolo Emo, geradezu auf eine Abschaffung aller dieser Gefälle antrug. Er bewirkte we-

* Im Jahre 1691 waren folgendes die Kammern und ihre Einkünfte:

Patras	43,053 Realen	Chielafa	7,658 Realen
Casteltornesi	35,543 Realen	Malvasia	44,080 Realen
Modon	29,875 Realen	Napoli di Romania	37,677 Realen
Koron	63,278 Realen		
			261,164 Realen

In die Kammern gelangte natürlich auch alles, was an Zehnten oder Hutgeldern eingehen mochte. Nicht alle Rechnungen stimmen zusammen. Nach Emo hätte sich der Ertrag schon früher auf 280,000 Realen belaufen. Wir ziehen aber billig die genauere Darstellung vor.

nigstens, daß man darauf verzichtete, sie zu erhöhen. Der Staat hätte nicht verwaltet werden können, hätte man nicht andere Hilfsquellen gefunden.

Wir haben schon einen Teil der übrigen Einkünfte erörtert. Die Zehnten, der Ertrag anfangs der Pachtungen, hernach aber des Erbzinses, bildeten allmählich ein bedeutendes und sicheres Einkommen. Noch ein anderes schloß sich unmittelbar an dies agrarische Verhältnis an.

Man erinnert sich jener alten böotischen Inschrift von Orchomenos, die selbst des Lord Byron Aufmerksamkeit auf sich gezogen hat. Wir sehen aus ihr, daß Orchomenos Viehweiden hatte, die dem Staate angehörten und förmlich verpachtet wurden; mit dem Weidepächter hatten die Benutzer, denen das Vieh gehörte, ein weiteres Abkommen zu treffen. Wie in den ältesten republikanischen Zeiten, so war es fortwährend unter den großen Monarchien gehalten worden, so fanden es die Venezianer in Morea. Dem Staat gehörten die Weiden an; er hatte seine Pächter; mit diesen hatten die Eigentümer der Herden sich zu verständigen. Gewiß ein bedeutender Gegenstand, da Morea schon damals, wie auch heute noch, an Herden außerordentlich reich war. Nur traten auch hier ähnliche Schwierigkeiten wie bei den Pachtungen der Zehnten ein, Belästigung der Untertanen, Übervorteilung des Staates. Emo traf auch hier eine durchgreifende Reform. Er richtete vier Pachtungen in den vier Provinzen ein; er brachte es dahin, daß jede von einem guten Hause übernommen ward, welches die Zahlung mit Sicherheit erwarten ließ. Das Nähere hierüber finden wir nicht. Er versichert nur, daß seine Einrichtung ebensowohl auf die Zufriedenheit der Untertanen als auf den Vorteil der Kasse berechnet sei.

Einen weit wichtigeren Gegenstand aber, wie man denken kann, bildete das Salz. Die Küsten von Morea bieten einen ungemeinen Reichtum an Seesalz dar. In den See von Thermis brauchte man nur hinabzusteigen, es in Körben herauszutragen und auf der kleinen sandigen Landzunge, die den See von dem Meere scheidet, aufgeschüttet stehen zu lassen, um es benutzen zu können. Noch viele andere Salinen gab es an ähnlichen Plätzen. Die Venezianer schlossen sie alle. Nur das Salz von Thermis und von Kaminizza in Achaia wollten sie benutzen und benutzen lassen. Sie hatten dabei einen doppelten Zweck.

Da sie selbst in Venedig ihr Salz kaufen mußten, so machten sie einen Versuch, dies griechische, das sie wenigstens nicht zu bezahlen brauchten, dort einzuführen. Das Salz von Thermis ward deshalb in zwei Sorten abgeteilt und die beste für Venedig bestimmt. An der Quantität, die dazu erforderlich war, fehlte es nicht. Grimani erhielt in einem Jahre 36 000 Coffe von der besseren und 29 892 Coffe von der geringeren Sorte, die Coffa zu 150 Pfund. Indes es scheint nicht, als habe man zu Venedig an dem moraitischen Salz viel Geschmack gefunden. Ich finde anfangs, daß man es zu verbessern suchte; hierauf wird der Sache nicht weiter gedacht.

Dagegen war der Verkauf des Salzes in Morea selbst von großer Wichtigkeit. Die Republik nahm das Monopol an sich. Sie hatte acht Pächter, die das Land in acht Bezirke zu diesem Behufe teilten; der Preis ward auf 2 Soldi das Pfund bestimmt.

So mäßig aber auch dieser Preis war, so konnte er doch nicht einen großen Unterschleif verhindern. Die Türken hatten das Salz ebenso reichlich an den Küsten, die ihnen geblieben waren, und gaben es für einen immer noch geringeren Preis. An manchen Orten brauchten die Einwohner nur an das Meer hinabzugehen, um sich selbst mit ihrem Bedürfnis zu versorgen. Gerieten nun hierdurch die Pächter in Nachteil, so war es kein Wunder, wenn sie sich, um sich zu behaupten, Gewaltsamkeiten zuschulden kommen ließen. Man mußte ihnen Haussuchungen gestatten. Es ereignete sich wohl, daß sie Salz, das nur aus einer anderen Provinz des Landes hereingebracht war, als Konterbande in Anspruch nahmen. Unerträglich schien den Einwohnern die Verpflichtung, ihr Salz an dem Wohnorte des Pächters des Bezirkes zu nehmen, zu dem sie geschlagen waren. Es entstand lauter Mißvergnügen. Die Staatskassen kamen dabei nicht besser weg. Die Summe, welche aufgebracht ward, war außer allem Verhältnis zu dem Verbrauche, der bei so viel Viehzucht vielmehr ganz bedeutend sein mußte.

Wir sahen schon an mehreren Beispielen, von welch entschlossener Gesinnung Grimani war; auch hier machte er den Vorschlag zu einer durchgreifenden Maßregel. Er wollte jeder Familie die Pflicht auferlegen, eine gewisse Menge Salz nach ihrem mutmaßlichen Bedürfnis dem Staate abzukaufen.

Der Senat hätte gefürchtet, durch eine Zwangsmaßregel dieser Art eine allgemeine Unzufriedenheit zu erregen und ging nicht darauf ein.

Im Gegensatz gegen Grimani trat hierauf Emo mit milderen und unbedenklicheren Vorschlägen hervor. Einmal riet er, jene acht Pachtungen in eine einzige zu vereinigen. Wenigstens wäre dadurch der Übelstand der angeblichen Konterbande von einer Provinz in die andere weggefallen und der Bauer hätte seinen Bedarf an dem Orte kaufen dürfen, wo er sonst Geschäfte hatte. Zugleich erinnerte Emo, es werde wohlgetan sein, den Preis noch herabzusetzen: was man etwa zu verlieren scheine, werde der allgemeinere Gebrauch auf anderem Wege vergüten.

In Venedig fanden diese Vorschläge die verdiente Berücksichtigung. Nach und nach, immer mit der gewohnten Vorsicht und Langsamkeit, schritt man zur Vereinigung der Salzpachtungen. Man wollte wenigstens in jeder Provinz nur einen Unternehmer dulden; in Lakonia und Romania ward dies zunächst ins Werk gesetzt. Auch fragte der Senat bei Loredano an, was er von der Herabsetzung des Preises halte. Nicht so ganz entschieden war dieser wie Emo. Er fürchtete einen allzu erheblichen Nachteil für die Kasse und wollte erst das Gutachten der Pächter selbst vernehmen.

Indessen gab Loredano eine andere Maßregel an die Hand, ohne Zweifel die beste, die sich ergreifen ließ.

Als nämlich die vakante Salzpachtung von Gastuni und Coritena wieder versteigert werden sollte, weigerten sich die bisherigen Unternehmer, sich dem Geschäfte aufs neue zu unterziehen. Sie erklärten, nicht bestehen zu können, da die gesamte Einwohnerschaft, namentlich von Caritena, sich anderswo versorge. Auch kein anderer stellte sich dar, der dazu Lust gehabt hätte.

Hierauf berief Loredano die Vorsteher des Distriktes. Er stellte ihnen die Verlegenheit vor, in der er sich befand, und brachte sie in der Tat dahin, daß sie sich mit Einwilligung der Primaten der verschiedenen Dörfer dazu verstanden, zwei Jahre lang jedes Jahr 1200 Stara Salz von den Staatspächtern zu nehmen. Diese Quantität sollte auf die Dorfschaften nach ihrer Größe verteilt und von ihnen bezahlt werden. Eine für den Gegenstand ohne Zweifel höchst wichtige Wendung. Nicht allein kam nun jene Pacht, und zwar auf die erwünschtesten Bedingungen zustande; gar bald fand auch dies Beispiel Nachahmung, zunächst im Gebiete von Arcadia, und Loredano schöpft, da, wie er sagt, „in diesem Volke das Beispiel außerordentlich viel vermag“, Hoffnung auf eine allgemeine Nachfolge.

Dann würde gewissermaßen die Absicht Grimanis erfüllt worden, jede Familie würde verpflichtet gewesen sein, ein gewisses Maß von Salz von dem Staate zu nehmen. Allein auf eine ganz andere Weise wäre sie erfüllt worden, als er gedacht hatte. Nicht durch einen Akt der Machtvollkommenheit, welcher ohne Zweifel Klage und Widerstand erweckt haben würde, sondern durch freiwillige Übereinkunft, was den Erfolg um vieles sicherer stellte und zugleich die Bande des Staates befestigte.

Auch in Hinsicht der anderen Auflagen nahm man einige Änderungen vor: die Pachtungen wurden in jedem Zweige nach den vier Provinzen abgegrenzt. Emo drang auf eine vollkommenere Handhabung des Tabakmonopols. Doch sind diese Dinge nicht von genugsamer Bedeutung, um dabei länger zu verweilen. Von den Quartiergeldern für die stehende Armee wird später noch ein Wort vorkommen.

Suchen wir jetzt zusammenzufassen, wie hoch sich die Einnahmen im ganzen beliefen, so finden wir die verschiedensten Berechnungen.

Der gute Grimani, der zuerst im Frieden die Fülle von Hilfsquellen übersah, welche dieses Land in sich schließt, berechnete die Einkünfte des Landes auf 605 460 Realen. Er behauptet, dabei noch gar manches nicht in Anschlag gebracht zu haben und ist der Meinung, wenn man nur seine Vorschläge befolge, so werde man sie gar bald bis über eine Million erhöhen.

Wir wissen indes, wie sehr er sich hierbei verrechnete. Ein ganzes Dritteil dieser Einnahmen stand nur auf dem Papier und war niemals zu heben. Emo fand ein Einkommen von 400 000 Realen. Wollte er es erhöhen, so mußte er zuerst seine Ansprüche ermäßigen. Er versichert, es habe ihm viele Mühe gekostet, es auf 461 548 Realen zu bringen.

Diese Ziffern können wir bei der Genauigkeit des Gewährsmannes für sicher annehmen. Sie bilden die Grundlage für den weiteren Fortgang. In den drei Jahren der Verwaltung des Marco Loredano betrug die Einnahme

1708	500 194	Realen,
1709	493 311	Realen,
1710	500 501	Realen.

Der Mehrbetrag gegen die Rechnungen des Emo läßt sich leicht erklären, da der Landbau, die Zehnten und der Erbzins immer mehr in Aufnahme kamen. Für die letzten Jahre fehlt es uns an genaueren Angaben; doch können wir wohl nicht zweifeln, daß die Einnahmen gestiegen sein werden, da alle Verhältnisse des Landes sich fortwährend besserten.

Von dieser Summe wurden in dem Inneren des Landes 250 000 Realen als regelmäßige, 30 000 als außerordentliche Ausgaben verwendet. Man besoldete damit das Heer, baute Festungen und bestritt alle sonstigen Kosten.

Fragen wir, was mit dem Reste geschah, so wäre es ein Irrtum, dafür zu halten, daß er nach Venedig gegangen sei. Die Verwaltung aller transmarinen Länder der Republik stand im engsten Bezug zu der Kasse der Flotte, wie denn auch der Generalkapitän derselben einen unmittelbaren Einfluß auf die Verwaltung ausübte. Bis auf Grimani hatte die Verwaltung von Morea fortwährend Zuschüsse aus dieser Kasse empfangen. Jetzt floß der Überschuß der Verwaltung in dieselbe zurück.

Man kann dies nicht für eine Benutzung des Landes zugunsten des venezianischen Staates halten. Die Flotte gehörte dazu, das Land zu verteidigen und das Meer von Korsaren zu säubern.

Handel

Allerdings gab es Fälle, wo der Vorteil der Hauptstadt mit dem Vorteil der Provinz nicht ganz übereinstimmte.

Der Handel von Morea war bisher nur sehr geringfügig gewesen. Es war ein Verkehr mit den nächst gelegenen türkischen Provinzen zwischen Messenien und der Barbarei: Malvasia und Alessandria in Ägypten, Romania und den Inseln des Archipelagus. Achaia hatte einigen Verkehr mit den ionischen Inseln.

Man hätte vermuten sollen, die Vereinigung mit einem hauptsächlich handeltreibenden Staate wie Venedig würde auch dem moraitischen Handel neuen Aufschwung verschaffen. Wenigstens bot Morea viele treffliche Produkte dar, Wolle, Baumwolle und Seide, Getreide, Öl, Rosinen, obwohl die letzten lange nicht in der Menge und Trefflichkeit wie später – sie kommen nur wie ein anderer Artikel vor –- Korduan, Wachs und andere. Was ließ sich nicht alles bei dieser freigebigen Produktion und der günstigen Lage des Landes von einer aufmerksamen und geschickten Bewirtschaftung erwarten.

Eben hier aber stieß der Vorteil und das Beste des Landes mit den venezianischen Gewohnheiten und Vorurteilen zusammen.

Venedig behandelte seine Besitztümer durchaus nach den Grundsätzen der alten Kolonialpolitik: es suchte soviel als möglich allen Handel derselben nach der Hauptstadt zu bannen; ihr ganzer Verkehr mit der übrigen Welt sollte nur durch die Vermittlung von Venedig selbst vollzogen werden.

Es ist offenbar, daß, wenn dieses System sofort auch in Morea eingeführt wurde, der gesamte Handel dieses Landes in seinem ersten Aufkommen vernichtet war.

Auch sah man es ein, und während der Kriege waren die Beschränkungen so unausführbar, daß man ein Indult gewährte.

Die Natur des Indultes brachte es freilich mit sich, daß der Handel sich nicht recht fixierte: man hatte fortwährend den Widerruf desselben zu fürchten. Indessen war er doch sehr förderlich. Alle jene Provveditoren verwenden sich auf das lebhafteste für seine Erhaltung. „Die vornehmste Quelle des Wohlstandes“, sagt Grimani, „ist der Handel. Nur Freiheit und Sicherheit vermögen ihn zu fördern. Die eine hängt von der Säuberung des Meeres, die andere von dem allenthalben unverhinderten Lauf des Verkehrs ab. Die Auflage auf Einfuhr und Ausfuhr bietet einen bei weitem größeren Vorteil dar, als die Bannung des Verkehrs in die Hauptstadt jemals gewähren würde."

Ihr Augenmerk war nun vorzüglich auf die Erleichterung der Mittel des Verkehrs, die Beschränkung der Einfuhr, die Belehnung der Industrie gerichtet. Es sind aber alles nur Anfänge.

Unter Grimani suchte ein alter Oberst, des Namens Rovelli, Posten, zunächst in dem Inneren des Landes, einzuführen, die dann weiter mit den Inseln der und der Hauptstadt kommunizieren sollten. Er legte Gebäude zu Napoli di Romania, Korinth und einigen anderen Orten an und brachte die Sache ziemlich in Gang. Leider starb er bald nach dem Beginn. Doch ließen sich Senat und Provveditoren die Fortsetzung angelegen sein.

Eine Hauptabsicht war, den Weinbau emporzubringen. Man fand ihn hier noch mehr als in anderen türkischen Gebieten vernachlässigt. Im Anfang wurden französische und italienische, späterhin wenigstens Weine von den Inseln des Archipelagus und von Rumelien nach Morea gebracht. Es schien den Venezianern schimpflich, ein Land zu haben, das sich zum Weinbau so sehr eigne und dennoch den Wein von Fremden zu kaufen. Zunächst sorgten sie für neue Anpflanzungen, und schon Emo findet dieselben so weit gediehen, daß sie in kurzem mehr liefern würden, als man brauche. Es dauerte indes eine Weile, ehe wenigstens die Fremden, die, welche mit der Flotte nach Napoli gekommen, die Truppen sich an den Wein von Morea gewöhnten. Man suchte Anbau und Verbrauch desselben auch dadurch emporzubringen, daß man einen starken Impost auf fremde Weine legte. Es ist wohl augenscheinlich, daß die große Produktion von Rosinen und Korinthen, die dem Lande in späterer Zeit so nützlich gewesen ist, sich hierauf gründet.

Auch Manufakturen dachte man in Morea einzuführen. Die erste Rücksicht blieb dabei immer, die Einwohner selbst mit ihrem Bedürfnisse zu versorgen; allein gar bald faßte man auch höhere. Grimani erhob sich zu der Hoffnung, dem Verfalle, in dem sich der Verkehr mit venezianischen Produkten in der Levante befand, durch einige Etablissements in Morea entgegenzuarbeiten. Er zog in Betracht, daß man in Konstantinopel am liebsten Seidenzeuge trug, die in Chios fabriziert wurden; daß aber in Morea die Seide selbst sich finde, die man erst nach Chios transportierte; er schloß daraus, daß man dieses Geschäft ganz an sich ziehen könne, sobald man nur die Zeuge in Morea ebenso zurichte wie in Chios; ohne Zweifel könne man sie dann wohlfeiler geben. Er trug dies nicht allein dem Senat vor, sondern gab auch einem moraitischen Primaten, der auf ein paar Monate nach Chios ging, den Auftrag, ihm vier Meister von da nach Morea zu führen. Er versprach, sie mit liegenden Gründen auszustatten. – Grimani verließ die Insel, ehe die Sache zur Ausführung kam. Bald darauf aber finden wir in der Tat, daß zu Morea einige neue Einwohner, von Chios gekommen, Seidenfabriken errichten.

Es fehlte jedoch viel, daß diese Versuche recht in Gang gekommen wären. Die

Manufakturen von Venedig zeigten bald eine gewisse Eifersucht gegen die moraitischen; es erging der Befehl, daß von den Landesprodukten wenigstens das Öl zunächst nach der Hauptstadt zum Verkauf gebracht werden sollte; auch andere Handelsbeschränkungen wurden eingeführt.

Hieraus erfolgte, daß die englischen und französischen Kaufleute, die sich etwa sonst nach Morea begeben hätten, da sie alles, was sie suchten, ebenso gut in den türkischen Provinzen finden konnten, wo man sie minder belästigte, sich dahin wandten und die Einwohner einen Absatz verloren, welchen ihnen ihr Verkehr mit Venedig keineswegs ersetzte.

Ihre Unzufriedenheit ward noch dadurch vermehrt, daß sie dort den Zechin niedriger ausgeben mußten, als er in der Levante stand.

Die Provveditoren remonstrierten hiergegen auf das lebhafteste; auch kam es nicht zu völliger Ausführung des Systems; aber ebensowenig blieben die Übelstände, die daraus hervorgingen, ganz vermieden.

In dieser schwankenden Lage blieb der Handel während der ganzen venezianischen Administration.

Kommunitäten

Es konnte nicht anders sein, als daß die Venezianer die Institute ihres Staates auch auf Morea überzutragen suchten, wie wir es in diesem Falle sehen.

Hierdurch ward freilich die Aufgabe, die sie hatten, noch schwieriger. Es kam nicht mehr allein darauf an, Morea geschickt zu behandeln; es fragte sich zugleich, ob sich dies mit venezianischen Instituten werde erreichen lassen, welche Wirkung diese auf Einwohner und Land haben würden.

In der besten Absicht von der Welt hatte Morosini gleich nach der Eroberung städtische Verfassungen eingerichtet, wie sie in anderen venezianischen Provinzen üblich waren: in jeder Stadt, die er einnahm, bildete er ein Consiglio, das die Magistrate zu wählen, die Ämter zu besetzen hatte und sehr bedeutende Privilegien genoß.

Allerdings aber ließ sich bezweifeln, ob dies hierzulande so unbedingt wohlgetan sei.

Etwas ganz anderes ist es, wohlerworbene Rechte beschützen und erhalten, als Vorrechte schaffen, wo keine sind.

Bei den Bevorrechtigten bemerken wir gar bald eine Neigung zur Vergewaltigung ihrer Landesgenossen, die den Gang der Entwicklung nicht wenig hemmte. Bei der Verteilung der Äcker wußten sie sich Vorteile zu verschaffen, die sie dann über ihre Hintersassen auf das strengste geltend machten. Die Provveditoren mußten ein scharfes Auge auf sie haben.

Unter den Ortschaften selbst trat ein seltsamer Wetteifer ein. Alles wollte Republik sein: jedes Kastell, jeder Marktflecken strebte nach Auszeichnungen. Viele boten Geld, um einen venezianischen Nobile in ihren Mauern zu haben, was sie dann später nicht bezahlen konnten.

Und kaum machten die Venezianer diesem Unwesen ein Ende, indem sie beschlossen, weiter keine Ortschaft mit Stadtrechten zu begaben, so bildete sich eine neue Unordnung aus der alten.

Die Bewohner des Landes begannen sich den Städten zu affiliieren, das ist, obwohl sie auf dem Lande wohnen blieben, sich doch die Rechte von Bürgern zu verschaffen.

Man würde dies nicht begreifen, wäre nicht mit dem Bürgerrecht eine Exemtion von einer persönlichen Last, die dem Landmann so beschwerlich wurde, verbunden gewesen.

Die Einquartierung des stehenden Heeres fiel nämlich auf die Bauern. Grimani wies immer einen Mann für seine Lebensmittel auf achtzehn Familien an.

Hauptsächlich um dieser Belästigung zu entgehen, strebte man so sehr nach den städtischen Privilegien. Aber natürlich wurde sie in dem Maße drückender, als die Privilegierten, eben die, welche sich den Städten aggregieren ließen, an Zahl zunahmen.

Nur die Unvermögensten blieben übrig. Sie wurden nunmehr vollends zugrunde gerichtet.

Ein Mißbrauch, der einem Manne wie Emo mit Recht unerträglich vorkam. Er verordnete schlechthin, daß auch die Aggregierten die Einquartierung zu tragen hätten, wofern sie auf dem Lande wohnen geblieben. Schon faßte der Senat die Absicht, auch die städtischen Einwohner dazu herbeizuziehen.

Die Städte erinnerten an ihre Privilegien, die man ihnen nicht wieder entreißen könne, nachdem man sie ihnen einmal gegeben, und machten besonders geltend, daß sie nicht in dem Falle der Aggregierten seien: die Aggregation habe erst stattgefunden, als jene Last schon bestimmt gewesen und könne nicht von ihr befreien.

Loredano fand es doch bedenklich, ein Privilegium geradezu aufzuheben, und schickte die Vorstellungen der Städte noch einmal nach Venedig.

Dagegen hob er die Aggregation ohne weiteres auf und suchte den Bauern jene Last zu erleichtern. Ein Teil derselben, die Lieferung von Stroh und Brennholz, ward ihnen ganz erlassen.

Wenigstens waren nun die Bevorrechtigungen beschränkt, die Anzahl der Städte festgesetzt, die wirklichen Bürger allein städtischer Rechte teilhaftig; und wenn die Einrichtung der Kommunitäten überhaupt einen politischen Vorteil gewährte, so konnte sie denselben jetzt doch ohne allgemeinen Schaden entwickeln.

Rechtspflege

Merkwürdig war es immer, wie aus der allgemeinen türkischen Unterjochung, welche nur etwa einen persönlichen Vorzug, aber keinen Grad noch politischen Unterschied anerkannte, mit einemmal dieser städtische Ehrgeiz hervortrat. Ebenso erschien im Gegensatz mit den Gewaltsamkeiten der türkischen Rechtspflege, die von keinem juridischen Verfahren gewußt hatte, sowie nur eine neue Einrichtung getroffen war, auf der Stelle eine unglaubliche Leidenschaft zu Rechtshändeln und Prozessen.

Wahr ist es, das venezianische Wesen trug viel dazu bei. Die Nobili, welche zur Rechtspflege in dem Lande erschienen, verstanden davon wenig; sie hätten sich wenigstens Leute von Einsicht und Zuverlässigkeit mitbringen sollen, Cancellieri, von dem Rat der Zehn verpflichtet; aber sie erschienen in der Regel allein und nahmen den ersten besten, der sich ihnen darstellte. Da gerieten denn die armen Griechen zwischen diese Cancellieri und die kleinen Advokaten, die meist von den ionischen Inseln herübergekommen; zwei Klassen von sehr ähnlicher Qualität: beides Leute, die entweder anderswo nicht hatten fortkommen können oder um irgendeines Verbrechens willen hierher geflohen waren. Die Advokaten wärmten Ansprüche auf, brachten Scheingründe vor, und suchten die Unwissenden in Prozesse zu verwickeln, die alsdann der Cancelliere nach Belieben hinauszog.

Aber auch die Griechen kamen diesem Treiben mit Begier entgegen. Eine Nation, sagt Emo, geneigt zu Zänkereien, unerbittlich in der Rachsucht, unermüdlich in rabulistischen Vorwänden. Alles verwickelte sich in die weitaussehendsten, bittersten Streithändel.

Es entstand, was entstehen mußte. Die Reicheren, die mehr daranzuwenden hatten, behielten gewöhnlich recht. Da sie nichts zu fürchten brauchten, ließen sie ihren Leidenschaften, ihrer Rachsucht den Lauf. Die Unterdrückung nahm gewaltig überhand.

Wohl suchten die Venezianer dieses Unwesen abzustellen. Aber auf ihre Weise war es sehr schwer. Man brauchte Gesetze und Menschen mit gutem Willen.

In ihren übrigen Ländern gab es Statute, und die früheren Entscheidungen dienten den neuen zur Norm. In Morea gab es weder Statut noch Erfahrung.

Man suchte zunächst Statute einzuführen, und die Wahl der unteren Beamten, auf die bei jeder Regierung soviel ankommt, von deren Verfahren die Zufriedenheit der Untertanen mit am meisten abhängig ist, an Bedingungen zu knüpfen, die eine gewisse Garantie für ihre Rechtlichkeit geben könnten. Ehe dies aber ausgeführt ward, kam alles auf den Generalprovveditore an. Grimani erzählt, wieviel Mühe er sich auf seinen Reisen durch die Provinzen gegeben, wie er Tag und Nacht Vortrag gehört, Entscheidung gefaßt, Strafen verhängt habe; wie erfreulich es den Untertanen gewesen sei, ohne das weitläufige Schreiber- und Advokatenwesen, und besonders ohne die geheimen Unkosten, welche keinen Namen haben, aber am schwersten fallen, expediert zu werden. So verfuhren auch seine Nachfolger, und in den letzten Zeiten finden wir die früheren Klagen allerdings nicht mehr. Indessen müssen die Übelstände wenigstens zum Teil fortgedauert haben; ganz eine andere Abhilfe hätten sie erheischt, als die, welche man ihnen gewährte.

Allgemeine Sicherheit

Billig fragen wir unter diesen Umständen, ob es den Venezianern wenigstens gelang, die Straßen rein zu halten und das Eigentum, das sie schufen, auch zu schützen.

Die Natur der Dinge bringt es mit sich, daß es namentlich im Anfange sehr schwer war. Ausgewanderte aller Art nahmen die Straßen ein, beraubten die Reisenden, plünderten öffentliches und privates Gut. Ganze Banden, Rumelioten, Moraiten, Deserteure von der Flotte und der Armee, taten sich zusammen und setzten sich der öffentlichen Macht entgegen. Als man die ersten Flurschützen gegen sie errichtete, Meidani, wurden diese durch die allgemeine Unsicherheit gar bald veranlaßt, sich selbst Gewalttätigkeiten zu erlauben.

Grimani fand das einzige Mittel gegen so große Ungebühr darin, daß er sich mit den Dorfschaften vereinigte.

Sie machten sich anheischig, ihr Gebiet von Übeltätern rein zu halten und den Schaden, den diese anrichten würden, gemeinschaftlich zu tragen und wechselseitig zu ersetzen. Sie leisteten dem Provveditore Bürgschaft und brauchten die Waffen, die man ihnen verstattete, um sich unter einem Oberhaupte wider die Malviventi zu vereinigen. Hier und da, wo sie besonders schwierige, durch ihre Unsicherheit verrufene Pässe zu beschützen hatten, erhoben sie dafür eine kleine Abgabe von den Reisenden.

Um nun aber die Räuber selbst zu unterdrücken, suchte Grimani alle die Mittel hervor, deren sich einst Papst Sixtus gegen die Banditen bedient hatte. Er wußte sie untereinander zu entzweien, vergab den Reuigen, setzte Preise auf den Kopf der Hartnäckigen, und bemühte sich durch gutes Einverständnis mit den nächsten türkischen Befehlshabern, ihnen die Flucht in deren Gebiet abzuschneiden. Auch gelang es ihm, den ungescheuten Räubereien im großen ein Ende zu machen.

Später finden wir einen bei weitem friedlicheren, ziemlich gesicherten Zustand. Loredano meint, es reiche jetzt schon hin, sich in den vorkommenden Fällen streng zu zeigen. Von dieser Strenge gibt er uns selbst ein Beispiel an.

Die Bauernschaften von Isari, Bosta und Guocori, auf die unzugängliche Lage ihrer Dörfer in den Gebirgen trotzend, erfüllten Messenien mit Raub und Mord; es half nichts, daß man sie zunächst ihrer Anführer beraubte. Loredano war resolut genug, sie geradehin zu verpflanzen. Er wies ihnen in der Ebene von Caritena so viel Land an, als sie in dem Gebirge gehabt, und legte ihnen eine Dragonerkompanie in die Nähe, um sie in Zaum zu halten.

Im ganzen wurde das Land so ruhig, daß man jetzt jene Flurschützen, Meidani, wieder herstellen konnte, und daß sich nunmehr diese Einrichtung ausreichend erwies.

Sagredo versichert, daß er die Provinz in großer Ruhe verwaltet und wenig Gelegenheit zur Anwendung einer äußersten Strafe gefunden habe.

Mainoten

Und hier ist wohl der Ort, auch der Mainoten zu gedenken, die eben auch häufig als Räuber angesehen wurden und in der Tat Land wie See rings um sich her unsicher machten.

Ich will ihre frühere Geschichte, ihre lakedämonische Abkunft nicht erörtern. In so mancherlei Wechsel der Weltschicksale, selbst den Osmanen unterworfen, denen sie allerdings lange Zeit den Karadsch gezahlt haben, wußten sie sich doch eine gewisse innere Selbständigkeit zu erhalten.

In dem Besitz wahrhafterer Unabhängigkeit finden wir sie zuerst in dem Anfange des 17. Jahrhunderts.

Eben damals, als die Montenegriner, Clementi und soviel andere Völkerschaften slawischer und albanesischer Abkunft sich der Herrschaft osmanischer Sandschakbeys und Timarli entzogen, taten dies auch in den lakonischen Gebirgen die Mainoten.

Sie hörten auf, den Karadsch zu zahlen, traten mit christlichen Mächten in geheime Verbindung und verschafften sich Waffen. Einem venezianischen Kapitän zufolge zählten sie in dem Jahre 1615 bei 6000 waffenfähige Männer; er versichert, daß von diesen 5000 mit Säbel und Schießgewehr, 1000 mit Bogen bewaffnet gewesen.

Sie hatten damals sowie später keinen allgemeinen Anführer; doch gab es einzelne Oberhäupter unter ihnen von ausnehmender Autorität. Schon verschafften sie sich eine gewisse Stellung in Europa. Venezianer und Spanier buhlten um die Verbindung mit ihnen; kein Teil gönnte sie dem anderen; etwas für sie zu tun, waren jedoch auch weder die einen noch die anderen imstande.

Wie oft haben auch die Mainoten auf Tod und Leben mit den Osmanen zu kämpfen gehabt. Zuweilen Sieger, zuweilen besiegt, immer in Empörung. Im 17. Jahrhundert finden wir sie als unerbittliche Korsaren. Wehe dem Fahrzeug, das an ihre Küste gerät; ihre Mönche selbst, in den Grotten am Meer und auf dem hohen Gebirge angesiedelt, führen sie zum Raub aus. Es geschieht wohl, daß die Osmanen einmal Ernst gebrauchen und ihnen Festungen in das Land bauen; schon entschließt sich ein Teil der Bevölkerung zur Auswanderung; aber gar bald tritt eine andere Kombination ein, die ihnen wieder bessere Zeit verschafft. Die lange Dauer des candiotischen Krieges, der alle griechischen Osmanen in der Ferne beschäftigte, war ein Glück für sie. An den ersten Siegen der Venezianer in Morea hatten sie, wie wir sahen, einen nicht geringen Anteil.

Eben dies aber gab ihnen nun auch diesen gegenüber eine freiere und unabhängigere Stellung. Sie waren von den Auflagen, welche das übrige Land trug, selbst von dem Zehnten befreit, und zahlten nur eine kleine Summe im allgemeinen, die sie Macru nannten, als Rekognition der Oberherrschaft. Die Gewalt venezianischer Provveditoren erkannten sie nur so weit an, als es ihnen selbst gefiel.

Für die venezianische Regierung brachte dies notwendig gar manche Unannehmlichkeit hervor.

Einmal machten zuweilen auch die Nachbarn auf ähnliche Privilegien Anspruch. Es kostete Grimani außerordentliche Mühe, die nächsten Bauernschaften, Mandegnes, Selina, Janizza, die allerdings zugleich mit den Mainoten die Waffen ergriffen hatten, zur Zahlung des Zehnten zu vermögen; sie mußten dafür von allen anderen Leistungen freigesprochen, der Zehnte mußte sogleich in eine bestimmte Geldrente verwandelt werden; ohne dies hätten es die Primaten niemals zugegeben.

Die Hauptsache aber war, daß die Venezianer oft in der Maina selbst keinen Gehorsam fanden. Die Mainoten begingen nicht allein Räubereien in fremden Territorien: sie befehdeten sich auch fortwährend untereinander. Es war alles in Faktionen aufgelöst. Ganze Geschlechter wurden ausgerottet, ganze Dörfer vertilgt. Die Venezianer hatten unter dieser freien Population keine Macht, Recht und Gerechtigkeit zu handhaben. Die Vorgeladenen erschienen nicht, die zur Verbannung Verurteilten verließen das Land nicht, die Schwachheit der Justiz reizte zu neuen Missetaten.

Sollte man sie mit Gewalt angreifen? Die Venezianer konnten sich nicht dazu entschließen. Zu viele Verdienste hatten die Mainoten; auch wäre in den Gebirgen der Ausgang zweifelhaft gewesen. Die Venezianer hielten dafür, daß alles zu erreichen sei, wenn man nur mit Geschicklichkeit und einem klugen Edelmut handle.

In dem wildesten Getümmel der Parteiung begab sich Grimani zu ihnen, und es ist wohl der Mühe wert, von ihm selbst zu hören, wie er verfuhr. „Ich nahm eine Haltung an", sagt er, „welche auf der einen Seite Nachsicht, auf der anderen Strenge erwarten ließ; zugleich umgab ich mich mit allem Glanz meiner Würde. Ohne Weigerung kamen sie mir aus den verborgensten Schlupfwinkeln entgegen. Ich hielt es nicht für angemessen, viele zu strafen: denn in der Tat waren alle gleich schuldig; es war mir genug, daß es mir gelang, ihre Entzweiungen beizulegen, daß ich sie vermochte, einen guten Teil des Geraubten sich untereinander zurückzustellen, ja auch die Beute herauszugeben, die sie kurz vorher auf einem französischen Schiffe gemacht hatten. Mit starken Bürgschaften versicherte ich mich ihres ferneren Gehorsams. Und so wurde dieser Landstrich, der anfangs der unruhigste gewesen, in kurzem von allen der ruhigste."

Eine andere Schwierigkeit hatte Loredano mit ihnen. Die Zahlung jener Rekognitionssumme hatte schon manchmal gestockt, doch war sie zuletzt noch immer erfolgt. Endlich glaubten einige Primaten zu entdecken, das Privilegium, das ihnen Morosini gegeben, spreche sie von jedweder Leistung, auch von dieser, frei. Die gesamten Oberhäupter der Kommunen waren gar leicht überredet und beschlossen förmlich, damit innezuhalten. Loredano sah wohl, daß auch er keinen anderen als den Weg der Milde und Güte einschlagen dürfe. Er versichert, daß er nur durch freundliche und geschickte Mittel, hauptsächlich auch durch die Bemühung des Nicolo Meli, Provveditore der Provinz, zum Ziele gelangt sei. In der Tat ist es viel daß es ihm damit glückte. Sie wurden völlig überzeugt, daß sie Unrecht hatten, baten ihn um Verzeihung, trugen die rückständigen Raten ab und verpflichteten sich zu fernerer Zahlung. Das Instrument hierüber, von den Vornehmsten des Landes unterzeichnet, ward in der Kammer von Lakonien niedergelegt.

Geistliche Angelegenheiten

Sehen wir ab von der Mannigfaltigkeit der Landsmannschaften, die in Morea vereinigt waren, so sind es hauptsächlich drei Klassen, die wir den Venezianern gegenüber daselbst finden: Bauern, Bürger und Privilegierte. Jede erfordert eine besondere Behandlung. Einwohner, wie die Mainoten, sind mehr Schutzverwandte als Untertanen, und man muß sich alle Mühe geben, mit ihnen in gutem Verhältnis zu bleiben. Die Masse der Nation, mit der etwas anzufangen, aus der etwas zu machen ist, bilden vor allem die Bauern; die ganze Staatsverwaltung hat den Zweck, ihnen eine freie, friedlich-gedeihliche Entwicklung zu verschaffen. Die Höhergestellten, diejenigen, welche wir Bürger nennen, die Mitglieder der Kommunitäten, hegen schon den Anspruch auf der einen Seite, sich von den Lasten zu eximieren, auf der anderen, die Untertanen zu beherrschen; indem man ihr Emporkommen, ihre gesellschaftliche Ausbildung zu begünstigen hat, müssen sie doch in weiser Beschränkung gehalten werden; namentlich die richterliche Gewalt muß sich vor dem Einfluß derselben hüten.

Damit ist aber noch immer nicht alles getan. Die Religion, die allen gemeinschaftlich ist, fordert aufs neue die rücksichtsvollste, zarteste Behandlung.

Einmal schon darum, weil die Venezianer sich zu einer anderen bekannten.

Die Venezianer hielten es für ihre Pflicht, gleich im Moment der Eroberung, den lateinisch-katholischen Ritus wieder in Griechenland anzupflanzen. Sie hatten noch so viel positiven Glauben, daß sie sich glücklich fühlten, in Modon, Koron und Korinth die nämlichen Kirchen, welche früher dem christlichen Kultus angehört hatten und seitdem zu Moscheen waren gemacht worden, wieder zum Dienste der alten Heiligen einzuweihen. Es wurden vier Bistümer nach den vier Provinzen eingerichtet; eins, das korinthische, ward zum Erzbistume erhoben. Es kamen Priester und Mönche.

Man muß nicht glauben, daß dies an und für sich viel Bedenkliches gehabt habe. Den Herren des Landes verdachte es kein Mensch, daß sie Gott auf ihre Weise dienen, daß sie Kirchen ihres eigenen Ritus daselbst haben wollten. Gab es doch auch viele Griechen vom lateinischen Ritus! Namentlich bei den Chioten war er herrschend.

Wenn nur sonst nichts für den griechischen Glauben selbst zu besorgen war! Die Venezianer kannten den Genius dieser Nation. Auch in ihren übrigen Besitzungen hatten sie fortwährend diese Differenz zu berücksichtigen. Sie hielten auf das strengste darüber, daß den Griechen keine Ursache zu Besorgnissen gegeben wurde. Den Kompetenzen zwischen dem beiderseitigen Klerus suchten sie sorgfältig zuvorzukommen. Wenigstens die Provveditoren erklären sich in jedem Falle bereit, den Ansprüchen des griechischen nachzugeben.

Eine bei weitem bedeutendere Schwierigkeit boten die inneren Verhältnisse der griechischen Kirche dar. Der Patriarch von Konstantinopel hatte den größten Einfluß. Er setzte die Bischöfe ein: seine Bullen waren in großem Ansehen; sie nicht zu befolgen, zog die Strafe der Exkommunikation nach sich; von dem Einkommen, das die Bischöfe von jedem Papas und noch besonders von jedem Hause ihrer Diözese zogen, kam die Hälfte an ihn; auch in einer ganzen Anzahl von Klöstern ernannte der Patriarch den Abt, der ihm ebenfalls einen Teil seines Einkommens nach Konstantinopel schickte.

Alles Einrichtungen, die den Venezianern von Herzen verhaßt waren. Es schien ihnen unerträglich, daß ein fremder Priester so viel Geld aus dem Lande ziehen, daß ein kirchliches Oberhaupt, welches unter dem Einfluß des Sultans stand, das Recht haben sollte, die Bischöfe und Äbte ihres Landes zu setzen.

Von Anfang an wandten sie ihre Aufmerksamkeit hierauf; bereits im Jahre 1687 forderten sie von ihren Staatskonsultoren ein Gutachten darüber.

Dieses Gutachten liegt vor mir. Die Staatskonsultoren halten es für möglich, die Ernennung, ja auch die Konsekration der griechischen Prälaten nach Venedig zu ziehen; sie führen aus, daß man diese wohl auch alsdann der Aufsicht der lateinischen Kirche unterwerfen könne.

Ratschläge, die jedoch viel zu weit gingen, als daß der umsichtige Senat sie hätte billigen sollen. Er ergriff einige andere Maßregeln, welche dem Systeme, das er überhaupt befolgte, analoger waren.

Um dem Patriarchen die Wahl der Prälaten zu entreißen, nahm er sie nicht selbst an sich: er übertrug sie den Kommunitäten, die er soeben geschaffen hatte. Es wurde dies eins der vornehmsten Attribute derselben.

Um die Geldsendungen zu verhindern, hob er alle außerordentlichen Einkünfte der Bistümer auf und stattete diese dafür mit liegenden Gründen aus. Auch die regelmäßigen Einkünfte, von Papas und Häusern, setzte er auf die Hälfte, gerade auf soviel herab, als bisher die Bischöfe für sich zurückbehalten hatten.

War man einmal so weit, so hoffte man dann leicht, den patriarchalen Bullen ihre Bedeutung zu entziehen und sie ganz wie päpstliche zu behandeln, denen das landesherrliche Exequatur mangelte.

Indessen nicht sogleich, noch so vollkommen, wie man gewünscht hatte, erreichte man dies.

In den Kommunitäten riß eine Simonie ohnegleichen ein. Überhaupt herrschte dieser Mißbrauch auf eine unerträgliche Weise in der griechischen Kirche: von den Patriarchen ging er aus, fast alle Bischöfe machten sich desselben schuldig. Wie hätten einfache Bürger Bedenken tragen können, sich für ihre Stimme bezahlen zu lassen. „Das heilige Amt", sagt Emo, „ward ein Gegenstand des niedrigsten Handels." Es gelangten denn auch die schlechtgeeignetsten Personen in die Würde, auf die man sich nicht mehr verlassen konnte, als wären sie unmittelbar von Konstantinopel gekommen.

Ebensowenig waren die Geldsendungen zu hintertreiben. Der Exarch, den der Patriarch bisher geschickt hatte, ward zwar nicht mehr zugelassen, die Provveditoren litten seine Anwesenheit nicht; aber im stillen übernahm der Erzbischof von Patras dies Amt; kein Bischof hätte sich geweigert, seinen Beitrag zu leisten, er hätte die Strafe der Exkommunikation gefürchtet, die in dem Orient noch immer die sicherste Wirkung hervorbrachte; die gewohnte Summe ging nach wie vor nach Konstantinopel. Das einzige Mittel, den Patriarchen dieser Einkünfte zu berauben, findet Emo darin, daß man alle diese Geldzahlungen überhaupt aufhebe.

Hierzu aber entschloß sich der Senat doch nicht. Er duldete, was er nicht hindern konnte, und versuchte nur übrigens den Einfluß des Patriarchen zu entfernen.

Wenigstens Grimani versichert, er habe durchgesetzt, daß nicht eine einzige von den Bullen desselben wirklich zur Ausführung gelangt sei.

Alles kam auf ein gutes Einverständnis der Verwaltung mit den Prälaten an. Gleich jene Konsultoren wiesen darauf hin. Die Provveditoren fanden die Notwendigkeit noch stärker, als man gedacht hatte. Sie fanden die unsichtbaren Waffen, wie sie sich ausdrücken, in tyrannischen Formen gehandhabt, so gewaltig, daß das Gemüt des Volkes von den Priestern vollkommen beherrscht werde, und der allgemeine Gehorsam gegen den Staat vom guten Willen derselben abhänge.

Es war deshalb ein vorzügliches Bemühen der Provveditoren, dies gute Verständnis zu erhalten. „Ich habe", sagt Grimani, „die Prälaten immer auf das glimpflichste behandelt und ihnen die Ehre erwiesen, die ihr hoher Rang erheischt; auch haben sie bei jeder Gelegenheit die größte Ergebenheit gezeigt und namentlich in Hinsicht der patriarchalen Bullen den Anordnungen des Senats vollkommen gehorsamt."

Man kann es den Venezianern nicht verdenken, wenn sie bei der großen Wichtigkeit der Prälaten ergebene Leute, Leute von den Inseln besonders begünstigten. Aber es ward ihnen sehr schwer, damit durchzudringen. Indessen gelang es nach und nach. Loredano setzte durch, daß in Kalaurita ein Bischof gewählt wurde, den er übrigens für tauglich und hauptsächlich für gut venezianisch gesinnt hielt. Allein auch dahin konnte man nur durch gütliche Mittel, durch eine geschickte Behandlung der Kommunen gelangen. In der Tat zeigten sie sich zuweilen recht standhaft. Die Stadt Mistra bekam von dem Patriarchen eine Andeutung, sie möge ihn um einen anderen Bischof bitten, als den, welcher unter venezianischer Autorität gewählt worden war. Der Provveditore bewirkte, daß man demselben nicht einmal eine Antwort gab.

Und so wurden die Gefahren, die in der Einrichtung und Stellung der griechischen Kirche lagen, allerdings ziemlich beseitigt. Es bleibt nur noch die Frage übrig, ob sie nun auch unter dem Einfluß des Okzidents selbst sich verbesserte, ob das Volk innerlich gefördert wurde.

Es scheint doch, als könnten wir dies annehmen, ohne besorgen zu müssen, uns zu täuschen.

Es lag schon etwas darin, wenn die Äußerlichkeiten in Ordnung kamen, die Kirchen, welche allenthalben Einkünfte erlangt hatten, besser gehalten wurden, wenn man für die Sakramente statt der hölzernen und zinnernen Gefäße, die man bisher den kanonischen Anordnungen zuwider angewandt hatte, goldene und silberne einführte, wenn auch die Priester sich anständig kleideten und hielten.

Hierauf hatte das Beispiel der katholischen Kirche nicht geringen Einfluß. Die größere Feierlichkeit des Gottesdienstes zog viele Eingeborene in die katholischen Kirchen, und die griechischen fingen an, hierin mit ihnen zu wetteifern.

Bei weitem wichtiger aber war es, daß sich die lateinische Kirche des so ganz vernachlässigten Unterrichts wieder annahm. Andere Mönche, welche herübergekommen, nützten nicht viel und gaben eher Anstoß; diejenigen aber, welche mitten im Lande hier und da Hospizien errichteten, ein unscheinbares Leben führten, und in ihrer Einsamkeit arbeiteten und Schule hielten, stifteten vielen Nutzen. Ohne allen Verdacht und Rückhalt schickten die Griechen ihre Kinder dahin; sie lernten die Anfangsgründe des Lateinischen und des Italienischen. Es war im Werke, ein förmliches Kollegium in Tripolizza einzurichten. Einige meinten, auf diese Weise werde wenigstens ein Anfang mit der Bekehrung der Griechen zum Katholizismus gemacht. Andere hegten uneigennützigere Hoffnungen. „Vielleicht", meint Grimani, „werde die Meisterin aller Wissenschaft und Kunst, die alte Grācia, unter der glücklichen Herrschaft von Venedig sich der Barbarei wieder entreißen."

Bemerkung

Die Welt ist gewohnt zu bewundern oder zu verwerfen; die Menschen lieben, möchte man sagen, die geistige Bewegung, in die Anerkennung oder Abscheu sie versetzt.

Wer an die Personen, die Dinge näher herantritt, wird jedoch selten in den Fall kommen, ohne Einschränkung zu loben oder durchaus zu tadeln.

Die venezianische Verwaltung von Morea ist in der Regel mit Wegwerfung behandelt worden; ich denke, weil man sie nicht kannte und weil sie auch so bald ein unglückliches Ende nahm; näher betrachtet, bietet sie zwei verschiedene Seiten und Erfolge dar.

Die Einrichtung, die man mit den städtischen Kommunen traf, die Rechtspflege, die Regulation des Handels, und wenigstens zum Teil auch die Behandlung der kirchlichen Verhältnisse mißlangen, sie hatten zuweilen eher schädliche Wirkungen.

Dagegen ist die Aufmerksamkeit, die man der Bevölkerung, dem Ackerbau widmete, die Stellung, die man zu den Mainoten und ihren Nachbarn, zu den Landgemeinden überhaupt annahm, aller Anerkennung würdig und von dem besten Erfolge begleitet gewesen.

Nicht etwa deshalb, weil man einen Teil nachlässig, den anderen ernstlich und streng genommen: der Eifer und gute Wille der Generalprovveditoren, auf die doch alles ankam, sind nicht zu verkennen; auch nicht deshalb allein, weil man dort das eigene Interesse im Auge gehabt hätte; die Kommunitäten wurden mit Uneigennützigkeit und in großartigem Sinne emanzipiert; die Sache lag an etwas anderem.

Mir scheint, die Schwierigkeiten zeigten sich allemal dort besonders stark, ja unübersteiglich, wo die Venezianer ihren bisherigen Staat nach Griechenland übertrugen. Sie richteten Kommunitäten ein, wie sich solche in ihren übrigen Provinzen durch langes Herkommen und alte Berechtigungen, der Hauptstadt – wie sie sagen, der Dominante – gegenüber, festgesetzt hatten: hier, ohne die feste Grundlage, regten sie damit nur einen ungeordneten Ehrgeiz auf; sie ordneten Handelsbeschränkungen an, der Idee ihres alten Staates angemessen, aber unausführbar und drükkend bei der damaligen Lage der Welt. Ihre Rechtsverwaltung mag angehen, wo es genau bestimmte Gesetze gibt und die Norm alter Entscheidungen befolgt werden kann: wo dies nicht der Fall ist, bringt sie nur Verwirrung und Untaten hervor. Daß ihre Republik katholisch ist, verhindert wenigstens eine vollkommene Verschmelzung der Interessen, wie sie zwischen Regierten und Regierenden allemal gewünscht werden muß.

Mißlingt es ihnen nun dort, wo sie ihren bisherigen Staat mit der neuen Eroberung in Verhältnis bringen, so gelingt es ihnen dagegen, sooft sie die Forderung der Sache ganz allein ins Auge fassen und ihr gemäß zu Werke gehen. Es ist dann bei jeder Frage, die sie sich stellen, bei jeder Schwierigkeit, auf die sie stoßen, vornehmlich ein Gesichtspunkt, der ihnen aus der Natur dieser Population entspringt.

Wollen sie das Land bewohnt sehen, so müssen sie die, welche sie hereinziehen, durch Vergünstigungen gewinnen, durch gute Behandlung fesseln; nur dies kann andere zur Einwanderung bewegen. Wollen sie die Steuern einnehmen, ohne die auch dieser junge Staat nicht bestehen kann, so können sie nicht geradezu Gewalt brauchen, sie würden ihre Pflanzungen sofort zerstören; zu ihren Zehnten können sie nicht gelangen, ihr Salzmonopol nicht geltend machen, ohne enge Vereinigung mit den Gemeinden. Wie hätten sie die Mainoten mit Gewalt zu unterwerfen vermocht; sie suchen sie mit Güte und Vernunft in den Weg des Rechts zu weisen, sie wissen sich mit ihren Primaten zu verständigen. Den bedenklichen Einfluß des konstantinopolitanischen Patriarchen abzuwenden, wäre ihnen nie gelungen ohne Einverständnis mit den griechischen Prälaten. Genug, allenthalben müssen sie nicht sowohl einen leidenden als einen tätigen, einen freiwilligen Gehorsam hervorzurufen suchen: ohne den guten Willen ihrer Untertanen würden sie das Land gar nicht zu regieren vermögen. Dazu ist es denn notwendig, daß sie die wahren Interessen derselben ins Auge fassen, daß sie mit Sorgfalt und gesunden Sinnen verwalten.

Denn darauf kommt es bei der Politik wie bei aller Tätigkeit doch immer an. Das Gewohnte mag auf die gewohnte Weise getan werden. Um das Neue zustande zu bringen, wird man von dem Herkömmlichen zu abstrahieren und ganz allein die Forderung der Dinge, die innere Notwendigkeit der Aufgabe ins Auge zu fassen haben. Unmittelbar ergeben sich dann dem wohlgeordneten, lebendig denkenden Geiste seine eigenen Gesichtspunkte, die ihm kein Ratgeber mitteilen, die ihm keine anderwärts gefundene Form entbehrlich machen könnte: hat er sich nun erst mit dem Inneren, dem Wesen der Sache befreundet, so entspringen ihm die Formen mit Notwendigkeit und ganz von selbst.

DRITTES KAPITEL

Verlust von Morea

Es fragt sich nun, ob man auch stark genug sein würde, die Entwicklung, die man begonnen und die schon zu so manchen löblichen Resultaten geführt hatte, gegen den nahen und übermächtigen Feind zu behaupten und im Notfalle mit bewaffneter Hand zu verteidigen.

Die Venezianer hatten es nicht an Anstalten hierzu fehlen lassen. Alle Relationen sind davon voll, und ich hätte wohl darüber ein Kapitel hinzufügen können, wenn es nicht Interessen beträfe, welche doch allzurasch und spurlos vorübergegangen sind. – Im ganzen hat man zwei verschiedene Systeme befolgt. Zuerst ließ man die türkischen Festungen, welche man vorfand, von Kunstverständigen besichtigen und, soviel tunlich war, herstellen. Bald aber ward man inne, daß diese Plätze, obwohl zahlreich, doch alle schwach seien, und daß es die Streitkräfte zersplittern werde, wenn man sie sämtlich verteidigen wolle. Man erinnert sich, daß viele und schwache Festungen niemals, wenige und starke dagegen nicht selten zur Schutzwehr gedient haben. Man faßte die Absicht, alle anderen Plätze zu schleifen und die Verteidigung auf die drei wichtigsten zu beschränken, Modon, Castel di Morea und den Palamida bei Nauplia. Diese suchte man so gut als möglich instand zu setzen: vor allem befestigte man den Palamida mit Werken, die noch heute die Bewunderung der Reisenden erregen.

Selbst auf den inneren Zustand hatten diese Befestigungen eine heilsame Rückwirkung. Die Griechen sahen, daß man sie verteidigen wolle. Nichts trug mehr zu dem Eifer bei, mit welchem sie sich in den letzten Jahren dem Landbau widmeten und nach Landbesitz trachteten, als diese Überzeugung. Die Blüte des Landes beruhte auf ihr.

Indessen, ehe noch die neuen Bauten vollendet waren, setzte sich schon der Feind in Bewegung. Eine allgemeine Kombination der europäischen Verhältnisse hatte den Venezianern Morea verschafft: eine andere, die seitdem eingetreten, gefährdete es ihnen wieder.

Nach dem Frieden von Carlowitz waren, Venedig ausgenommen, alle die anderen Mächte, die den Krieg geführt, in neue Verwicklungen geraten. Österreich wandte seine gesamten Kräfte zur Erwerbung der spanischen Monarchie an; Polen und Rußland wurden von dem kühnsten und gefährlichsten Feind, den sie finden konnten, Karl XII., in ihrem Innern heimgesucht.

Es hätte hierin für die Pforte wohl eine Veranlassung gelegen, auf die Wiedereroberung der verlorenen Provinzen zu denken. Unaufhörlich reizte sie Frankreich dazu an. Jedoch geschah es lange nicht, und wäre wohl niemals geschehen, wäre nicht die Schlacht von Pultawa erfolgt.

Schon hatten die Befestigungen, welche Peter I. in Asow und Taganrog anlegte, der Pforte Besorgnis für ihre Oberherrschaft auf dem Schwarzen Meere eingeflößt: zum Schutze derselben hatte sie bereits ein paar Jahre nacheinander im Frühling eine Flotte nach jenen Küsten auslaufen lassen. Durch den neuen großen Sieg aber nahm nun Rußland eine noch viel stärkere und drohendere Stellung an.

Die vornehmste Gefahr lag darin, daß die Griechischgläubigen ihre Augen nach dem Norden wendeten und von den siegreichen Glaubensgenossen die Herstellung ihrer Religion zu der alten Herrlichkeit erwarteten.

Schon traten Gebietsverletzungen ein: die dringenden Gesuche Karls XII., der in der Türkei eine Zuflucht gefunden hatte, kamen hinzu: endlich gewannen die Kriegerischgesinnten im Diwan die Oberhand: „Wir müssen", soll der Sultan gesagt haben, „den Ungläubigen züchtigen, ehe er uns selbst züchtigen kann." Es erschien ein Manifest, in welchem die Pforte sowohl Russen als Polen für Feinde des Reiches erklärte.

Wir können den Krieg, welchen die Pforte begann, als eine Wiederaufnahme des durch den Carlowitzer Frieden beendigten ansehen. Noch dauerten die allgemeinen Feindseligkeiten in Europa fort. Die Osmanen hatten Gelegenheit, von ihren Gegnern einen nach dem anderen anzugreifen. Zuerst wandten sie sich wider den, der ihnen der gefährlichste und zugleich in der Defensivallianz nicht mitbegriffen war.

Peter der Große war nicht gewohnt, sich lange herausfordern zu lassen. Unglücklicherweise aber beging er, wie man weiß, den nämlichen Fehler, der eben Karl XII. ins Verderben gestürzt hatte. Ohne hinreichende Vorkehrungen rückte auch er allzu kühn in dem feindlichen Gebiete vor. Plötzlich sah er sich von einer ohne Vergleich überlegenen türkischen Macht angegriffen; von aller Zufuhr abgeschnitten und eingeschlossen. In diesem Zustande mußte er es noch für ein Glück halten, den Frieden mit der Zurückgabe der in dem Carlowitzer Vertrag gemachten Erwerbungen zu erkaufen.

Es dauerte noch ein paar Jahre, ehe alle Irrungen wirklich beseitigt waren: die Pforte war weise genug, die besonderen Interessen des Königs von Schweden nicht zu den ihren zu machen: aber ihre eigenen, nächsten behielt sie fortwährend im Auge. Nachdem sie von ihren Feinden den einen besiegt, warf sie sich auf den anderen, auf Venedig.

Glauben wir den Venezianern, so ging die ursprüngliche Absicht der Pforte, wie es auch der Lauf der Dinge mit sich zu bringen schien, wider Polen. Der damalige Großwesir war so sehr für einen polnischen Krieg, daß er noch ohne den förmlichen Befehl des Sultans die Roßschweife aufstecken ließ. Allein auf das geschickteste unterhandelte der Palatin von Masovien, Stanislaus Kostkowski: eben jener Voreiligkeit des Wesirs wußte er sich zu bedienen, um eine Abneigung des Sultans gegen die Pläne desselben zu erregen. Es kam hinzu, daß sich andere Einflüsse auf den Großherrn geltend machten. Wenigstens die Venezianer behaupteten, Frankreich habe ihre Besitznahme von Morea höchst ungern gesehen: in Besorgnis, durch sie aus den Handelsmonopolen, die es damals in dem Orient behauptete, verdrängt zu werden, habe es der Kriegslust der Türken, die sich nach dem russischen Siege wieder fühlten, ihre Richtung auf Morea gegeben. Noch mehr aber trugen hierzu ohne Zweifel die moraitischen Familien bei, welche in die Besitzungen wieder eingesetzt zu werden forderten, aus denen sie durch Venedig verjagt waren. Genug: im April 1714 erneuerten die Osmanen den Vertrag von Carlowitz mit Polen, und wandten sich gegen Venedig. Sie hatten die Hände frei: Venedig war so viel schwächer, und ohne rechte Verbündete; der Erfolg konnte nicht zweifelhaft sein.

Was ein türkisches Manifest von vorausgegangenen offenen Erklärungen anführt, kann ich nicht verstehen. Allerdings fürchteten die Venezianer etwas. Es entging ihnen nicht, daß man von der Türkei aus mit den griechischen Bischöfen unterhandelte, daß in dem Arsenal zu Konstantinopel auf das lebhafteste gearbeitet ward: es machte sie aufmerksam, daß man sie verhindern wollte, Lebensmittel aus dem türkischen Gebiete zu beziehen, obwohl der Verkauf derselben den dortigen Untertanen allein die Möglichkeit verschaffte, ihre Auflagen zu zahlen; allein dies ist auch alles: aus ihren Relationen sieht man, daß sie vielleicht etwas vermuteten, aber schlechterdings nichts wußten. Höchst unerwartet kam es ihnen, als im Dezember 1714 die türkische Kriegserklärung erging.

„Ich befand mich", sagt der venezianische Generalkapitän Dolfin, „mit einem einzigen Schiffe in Romania, als ich diese Nachricht erhielt."

Es gab so viele angefangene Befestigungen: er suchte sie zu vollenden, alle seine Plätze mit Soldaten, Munition und Lebensmitteln zu versehen. In Napoli namentlich meinte er hinreichende Vorkehrungen getroffen zu haben. Ich verließ es, sagte er, mit Soldaten überflüssig versehen, zumal da sie von einer zahlreichen, disziplinierten und sehr ergebenen Bevölkerung unterstützt wurden. Er selbst, um nicht von dem Sukkurs abgeschnitten zu werden, den er täglich von Venedig ankommen zu sehen hoffte, stellte sich mit dem Geschwader, das er allmählich zusammenbrachte, bei den Sapienze auf.

Im April gingen die Türken ins Feld; bei Adrianopel musterte sie der Sultan. Sonst wartete man dort, bis es grün wurde, um die Wiesenweide zu halten. Jetzt nahm man sich diese Zeit nicht. Mit mehr als 100 000 Mann rückte der Wesir nach Hellas gegen den Isthmus hin vor. Mit einer Flotte von 60 Kriegsschiffen und mehr als 100 Galeeren und Galeazzen erschien der Kapudan Pascha in See.

Zum Widerstand gegen eine so ungeheure Macht hatten die Venezianer 7000 Mann zu Fuß, 1000 Mann zu Pferde, alle zerstreut in die festen Plätze, die zum Teil noch nicht ganz vollendet, und in der Regel zu weitläufig waren, um von einer so geringen Anzahl verteidigt zu werden. Das Geschwader des Dolfins bestand aus elf Galeeren und sechs Kriegsschiffen.

Es begann noch einmal ein Kampf des Orients und des Okzidents über Morea. Die ganze Kraft des Orients, Asien und Europa, Landmacht und Seemacht, warf sich auf diesen einen Punkt. Der Okzident war von einer mittelmäßigen Republik repräsentiert, die schon in dem vorigen Kriege eine Menge von Unternehmungen, die sich wohl hätten vollführen lassen, aus Mangel an Kraft und Nachdruck verfehlt hatte, und die sich auch jetzt lange nicht so anstrengte, wie es ihre Pflicht gewesen wäre. Sie wußte wohl, daß sie ohne die Hilfe anderer Mächte nichts ausrichten würde. Indessen sie diese durch Unterhandlungen hervorzurufen suchte, hoffte sie, werde sich Morea von so vielen festen Plätzen beschützt, von Truppen und Kriegsvölkern doch nicht ganz entblößt, gegen einen undisziplinierten Feind halten.

Es ist wahr, bei der ungeheuren Überlegenheit der osmanischen Macht ließ sich nichts als Verlust vorhersehen. Das aber, was wirklich eintrat, hätte doch niemand erwarten sollen.

Schon oft hatte sich die Insel Tine verteidigt. Die Ufer sind unzugänglich, das Kastell lag auf einem steilen Felsen und war in gutem Zustand, die Bevölkerung war katholisch, ganz ergeben und zahlreich; dessen ungeachtet entschloß sich der Provveditore Balbi, sowie der Kapudan Pascha erschien, zu kapitulieren.

Die Türken eilten die Feste zu schleifen und führten die 200 besten Familien nach der Barbarei.

Indes ergoß sich das Heer des Großwesirs, das sich von Moment zu Moment verstärkte – denn niemand zweifelte an dem Erfolg, und alles wollte an der Beute teilnehmen – unaufgehalten über den Isthmus und erschien vor Korinth.

Korinth hatte auf zwei Jahre Lebensmittel, und Kriegsbedarf auf eine lange Zeit. Sowie die erste Bresche geschossen war, noch vor allem Sturm, ergab sich die Besatzung. Sie hatte ihr Leben retten wollen: sie wurde unter nichtigem Vorwand nichtsdestominder niedergehauen.

Hierauf ging der Schrecken durch das ganze Land. Die Griechen, die bisher den Lockungen der Türken ziemlich widerstanden, gaben ihnen jetzt Gehör.

Die türkischen Scharen rückten in zwei Abteilungen vor. – Die größere unter dem Wesir ging wider Napoli, die kleinere unter dem Seraskier wider Castel di Morea. Dolfino behauptet, daß jene noch immer 100 000, diese 50 000 Mann stark gewesen sei.

Und nun mußten die Festungen sich bewähren, die mit so großen Kosten, mit soviel Wissenschaft ausgeführt worden. So schwach Dolfino war, so brach er doch auf, um zur Verteidigung zunächst der Hauptstadt des Landes, Napoli, und des Palamida, auf die alles ankam, das Seine beizutragen.

Aber es sollte ihm nicht so gut werden. Die venezianische Besatzung des Palamida war für die weitläufigen Werke bei weitem zu schwach: die Griechen ließen sich nicht zu recht ernstlicher Teilnahme bewegen. Zum Unglück brachen unter den Befehlshabern Zwistigkeiten aus. Am neunten Tage der Belagerung erstiegen die Türken den Palamida: keinen Augenblick länger konnte die Stadt sich halten. Sie war unter der venezianischen Herrschaft ganz umgewandelt: eine Menge öffentlicher Gebäude waren aufgeführt worden, die privaten hatten mit dem Staat gewetteifert; der Aufenthalt der Flotte in diesem Hafen, der Handel, dessen Mittelpunkt hier war, hatte eine gewisse Blüte erzeugt und der Stadt ein europäisches Ansehen gegeben. Jetzt ward alles den Türken zur Beute. Der wilde Wesir zahlte für jeden Gefangenen dreißig Solota und weidete dann sein Auge an ihrer Enthauptung.

Nach einigem Aufenthalt, welchen die Venezianer, die im Golf von Lepanto kreuzten, verursacht hatten, war auch der Seraskier vor Castel di Morea angelangt. Schon in Napoli war eine Entzweiung zwischen den venezianischen Nobili und den Offizieren der Mietstruppen ausgebrochen. Hier trat sie ganz entschieden hervor. Die Mietsvölker hielten es für etwas Großes, sich vier Tage und vier Nächte geschlagen zu haben: dann gaben sie dem venezianischen Provveditore eine Erklärung ein: „Ihre Flinten und Kanonen seien durch das unaufhörliche Schießen unbrauchbar geworden; das frische Gemäuer der Festung könne den Türken nicht widerstehen: er werde die Garnison nicht ohne Nutzen aufopfern wollen." Vergebens beschwor sie der Provveditore, sich noch länger zu halten: er mußte sich bequemen zu kapitulieren, und wenigstens ward ihm und den Soldaten freier Abzug zugesagt; aber indem man sich einzuschiffen begann, drangen die Janitscharen in die Stadt ein und hieben alles nieder, Bürger und Soldaten.

In dem Schrecken dieser unerwarteten Eroberungen unterwarf sich Morea allenthalben wieder den Türken. Die Einwohner der Maina, sonst so gut venezianisch, erklärten jetzt, sie könnten ihr Land nicht der Verwüstung aussetzen, und ließen sich, wie der türkische Geschichtschreiber Raschid es ausdrückt, „die Kette der Eroberung um den Nacken der Empörung schlingen". Schon waren Chielafa und Passava gefallen.

Der Großwesir erschien vor Modon. Die Besatzung hatte sich eifrig gezeigt, solange die venezianischen Schiffe in der Nähe waren. Als diese sich entfernt hatten, als die Nachricht von dem Fall von Castel di Morea eingetroffen, verlor alles den Mut. Die Unteroffiziere forderten die Übergabe, und führten die Gemeinen zur Empörung an. In der Verwirrung, die hierdurch entstand, indem die Anführer zu unterhandeln begannen, die Gemeinen schon aus der Festung flüchteten, erstiegen die Türken ohne allen Widerstand die Wälle.

Und so war das ganze Land in den Händen der Osmanen. Nur Malvasia und ein paar Küstenplätze von Candia waren von den Eroberungen der Venezianer in diesen Gewässern noch übrig.

Hätte sich wenigstens die Flotte behaupten können!

Einen Augenblick näherte sie sich der türkischen, aber ihr Anführer berichtet, nur ein einziges Mal, jedoch zu spät am Tage, sei der Wind ihm günstig gewesen: was ihn aber am meisten zurückhielt, war die Besorgnis, wie er sich ausdrückt, „mit den unglücklichen Ereignissen zu Lande eben so unglückliche zur See zu verbinden". Vor allem hatte ihm die Signorie noch zuletzt die Erhaltung der Flotte zur Pflicht gemacht.

Wie das Glück das Gemüt erhebt und dem Menschen ein Gefühl seiner Kraft gibt, so demütig und entmutigt das Unglück. Man fühlt nur noch die Überlegenheit der gegenüberstehenden Gewalt und verzweifelt, ihr Widerstand entgegenzusetzen. Nur ein großer Charakter vermag sich, diesem allgemeinen Impuls zum Trotz, aufrechtzuerhalten.

Es wäre ein Wunder gewesen, in den venezianischen Nobili, die häufig nur deshalb eine Stelle in der Levante angenommen hatten, weil man ihnen keine andere gab, in den Mietstruppen, die man um schlechten Sold gedungen, oder ihren heimatlosen Anführern Leute von dieser Stärke des Gemüts zu finden. Was der eine getan, riß den anderen mit sich fort.

Die Küstenplätze, an deren Besitz die Venezianer noch immer einige Hoffnung künftiger Wiedereroberung der Landschaften knüpften, gingen verloren, wie diese selbst verlorengegangen waren. Malvasia war unüberwindlich durch seine Lage, mit Lebensmitteln und Schießbedarf auf zwei Jahre versehen; der Befehlshaber Badoero hatte von den Türken und ihren Angriffen nie anders als mit Wegwerfung geredet –: als sie jetzt erschienen, schoß er nicht eine Flinte ab: nach der ersten Aufforderung versprach er seine Festung aufzugeben, wofern er nicht binnen 20 Tagen entsetzt werde. Der Generalkapitän empfing die Nachricht von dieser Bedingung, als der Termin schon verflossen war. Da fielen auch die Plätze, welche die Venezianer noch immer auf Candia behauptet, Spinalunga und Suda; der letzte hatte Hilfe bekommen, der erste nicht: es war alles gleich.

Die Insel Cerigo geriet nicht minder in die Hand des Feindes. Die Venezianer trauten sich selber nicht mehr zu, daß sie Santa Maura verteidigen würden, obwohl sie es mit vielen Kosten befestigt hatten: um wenigstens die Werke nicht dem Feind in die Hände kommen zu lassen, und ihm Gelegenheit zu geben, sich an einer so gefährlichen Stelle festzusetzen, entschlossen sie sich, den Platz zu schleifen.

Denn schon galt es nicht allein die Eroberung des vorigen Krieges, Inseln und Plätze in der entfernten Levante: schon war der alte Besitz bedroht: gegen die ionischen Inseln und das venezianische Dalmatien wogten die türkischen Streitkräfte vorwärts.

Was in dieser Gefahr der Republik vor allem zustatten kam, war ihr Verhältnis zu Österreich.

Österreich hatte keine Seemacht. Bei der natürlich feindseligen Stellung, welche dieser Staat damals gegen die Türkei einnahm, mußte es ihm höchst erwünscht sein, die venezianische Flotte auf seiner Seite, zu seinen Gunsten zu haben.

Auch war keine Frage, und der Gang der Dinge brachte es mit sich, daß die Türken sich ihres letzten Verlustes an Österreich wieder zu erholen denken mußten, sobald sie nur erst mit Venedig fertig waren.

Da sich nun Venedig überdies verpflichtete, auch ihrerseits die österreichischen Besitzungen in Italien gegen die bourbonischen Waffen verteidigen zu helfen, so ward der alte Bund zwischen beiden Staaten im April 1716 erneuert; und der Prinz Eugen ging noch einmal gegen die Türken zu Felde.

Österreich führte den Krieg auf das glücklichste. Es gewann zwei große Schlachten: damals eroberte es Belgrad und einen Teil von Serbien.

Auch die Venezianer hatten wieder Glück und Fortgang. Schulenburg verteidigte nicht allein Korfu mit großem Verstand: von der Verteidigung schritt er zum Angriff fort; er eroberte Butrinto, Prevesa, Voinizza und faßte die Absicht, sich des gesamten Albaniens zu bemächtigen. Anzolo Emo, den wir kennen, schlug die türkischen Anfälle in Dalmatien ab und unterwarf dort neues Gebiet. Pisani führte die Flotte noch einmal bis vor die Dardanellen. Von soviel Seiten gedrängt, dachten die Türken auf Frieden.

Mit Vergnügen empfing der Kaiser ihre Eröffnungen, da die Bewegung der spanischen Bourbonen, die er gefürchtet – es waren die blühenden Zeiten des Alberoni – sich eben in der Tat erhob. Verlassen von dem mächtigen Verbündeten, und von italienischen Unruhen doch auch bedroht, konnte Venedig unmöglich länger den türkischen Krieg führen. Schulenburg stand vor Dulcigno und war im Begriff es einzunehmen, als die Nachricht eintraf, daß der Friede geschlossen sei.

Nach langen Konferenzen war zu Passarowitz hauptsächlich unter englischer Vermittlung, am 21. Juli 1718, der Friede auf der Grundlage des „uti possidetis“ zustandegekommen.

Nicht ganz ungünstig war er für die Venezianer. Sie behielten die wohlgelegenen Eroberungen in Albanien, die ihren ionischen Inseln trefflich zur Schutzwehr dienten: überaus vorteilhaft war die Erweiterung ihres dalmatischen Gebietes, mit weiten, fruchtbaren Gefilden, wie Bianchi sagt, höchst geeignet zur Aufnahme und

Nahrung neuer Untertanen, die in jenen Gegenden Gott und dem Fürsten besonders treu sind. Es sind die Morlaken, die Europa erst nunmehr kennenzulernen anfing.

Dagegen mußten sie Morea, die kandiotischen Festungen und Tine aufgeben. Von allen jenen Verlusten bekamen sie nur Kerigo wieder.

Sie fanden ihre Erwerbungen beinahe bedeutender als ihren Verlust, sie trösteten sich damit, daß die Besitzungen in der Levante mehr glänzend als einträglich gewesen seien.

Ganz Unrecht hatten sie nicht. Wir erinnern uns, daß viele gleich 1684 den Krieg lieber in Dalmatien und Albanien geführt hätten, als in jenen entfernten Gegenden. Deren Gedanke war nunmehr gleichsam in Erfüllung gegangen. Durch den Frieden von Passarowitz bekamen die dalmatischen Küsten erst eine Art Terra ferma und wahrhafte Bedeutung.

Dagegen war es doch auch ein ungeheurer Verlust, Morea aufzugeben: nach so vielen Anstrengungen das Land zu bevölkern, emporzubringen, zu kultivieren, mitten in dem schönsten Erfolg es dem osmanischen Schwerte wieder zu überlassen. Ein Verlust, nicht allein für Venedig, sondern für die gesamte Christenheit.

Schluß

Sollten nun aber wohl die Wirkungen der venezianischen Verwaltung in diesem Lande ganz verlorengegangen sein?

Ich glaube nicht, daß wir dies annehmen dürfen. Auch Österreich verlor Serbien nach kurzem Besitz wieder, dennoch hat die deutsche Verwaltung dort einen ganz anderen Zustand hervorgebracht, der zu einer Art von innerer Selbständigkeit und endlich zur Insurrektion und zur Freiheit geführt hat.

Morea war früher ganz wehrlos, ausgenommen in der Maina: ohne bedeutende und namhafte Produktion: den Türken zu vollkommener Knechtschaft unterworfen. Im 18. Jahrhundert finden wir es gewissermaßen reich: durch ein ausgebildetes Kommunalwesen ziemlich geschützt, und von Korinth bis Modon, in allen Teilen wehrhaft.

Ohne Zweifel hat hierzu die venezianische Verwaltung ungemein viel beigetragen. Durch die Sorgfalt, die sie dem Ackerbau, der Weinpflanzung widmete, nahmen sich deren Produkte unendlich auf –: alles, was ihre Verwaltung zustande brachte, beruhte, wie wir sahen, auf einer Vereinigung der Regierung mit den Gemeinden: und unfehlbar bekamen diese eben hierdurch eine Haltung und innere Kraft, welche auch den Osmanen nicht mehr ein so gewaltsames Regiment gestattete wie früher –: der Versuch, die Einwohner zu bewaffnen, war zwar nicht gelungen: aber schon damals bemerkte man, daß sich in der anwachsenden Jugend ganz ein anderer und männlicherer Geist regte, als in den Alten, die noch die frühere Herrschaft der Türken gefühlt hatten. Allmählich hat sich nachher dieser Geist zu eigentlicher Wehrhaftigkeit entwickelt.

Auch sollte man nicht glauben, daß die Anfänge der Unterweisung, wie sie unter den Venezianern stattgefunden, ganz spurlos hätten vorübergehen können.

Und so dürfen wir doch sagen, daß der spätere Zustand des Landes von den Ereignissen und Entwicklungen, die wir hier erörtert haben, hauptsächlich vorbereitet worden sei.

Langsam reifen die Schicksale der Nationen. Endlich hat die europäisch-christliche Welt Morea und Griechenland zum drittenmal dem Orient entrissen. Indessen ist dies ganz anders geschehen als früherhin.

Das erste Mal war es eine Eroberung der Ritter. Hätte sie Bestand gehabt, so wäre Griechenland französiert worden. Denn dies war eigentlich die Forderung des Prinzipes. Von allen großen Eroberungen der abendländischen Christenheit in jenen Zeiten sind nur diejenigen behauptet worden, welche man völlig zu verwandeln, namentlich die, welche man zu germanisieren verstanden hat. Eben darin, daß dies hier nicht mit Bewußtsein versucht, noch viel weniger ins Werk gesetzt wurde, daß das Rittertum mit sich selbst in Kampf geriet, lag es hauptsächlich, daß das Land wieder verlorenging.

Schon um vieles anders ging die Eroberung das zweite Mal. Die Bevölkerungen von Morea fügten sich ihr nicht allein, sie haben sie mit hervorgerufen und lebhaften Anteil daran genommen. Die Venezianer waren deshalb auch weit entfernt, ein Lehnsystem einzuführen, eine eigentliche Italianisierung zu versuchen. Ihre Absicht war, das Land und Volk zu innerem Gedeihen und selbtständiger Entwicklung zu befördern. Sie verloren es durch die Gewalt des übermächtigen Feindes.

In unseren Zeiten hat sich die Bevölkerung durch einen eigenen Entschluß erhoben. Es ist wohl wahrscheinlich, daß sie in dem langen Kampfe endlich unterlegen haben würde; und die Teilnahme der westlichen Welt war zu ihrer Rettung notwendig: doch hat Europa sie nicht eigentlich befreit: es hat die geschehene Befreiung nur in Schutz genommen, dazu getrieben durch eine allgemeine Regung von Teilnahme, Mitleid und literarischer Begeisterung.

Um so weniger kann es Europa nun auf eine Kolonisierung dieses Landes absehen. Jedes Unternehmen dieser Art müßte, dünkt mich, der Natur der Sache nach scheitern. Es kann nur darauf ankommen, diese Nation mit Hilfe europäischer Einsicht, aber wie sie ist, aus sich selbst zu entwickeln. Eine andere Aufgabe ist nicht vorhanden. Sie ist erhaben und wird denen, die sie lösen, zu ewigem Ruhme gereichen.

ANHANG

Zusammenstellung der vier Provinzen von Morea und der dazugehörigen Territorien, aus der die Anzahl der Ortschaften, Klöster, Familien und Bewohner ersichtlich ist. Die Bodenfläche ist in Stremmen und Campi Trevisani angegeben.

	Territorien	Bewohnte Ortschaften	Zerstörte Ortschaften	Klöster	Familien	Bewohner	Stremmen	Campi Trevisani
Romania	Napoli	39	6	11	2401	9685	1380016	690008
	Argos	30	6		1423	6129	628168	314084
	Corinto	113	46	19	3219	14114	2911552	1455776
	Tripolizza	62	16	7	1598	6979	661008	330504
	San Pietro di Zacogna	11	6	4	916	3922	341872	170936
		255	80	41	9557	40829	5922616	2961308
Achaia	Patrasso	99	12	7	3024	11918	1222544	611272
	Vostizza	31	8	5	972	4165	546912	273456
	Casaurita	118	36	10	3370	16561	2211760	1105880
	Castugni	171	44	16	4079	16847	2785184	1392592
		419	100	38	11445	49491	6766400	3383200
Messina	Navarin	25	4	—	512	2068	683456	141728
	Modon	51	3	2	664	2679	331312	165656
	Koron	62	6	—	1127	4295	1035792	517896
	Andrussa	62	10	3	1600	6142	1314592	657296
	Kalamata	24	2	5	1228	4801	307072	153536
	Leondari	60	14	2	1257	4891	797328	398664
	Caritena	124	15	5	3080	12207	2125584	1062792
	Fanari	64	6	—	1458	6268	1142672	571336
	Arcadia	88	12	6	2562	10222	1432336	716168
		568 (?)	72	23	13488	54073	9170144	4585072
Lakonia	Malvasia	17	13	3	2067	9003	1296256	648128
	Mistra	158	20	20	5928	22069	1254560	627280
	Bardugna	16	3	—	440	1726	325344	162672
	Chielafa } Passava }	38	8	2	1760	7130	411272	205636
							355160	127530
	Zarnata	31	6	8	1522	6332	457984	228992
		260	50	33	11717	46260	4100576	2000238
		1498 (?)	302	135	46207	190653	23959736	12929818

Stremmen sind ein in Griechenland, Campi Trevisani ein in Venedig und Treviso gebräuchliches Flächenmaß.

Savonarola und die florentinische Republik gegen Ende des fünfzehnten Jahrhunderts

VORREDE

Wenn die deutsche Forschung sich auch auf die Geschichte fremder Nationen erstreckt, so ist der dabei vorwaltende Gesichtspunkt der universalhistorische. Auch in dieser Beziehung mag jedoch ein Unterschied gemacht werden. Nationen und Staatengebilde, wie die von Frankreich und von England, hat man das Bedürfnis, sich in ihrer Totalität zu vergegenwärtigen, immer ohne auf das Lokale und Provinzielle einzugehen, indem man vielmehr die Perioden, in denen sie eine allgemeine Einwirkung ausübten, hervorhebt und deren Motive erörtert.

Mit der italienischen Geschichte verhält es sich insofern anders, als nicht die Nation selbst handelnd auftritt. Die Geschichte des Papsttums ist ihrer Natur nach eine universale; sie hat ein eigenes, von dem rein italienischen gesondertes Interesse. Aber auch die Abweichungen von dem Papsttum haben eine Geschichte in Italien. Die Gegensätze zwischen Staat und Kirche sind daselbst immer vorhanden gewesen und haben zu eigentümlichen Erscheinungen von nationalem Charakter geführt. Die eigentümlichste von allen bildet wohl der Dominikanermönch Hieronymus Savonarola; er machte den Versuch, auf dem Boden der lateinischen Christenheit ohne Abweichung in den Glaubensformen doch der Hierarchie Schranken zu ziehen und eine selbständige Stellung ihr zum Trotz zu gewinnen. Unbedingte Hingebung ist eine Sache der Gewohnheit und des Gemütes, unbedingte Negation meistens leichtfertig und inhaltsleer. Gerade in der Koinzidenz des positiven Glaubens und der Negation der absoluten Macht des Papsttums liegt das Interesse, das Savonarola erweckt.

In allen Nationen hat man sich mit dieser Persönlichkeit, dem Leben und Tod Savonarolas, viel beschäftigt, und es könnte überflüssig scheinen, nochmals darauf zurückzukommen. Wenn ich es dennoch wage, so liegt der Anlaß dazu in den nur wenig benutzen Nachrichten einiger florentinischen Chronisten der Zeit, die eigentlich Tagebücher derselben enthalten, und in den zahlreichen, in unseren Tagen bekanntgewordenen Dokumenten. Es schien mir möglich, mit Hilfe derselben zu einer selbständigen Anschauung der Ereignisse zu gelangen, unabhängig von der Legende der Anhänger des Mönches und den einseitigen Erzählungen gleichzeitiger Schriftsteller. Dabei konnte ich jedoch nicht allein von kirchengeschichtlichen Gesichtspunkten ausgehen, da sich mit der Abweichung Savonarolas von dem Papsttum eine sehr bestimmte politische Absicht verband, der an und für sich eine große

Bedeutung zukommt. Als er in Florenz auftrat, war der lebhafteste Widerstreit zwischen einer Tendenz zur Monarchie und den aristokratischen Selbständigkeiten ausgebrochen; der Mönch brachte in ihrer Mitte ein demokratisches Element zur Geltung. Wir gehen von dem Ursprung dieses Widerstreites aus.

ERSTES KAPITEL

Emporkommen des Hauses Medici in Florenz

In der Divina Commedia ruft Dante einmal Wehe über den deutschen Kaiser Albrecht, welcher nach einer Hausmacht trachte, aber dadurch Anlaß gebe, daß das Römische Reich seinen Kaiser vermisse; was helfe es, daß Justinian die Zügel der Gerechtigkeit verbessert habe, wenn das gesattelte Pferd keinen Reiter finde. Dante stand an den Marken zwischen einer Epoche, welche abschloß, und einer anderen, welche eintrat. Sein Herz gehörte ganz der älteren an; die Erscheinungen, die eine neue ankündigten –, die aufkommende Tyrannei und Gesetzlosigkeit, die Zwietracht unter denen, die eine Mauer umschließe, erschreckten seine Seele. Auch in Florenz vermißt er die alte Einfalt und Zucht; er beklagt ausdrücklich seine Vaterstadt wegen der Zunahme der Bevölkerung und ihrer unzuträglichen Mischung; wegen des wachsenden Reichtums, der die guten Sitten verderbe. Mit einer sonst bei ihm nicht gewöhnlichen Ironie vergleicht er einmal Florenz mit den Republiken des Altertums; deren Art, sich an die einmal gegebenen Gesetze zu halten, bleibe fern von der Feinheit der Florentiner, die, was im Oktober gesponnen, schon im November wieder auflösen; wie oft habe Florenz seit Menschengedenken die Gesetze, Münzen, Ämter und Gewohnheiten, selbst seine Glieder verändert?

Eben diese unruhige Bewegung aber ist es doch wieder, was der florentinischen Geschichte ihr historisches Interesse für die spätere Zeit verliehen hat.

In dem Kampfe zwischen Kaisertum und Papsttum hatte sich Florenz auf seiten der Päpste gehalten; Kaiser Heinrich IV. hatte einst vor den zum Teil erweiterten und wiederhergestellten Mauern der Stadt zurückweichen müssen. Florenz war eine Metropole der Opposition gegen das Kaisertum; es verdankt dieser Stellung sein Emporkommen und sein Ansehen. Dies beruht dann weiter auf folgendem Momente. Von der Parteiung der Guelfen und Gibellinen, die das übrige Italien schon seit einiger Zeit entzweite, war Florenz noch vor Dante im Jahre 1248 ebenfalls ergriffen worden, dergestalt, daß auch die Gemeinen daran Anteil nahmen. Alle Nachbarschaften der Stadt stritten von ihren Türmen widereinander.

Im Jahre 1263 gewannen die Gibellinen die Oberhand. Die Guelfen, Adlige und Popolanen wurden aus Florenz und ganz Toskana verjagt. Während aber die einen, die Edelleute, in verschiedenen lombardischen Städten ihrer Partei zu Hilfe kamen, und dabei sich Beute, Kriegsübung und Namen erwarben, besonders im

Dienste Karls von Anjou, so gingen die anderen, Kaufleute, wie sie waren, auf einen Weg des Erwerbes zu denken genötigt, über die Alpen, vornehmlich nach Frankreich und breiteten ihr Geschäft, das bisher meist auf Toskana und Italien beschränkt war, jenseits derselben aus. Siege auf der einen, Reichtümer auf der anderen Seite konnten nicht verfehlen, den Verjagten eine rühmliche Rückkehr zu verschaffen. Und nicht wenig kam ihnen der Umschwung in den öffentlichen Angelegenheiten, der Untergang der letzten Hohenstaufen zustatten. Nunmehr mußten die Gibellinen weichen, und niemals haben sie sich wieder zu eigentlichem Einfluß zu erheben vermocht.

Seitdem aber ging die Entwicklung der Adligen und Popolanen der guelfischen Partei nicht mehr zusammen. Von ausgezeichneten Kriegstaten der Großen schweigt die Geschichte; vielmehr entzweiten und schwächten sie sich untereinander und übten ihren Mut in Gewalttätigkeiten gegen das Volk. Die Popolanen dagegen wurden in allen europäischen Reichen die Kassierer des Papstes, die allgemeinen Wechsler des westlichen Europas, Bankhalter der Könige, wie auch die Produkte der städtischen Betriebsamkeit den Weg nach aller Welt fanden. Die Zünfte, von denen die großen Handelsleute den vornehmsten und wirksamsten Teil ausmachten, bewaffnet und unter ihren Fahnen vereinigt, gaben ihnen innerhalb der Mauern ein unleugbares Übergewicht. Es kam alles zusammen, Stärke, Reichtum und das natürliche Recht. Die Häupter der Zünfte vereinigten sich im Jahre 1282, gemeinschaftliche Vorsteher, Prioren, zu ernennen. Diese aber wurden der Magistrat der ganzen Stadt, indem sie Ordnungen der Gerechtigkeit wider den Adel, die man wohl als die Magna Charta des Volkes von Florenz bezeichnet hat, festsetzten und ein bewaffnetes Gonfalonierat der Gerechtigkeit zur Handhabung derselben einrichteten. Von einer eigentlichen Demokratie blieb man hierbei doch weit entfernt. Wie wäre eine solche in einer merkantilen Stadt, in welcher sich Reichtümer in den verschiedensten Abstufungen anhäuften, möglich gewesen.

Im Anfang des 14. Jahrhunderts erhoben sich einige Häuser, unter denen wir die Acciajuoli und Peruzzi finden, zu einer Art von Herrschaft in Florenz. In der Ausübung derselben behaupteten sie sich vorzüglich dadurch, daß sie die Prioren für viele Monate auf einmal erwählten, die Namen derselben in Beutel werfen und nach dem Lose ziehen ließen; nur in dem so bestimmten Kreise läßt man dem Zufall sein Spiel; wenn alle imborsierten Namen gezogen sind, fängt man von neuem an.

Im Jahre 1340 wurden die sechs Quartiere der Stadt, wie Villani versichert, von je zwei der größten, mächtigsten und reichsten Popolanen regiert. Diese ernannten zu den Ämtern, wen sie wollten, und ließen weder Großen noch Mittleren noch Kleinen einigen Anteil. In ihrem Dienste war der Exekutor der Gerechtigkeit, der die Stadt mit ausländischen, namentlich katalanischen Söldnern in Pflicht hielt, waren die Hauptleute der Wacht, die man einführte, als eine Priorenwahl, die man beabsichtigte, Widerstand fand; waren endlich die Konservatoren des Friedens, die ein wahrhaftes Schreckenstribunal errichteten und obwohl öfters abgeschafft, doch ebensooft erneuert wurden.

Es ist für diesen Zustand sehr bezeichnend, daß er eben damals durch einen großen Bankrott der Häuser Peruzzi und Bardi erschüttert ward, denen König Eduard III. von England das ihm dargeliehene Geld nicht zurückzahlte. Hierauf brachen Unruhen aus, in denen die Großen aufs neue emporkamen. Um sie wieder zu stürzen, brauchten die reichen Kaufherren das Volk, dem für seinen Beistand neue Rechte eingeräumt werden mußten. Allein sowie die Stürme vorbei, Macht und Kredit der vornehmen Popolanen hergestellt waren, so fand man Mittel, um doch jede unbequeme Teilnahme, die sich aufdrängen wollte, zurückzuweisen.

Die Capitani di parte guelfa besaßen eine außerordentliche Autorität, die sich hauptsächlich darauf gründete, daß sie die den Gibellinen bei dem Sturze derselben konfiszierten Güter verwalteten und zu ihren Zwecken benutzten. Mit diesen vereinigten sich die mächtigsten popolanen Häuser und setzten fast mit Gewalt das Gesetz durch, daß niemand ein Amt bekleiden dürfe, der nicht ein wahrer Guelfe sei. Nicht als hätte man von den Gibellinen noch zu fürchten gehabt; aber man bekam das Recht, einen jeden zu behandeln, als sei er Gibelline. Auf diese Weise ausschließen, nannte man ammonieren. Man ammonierte die besten Männer der Republik, zuweilen Männer, deren Namen schon zu einer zukünftigen Signoria – so bezeichnete man jetzt Prioren und Gonfaloniere – gezogen waren.

Die Verfassung bekam hierdurch einen oligarchischen Charakter, dem sich naturgemäß eben diejenigen widersetzten, die den vorherrschenden Geschlechtern sonst am nächsten standen. Ricci, Scali, Alberti und endlich auch dasjenige Haus, das die größte Rolle in Florenz zu spielen bestimmt war, die Medici, die aus dem Mugello stammten, sie stellten sich an die Spitze der popularen Interessen, um die Oligarchie zu brechen.

Salvestro de' Medici wollte dem Mißbrauch der Ammonitionen, durch welche die individuelle Sicherheit gefährdet werde, ein Ende machen. Der Beschluß wurde gefaßt, die ursprünglich gegen den alten Adel gerichteten Ordnungen der Gerechtigkeit auch gegen die Oligarchen, die an dessen Stelle getreten waren, in Anwendung zu bringen. Salvestro versuchte das populare Element in den eingeführten Formen der Verfassung wieder zu beleben; aber er hatte doch nicht die Stellung und das Ansehen, vielleicht auch nicht die Energie des Geistes, die dazu erforderlich gewesen wären. Er gab Anlaß zu einem Aufstand, in welchem sich nicht allein die Zünfte wider die Regierung, sondern auch die Arbeiter wider ihre Meister und Brotherren erhoben; die Arbeiter nahmen einen selbständigen Anteil an der Regierung in Anspruch. In diesem Tumult trat ein Augenblick ein, der die Republik mit völligem Umsturz bedrohte. Eben deshalb aber schlug alles fehl; aus der Mitte der Empörten selbst ging eine Reaktion hervor, durch welche die Verfassung im ganzen und großen aufrechterhalten wurde. Und wenn man dem Volke einige Zugeständnisse gemacht hatte, so wurden diese abermals nach und nach wieder zurückgenommen.

Alle die folgenden Bewegungen von 1387, 1393, 1397, 1400 führten nur dahin, diejenigen, welche der Partei des Volkes zugetan gewesen, ihres Ansehens zu berauben; die kaufmännische Oligarchie setzte sich so vollkommen in Besitz, wie es vor 1340 der Fall gewesen war.

Was sie darin besonders befestigte, war eine Reihe großer Erwerbungen, die ihr gelangen. Es stimmt mit ihrer Natur sehr gut zusammen, daß sie Eroberungen zu machen begann, als sie die Waffen aus der Hand legte.

Die Eroberungen waren Folgen nicht der Tapferkeit, sondern des Reichtums, wie dies die Florentiner selbst anerkannt haben. In dem Proömium der Statuten der Konsuln des Meeres sagen sie: „Durch Ausübung der Kaufmannschaft sind von den florentinischen Bürgern unzählige Güter erworben worden, mit denen sie nicht allein Vaterland und Freiheit beschützt, sondern auch ihre Republik vergrößert und viele Städte, Flecken und Ortschaften mit gerechten Ansprüchen an sich gebracht haben.“ Es war ein Verein vorwaltender kaufmännischer Häuser, welcher Florenz zugleich groß machte und beherrschte; sie erwarben die auswärtigen Besitzungen, ihre Weltverbindungen machten Handel und Kredit erst möglich; jene z. B. durch die Ämter, welche neu geschaffen wurden, diese durch den anwachsenden Verkehr kamen ihren Mitbürgern zugute. Aber die ausgedehnten Befugnisse, die sie sich anmaßten, erhielten zugleich auch eine Gärung im Volke.

In der Menge war immer das Gefühl, daß ihr unrecht geschehe, und es kam nur darauf an, daß einmal ein anderes Oberhaupt stark genug würde, um sich an ihre Spitze zu stellen.

Ein solches ging abermals aus dem Hause Medici hervor. Giovanni di Bicci de' Medici, ein entfernter Verwandter Salvestros, war durch glückliche Handelsgeschäfte reich geworden. Er war mildtätig, verständig, ruhig und liebte nicht, in den Palast zu gehen und an den Geschäften teilzunehmen. Aber sein Reichtum und seine Art und Weise zu sein, verschaffte ihm Autorität. „Als ich arm war“, sagt er, „gab es keinen Bürger, der mich hätte kennen wollen, und die Republik dachte nicht an mich. Nicht die Republik hat mir Reichtümer gegeben, sondern die Reichtümer haben mich in der Republik groß gemacht.“ Über den Aufwand, den ein gegen die Ansicht Giovannis unternommener Krieg verursachte, und die Kosten, die zu dessen Forstetzung erforderlich waren, kam es zu lebhaften Irrungen unter den Oligarchen selbst und zu einer ernstlichen Entzweiung zwischen ihnen und dem Volke. Hauptsächlich unter der Mitwirkung Giovannis de' Medici geschah es, daß in den Räten des Popolo die Einrichtung eines Katasters durchgesetzt wurde, das heißt, eine Bestimmung der zu dem Kriege erforderlichen Auflagen nach dem Vermögen eines jeden. Wie sehr die mächtigsten Bürger davon betroffen wurden, sieht man daraus, daß der angesehenste von allen, Niccolo da Uzzano, dessen Beiträge nie über 16 Fiorini gestiegen, jetzt 250 zahlen mußte.

Hierüber bildete sich eben um Uzzano her eine Partei, die man die uzzaneske nannte, deren Versammlungen zuweilen auf siebzig Häupter stiegen. Sie machten den Anspruch, daß, wie die Republik durch ihre Altvorderen gegründet worden, so auch die Kommune eben durch sie gebildet werde. Es waren die Männer, welche in der letzten Epoche die Regierung geleitet hatten. Uzzano hielt sie noch im Zaum; nach dessen Tode übernahm Rinaldo degli Albizzi ihre Führung, der selbst einem der vornehmsten Geschlechter angehörte, wie denn Viero degli Albizzi vor dem Tumult der Ciompi, ebenso nach demselben, und zwar im Gegensatz gegen die Medici eine große Rolle gespielt hatte. Rinaldo hatte sich neutral gehalten, denn unter der Autorität eines anderen wollte er nicht stehen. Die Partei war der Meinung, daß der Popolo aus lauter von den benachbarten Gebieten hereingezogenen Menschen, die eigentlich nur zu dienen bestimmt gewesen, bestehe und kein eigentümliches Recht in Anspruch zu nehmen habe.

An der Spitze dieses herabgewürdigten Popolo aber erschien Cosimo de' Medici, der Sohn Giovannis, der dessen Reichtümer geerbt hatte, ihn aber an Tatkraft und Ehrgeiz bei weitem übertraf. Er wurde dadurch besonders angesehen, daß er in vornehmen Verwandtschaften stand und einige Mitglieder der anderen Partei von Bedeutung, unter denen wir Guicciardini und Soderini finden, ihm beitraten. Auch die Popolanen, die er führte und die jetzt das Übergewicht hatten, ließen sich dazu verleiten, einen Krieg zu unternehmen, der aber ebenso wie der vorige mißlang und ebenso eine sehr empfindliche Reaktion in der Parteistellung herbeiführte.

Da ist es nun zu einer großen und für alle Folgezeit entscheidenden Krisis gekommen. Durch die Bemühungen Albizzis ward eine Signoria zustande gebracht, die zwar nicht dem Anschein, aber dem Wesen nach den Oligarchen völlig ergeben war; sie wagte es, Cosimo festzuhalten und berief eine jener tumultuarischen Volksversammlungen, die man Parlamente nannte, in der die Oligarchen vollkommen die Oberhand bekamen. Cosimo mußte es noch für ein Glück halten, daß er nur verbannt ward, was allein dadurch erreicht wurde, daß er einige der wirksamsten Gegner durch Geld gewann; er selbst spottete ihrer leicht zu befriedigenden Habsucht. In der Partei waltete überhaupt nicht mehr die frühere Zucht und Energie, Albizzi konnte sie nicht zu durchgreifenden Maßregeln bewegen; die alten Granden wurden nicht rehabilitiert, wie er vorschlug, die Wahlbeutel nicht erneuert, wie er forderte; denn ihm selbst trauten die übrigen nicht, da er nicht immer auf ihrer Seite gestanden hatte. Eigentlich in der Verbannung gelangte Cosimo de' Medici zu dem überwiegenden Ansehen, das die Größe seines Hauses begründet hat; die Signoria, die ihn verwiesen hatte, konnte ihn doch nicht entbehren, sie blieb mit ihm in Korrespondenz. Auch in seiner Abwesenheit übte er auf seine Partei einen alle zusammenhaltenden Einfluß aus. Ohne viel Mühe, durch den natürlichen Lauf der Dinge geschah, daß im Jahre 1434 eine Signoria eintrat, die aus Anhängern Cosimos bestand. Um ihren Beschlüssen zuvorzukommen, unternahmen die Uzzanesken unter Rinaldos Führung, sie mit Gewalt zu sprengen. Sie erschienen mit ihren Bauern und ihrem Anhange aus dem Stadtvolke, um den Palast zu stürmen; allein auch auf der anderen Seite war man bewaffnet. Es schien zu dem blutigsten Kampfe kommen zu müssen. Die Nobili drohten, die Weiber und Kinder der Signoren auf ihre Tartschen zu binden, so daß diese zuerst von den Waffen getroffen werden müßten. Aber dagegen ließen die Popolanen vernehmen, sie würden die Straßen mit Leichen und die Paläste mit Witwen anfüllen. Indem alles zu offenem Kampf sich bereitete, zeigte sich doch in der städtischen Oligarchie ein auffälliges Schwanken; Palla Strozzi, der herbeigekommen war, um zur Seite der übrigen den Kampf zu bestehen, zog es nach der Hand vor, sich nach Hause zu begeben, worauf Rinaldo nicht zum Angriff zu schreiten wagte. Unter Vermittlung des Papstes Eugen, der sich gerade in der Stadt befand, ging er einen Vertrag ein, dessen Folge war, daß sein Anhang sich auflöste. Die Partei der Oligarchen konnte sich dann nicht länger behaupten; die Partei des Popolo kam empor, sie hatte bereits einen Führer, der nur nicht gegenwärtig war.

Indem sich die ganze städtische Menge für die Signoria erklärte, rückten ein paar tausend stolze und trotzige Bauern aus dem Mugello heran, um sich bei dem Palast der Medici aufzustellen. Auf Veranlassung der Signoria, die Cosimo hatte wissen lassen, daß er nichts gegen ihren Willen tun wolle, führte Bartolomeo Orlandini die Kompanie Nicolos da Tolentino, die immer Cosimo ergeben gewesen war, in die Stadt und besetzte die Zugänge des Palastes.

Die große Glocke läutete zum Parlament, es war am Michaelstag (29. September) 1434. Das Volk kam herbei, zahlreich und ganz in Waffen. Eine neue Balia wurde ernannt und alles widerrufen, was in dem letzten Jahre verordnet worden war, namentlich der damals gegen die Medici gefaßte Beschluß; die Formen der Republik wurden dabei möglichst gewahrt, Signoria und Popolo waren auf seiten der Medici.

An dem nämlichen Tage, am 5. Oktober, und in der nämlichen Stunde, in der Cosimo vor einem Jahre das florentinische Gebiet verlassen, trat er jetzt wieder in dasselbe ein. Des folgenden Tages nach Sonnenuntergang, dem versammelten und ihn erwartenden Volke auf einer Nebenstraße ausweichend, gelangte er in den Palast und wurde von den Signoren als Freund und Verbündeter empfangen. Schon waren Rinaldo degli Albizzi, Peruzzi und viele andere verbannt. Wie einst in den Republiken des Altertums aus dem Kampfe gegen die Oligarchen nicht selten derjenige zur Herrschaft gelangt ist, der das Volk gegen sie anführte, so bildete sich jetzt in Florenz eine Art von Verfassung aus, die sich wohl mit der älteren griechischen Tyrannis vergleichen läßt, aber doch ein höchst eigentümliches Gepräge hat.

Cosimo wollte nicht sein Bestehen dem Zufall überlassen, wie seine Vorgänger in der Gewalt, er wollte sein Glück auf sicheren Grundlagen erbauen.

Die neue Signoria für November und Dezember ward ohne alle Wahl von der alten ernannt. Ein Gonfaloniere stand an ihrer Spitze, Giovanni Minerbetti, ein Mann, wie Cavalcanti sagt, mehr unternehmend als vernünftig, welchem Beschäftigung auch im Bösen lieber war, als ruhig zu sitzen. Es begannen die großen Verbannungen; alle, die einen Anteil an der Entfernung Cosimos oder an dem Widerstand gegen seine Rückkehr gehabt, wurden verbannt; Palla Strozzi half es nichts, daß seine Untätigkeit soviel zu den glücklichen Erfolgen seines Gegners beigetragen; zugleich mit seinem Sohne wurde er nach Padua verwiesen. Niemand ward geschont, der sich zu den Gegnern Cosimos gehalten.

Hiermit aber war man noch nicht zufrieden; ganze Geschlechter, und zwar solche, die zu den vornehmsten gehörten, wurden auf immer für unfähig erklärt, ein Amt zu bekleiden. Dagegen wurden die zurückberufen, die seit der Reaktion gegen die Bewegung von 1378 vertrieben worden waren. Cosimo schuf zehn Akkoppiatoren, um die Wahlbeutel für Signoria und Collegio, d. h. die Gonfalonieren der städtischen Miliz, vollständig zu erneuern. Obgleich er nur ihm ergebene Namen in diese Beutel aufnahm, so ließ er doch auch nachher die Accoppiatoren bestehen, um die Wahlen nach Gutdünken zu regulieren. So gelangten die öffentlichen Ämter mehr oder minder sämtlich unter seinen Einfluß.

Diesen Zustand, den man mit dem Worte Stato bezeichnete, zu behaupten, wurden die Acht der Guardia mit dem Rechte ernannt, über Gut und Blut aller zu richten, die wider denselben handeln oder auch nur reden würden. Soweit war es schon, als mit dem Januar 1435 Cosimo de' Medici selbst Gonfaloniere wurde. Er hütete sich wohl, jemand unrecht zu tun, er verbannte niemand; er ließ die Bewaffneten, von denen der Palast bisher besetzt gewesen war, abziehen; sein Ehrgeiz war, nach vollbrachter Veränderung den Frieden herzustellen.

Aber die Maßregeln, die im Augenblick ergriffen waren, erhielten sich; weder die Stimme des Volkes, noch auch das Los entschied über die Besetzung der Ämter; die Accoppiatoren, unmittelbar unter dem höchsten Einfluß, ernannten, dazu.

Wohl bestand nun die Republik; Cosimo ließ den Bürgern in den untergeordneten Kreisen eine gewisse Freiheit, aber alles, was das Wesen der Regierung ausmachte, behielt er in seinen Händen. Man wollte bemerken, daß er selbst die Freunde, durch deren Gunst er emporgekommen, doch in gewisse Schranken zu bannen suchte, in denen sie ihm nicht gefährlich werden konnten; dazu habe er sich seines Einflusses auf die Bestimmung der Auflagen bedient. Die Freiheit hatte vor allem in der unbeschränkten Wahl der Magistrate bestanden. Diese aber wurden nun nach dem Dafürhalten eines Oberhauptes, dem gleichwohl keine bestimmte Autorität übertragen worden war, eingesetzt. Cosimo stand an der Spitze der popularen Partei. Aber die Ideen der republikanischen Freiheit wurden durch ihn nicht realisiert, denn das würde auch seinen Gegnern zugute gekommen sein. In die Republik kam dadurch ein monarchisches Element, das in Cosimos Persönlichkeit einen großartigen Ausdruck fand.

Er war der reichste von allen, so daß er viele in ihren Geschäften unterstützte, zuweilen selbst seine Gegner, denen er in ihren Verlegenheiten aushalf; der angesehenste im Auslande, so daß Venedig seinen Bund mit Florenz gleichsam persönlich mit ihm geschlossen zu haben schien, und auch Franz Sforza sein glückliches Aufkommen, das er ihm vornehmlich dankte, zu seinen Gunsten brauchte.

In der Stadt hatte Cosimo nach allem, was geschehen war, doch keine leichte Stellung. Trotz der Imborsationen traten mißliebige Wahlen ein. Die Verjagten, die sich zuweilen zu Versuchen, ihre Rückkehr mit Gewalt der Waffen zu erkämpfen, ermannten, aber geschlagen wurden, hatten doch immer Freunde und Verbündete in der Stadt. Im Jahre 1458 war wieder ein Parlament erforderlich, um eine neue Balia zu erwählen, welche sehr ausgedehnte Befugnisse erlangte. Die Accoppiatoren, deren man eine Zeitlang entbehren zu können geglaubt hatte, wurden auf eine Reihe von Jahren wieder eingerichtet. Jene Ridolfi, Pitti, Acciajuoli, Neroni, welche den nächsten Kreis von Cosimo bildeten, hatten immer die wichtigsten Aufträge und die einträglichsten Ämter. Ihr Verhalten erweckte vieles Mißvergnügen. „Sie wollten", sagt Cambi, „die Eier allein in ihrem Korbe haben." Cosimo selbst dagegen gab keinen Anlaß zu Klagen dieser Art. Er widmete dem Schuldenwesen der Stadt eine fördernde Aufmerksamkeit, so daß die Zinsen des Monte Comune von 10 bis auf 30 Prozent stiegen; ein anderer Monte, der zur Aussteuer der Töchter bestimmt war, fing wieder an zu zahlen. Überhaupt stellte sich der alte Wohlstand allmählich wieder her; man hatte Geld und reiche Warenlager von jeder Art. Die Häuser und Güter stiegen im Preise. Man sah nichts als Feste, glänzende Repräsentation, die Frauen mit Perlen und Edelsteinen geschmückt, die Männer in Seide und feines Tuch gekleidet. Mannigfaltige Bauwerke erhoben sich, welche die Bewunderung der Nachwelt bilden; viele von ihnen dienten kirchlichen Zwecken. Indem Cosimo diese im Auge behielt und förderte, war er doch zugleich von den Ideen der großen Philosophen des Altertums ergriffen; noch unmittelbar vor seinem Tode ließ er sich von Ficinus die platonischen Ideen über das Eine und Unvergängliche vortragen. In seiner Stellung hat er sich dreißig Jahre lang behauptet; noch während seiner letzten Krankheit hat er die Angelegenheiten der Republik verwaltet und zugleich seine merkantilen Geschäfte wahrgenommen. Man kennt den Lobspruch, den Piero, sein Sohn, ihm gewidmet hat, als dem angesehensten Manne, welchen die Stadt jemals gehabt; er rühmt seine Tätigkeit nicht allein in den politischen, sondern auch in den merkantilen Geschäften. Viele Bürger hatte er reich gemacht durch seinen Handelsverkehr; er war nicht allein ein weiser, sondern auch ein glücklicher Kaufmann; auch seinem Hause hinterließ er große Reichtümer. Cosimo war durch öffentliche Urkunde als Vater des Vaterlandes bezeichnet worden; seine Nachkommen bewahrten das Dokument hierüber auf das sorgfältigste auf. Ob sie aber auch fähig sein würden, die Stellung, die er gegründet hatte, zu behaupten? Es ist die Frage, welche die Geschichte von Florenz und Toskana entschieden hat.

Nach dem Tode Cosimos 1464 erfolgte eine Spaltung der Partei, die sich um ihn gebildet hatte. Neroni, Acciajuoli, Niccolini setzten sich unter Führung Luca Pittis, der bisher das meiste vermocht hatte, dem älteren Sohne Cosimos, Piero, entgegen; Ridolfi, Guicciardini, Pazzi, Corbinelli hielten zu Piero. Jene verlangten die Abschaffung der von Cosimo getroffenen, die alte Freiheit beschränkenden Einrichtungen; diese betrachteten das Fortdauern derselben als unerläßlich. In dem Gegensatz der beiden Parteien schien es oft, als müsse die Sache mit den Waffen ausgemacht werden. Aber es lag gleichsam in der Natur dieser Republik, daß sie inmitten der Krisen dies Äußerste vermied. In einem neuen Wahlkampf zeigte sich, daß Piero doch die Oberhand hatte. Die Signorie wurde wieder aus seinen Anhängern gebildet, und da dies Widerstand fand, ein Parlament berufen, das abermals eine Balia wählte, welche die Ernennung der Magistrate auf weitere zehn Jahre festsetzte und über die vornehmsten Gegner die Verbannung verhängte.

Was nun aber bei dem Tode Cosimos erfolgt war, wiederholte sich nach dem Tode Pieros (1469). Um seine Söhne Lorenzo und Giuliano vereinigte sich unter

Tommaso Soderinis Führung eine starke Partei, die selbst dadurch nicht erschüttert wurde, daß die kaufmännischen Geschäfte schlechter zu gehen anfingen; die Freunde des Hauses, früher von ihm unterstützt, kamen ihm jetzt mit ansehnlichen Geldleistungen zu Hilfe, wogegen dann wieder die angesehensten Bürger in den wichtigsten Angelegenheiten zu Rate gezogen und zu Ehrenstellen befördert wurden. Nicht alle aber wollten sich in diesen Kreis, der doch eine Art von Unterordnung in sich schloß, bannen lassen. Die reichsten unter ihnen, die Pazzi, obwohl Verwandte der Medici, gerieten in offenen Widerspruch mit ihnen. Die vornehmste Differenz betraf ein Geldgeschäft mit Papst Sixtus IV., das die Pazzi gegen den Wunsch der Medici unternommen hatten. Auf den Nepoten des Papstes Girolamo Riario sich stützend, faßten die Pazzi den Gedanken, die Medici zu stürzen. Sie wagten nicht, sich ihnen auf dem Weg, den die Republik möglich machte, entgegenzusetzen; sie gingen den beiden Brüdern unmittelbar zu Leibe. Sie bedienten sich alter Vertraulichkeit, des ehrwürdigsten Ortes, der Kathedrale von Florenz, einer hochheiligen Handlung zur Ausführung ihrer dunklen Zwecke. Aber sie erreichten dieselben nicht; nur den minder bedeutenden der beiden Brüder schafften sie aus dem Wege; Lorenzo, dem ihr Haß bei weitem am meisten galt, ward durch Geistesgegenwart, Leibesstärke und sein gutes Glück errettet. Das mißglückte Attentat nun ist dem Enkel nicht viel weniger zustatten gekommen, als dem Großvater die Verbannung; das Volk strömte vor dem Palast der Medici zusammen, um Lorenzo zu sehen und begrüßte ihn, als er sich zeigte, mit Jubel. Das unregelmäßige Prinzipat, das er innehatte, bekam dadurch eine Art von Bestätigung; er war der widerwärtigsten Nebenbuhler entledigt, und zugleich wurde ihm bewilligt, zu seiner Sicherheit mit bewaffnetem Gefolge einherzugehen, wie einst in Athen dem Pisistratus bei einem ähnlichen Konflikt auf sein Wort Keulenträger bewilligt worden sind.

Lorenzo wurde nun auch äußerlich das Oberhaupt der Republik; seine Freunde, die ihm bisher gleich gewesen, gerieten in eine untergeordnete Stelle. Das hatte aber alles um so mehr zu bedeuten, da die auswärtigen Angelegenheiten sich infolge jenes Ereignisses in einer Weise verwickelten, wie sie bisher noch nicht vorgekommen war. Wie die Pazzi den Nepoten des Papstes zu ihrem Verbündeten gehabt hatten, so nahm der Papst im Fortgang des Kampfes, um die gegen hohe geistliche Würdenträger ausgeübte Gewalt zu bestrafen, gegen Lorenzo Partei und sprach den Bann über ihn und alle seine Anhänger aus. Aber die Florentiner betrachteten die Sache Lorenzos als ihre eigene, was nicht ohne Gefahr für sie war, da der Papst nicht allein eine Macht von Bedeutung besaß, sondern auch den König von Neapel, Ferrante, auf seiner Seite hatte. Ein Krieg brach aus, in welchem anfangs Mailand und Venedig auf der Seite von Florenz standen, ohne jedoch einen sicheren Rückhalt zu gewähren; in kurzem sah sich Florenz ohne Geld, ohne Verbündete und in äußerster Gefahr. Lorenzo war der Mann dazu, diese Gefahr zu bestehen, er faßte den außerordentlichen Entschluß, sich persönlich aufzumachen, um seinen gefährlichsten Feind, König Ferrante von Neapel, für sich zu gewinnen. Man bemerkte auf der Reise, daß er zwar bei Tage die heitere Munterkeit zeige, die ihm eigen war, aber bei Nacht von der Besorgnis, daß er sich in eine Gefahr begebe, in welcher er umkommen könne, heimgesucht wurde. Seine Verwegenheit führte ihn zum Ziele; er schloß mit Ferrante eine Freundschaft, welche für die Verhältnisse von Italien maßgebend wurde; nach wohlausgeführtem Werk wurde er bei seiner Rückkehr in seiner Vaterstadt mit herzlichem Beifall begrüßt. Auch den geistlichen Waffen des Papstes gegenüber, die sich hauptsächlich gegen Lorenzo, der ein Tyrann sei, richteten, hielt die Stadt treulich bei ihm aus; das Emporkommen des päpstlichen Nepoten Girolamo Riario lief dem städtischen Interesse ebenso entgegen wie dem des Hauses Medici. Lorenzo leistete demselben oftmals, z. B. bei den Bedrohungen der Vitelli in Città di Castello, glücklichen Widerstand; vor allem durch ihn wurde im Jahre 1482 der Angriff, den der Papst in Verbindung mit den Venezianern auf Ferrara unternahm, hintertrieben; eben durch die Unterstützung von Florenz behauptete sich Ercole I. von Este in seinem Herzogtum. Daß die Florentiner Pietrasanta über Lucca, Sarzana über Genua behaupteten, geschah vornehmlich durch Lorenzo, dessen städtische Autorität hierdurch um so tiefere Wurzeln schlug. Er versäumte nicht, dieselbe auch durch zweckdienliche Einrichtungen zu befestigen.

Wenn Cosimo diejenigen, welche seit seiner Rückkunft in den höchsten Würden gesessen, in einen Rat der Hundert vereinigt hatte, welcher den Übergang der von seiner Verwaltung genommenen Beschlüsse in die unteren Kreise vermittelte, so ging Lorenzo auf diesem Wege noch weiter; er bildete drei aus seinen Anhängern bestehende Ratsversammlungen, den Rat der Siebzig aus denen, die als Gonfalonieren di Giustizia, den der Hundert aus denen, die zugleich als Prioren, den der Zweihundert aus solchen, die überdies in dem Collegio, das die städtischen Gonfalonieren umfaßte, und in wenigen anderen höheren Ämtern gesessen hatten. Die Mitglieder des Rates der Siebzig wurden auf Lebenszeit ernannt; sie schienen dem Hause Medici eine feste Stellung auf immer zu sichern.

Doch war Lorenzo entfernt davon, diese Ratsversammlungen wirklich zu Rate zu ziehen oder auch den republikanischen Magistraten eine eigentliche Selbständigkeit zu lassen. Es ist einmal vorgekommen, daß ein Gonfaloniere andere Beamte, die ein Versehen begangen hatten, ammonierte; Lorenzo geriet darüber in eine gewisse Aufwallung; denn was solle daraus werden, wenn die Autorität der Signorie sich einmal ihm entgegensetze; zur Sicherheit seiner Person und seines Stato hielt er für notwendig, den zu ammonieren, welcher die Ammonition ausgesprochen hatte, sobald derselbe aus dem Amte getreten war. In dem Stato, in dieser engeren Bedeutung gefaßt, liegt das eigentümlichste Institut dieser Republik; der Stato bestand aus den großen Familien, die sich seit Cosimo mit den Medici verbunden hatten; er bildete eine Genossenschaft der mächtigsten Häuser, die gleichsam im Mitbesitz der Herrschaft war, ohne doch selbst die Regierung auszuüben. In den wichtigsten Geschäften zog Lorenzo nur diese zu Rate; man gab ihre Anzahl auf zwanzig an, die Bestunterrichteten zählen nur siebzehn. Die genannten Ratsversammlungen und die Magistrate waren mehr das Werkzeug der Regierung, als daß der Nerv derselben in ihren Händen gewesen wäre. Lorenzo trug Sorge, daß niemand emporkam, durch welchen seine Autorität erschüttert werden konnte. Obgleich die Verwaltung durch die Magistrate und in der Form der alten Freiheit geführt wurde und die oberste Regierung selbst keine stabile Form hatte, so war es doch nicht anders, als daß alles von dem Willen und Wink Lorenzos selbst abhing. Auch unter den vornehmen Geschlechtern zog er die minder selbständigen nicht selten den anderen vor. Die Verwandtschaften, welche diese untereinander eingingen, waren ein Gegenstand seiner fortwährenden Aufmerksamkeit; keine Vermählung hätte ohne seine Genehmigung vollzogen werden dürfen. In die Räte zog er auch Leute von geringer Herkunft, die dann in den besonderen Geschäften oft die Oberhand hatten. Alle Ernennungen gingen von ihm aus. Wer ein Amt haben wollte, bat ihn darum; auch die Geistlichen folgten der Gewohnheit, bei dem Eintritt in ihre Ämter sich ihm vorzustellen. Er war in der Tat ein Fürst, ohne diesen Namen zu führen. Damit hing es aber wieder zusammen, daß die kaufmännischen Geschäfte des Hauses auch unter ihm einen weniger guten Fortgang hatten, als selbst unter seinem Vater. Gerade der Aufwand, den Lorenzo aus politischen Rücksichten anordnete, überstieg die Kräfte der nahen oder fernen Bankhäuser, die ihm gehörten; er kam öfter in den Fall, sich des Geldes der Stadt zu bedienen. Die Magnifizenz, die ihm seinen Beinamen gegeben hat, ging über die Stellung eines Privatmannes hinaus, seine Handlungen lassen sich nicht mehr unter diesen Begriff einengen. Er wollte mehr der erste florentinische Bürger, als der erste florentinische Kaufmann sein; die schönsten Besitzungen (bei Pisa und Volterra breitete er sie aus) mußten ihm gehören; er mußte den erlesensten Marstall haben, die trefflichste Jagd, die seltensten Edelsteine, die reichsten Sammlungen. Sein Ehrgeiz war auch, die ausgezeichnetsten Männer in jedem Fache um sich zu haben. Als er die Universität Pisa wieder erneuerte, bemerkte man ihm, sie werde sich doch nie an Zahl der Studierenden mit Padua oder Pavia messen können; er antwortete, es sei ihm schon genug, wenn sie nur das vorzüglichste Professorenkollegium habe. Für die Kunst bildete Florenz eine Art von Metropole; Lorenzos Urteil war so treffend, daß die Künstler um seinen Beifall wetteiferten. Ein hochgewachsener Mann von schwarzem Haupthaar, fahler Gesichtsfarbe, dessen Stimme meistens einen heiseren Ton hatte; liebenswürdig im Umgang, in der Diskussion scharfsinnig und beredt. In Sachen der Regierung liebte er sich kurz auszudrücken; er verlangte, daß man seinen Wink verstehe. Sein Wille war allmächtig in der Stadt. Guicciardini merkt an, seit dem Verfall des Römischen Reiches habe es nirgends und niemals Bürger von so großer Autorität gegeben, wie Cosimo und dessen Enkel Lorenzo. Der vornehmste Unterschied zwischen diesen beiden großen Bürgern möchte darin liegen, daß der jüngere weniger ein guter Geschäftsmann des Hauses war, aber seine Familie zu vornehmeren Verbindungen erhob, als der ältere. Seinen ältesten Sohn vermählte er mit einer Dame aus der Familie der Orsini, Alfonsina. Mit Papst Innozenz VIII. war er in enge Familienverbindung getreten; eine seiner Töchter vermählte er mit dem Sohne dieses Papstes, Francesco Cibo, und machte dann allen seinen Einfluß auf den Papst geltend, um für dieses Paar eine gute Ausstattung auszuwirken. Sein zweiter Sohn, Giovanni, wurde in das

Kardinalkollegium aufgenommen. Man meinte, Lorenzo könne über den römischen Hof disponieren. Auch unter Lorenzo war Florenz in jener Blüte, welche die volle, durch den Frieden gesicherte Tätigkeit hervorbringen kann. Man wußte es demselben Dank, daß er das Gebiet erweiterte, die Häfen und Grenzplätze befestigte und mit Neapel sowohl wie mit Mailand in ein gutes Vernehmen getreten war. In der Verwaltung der äußeren Angelegenheiten liegt vielleicht sein vornehmstes Verdienst. Er verstand es, das Gleichgewicht und den Frieden unter den italienischen Fürsten zu erhalten, nicht ohne die größten Schwierigkeiten; er hat wohl gesagt, er wünsche ein halbes Jahr verborgen zu bleiben, um nichts von ihren Zwistigkeiten zu hören. Aber es gelang ihm, solange er lebte, dem Ausbruch derselben vorzubeugen. Sein Name ist mit jener Epoche, in welcher Italien von direkten Einflüssen fremdländischer Potenzen frei war, unauflöslich verknüpft.

ZWEITES KAPITEL

Piero Medici und die Staatsveränderung von 1494

Wenn der Übergang von einer Regierung zur anderen selbst in der erblichen Monarchie die Verschiedenheit der Epochen begründet, wieviel wichtiger und schwieriger ist es in der Republik, einem mächtigen Oberhaupt einen Nachfolger zu geben, der ihn wirklich fortsetze. Wiewohl Florenz Republik war, so lag doch ein Moment für die Erblichkeit der Gewalt darin, daß jene Genossenschaft der vornehmsten Geschlechter bestand, welche die Autorität zu teilen sich berechtigt glaubte, aber sich daran gewöhnt hatte, ein Oberhaupt anzuerkennen, dessen Ansehen auf einem großen Besitz und der Gewohnheit einer indirekten Gewalt beruhte.

Nach Lorenzos Tode wurde nun Piero ohne Schwierigkeit durch die vornehmen Geschlechter, die Magistrate und die allgemeine Beistimmung als Oberhaupt der Republik anerkannt. Die benachbarten Fürsten begrüßten ihn in dieser Eigenschaft, gleich als könne es nicht anders sein.

Allein wie schon bei dem Eintritt des älteren Piero und hernach gegen Lorenzo selbst unter den nahen und befreundeten Geschlechtern ein starkes Aufwallen der republikanischen Gesinnungen hervorgetreten und nur mit Anstrengung und Gefahr beseitigt worden war, so ließen sich auch unmittelbar nach Pieros Eintritt ähnliche Regungen bemerken. Zu den vertrautesten Freunden Lorenzos hatten Paol Antonio Soderini und Bernardo Rucellai gehört und an dem Regiment teilgehabt, aber schon unter Lorenzo waren sie dadurch verletzt worden, daß dieser sie weniger konsultierte als einige Vertraute von Verstand und Geist, die aber von niederer Herkunft waren. Unter Lorenzo war die Autorität durch die Intelligenz gleichsam geheiligt worden; was aber unter ihm geduldet werden konnte, schien unerträglich unter dem Nachfolger, der die bürgerlichen Tugenden seines Vaters nicht besaß, sich vielmehr in den Äußerlichkeiten des Lebens eines jungen Fürsten gefiel. Soderini und Rucellai stellten ihm vor, daß er nur unter Begünstigung der Mitglieder des Stato, d. h. des aristokratischen Elementes sich werde behaupten können. Andere aber, unter denen der Cancelliere Bibbiena als der vornehmste erscheint, entgegneten, daß er gerade auf diese Weise zugrunde gehen könnte. Ihnen schien das Heil allein in dem Übbergewicht der einheitlichen Politik zu liegen, die bisher beobachtet worden war. Zwei geistliche Herren traten hierbei einander entgegen; der Bischof von Arezzo, Gentile, der alte Lehrer Lorenzos, dessen Ratschläge bei diesem immer viel vermocht hatten, jetzt aber von Piero ebenso hoch angeschlagen wurden, und Francesco Soderini, Bischof von Volterra, Bruder Paol Antonios, welcher die Partei der beiden Mißvergnügten nahm. Um die letzteren gruppierten sich bald die übrigen Mitglieder des Stato, die durch Familienverbindungen mit dem reichen Hause Strozzi und noch mehr durch die Stellung der jüngeren Linie der Medici Rückhalt gewannen. Cosimo der Alte und dessen Bruder Lorenzo, beide Söhne des Giovanni, genannt Bicci, hatten ihre Geschäfte gemeinschaftlich betrieben. Nachdem aber der letztere verstorben und dessen Sohn Pier Francesco zu männlichen Jahren gekommen, war das Vermögen geteilt worden und diesem die ganze Hälfte desselben zugefallen. Man meinte in der älteren Linie, daß die jüngere bei der Teilung bevorzugt worden sei. In den folgenden Zeiten, in welchen die ältere so viele Gefahren zu bestehen, so viel Aufwand zu bestreiten hatte, war die jüngere zu größerem Reichtum gelangt, womit sich dann naturgemäß der Anspruch auf einen angemessenen Anteil an der Regierung verband. Die Söhne Pier Francescos, Giovanni und Lorenzo, sahen es ungern, daß Piero sich weit über sie erheben solle; sie gesellten sich den unzufriedenen Geschlechtern bei.

So bildete sich eine Opposition gegen Piero, die auch bald in der Verwaltung der auswärtigen Angelegenheiten zum Vorschein kam. Bemerken wir die erste Regung derselben, obwohl sie an sich unbedeutend ist.

Soeben war Alexander VI. auf den Päpstlichen Stuhl gelangt und die Absicht gefaßt worden, daß ihn die drei Verbündeten Neapel, Mailand und Florenz durch eine gemeinschaftliche Gesandtschaft begrüßen sollten. Man schreibt es dem Bischof von Arezzo zu, daß dieses Vorhaben nicht ausgeführt wurde, sehr zum Verdruß Lodovicos des Mohren, der damals in Mailand regierte. Bald nahm man wahr, wie weit aussehend diese Differenz werden konnte; ein dynastisches Zerwürfnis zwischen Neapel und Mailand brach aus, in welchem Piero auf die Seite von Neapel trat, während die Florentiner, Vornehme und Geringe, eine Verbindung mit Mailand lieber gesehen hätten: denn an der dortigen Regierung hatten sie seit Franz Sforza immer eine Stütze gefunden. Nun aber nahmen diese Entzweiungen die größte Dimension an, die sich denken ließ. Lorenzo hatte doch immer nur mit italienischen Streitigkeiten zu schaffen gehabt; jetzt wurden diese zu europäischen. Denn bereits sah man es kommen, daß die Franzosen einen Versuch zur Wiedereroberung des Königreiches Neapel machen würden. Sie wendeten sich auch an die Florentiner, bei denen sie besonders durch die beiden Söhne Pier Francescos Eingang fanden. Diese nahmen den französischen Gesandten in ihren Häusern auf und erklärten, als man sie darüber zur Rede stellte, daß sie dem König von Frankreich durch Dienste und ehrende Diplome verwandt seien. Sie wurden darüber zur Rechenschaft gezogen, aber, soviel man weiß, infolge der Rücksicht, die auf einige Große genommen wurde, freigesprochen. Daß ihre Verbindung mit dem französischen Hofe ungeahndet blieb, tat doch der Einheit des Staatswesens, die in dessen Politik stand, nicht wenig Eintrag. Die innere Parteiung griff in die äußeren Beziehungen ein.

Im Jahre 1494 setzte sich nun König Karl VIII. von Frankreich mit aller seiner Macht wirklich in Bewegung, um das Recht auf Neapel, das er von dem Hause Anjou überkommen hatte, durchzuführen. Da das in Neapel regierende Haus Aragon seine Ansprüche von Manfred, und König Karl VIII. die seinen von Karl von Anjou herleitete, so erneuerten sich gewissermaßen die Gegensätze des 13. Jahrhunderts gegen Ende des 15.; aber dabei waltete ein Unterschied von welthistorischer Bedeutung ob. Der Päpstliche Stuhl, der einst die Anjou berufen, nahm nach einigem Schwanken gegen Karl VIII. Partei. Papst Alexander trat auf die Seite des aragonesischen Königs von Neapel und selbst in die engste Verbindung mit der spanischen Hauptlinie, der Linie des Hauses Aragon.

Da nun Florenz von jeher guelfisch gesinnt und auf der Seite der Franzosen gewesen war und auch jetzt diese Gesinnung festhielt, so war das Verhalten Pieros, der sich mit den Aragonesen und dem Papst verbündete, von Anfang an mißliebig in der Stadt.

Als einen Fehler Pieros könnte man es wohl an sich nicht betrachten, daß er mit dem aragonesischen Hause und dem Papste im Bunde blieb; denn es gereichte zur Behauptung der Unabhängigkeit Italiens von einer fremden Macht. Sehr zu bezweifeln aber ist es, ob der umsichtige Lorenzo so ganz das dynastische Interesse des Königs von Neapel zu dem seinen gemacht hätte, wie Piero, da es sich gegen Mailand richtete, mit welchem verbunden zu sein für Florenz nicht minder wichtig war, als mit den beiden anderen Staaten. Die Anstrengungen der Neapolitaner waren, wie berührt, gegen Ludwig den Mohren gerichtet, der seinen besser berechtigten Neffen, der ein Schwiegersohn des Königs Alfonso von Neapel war, von der höchsten Gewalt in Mailand ausschloß. König Alfonso war dabei in seinem Recht; allein hätte er gesiegt, so würde er das Haus Sforza sich unterwürfig gemacht und dadurch das Gleichgewicht der italienischen Staaten, auf dem alles beruhte, zersprengt haben. Als Oberhaupt der florentinischen Republik hatte Piero keinen Anlaß, Ludwig den Mohren aus Mailand zu verjagen. Dieses Vorhaben aber gab den unmittelbarsten Anlaß zur Herüberkunft des Königs Karl, worin Lodovico seine Rettung sah. Und auf der Stelle zeigte sich das Übergewicht dieser Kombination. Der kecken Verschlagenheit Lodovicos, der den Augenblick benutzte, um Genua seiner Oberhoheit zu unterwerfen und in Mailand selbst, da sein Neffe soeben starb, das Herzogtum in Besitz zu nehmen, auf der einen Seite, auf der anderen dem Unternehmungsgeiste der Franzosen, ihrem noch von ritterlichen Antrieben durchdrungenen, aber zugleich militärisch im Sinne der Zeit geschulten Heere, waren die verbündeten Italiener, die unter ihren kleinen Fehdschaften eigentlich vergessen hatten, was ein wirklicher Krieg bedeute, zu widerstehen unfähig. Indem nun die neapolitanischen Streitkräfte von dem oberen Italien zurückwichen, geriet Piero in die größte Verlegenheit. Bei den erwähnten Unterhandlungen mit den Florentinern hatten die Franzosen zweierlei gefordert, einmal freien Durchzug durch das florentinische Gebiet und Lieferung von Lebensmitteln, sodann aber auch ein Anlehen. Beides war abgelehnt worden; das erste im Namen der Republik auf den Grund, daß ihre geographische Lage ihr zur Pflicht mache, nach allen Seiten Rücksicht zu nehmen; das zweite durch den Faktor des mediceischen Bankhauses in Lyon, obwohl demselben sehr annehmbare Bedingungen dafür vorgeschlagen worden waren. Man bemerkte in Frankreich, daß daran niemand anders als Piero Medici selbst schuld sein könne, dessen Verständnis mit Alfonso man wohl kannte, und zeigte sich darüber nicht wenig entrüstet. Doch hat man, und zwar durch den geschäftskundigen und zuverlässigen Comines in Florenz erklären lassen, noch könne alles einen guten Ausgang nehmen, wenn die Stadt auf die Seite des Königs trete; wofern Piero Medici das vermittele, so werde er bei König Karl in größere Gnade kommen, als in welcher sein Vater jemals beim verstorbenen König gewesen sei. So hatte auch Piero immer gemeint, daß es ihm bei eintretender Gefahr freistehen werde, sich mit den Franzosen zu verständigen. Als nun die Angelegenheiten eine für das florentinische Gebiet bedrohliche Wendung nahmen, begab sich Piero nach Pietrasanta, um persönlich mit dem König zu verhandeln. Noch hegte er sogar die Hoffnung, auch für Alfonso von Neapel etwas ausrichten zu können, gestützt auf die Wichtigkeit der florentinischen Plätze, namentlich Sarzanas und der Bergfeste Sarzanella, die dem König im Wege standen. Jener Faktor von Lyon, der eben von Alfonso kam, wurde beauftragt, in dessen Namen den Franzosen eine sehr ansehnliche Geldsumme, zahlbar in den nächsten Jahren, anzubieten. Indem Piero sich dem französischen Hauptquartier näherte, versicherte er nochmals Alfonso seiner unverbrüchlichen Treue; zugleich war er nicht ohne Besorgnis, daß ihm von den Franzosen persönliches Ungemach bevorstehe; er meinte, sich gleichsam zu opfern, wenn er sich in den Bereich ihrer militärischen Übermacht begebe; ihm schwebte das Beispiel seines Vaters vor Augen, der einst bei den Feinden selbst seine Rettung gesucht hatte. Seine ersten Vorschläge, die sich auf den König von Neapel bezogen, wurden zurückgewiesen; wie hätten die Franzosen darauf eingehen sollen, da die italienischen Fürstentümer und Kommunen nur darauf dachten, Verträge zu ihren Gunsten mit ihnen zu schließen. Mailands und Genuas waren sie sicher; jetzt trafen auch Lucca und Siena ein Abkommen mit ihnen; sogar ein päpstlicher Gesandter erschien insgeheim im Feldlager. Man wollte wissen, Alexander VI. habe dem König angetragen, ihm nach Siena, selbst nach Florenz entgegenzukommen.

Bei dieser Wendung der Dinge wich Piero aus seiner bisherigen politischen Stellung. In Pietrasanta suchten ihn einige Herren aus der Umgebung König Karls VIII. auf, um ihn aufmerksam zu machen, daß die französische Armee, ohne sich bei Sarzana aufzuhalten, nach Pisa und dann nach Florenz vorrücken könne. Ihren hierauf begründeten Anträgen setzte Piero keinen festen Widerstand entgegen. Er bewilligte den französischen Bevollmächtigten zuerst die Überlieferung von Sarzana; als sie weiter in ihn drangen, auch von Pietrasanta und den Festen von Pisa und Livorno; sie waren selbst erstaunt, wie leicht er auf ihre Forderungen einging und spotteten seiner Feigheit. Nicht aber allein aus Furcht vor den Franzosen verlor Piero seine Haltung; die Sache war, daß er in der Republik, der er als Oberhaupt vorstand, den Boden unter seinen Füßen schwanken fühlte.

Wie ganz anders waren die Dinge gegangen, als er und seine Ratgeber gemeint hatten. Bibbiena, der alles regierte, hatte einst auf der Treppe des Palastes ausgerufen, indem er seine rechte Hand erhob: „Diese Finger regieren ganz Italien." Um so mehr wendete sich, als man eben infolge der Teilnahme an den italienischen Angelegenheiten in eine Krisis geriet, die öffentliche Meinung gegen ihn und gegen Piero. Nicht wenig trug dazu die jüngere Linie des Hauses bei, die auf ihren Landsitz verwiesen worden, aber dort die florentinische Jugend um sich sammelte. Die ganze Opposition regte sich, deren Ursprung wir bemerkten. Schon hatte Piero die bittere Erfahrung gemacht, daß die reichsten und angesehensten Bürger die Geldunterstützung, deren er unbedingt bedurfte, zu gewähren ablehnten. Diese Stimmung der Florentiner, die jeden Augenblick stärker hervortrat, konnte nun nicht anders, als Piero, der sich gleichsam von zwei verschiedenen Feindseligkeiten bedroht sah, zu jener Nachgiebigkeit gegen die Franzosen geneigt machen; er mußte wünschen, sich ein gutes Verhältnis zu dem König von Frankreich zu sichern; dann durfte er um so mehr hoffen, sich an der Spitze der Republik, die ja französisch gesinnt war, zu behaupten; allein die Folge war eine entgegengesetzte. Bei den ersten Nachrichten, welche Piero aus Pietrasanta nach Florenz gelangen ließ, schickte die Republik eine Gesandtschaft von sieben Männern ab, unter denen wir Francesco Valori finden, eigentlich mit dem Auftrag, Piero zu unterstützen und König Karl einzuladen, nach Florenz zu kommen. Daß nun aber Piero auf seine eigene Hand jene Zugeständnisse machte, rief eine allgemeine feindselige Aufregung gegen ihn hervor. Jene namenlose und nicht definierte Gewalt, die in seinen Händen war, schritt hierbei aus ihren bisherigen Schranken heraus: Piero Medici schien sich als Herr und Fürst der Stadt zu betrachten; die Befehlshaber der Kastelle säumten in der Tat nicht, seinen Weisungen zu gehorchen. Man beklagte sich ohnehin über die Hartnäckigkeit, mit welcher er an dem König von Neapel festgehalten, und über den verzweifelten Entschluß, den er dann gefaßt habe, sich in die Arme des Königs von Frankreich zu werfen; hätte er wenigstens die Vermittlung des Herzogs von Mailand nachgesucht, so würde er bessere Bedingungen von dem König erhalten haben. Man machte ihm ein Verbrechen daraus, daß er die Festungen eigenmächtig aufgegeben, und da man hörte, er habe dem König auch eine große Geldsumme versprochen, so erklärte man es gleichsam für eine Ehrensache, nichts von alledem zu leisten, was er zugesagt haben möge. Wie wenig nützen doch auch die wohlbedachtesten Vorkehrungen in Augenblicken der Krisis! Gerade in dem Rat der Siebzig, durch welchen Lorenzo die Autorität seines Hauses auf immer zu begründen gemeint hatte, erhob sich die Bewegung gegen dieselbe, obwohl nur langsam und zaghaft. Man wagte kaum auszusprechen, was man sagen wollte; ein Vater entschuldigte, was sein Sohn gesagt hatte, mit dessen Jugend und Unerfahrenheit.

Der größere Teil des Stato und mit ihm die Signoria, welche nominell die höchste Staatsgewalt repräsentierte, wandten sich von Piero ab. Man beschloß nunmehr, eine Gesandtschaft von seiten der Stadt an den König zu senden, bei der jedoch nicht alle unter den Medici eingeführten Formen beobachtet worden sind, dieselbe, an welcher auch der Dominikaner Savonarola Anteil genommen hat. In diesem Beschluß liegt nun die große Wendung der Dinge. Von tiefer Politik war hierbei nicht die Rede; diese Gesandtschaft hatte die Instruktion, die von Piero angenommenen Bedingungen möglichst zu mildern und vor allem die Stadt vor jedem Kriegstumult zu sichern, da sie sich unter die Protektion des Königs begeben werde. Die florentinischen Behörden wetteiferten mit Piero in Hingebung für den König von Frankreich, dem dadurch der Weg weiter geöffnet wurde; ihre Absicht war, die Eigenmacht Pieros zu brechen. Wir werden ausdrücklich versichert, der Sinn der mächtigen Bürger, die dies geschehen ließen, sei nicht gewesen, Piero zu vernichten, sondern nur ihm zu zeigen, daß er mehr Rücksicht auf seine Mitbürger nehmen müsse. Aber zugleich erwachte eine allgemeine Unzufriedenheit; man sprach davon, daß die Sache nicht gehen könne wie bisher, und die Stadt wieder zu ihrer alten Freiheit gelangen müsse. Es wurden Zusammenkünfte in diesem Sinne gehalten und Verständnisse zustande gebracht.

Am 8. November kam nun Piero nach Florenz zurück, eigentlich in der Absicht, sein Verfahren zu rechtfertigen, so daß er sich mit Hilfe seiner Freunde behaupten zu können glaubte. Allein er mußte erleben, daß er nur von wenigen begrüßt wurde, und zwar nur von den allervertrautesten. Aus den untersten Ständen fanden sich eine Menge von Leuten ein, denen man Brot austeilte oder auch Konfekt zuwarf. Piero geriet doch über die Kälte, mit der er empfangen wurde, in Besorgnis. Den Tag darauf machte er den Versuch, die Autorität, die ihm bisher zugestanden, bei der Signoria faktisch in Geltung zu bringen. Er war, als er sich zuerst in die Kirche, dann nach dem Palast begab, nach der Weise seines Vaters von seiner Dienerschaft und einer kleinen Schar von Bewaffneten umgeben; aber er fand die Signoren mit ihrem Frühmahl beschäftigt, und einige von seinen Freunden unter den Signoren rieten ihm, nach Hause zu gehen, selbst zu speisen und hernach wiederzukommen. Noch war nichts vorbereitet. Den Verzug benutzten die übrigen Signoren, Gegner Pieros, um ihre Gesinnungsgenossen aus dem Collegio zu veranlassen, in dem Palast zu erscheinen. Die Vesper läutete soeben, als Piero wiederkam. Er stieg die Stufen des Palastes hinan und klopfte an dem Tor. Hierauf öffnete sich eine Nebentür; eine Stimme rief, wer da klopfe. Es war Jacopo di Tanai de' Nerli, der zu dem Collegio gehörte. „Mach auf", sagte Piero. Nerli antwortete: „Nur dann, wenn du allein eintreten willst." Piero wurde der Lage inne, in der er sich befand; durch seine Gebärden gab er zu erkennen, daß er sich rächen wolle. Aber ein alter Cancelliere seines Vaters, der ihn begleitete, riet ihm, nach Hause zu gehen, d. h. in diesem Moment nichts zu versuchen. Indem Piero sich entfernte, wurde es lebhaft auf der Piazza. Luca Corsini, einer der vornehmsten Gegner Pieros, trat an das Fenster des Palastes und rief das Wort „Popolo" aus. Unter diesem Rufe hatte man sich einst für das Haus Medici erhoben; nach sechzig Jahren fiel man unter demselben von dem Hause Medici ab. Die beiden, welche hier an die Spitze traten, Nerli und Corsini, waren junge Leute, bisher ohne Kredit sowie ohne gesetzliche Autorität; sie galten eher für leichtfertig, aber sie übten jetzt im Einverständnis mit der Mehrzahl der Signoren eine überwältigende Einwirkung aus.

In dem entstehenden Tumult nahm das bewaffnete Gefolge Pieros denselben in die Mitte und brachte ihn auf einem Umweg nach seinem Hause. Dieser hätte nun erwartet, seine Freunde würden sich mit den Waffen bei ihm einfinden, um den Abtrünnigen entgegenzutreten. Allein in allem stellten sich kaum zwanzig aus der wirklichen Bürgerschaft ein; das gemeine Volk allerdings zahlreich, aber doch mehr, um sich etwas zugute zu tun, als um zu kämpfen. Von den Bürgern, die sich bewaffnen konnten und bewaffneten, gingen die meisten nach dem Palast. Eine allgemeine Bewegung war es nicht; viele blieben zu Hause, um zu sehen, wo das alles hinauswolle. Aber zunächst hatten doch die Gegner der Medici das Übergewicht. Kardinal Giovanni stieg zu Pferd, selbst ohne Waffen, aber von Bewaffneten begleitet, um womöglich die Sache beizulegen. Allein schon rief die große Glocke das Volk zu den Waffen. Dem Kardinal begegneten einige junge Leute von Adel, um ihn zu warnen, nicht weiterzugehen. Der Kardinal, von dessen Leuten einige verwundet worden, sah wohl, daß er nichts ausrichten werde und fürchtete, auch seine kirchliche Würde möchte ihn nicht schützen. Als er nach Hause kam, sprach er zuerst das Wort aus, daß alles verloren sei. Piero scheint dennoch eine Gegenwirkung beabsichtigt zu haben; er sammelte bewaffnete Leute um sich und stieg selbst zu Pferde. Aber indem er hörte, daß die Signoria einen Preis auf seinen Kopf gesetzt habe, was nach einem der besten Gewährsmänner damals eigentlich doch noch nicht der Fall war, sondern bloß ausgebreitet wurde. Von allen Seiten her erscholl das Geschrei „Popolo, Freiheit, nieder mit Piero". Er ritt mit seinem jüngsten Bruder Giuliano nach der Porta San Gallo, hatte aber nur wenige Leute um sich, als Paolo Orsini mit einer ansehnlichen Reiterei erschien, der sich jedoch erinnerte, daß er nicht in Diensten Pieros, sondern der Condottiere der Stadt und der Republik Florenz sei. Vor einem unmittelbaren Einschreiten mit bewaffneter Macht scheute er zurück; er riet vielmehr Piero an, sich mit ihm zu entfernen.

Die Strömung der Geister, die sich in ähnlichen Momenten unwillkürlich und unwiderstehlich erhebt, war jetzt gegen die Medici. Die Idee der Republik lähmte die Kräfte, auf die sich Piero noch zu stützen meinte. In der Stadt brauste die tumultuarische Aufregung, die mit der Erschütterung der Regierungsgewalten verknüpft zu sein pflegt; die Häuser der vornehmsten Anhänger und Werkzeuge Pieros, namentlich des Antonio di Miniato, der alle Geldangelegenheiten, und Bibbienas, der alle Staatsgeschäfte verwaltet hatte, wurden geplündert; ebenso Haus und Gärten des Kardinals, der noch Mittel fand, zu entkommen, und der Palast Pieros selbst. Den beiden Damen des Hauses, der Schwiegermutter und der Frau Pieros, wurden ihre Ringe vom Finger gezogen; sie wurden weinend in ein Kloster abgeführt. Die Signoria stellte einige Sindachi und Uffiziali di Rebelli auf; aber ehe diese tätig waren, war der Palast der Medici schon geplündert; die besten Kostbarkeiten waren weggeführt, so daß der Verkauf des übrigen kaum soviel eintrug, um die Gläubiger zu befriedigen.

So war Piero Medici mit seinen Brüdern verjagt; man erklärte sie für Rebellen und verbannte sie nun wirklich. Die Autorität, welche Cosimo der Alte und Lorenzo, eigentlich doch in Übereinstimmung mit den in jenen Momenten, die wir erwähnten, überwiegenden Gesinnungen der Bevölkerung gegründet hatten, erschien jetzt, da sie in einer derselben widerstrebenden Richtung ausgeübt wurde, als eine unerträgliche Tyrannei. Alle ihre Verdienste um die Stadt waren vergessen; man gedachte nur der Unzuträglichkeiten der letzten Regierung, der sich die Idee der republikanischen Freiheit, plötzlich erwachend, stürmisch entgegensetzte. Und unverzüglich ging man nun in der Stadt daran, sich ohne die Medici oder vielmehr im Gegensatze zu ihnen einzurichten. Die Stimmung des Tages ergibt sich aus der Eröffnung, welche die Signoria dem ferraresischen Gesandten machte; sie wünscht sich Glück dazu, daß sie der Knechtschaft, durch welche sie erstickt worden, ein Ende gemacht habe; auch dem Herzog Ercole wünscht sie Glück dazu, denn er werde sich der Freundschaft der Florentiner fortan bei weitem mehr erfreuen können, als es unter den Tyrannen der Fall gewesen sei. Der Herzog von Ferrara kam dieser Eröffnung auf halbem Wege entgegen; er erklärte, daß die Stadt volles Vertrauen zu ihm haben könne; er werde sich selbst und alles, was er besitze, auch seine Kinder, ihrem Dienst aufopfern. Denn zwischen Ferrara und Florenz herrschte eine gemeinschaftliche Antipathie gegen das Papsttum, die sich jetzt zugleich wiederherstellte.

Um nun aber eine haltbare Ordnung einzurichten, wurde eine allgemeine Versammlung berufen; sie bestand aus allen denen, welche seit einer Reihe von Jahren in den obersten Stellen gesessen, also doch wieder der Partei angehörten, die bisher vorgewaltet hatte. Die vornehmste Angelegenheit der Beratung war, wie man sich gegen den König von Frankreich, dessen Einzug bevorstand, zu verhalten habe. Der Rat dieses Consiglio war, eine Gesandtschaft an den König zu schicken, um seine Forderungen zu erkunden; dann aber zwanzig erfahrene Männer zu wählen, um die Antwort zu überlegen und darüber an die Signoria und das Volk zu referieren. Dies geschah am 15. November. Am 17. zog König Karl VIII. in Florenz ein; er wurde mit allen erdenklichen Ehrenbezeugungen empfangen. Aber von der Animosität gegen Piero, die man bei ihm voraussetzte, war doch in der Tat nichts wahrzunehmen, wie er es denn der plötzlichen Sinnesänderung Pieros zu danken hatte, daß er in Toskana keinen Widerstand fand. Und in der Stadt befanden sich noch die Damen des Hauses Medici, deren Bildung, Verstand und Unglück auf die Umgebung des Königs einen günstigen Eindruck hervorbrachte, welcher durch die Anhänger des Hauses, die zurückgeblieben waren, verstärkt wurde. Der König ließ den Abgeordneten der Stadt zu erkennen geben, daß er die Rückkehr Pieros wünsche, damit sich derselbe rechtfertigen könne, um alsdann mit den anderen Bürgern als ihresgleichen zu leben; er, der König, sei gekommen, um allen Zwistigkeiten ein Ende zu machen. Aber in der Bürgerschaft erweckte diese Absicht die größte Aufregung; man bezweifelte nicht, daß sich Piero Medici, wenn er zurückgekommen sei, der höchsten Gewalt wieder bemächtigen und sich dann an seinen Feinden rächen werde. Da das Volk die Waffen unter der Voraussetzung, hierin mit den Franzosen einverstanden zu sein und unter ihrem Schutz zu stehen, gegen Piero ergriffen hatte, so sah es fast eine Beleidigung darin, daß der König sich auf dessen Seite neige, der doch gegen ihn gewesen sei. Gleichwohl war die Signoria, als ihr die Anmutung des Königs bekannt wurde, nicht einmütig dagegen; sie bestand, wie angedeutet, aus zwei Parteien, von denen die eine entschieden gegen Piero aufgetreten war, die andere aber sich von der Sache desselben noch nicht losgesagt hatte; der einen gehörten fünf, der anderen vier Mitglieder an. Als nun in der Signoria über die dem König zu gebende Rückantwort beraten werden sollte, erschienen die letzteren sehr kühl, was aber nur dazu diente, die übrigen um so eifriger zu machen. Diese hielten für ratsam, die Mitglieder des Collegio und andere Bürger, die ihrer Meinung waren, zu berufen, die dann auch unverzüglich herbeikamen. Man versammelte sich in dem oberen Saale des Palastes und ließ nun die Signoren, die in der Minderzahl waren, wissen, wenn sie verweigerten, mit den übrigen sich zu dem, was man ein gutes Leben, eine gute Verfassung nannte, zu vereinigen, so werde man ihnen anders begegnen als mit bloßen Worten. Die dissentierenden Mitglieder erklärten alsdann, sie würden mit dem zufrieden sein, was das Volk für das beste halte. Hierauf wurde nun von der Mehrheit der Signoria unverzüglich ein Consiglio dei Richiesti, wie man es nannte, berufen, wieder eine Art von Notabelnversammlung, wie sie schon in früheren Zeiten zuweilen nach dem Muster der venezianischen Pregadi stattgehabt hatte. Die so verstärkte Signoria nun begab sich nach dem unteren Saale, wo sich eine Bürgerversammlung eingefunden hatte, um mit ihr Rat zu pflegen, was man tun solle. Der Gonfaloniere Scarfa, der sich zu den Gegnern Pieros geschlagen, hielt ihnen Vortrag über die Gefahr, in der man sich befinde; denn wenn man dem König die Rückkehr Pieros, um sich zu rechtfertigen, verweigere, so würde es scheinen, als habe man keine gültigen Gründe gegen denselben; er möchte Unwillen wider die Stadt schöpfen; wenn man ihm aber nachgebe, so könne es zu einem Blutvergießen und zum Ruin der Stadt kommen. Der Eindruck, den er mit diesen Worten machte, war um so größer, da sich das Gerücht verbreitete und allgemein Glauben fand, Piero stehe schon vor den Toren und werde sogleich zurückkehren. Da brach sich nun die Meinung Bahn, daß man dies unter keinen Umständen zulassen dürfe. In diesem Sinne sprach sich zuerst jener Bischof von Volterra, aus dem Hause Soderini, aus; er scheint den Ton angeschlagen zu haben, der dann der herrschende blieb. Der Beschluß der Versammelten war, daß man lieber mit den Waffen in der Hand untergehen, als die Rückkehr des Tyrannen genehmigen solle; er wurde den Signoren mit einer gewissen Feierlichkeit angekündigt, nicht ohne sie zugleich aufzufordern, für die Sicherheit des Palastes zu sorgen. Wenn wir nicht irren, enthält dieser Beschluß das Fundament der republikanischen Freiheit der nächsten Jahre. Die Versammlung, die ihn faßte, bestand aus wenig mehr als 100 Bürgern; aber sie handelte, als wäre sie die gesetzliche Vertreterin der Kommune.

Anfangs blieb der König den Vorstellungen, die ihm gemacht wurden, zum

Trotz bei seiner Ansicht; er halte es nicht für ungerecht, daß Piero zurückkomme, um sich zu rechtfertigen und alsdann als guter Bürger zu leben. Die Differenz schien sehr ernstlich werden zu wollen. Die Signoria setzte den Palast in Verteidigungsstand und ließ das Volk des Contado zu den Waffen aufmahnen, so daß in kurzem 30 000 Mann hätten aufgestellt werden können. Die angesehensten und reichsten Familien erhielten die Weisung, sich beim Läuten der Glocke mit bewaffnetem Volke auf der Piazza einzufinden. Noch schien in der Tat alles drohend und zweifelhaft. Man wollte wissen, durch die Anhänger des Hauses Medici werde dem König vorgestellt, daß er, wenn Piero zurückkehre, ebensosehr Meister der Stadt sein würde, wie dieser selbst; von den Bürgern habe er dagegen zu fürchten, daß sie ihm bei der ersten Gelegenheit den Rücken zukehren würden. Man erwartete, der König werde einen Präsidenten in Florenz aufstellen, um in seinem Namen die höchste Gewalt in die Hand zu nehmen. Die Florentiner waren empört darüber, daß sie Vasallen werden sollten. Um der Gewalt, die sie umfaßte, zu entgehen, mußten sie, wie Machiavell sagte, Herz haben und Verstand. Die Gefahr, in der man sich befand, und der Beschluß, sie zu bestehen, drückt sich in den Worten aus, welche einer alten und sehr verbreiteten Tradition nach Capponi ausgesprochen haben soll: sie mögen in ihre Trompeten stoßen, wir wollen an unsere Glocken schlagen. Aber ganz auf ihre Kräfte haben sich die Florentiner doch nicht verlassen. Wir erfahren, daß sie ein Mitglied der vornehmsten Familien, Bernardo Rucellai, an den Herzog Lodovico in Mailand gesendet haben, um ihn zu befragen, ob es seine Meinung sei, daß Florenz seine Freiheit verliere. Lodovicos Ansicht konnte das nicht sein; denn Piero de' Medici hatte sich immer als sein persönlicher Feind gezeigt. Rucellai sagte ihm, wenn er es verlange, würden sie nachgeben; wo nicht, als brave Männer sich zur Wehr setzen. Lodovico munterte sie auf, sich nicht unterjochen zu lassen und versprach ihnen, sein Kriegsvolk, das in der Romagna stehe, anzuweisen, den Befehlen der Signoria zu gehorchen. Auch die venezianischen Gesandten, die sich bei dem König befanden, versicherten die Florentiner, sie könnten, wenn die Sache zum Äußersten komme, auf die Teilnahme von Venedig rechnen, so daß schon in diesem Augenblick die Opposition gegen die Franzosen angebahnt worden ist, die später die Befestigung ihrer Herrschaft verhindert hat. Denn nicht mit der Länge der Zeit pflegen sich die Dinge neu zu gestalten; alles entspringt in den Momenten großer Krisen. Und da nun den Franzosen selbst der Aufenthalt des Königs in Florenz zu lange dauerte – denn sie fürchteten, sie würden darüber Zeit und Gelegenheit, ihr Unternehmen gegen Neapel zu vollziehen, verlieren –, so wurde der König zu dem Entschluß vermocht, die Zurückführung Pieros, die nicht ohne einen Kampf innerhalb der Mauern hätte geschehen können, aufzugeben und einen Vertrag mit den Florentinern zu schließen, kraft dessen auch diese ihm die festen Plätze überließen, die schon Piero zugestanden hatte; der König aber einwilligte, daß binnen vier Monaten von der Sache Piero Medicis nicht wieder die Rede sein solle. Der König gab dieselbe damit keineswegs auf; die Florentiner versprachen ihm, den auf den Tod oder die Gefangennehmung Pieros gesetzten Preis zu widerrufen; ebenfalls keine von den Strafen eintreten zu lassen, die ihrem Statut gemäß den für Rebellen Erklärten auferlegt wurden, sondern sich einfach mit der Relegation Pieros zu begnügen, mit welcher eine Konfiskation der Güter nicht verbunden sei. Die Aufhebung dieser Relegation war es, worauf der König binnen vier Monaten nicht anzutragen versprach; sollte es dann doch geschehen, so müsse die Sache in dem gewohnten Wege der florentinischen Beratschlagungen durchgeführt werden. Auf die Erhaltung der Güter des Hauses Medici, eingeschlossen auch den Ertrag der Benefizien des Kardinals, wurde mit einer gewissen Sorgfalt Bedacht genommen und der Gemahlin Pieros der Aufenthalt in der Stadt vorbehalten.

Noch eine andere nicht viel minder wichtige Angelegenheit schwebte zwischen Karl VIII. und den Florentinern. An demselben Tage, fast in denselben Stunden, in welchen die Staatsveränderung in Florenz eintrat, war eine andere in Pisa unter den Augen des Königs und mit dessen Bewilligung erfolgt. Als die Franzosen infolge des mit Piero geschlossenen Vertrages in Pisa einrückten, war ursprünglich ihre Meinung, die bisherige Unterwürfigkeit dieser Stadt unter die Florentiner aufrechtzuerhalten. Dasselbe Wort aber, welches damals in Florenz erscholl, das Wort Freiheit, erhob sich in diesem Augenblick auch in Pisa, jedoch in einem ganz anderen Sinne; die Pisaner ergriffen den günstigen Augenblick, als der florentinische Staat schwankte, um sich von dieser Unterordnung zu befreien; sie fanden die Teilnahme des französischen Hofes. Mitglieder derselben Häuser, welche sich in Florenz zur Verjagung Pieros vereinigt hatten, Nerli, Capponi, Corsini, mußten vor den Gewalttätigkeiten der Pisaner sich nach einem florentinischen Bankhaus flüchten; nur dem Schutze der Franzosen verdankten sie ihre Rettung und die Möglichkeit der Flucht. Den Florentinern aber schien es unerträglich, Pisa auf immer zu entbehren; sie erlangten jetzt wirklich vom König das Versprechen, ihnen die Herrschaft über Pisa zurückzugeben. Überhaupt wurde zwischen dem König und den Florentinern die engste Verbindung geschlossen; in kommerzieller Beziehung sollen sie in den gegenwärtigen und künftigen Besitzungen des Königs so behandelt werden, als wenn sie Franzosen wären. Den glücklichen Erfolg des Unternehmens von Neapel setzte man nicht unbedingt voraus; es wird sogar des Falles gedacht, daß der König, um es durchzuführen, noch einmal nach Frankreich zurückkehren müsse. Unter allen Umständen aber sollen die Florentiner seine Bundesgenossen sein, Freunde seiner Freunde, Feinde seiner Feinde. In überschwenglichen Ausdrücken erscheint Karl VIII. in der Urkunde des Friedens als Vater des Vaterlandes, Beschützer der Freiheit, Verjager des Tyrannen; seine Superiorität wird darin in jedem Worte festgehalten.

Soviel war doch erreicht, daß die Stadt, als der König Florenz verließ, was am 28. November geschah, von Piero Medici nichts zu fürchten hatte. Man konnte nun daran denken, eine neue Verfassung, dem gegenwärtigen Zustand gemäß, bei der ersten Gelegenheit einzuführen. Als die leitenden Männer werden folgende fünf genannt: Tanai de' Nerli, Piero Capponi, Francesco Valori, Lorenzo di Pierfrancesco de' Medici, Bernardo Rucellai. Abermals wurde ein Rat der Richiesti versammelt und der Beschluß gefaßt, ein Parlament zu berufen, um eine neue Organisation ins Werk zu setzen. Mit dem Namen Parlament bezeichnet man eine Versammlung nicht allein der Bürger, sondern aller Einwohner, die allezeit sehr tumultuarisch ausfiel; sie war schon immer das Mittel gewesen, um der zur Herrschaft gelangten Partei zu scheinbarer Legalisierung der ihr erforderlich erscheinenden Maßregeln zu dienen. Die Idee der Republik sprach sich in dem Parlament aus, zugleich aber ihre Untertänigkeit unter einer faktischen Gewalt. Für die Einrichtung und Besetzung der Ämter wollte man es nicht auf die alten Wahlbeutel ankommen lassen, weil dann leicht Ernennungen zugunsten des verjagten Piero erfolgen könnten. Man meinte, das sei der Fehler Albizzis im Jahre 1433 gewesen, welcher Cosimo dem Alten die Rückkunft so leicht gemacht habe. Aber auch auf den Rat der Siebzig konnte man nicht zurückkommen, weil er recht eigentlich zu dem Fundament der mediceischen Herrschaft bestimmt gewesen war; man beschloß vielmehr, denselben geradezu aufzuheben, sowie auch die Otto di Pratica, die ebenfalls den Medici als gefügiges Werkzeug gedient hatten und deren Vorrechte schon bei jener zweiten Sendung der Gesandten unbeachtet geblieben waren. Man beschloß ferner, 20 Accoppiatoren zu ernennen, welche auf ein Jahr lang das Recht haben sollten, die Signoria zu erwählen.

Am 2. Dezember wurde nun das Parlament gehalten. Die städtischen Gonfalonieren zogen mit ihren Gonfalonen auf; an der Pforte des Palastes stand bewaffnetes Volk. Alle Zugänge der Piazza waren besetzt. In Gegenwart der Signoria wurden dann die Artikel der neuen Reform verlesen und von der Menge, die nicht eben immer alles verstand, mit lautem Zuruf genehmigt, namentlich die Ernennung der Accoppiatoren mit den erwähnten Befugnissen, die Ernennung von Zehn, um den Krieg gegen Pisa zu führen, und eine Erleichterung in der Zahlung der Abgaben. Den anderen Tag schritten die Signoren zu der Wahl der Accoppiatoren, die denn alle den vornehmen Geschlechtern, durch welche die Revolution eingeleitet und vollzogen worden war, angehörten. Die nämlichen Mittel, die Cosimo und Lorenzo angewendet, um ihre Macht zu begründen, dienten nun ihren Gegnern, ihre Nachkommen entfernt zu halten. Man traf besondere Bestimmungen, daß ein Mitglied der jüngeren Linie der Medici und auch der Gonfaloniere Scarfa unter die Accoppiatoren aufgenommen werden konnten. So schien alles auf eine Weise angeordnet, bei der die vornehmen Geschlechter des alten Stato ohne ihr Oberhaupt die Leitung der Angelegenheiten in ihre Hände bekommen haben würden. Was man hatte kommen sehen, trat nun ganz offenbar zutage. Die Absicht der vornehmen Geschlechter war es, die Gewalt mit Ausschluß Pieros in ihrer eigenen Hand zu konzentrieren; sie hatten ein aristokratisches Regiment im Sinne, nach dem Muster von Venedig. Einer der Chronisten der Zeit, Cerretani, bemerkt, jede Regierung beruhe auf Reputation; es sei leicht, sie zu erschüttern, aber schwer, sie wiederherzustellen. Die Veränderung war keineswegs allein durch die Geschlechter, die man jetzt die Primaten nannte, geschehen; sie hatten das Volk zu Hilfe rufen müssen, wobei die Herstellung der Freiheit nicht allein angekündigt, sondern mit einer gewissen Feierlichkeit proklamiert worden war. In dem Volke aber zeigte sich Erstaunen, daß dann doch alles beim alten bleiben solle, ganz gegen die Erwartung, die man gehegt hatte. Die an Piero festhaltende Partei nicht allein, sondern auch die Geschlechter, welche aus dem ihnen 1434 auferlegten Exil zurückgekommen waren, erhielten die Gemüter in Gärung. Man bemerkte, daß die getroffenen Wahlen und Amtsernennungen häufig auf unwürdige und unfähige Leute fielen. Und dazu kam, daß zwischen den Primaten doch keine Einigkeit herrschte. Die beiden vorwaltenden Oberhäupter, Piero Capponi und Francesco Valori, bildeten verschiedene Faktionen, durch deren Eifersucht es geschah, daß Männer von Bedeutung wie Paolantonio Soderini ausgeschlossen wurden. Es war das allgemeine Gefühl, daß dieser Zustand nicht haltbar sei; das Volk erinnerte sich seiner republikanischen Ansprüche und Rechte.

In diesem Widerstreit der angeregten Idee und des faktischen Zustandes richtete jedermann sein Augenmerk auf den Mann des Volkes, der eben in den letzten Unruhen zu großem Ansehen gelangt war, den Dominikanerbruder Hieronymus Savonarola in S. Marco.

DRITTES KAPITEL

Sinnesweise Savonarolas

Wenn man die Mächte des inneren Lebens erwägt, welche in dieser Epoche aufeinander wirkten, so repräsentiert das Haus Medici die Richtung einer universalen Kultur, die auf dem Wege der eben erneuerten Studien des klassischen Altertums die geistige Welt umzubilden im Begriff war. Die Kunst, die sich eben von dem herkömmlichen Typus entfernte, um das allgemein Menschliche zu fassen; die Poesie, welche, indem sie die alten Stoffe behandelte, sich doch zugleich in einen Gegensatz zu denselben warf; die Philosophie, die das Christentum mit dem Platonismus zu vereinigen suchte –, alles beruht auf dem nämlichen Moment der Autonomie des Geistes, die sich der christlichen Religion und Kirche nicht zwar entgegensetzt, aber, an ihr festhaltend, aus den Regionen der Scholastik zu entkommen und an Stelle derselben eine freiere, den eingeborenen Ideen des menschlichen Geistes homogene Auffassung zu setzen strebt. Das Geheimnis wird nicht geradezu abgeleugnet; die ganze Äußerlichkeit der Kirche wird aufrechterhalten; aber man verbindet das mit Gedanken, die doch einen ganz anderen Ursprung haben. Zu allgemeiner Herrschaft waren jedoch diese Tendenzen nicht gekommen, noch auch geeignet, eine solche zu erlangen. Das Volk kann des vollen religiösen Glaubens nie entbehren; es hat ein unmittelbares Bedürfnis desselben für sein Tun und Lassen sowie für sein persönliches Bewußtsein. Ebendies Bedürfnis aber hatte damals in Florenz eine eigentümliche Befriedigung und einen Interpreten gefunden. Indem die Freunde der Medici in Carreggi platonische Symposien feierten, in welchem sie über die zwiefache Aphrodite philosophierten und den wahren Eros sogar an das Christentum anzuknüpfen versuchten, predigte in San Marco der Dominikanerbruder Hieronymus Savonarola gegen jede Einmischung der Philosophie in die christliche Lehre, gegen alle die Abweichungen, welche das Treiben des Tages in Florenz mit sich brachte, von der strengen Moral und dem echten christlichen Leben. Das ist das Geheimnis der Religion, das unaufhörlich frisch entspringt und die Gemüter durch eine denselben eingeborene Sympathie mit sich fortreißt.

Hieronymus Savonarola war im Jahre 1452 in Ferrara geboren, welches damals an Lebensfülle und Glanz mit Florenz wetteiferte. Ein junges Leben aber entwickelt sich niemals an und für sich; es hängt mit den öffentlichen Angelegenheiten mehr zusammen, als man glaubt. Wenn man den Eindrücken nachforscht, die Savonarola in seiner Jugend erhalten haben mag, so hat bewußt oder unbewußt nichts tiefer auf ihn wirken können, als die auf das festlichste gefeierte Anwesenheit Papst Pius II., als er damit umging, die Christenheit zu einem Unternehmen gegen die Türken zu vereinigen. Das Mißlingen dieser Absicht muß man besonders in Ferrara tief empfunden haben, dessen damaliger Herzog, ehrgeizig und prächtig wie er war, eine sehr bedeutende Summe zu dem Unternehmen beigesteuert hatte. Daß der Krieg gegen die Ungläubigen zu ihrer Bekehrung unternommen werden müsse, war und blieb einer der vornehmsten Ideen Savonarolas. Er trat, soviel man sieht, aus moralisch-religiösen Gründen, aus Überdruß an den Iniquitäten des weltlichen Lebens, besonders dem Emporkommen der Bösen über die Guten, in den Orden der Dominikaner, in welchem er gar bald, da er sich als ein guter Thomist erwies, zu einem gewissen Ansehen gelangte. Aber im Jahre 1482, also dem dreißigsten seines Alters, erfuhr sein klösterliches Leben in Ferrara eine plötzliche Störung. Ein Krieg der italienischen Staaten untereinander war ausgebrochen, in welchem Ferrara von dem Papst und den Venezianern zugleich bedrängt wurde. Er geschah im Interesse des Girolamo Riario, der von Imola her ein selbständiges Fürstentum in der Romagna aufzurichten trachtete, daß Papst Sixtus IV. sich den Venezianern anschloß. Indem die Venezianer den Po heraufkamen, griffen zwei verschiedene Heere Ferrara an und bedrohten es mit dem Untergang. Nur durch Zureden des florentinischen Gesandten wurde der Herzog Ercole bewogen, den Sturm zu bestehen. Aber die Dominikaner zu Ferrara wollten ihren damals sehr angesehenen Convent degli Angeli nicht der Plünderung und Verwüstung preisgeben; die Brüder wurden unter die benachbarten Provinzen verteilt. Savonarola wurde nach Florenz in das Kloster San Marco geschickt, eine Stiftung des mediceischen Hauses.

Mit dem politischen Streite verknüpfte sich aber in diesem Moment ein geistlicher; die Florentiner hielten dem Interdikt, das Papst Sixtus IV. über Lorenzo de' Medici ausgesprochen hatte, gegenüber zusammen und ergriffen die Idee einer konziliaren Gegenwirkung gegen das Papsttum. Die sonst so rätselhafte Erscheinung des Erzbischofs von Krain, der sich vermaß, noch einmal ein Konzil in Basel zu eröffnen, bekommt dadurch einiges Licht oder erscheint wenigstens in einem allgemeinen Zusammenhang, wenn man erfährt, daß die Florentiner den König von Frankreich anmahnten, mit anderen Fürsten vereinigt, ein Konzil zur Gegenwehr gegen den Papst zu versammeln. Der Erzbischof schritt zu den heftigsten Anklagen gegen den Papst, den er kannte, und dem er schuld gab, daß er gleichsam den heidnischen Götzendienst an die Stelle der christlichen Religion setze; er lud ihn zu seiner Verantwortung vor ein Konzil und bedrohte ihn sogar mit der Absetzung, wenn er Folge zu leisten verweigere. Das verflog nun alles wirkungslos; aber man darf doch nicht vergessen, daß die Florentiner ihre Abgeordneten bei dem Erzbischof gehabt und die Manifestationen desselben gebilligt haben.

Mit diesen politischen und geistlichen Tendenzen der Opposition gegen das Papsttum traf nun Savonarola in Florenz zusammen. Eben bei diesem seinem ersten Aufenthalt in Florenz ist es gewesen, daß er eine dem Papsttum entgegengesetzte Richtung ergriff. Bei der Vorbereitung zu einer Predigt wurde es ihm klar, daß der gegenwärtige Zustand nicht dauern könne, und indem er dann weiter forschte, namentlich in den Propheten des Alten Testaments und in der Apokalypse des Johannes, so glaubte er mit Händen zu greifen, daß der ganzen Kirche eine Renovation nicht allein not tue, sondern auch bevorstehe; und da alles ersterbe und von dem rechten Wege abweiche, so setzte er voraus, daß die Erneuerung in kurzem folgen werde, so gewiß, wie das Frühjahr auf den Winter. Von Überzeugungen und Ahnungen wie diese durchdrungen, predigte er in verschiedenen Städten Italiens mit vielem Erfolg. Er schreibt einmal seiner Mutter, in der Fremde sei ihm wohler als in seiner Vaterstadt, wo er schon deshalb, weil man ihn so gut kenne, wenig ausrichten würde; aber in den Städten, in denen er jetzt predige, weine das Volk, wenn er wieder abreise; sie müsse wissen, sagt er, daß er Leib und Leben und seine Wissenschaft dem Dienste Gottes und des Nächsten widme. So kam er im Jahre 1490 nach Florenz zurück. Der frühere Streit mit dem Papsttum bestand nicht mehr; Lorenzo Medici hatte sich vielmehr mit dem Nachfolger Sixtus' IV., Innozenz VIII., eng verbunden. Aber der Zustand der Kirche war darum um nichts besser geworden; auch Innozenz bewegte sich in Kriegsunternehmungen gegen seine Nachbarn und hatte einen Sohn, welchem Lorenzo, wie erwähnt, seine Tochter vermählte. Die auf eine Reform der Kirche gerichtete Sinnesweise Savonarolas mußte dadurch eher verstärkt, als verringert werden; sie konnte ihrer Natur nach mit dem Regiment Lorenzos, durch welches das Papsttum unterstützt wurde, so wenig einverstanden sein, wie mit der Förderung einer Kultur, die der Religion nicht homogen war. Und welche Aussicht eröffnete sich dadurch, daß Lorenzo unaufhörlich von gefährlichen Krankheiten heimgesucht und der Papst ein alter Mann war. Alle die, denen eine Veränderung der Politik erwünscht gewesen wäre, hielten sich an Savonarola; man sagte wohl, er sei der Prediger der Mißvergnügten; doch hielt Savonarola sehr an sich. Seine Andeutungen über eine bevorstehende stürmische Zukunft erschienen nur als Auslegung der vorliegenden Texte. Savonarola erzählt, Lorenzo habe ihn einmal warnen lassen, doch nicht in seinem eigenen Namen, worauf er nur geantwortet habe, er möge Buße für seine Sünde tun. Zum offenen Zerwürfnis aber zwischen Lorenzo und Savonarola ist es nicht gekommen. In seinen letzten Stunden hat Lorenzo den Mönch berufen lassen und um seinen Segen gebeten. Savonarola lebte ganz in seiner religiösen und monastischen Welt. Sein vornehmstes Geschäft war damals und in den nächstfolgenden Zeit, die Novizen, welche in den Orden treten wollten, zu unterrichten; indem er ihnen die Schrift auslegte, wies er sie zugleich zu strengem Leben und eifrigem Fleiße an, um zu dem eigensten Geschäft des Ordens der Dominikaner, d. h. der Predigt, fähig zu werden. An den Brüdern des Konventes tadelte er es, wenn sie das Kloster reich zu machen trachteten oder auch durch besondere Gelehrsamkeit zu glänzen bemüht seien; denn wie weit sei das von dem Beispiel der alten ägyptischen Mönche entfernt, auf deren Regel er die Klosterbrüder unaufhörlich hinwies; es widerstrebe selbst dem ursprünglichsten Christentum. Seine Reform gab sich in einigen Äußerlichkeiten, z. B. einer kürzeren und engeren Kleidung kund und erstreckte sich zugleich über die Nachbarklöster; er legte Hand an, um eine besondere, von der Ordensprovinz der Lombardei getrennte Kongregation zu bilden.

Diese Absonderung wurde von der florentinischen Signorie gewünscht und gefördert. Man hat einige Briefe des Rates der Zehn, durch die sie der römischen Kurie empfohlen wird; unter den Abgeordneten von San Marco, welche in dieser Sache nach Rom gesendet wurden, war ein Florentiner aus der Familie der Rinuccini, so daß der Entwurf etwas speziell Florentinisches hat. In Rom wurde er dagegen von den Abgeordneten der Dominikanerkonvente von Mailand, Ferrara, Bologna, Genua und Venedig bekämpft. Der Provinzial der Lombardei hatte bereits die Verfügung erlassen, daß Savonarola aus dem Konvent von San Marco entfernt werden solle, als noch zur rechten Zeit das Breve des Papstes Alexander VI. in Florenz eintraf, welches die Absonderung guthieß. Die Sache war besonders durch den Kardinal Carafa von Neapel durchgesetzt worden, an den die Florentiner sich deshalb gewandt hatten; die Willensmeinung Alexanders VI. scheint an sich nicht dahin gegangen zu sein, aber er fügte sich den an ihn gerichteten Bitten, zumal, da auch Piero de' Medici sich dafür verwandte. Die übrigen Konvente von Toskana schlossen sich mit Freuden an; eine Versammlung von Deputierten derselben wählte Savonarola zum Generalvikar, so daß er nun dadurch eine bedeutende Stellung in der ganzen Provinz, eine Art von monastischer Unabhängigkeit erhielt.

Auch auf das Volk erstreckte sich bereits seine unmittelbare Einwirkung. Einst, im Jahre 1482, waren die Florentiner mit den Medici in einer antipäpstlichen Richtung einverstanden gewesen. Die Medici waren von derselben zurückgewichen; aber es wäre sehr begreiflich, wenn die in jener Krisis entwickelte Gesinnung der Florentiner den Boden gebildet hätte, auf welchem Savonarola seine Wirksamkeit entfalten sollte. In seinen Predigten schlug er überhaupt einen anderen Ton an wie bisher. Es war die Gewohnheit der Zeit, auf der Kanzel schwierige Fragen zu erörtern, die man dann mit spitzfindigem Scharfsinn, wie in einer Disputation aufzulösen versuchte. Soviel wir vernehmen, folgte ihr anfangs auch Frate Hieronimo; durch einen älteren Ordensbruder aber wurde er aufmerksam gemacht, daß der Zweck der Predigt nur dahin gehe, das Volk mit einfachen Worten zu einem guten Leben anzuleiten. Diesen Rat nun befolgte Hieronymus, indem er zugleich den Anstoß von sich abstreifte, welchen die Eigentümlichkeiten seines Dialektes darboten, so daß er selbst ein Muster eines guten Predigers wurde und sich auch in Florenz eines großen Beifalls erfreute. Scholastische Syllogismen hat er nicht ganz vermieden, aber die Hauptsache war ihm die Auslegung der Texte nach ihrem inneren tieferen Sinn und die Anmahnung des Volkes zu einem christlichen Leben in der Weise der ersten Jahrhunderte der Kirche. Er gelangte dadurch zu hohem Ansehen; man bewunderte seinen Geist und seine Kenntnisse, so daß sich auch vornehme Bürger der Stadt um ihn gruppierten; das Volk riß er mit sich fort. Im Laufe der Zeit kehrte Savonarola die einmal eingeschlagene Richtung immer stärker hervor; er begann, und zwar geschah das in der Hauptkirche zu Florenz, ein nahes Unheil zu verkündigen, welches die Stadt und ganz Italien, vor allem aber die verderbte Kirche treffen werde. Am meisten fiel dabei auf, daß er seine Verkündigungen als eine Botschaft Gottes aussprach.

Diese Behauptung, der Anspruch, den er auf die Gabe der Prophetie machte, ist in seinem Leben überhaupt das wichtigste Moment, das gleich von vornherein eine nähere Erörterung verdient. Francesco Guicciardini hat in seinem Jugendwerke über die florentinische Geschichte die Meinung geäußert, Savonarola müsse entweder in der Tat ein Prophet gewesen sein, oder doch ein großer Mann, da er dies Vorgeben sein ganzes Leben hindurch zu behaupten gewußt habe. Vielleicht gibt es noch ein drittes; er war überzeugt, ein Prophet zu sein; aber man muß erst untersuchen, ob er das wirklich war, was man in alten und neuen Zeiten unter dem Wort Prophet verstanden hat. Vergegenwärtigen wir uns zunächst den Gang seiner Studien in Gedanken.

Noch vor seinem Eintritt in das Kloster hatte er sich ernstlich mit der peripatetischen Philosophie beschäftigt, wie sie damals gelehrt ward, und war dabei zu der Überzeugung gelangt, daß der wahre Ausleger des Aristoteles Thomas von Aquino sei. Schon darin liegt ein überwiegend theologischer Gesichtspunkt, da es ja die Lehre des Thomas ist, daß die Philosophie allein zur Erkenntnis der göttlichen Wahrheit nicht führen könne. Aber wie Thomas und selbst Albertus Magnus in dem Studium der natürlichen Dinge als der Wirkungen Gottes einen Weg zur wahren Erkenntnis erblicken, so auch Savonarola. Er erzählt einmal, daß er sich in seiner Jugend emsig mit der Wissenschaft der natürlichen Dinge beschäftigt und dabei viele Wahrheiten erkannt habe, die er alsdann auch auf die moralischen und religiösen Fragen habe anwenden können; bei der Betrachtung der Natur habe er die Regeln und Ordnungen, in denen sich alles bewege, wahrgenommen; durch seine Studien sei er dann weiter gelangt, als viele andere; doch nicht durch die Kräfte seines Geistes allein; dazu sei noch ein anderes Licht gekommen, das ihn dann auch in seinen moralischen Betrachtungen weitergeführt habe, als er je gehofft hätte. Wenn er nun die ihm zuteil gewordene höhere Erkenntnis mit dem inneren Lichte zusammenstellt, das ihn zur Prophezeiung geführt habe, so könnte es scheinen, als meine er damit die Gabe der Intuition, durch welche die gewöhnlichen Gegenstände der Erkenntnis in ein allgemeines Licht treten, wie er denn auch sagt, daß vieles von dem, was er schon gewußt, ihm erst später durch diese über seinen Geist hinausgehende Erleuchtung klar geworden sei. So setzt er das Wesen der Prophetie in ein Sehen desjenigen, was gewöhnlichen Augen verborgen bleibe, denn Prophet heiße nur eben ein Seher. Allein dabei bleibt er keineswegs stehen; er nimmt eine Kenntnis der zukünftigen Dinge durch unmittelbare göttliche Vermittlung in Anspruch. Mit Lebhaftigkeit bekämpft er die Astrologie, denn nicht aus dem Geschaffenen könne man die Zukunft erkennen, schon darum nicht, weil diese von dem freien Willen, also von Zufälligkeiten abhänge, die nur Gott allein wisse; denn vor dem dreieinigen Gott sei alles gleich offenbar, das Vergangene, Gegenwärtige und Künftige; das Zukünftige zu wissen, sei daher ein Vorrecht der Gottheit. Er spricht das Wort aus, daß die Wissenschaft desselben eine Teilnahme an dem göttlichen Wesen sei. Von diesem theosophischen Gedanken finde ich weiter keine Entwicklung, wie denn bei ihm überhaupt von den theosophischen Richtungen der deutschen Theologie nicht die Rede ist. Die Kenntnis des Zukünftigen beruht nach Savonarola auf einer unmittelbaren Erleuchtung oder auch einer Vermittlung der Verkündigungen durch die Engel. Er teilt die Vorstellungen der Schriften, welche dem Dionysius Areopagita zugeschrieben werden; er hat keine Ahnung davon, daß das Werk „De coelesti hierarchia" untergeschoben und in monophysitischen, also der katholischen Kirche entgegengesetzten Tendenzen verfaßt worden ist. Erleuchtung durch die Engel Gottes nimmt er ohne alles Bedenken an. Er scheint darin durch einen anderen Klosterbruder von San Marco, Fra Silvestro Maruffi, der, eigentlich ein Nachtwandler, unaufhörlich Erscheinungen hatte oder doch zu haben vorgab, bestärkt worden zu sein. Auch Savonarola bezieht sich auf Visionen, denen er volle Wahrhaftigkeit zuschreibt. Die Frage, ob er nicht vielleicht durch böse Engel getäuscht werde, hat er nicht ganz außer acht gelassen; aber er behauptet, da seine Erleuchtung nur zu dem Guten und echt Christlichen führe, so könne sie nicht von bösen Engeln kommen, deren Sinn nur auf das Böse gerichtet sei; überdies aber stimme alles, was er sage, mit der Schrift zusammen. In der Anschauung des allgemeinen christlichen Verderbens hatte er im Studium der Apokalypse die Meinung gefaßt, daß das Ende der Welt bevorstehe; es sei eben alles so, wie in der Zeit, die der Sündflut vorangegangen; das in der Apokalypse durch das fahle Pferd bezeichnete Zeitalter der Lauheit sei eingetreten. In diesem Sinne hatte er schon auf den erwähnten Reisen gepredigt. In Florenz vermehrte sich seine Abscheu vor dem weltlichen Treiben, in welchem das ganze Universum versunken sei; auch er hatte Visionen oder glaubte sie zu haben – denn an seiner persönlichen Wahrhaftigkeit dürfte man nicht zweifeln –, in denen sein Hauptsatz, daß eine schwere Strafe bevorstehe, bestätigt wurde. Einst in der Nacht glaubte er ein Schwert an der Himmelsfeste zu sehen mit der Aufschrift: „das Schwert Gottes über die Erde bald und geschwind". Er war überzeugt, daß besonders Italien zur Züchtigung reif sei und ihr nicht entgehen könne. Zugleich wirkte auf ihn die damalige Verwicklung der europäischen Angelegenheiten, die er mit dem Zustand Italiens kombinierte; schon lange vor der Ankunft des Königs von Frankreich kündigte er einen neuen Cyrus an, der über die Alpen kommen und gegen den keine Feste und keine Waffe standhalten werde; er stützt sich dabei auf eine Stelle des Jesaias, welche wörtlich noch einmal erfüllt werden müsse. Überhaupt hat kein Teil der Heiligen Schrift so viele Wirkung auf ihn gehabt, wie die prophetischen Bücher des Alten Testaments; die Propheten leben vor seinen Augen wieder auf, und historisch genommen bildete er sich in Florenz eine der ihren analoge Stellung. Denn jeden Augenblick setzt er dem weltlichen Treiben die göttliche Idee entgegen, selbst in bezug auf die kommenden Dinge, die er, wie auch jene, zwar im allgemeinen als weltumfassend betrachtete, aber doch auch an das zunächst vorliegende anknüpfte. Und aus den Formen der lateinischen Übersetzung bildete er sich Ansichten von dem prophetischen Wesen, die auf ihn selbst paßten und durch welche seine Idee von der Verähnlichung des menschlichen Geistes mit dem göttlichen sowie von dem Verhältnis der Intuition zur Prophetie bestätigt wurde. Es ist unleugbar, daß er die Stellen unrichtig verstand, aber ebensosehr, daß er sie so verstand, wie er sagt.

Seine Theorie, die sich auf mißverstandene Stellen aus dem Alten Testament und eine untergeschobene Schrift aus dem sechsten Jahrhundert gründete, stand in Tat und Wahrheit auf sehr schwachen Füßen; er aber hielt sie für unumstößlich und trug seine Anschauungen, die ein sehr subjektives Element in sich hatten, mit voller Sicherheit und einer Beredsamkeit, die nur aus dem Gefühl dieser Sicherheit entspringt, dem florentinischen Volke vor. Und für jedermann einleuchtend war es doch, was er von dem Gegensatz zwischen der ursprünglichen christlichen Lehre, dem Leben der alten Christen überhaupt und dem damaligen Zustande der Christenheit predigte. Mit der Verkündigung über die nahe Züchtigung Italiens verknüpfte er die andere, daß eine Erneuerung der Kirche von Grund aus bevorstehe, und zugleich die Bekehrung der Türken und Mauren, der Ungläubigen insgesamt zum christlichen Glauben.

Der Frate war ein Mann von kleiner Statur, aber wohlgebildet. In seinem Antlitz verband sich eine hohe, von Runzeln durchfurchte Stirn mit blauen Augen, die unter buschigen, ins rote fallenden Brauen mit ungewöhnlichem Glanze hervortraten. In seinem Auftreten verriet er bei allem mönchischen Habitus doch eine gewisse Urbanität. Er war zufrieden mit der ärmlichen Kleidung des Klosterbruders, aber er hielt darüber, daß sie vollkommen rein war; er sagte wohl, er liebe die Armut, ohne Schmutz. Er schien nichts anderes zu kennen und zu wollen, als das strenge, der Welt abgewandte geistliche Leben; doch gab er nach, daß dasselbe den ganzen Menschen nicht durchdringen könne; es werde in demselben noch immer etwas nach dem Irdischen Hinneigendes zurückbleiben – eine den Zeloten ungewohnte Toleranz. Er war zugänglich für jedermann, auch für seine Feinde, von denen man bemerkte, daß sie nicht selten als Freunde und Verehrer von ihm schieden. Niemals fuhr er auf und vermied allen bitteren Tadel; bei den Schmähungen, die er erfuhr, sah man ihn doch keine Miene verändern. Seine ganze Art und Weise brachte es mit sich, daß er die Menschen überzeugte. Er erwarb sich den Ruf eines ausgezeichneten Philosophen – denn er kannte Aristoteles und St. Thomas durch und durch –; noch mehr aber eines großen Theologen, denn so tief sei noch nie jemand in die Geheimnisse der Heiligen Schrift eingedrungen; man erklärte ihn für einen göttlichen Verkündiger des Wortes Gottes. Wenn er im persönlichen Umgang keinen Anspruch auf eine besondere Heiligkeit durchblicken ließ, so hob er denselben in seinen Predigten um so stärker hervor; er wollte immer als der Gesandte Gottes anerkannt sein.

Daß er nun die Ankunft Karls VIII. vorhergesagt hatte, verschaffte ihm, als diese eintrat, in Florenz das Ansehen eines Propheten. Zwischen den Absichten, welche die Unternehmung des Königs hervorgerufen hatten und den Ideen Savonarolas bestand eine innere Verwandtschaft; was im Jahre 1482 vergeblich angestrebt worden, aber bei Ludwig XI. niemals zu erreichen gewesen wäre, schien sich jetzt erfüllen zu sollen. Karl VIII. hatte eine Reform der Kirche sehr ernstlich im Sinne; er wollte die päpstliche Gewalt nach den Satzungen des Baseler Konzils, welche in Frankreich noch gesetzliche Kraft hatten, beschränken und schwärmte für einen Zug gegen die Ungläubigen. Es waren die großen Tendenzen der abendländischen Christenheit in dem Mittelalter, welche einerseits in den Kreuzzügen, andererseits in den Versuchen, der Kirche eine konziliare Verfassung zu geben, zutage getreten waren.

Eben in diesen Gedankenkreisen bewegte sich Hieronymus Savonarola zeit seines Lebens. Die Haltung Alexanders VI. war in jeder Beziehung eine andere; er wollte die absolute Gewalt des Papsttums festhalten, von einem Unternehmen gegen die Türken aber nichts hören. Bei allen denen, die in der Idee der Christenheit als einer Gesamtheit lebten, mußte es tiefe Indignation hervorrufen, als man vernahm, Papst Alexander stehe im Bunde mit den Türken und fordere den Sultan auf, ihm Hilfe gegen den allerchristlichsten König zu leisten. Die Sache wurde damals allgemein bekannt; der Kardinal San Pietro in Vincoli hat sie ohne allen Hehl in Florenz mitgeteilt; niemand war im Zweifel darüber. Der Eindruck konnte kein anderer sein, als Savonarola und die Ratgeber des Königs in den Ideen einer kirchlichen Reform zu bestärken. Der Bischof von St. Malo, Briçonnet, der bei dem König alles zu vermögen schien, hat eines Tages im Zwiegespräch mit Savonarola dessen Hand in die seine gefaßt; sie haben sich zu der Meinung vereinigt, daß eine Erneuerung der Kirche notwendig sei. An dies Verhältnis mag es anknüpfen, wenn Savonarola der Gesandtschaft an den König beigeordnet wurde und später an den Unterhandlungen mit ihm teilgenommen hat. Als Karl VIII. Florenz verließ, durfte man die Beseitigung des Papstes Alexander und die Durchführung eines reformatorischen Unternehmens, wie es Savonarola beabsichtigte, erwarten. Unleugbar ist, daß Karl VIII., erfüllt von diesen Absichten, in Rom anlangte. Er wurde von einer Anzahl von Kardinälen aufgefordert, die Absetzung des Papstes, der durch Simonie zur Tiara gelangt sei, vorzunehmen und zu unterstützen; ungefähr wie manche von den deutschen Kaisern, wenn sie in Rom anlangten. Hätte man sich dazu entschlossen und, wie in den Manifesten Karls angedeutet wurde, ein allgemeines Konzil berufen, so würde Savonarola, in welchem gleichsam die Ideen von Basel wieder auflebten, der größte Mann in der damaligen Kirche geworden sein. Aber König Karl hatte zunächst doch ein anderes Ziel; ihm lag alles daran, von dem Papst in seiner Unternehmung gegen Neapel nicht gestört zu werden; er trat in Unterhandlungen mit ihm ein, in deren Folge er die wichtigsten Seeplätze des Kirchenstaates in seine Hand bekam, wie in Toskana die Festungen der

Florentiner; der Papst opferte ihm zugleich seinen Bund mit den Türken auf, indem er ihm den Bruder Bajazeths, der nach Rom geflüchtet war, überließ; der König hat gesagt, nicht die Absetzung des Papstes, sondern eine kirchliche Reform habe er versprochen. Aber auch eine solche in Gang zu setzen, so versichert Comines, war seine Umgebung wenig geeignet. Wenn Savonarola bei seinen Entwürfen auf König Karl zählte, so war durch die Abkunft, die dieser mit dem Papst Alexander traf, die Gelegenheit, zu einem solchen Werke zu schreiten, wenigstens sehr in die Ferne gerückt. Vorderhand war Savonarola darauf angewiesen, die kirchliche Reform, die keineswegs aufgegeben, sondern bloß vertagt war, in der Republik Florenz anzubahnen und vorzubereiten. Mit der kirchlichen Reform verknüpfte sich eine weltliche.

VIERTES KAPITEL

Einführung einer popularen Verfassung in Florenz

Unter den Verdiensten Savonarolas ist auch von seinen Gegnern immer als das größte anerkannt worden, daß er in den tumultuarischen Zuständen des November 1494 sein ganzes Ansehen dahin verwandte, den Ausbruch von blutigen Feindseligkeiten zwischen den verschiedenen Parteien, die sonst mit ähnlichen Staatsveränderungen verbunden zu sein pflegen, zu verhüten. Oft hat man gefragt, wohin es gekommen sein würde, wenn er nicht gewesen wäre. Alle seine Ansprachen, Gebete, Predigten atmeten Friede und Versöhnung. Aber er hatte auch positive politische Ideen; er hat immer gesagt, nicht durch eigenes Studium habe er solche erworben, sie seien ihm gleichsam von selbst erwachsen, natürlich auf dem Grunde der eingesogenen Doktrinen des großen Lehrers, den er vor allem verehrte, und unter der Einwirkung der obwaltenden Verhältnisse. Seine Ansichten lernen wir aus einer denkwürdigen kleinen Abhandlung kennen, die von der Regierung überhaupt, besonders aber von der der Stadt Florenz handelt. Er knüpft darin an jenen seinen Meister an, der die Monarchie für die beste Regierungsform erklärt, ohne sich jedoch dabei auf das göttliche Recht der Legitimität zu beziehen. Thomas von Aquino ging von dem Begriff der Gesellschaft aus, welche für die Menschen notwendig ist. An sich würde ein jeder als König unter Gott, dem obersten König, leben können; aber die Gesellschaft würde zersetzt werden, wenn jeder seinem eigenen Antrieb folgen dürfte; es müsse eine Macht geben, welche die allgemeinen Zwecke der Gesellschaft repräsentiere und fördere. Die beste Form dafür sei nun wohl das Königtum; allein, wenn der König keine allgemeinen, sondern nur seine besonderen Zwecke verfolge, werde er Tyrann; und die Tugendhaften, d. h. die besseren Teile der Gesellschaft seien berechtigt, ihn abzusetzen, sofern ihnen die Macht dazu beiwohne. Auf diese, die er die Besseren nennt, ist seine besondere Aufmerksamkeit gerichtet. Von der Herrschaft der Menge will er schlechterdings nichts hören. Insofern erklärt er sich gegen die Demokratie, mit welchem Worte er bezeichnet, was man sonst Ochlokratie nennt; er leitet sogar das Königtum daher, weil dasselbe die Besseren gegen die große Menge beschütze. Die Lehre nun, daß die Monarchie die beste Regierungsform sei, nahm Savonarola im allgemeinen an; die Begründung derselben, wie sie bei Thomas vorkommt, ließ ihm freie Hand zu einer eigentümlichen Abweichung. Er sagte, in den Florentinern sei zu viel Geist und Blut, um eine monarchische Gewalt zu dulden, wie denn auch ihre alte Gewohnheit darin bestanden habe, sich selbst durch populare Institutionen zu regieren; eine solche Form sei auch von der letzten Regierung innegehalten, aber dadurch verfälscht worden, daß sie auf verschlagene Weise die Besetzung aller Stellen der Magistratur ausschließlich mit ihren Freunden bewirkt habe. Er sieht darin eine Art von Tyrannei, welche auch schon von St. Thomas, nach dem Vorgange von Aristoteles, als die schlechteste Regierungsform bezeichnet worden war. Da nun, sagt Savonarola, die Partei der früher Verbannten nach Florenz zurückgekehrt sei, so würde es zu Blutvergießen gekommen sein, wenn das nicht durch göttliche Fügung infolge der Gebete guter Männer und Frauen verhütet worden wäre; jetzt müsse das Bestreben dahin gerichtet werden, das Wiederaufkommen eines Tyrannen zu verhindern. Großer Reichtum allein könne dazu nicht führen, da auch andere reich seien, die sich einem einzelnen nicht werden unterwerfen wollen. Möge die Herrschaft eines einzigen auch sonst als die beste Regierungsform anerkannt werden, so würde sie doch für Florenz nicht allein nicht die beste, sondern nicht einmal eine gute sein. Für Florenz sei ein bürgerliches (republikanisches) Regiment das beste; es komme nur darauf an, nicht zuzulassen, daß die Magistraturen und Ämter nach dem Willen eines einzigen besetzt würden. Wenn der Grundcharakter des mediceischen Regimentes ganz richtig aufgefaßt wurde, so stellte sich nun als die vornehmste Aufgabe heraus, die Magistraturen von dem Einfluß zu befreien, den die vorherrschende Gewalt sich angemaßt hatte. Wodurch aber sollte jenes faktische Prinzipat, von dem die Ernennung zu den Ämtern ausgegangen, ersetzt werden? Die Antwort ist, durch das Volk selbst. Man muß, sagt Savonarola, eine solche Einrichtung treffen, daß das Recht, Ämter und Würden zu verteilen, dem ganzen Volke angehöre; alle Bürger müssen einander gleich sein und keiner die Macht haben, sich zum Oberhaupt der anderen aufzuwerfen. Doch versteht Savonarola unter dem Worte Volk keineswegs die Masse der Einwohner, sondern bloß die Gesamtheit der berechtigten Bürger; ähnlich hatte schon Thomas von Aquino den Begriff des Cittadino formuliert; es sind die Grundanschauungen des Altertums, welche wir hier wiederfinden; es ist ganz im Sinne desselben, wenn Savonarola ausspricht, man müsse nicht zulassen, daß das gemeine Volk, die Plebs, sich eindränge; denn wenn man diesem Anteil an der Regierung gewähre, so könne nichts als Konfusion erfolgen. Die Zahl der vollberechtigten Bürger müsse aber nicht zu klein sein, damit keiner daran denken könne, sich zum Oberhaupt aufzuwerfen; die Versammlung der Cittadini bilde den Großen Rat (consiglio grande); da dieser alle Würden zu vergeben habe, so sei er der Herr der Stadt.

Darin liegt die eigentümliche Stellung, welche der Frate Hieronimo in der Geschichte der florentinischen Republik einnimmt; er ist der erste und einzige, der von jedem Parteiregiment abstrahiert und eine vollkommene Gleichheit aller Berechtigten verlangt. Er knüpft daran seine religiösen und seine moralischen Ideen.

Mit der politischen, gegen die Alleinherrschaft der Medici gerichteten Tendenz hängen nun auch seine religiösen Bestrebungen zusammen, denn die Medici waren es ja, unter deren Auspizien jene Abweichungen von der christlichen Weltanschauung, dem christlichen Leben überhaupt, denen sich der Frate prinzipiell entgegensetzte, gepflegt und genährt wurden. Es hat eine innere Analogie, wenn der Dominikaner nur solche an dem Consiglio, das an die Stelle jenes Prinzipates treten soll, teilnehmen lassen will, welche gut und gerecht leben; die Forderung des religiösen Lebens, sagt er, liege in der Sache selbst; der müsse blind sein, der nicht in der eingetretenen Veränderung den Finger Gottes erkenne. Dabei fordert er aber zugleich eine vollkommene Hingebung an das gemeine Wesen; er erinnert daran, was man bei einem Klosterbruder doch nicht erwarten sollte, daß nur durch eine solche – denn sie sei an sich Gott wohlgefällig – die alten Römer einst zu ihrer großen Macht gelangt seien. Auch Florenz dürfe sich durch diese Hingebung Sukzesse versprechen, unter anderem zunächst die Wiedererwerbung von Pisa.

Es ist doch auffallend, daß der feurige Religiose sich innerhalb so bestimmter Schranken bewegte und weder den Ansprüchen der untergeordneten Volksklassen auf Anteil an der Regierung, noch auch den natürlichen Rechten der Pisaner auf die Wiederherstellung ihrer Unabhängigkeit im mindesten Rechnung trug. Das war aber seine Stellung überhaupt; die Einrichtung des Großen Rates war keineswegs ein ihm exklusiv angehöriges Unternehmen; wir werden versichert, dabei habe noch ein besonderes Motiv mitgewirkt. Einige Oberhäupter – man nannte Francesco Valori, Guidantonio Vespucci, Piero Capponi und Brazzo Martelli – hatten den Verdacht erweckt, nach einer Bevorzugung, gewissermaßen nach der Herrschaft zu streben, aber die übrigen, unter denen vornehmlich Paolantonio Soderini genannt wird, wollten ihnen zeigen, daß ein solches Vorhaben unausführbar sei. Sie drangen darauf, daß die allgemeine Gleichheit der Berechtigten in dem Consiglio ausgesprochen würde; dem aber zu widerstreben waren doch die ersten zu vorsichtig und zu klug. Bei dem Ansehen, das sie genossen, fürchteten sie den Großen Rat nicht; sie meinten in demselben immer den Vorzug zu haben. Ihr Gedanke blieb auch hierbei auf eine der venezianischen ähnliche Staatsverfassung gerichtet; der Große Rat in Florenz erscheint beinahe als eine Nachahmung des Großen Rates in Venedig, von dem ebenfalls die Besetzung aller Ämter ausging; wie in den Tagen der städtischen Tumulte die Richiesti, eine Art von Pregadi, herbeigezogen worden waren, so sollte nun ein aus dem Consiglio grande hervorgegangener Rat der Achtzig recht eigentlich deren Stelle vertreten und den Senat bilden. Die Regierung würde aus der Signorie und den Inhabern der zunächst stehenden Ämter bestehen, unter einem steten Gleichgewicht der vorwaltenden Geschlechter.

Auf alles dies ist nun Frate Hieronimo eingegangen; er hat selbst zuweilen zugunsten einer Staatsform, wie die venezianische sei, gepredigt. Unter seinem Einfluß ist die neue Verfassung am 23. Dezember 1494 festgesetzt worden. Die Bestimmung war, daß das große Consiglio aus denen bestehen sollte, die von den Zeiten ihrer Großväter und Urgroßväter her an den Staatsämtern teilgenommen hatten. Die Mitglieder des Großen Rates sollten immer 29, die des Rates der Achtzig wenigstens 40 Jahre zählen. Im Vergleich mit dem bisherigen Zustand und dem Einfluß, den das mediceische Haus mit seinen Freunden ausgeübt hatte, lag in dieser Einrichtung allerdings ein demokratisches Element, insofern die Mitglieder des Großen Rates gleichberechtigt sein sollten. Aber der Masse der übrigen Einwohner gegenüber trat das wieder zurück, da die Berechtigung an das bisherige Herkommen geknüpft wurde; in dieser Beziehung konnte man die neue Verfassung von Florenz noch immer mit der venezianischen vergleichen. Gleich bei den ersten Einrichtungen trat aber eine erhebliche Meinungsverschiedenheit zwischen den vornehmsten Bürgern, die unter den Namen Primaten erscheinen und dem Frate Hieronimo ein. Dieser, der von seinen moralischen Grundsätzen ausging und eine enge Vereinigung aller Berechtigten hervorzubringen suchte, machte den Vorschlag, eine allgemeine Amnestie auszusprechen; alles, was bis zum 9. November oder auch bis auf den heutigen Tag vorgegangen sei, sollte vergeben und vergessen sein. Das erstreckte sich nun aber auch auf die alten, nicht verjagten oder geflüchteten Anhänger des Piero de' Medici und seiner Regierung. Die Primaten wandten ein, daß, wenn man den alten Gegnern auch Verzeihung angedeihen ließe, diese doch ihnen nicht verzeihen würden. Der Frate hatte das Argument gebraucht, daß auch Gott den Menschen verzeihe; man antwortete ihm, das gehe doch nicht so weit, daß Gott die Gerechtigkeit verhindere. Sie ließen vernehmen, Savonarola möge wohl ein Kloster zu regieren verstehen, aber nicht eine Republik einzurichten. Diesmal aber waren die Ideen des Klosterbruders mächtiger in Florenz als der Einspruch der alten Teilnehmer an der Regierung. Bereits mußte von der anderen Seite her der Frate den Vorwurf hören, daß er nicht weit genug in der Reform gehe. Irgendeine große Konzession mußte der öffentlichen Stimme gemacht werden; die allgemeine Verzeihung ward noch nicht promulgiert, doch fand sie nach einiger Zeit keinen Widerstand weiter. Denn niemand täuschte sich darüber, welch eine Bedeutung die Realisierung dieses Gedankens für Florenz haben werde; wiewohl man alles Parteiwesen auszuschließen trachtete, so ließ sich doch voraussehen, daß die Parteiung selbst dadurch nicht abgestellt werden würde. Wie hätten die an den früheren Gegensätzen beteiligten Geschlechter dieselben jemals aufgeben sollen? Es gehörte aber zur Genugtuung der Popularen, daß die Primaten, von denen die Revolution hauptsächlich ausgegangen war, nicht ausschließlich die Herrschaft, deren Zügel sie ergriffen hatten, behaupteten. Und in diesem gegen die volle Wiederherstellung eines exklusiven Regiments gerichteten Streben ging nun der Frate sogleich noch einen Schritt weiter.

Wenn die Autorität der alten Regierung hauptsächlich darauf beruht hatte, daß sie ohne alle Rücksicht Verweisungen aus der Stadt in verschiedenen Stufen aussprechen durfte, so wollte Frate Hieronimo dies Recht der neuen Regierung nicht zugestehen, die es auch ihrerseits durch die Otto di guardia ausübte, so daß sechs Stimmen, wie man sagte, sechs Bohnen, das Exil über angeklagte Bürger verhängen konnten. Solange nun ein Parteiregiment bestand, waren hierdurch die Gegner der Machthaber wie durch ein Schwert über ihren Häuptern fortwährend bedroht. Es gehörte zur Durchführung der allgemeinen Verzeihung, daß dies abgeschafft und eine Appellation gegen ein solches Urteil möglich wurde. Savonarola erklärte sich dafür; allein er begegnete einem Widerspruch, der selbst auf der Kanzel durch einen anderen mönchischen Prediger, den Franziskaner Fra Domenico da Ponzo, Ausdruck fand. Man machte zwei Gegengründe geltend. Die Meinung des gemeinen Volkes war, daß die Autorität der Signoria und der Otto nicht vermindert werden dürfe, denn sie seien doch zum Schutze der geringeren Leute gegen die Eigenmacht der Vornehmeren bestimmt; eine solche Gewalt müsse unbedingt sein und ohne langen Verzug durchgreifen können. Das andere Moment lag in dem Verhältnis der alten politischen Parteien selbst. Es gab, wie erwähnt, eine nicht geringe Anzahl von Anhängern des Hauses Medici in der Stadt, die unter dem Namen Bigi (Graue) erscheinen, deren Sicherheit von der allgemeinen Beschränkung der Kriminalgewalt der Regierung abhing. Damals ist vielfach gesagt worden, daß Savonarola unter dem Einfluß dieser Partei stehe, wiewohl niemand es leugnete, daß er vor allem seinen allgemeinen religiösen Gesichtspunkt vor Augen hatte. Domenico da Ponzo nun hob die Gefahr hervor, welche hieraus für das Bestehen der gegenwärtigen freien Verfassung der Stadt entspringe. Auch er sprach mit großer Wärme von Union und Frieden; aber noch stärker betonte er das Wort Freiheit. Auch er hatte einen großen Anhang, und von denen, welche die Predigt des einen und des anderen besuchten, wurde bemerkt, daß sie aufeinander stichelten; der Gegensatz zwischen beiden verrate selbst Neid und Mißgunst; sie wurden beide bedeutet, von den Angelegenheiten des Staates nicht weiter zu reden. Aber in kurzem waren sie doch wieder dabei. Der Streit berührte auch die äußere Politik, denn schon kam es zutage, daß der Herzog von Mailand und der König von Frankreich nicht mehr einerlei Meinung waren. Und wie schon früher, so stand ein Teil der florentinischen Primaten im Einverständnis mit dem Herzog; in deren Sinne predigte Domenico da Ponzo. Dagegen hielt Frate Hieronimo mit allen, die sich ihm anschlossen, an dem König von Frankreich fest, mit dem ja eben ein sehr vorteilhaftes Bündnis geschlossen worden war; Savonarola fuhr fort, von ihm große Dinge zu erwarten. Dem König aber, so meinte er, müsse man sagen können, daß in Florenz keine Entzweiung mehr herrsche; dann werde derselbe alles tun, um der Stadt ihren alten Besitz wieder zu verschaffen. Mit dieser Rücksicht wirkte dann die allgemeine Betrachtung zusammen, daß die Kriminaljustiz nicht in den Händen von Magistratspersonen sein dürfe, die doch nur eine Zeitlang im Amte und vielleicht sehr geneigt seien, dasselbe zur Unterdrückung und Rache zu benutzen. Was die Besorgnisse für die Gefährdung der Freiheit anlange, so müsse man, sagt Hieronimo, Gott vertrauen, der die Stadt schützen werde, wenn man zu ihm bete. Noch waren jedoch die Meinungen sehr geteilt; man versichert, daß die Sache von der Signoria nur deshalb in die Hand genommen worden sei, weil einige Mitglieder derselben zu den Bigi sich hinneigten. Die Provision, die endlich zustande kam, enthielt die beiden eng verbundenen Hauptstücke: die allgemeine Verzeihung, die aus den von Hieronimo vorgetragenen religiösen Gründen empfohlen wurde, nicht ohne die auf die Philosophen zurückgeführte Erwägung, daß die vereinigte Tugend die Kraft verdoppele. Das zweite Hauptstück verfügte, wenn ein Bürger, der zu den Ämtern fähig sei, zu einer größeren Strafe verurteilt werde, zu Tod oder Exil, oder auch einer ansehnlichen Geldbuße, solle er das Recht haben, an das große Consiglio zu appellieren; wer in demselben zwei Drittel der Stimmen für sich habe, solle losgesprochen sein. Man hatte erwartet, daß die Provision bei den Ottanta oder in dem Consiglio selbst Widerstand finden werde. Innerhalb dieser Körperschaften fand aber gesetzlich nur eine sehr beschränkte Diskussion statt; die Provision ging in beiden durch, in dem großen Consiglio mit großer Majorität; unter 700 Mitgliedern, die sich versammelt hatten, waren nur 163 dagegen.

Durch diese Bestimmungen ist der Knoten für das Bestehen der neuen Verfassung und für die Geschicke des Frate Hieronimo selbst geschürzt worden, denn ob die ungleichartigen Elemente, die zusammenwirken sollten, sich untereinander vertragen und eine homogene Regierung bilden würden, war der Natur der Sache nach sehr zweifelhaft. Zunächst aber wurde dadurch die Idee der popularen Verfassung weiter gefördert; denn der Grundsatz, daß das Consiglio vermöge der Versammlung aller Berechtigten Herr und Meister der Stadt sei, gelangte damit zu weiterer Bestätigung. Noch war jedoch nicht alles vollendet. Es gab noch einige Institute alter Zeit und vor kurzem verjüngt, die, bei der Staatsveränderung beibehalten, der neuen Verfassung widerstrebten. Das vornehmste bestand in den zwanzig Accoppiatoren aus den vorwaltenden Geschlechtern, durch welche die Signoria und einige der höchsten Ämter besetzt wurden. Sie verstanden sich schlecht untereinander; aus ihren Wahlen gingen Mitglieder aus ihrer eigenen Zahl hervor, und man fürchtete beinahe, sie würden allmählich dahin kommen, eine Signoria zu wählen, die in Gegensatz zu der neuen Verfassung trete; überhaupt ließ sich ein solches Amt nicht mit der Autorität vereinigen, die eben dem Volke zugestanden worden war. Aber geradezu absetzen konnte man sie doch nicht, weil sie in dem Momente der Revolution ihre Befugnisse von dem Parlamente erhalten hatten, dessen Beschlüsse, obgleich sie sehr tumultuarisch zustande kamen, doch als die gesetzliche Grundlage von allem betrachtet wurden. Es ist nun ein Beweis von dem Fortschritt der popularen Überzeugungen, daß in den Accoppiatoren selbst die Ansicht zur Geltung kam, ihr Amt sei mit der neuen Verfassung unverträglich, und das beste wäre, darauf Verzicht zu leisten. Der erste, der sich hierzu entschloß, war Jacopo Salviati; er erklärte, das Volk werde bessere Wahlen treffen, als die Akkoppiatoren. Die Signoria nahm zunächst die Abdankung Salviatis nicht an, weil die Ernennung der Accoppiatoren von dem Parlamente ausgegangen sei, und auch deshalb, weil man sich in diesem Augenblick mit anderen Angelegenheiten wichtigster Art, namentlich der Beschaffung des nötigen Geldes, beschäftige, worin man sich nicht stören lassen dürfe. Es erweckte eine gewisse Verstimmung im Volke, daß die Signoria hierin mit ihm nicht einverstanden sei. Und so verhielt es sich in der Tat; auch neue Verzichtleistungen wies sie zurück. In der folgerichtigen Bewegung der Ideen liegt aber etwas Unwiderstehliches; jedermann bemerkte jetzt, daß die

Accoppiatoren von persönlichen Verbindungen und Interessen allzu abhängig seien, um gute Wahlen zu treffen. Die Signoria konnte es nicht wagen, der allgemeinen Überzeugung gegenüber an ihrer Meinung festzuhalten und mit dem Volke zu zerfallen. Auch Frate Hieronimo verwandte seinen Einfluß in diesem Sinne. Am 8. Juni 1495 erklärte nun die Signoria die Accoppiatoren für befugt, ihr Amt in die Hände des Volkes zurückzugeben. Die Angesehensten der alten Geschlechter fühlten, was sie dadurch verloren; Francesco Valori sprach darüber heftige Vorwürfe gegen seine Standesgenossen aus. Auch hiermit war man noch nicht zum Ziele gelangt, solange die Möglichkeit bestand, ein Parlament zu berufen und durch die Beistimmung des ungeordneten Haufens, der dasselbe auszumachen pflegte, alles Bestehende umzustürzen. Man kann es dahin gestellt sein lassen, ob eben die drohende Haltung, die Piero Medici damals zu nehmen schien, die Veranlassung gegeben hat, auf die Abschaffung des Parlaments Bedacht zu nehmen. Die vorwaltende Absicht war eine ganz allgemeine, nämlich die Vollendung der republikanischen Reform, so daß auch denjenigen, welche sich ihr bereits unterworfen hatten, jedes Mittel einer Reaktion entzogen würde.

Das Wort Popolo hatte in Florenz einen eigentümlichen Doppelsinn: man bezeichnete damit die Gesamtheit der Berechtigten, zugleich aber auch die Gesamtheit der Einwohner. Die städtischen Einrichtungen waren doch früher nie ohne eine rein demokratische Bewegung, die in der Berufung des Parlamentes lag, zustande gebracht worden. Das Parlament drückt die Idee aus, daß die Gewalt vom Volk ausgehe und die Republik auf demselben beruhe. Aber nur als eine jeweilige Veranstaltung zu einem bestimmt vorliegenden politischen Zweck erschien ein Parlament in Florenz; hatte die Menge die ihr gemachten Vorlagen angenommen, so war von derselben nicht weiter die Rede. Wir dürfen wohl die Bemerkung des ferraresischen Gesandten darüber wörtlich wiederholen: „Die Berufung des Parlaments", sagt er, „ist ein Akt, den man veranstaltet, um dem Staate eine neue Form zu geben; alle Einwohner der Stadt versammeln sich auf der Piazza, man schlägt ihnen eine Einrichtung vor, die man durchsetzen will; die versammelte Menge willigt dann unbedenklich in die ihr gemachten Vorschläge."

Diesem Zustand nun, der eine immer drohende Gefahr in sich schloß, sollte ein Ende gemacht werden. Die Besorgnis war nicht sowohl auf fremde Eingriffe, als auf Attentate unbotmäßiger Bürger gegen die öffentliche Freiheit gerichtet. Die damalige Signoria selbst gab zu dem Verdacht Anlaß, als ob sie es mit der neuen Regierungsform nicht ehrlich meine. Eine Befürchtung, welche wirklich gehegt wurde, war, daß sich eine Partei in Verbindung mit dem Herzog von Mailand erheben könne, um die neuen Formen der Verfassung wieder abzuschaffen. Insofern bildete Durchführung und Behauptung derselben nochmals ein Moment für die auswärtige Politik. In einer Zusammenkunft mit dem König von Frankreich, als dieser im Frühjahr 1495 nach Oberitalien zurückzog, hat Savonarola denselben in seiner religiösen Haltung zu befestigen gesucht und ihm vorgestellt, die neue Verfassung komme von Gott und werde von Gott beschützt werden, was der König anzunehmen schien. Darin lag dann eine neue Bestätigung des Bündnisses der Republik mit Frankreich, an welches man die Erwartung knüpfte, Pisa wieder zu unterwerfen. Mißtrauisch gegen die Signoria, ging Savonarola in seinem Eifer so weit, daß er den untergeordneten Ämtern das Recht zusprach, selbständig einzugreifen, wenn jene ihre Pflicht versäume. Die einzige Gefahr eines Umsturzes aber lag darin, daß einmal ein Parlament in der üblichen tumultuarischen Art und Weise veranstaltet werden könne. Es war nicht ganz leicht für Savonarola, die Gemüter für die Abschaffung der althergebrachten Einrichtung zu gewinnen, aber schon war er so mächtig geworden, daß man seinem Willen nicht zu widerstreben wagte. Die Signoria machte endlich den Vorschlag, daß fortan niemals von einem Parlament die Rede sein solle; von dem großen Rate ward dieser Beschluß angenommen. Schon dadurch, daß die Accoppiatoren auf ihr Amt Verzicht leisten durften, wurde die Autorität des Parlamentes so gut wie vernichtet; die gesamte Macht ging an das große Consiglio über. Savonarola gelangte dadurch zum höchsten Ansehen in der Stadt. Der ferraresische Gesandte, der den Frate immer mit einer Art von landsmannschaftlicher Vorliebe behandelt, bezeichnet im August 1495 die Autorität desselben als unerhört und unwiderstehlich; alles, was er wolle, führe er durch, jedermann konsultiere ihn, nicht allein in öffentlichen, sondern auch in Privatangelegenheiten.

FÜNFTES KAPITEL

Republikanische Agitationen bis zum Frühjahr 1496

Gewiß, die Autorität, die der Dominikanerbruder in Florenz besaß, war eine höchst außerordentliche, aber Herr und Meister der Stadt war er keineswegs. Auch konnte er es nicht sein, denn dazu hätte gehört, daß sich die Gesamtheit der Bürger den der Macht des Papsttums entgegengesetzten Tendenzen, zu denen er sich offen bekannte, angeschlossen hätte, was wohl das Ziel war, das er verfolgte, – ein Ziel jedoch, das sich nicht ohne die schwersten Kämpfe, vielleicht gar nicht erreichen ließ.

Vielleicht darf man überhaupt bezweifeln, ob ein vollkommen unabhängiges Staatswesen, sei es monarchisch oder republikanisch, sich mit der Verfassung der katholischen Kirche und der Allgewalt des Papsttums vereinigen läßt, denn diese schließt unzweifelhaft doch auch politische Berechtigungen in sich ein; die Bürger jeder Stadt, jedes Staates werden großenteils von ihr betroffen und geleitet. Wieviel mehr aber muß das der Fall sein, wenn in einem katholischen Staate eine Tendenz aufkommt, die sich dem Papsttum, wie es eben besteht, entgegensetzt. Savonarola hätte Papst Alexander VI. mit Hilfe von Frankreich zu stürzen gewünscht, aber der König selbst war von diesem Unternehmen zurückgeschreckt; und man darf sich nicht wundern, wenn nun der Römische Stuhl seine Disziplinargewalt auch über seine Gegner in Florenz wieder zur Geltung zu bringen unternahm. Anfangs ward das mit vieler Mäßigung versucht. Im Juli 1495 forderte der Papst den Frate auf, nach Rom zu kommen; denn er wolle sich mit ihm besprechen, wie es sein Amt

eines Oberhirten erfordere; er deutete an, daß er die Erneuerung der Kirche selbst in die Hand zu nehmen gedenke. Savonarola, der in dem Breve keine Zitation, sondern nur eine Einladung zu einem religiösen Zwiegespräch erblickte, antwortete ablehnend, denn er könne in diesem Augenblicke Florenz nicht verlassen, und überdies auf der Reise würde er vor seinen Feinden seines Lebens nicht sicher sein. Der Papst wiederholte nicht allein seine Zitation, sondern er gab davon auch dem Franziskanerkonvent von Santa Croce Kunde, indem er zugleich Savonarola der Verbreitung falscher Lehren beschuldigte.

Ohne Wirkung nun auf die katholischgläubigen Einwohner der Stadt konnte dies nicht bleiben; die Weltgeistlichkeit zwar verhielt sich sehr ruhig, sie wurde dazu durch den Erzbischof von Florenz und dessen Vikar, welche sich dem Dominikanerbruder eher geneigt erwiesen, bestimmt. Aber daß eine andere religiöse Brüderschaft gegen die Brüder von San Marco Partei nahm, brachte doch in der Stadt eine starke Gärung der Gemüter hervor. Denn wenn, wie gesagt, es die Behauptung Savonarolas war, daß die von ihm eingeführte neue Verfassung ein Werk Gottes sei, so nahm er für diese Behauptung eine Art von Glauben in Anspruch, nicht viel anders, als wie man die Heilige Schrift erst für das Wort Gottes halten müsse, ehe man sie verstehen wolle. So verlangte er auch eine Anerkennung seiner geistlichen Autorität, weniger noch ein inneres und bewußtes Einverständnis, als eine unbedingte Hingebung an seine Aussprüche. Noch nahm das Volk auch in dieser Beziehung für ihn Partei; die Signoria wurde aufgefordert, dem Papste zu erklären, das florentinische Volk, welches in dem Bruder Hieronimo seinen Beschützer sehe, würde ihn nicht ziehen lassen. Die Signoria war nicht so eifrig, wie man wünschte, für denselben; die Umstände lagen so, daß sie sich mit dem Papste nicht entzweien mochte. Sie gab dem Frate selbst zu bedenken, daß dazu keine Zeit sei, und bat ihn, seinen Eifer zu mäßigen. Es fehlte nicht an Leuten, welche die Entfernung desselben nicht ungern gesehen hätten; allein um so entschiedener zeigten sich seine Anhänger, weil das Volk von Florenz der alten Herrschaft verfallen würde, sobald er die Stadt verlasse. Die Frati von San Marco äußerten einmal den verzweifelten Gedanken, wenn man ihren Meister und sie selbst verjage, so würden sie das Kruzifix nehmen und in die Wälder gehen oder ihr Glück bei den Ungläubigen versuchen. Von Tag zu Tag gerieten die Parteien mehr in Aufregung und das Mißtrauen war allgemein. Noch kam es aber zu keinem offenen Bruche, da der Papst, der auch seinerseits aus politischen Gründen eine Entzweiung mit der Republik vermeiden wollte, die Sache zunächst nicht mit dem gewohnten Glaubenseifer der Kurie verfolgte; in der Stadt behauptete man, er habe seinen Frieden mit Savonarola gemacht und die kirchlichen Maßregeln aufgeschoben.

Nicht unmittelbar gefährdet, war Savonarola doch keineswegs ohne Besorgnis, wie eine Eröffnung zeigt, die er dem Herzog von Ferrara machte. Mit diesem Fürsten stand er allezeit in einem besonders nahen Verhältnis; er schickte ihm wohl seine Schriften, auf gutem Papier gedruckt, zu, ohne etwa eine Entschädigung dafür annehmen zu wollen; der Gesandte bemerkt, daß ihr Inhalt zum Heile der Seele diene. Der Herzog spricht dann die Billigung des Inhaltes aus und wünscht dem

Dominikanerbruder Glück zu der Ehre, die er sich erwerbe, was auch zur Ehre seiner Vaterstadt gereiche; die von demselben gegebenen Anweisungen werde er möglichst befolgen. Auch in Ferrara wurde eine ähnliche kirchlich-moralische Reform, wie sie in Florenz vorging, begünstigt. Da das Gebiet des Herzogs von dem Römischen Stuhl immer bedroht wurde, so bestand eine natürliche Bundesgenossenschaft zwischen Ferrara und Florenz. Mit dem Gesandten des Herzogs, der diese Verbindung vermittelte, stand Savonarola, der auch seinerseits immer eine gewisse Vorliebe für seine Vaterstadt und ihren Herzog an den Tag legte, in vertraulichem Verkehr. Gegen Ende Oktober 1495 setzte er diesem auseinander, daß er den Papst nicht ernstlich zu fürchten brauche; wenn man das Gerücht verbreite, das Interdikt sei über ihn ausgesprochen, so sei das unbegründet; er werde vielmehr durch seine Freunde in Rom unterrichtet, daß der Papst auf die ihm vorgelegte Rechtfertigung Rücksicht genommen habe; alle Tage erwarte er ein Breve der Suspension der gegen ihn in Gang gesetzten Prozeduren. Aber vollkommen sicher fühlte er sich doch nicht; er fügte hinzu, wenn der Papst weiter gehe und auf seine Rechtfertigung keine Rücksicht nehme, so sei er entschlossen, den Herzog um seine Unterstützung zu bitten, die ihm dieser, namentlich in einer so gerechten Sache, nicht versagen werde.

Ungefähr wie sich später Luther an Friedrich den Weisen von Sachsen gehalten. Aber an sich würde ein italienischer Fürst einer Abweichung vom Papsttum keineswegs einen ähnlichen Vorschub haben leisten können, wie ein deutscher Kurfürst. Und überdies, Savonarola war zunächst auf Florenz angewiesen, wo zwei Parteien, von denen die eine für, die andere gegen ihn war, um die öffentliche Gewalt buhlten. Daher erklären sich jene Schwankungen der Stimmungen, die wir eben hervorhoben. Um die folgenden Ereignisse zu verstehen, wird es gut sein, die Namen der Häupter der beiden Parteien hier zu verzeichnen. Gegen ihn waren Piero Capponi, Lorenzo di Pier Francesco de Medici, Messer Guidantonio Vespucci, Bernardo Rucellai mit einem nicht geringen Schweif von gleichgesinnten Anhängern, unter denen wir die Namen Canacci und Popoleschi finden; sie hielten sich mehr an die Franziskaner, also auch an den Papst. Es waren vornehmlich die Männer der alten aristokratischen Interessen und Sympathien. Ihnen gegenüber standen damals Francesco Valori, Paolantonio Soderini, Giovan Ridolfi sowie in zweiter Reihe Jacopo Salviati, Lanfredino Lanfredini, Amerigo Corsini. Man rechnete zu ihnen auch Pier Filippo Pandolfini und Piero Guicciardini, aber Pieros Sohn, der Geschichtschreiber, versichert, daß diese beiden in einer neutralen Haltung verharrt und in allen Kontroversen zwischen beiden Parteien Mäßigung zu beobachten beflissen gewesen seien. Das Verhältnis der beiden Faktionen war nun maßgebend für Savonarola; solange die zweite sich behauptete, konnte er bestehen; sobald aber die erste die Oberhand erlangte, war er verloren und mußte wenigstens die Stadt verlassen. Die Häupter der einen und der anderen waren hochgebildete, energische, ehrgeizige Männer; sie liebten ihr Vaterland, aber wollten es zugleich beherrschen.

Wenn es aber doch zwischen ihnen noch nicht zu einem offenen Bruch kam, so rührte dies daher, daß sie beide einen gemeinsamen Feind zu bekämpfen hatten, der zuweilen sehr gefährlich wurde. Im Oktober 1495 war Piero Medici im Bunde mit Orsini so weit gekommen, eine stattliche Mannschaft ins Feld zu stellen, um sich des Gebietes und womöglich der Stadt selbst zu bemächtigen. Man wußte nicht recht, wohin die bewaffnete Macht der Florentiner, die noch vor Pisa stand, sich wenden solle; die Armee, die sie im Felde hatten, war überhaupt ungenügend, aber sie nahmen ihre festen Plätze wahr. Den wichtigen Paß von Valiano an den Grenzen des sienesischen Gebietes versäumten sie nicht zu besetzen; in Arezzo und Cartona sorgten sie für gute Besatzungen und hinreichendes Geschütz; gerade auf den Abfall dieser Städte hatte Piero gerechnet. Da war nun Frate Hieronimo für den Widerstand, den beide Teile zu leisten beabsichtigten, unentbehrlich; durch seine Predigten hielt er den Widerwillen gegen Piero Medici, auf dessen Entfernung seine popularen Reformen gegründet waren, aufrecht. Er versicherte mit der größten Zuversicht, ein jeder werde zugrunde gehen, der dazu herbeikomme, um diesen Staat zu verderben. „Ich habe gesagt und wiederhole es jetzt, daß ein solcher vernichtet werden wird mit allen denen, die sich ihm anschließen, und ihren Familien; sollte die Regierung der Stadt jemals sich entzweien, so wird Florenz zugrunde gehen, aber dieser Tag wird nicht kommen." Die Signoria erneuerte die ersten gegen Piero ergangenen Beschlüsse und setzte einen Preis auf seinen Kopf. Die Einigkeit, die sich in der Hauptstadt und im ganzen Lande zeigte, und die zum Ziele treffenden Anstalten bewogen Piero Medici, zurückzuweichen, ohne irgend etwas erreicht zu haben.

Man hat allgemein angenommen, daß der römische Hof und seine italienischen Verbündeten an dem Versuche Pieros Anteil gehabt hätten. Da nun die Primaten, durch welche die Verjagung desselben geschehen war, von seiner Rückkehr ihren Untergang hätten besorgen müssen, so konnten sie den Frate nicht offen befehden; auch die geistliche Opposition, die er fand, konnte keine Wirkung ausüben; mit einer Art von innerer Notwendigkeit mußte das Ansehen des Mannes, dessen Wort bei der Verteidigung der Stadt so unendlich einflußreich gewesen war, nachdem diese gelungen, fortwährend steigen; seine Anhänger gewannen jetzt das Übergewicht in dem Großen Rate; sie folgten der popularen Tendenz, die in der Gesetzgebung zur Geltung gekommen war, ohne weitere Rücksicht; die Primaten konnten nichts dagegen ausrichten. Bei einer Veränderung der Imborsationen, welche für die niedrigeren Ämter fortbestanden, bekamen jetzt diejenigen den Vorzug, welche sich ganz an die populare Form anschlossen; zwischen den Bürgern aus alten und neuen Häusern wurde kein Unterschied gemacht, was die ersteren nicht wenig verletzte. Bei den Wahlen für die großen Ämter in dem Consiglio kamen jetzt auch neue Namen empor; die vornehmsten Geschlechter, wie Capponi und Nerli, sahen sich im Januar 1496 von dem Rate der Achtzig so gut wie ausgeschlossen, was dann wieder die Folge hatte, daß ihr Mißvergnügen wuchs. Und unter denen, welche emporkamen, bemerkte man nicht allein Leute von geringer Herkunft, sondern auch solche, welche dem früheren Staate des Piero angehört und gedient hatten. Savonarola besorgte nichts von ihnen, da ihre Sicherheit von den Gesetzen abhing, die durch seine Autorität eingeführt worden waren. Hätte man ihn angreifen wollen, so würde der bürgerliche Kampf zu seinem Vorteil ausgeschlagen sein, da er zwei Dritteile der Stadt auf seiner Seite hatte.

Die Parteigegensätze traten nicht allein in den geistlichen Sympathien und den Beziehungen zu dem Auslande hervor; sie hatten auch einen für die innere Verfassung entscheidenden Bestandteil. Die damalige Signoria, die eben selbst eine sehr veränderte war, faßte den Gedanken, den Aristokraten das Wiedergewinnen ihres alten Einflusses unmöglich zu machen; sie beschloß durch eine ansehnliche Vermehrung der stimmfähigen Bürger einer solchen Eventualität vorzubeugen. Der Weg, den sie zu diesem Zwecke einschlug, war für Florenz sehr außerordentlich; bisher hatten immer die, welche die Steuern nicht bezahlt und im Specchio, d. h. im Schuldbuch verzeichnet waren, ihr Wahlrecht nicht ausüben dürfen. Nicht ohne vielen Widerspruch, namentlich der untergeordneten Behörden, wurde doch endlich von der Signoria durchgesetzt, daß alle Berechtigten ohne Rücksicht auf das Schuldbuch in den Großen Rat Zutritt haben und an den Wahlen teilnehmen sollten. Hierdurch unter manchen anderen begünstigenden Umständen geschah es wirklich, daß die Zahl der zum Consiglio Versammelten einmal bis über 1700 gestiegen ist. Es ist nicht deutlich, ob Savonarola unmittelbaren Anteil an dieser Veränderung hatte; aber sie entsprach seiner Idee von der allgemeinen Berechtigung und trug zugunsten seiner Anhänger bei, die damals unter dem Namen Frateschi oder auch Collitorti erscheinen; unter ihrem Einfluß wurden allen Wahlen vollzogen. Die Primaten, die doch nicht zu entschiedenem Widerstand schritten, hatten kein anderes Mittel, als sich unter diesem Popolo selbst eine Partei zu verschaffen, aber fast schien es, als seien ihre Gegner, die Bigi, gewandter in dem Geschäfte der Stimmenwerbung. In den ersten Monaten des Jahres 1496 gewannen diese offenkundig das Übergewicht. Savonarola erschien als das Oberhaupt: er allein, sagte man, vergebe die Ämter und mache die Signoren; er war entfernt davon, den römischen Hof zu fürchten, denn alle Nachrichten stimmten darin überein, daß König Karl VIII. auf seine Rückkehr nach Italien Bedacht nehme, und zwar in offenem Gegensatz gegen den Papst, den er zu stürzen entschlossen zu sein schien. Man erzählte in Florenz mit Bestimmtheit und glaubte daran, daß Alexander VI. seinen Sohn Cesar an Savonarola gesendet habe, um denselben um seine Vermittlung zwischen ihm und dem König von Frankreich zu ersuchen und die Mittel anzugeben, die dazu führen könnten; dieser soll geantwortet haben, er wisse kein anderes, als Gebet und Besserung des Lebens. Der Frate sprach von dem Papste, den er freilich nicht nannte, aber deutlich bezeichnete, als von dem schlechtesten Menschen der Welt und wiederholte seine Verkündigungen über die bevorstehende Erneuerung der Kirche; von alledem, was er vorausgesagt, werde kein Jota unerfüllt bleiben. Noch einmal traten Prediger auf, die sich ihm entgegensetzten. Als der vornehmste erschien nunmehr Gregorio da Perugia, der besonders die Heftigkeit, mit welcher Bruder Hieronimo gegen den Papst sprach, als Motiv benutzte, um ihn zu befehden. Er versuchte nicht eben das Verhalten des Papstes zu verteidigen; aber er behauptete, niemand dürfe das Oberhaupt der Kirche angreifen, ohne durch die Handlung selbst der Exkommunikation zu verfallen; er warnte die Florentiner, dem Frate zu folgen, was kein sicherer Weg für das Heil ihrer Seelen sei. Noch hatte aber Savonarola das städtische Regiment auf seiner Seite; von den Otto wurde Gregorio gewarnt und angewiesen, dem nicht widerstreben zu wollen, was der Sinn des florentinischen Volkes sei.

Der Karneval von 1496 ist ein Symptom dieser Gegensätze und des Übergewichtes, das Savonarola nunmehr in der Stadt besaß. Die lärmenden und verführerischen Festlichkeiten, mit denen man sich bisher vergnügt hatte, wurden unterlassen; an deren Stelle traten Almosensammlungen für die verschämten Armen in einer von Savonarola, der ein großer Kinderfreund war, ausgedachten Form. An allen Straßenecken waren kleine Altäre errichtet und Scharen von Kindern aufgestellt, welche die Vorübergehenden nicht ohne Ungestüm um eine Gabe ansprachen; niemand wurde vorbeigelassen ohne eine kleine Zahlung. Den anderen Tag veranstaltete dann der Frate eine Prozession dieser Kinder, von denen zwischen sechs und vierzehn Jahren, so daß sie mehrere tausend an Zahl durch die Hauptstraßen der Stadt, von Kirche zu Kirche, zogen, bis sie bei San Marco anlangten, wo sie das gesammelte Geld – es waren doch 300 Dukaten – für den neu zu eröffnenden Monte di Pieta darbrachten. Die Kinder sollten eine Art von kleiner Republik bilden; denn auf die Gewöhnung komme bei der Jugend alles an. Der frateske Einfluß ward damals so stark, daß wohlgeordnete Haushaltungen sich auflösten, indem sich Mann und Frau den klösterlichen Instituten anschlossen. Diese innere Bewegung, welche die Opposition verstärken und die Entzweiungen vermehren mußte, traf mit anderen Widerwärtigkeiten zusammen. Krankheiten waren in der Stadt ausgebrochen; der Verkehr stockte, unbeschäftigte Arbeiter durchzogen unter Kundgebungen des Mißvergnügens die Straßen; die Truppen, die man in Sold nahm, konnten nicht bezahlt werden. Eine Hilfsquelle bot die Wiederaufnahme der Juden dar, die man vertrieben hatte; eine größere Summe soll man von dem Monte di Pieta genommen haben unter der Beistimmung Savonarolas.

Aber alle diese Bedrängnisse machten auf Savonarola so gut wie keinen Eindruck. Eine seiner Prophezeiungen war es eben, daß sie eintreten müßten; sie könnten selbst noch größer werden und Florenz in die äußerste Gefahr geraten; die Stadt brauche sich nicht zu fürchten, denn sie sei von Gott dazu auserwählt, daß das neue Licht einer kirchlichen Reform sich von ihr aus über den Erdkreis verbreite.

SECHSTES KAPITEL

Einwirkungen der europäischen Verhältnisse

Großartig ist die Erscheinung Savonarolas auch darum, weil sie an die höchsten allgemeinen Interessen anknüpft. Was hätte für die Kirche wichtiger sein können, als ein Einhalt der hierarchischen Gewalten auf dem verderblichen Wege der Verweltlichung? Einen ewig denkwürdigen und vielleicht notwendigen Gegensatz bilden Papst Alexander VI., der sich über jedes Sittengesetz hinwegsetzt und die apostolische Gewalt zum Vorteil seiner Kinder ausbeutet, und dieser Frate Hieronimo, der alles kirchliche und politische Leben dem Sittengesetz und der geistlichen Disziplin zu unterwerfen den Versuch macht. Auch für die bürgerlichen Verfassungen hatte es eine universale Bedeutung, daß Savonarola es unternahm, der Tyrannei gewaltsamer Machthaber durch die Autorität der Berechtigten ein Ende zu machen. Überdies aber kam er mit den großen politischen Entzweiungen der europäischen Mächte in Kontakt. Im August und September 1495 waren die italienischen Staaten, ausgenommen Ferrara und Florenz, gegen den König von Frankreich vereinigt; die Einheit von Italien war nicht ganz vergessen; auch der Papst brachte sie in Erinnerung, und in Florenz fehlte es nicht an aller Empfänglichkeit dafür. Aber unmöglich konnten die Florentiner sie in einem Moment ergreifen, in welchem sie zum Kriege gegen Frankreich geführt hätte, denn der florentinische Handel beruhte hauptsächlich auch auf Friede und Freundschaft mit Frankreich; man zählte die Summen zusammen, die man alle Jahre daselbst gewann, und die man um so weniger entbehren konnte, da alles andere Gewerbe stockte. Zum Teil auf die alte Anhänglichkeit an Frankreich gründete sich die Autorität Savonarolas; das ganze System seiner Ideen schließt sich an das Bündnis mit Frankreich an, an welchem er mit unbedingtem politischen Vertrauen und selbst religiöser Zuversicht festhielt.

Auch in seinen Predigten sprach er gern von dieser Allianz und dem glücklichen Erfolg, den Florenz von derselben erwarten dürfe; man wende zwar ein, das hänge alles von dem Leben und Tode eines kleinen Mannes ab, denn man kannte Karl VIII. persönlich in Florenz. Savonarola sagt, er habe diesem Fürsten alles vorausverkündigt, was ihm begegnet sei, da er sein Gelöbnis, die Kirche zu reformieren, aus den Augen gesetzt und auch andere Versprechungen nicht gehalten habe; Karl VIII. sei dafür bestraft worden; den Rückzug des Königs, selbst den Tod des Dauphins leitet Savonarola davon ab; aber er hofft noch, daß der König auf den guten Weg zurückkehren werde; wo nicht, so werde Gott ihn umbringen und sein Reich einem anderen verleihen; auch mit dem Tode des Königs würde die Sache nicht verloren sein; Gott werde andere erwecken, um sein Werk durchzuführen; und dann auch den Florentinern wieder ihren alten Besitz verschaffen, nicht durch ihre Vorkehrungen, sondern durch seinen Willen. Er sprach das aus in dem Augenblicke, als die Liga gegen Frankreich und Florenz immer mächtiger wurde und in der Stadt selbst eine Partei sich regte, welche auf eine Veränderung der Verfassung ausging und mit dem Herzog von Mailand in Verbindung stand. Savonarola ruft ein heftiges Wehe über sie aus. Für ihn ist der Kampf gegen die äußeren und inneren Feinde ein und derselbe; den inneren Feinden, von denen die von ihm eingeführte Ordnung der Dinge bekämpft werde, kündigt er schweres Unglück an, wenn sie sich nicht bekehren würden; er ermahnt seine Freunde, d. h. die Gutgesinnten – denn andere Freunde habe er nicht – für die Bösen, d. h. die Schlechtgesinnten zu beten, damit sie sich bekehren; auf Menschen mögen sie sich dabei nicht verlassen, sondern bloß auf Gott. Er versichert, daß seine Sendung eine unmittelbar göttliche sei und sich auf Italien überhaupt und auf die ganze Welt beziehe, denn Florenz, sagt er ein andermal, sei die Stadt Christi, an sich freilich nicht mehr, als andere Städte, aber dadurch bevorzugt, daß sie das Licht und die Wahrheit besitze; man könne ihn umbringen, aber die Stadt werde dann zugrunde gehen und Gott andere Männer erwecken, um seinen Willen zu erfüllen.

Savonarola hat sich, wie bemerkt, die Propheten des Alten Testaments zum Muster genommen; wie andere in den großen Gestalten des klassischen Altertums, so lebte er in den Erscheinungen der Zeiten der Richter und Könige in Juda; auch hatte er wohl eine gewisse Ähnlichkeit mit den alten Propheten, in den Feinden, die ihm widerstrebten, und den Beschwerden, die er duldete. Eben mit ihren Ausdrücken bekräftigte er seinen Anspruch. Dabei bewegt er sich doch auf dem Boden der christlichen Weltanschauung; die Lehren des Neuen Testaments sind ihm allezeit gegenwärtig; er sucht die Kirche auf ihren ursprünglichen Begriff zurückzuführen, die unbedingte Hingebung und Wohltätigkeit der ältesten Gemeinden. Durchdrungen von diesen Impulsen ältester und echtester Religiosität hat er sich von dem Gedankenkreis der römischen Kirche nicht losgerissen, wie er denn an den Vorstellungen über das Jenseits, der Verehrung der Jungfrau, an dem enthusiastischen Glauben an die Engel und das himmlische Heer und ihrem Einfluß festhält –; auch zieht er das Zölibat der Ehe, auf welcher doch die menschliche Gesellschaft beruht, unbedingt vor; in manchen seiner Äußerungen hat man selbst den Verdammungseifer der Inquisition, die eben durch seinen Orden geübt wurde, wiederzufinden geglaubt. Nur gehörte er nicht der papistischen, sondern der konziliaren Richtung an, für die er durch die Reform, die er einführte, Grund und Boden zu finden hoffte. In dieser Mischung von Prophetentum, altchristlicher Erinnerung und hierarchischen Vorstellungen ist er vielleicht einzig; er ist ein Reformator, der die Kutte nicht abwirft; auch als das, was er ist, Klosterbruder, glaubte er dem Papsttum widerstehen zu können. Wie die Reformatoren der folgenden Epoche, verbindet er Politik und Predigt.

Im Frühjahr 1496 war es noch einmal die ernstliche Absicht König Karls VIII., nach Italien zurückzukommen; er meinte, die Fehler zu vermeiden, die er früher begangen, von denen doch wohl der vornehmste in seiner Allianz mit dem unzuverlässigen Lodovico Sforza bestand. Eben gegen diesen war jetzt seine Absicht vornehmlich gerichtet; in Oberitalien stellte er demselben den kriegsgeübten Johann Jakob Trivulzio entgegen, den geschworenen und mächtigen Feind Lodovicos; die meisten der kleinen Dynasten waren in seinem Bunde; vor allem zählte er auf die Stadt Florenz, die er auch deshalb nicht entbehren konnte, weil alle die anderen seiner Besoldung bedurften, die Florentiner aber nicht. Savonarola sprach die Überzeugung, daß der König herbeikommen werde, mit erneuertem Nachdruck aus, das Schwert werde nicht länger mehr in der Scheide bleiben; gezückt und bloß werde es die Gegner in ganz Italien züchtigen; Florenz dürfe sich nicht vor den Nachbarn und ihrem üblen Willen fürchten; Gott werde dieselben nicht allein verderben, sondern auch einen Teil ihrer Besitztümer in die Hände der Florentiner bringen. Allein auch diesmal kam der König nicht. Der Herzog von Orléans, der jetzt der nächste Thronerbe geworden, trug Bedenken, das Reich zu verlassen; er lehnte die Unternehmung gegen Mailand ab; die Versuche Trivulzios scheiterten an all den verschiedenen Punkten, wo sie unternommen wurden. Überdies aber, die großen Angelegenheiten der Welt lagen nicht mehr günstig; die Absicht des Königs von Frankreich, Neapel zu erobern, war in einem Augenblicke durchgegangen, als das spanisch-aragonische Haus in sich selbst entzweit war. Jetzt aber war es nicht allein wieder vereinigt, sondern der König von Aragon, Ferdinand der Katholische, brachte ein allgemeines Bündnis gegen die französischen Übergriffe zustande. Dieser Verbindung gehörte vornehmlich das Haus Burgund an, denn eine Erhebung von Burgund war es, was den König Karl abhielt, ein neues Unternehmen auf Neapel, wozu er alles vorbereitet hatte, ins Werk zu richten. Und noch eine andere Wirkung auf Italien hatte diese Verbindung: Kaiser Maximilian, der ihr zugehörte, ließ sich überreden, mit Venedig und Mailand im Bunde, nach Italien zu kommen, um die Freiheit von Pisa auf immer festzustellen; er hoffte dabei, die alte Oberhoheit des Reiches wieder zur Geltung zu bringen. Wenn der Mailänder Geschäftsträger Briefe Savonarolas, welche aufgefangen worden seien, vorwies, in denen dieser den König Karl zu baldiger Rückkehr auffordert, so nahm die Signoria daran wenig Anstoß, denn eben dahin gehe auch ihre Gesinnung; ihre Hoffnung sei, ihr verlorenes Gebiet durch Hilfe von Frankreich wieder zu erhalten. Der Kampf zwischen Österreich und Frankreich wurde nun ein entscheidendes Moment für die Florentiner. Ein mailändischer Gesandter kam nach Florenz, um die Bürger zu ermahnen, sich dem Kaiser zu unterwerfen; auch fand er Eingang bei einigen der Großen, welche eine Veränderung der Verfassung gewünscht hätten. Schon immer war behauptet worden, die Gegner Savonarolas seien mit dem Herzog von Mailand einverstanden; aber die Signoria ließ sich davon nicht fortreißen. Sie wußte ihr Heer zwischen Pisa, wo der Kaiser bereits eingetroffen war, in bessere Ordnung zu bringen und gut aufzustellen; hauptsächlich verstärkte sie die Besatzung in dem Schloß von Livorno, auf welches in diesem Augenblick alles ankam, denn in dem Hafen lagen viele ihrer Schiffe, welche noch reiche Ladungen bargen, deren Verlust nach dem allgemeinen Urteil sie genötigt haben würde, sich dem venezianisch-mailändischen Heere, das der Kaiser anführte, zu unterwerfen. Die Lage war um so drückender, da es an Lebensmitteln fehlte, mit denen man nur durch eine Zufuhr von Marseille nach Livorno versehen werden konnte. Aber die Hauptsache lag doch immer darin, daß die Gegner Savonarolas ihr Haupt gewaltig gegen ihn erhoben; irgendein großer Unfall hätte ihnen das Übergewicht verschafft und das Werk seiner Hände oder vielmehr seiner intellektuellen und moralischen Anstrengungen, das er für göttlich hielt, zunichte gemacht. In dieser Krisis bestieg der Frate am 28. Oktober 1496 noch einmal in Sta. Maria del Fiore die Kanzel. Es ist wohl der Mühe wert, von der Predigt, die er hielt, einen Auszug einzuschalten, da man daraus seine ganze Art und Weise prophetischer, sittlicher und politischer Anmahnungen kennenlernt. „Ich sage“, so hob er an, „daß eine große Züchtigung nahe heranrückt; ich habe ein Geheimnis, das ich um eurer Sünden willen euch nicht völlig eröffnen kann; doch will ich euch zuletzt ein Wort davon sagen; wer es zu verstehen vermag, verstehe es; genug, daß ich die Wahrheit besitze. Die Bösen verursachen dein Übel, nicht allein ein äußeres, sondern auch ein inneres; die Wurzel des Übels ist in dem Inneren zu suchen. So wurzelt der Schaden eines Apfels in seinem Inneren; Gott will jetzt das Messer nehmen, um den Schaden in diesem Apfel wegzuschaffen. Bist du klar darüber? Es ist mir klar, daß Gott das Gehirn Italiens auf Irrwege führt; viele werden sich betrogen sehen. Hast du nicht erlebt, daß jemand auf den Markt geht, um ein Geschäft zu machen, und wenn er dort ist, macht er ein anderes? So versichere ich dich: jene anderen verstehen die Wege Gottes nicht; Gott erleuchtet sie nicht, denn sie sind böse. Mein Sohn, wende dich rückwärts; ich habe Mitleid mit dir, weil ich dich auf einem schlechten Wege sehe, und werde Gott für dich bitten; aber ich fürchte, es wird schwer sein, diesem Sturm zu begegnen. Du weißt, wie oft ich dir die jetzigen Bedrängnisse vorausgesagt habe. Wie oft habe ich dich erinnert, Vorräte zu sammeln. Jetzt wäre es gut, das getan zu haben, denn die Teuerung wird groß. Du wirst mir sagen, ich hätte mich früher deutlicher aussprechen sollen, dann würdest du es verstanden haben; ich antworte dir, die göttlichen Dinge werden nicht anders ausgesprochen. Jetzt mögen sich die Armen an Gott wenden; er wird sie nicht vor Hunger sterben lassen. Ihr Guten, fürchtet euch nicht! denn wenn die Bedrängnisse groß werden, wird Gott die Berge in die Tiefe des Meeres werfen. Das Meer bedeutet die bewaffneten Heerscharen, die Berge sind Engel und Heilige, auch die Prediger sind es; die wird Gott dem Meere entgegensetzen, so daß die Wogen sich an ihnen brechen und die kleinen Fahrzeuge, die im Meere sind, nicht untergehen. So ist einst Jerusalem durch die Engel vor dem Heere Sanheribs gerettet worden, und Gott hat zu diesem gesprochen: „Kehre um!“ Fürchtet euch nicht, ihr Guten, denn die Berge dienen zu eurem Schutz; aber gegen die Bösen ist Gott, sind die Heiligen und der Himmel aufgebracht. Gott hält seine Hand über dieses Werk, er hat diese Regierung gegeben, zugunsten der Guten und zur Förderung der geistlichen Wohlfahrt. Die Guten werden sich dessen unter allen Umständen erfreuen, aber auch weltliche Wohlfahrt werden sie haben, die ihnen vergönnt sein wird, hauptsächlich um die geistliche Wohlfahrt aufrechtzuerhalten. Das wahre Florenz, das sind die Guten; die Bösen haben keinen Anteil daran, sondern sie müssen sich fürchten. Du mußt kein Vertrauen auf die Menschen haben; jener Mann, der nicht getan hat, was er versprochen, hat dafür Züchtigungen empfangen und muß noch mehrere erwarten, wenn er seine Pflicht nicht tut. Nehmet an der bevorstehenden Prozession teil, bittet Gott, uns von der großen Gefahr zu befreien. Und nun sage ich das Wort, von dem ich eine Andeutung machte: wenn wir eine Einigung treffen, so bin ich sicher, wir werden den Feind verjagen, und ich will selbst mit einem Kruzifix in der Hand ihm entgegengehen." Der Prediger erinnert die Zuhörer an die Vorgänge bei der letzten Anwesenheit des Königs von Frankreich; nur durch ihn, den Frate, seien sie damals errettet worden; so werde es auch diesmal geschehen. Die jetzigen Bedrängnisse leitet er davon her, daß man die guten Gesetze, die er vorgeschlagen, nicht habe annehmen wollen. „Florenz, du hältst mich für einen Propheten; solltest du aber jemals dir einen Herrn geben, so wisse, daß er ein schlechtes Ende nehmen wird, er selbst und du." Wie diese, so sind auch seine anderen Predigten immer voll von Verheißungen gegen den äußeren Feind und von Drohungen gegen die inneren Widersacher. Auch diesmal bewährten sich die ersten über alles Erwarten; bei jener Prozession, die er empfohlen hatte, bei der man ein wundertätiges Marienbild in der Stadt herumtrug, ereignete sich, daß ein Kurier ihr begegnete mit einem Ölzweig in der Hand, der die Ankunft französischer Schiffe meldete, welche einige Mannschaften, deren man eben bedurfte, und große Vorräte von Korn herbeigebracht hatten. Livorno war gerettet; die Streitkräfte konnten sich nun wieder gegen Pisa wenden. „Ich habe nicht gesagt", so ließ sich Savonarola vernehmen, „daß ich Pisa in meiner Hand hätte; aber ich habe gesagt, du Florenz hast es in deiner Hand. Denn ich habe gesagt, deine Begnadigungen sind in meiner Hand; aber du mußt sie dir durch ein gutes Leben aneignen; insofern steht Pisa in deiner Hand." Aufs neue richtet er sich gegen die Bösen, durch welche das Feuer, das in Italien aufgegangen, geschürt worden sei, und verkündigt ihnen Unheil.

Zur Wiedererwerbung von Pisa kam es nun zwar noch nicht; aber Kaiser Maximilian ward doch bewogen, den Angriff auf Florenz aufzugeben und nach Deutschland zurückzugehen. Was ihn dazu vermochte, waren allerdings die Unzuverlässigkeiten seiner italienischen Verbündeten; aber dazu kam noch eine Rücksicht auf das Deutsche Reich. Der Reichstag in Lindau nahm eine für die Autorität des Kaisers sehr bedrohliche Wendung; indem Maximilian gleichsam als Condottiere an der Spitze mailändischer und venezianischer Völker das Ansehen des kaiserlichen Namens in Toskana herzustellen gedachte, lief er Gefahr, die Autorität, die er noch wirklich besaß, in Deutschland zu verlieren. Man wird hier nochmals inne, wie nahe die florentinischen Verhältnisse mit den universalen zusammenhängen; eine Regung burgundischer Gesinnung hielt König Karl in Frankreich fest; die Regung reichsständischer Ideen dagegen nötigte Maximilian nach Deutschland zurückzukehren.

Wenn nun dergestalt die großen Mächte von unmittelbarem Eingreifen zurückgehalten wurden, so blieb die Sache von Florenz um so mehr eine toskanische und italienische Angelegenheit, immer jedoch mit der Maßgabe, daß Florenz an seinem Bündnis mit Frankreich festhielt, da die übrigen italienischen Staaten in einer Allianz gegen Frankreich begriffen waren.

Die Autorität des Frate war durch den Gang des Ereignisses aufs neue mächtig angestiegen, denn die Umstände, welche die Rettung aus schwerer Bedrängnis herbeigeführt hatten, sah man als ein göttliches Mysterium an, durch welches die prophetische Mission desselben bestätigt werde. Bei alledem hatte es die größten Schwierigkeiten, das populäre Regiment aufrechtzuerhalten.

Der Frate ließ sich im großen Consiglio eine Kanzel errichten, um zu einem sittlich guten Leben und zur Bestätigung der von ihm vorgeschlagenen Reformen, besonders in bezug auf Frauentracht und Kinderzucht zu ermahnen; auch brachte er manche bei der Magistratur vorgekommenen Unordnungen zur Sprache. Und so weit kam es nun wohl, daß Statuten in seinem Sinne gemacht wurden; allein bei dem letzten Schritt traten wieder Anstände ein; die Signorie trug Bedenken, sie zu publizieren. Wenn dann die Unternehmungen nicht so gingen, wie man wünschte, so sah Frate Hieronimo den Grund der Unfälle darin, daß man seine Anordnungen nicht befolgt habe; käme der König von Frankreich nicht, so würden andere kommen, um Italien und den Papst zu geißeln; wolle man sich nicht freiwillig zu einem guten Leben entschließen, so werde man mit Gewalt dazu gezwungen werden. Besonders beklagt er sich über die Signoren, die in seine Vorschläge nicht vollständig gewilligt hatten, und wiederholte, daß ja das Volk der Herr sei; es brauche sich nur zu erheben und zu erklären, es wolle; er erging sich in heftigen Exklamationen über den Widerstand, den er im Palast, d. h. bei der Signorie finde und in ebenso feurigen Beteuerungen der Wahrheit dessen, was er sage; er sprach selbst aus, daß der kein guter Christ sein könne, der ihm nicht glaube. Noch in stärkeren Ausdrücken wiederholte das sein eifrigster Anhänger, Fra Domenico da Pescia; er hat vernehmen lassen, Land und See und selbst die Himmel würden eher vernichtet, als die Lehre Savonarolas umgestoßen werden; Cherubim und Seraphim, die heilige Jungfrau und Christus selbst würden eher zugrunde gehen.

Mit dem Übergewicht, das diese Richtung genommen, hing es zusammen, daß der Karneval von 1497 den Charakter der mönchischen Reform noch stärker trug, als der vorhergegangene; es war eigentlich ein Triumph der fratesken Doktrin. An die Stelle der lärmenden Vergnügungen und Unregelmäßigkeiten dieser Tage traten Prozessionen nicht allein von Kindern, wie im vorigen Jahre, sondern auch von Erwachsenen von beiden Geschlechtern, welche in weißen Kleidern mit roten Kreuzen, geistliche Lieder singend, einherschritten. Man hatte in den Häusern um Überlieferung der Gegenstände des eitlen Luxus und der „Fluchwürdigkeit" gebeten. Damit wurden Bücher von moralisch anstößigem Inhalt verstanden, wie auch Bildwerke, namentlich Gemälde, die zur Unzucht anreizen konnten; sie wurden auf dem großen Platz in Form einer Pyramide aufgestellt und unter dem Freudengeschrei der Menge den Flammen übergeben. So hatte Savonarola schon früher die Gläubigen aufgefordert, ihm die Bücher zu bringen, die gegen den Glauben seien; er wolle sie Gott zum Opfer verbrennen; er bezog sich dabei auf St. Paul und St. Gregor; von dem letzten werde man freilich sagen, er sei ein Narr gewesen; wolle Gott, es gebe viele solche Narren. Es ist immer behauptet worden, daß da auch manches treffliche künstlerische Werk zugrunde gegangen sei; in welchem Umfang dies geschehen ist, wagen wir nicht zu entscheiden; aber zur Herrschaft kam der Gedanke, der das Kunstwerk und selbst die Poesie nur nach ihrem moralischen Inhalt schätzt; man hat den Morgante Maggiore und Boccaccio verbrannt, freilich ohne sie zu vertilgen; aber Kunstwerke ließen sich absolut vertilgen. Daß es so weit kommen konnte, dazu gehörte auch ein einverstandenes Gonfalonierat, wie das damalige.

SIEBENTES KAPITEL

Savonarola und Francesco Valori

Wir kommen hier auf das Verhältnis der beiden einander entgegenstehenden städtischen Parteien zurück. Die Angelegenheit, die immer allem anderen voranstand, war die Ernennung des Gonfaloniere di Giustizia, der zwei Monate lang eine unmittelbare, wirksame Autorität ausübte. Es war das Amt der Accoppiatoren gewesen, diese Ernennung zu vollziehen, was dann im Sinne der vornehmeren Geschlechter geschah; wir erinnern uns, wie sie dasselbe verloren. Die Wahlen wurden dann in dem großen Consiglio vollzogen unter dem entgegengesetzten popularen Einfluß. In der Natur menschlicher Verhältnisse liegt es nun, daß die andere Partei dagegen anstrebte. Bereits im April 1496 wurde in der Republik ein geheimes Verständnis entdeckt, welches dahin zielte, nur solche Persönlichkeiten in die höheren Ämter gelangen zu lassen, über die man sich ausdrücklich verständigt hatte; ein Zettel war in Umlauf gesetzt worden, auf welchem 45 Namen verzeichnet waren, die für die höheren Ämter berücksichtigt werden sollten, außer ihnen aber keine anderen. Die Genannten gehörten meist den Geschlechtern an, die man jetzt auszuschließen angefangen hatte. Hierüber entstand die größte Bewegung, denn Intelligenzen dieser Art waren in der Republik streng verboten. Die Beteiligten wurden ergriffen und zu Gefängnisstrafe oder Ammonition verurteilt; die Sache schien ihren Ursprung in einigen Oberhäuptern zu haben, wie Piero Capponi und Tanai de' Nerli. Der ferraresische Gesandte wagt nicht ihre Namen zu verzeichnen; wir lernen sie aus dem Tagebuche Parentis kennen. Man glaubte annehmen zu dürfen, daß das Vorhaben dahin gegangen sei, sowohl die Anhänger Savonarolas als besonders die Bigi von den Ämtern entfernt zu halten. Die Verurteilten appellierten an das Volk, und es kam zu einer Verhandlung in dem Großen Rate. Die Prokuratoren sprachen für und wider dieselben; dann ließ sich auch Frate Hieronimo auf der Kanzel über die Sache vernehmen; er war für die strenge Bestrafung der einmal Verurteilten. Es blieb also bei den von der Signoria verhängten Strafen. Die Folge war, daß im Mai 1496 jene Oberhäupter der großen Häuser noch weiter ausgeschlossen wurden und dagegen die Bigi in die höheren Ämter drangen; in dem Rat der Zehn, der die wichtigsten Zweige der Administration in sich begriff, erhielten sie die Oberhand. Im Sommer 1496 unterschied man zwei Parteien in Florenz, von denen die eine für den Herzog von Mailand, die andere für den König von Frankreich war. Hieronimo sagte wohl, er sei weder für die eine noch für die andere, er mische sich überhaupt nicht in Staatsangelegenheiten; aber man hatte genug von dem Herzog von Mailand gehört, um zu wissen, daß er die Herstellung eines aristokratischen Regiments gern gesehen hätte, weil er mit den wenigen, wie man sie nannte, sich verständigen zu können hoffte, nicht aber mit dem Volke. Frate Hieronimo deklamierte gegen die Großen, von denen sich immer mehr zeigte, daß sie sich dem Popolo nicht unterwerfen wollten. Ein tiefgreifendes Ereignis war, daß Piero Capponi, der als Kommissar bei dem Kriegsvolk stand, das gegen Pisa aufgestellt war, von einer feindlichen Kugel getroffen umkam. Piero Capponi hatte sich schon unter Lorenzo Ansehen erworben, dann aber doch bei der Verjagung der Medici großen Einfluß ausgeübt; bei Guicciardini erscheint er als der Haupturheber derselben. In den ersten Tagen nachher war er der Mann, der das meiste Ansehen in der Stadt besaß; den Abzug der Franzosen brachte er unter annehmbaren Bedingungen zustande. Er hatte Geist und Mut und sprach vortrefflich. Der Reform des Frate aber war er entgegen; je mehr dieser im Ansehen stieg, desto weniger galt Capponi bei dem Volke. Sein Tod wurde nicht allein ohne Bedauern, sondern sogar gern vernommen.

Dagegen erfreute sich damals Francesco Valori der größten Gunst bei der Population. Er galt als einer der vornehmsten Feinde der Medici; an ihrer Verjagung, der Staatsveränderung überhaupt hat er den wirksamsten Anteil genommen, war aber bei der zwischen den großen Geschlechtern, denen auch er angehörte, entstehenden Parteiung auf die Seite des Frate getreten und hatte die popularen Ideen zu den seinigen gemacht. Er war immer voll von Feuer für seine Sache; ein Mann von würdigem Äußeren, wenig Worten, bürgerlich in seiner Erscheinung, nicht gewinnsüchtig oder geldgierig, was ihm einen guten Ruf bei der Menge verschaffte, aber ehrgeizig ohne Grenzen und voll von persönlichem Selbstgefühl. Er gehörte zu den Männern, wie sie in allen Revolutionen hervortreten, denen es weniger um die theoretischen Grundsätze zu tun ist, die von der einen oder der anderen Partei verfochten werden, als um den Besitz der Gewalt. Solange die öffentliche Meinung schwankte, hatte er oft bei der Bewerbung um ein Amt hinter Männern von geringerem persönlichen Verdienst zurückstehen müssen, aber in dem Maße, in welchem die frateske Partei überhaupt emporkam, stieg er zu immer größerem Ansehen; im Januar 1497 erlangte er das Gonfalonierat mit allgemeiner Beistimmung.

Unter seiner Verwaltung schritt man in bezug auf die Finanzen zu strengeren Maßregeln, was doch wieder auf die Parteistellung des Frate eine ungünstige Rückwirkung ausübte. Jene nur auf Zeit bewilligte Nachsicht in bezug auf die Staatsschulden hob man auf; da sich dann die Inkonvenienz herausstellte, daß der Große Rat nicht mehr recht besucht wurde, so griff man hiergegen zu dem Mittel, auch den jüngeren Leuten aus den berechtigten Familien, die bisher ausgeschlossen waren, den Zutritt zu dem Consiglio zu gestatten. Bisher war das Alter von 29 Jahren dazu erforderlich gewesen; man setzte fest, daß 24 Jahre hinreichen sollten.

Eine Auskunft, durch welche eine vorliegende Schwierigkeit beseitigt wurde, die aber mit der Zeit auch andere nicht zu berechnende Folgen nach sich ziehen konnte, denn wenn so viele jüngere Leute aus vornehmen und reichen Geschlechtern an der Ausübung der Souveränität des Popolo teilnahmen, wie konnte der Dominikanerbruder darauf zählen, allezeit die Mehrheit zu behalten, worauf ihm alles ankam? Ohnedies stieß die eingeführte Ordnung der Dinge auf mancherlei Widerstand.

Man hat dem Frate die Absicht zugeschrieben, in der Stadt eine starke bewaffnete Macht aufzustellen, um einen jeden, der gegen die Gesetze fehle, sogleich durch militärische Gewalt zur Unterwerfung zu bringen; denn auf eine starke Macht innerhalb der Republik war sein Sinn schon deshalb gerichtet, weil die Gegner niedergehalten werden mußten. Darin aber konnte er keinen besseren Gehilfen finden als Valori. Als Gonfaloniere litt Valori die Prediger, die sich den Doktrinen des Frate entgegensetzten, nicht in der Stadt; diese und manche ausgesprochene Anhänger des verjagten Hauses nahmen ihre Zuflucht nach Rom zu dem Kardinal Medici. Aber in bürgerlichen Streitigkeiten ruft jede Aktion ihre Gegenwirkung hervor. Und keinem Zweifel unterliegt es, daß auch die geistlichen Bestrebungen in dem letzten Karneval, die tief in die Familien hineingriffen, Mißvergnügen erweckt hatten; die gesamte Gewalt in die Hände der Frateschi unter einem so tatkräftigen Oberhaupt geraten zu lassen, war keineswegs die vorwaltende Meinung. So konnte es geschehen, daß der nächste Gonfaloniere aus den Gegnern Savonarolas genommen wurde; es war Bernardo del Nero, in welchem diese Partei nach Capponis Tode ihr Oberhaupt sah. Anders konnte es nicht sein, als daß daraus eine große Verwirrung entstand. Die aufgewachsene Jugend gefiel sich in Spielen von sehr politischer Färbung; sie sonderte sich in zwei Parteien, von denen die eine einen Herzog, die andere einen König an ihre Spitze stellte, d. h. eine französisch gesinnte, frateske und eine andere mehr aristokratische, die in der Verbindung mit dem Herzog von Mailand das Heil der Republik sah. Das Spiel hätte ernsthaft werden können und wurde von den Otto ausdrücklich untersagt.

In diesem Augenblick gegen Ende April 1497 geschah es, daß Piero Medici, zugleich auf die Entzweiung trauend, die in Florenz ausgebrochen war, einen Versuch machte, mit Gewalt wieder Meister in der Stadt zu werden. Und ohne Aussicht war sein Unternehmen nicht, denn die Menge des Volkes war von jeher mediceisch gesinnt und wegen der eingetretenen Teuerung der Lebensmittel der neuen Regierung besonders abgeneigt, und von den mittleren Bürgern bemerkte man, daß sie den Ausgang der Sache abwarten wollten; sie verhielten sich gleichgültig und zögernd und waren entfernt davon, sich zu bewaffnen. Wäre Piero eingetroffen, ehe die neue Signoria gewählt war, so würde er wohl einen Erfolg erzielt haben können; aber die neuen Signoren waren bereits gewählt, und unter dem Einfluß seiner Gegner waren gute Veranstaltungen getroffen, so daß er, nachdem er auf eine Bogenschußweite in die Nähe der Tore gekommen war, da die Stadt ihm widerstand und die vor Pisa lagernde Kriegsmacht sich gegen ihn wandte, für ratsam hielt, zurückzugehen. In Rom hatte das Gerücht, daß sein Unternehmen gelungen sei, frohlockende Manifestationen seiner Freunde hervorgerufen; bald aber traf die Kunde von dem vollkommenen Mißlingen ein. Papst Alexander scheint dies erwartet zu haben; denn er hatte nur eine sehr geringe Vorstellung von den Talenten des Piero. Für Savonarola machten die beiden Angriffe Piero Medicis Epoche. Wenn der erste ihm sehr nützlich geworden war, weil er das meiste zur Abwehr desselben beigetragen hatte, so war der zweite, obwohl ebenso erfolglos, doch vielmehr ihm schädlich, da er von jeher auch die Anhänger der Medici in seinen Schutz genommen hatte, so daß der Widerwille, welcher deren unentschiedenes Verhalten erweckt hatte, auf ihn selbst zurückfiel; unter denen, die man im Palast festhielt, um ihrer sicher zu sein, waren viele seiner Anhänger. Eine widerspruchsvolle Lage an sich, daß der Urheber des popularen Regiments, welches die Verjagung der Medici zur Voraussetzung hatte, nun doch wieder in einer gewissen inneren Verbindung mit denen stand, welche die Rückkehr der Medici wünschten, ohne jedoch selbst diesen Wunsch zu teilen. Dazu kam, daß ein Waffenstillstand zwischen Spanien und Frankreich geschlossen worden war, durch welchen die Opportunität der Allianz, für die Hieronimo sich immer ausgesprochen, sehr zweifelhaft wurde. Es hat sich gezeigt, daß man doch für Florenz auch von der Liga nicht viel zu befürchten brauchte; namentlich erklärte sich Herzog Lodovico von Mailand zwar durchaus nicht im Sinne des Consiglio und der popularen Partei, aber doch noch weniger für die Medici, von denen er, wenn sie jemals wieder in Florenz zur Gewalt kamen, nur Feindseligkeiten zu erwarten hatte, da er zu ihrer Verjagung beigetragen zu haben sich bewußt war. Die Primaten waren seine natürlichen Verbündeten, sie wollten selbst Herren in Florenz sein und sich nicht unter die Medici beugen. Täglich traten die Gegensätze in der Stadt schärfer hervor; in der neuen Signorie saßen einige von Savonarolas heftigsten Gegnern, zu denen der Gonfaloniere Canacci selbst gehörte, aber auch einige seiner wärmsten Anhänger, wie Antonia Canigiani; ähnlich stand es in den meisten anderen republikanischen Ämtern. Die geistlichen Streitigkeiten konnten nicht verfehlen, darauf einzuwirken, wobei es denn ins Gewicht fiel, daß Papst Alexander nicht mehr wie früher für Piero Partei nahm, so daß die reformatorische Agitation nicht länger ein Moment der Sicherheit der Republik überhaupt bildete. Die großen Geschlechter, frei von der Furcht vor dem Papst, traten dem Frate um so nachdrücklicher entgegen. Schon hörte man behaupten, das beste würde sein, sich desselben zu entledigen; doch fehlte noch viel, daß dies die herrschende Meinung gewesen wäre; seine Anhänger bildeten noch in allen Kreisen eine starke Partei. Bei diesem Widerstreit, der alle Kreise durchdrang, und der politisch geistigen Aufregung, in der man sich befand, wurde es nun fast die größte Frage in der Stadt, ob Frate Hieronimo, wie er angekündigt hatte, an dem nahen Himmelfahrtstage (4. Mai) predigen werde oder nicht. Man stellte Wetten darüber an, denen durch Pfänder, die man auswechselte, ein besonderer Nachdruck gegeben wurde; die Gegner des Frate gaben die Absicht kund, die Predigt, die der päpstlichen Verfügung zuwiderlief, zu verhindern oder sie doch zu stören. Die Signorie hielt für notwendig, diese Wetten für null und nichtig zu erklären und jeden, der die Predigt stören werde, mit

Strafe zu bedrohen. Es war selbst zweifelhaft, ob Savonarola wagen würde, die Kanzel zu besteigen. Valori hat ihn danach fragen lassen, und da er fest bei seiner Absicht blieb, haben dann die Signoren in einer neuen Deliberation beschlossen, daß zwar wegen des herannahenden Sommers, welcher bei zahlreichen Zusammenkünften die Seuche wieder hervorrufen könne, die Predigten überhaupt verboten sein sollten; für den Tag des Himmelfahrtsfestes aber wurden sie erlaubt. Von Savonarola war nicht namentlich die Rede; daß er besonders gemeint war, liegt jedoch am Tage. Wir begleiten noch einmal den Dominikaner zu einer seiner Demagorien, die einen geistlich-politischen Charakter haben und zugleich seine Person betreffen. Am Himmelfahrtstage begab sich, wie die Chronik Parentis erzählend berichtet, der ehrwürdige Vater im Geleit nicht allein einer großen Anzahl seiner Anhänger, sondern auch von städtischen Milizen begleitet nach Santa Maria del Fiore. Vor allem bemühte er sich, die Vorwürfe abzulehnen, die man ihm machte. Seine Stellung war bereits nicht ohne Gefahr für ihn; die politischen Verhältnisse lagen weniger günstig; der Signoria war er nicht mehr so sicher wie bisher. Seine Predigt, die er hielt, ist eine Art von Verteidigung; aus ihr selbst lernt man die Vorwürfe kennen, die ihm gemacht wurden, die Zweifel an der Berechtigung der Stellung, die er einnahm, an seiner Prophetie selbst. Er ruft die Jungfrau Maria und die himmlischen Heerscharen zu Zeugen darüber auf, ob seine Vorhersagungen auf Träumen beruhen, wie manche ihm nachsagten, oder auf wirklichen Erleuchtungen; er versichert, vollkommen wachend mit aller möglichen Sicherheit habe er sie empfangen. Indem er sich an Gott wendet, dankt er ihm für das natürliche Licht, durch welches er dessen Dasein erkenne, den Ursprung alles Seins, noch mehr aber für das übernatürliche Licht des Glaubens; wenn er Gott um seinen Schutz anflehe, so rede nicht seine Zunge, sondern seine Seele; Gott möge sie frei machen, um die Wahrheit mit Zuversicht auszusprechen, von aller Furcht, aber auch von jeder Anwandlung von Schmeichelei. Wohl sage man, er sei ein Verführer des Volkes, aber Gott wisse, daß das nicht wahr sei. Gott selbst habe ihm gesagt: Gehe fort aus deinem Lande und aus dem Hause deines Vaters in das Land, das ich dir zeigen werde. Nicht aus freier Wahl, sondern infolge göttlicher Inspiration sei er nach Florenz gegangen; hier habe er nicht etwa nach eigenem Willen gehandelt, über die neue, in der Stadt einzuführende Regierung gesprochen, sondern nur auf Gottes Geheiß. Er erwähnt dann näher, was man ihm zum Vorwurf machte, z. B. daß er Konventikel in San Marco gehalten habe, oder daß man Geld daselbst sammle oder in San Marco herrlich und in Freuden lebe; er lehnt das alles unter Anrufung des Zeugnisses der himmlischen Gewalten ab. Indem er sodann versichert, er suche nicht seine Ehre, sondern die Ehre Gottes, wagt er zu sagen, wer ihn verfolge, der verfolge Gott und gehe in sein eigenes Verderben. „Habe ich nicht nur immer die Furcht Gottes und den Frieden gepredigt? Habe ich mich nicht immer für das Beste eurer Stadt bemüht, ohne etwas anderes als Undank erwarten zu können?“ Er wiederholt dann seine alte Prophezeiung, daß Italien von barbarischem Volk sein Verderben zu erwarten habe. Sollten die fremden Mächte Frieden untereinander schließen, so werde das nur um so mehr der Ruin des verkehrten Italiens sein; ein Drangsal werde hereinbrechen, schlimmer als der Tod. Besonders werde Rom schwere Züchtigungen erfahren; aber dann werde die Erneuerung der Kirche erfolgen. Er vergißt nicht zu versichern, daß dann auch Pisa unter die Herrschaft von Florenz zurückkehren werde, freilich nicht sogleich wegen der Sünden der Florentiner. Mancher wünsche immer zu leben, um immer zu sündigen. In diesen Drangsalen werden die Auserwählten immer besser, die Bösen immer schlimmer werden. Bereits sehe man, daß der Satan große Gewalt erlangt habe; überall werde gespielt, man höre Gott lästern; der Wollust öffne man Tür und Tor. Die Bösen wissen nicht, was sie tun; sie glauben, daß sie gegen den Frate kämpfen; es ist aber Christus, gegen den sie kämpfen. „Ich bin nicht ihr persönlicher Gegner, aber ich muß mein Leben einsetzen zu Ehren Christi und dem Heil der Seelen. Auch bin ich nicht der Urheber dieser Entzweiung, denn zwischen dem Guten und Bösen kann keine Vereinigung stattfinden." Man sage wohl, er hätte heute nicht predigen sollen, weil daraus Unruhen entstehen könnten, und man beziehe sich dabei auf einen Befehl der Signoria, aber ein solcher existiere nicht. Und hier kommt er auf den zweifelhaften Moment seiner Haltung überhaupt; selbst wenn eine solche Weisung ergangen wäre, würde sich sehr darüber streiten lassen, ob er verpflichtet sei, derselben Folge zu leisten; unter den heiligen Theologen sei es nicht ausgemacht, ob ein Prediger die Predigt unterlassen dürfe, wenn ein Tyrann sie verbiete.

Wir begleiten den Gang dieser Predigt, weil sie für die Lage und die Persönlichkeit Savonarolas gleich charakteristisch ist. Sie läßt den ganzen Widerstand ahnen, der sich um ihn her regt, und dem er seinen Anspruch auf göttliche Erleuchtung und die Verkündigung göttlicher Wahrheit entgegensetzt. Er war aber an dem Punkt angekommen, in welchem alles kulminierte und eigentlich die Unabhängigkeit der Predigt von weltlicher und geistlicher Gewalt ausgesprochen wird. Eben in diesem Moment erhob sich ein Lärm in der Kirche; ein paar junge Leute unterbrachen die allgemeine Stille durch ein heftiges Klopfen, was dann der Versammlung als ein gegebenes Zeichen erschien. Alles erhob sich, viele stürzten zu den Türen hinaus, der Frate warf sich auf der Kanzel auf die Knie und ergriff ein Kruzifix. Durch den Zuspruch eines der Otto aber wurde die Ruhe wiederhergestellt und die Predigt vollendet. Aber indes hatte sich der in der Kirche gegebene Anstoß zur Entzweiung über die Stadt hin verbreitet; ein allgemeiner Zusammenlauf entstand, so daß die Anhänger Savonarolas meinten, er solle auf der Straße umgebracht werden. Auch sie bewaffneten sich ihrerseits; man versichert, es seien besonders solche gewesen, die bei dem letzten Angriff Pieros nicht hatten zu den Waffen greifen wollen. Der Frate wurde sicher nach S. Marco gebracht, aber vor Augen liegt, wie nahe schon alles einem offenen Kampfe zwischen den Bürgern war. Auf beiden Seiten verbreitete man übertriebene Gerüchte von dem Vorhaben der Gegner; die Fratesken wurden beschuldigt, es auf eine Erhebung ihrer Partei abgesehen, ihre Widersacher dagegen, die Ermordung Savonarolas und die Vernichtung seiner Anhänger beabsichtigt zu haben.

Man bemerkte, daß die vornehmsten Feinde Savonarolas jetzt eben die waren, welche sich am entschiedensten gegen die Medici erklärt hatten. In der Stadt griff eine Entzweiung um sich, welche an die alte Parteiung der Guelfen und Gibellinen erinnerte, nur daß sie jetzt eine religiöse Färbung trug.

Das Ereignis vom 4. Mai schloß insofern noch ein neues Moment in sich, als Savonarola den Anspruch auf eine keinem Verbot unterworfene Freiheit seiner Predigt erhoben hatte; er zerfiel dadurch nicht allein mit dem Papst, sondern auch mit der weltlichen Gewalt; weder jenem, noch auch dieser wollte er das Recht zugestehen, ihm die Predigt zu verbieten. Diesem Sinn entsprach es, wenn seine Anhänger ein Lebehoch auf den Herrn ausbrachten oder von dem König Christus redeten. Konnte aber der Dominikaner eine so unabhängige Stellung in der Tat behaupten? Wenn er dem Papst Widerstand leisten wollte, so mußte er wenigstens die Stadt auf seiner Seite haben. Gleich damals bekam er das zu empfinden, denn ohne die Autorität der Signoria würde er dem Anlauf seiner Gegner, die zugleich aristokratisch und päpstlich gesinnt waren, nicht haben widerstehen können. Der Papst Alexander VI. nahm im Mai 1497 den Prozeß gegen Savonarola wieder auf; er hatte dazu zugleich einen politischen Grund. Zwei voneinander scheinbar weit entfernt liegende Handlungen des Papstes, daß er nämlich den geweihten Hut an König Heinrich VII. schickte und ernstlicher als bisher gegen den Prior von San Marco einzuschreiten anfing, stehen doch in gewissem Zusammenhang; beide waren gegen Frankreich gerichtet, jene offenbar, diese sofern Savonarola in Florenz die französische Partei aufrecht hielt. Allemal aber lag das vornehmste Motiv in der Behauptung der höchsten geistlichen Autorität, wofür man jetzt wieder auf eine städtische Partei in Florenz rechnen konnte. In dem Breve vom 12. Mai 1497 wird vor allem der Ungehorsam Savonarolas hervorgehoben, der auf die ihm zugegangenen Zitationen nicht erschienen sei und dem päpstlichen Verbote zum Trotz immer fortgefahren habe zu predigen; den florentinischen Kirchen wird deshalb angezeigt, daß der Frate der Ketzerei verdächtig und der Exkommunikation verfallen, also auch von allen Gläubigen zu vermeiden sei. Diese Sentenz des Papstes wurde nun am 18. Juni in fünf Kirchen von Florenz feierlich abgekündigt und brachte notwendig einen großen Eindruck hervor. Die Gegner des Frate wollten ihr nachkommen; seine Anhänger aber behaupteten, sie sei notorisch ungültig, weil sie auf falschen Informationen beruhe. Der Streit war so allgemein, daß eine Anzahl der angesehensten Bürger für ratsam hielt, sich zu vereinigen, um einen Ausbruch des inneren Kampfes zu verhüten. Die Frateschi meinten, den Papst doch noch zu einer Suspension der Zensur bewegen zu können; sie vereinigten sich zu einer Bittschrift an ihn, welche von mehr als 300 florentinischen Bürgern unterschrieben wurde. Aber individuelle Meinungsäußerungen widersprachen der republikanischen Verfassung. Die Signorie nahm die Bittschrift sehr übel, denn nur die Gemeinschaft aller Bürger solle in der Stadt zu Worte kommen; sie wurde aber bewogen, sich nun selbst an den Papst zu wenden. In ihrem Anschreiben an denselben heißt es: Wenn das wahr wäre, was man ihm über Frate Hieronimo hinterbracht habe, so würde die Exkommunikation gerechtfertigt sein; allein so verhalte es sich nicht; die Signorie kenne den Bruder als einen guten und in der christlichen

Lehre erfahrenen Mann; in seinem Verhalten habe sie nichts bemerkt, worin er ein schlechtes Beispiel gegeben oder von der christlichen Doktrin abgewichen sei. Sie ersucht den Papst, sich die Sache nochmals vortragen zu lassen, damit es nicht scheine, als gelte der Leichtsinn der Ankläger mehr, als ein gutes und religiöses Leben; sie bittet ihn, die Zensuren aufheben zu wollen, nicht ohne ihn zu erinnern, daß er Statthalter Christi sei; ihrer Stadt könne er keinen größeren Dienst erweisen. Aufs neue wurde hierauf die Sache Savonarolas in Rom erwogen; der Papst legte sie einer Kongregation von sechs Kardinälen vor; auch erfahren wir, daß in dieser Versammlung die Meinung geäußert worden ist, man möge die Zensur zwar nicht aufheben, aber auf einige Monate suspendieren, in welcher Zeit der Frate nach Rom kommen solle. Aber diese Ansicht drang nicht durch; der Beschluß der Kongregation ging dahin, daß die Exkommunikation in Kraft bleiben und keinerlei Absolution stattfinden solle, wenn nicht der Frate vorher den Befehlen des Papstes und des Ordensgenerals Gehorsam leiste. Die Exkommunikation wurde also weder aufgehoben noch suspendiert; es war sogar bereits von einem Interdikt, welches erfolgen sollte, die Rede. Mitte August tat der ferraresische Gesandte dies dem Frate zu wissen; dieser erklärte, er sei allezeit bereit, die Sache Gottes zu verteidigen, nach Rom solle der Gesandte an seine Korrespondenten zurückmelden, er, der Bruder, habe keinen Zweifel daran, daß er diesen Kampf bestehen werde; Gott werde seine eigene Ehre verteidigen, und man werde wohl sehen, wer der Meister bleibe, Gott oder die Menschen; er sei in dieser Sache nur ein Werkzeug Gottes. Welche Ideen sich in ihm regten, kann man aus seinen aus dieser Zeit aufbewahrten Briefen abnehmen. Von der Behauptung, daß die Anklage auf Verleumdung beruhe; daß man in seinen Schriften kein ketzerisches Wort finden werde; daß mancher andere auf den Papst heftiger gescholten habe, als er selbst, geht er zu der großen Frage über, ob man dem Papste in allen Fällen Gehorsam schuldig sei. Er bezieht sich dabei auf die Lehre Gersons, es sei keine Verachtung der Schlüsselgewalt, den Befehlen des Papstes nicht zu gehorchen, sobald er seine Macht schändlich und ärgerlich zum Zerstören und nicht zum Aufbauen gebrauche; man habe die Befugnis einer ungerecht ausgesprochenen Exkommunikation mit Hilfe der weltlichen Gewalt zu widerstehen, denn eine solche Exkommunikation sei nur ein Werk der Gewalt, und das natürliche Recht erlaube, der Gewalt mit Gewalt zu begegnen. So erhebt sich diese Kontroverse von einem Moment zum anderen zu immer höherer Bedeutung. Alle Lebensregungen von Florenz waren in dieselbe verflochten. Konnte sie aber in dieser so tief und vielfach entzweiten Republik geschlichtet werden?

Mitten in diese Agitationen traf es, daß man in Florenz einer Verschwörung angesehener Bürger zugunsten der Medici auf die Spur kam. Ein Zwischenträger des Namens Lamberto dell' Antella machte die Anzeige, ohne daß man recht klar wurde, was ihn dazu vermochte. Auf der Stelle erfolgten Verhaftungen in Menge und Verteidigungsmaßregeln, gleich als ob der Feind vor den Toren wäre. Alles beruhte auf der Entdeckung, daß die letzte Unternehmung Piero Medicis von einigen in Rom ansässigen florentinischen Häusern mit ihrem Geld befördert worden war, und zwar im Einverständnis mit ihren Freunden in Florenz. Diese aber gehörten den vornehmsten Familien an; es waren vor allem Bernardo del Nero, der vor kurzem als Gonfaloniere di Giustizia sich gegen Frate Hieronimo und das populare Regiment besonders feindselig gezeigt hatte, Niccolo Ridolfi, dessen Sohn mit einer Schwester Pieros vermählt war, Lorenzo Tornabuoni, ein junger Mann von Geist, der große Erwartungen erregte, naher Verwandter Pieros, Giannozzo Pucci, der sich der Freundschaft Pieros, als dieser noch die Stadt beherrschte, zu erfreuen gehabt hatte, Giovanni Cambi, einer der reichsten Bürger. Die Stellung dieser Männer, die Verzweigung ihrer Verbindungen in der Stadt, ihre zahlreiche Verwandtschaft machten es zu einem gefahrvollen Unternehmen, gegen sie zu verfahren. Daß sie nach den Gesetzen, die gegen Piero Medici erlassen worden, strafbar waren, leidet keinen Zweifel. Allein die Otto della guardia scheuten sich, die Untersuchung zu führen, die dann eine Vollstreckung der Strafe nach sich gezogen haben würde; sie wendeten sich an die Signoria; diese aber erklärte, ihres Amtes sei es nicht, Recht zu sprechen. Für die Untersuchung wurden den acht noch zwölf andere meist aus den vornehmsten Ämtern aggregiert, unter ihnen Francesco Valori, der zu den Dieci della guerra gehörte. Ihre Namen beweisen, daß sie entweder Frateschi oder doch Feinde der Medici waren. Beide wurden dadurch verbunden, daß sie der französischen Partei angehörten; sie waren alle Anhänger Valoris. Die Angeklagten wurden sämtlich verurteilt; ob nun aber die Strafe vollstreckt werden sollte, war doch sehr zweifelhaft. Die Ottanta und eine Anzahl anderer wurden zu einer großen Pratica herangezogen, die etwa 130 Mitglieder zählte; es scheint nicht, daß sie in ihrer Überzeugung von der Schuld der Angeklagten geschwankt hätten. Doch waren deren Verschuldungen sehr verschiedener Art; besonders fand Bernardo del Nero, dem man nichts weiter nachweisen konnte, als daß er um die Sache gewußt und sie nur nicht zu öffentlicher Kunde gebracht habe, lebhafte Teilnahme; er war bereits hoch bejahrt, hatte in den wichtigsten Ämtern gestanden und in allen den Ruf guter intellektueller und moralischer Eigenschaften erworben; nur ein Anhänger der neuen Verfassung und des Frate war er nicht; seit einiger Zeit stand er, wie berührt, an der Spitze der Gegner desselben. Besonders nahm sich Guid' Antonio Vespucci Bernardos an; er forderte eine genaue Bestimmung der Verschuldung eines jeden und machte darauf aufmerksam, daß es hierbei auf Menschenleben ankomme, die man nicht zurückgeben könne. Auch von anderer Seite wurde bemerkt, daß man kein Blut vergießen solle; es könne der Anfang zu einer Verwüstung der Stadt werden. Aber die Anhänger der neuen Verfassungsform, die ausgesprochenen Feinde der Medici und die Frateschi waren für die Verdammung. Francesco Valori, der in Bernardo del Nero seinen vornehmsten Antagonisten sah, wollte von keiner Ausnahme zugunsten desselben hören. Fast einmütig fiel der Beschluß dahin aus, daß die Angeklagten den Tod verwirkt hatten. Da jedoch die Sachwalter derselben auf die Appellation an das große Consiglio antrugen, so wurde es nun die vornehmste Frage, ob dieser Appellation stattgegeben werden solle oder nicht. Dagegen führte man an, daß doch nicht der im Gesetz vorgesehene Fall vorliege, weil das Urteil nicht von dem gewöhnlichen, sondern von einem erweiterten Gerichtshof gefällt worden sei; und was solle daraus werden, wenn die geheimsten Sachen vor die Menge gebracht würden? Da diese die großen Geschlechter hasse, so würde sie wahrscheinlich diese Gelegenheit ergreifen, sie sämtlich in ihren Häusern zu vernichten; in Fällen dieser Art könne der Buchstabe des Gesetzes nicht binden. Die Appellation wurde verworfen. Zur Vollstreckung des Urteils gehörte aber noch die Genehmigung der Signoria; diese war jedoch keineswegs einmütig, nur vier Stimmen waren dafür, fünf dagegen; zu den letzten zählte die Stimme Piero Guicciardinis. Aber diese Zögerung erregte in der Versammlung eine große Aufregung; Francesco Valori erhob sich in wilder Energie und brach in die Worte aus, entweder er müsse sterben oder die Angeklagten; andere drohten, die zögernden Signoren aus den Fenstern zu werfen. Diese tumultuarische Bewegung vermochte dann, zwei von den fünf – Francesco Guicciardini versichert, sein Vater habe auch dann nicht zu diesen gehört –, zu den anderen überzugehen, so daß die Vollziehung der Strafe zum Beschluß erhoben ward. Unverzüglich wurden die fünf Männer enthauptet, und ihre Familien bekamen nur ihre Leichname wieder, die sie in den Erbbegräbnissen beisetzten. Von Bernardo del Nero wird versichert, er sei in seinem Herzen nicht für Piero gewesen, sondern mehr für Lorenzo di Pier Francesco, welcher der jüngeren Linie angehörte und damals als das wahrscheinlich nächste Oberhaupt der Republik angesehen wurde; man dachte ihn an die Spitze einer oligarchischen Verfassung zu stellen. Dafür wäre Lodovico von Mailand gewesen, der mit dieser Linie in verwandtschaftliche Beziehung trat und überhaupt große Sympathie für die Angeklagten kundgab; er hatte sich für sie verwendet, aber gerade das diente zum Anlaß, sich ihrer zu entledigen, denn alle Freunde des Herzogs von Mailand erschienen der Oligarchie geneigt. Valori ist als der Cato gepriesen worden, der einer Art von catilinarischer Verschwörung entgegengetreten sei, wie der alte Heros. Valori erschien jetzt als Oberhaupt der Stadt. Aber ein anderer Erfolg war, daß er auch den Haß der großen Familien auf sich gezogen hatte. Ich finde nicht mit Bestimmtheit, was so oft behauptet worden, daß Savonarola an der Versagung der Appellation Anteil gehabt habe; aber er schwieg still dazu, wahrscheinlich auch deshalb, weil er bei dem vorigen Tumult die Freunde der Medici in Schutz genommen hatte; daß er es aber jetzt nicht tat, wurde ihm zum Verbrechen gemacht, da er ja die Appellation an das große Consiglio selbst durchgesetzt hatte. Später hat er es erleben müssen, daß die Anhänger des Papstes und die Freunde der Ermordeten gemeinsame Sache gegen ihn machten. In dem Augenblick aber gereichte ihm das Ereignis zum Vorteil; selbst sein prophetisches Ansehen stieg dadurch. Die neue Signoria, die während des Tumultes gewählt wurde, bestand aus lauter Fratesken.

Man erinnerte sich einiger seiner Aussprüche aus den letzten Fastenpredigten, die durch die soeben eingetretenen Ereignisse wörtlich bestätigt seien; und wenn man von den Anschlägen Pieros und seiner Freunde das Nähere hörte, so meinte man, nur durch unmittelbare göttliche Hilfe der Gefahr entgangen zu sein; man sehe, Gott wolle die Stadt erhalten, wie er denn auch die Seuche allmählich aufhören lasse.

Francesco Valori schloß sich ganz dieser Partei an; es entging ihm nicht, daß die Persönlichkeiten, die in Rom gegen den Frate wirkten, auch seine Gegner waren, so daß die Entfernung des Frate oder gar dessen Untergang seinen Sturz herbeiführen mußte. Seinerseits war auch der Frate unter den unaufhörlichen Schwankungen der Gewalt innegeworden, daß er eines festen Rückhaltes bedürfe; er konnte nicht anders, als eine größere Stabilität in der florentinischen Regierung wünschen und verband sich auch deshalb mit Valori, weil dieser allein der geeignete Mann dazu war, eine solche zu bewirken. Wir berührten schon, daß sich manche andere der Partei anschlossen, wie es zu geschehen pflegt, die es mit der Religion so ernstlich nicht nahmen, sondern der gerade überwiegenden Mehrheit folgten, da sie auch ihrerseits von ihr befördert wurden.

San Marco wurde nun der Mittelpunkt und Sammelplatz einer politischen Partei. Valori vermied soviel wie möglich, daselbst gesehen zu werden; aber einer seiner Vertrauten, Andrea Cambini, kam täglich, um mit den Klosterbrüdern die laufenden Angelegenheiten zu besprechen.

Zur Verwaltung der Republik bediente sich nun, wie Parenti erzählt, Valori folgenden Verfahrens: ehe er eine Sache zu unternehmen gedachte, kam er vor allen Dingen mit Frate Hieronimo überein; dann versammelte er eine Anzahl von Freunden, um darüber zu beraten; die größere Zahl derselben bestand aus Anhängern des Frate, auf deren Beistimmung er unbedingt rechnen konnte, so daß auch von den anderen niemand wagte, ihm zu widersprechen. Nach dieser Vorbereitung erst wurde die Sache in die Ottanta und dann in das große Consiglio gebracht, wo die Anwesenden großenteils Anhänger des Frate waren und die vorangegangene Begutachtung einen maßgebenden Eindruck machte, so daß die Vorschläge immer durchgingen. Parenti bemerkt, auf diese Weise habe sich die populare Regierung in ein Parteiregiment umgestaltet.

ACHTES KAPITEL

Koinzidenz der geistlichen und weltlichen Fragen

Wir sehen, wie sich Savonarola in den inneren Parteiungen behauptete; diese aber hingen doch wieder von den äußeren Beziehungen ab; über allem schwebte die Frage, ob der König von Frankreich nochmals nach Italien kommen werde, eine Frage, welche alle italienischen Gewalten in Spannung hielt. Einst hat der Herzog von Ferrara den Frate um seinen Rat ersucht, wie er sich in den schwierigsten Angelegenheiten der Zeit verhalten sollte. Der Frate antwortete, seine Fürbitte werde auch deshalb wirksam sein, weil der Herzog das gute Leben befördere; so möge er nur fortfahren; über die Frage bat er sich Bedenkzeit aus, um erst auf seine Weise eine Inspiration zu erwarten. Ein übrigens geheimnisvoller Brief, den er damals an den Herzog schrieb, läßt sich doch verstehen, wenn man anderweit erfährt, daß er keinen Zweifel hatte, daß der König von Frankreich nach Italien kommen werde. In dem Briefe heißt es, der Freund, d. h. der König von Frankreich, sei kein von Gott

Verworfener; vielmehr werde er noch immer imstande sein, große Dinge auszuführen und seine Feinde zu vernichten; es wäre also nicht an der Zeit, denselben zu verlassen; dabei aber sei es doch ratsam, gegen die Feinde eine gewisse List – er will sagen verstellte Zurückhaltung – zu gebrauchen, um nicht vorzeitig in Gefahr zu geraten; zugleich müsse man einen vertrauten Religiosen an den König schicken, um ihm die Augen zu öffnen. Unerschüttert beharrte der Frate dergestalt bei seiner bisherigen Politik, aber zugleich hielt er diese Gesichtspunkte geheim; unter dem Siegel des Beichtgeheimnisses gibt er dem Herzog seine Ratschläge. Für die italienischen Verbündeten aber war seine Tendenz doch kein Geheimnis; in den Versammlungen der Abgeordneten der Liga zu Rom sprach man von Rebellen gegen Italien; man bezeichnete damit die Freunde von Frankreich, die Republik Florenz und den Herzog von Ferrara. Die mailändischen Gesandten versicherten, daß der letztere nur aus Rücksicht auf die Florentiner in Freundschaft mit Frankreich bleibe, und durch diese werde in dem König die Absicht genährt, auf eine neue italienische Unternehmung zu denken. Da nun die Partei in Florenz, die sich an den Herzog von Mailand gehalten und eine Hinneigung zur Liga kundgegeben hatte, durch Valori und Savonarola niedergeworfen worden war, so erschienen diese auch als Rebellen gegen Italien und eigentlich als die Führer derselben. Wenn der Herzog von Ferrara zuweilen für ratsam erachtete, zu seiner eigenen Sicherheit mit Venedig sich gut zu stellen, so versäumte er nicht, das bei dem Frate Hieronimo entschuldigen zu lassen, der dann nichts dagegen hatte, aber ihn aufs neue davor warnte, die französische Sache zu verlassen. So fest Savonarola auch an Frankreich hielt, so ging seine Politik doch allezeit dahin, jeden vorzeitigen Bruch mit der Liga in Italien möglichst zu verhüten, und auf das sorgfältigste vermied er den Anschein, als mische er sich in Staatsangelegenheiten, hauptsächlich auch weil er meinte, man würde ihm das in Rom als Verschuldung anrechnen. Sonst hoffte er noch mit dem Papste in ein gutes Vernehmen zu gelangen, was ihm, wie er einmal nicht ohne mönchisches Selbstgefühl behauptete, um so mehr zur Ehre gereichen werde, da er doch verweigert habe, das zu tun, was der Papst befohlen. Die Verhandlungen zwischen Ferrara und Venedig wurden von den Florentinern nicht gemißbilligt, weil sie dazu führen könnten, auf die eine oder die andere Art Pisa wiederzubekommen; die Venezianer selbst hatten damals den Vorschlag gemacht, daß Pisa den Florentinern ungefähr auf die Weise unterworfen sein solle, wie Genua dem Herzog von Mailand. Die Florentiner waren weit entfernt, darauf einzugehen; aber sie gaben doch sehr gemäßigte Erklärungen, sie wollten nichts verwerfen, was zur Herstellung ihrer Herrschaft und zur Erhaltung ihrer eigenen Freiheit dienen könne; sie meinten, unter allen Umständen für sich sorgen zu müssen, wenn es auch anderswo, nämlich in Frankreich, mißfalle. Man sieht, mit welcher Vorsicht sie sich betragen, in der Mitte der zwei einander gegenüberstehenden europäischen Parteien; sie trennen sich nicht von Frankreich; sie sind aber auch nicht ohne alle Hinneigung zu den italienischen Potenzen. Der Vorstellung von der feurigen Rücksichtslosigkeit, die man dem Dominikaner zuschreibt, entspricht es nicht, wenn er zu diesem zweifelhaften Verhalten, so sehr er auch in seiner Seele die französische Sache vorzog, die

Hand bot. Auch in den inneren Angelegenheiten war Savonarola zu der größten Vorsicht genötigt. Seine Autorität war immer eine solche, die jeden Augenblick durch die Einwirkungen einer feindseligen Faktion erschüttert werden konnte. Für die Partei, die sich um ihn scharte, bildete es den vornehmsten Gesichtspunkt, in dem großen Rat die Mehrheit der Stimmen so weit zu beherrschen, daß nur ihre Anhänger die Ämter der Signoria, der Dieci und der Otto erlangten – die sechs Bohnen sollten immer auf ihrer Seite sein – und ihre Gegner niederzuhalten. Diesen wollte man keinerlei Vergehen nachsehen, auch nicht ein kleines. Wie bei den Wahlen zu den Ämtern, auf welche alles ankam, verfahren wurde, sieht man aus dem Geständnis von Andrea Cambini; er sagt, bei dem Zusammentreffen mehrerer von ihrer Partei in San Marco sei immer viel davon die Rede gewesen, wer zu der Signoria gewählt werden könne; besonders habe man die besprochen, von denen man gewußt habe, daß sie dem Frate nicht anhängen; man unterhielt sich über die Eigenschaften derselben und bezeichnete die, welche die meiste Bürgschaft zu geben schienen, daß ihre Wahl zum Wohle der Stadt dienen werde. Zu dem, was man Intelligenz nannte und was hoch verpönt war, kam es hierbei nicht, aber doch zu einem gemeinsamen Erwägen des Tunlichen und Vorteilhaften. Zwischen beiden Parteien herrschte die gehässigste Animosität; im Kloster sagte man wohl, die Hunde müßten angekettet werden, wogegen dann die Drohung erscholl, man werde die Brüder im Kloster verbrennen. Hierauf wurden Waffen in das Kloster und die benachbarten Häuser geschafft, obwohl der Freund Valoris, Cambini, wie er behauptet, davor gewarnt hat, weil Unordnungen daraus entstehen könnten. Es geschah, wie Savonarola selbst sagt, nicht zum Angriff, sondern zu Verteidigung.

Die Dieci, die im November 1497 gewählt wurden, gehörten zu den Anhängern des Frate, ebenso die Signoren für die ersten Monate des Jahres 1498, die im Dezember gewählt wurden; der ferraresische Gesandte bezeichnet sie als Männer von guter Herkunft und Geist, beinahe alle wohlgesinnt für den Frate. Gonfaloniere wurde derselbe Jacopo Salviati, der zuerst von den zwanzig Accoppiatoren auf die durch das Parlament gegebene Berechtigung Verzicht geleistet hatte. Wenngleich die Gegner mächtig, stark und eifrig waren, wie sich das seit den Ereignissen des letzten August nicht anders erwarten ließ, so war doch auch andererseits durch die Entscheidung, die damals erfolgte, die Partei Valoris verstärkt worden, da alle, die an der Verurteilung Anteil gehabt hatten, das Emporkommen der Gegner möglichst verhindern mußten; Valori hat ihre Zahl wohl auf 180 angeschlagen. Savonarola ließ ihm freie Hand, da er die Sache am besten verstehe; die Fratesken hielten sich an ihn, weil durch seine Autorität ihnen dagegen die Ämter zuteil wurden. Auch ihren geistlichen Bestrebungen wurde unter dieser Führung Raum geschafft, was dazu gehörte, die Partei lebendig zusammenzuhalten. Es ist auffallend, daß man, übrigens umsichtig und gemäßigt, doch in dem Verhältnis zu dem Papste alle Rücksicht von sich warf.

Gegen Ende des Jahres 1497 gestattete man dem Frate Hieronimo, der bisher in den engsten Schranken gehalten worden war, wieder einige geistliche Handlungen in San Marco; er durfte eine große Prozession von Kindern veranstalten, die weiß gekleidet und mit Fackeln in der Hand, aus der Kirche hervortraten, um die Piazza San Marco herumzogen und dann wieder nach der Kirche zurückkehrten. Die vorwaltende Partei ließ das geschehen, ohne daß sich die andere dagegen geregt hätte.

Bei weitem mehr hatte es auf sich, wenn man damit umging, dem Frate auch die Predigt selbst außerhalb San Marco wieder zu erlauben, denn darin lag eine offene Widersetzlichkeit gegen die päpstlichen Anordnungen und die im vorigen Juni abgekündigte Exkommunikation desselben. Nicht als ein einfacher Akt des Ungehorsams darf es betrachtet werden; es liegt am Tage, daß damit das ganze System der Kirche angefochten wurde. Die höchste Autorität des Papstes, die Infallibilität desselben war dabei in Frage gestellt. Eigentlich erst damals trat der Gegensatz zwischen dem Frate und dem Papst in ein Stadium, in welchem er unversöhnlich wurde. Der Moment ist so wichtig, daß wir ihm eine besondere Aufmerksamkeit zuwenden müssen. Wir folgen hierbei einer Auseinandersetzung, welche Johann Franz Picus infolge einer mündlichen Unterhaltung an den Freund und Gönner des Frate, den Herzog Ercole von Este, gerichtet hat, um ihn zu überzeugen, daß derselbe vollkommen in seinem Rechte sei. Das oberste Prinzip ist, daß nur das göttliche Wesen, das auf sich selbst beruhe, von Irrtum frei sei; man hielt daran fest, daß der Sohn Gottes seiner Kirche versprochen habe, bis ans Ende der Tage bei ihr zu sein und sie nicht zu verlassen. Über die Anwendung dieses Satzes aber war man streitig; man unterschied von der Kirche die jeweilige Verwaltung derselben, die keineswegs über allem Irrtum erhaben sei; dem Päpstlichen Stuhle komme schlechterdings keine Infallibilität zu; es habe Päpste gegeben, welche selbst dem arianischen Irrtum beigetreten seien. Durch diese allgemeinen Grundsätze bahnte man sich den Weg, um nun auch die von Rom über Savonarola ausgesprochene Exkommunikation für ungültig zu erklären. Man deduzierte, daß das Urteil eines Prälaten über die Untergebenen leicht irrig sein könnte, und brachte die Warnungen alter Zeiten, mit der Exkommunikation nicht zu leichtsinnig zu verfahren, in Erinnerung. Auch der Gehorsam, zu dem der Untergebene dem Oberen verpflichtet sei, habe seine Grenzen; wenn der Obere etwas gebiete, was unmöglich ausgeführt werden könne, oder auch, weil es sündlich sei, gar nicht ausgeführt werden dürfe, so sei der Ungehorsam nicht allein keine Verschuldung, sondern ein Verdienst. In diesem Falle aber sei der Frate Hieronimo; denn der Papst habe unmögliche und selbst unzulässige Dinge von ihm gefordert. Besonderer Nachdruck wird hierbei auf das Ansinnen gelegt, daß Savonarola die Kongregation von San Marco, die er von den anderen dominikanischen Kongregationen losgerissen und auf seine strenge Weise ausgebildet hatte, wieder zu denselben zurückzuführen und sich der alten Provinzialkongregation unterwerfen sollte. Papst Alexander hatte die Trennung, wie wir wissen, anfangs gebilligt, aber nach der Hand die Vergünstigungen wieder zurückgenommen. Man behauptete nun, Savonarola habe in dieser Sache dem Papste unmöglich Folge leisten können, da alle Mitglieder seiner Kongregation entschieden gewesen seien, das nicht zuzulassen; hätte er es aber auch vermocht, so würde er es nicht haben tun dürfen, denn im Vergleiche zu seinen Konventen seien andere Klöster Mördergruben; er habe das sittlich Bessere dem Schlechteren unter keiner

Bedingung unterwerfen dürfen. Wenn nun der Papst in einer unmöglich auszuführenden und selbst verwerflichen Sache Obedienz von dem Frate gefordert und dieser sie nicht geleistet habe, so sei nach göttlichem und menschlichem Recht die Exkommunikation, die wegen dieses Ungehorsams über ihn ausgesprochen, null und nichtig; zu einem gültigen Richterspruch gehöre auch, daß der Richter keinen Willkürlichkeiten Raum gebe und von Schuld frei sei; der durch Schuld gebundene könne unmöglich binden und lösen. Einer Absolution bedürfe es in diesem Falle gar nicht, da die Verurteilung selbst ungültig sei; die Verordnung, welche den persönlichen Verkehr mit Frate Hieronimo verbiete, verdiene vollends keine Rücksicht, da das Leben des Frate nicht allein rein von Vergehungen sei, sondern auch zu einem Verdacht keinen Anlaß gebe.

Johannes Franziskus Picus hat diese Ideen mit großer Belesenheit in den päpstlichen Dekreten und in den Schriften der Kirchenlehrer ausgeführt, immer mit der Versicherung, daß sie mit der wahren katholischen Lehre in keinem Widerspruch seien. Aber daß sie der Praxis der Kirche in dieser Epoche zuwiderliefen und durch die Unterscheidung der Gesamtkirche von der päpstlichen Gewalt die Aussicht auf eine große Umgestaltung der Kirche in bezug auf die Verfassung eröffneten, ist unleugbar; eben das aber war auch die Stellung des Frate Hieronimo. Der Exkommunikation zu widerstehen, war eine Anbahnung der allgemeinen Reform, mit der er umging.

Wenn nun die Hauptkirche der Stadt zu einer Predigt Savonarolas hergerichtet wurde, so kam das zwar einem großen Teile der Einwohner höchst bedenklich vor; Savonarola erklärte zur Predigt entschlossen zu sein; wäre die Exkommunikation gerechtfertigt, so würde er sich danach halten, aber sie sei es in keiner Weise, und nur Gott selbst müsse er vor Augen haben, welcher über alle Kreatur gebiete; wenn man ihm sagte, leicht könne das zu einem Ärgernis in der Stadt und zu unruhigen Auftritten führen, so antwortete er, er habe die Gewißheit, daß es nicht der Fall sein werde.

Am Sonntag Septuagesimae (11. Februar 1498) fand nun diese Predigt wirklich statt; Savonarola bestritt aufs neue die Gültigkeit der über ihn ausgesprochenen Exkommunikation; sie sei nur deshalb verhängt worden, um das gute Leben zu zerstören, das er in der Stadt begründet habe; dies aber zuzugeben, laufe gegen das Gesetz der Liebe, er würde dafür von Christus exkommuniziert werden. „Wohin willst du dich wenden", rief er aus, „zu denen, die vom Papste gesegnet werden und deren Leben eine Schmach für die Christenheit ist, oder zu denen, die vom Papste exkommuniziert werden, während ihr Leben Früchte der Wahrheit bringt und täglich besser wird?"

Diese Worte mußten wohl Eindruck machen in einer Zeit, in welcher eben die Söhne des Papstes eine große Rolle zu spielen anfingen; es war damals, daß Cesare Borgia damit umging, auf das Kardinalat Verzicht zu leisten, um ein weltliches Fürstentum zu erwerben; jedermann war darüber erstaunt und entsetzt. Aber dazu war doch auch das florentinische Volk nicht geneigt, sich mit dem Papst zu entzweien, einmal, weil es die alte Gewohnheit gewesen war, ihm zu folgen; dann auch, weil man den Papst in den italienischen Händeln eben brauchte.

Wir kommen hier auf die allgemeinen Angelegenheiten zurück, welche in den ersten Monaten des Jahres 1498 noch nachhaltiger einwirkten als bisher. Noch lebte Karl VIII.; er sprach unaufhörlich von einer neuen Unternehmung zur Eroberung von Neapel und bereitete sich dazu vor; er wollte diesmal eine italienische Armee ins Feld stellen, wozu er nicht allein mit dem Marchese von Mantua, sondern auch mit den Orsini, Vitelli und selbst dem Prefetto von Rom in Verbindung trat; auch die Florentiner lud er zum Beitritt ein. Im Januar 1498 hat er darüber durch Messer Corrado da Castello Anträge machen lassen. Er ließ sie wissen, daß es nur bei ihm stehe, sich mit Kaiser Maximilian und selbst König Ferdinand zu der neuen Expedition zu verbinden; doch würde es ihm lieber sein, eine solche mit der Hilfe von Florenz allein unternehmen zu können. Es war ihm nicht unbekannt, daß Florenz mit den italienischen Verbündeten über eine Rückgabe von Pisa unterhandelte und diese ihm Hoffnung zu einer solchen gemacht hatten. Messer Corrado stellte vor, daß das doch nicht ohne Bedingungen, die sehr beschwerlich werden würden, möglich sei; namentlich weil die Stadt alsdann keinen Rückhalt an Frankreich finden werde; bei weitem besser würde die Republik für sich sorgen, wenn sie mit Frankreich verbunden bliebe; der König verspreche ihr für diesen Fall nicht allein die Rückgabe von Pisa, sondern auch zur Entschädigung für ihre Verluste eine Erweiterung ihres Territoriums über dessen frühere Grenzen hinaus. Was war es nun aber, was er von den Florentinern verlangte? Er ließ ihnen sagen, Orsini und Vitelli seien in seinem Sold; um sie aber zu befriedigen, möge Florenz ihn mit einer Summe Geldes unterstützen, etwa mit 100 000 Dukaten; die Barone würden ihnen dann gegen Pisa zu Hilfe kommen und ihnen überhaupt mit aller ihrer Macht beistehen. Obwohl davon nicht ausdrücklich die Rede ist, so liegt doch am Tage, daß das im Gegensatz mit dem Papste, der mit den Orsini im Hader lag und alle die kleinen Herren im Kirchenstaate zu vernichten trachtete, geschehen ist. Für den Papst war es nun auch aus dieser Rücksicht von höchstem Interesse, Florenz für sich zu gewinnen. Es hat in der Tat eine gewisse Wahrheit, wenn er meint, darauf beruhe die Einheit von Italien; denn wenn die Florentiner Pisa durch die italienischen Fürsten wiedererlangten, so trennten sie sich dadurch notwendig von Frankreich. Auch in dem Verhältnis zur Liga hatte der Papst einen Grund, sich für Florenz zu erklären, denn sehr widerwärtig war es ihm, daß die Liga ihm in dem Kirchenstaate selbst Maß zu geben versuchte; er fand es beleidigend, daß man eine Gefahr darin sehen wollte, wenn er ein paar Kastelle seiner Vasallen in Besitz nehme. Aus diesem Grunde war er gegen die Venezianer, wenn sie ihm vorschlugen, daß Pisa von ihnen und der Liga in Rücksicht auf den Vorteil von Italien in Protektion genommen werden möge. Alexander VI. war vielmehr der Meinung, diese Rücksicht müsse dahin führen, Pisa den Florentinern zurückzugeben, denn die Protektion würde zu vielen Kosten und Ungelegenheiten führen; er wandte sich in diesem Punkte von der venezianischen Politik ab; er meinte, die Einheit von Italien werde besser dadurch hergestellt, daß Florenz Pisa zurückbekomme. So berührte der Zwiespalt in den großen europäischen Verhältnissen nochmals die Florentiner; von beiden Seiten wurden ihnen Versprechungen gemacht, von Frankreich die größeren, aber bei weitem weniger zuverlässigen, da man sich so oft über die Saumseligkeit der Franzosen und die Unzuverlässigkeit ihrer Zusagen zu beklagen gehabt hatte, von dem Papst dagegen eben das, was sie vor allem wünschten, die Wiederherstellung ihres Gebietes und zugleich eine Erleichterung in ihren finanziellen Verhältnissen, während die Franzosen ihnen neue Geldopfer zumuteten. Von dieser unerwarteten Wendung der Dinge wurde nun Savonarola unmittelbar betroffen. Unmöglich konnten die Florentiner mit dem Papste in Verbindung treten, wenn sie den Frate aufrecht erhielten, der sich jetzt offenkundig als sein prinzipieller Gegner aufgestellt hatte, indem er die Gültigkeit der Exkommunikation leugnete und die Kanzel bestieg. Wenn die damalige Signoria dies gestattete, wird das nur dadurch erklärlich, daß sie durch die Predigt ihre Partei zusammenzuhalten und zu verstärken meinte. Aber der Vorgang mußte auch die entgegengesetzten Folgen haben und eine Manifestation des Papstes hervorrufen. Am 26. Februar 1498 richtete Alexander VI. ein Breve an die Signoria, worin er sich aufs neue über den Ungehorsam des Frate beschwert, der dem Verbote zum Trotz zu predigen fortfahre und, obwohl exkommuniziert, nicht allein Prozessionen halte, sondern auch das Sakrament auszuteilen nicht erröte. Papst Alexander VI. fordert die Signoria auf, den Frate unter sicherem Geleite nach Rom zu schicken, wo er aus Rücksicht auf die Stadt gut behandelt, aber verhört werden solle, oder ihn wenigstens festzuhalten und an einem Ort einzuschließen, wo er mit niemand Kommunikation pflegen und Ärgernis geben könne; sollte die Stadt dies nicht tun, so werde er sie mit dem Interdikt belegen.

In den Kirchen wurde nun einer besonderen Anweisung des Papstes zufolge gepredigt, daß es ein schweres Verbrechen sei, den exkommunizierten Frate zu hören; nur denen wurde die Absolution gegeben, welche sich von den Predigten desselben ferne zu halten gelobten. Diese entschiedenen kirchlichen Kundgebungen konnten nun in Florenz nicht ohne Wirkung bleiben; es gab eine Partei, die den Frate unter allen Umständen los zu werden wünschte. Wie genau hing dies alles zusammen! Der Herzog von Mailand, der die Venezianer in Pisa nicht festen Fuß fassen lassen wollte, schloß sich der Meinung des Papstes an; auch er war für die Rückgabe Pisas an Florenz, aber wie wir wissen, nicht an die populare Regierung, die er haßte und zu verachten wenigstens die Miene annahm, sondern unter der Voraussetzung, daß in dem obwaltenden Streit die Primaten die Oberhand behalten würden. Dadurch bekamen diese neuen Antrieb und verdoppelten Mut; und schon hatte sich damals in dem großen Rat eine Partei aus denen gebildet, die seit den letzten Beschlüssen in denselben eingetreten waren und sich dem Frate mit einer kompakten Stimmenzahl entgegensetzten. Hauptsächlich bestand sie aus jungen vornehmen Leuten, welchen die strengen geistlichen Gebote Savonarolas widerwärtig waren. Den Prozessionen der Frateschi setzten sie prächtige Gelage mit der glänzenden Vergnüglichkeit der Fastnacht entgegen, ein Wechsel, der in dem Volke nicht geringes Aufsehen machte. Keineswegs waren sie ohne politische Absichten; Doffo Spini, der alles leitete, erschien als ein Parteiführer, von dem man selbst fürchtete, er sei mit der jüngeren Linie der Medici einverstanden, um einen der

Söhne von Pier Francesco zum Herrn von Florenz zu machen. Dagegen aber hielten die Anhänger Savonarolas um so enger zusammen; sie gingen nach wie vor nach San Marco, man behauptet sogar, zahlreicher als bisher, weil sie durch ihre Menge der Signoria zu imponieren hofften. Immer deutlicher stellte sich heraus, daß sie nicht mehr als eine bloß religiöse Genossenschaft angesehen werden konnten; sie bildeten eine politische Partei, die auch deshalb Ansehen erwarb, weil sie Männer von Kopf und Erfahrung in sich schloß. Auch viele von den alten Freunden der Medici, die an der gestürzten Regierung Anteil gehabt, traten ihnen bei; sie hatten nie vergessen, wieviel sie dem Frate verdankten. Manche, die sich von ihm getrennt hatten, kehrten jetzt zu ihm zurück. Unter denen, die seine Predigten besuchten, ist auch Niccolo Machiavelli gewesen – ein Freund Valoris, aber nicht des Frate; er ist erstaunt, mit welcher Zuversichtlichkeit Savonarola seine Anhänger als die Guten, seine Feinde als die Bösen bezeichnete, denn er wolle die Seinen zu dem bevorstehenden Kampfe stärken. Den Text bildete die Erzählung von Moses, der den Ägypter erschlug; so verhalte sich, sagte der Frate, der Prediger zu den Bösen; er töte sie, indem er ihre Fehler und Verbrechen aufdecke. Savonarola sprach nochmals gegen den Menschen, von dem er vermutete, daß er sich zum Tyrann aufwerfen und ihn, den Frate, vernichten wolle; sollte es mit einem solchen Versuche wirklich gelingen, so werde es damit keinen Bestand haben; aber seine Weissagung, daß Florenz glücklich und in Italien herrschen werde, müsse sich erfüllen; er erging sich dann in einer Invektive gegen die Laster der Priesterschaft und besonders gegen den Papst, den er als den schlechtesten Menschen auf Erden schilderte. Man bemerke den inneren Gegensatz: indem sich in Florenz das Gefühl regte, daß man des Papstes bedürfe, griff Savonarola denselben aufs heftigste an.

Und in diesem Augenblick war nun eine Signoria eingetreten, bei welcher von einer Vergünstigung, wie sie der Frate bei der vorigen gefunden, nicht die Rede sein konnte; die Mehrzahl derselben war ihm abgeneigt, der neue Gonfaloniere Popoleschi gehörte zu seinen erklärten Feinden. Aber eine Entscheidung zu treffen, war sie doch bei weitem zu schwach; um das päpstliche Breve zu beraten, berief sie eine große Versammlung, die man die Pratica nannte. Da war nun die Ansicht, daß man sich zwar vom Papste nicht entfernen, aber auch nichts zugeben dürfe, was gegen die Ehre Gottes oder die Ehre der Stadt laufe. Demgemäß antwortete dann die Signoria dem Papste, es sei ihr unmöglich, seinem Befehle nachzukommen, denn Frate Hieronimo habe sich durch seine vortrefflichen Eigenschaften in Florenz so populär gemacht, daß es unmöglich sein würde, ihn anzutasten, ohne eine allgemeine Unruhe hervorzurufen. Man verbarg sich nicht, daß der Papst, der jetzt sehr ungünstig gestimmt war, zu einem Interdikt schreiten könne; aber es gab Leute in Florenz, die das nicht unbedingt fürchteten, weil es dann dahin kommen müsse, daß die Gesamtheit der Bürger sich zu einem Sinne vereinige; hatte sie doch vor zwanzig Jahren einem päpstlichen Interdikt gegenüber zusammengehalten.

Am 7. März trugen die florentinischen Ambassadoren dem Papste die Antwort der Signoria vor; er zeigte eine heftige Entrüstung in Gegenwart der Gesandten und selbst, nachdem sie ihn verlassen hatten, unter den Bischöfen und hohen Geistlichen, die ihn umgaben; er sagte wohl, er verdamme die Lehre des Frate nicht, aber seinen Ungehorsam; suche der Mönch doch nicht einmal Absolution von der über ihn ergangenen Exkommunikation nach, sondern erklärte diese schlechthin für ungültig. Das Interdikt sprach er noch nicht aus, aber die Heftigkeit und Erregung, mit der er redete, machte den Eindruck, daß es unfehlbar folgen werde, wenn man dem Frate weitere Predigten auch nur in San Marco, geschweige denn in anderen Kirchen der Stadt gestatte. Der Papst tat die Unerschütterlichkeit seines Willens in einem neuen Breve kund, in welchem er sich alle fernere Korrespondenz verbat, denn nur noch von Handlungen des Gehorsams wolle er hören; dem fügte er aber noch eine Andeutung hinzu, die in Florenz großen Eindruck machen mußte. In ihrem letzten Schreiben hatte die Signoria ihr Bedauern darüber ausgedrückt, daß der Papst sich um dieser Sache willen von der Förderung ihrer materiellen Interessen, die er ihnen versprochen habe, abwende. Zunächst meinten sie wohl eine Gewährung des Zehnten auf die geistlichen Güter, ohne welche ihr Staatshaushalt nicht mehr in Ordnung gehalten werden konnte. Nach allem, was vorgekommen, kann kein Zweifel sein, daß sich das Versprechen auch auf die Angelegenheiten von Pisa bezog. In dem neue Breve sagte nun der Papst, in demselben Maße, in welchem sie ihm Gehorsam beweisen würden, werde er der Förderung ihrer materiellen Interessen geneigt sein. Beides nun mußte in Florenz eine große Spannung der Gemüter hervorrufen: die Drohungen, das Interdikt über die Stadt zu verhängen, wenn ihm diese nicht ihren Gehorsam tatsächlich beweise, und das Versprechen, wenn sie das tue, ihre materiellen Interessen zu befördern. Dabei trat nun die Sache Savonarolas so recht in den Mittelpunkt der italienischen Angelegenheiten.

Der Papst hat es immer als eine Selbstverleugnung von seiner Seite angesehen, daß er mit der Stadt Florenz nicht breche, obgleich sie ihn durch den Schutz, den sie einem rebellischen Mönchlein gewähre, beleidigt habe; er war entschlossen, dies nicht länger zu dulden, aber die Interessen der Stadt zu beschützen und zu wahren, wenn sie ihm den Mönch aufopfere. Wie die Dinge in Florenz standen, war das nun aber ein schwer zu erfüllendes Verlangen, denn die Partei des Frate war noch immer im Übergewicht. Von großem Interesse ist es, der Beratung, die nun am 14. März stattfand, wenigstens im allgemeinen zu folgen.

Man muß sich immer gegenwärtig halten, daß die Absicht in Rom und in Mailand dahin ging, die Sache der Republik von der Sache Savonarolas zu trennen, denn der Republik wurde die Wiedererwerbung des Verlorenen und die Grundlage einer guten finanziellen Ordnung von den übrigen italienischen Mächten und vom Papste selbst in Aussicht gestellt, wenn sie sich von Savonarola lossage und die Bestrafung desselben zulasse. Welch eine Anmutung aber war es nun für die Stadt, in der die Anhänger des Frate, welche in seiner Sache die Sache Gottes sahen, eine starke Partei ausmachten.

In den einzelnen Bezirken der städtischen Gonfalonieren war die Frage erörtert worden, hatte aber überall verschiedene Meinungen hervorgerufen. Savonarola fand energische und begeisterte Verteidiger. Auffallend ist, daß dabei von angeblichen Wundern gar nicht und von den eingetroffenen Prophezeiungen nur sehr flüchtig die Rede ist. Die Anhänger des Frate bezogen sich vor allem auf den Inhalt seiner Lehre, welche die besten Früchte bringe und offenbar von Gott stamme, dann aber auch auf seine Verdienste um die Stadt, denn er habe nie irgendeine Mühwaltung gescheut, die ihr zugute kommen könnte; im November 1494 habe man die Erhaltung der Ruhe und die Begründung der Freiheit keinem anderen Menschen, als ihm zu danken gehabt; man würde sich der größten Undankbarkeit schuldig machen, wenn man ihn nicht in Schutz nehme; Gott aber hasse die Undankbarkeit; man würde Gott beleidigen und erzürnen, wenn man den Frate preisgebe; er sei das Juwel von Florenz, dem keine andere Stadt ein ähnliches an die Seite zu setzen habe; und der Papst selbst verdamme weder sein Leben noch seine Doktrin: er habe die Exkommunikation doch nur auf fremden Antrieb ausgesprochen und beinahe ein Jahr hindurch die Sache auf sich beruhen lassen; plötzlich habe er seine Meinung geändert und beginne auf die Ausantwortung des verehrungswürdigen und schuldlosen Dominikanerbruders zu dringen. Habe er dazu das Recht? Man bestreite nicht, daß er der wahre Papst sei; selbst Savonarola habe das nie geleugnet. Jedoch auch ein Papst könne irren, und nur das geistliche Regiment sei ihm anvertraut; diese Angelegenheit aber habe eine sehr weltliche Seite wegen der Wirkungen, welche Savonarola im städtischen Leben hervorgebracht habe; überdies aber: seine Lehre stamme von Gott, dem man mehr Gehorsam schuldig sei, als dem Papste.

Hätte diese Richtung die Oberhand behalten, so würde Florenz den Kampf gegen den infalliblen Papst eröffnet haben; im Einklange damit würden die konziliaren Ideen des Frate zur Ausführung gelangt sein, und wenn nur der König von Frankreich sein Wort hielt, so war man nicht allein nicht verloren, sondern man konnte noch auf einen endlichen Triumph hoffen. Aber dazu würde Einmütigkeit aller und eine vollkommene Überzeugung von der göttlichen Mission des Bruders, vornehmlich auch der Mut, die zunächst drohenden Gefahren zu bestehen, gehört haben; denn daß sich die Stadt bei ihrem Gegensatz gegen das übrige Italien in einer unangenehmen und gefahrvollen Lage befand, ist unleugbar. Das Kriegsvolk, das bereits im Nachteile war, forderte ungestüm seinen Sold, den man ihm nicht zahlen konnte; man hatte kein Geld, um auch nur die Festungswerke widerstandsfähig zu halten; von einer vor kurzem ausgeschriebenen Steuer war so gut wie nichts eingekommen; die Feinde waren in Pisa und durchstreiften die Maremmen; das Hügelland würde bei dem ersten Anfall in ihre Hände geraten sein. Und unter diesen Umständen nun ließ der Papst die Florentiner eine finanzielle Bewilligung hoffen, durch welche sie wieder in den Stand kommen konnten, mächtig im Felde zu erscheinen; er bot ihnen selbst seine Vermittlung zur Wiedererwerbung von Pisa an; dagegen forderte er nur, daß sie sich mit dem übrigen Italien gegen die Franzosen vereinigen und den Frate Hieronimo, in dem sich die Verbindung mit Frankreich recht eigentlich repräsentierte, nicht gerade aus diesem Grunde, aber deshalb, weil er dem Papste ungehorsam sei, fallen lassen sollten.

Man darf sich nicht wundern, wenn die Erbietungen des Papstes Eindruck machten und in der Pratica Verfechter fanden. Der vornehmste Sprecher in dieser Richtung war Guidantonio Vespucci im Namen der größeren Hälfte des Doktorenkollegiums. Bei aller Anerkennung der Notwendigkeit der geistlichen Erbauung hob er hervor, daß man die Folgen zu erwägen habe, die daraus entspringen würden, wenn man dem Papst den Gehorsam verweigere. Unser Gesandter in Rom, sagt er, ist beauftragt, den Papst um Bewilligung der Zehnten zu bitten, ohne welche unser Staat nicht mehr bestehen kann, und ihn zugleich in bezug auf die Wiederherstellung dessen, was wir verloren haben, bei gutem Willen zu erhalten; wenn man nun Gnadenerweise des Papstes nachsuche, so dürfe man ihn nicht zugleich beleidigen; den Frate Hieronimo aber in Schutz zu nehmen, halte der Römische Stuhl, gleichviel ob mit Recht oder Unrecht, für eine Beleidigung. Wenn man dem Papst in dieserSache nicht Genugtuung gebe, so werde man gewiß keine Gnaden von ihm empfangen. Und für Rom sei die Sache keine geringe, wie es einigen scheinen wolle, denn die kirchlichen Zensuren, auf die es hier ankomme, seien die besten Waffen des Römischen Stuhles; dieser schlage sie sehr hoch an. Wenn gesagt werde, man müsse die Ehre Gottes im Auge haben, so hege auch er diese Meinung, aber der Papst sei Stellvertreter Christi auf Erden und habe seine Gewalt von Gott; dem Papste Folge zu leisten und seine Zensuren, mögen sie nun gerecht sein oder nicht, anzuerkennen, schließe ein größeres Verdienst ein, als den Frate zu verteidigen. Wäre Hieronimo ganz gewiß ein Gesandter Gottes, so würde man denselben in Schutz nehmen müssen; aber das bleibe doch immer sehr zweifelhaft, und dann sei für die Stadt das sicherste, dem Papste zu gehorchen.

Fast noch unumwundener erklärte sich Giuliano Gondi dafür, daß man dem Papst Gehorsam leisten müsse; denn man habe ihm die Obedienz zugesagt, man würde sich eines Treubruchs, ja eines Meineides schuldig machen, wenn man ihm nicht gehorche; aus einem solchen Verhalten könne nichts als Unglück entstehen. Die Florentiner würden als Rebellen gegen die heilige Kirche betrachtet und demgemäß behandelt werden; schon zögere mancher, seine Waren nach Neapel zu bringen, weil er sie auf diesen Grund hin zu verlieren und vielleicht selbst umzukommen fürchte; der Papst werde der Stadt alles Gute erweisen, wenn diese nur wolle. So bemerkte auch Francesco Gualterotti: der Papst und die italienischen Fürsten seien jetzt geneigt, der Stadt ihre alten Besitzungen wiederzugeben; man müsse sie bei dieser Absicht festhalten.

Aber auf das nachdrücklichste setzte sich Francesco Valori dem allen entgegen; er behauptete, Hieronimo sei ein heiliger Mann, dessengleichen seit Jahrhunderten nicht gelebt habe; man müsse ihn in seinen Predigten gewähren lassen, und unter keinen Umständen dürfe man untersagen, nach San Marco zu gehen, denn das würde gegen die republikanische Freiheit streiten; diejenigen, welche in San Marco unrecht täten, möge man nach dem Gesetz bestrafen, aber nicht im allgemeinen verbieten, dahin zu gehen. Das war eben der Fall, in welchem er sich selbst befand; indem er sagte, er werde sich den Beschlüssen, die man fasse, unterwerfen, warnte er doch davor, dieses Rad am Wagen nicht in Bewegung zu setzen; es könne das größte Ärgernis daraus hervorgehen.

In gleichem Sinne ließ sich Antonio Canigiani vernehmen: Florenz sei eine freie Stadt, der Papst keineswegs Herr derselben; die Stadt dürfe sich ihm nicht unterwerfen. Ein anderer sagte, sie dürfe sich nicht zur Exekution der Beschlüsse des Papstes hergeben und gleichsam der Häscher werden, der den Frate gebunden demselben überliefere. Andere nahmen Anstoß an der Form des Breve, die der Rücksicht, die die florentinische Republik verlangen dürfe, nicht entspreche; die Stadt müsse ihr Ansehen auch dem Papste gegenüber behaupten.

So ganz unvereinbar traten die Meinungen einander gegenüber. Wenn man die doktrinellen Motive in Erwägung zieht, so stand auf der einen Seite die Autorität des Papstes über die gesamte Kirche und auf der anderen die Autorität, die Hieronimo durch sein Wort in der Stadt errungen hatte. Gegen die eine und die andere aber machte man Einwendungen. Die einen behaupteten, daß der Papst irren könne, und daß man ihm namentlich in einer Sache, wie diese, die eine so ausgesprochen weltliche Beziehung habe, keinen Gehorsam schuldig sei. Aber auch auf der anderen Seite erhob man Zweifel darüber, ob Hieronimo wirklich der Gesandte Gottes sei, der er zu sein vorgebe. Auch von den großen Vätern der Kirche, wie Origenes, seien Irrtümer begangen worden; den Engeln selbst werde eine gewisse Inscienz beigemessen; die Anhänger des Frate würden nicht die ersten sein, welche getäuscht würden, wenn ihnen das als Prophetenspruch erscheine, was doch nur Phantasie sei. Man darf behaupten, daß dies von allen der wichtigste Punkt war; denn auch Guidantonio Vespucci meinte, wenn es vollständig sicher wäre, daß man in Savonarola einen Gesandten Gottes vor sich habe, so würde man ihn unbedingt verteidigen müssen.

Wir besitzen ein kleines Buch von Savonarola, in welchem er selbst diese, wie man sieht, brennende Streitfrage erörtert; es ist die Schrift über die Wahrheit der Prophetie, ein Gespräch mit angeblichen Fremden, die ihn zufällig treffen und mit denen er sich unter einer schattigen Platane an einer Wasserquelle niederläßt, um ihnen Auskunft über sich selber zu geben. Nicht schwach sind die Einwendungen, welche er gegen seine göttliche Mission machen läßt. Auch in der Pratica war die Meinung, daß man von ihm betrogen werde, geäußert, aber damit widerlegt worden, daß er dann der schlechteste Mensch sein müsse, während man doch aus seinen Handlungen sehe, daß er ein ganz vortrefflicher sei. In dem Gespräche fügt Savonarola hinzu, er müsse dann auch der dümmste aller Menschen sein: denn durch seine Betrügerei erlange er nichts als Verfolgung und Feindseligkeiten. Er diskutiert auch die andere Frage, ob er nicht betrogen werde oder vielleicht sich selber betrüge; er erörtert, wie schon anderwärts, den Unterschied der Erleuchtung und der gewöhnlichen Erkenntnis durch die Sinne, der jene an Sicherheit nicht das mindeste nachgebe; der Heilige Geist könne nicht mit sich selbst in Widerspruch sein; und davon legt Savonarola die vollste Überzeugung an den Tag, daß der Geist Gottes ihn leite. Er läßt sich einwenden, daß dies nicht bloß durch Geradsinnigkeit des Herzens bewiesen werde; aber er besteht darauf, daß der Beweis in den guten

Früchten liege, welche durch seine Predigt hervorgebracht werden; wäre ein dämonischer Einfluß im Spiele, so würde ein solcher verderbliche Folgen haben, aber die Erleuchtung, die er empfange, bestehe in dem Verständnis der Heiligen Schrift, das ihm plötzlich aufgehe, und ziele auf das moralisch Gute in dem privaten sowie in dem öffentlichen Leben. Diese Erleuchtung könne nicht falsch sein, und sie wachse noch alle Tage; von ihr schreibe sich auch her, was er über die Regierung der Stadt verkündet habe; hätte man das nur alles befolgt, dann würde man sich besser befinden.

In der Pratica leugnete niemand den religiösen Inhalt und den hohen moralischen Wert seiner Lehren und Anweisungen; daß sie aber unmittelbar auf die Gottheit zurückgeführt werden könnten, war die Behauptung nur seiner entschiedenen Anhänger. Dann aber wurde es zweifelhaft, ob man ihrethalben es wagen sollte, dem Papste entgegenzutreten. Nicht übel sagt der letzte Redner Deti, der Streit der Meinungen gelte der Autorität des Papstes und der Verehrung für den Frate, er neigt sich schon an sich dahin, daß es sicherer sei, dem Papste zu folgen, als dem Frate; aber der Beweggrund, welcher die Anhänger des Papstes hauptsächlich bestimme, liege eben darin, daß derselbe zugleich für die Angelegenheiten der Stadt Sorge trage. Bei dieser schroffen Differenz der Meinungen war in der Pratica der Vorschlag gemacht worden, die Streitfrage vor den Großen Rat zu bringen, der auch deshalb alles erfahren müsse, weil er das etwa erfolgende Ungemach und die nötig werdenden Leistungen zu tragen habe. Aber selbst die entschiedensten Anhänger Savonarolas drangen nicht darauf; man sah die allgemeine Entzweiung vor sich und glaubte, diese werde noch wachsen, wenn man die Sache dem Consiglio vorlege. Die Signoria zog es vor, noch eine engere Pratica zu berufen von Männern, von denen sie sagt, sie seien das Herz der Republik, unter denen wir Vespucci sowohl wie Valori finden. Auf den Rat der Pratica wurde beschlossen, den Bruder Hieronimo zu vermögen, von seinen Predigten abzustehen; damit werde man dem Papste genügen; was sonst gefordert worden war, Gefangensetzung und Überlieferung des Frate, wurde als der Republik unwürdig von der Hand gewiesen (17. März 1498). Wenn die Chronisten behaupten, der fernere Besuch von San Marco sei dabei ausdrücklich vorbehalten worden, so gründet sich das wohl nur darauf, daß kein ausdrückliches Verbot dagegen erging. Aber schon darin, daß die Predigten aus Rücksicht auf den Papst in San Marco untersagt wurden, liegt das gerade Gegenteil von den Intentionen Savonarolas, der, wie bemerkt, eben damals die heftigsten Invektiven gegen Alexander und sein Verhalten schleuderte. Die Predigten Savonarolas atmeten die bitterste Feindseligkeit gegen den Papst; die Signorie trat auf die Seite desselben – eine Entscheidung, welche den Betroffenen auf das tiefste erschüttern mußte.

Der Beschluß wurde dem Frate nicht einmal schriftlich, sondern nur mündlich mitgeteilt. „Ist das“, so fragte Savonarola diejenigen, welche ihm die Botschaft brachten, „ist das der Wille eurer Herren?“ Sie bejahten diese. „Ich aber“, sagte er, „habe noch einen anderen Herrn, mit dem ich zu Rate gehen muß; morgen werde ich Antwort geben.“ Er hatte wohl einmal angedeutet, daß er weder den geistlichen noch den weltlichen Oberen in seiner Predigt verantwortlich sei; allein zu diesem Äußersten wollte er doch nicht fortschreiten. Den anderen Tag gab er seine Antwort, indem er sich dem Befehle fügte, den man ihm hatte zugehen lassen. Es geschah in einer Predigt, die er am 18. März hielt; eigentlich sein Abschiedswort, das man nicht ohne Rührung lesen kann. Er sagte, der Gläubige habe sich zuerst an seinen Beichtvater und Pfarrer, dann an seinen Bischof, endlich an den Papst zu wenden; wenn aber diese alle verdorben seien und ihn verlassen, an Christus, den ersten Urheber des Glaubens, und ihm zu sagen: „Du bist mein Beichtvater, mein Papst." Die Autorität der römischen Kirche suche er nicht zu schwächen, sondern zu vermehren. Aber er wolle sich nicht einer Gewalt unterwerfen, die das Gute verfolge und aus der Hölle komme. Oft habe er gedacht, von diesen Dingen zu schweigen und die Sache Gott anheim zu stellen; aber wenn er wieder auf der Kanzel stehe, so könne er sich selbst nicht bezwingen; er fühle gleichsam ein verzehrendes Feuer in seinen Gebeinen und seinem Herzen; er fühle sich ganz erfüllt von dem Geiste des Herrn. „O Geist, du fürchtest keine Person der Welt, du regst Verfolgungen gegen dich selber auf, du setzest die Wellen des Meeres in Bewegung, wie der Sturmwind. Warum ruhst du nicht? Gott ist Herr und Meister, der die Werkzeuge zu seinem Zwecke anwendet und sie beiseite wirft, wenn er ihrer nicht mehr bedarf, wie einst Jeremias, welcher gesteinigt wurde. So wird auch uns geschehen, wenn er uns gebraucht hat." Indem er erklärt, dem Befehle der Signoria nachkommen zu wollen, spricht er die Zuversicht aus, Gott werde ihm eine Hilfe senden, durch welche die Bösen ihren Besitz und ihr Leben verlieren. „O Gott, ich bitte dich, die Erfüllung deiner Verheißung nicht länger zu verschieben." Savonarola hatte oftmals auf eine übernatürliche Bestätigung seiner Lehren provoziert, und diesen Sinn verrät auch seine letzte Predigt; aber zugleich auch die Besorgnis, daß Gott ihn, nachdem er seine Dienste geleistet, zugrunde gehen lassen könne, wie einst die alten Propheten. Wenn irgend etwas, so beweisen die letzten Worte seine innere Wahrhaftigkeit.

NEUNTES KAPITEL

Feuerprobe; Gefangennehmung Savonarolas

In diesem immer drohender werdenden Konflikt gab Savonarola seine Sache keineswegs auf. Wir kennen seine konziliaren Ideen, die von seinem ersten Auftreten an seine ganze Geschichte durchziehen; in dem Maße, daß er erkannte, von Rom nichts mehr als die äußerste Feindseligkeit erwarten zu dürfen, ergriff er sie mit wachsendem Ernst und Eifer. Er veranlaßte seine Freunde, an die mit ihnen bekannten florentinischen Gesandten in Frankreich und Spanien zu schreiben, daß die Zeit gekommen sei, in welcher die Fürsten, wie es ihre Pflicht und ihr Recht mit sich bringe, ein allgemeines Konzilium berufen sollten. Er selbst hat Entwürfe zu ausführlichen Anschreiben an den Kaiser Maximilian und die vornehmsten Fürsten der Christenheit, die Könige von Frankreich, Spanien, England und Ungarn gemacht, in denen sie auf das dringendste aufgefordert werden sollten, Hand daran anzulegen. Er kam darauf zurück, was schon dem König Karl bei seiner Anwesenheit in Rom angeraten worden war, den Papst, der nur durch Simonie zu seiner Würde gelangt sei, für abgesetzt zu erklären. Dem fügte er noch hinzu, dieser Papst sei nicht allein kein Christ, er glaube nicht einmal an Gott, so daß man in ihm den Urheber allen Verderbens anbete; er machte sich anheischig, dem versammelten Konzil noch manches zu entdecken, was er jetzt verschweige. In seinem Verhör hat er ausgesagt, das meiste Vertrauen habe er auf den König von Frankreich gesetzt, mit dem er von diesen Dingen oft geredet habe; vom spanischen Hofe habe er gewußt, daß man dort das Leben, das in Rom geführt werde, verdamme; von dem König von England wenigstens soviel, daß er ein wohlmeinender Mann sei; den Kaiser, dem er die Rechte und Pflichten des Reiches in Erinnerung brachte, habe er leicht zu gewinnen gehofft, wie denn auch ein kaiserlicher Gesandter bei einem Besuch in San Marco schlecht von dem Papst gesprochen habe. Er zählte dabei auf die Mitwirkung einiger Kardinäle; mit einem und dem anderen derselben, den Kardinälen San Giorgio, Lisbona, Pietro in Vincoli stand er in gutem Vernehmen. Besonders rechnete er auf den Kardinal von Napoli, der auch mit den beiden Valori in Verbindung stand und ihm einst bei der Trennung seines Klosters von der lombardischen Kongregation sehr nützlich gewesen war. Er hat gesagt, er habe sich eingebildet, daß dieser Kardinal die übrigen zusammenrufen und das Konzilium in Florenz eröffnen werde; bestimmte Versicherungen von ihm gehabt zu haben, hat er selbst nicht standhaft behauptet. Aber großen Eindruck machte auf ihn eine Meldung des Kardinals San Pietro in Vincoli, die ihm durch den Grafen von Mirandola zuging, daß er mit einigen anderen Kardinälen baldigst in Florenz einzutreffen und das Konzil zu halten gedenke. An Florenz knüpften auch die letzten konziliaren Erinnerungen an, die schon einmal wieder erwacht waren; wir gedachten des Erzbischofs von Kraina, mit dem sich die Florentiner im Jahre 1482 in Verbindung gesetzt hatten, um in dem Zerwürfnis mit dem Papsttum Rückhalt an einem Konzilium zu finden. Die Beschwerden des Erzbischofs gegen Sixtus IV. haben eine Verwandtschaft mit den Beschwerden Savonarolas über Alexander VI. Aber die Ähnlichkeit selbst war von einer ungünstigen Vorbedeutung. Die Florentiner waren jetzt nicht so einmütig wie damals. Die allerstärkste Gärung war im Gange und die Autorität der Fratesken wieder im Abnehmen. Daß das Verbot der Predigt in diesem Augenblicke durchgegangen war, mußte doch als ein Sieg der Gegner des Frate betrachtet werden. So sah auch der Papst selbst es an; er nahm die Nachricht von dem Beschluß mit großer Freude auf, wie dann auch der Herzog von Mailand aussprach, daß darin eine Trennung der Florentiner von der Sache des Frate liege, ein um so größerer Vorteil, da der Papst in seinem Breve die schärfsten Ausdrücke gebraucht hatte.

Aber mit der Untersagung der Predigt waren die Anhänger des Papstes noch nicht zufrieden; sie erinnerten unaufhörlich, daß den päpstlichen Befehlen keine

Genüge geschehen sei, da man dulde, daß die Bürgerschaft zahlreich nach San Marco gehe, wo zwar nicht mehr Frate Hieronimo, aber Domenico da Pescia noch mit größerer Heftigkeit predigte, als jener selbst getan haben würde.

Um den Streit zu schlichten, verfiel man auf eine höchst außerordentliche Auskunft, die sich zum Teil dadurch erklären läßt, daß sie einer alten städtischen Erinnerung entsprach.

In der florentinischen Geschichte des elften Jahrhunderts macht eine Feuerprobe Epoche, die in den damaligen kirchlich-weltlichen Konflikten vorgenommen worden war. Die Mönche von Vallombrosa erhoben gegen den Bischof Petrus von Florenz den Vorwurf, daß er durch Simonie zu dem bischöflichen Stuhl gelangt sei. Es war die Anklage, welche damals die kaiserlich gesinnten Bischöfe überhaupt traf. Der Markgraf, der die Stelle des Kaisers vertrat, wies dieselbe zurück, aber das Volk von Florenz nahm sie mit Eifer an und wollte den vermeinten Ketzer nicht als Bischof anerkennen. Da erbot sich ein Mönch von Vallombrosa, die Behauptung seines Klosters durch eine Feuerprobe zu erhärten. Die Florentiner berichten dem Papst, der Mönch sei zwischen zwei brennenden Holzstößen unversehrt hindurchgegangen und darauf mit unendlichem Jubel begrüßt worden; denn der Beweis war geführt, daß der verhaßte Bischof ein Ketzer sei. Die Probe bildet einen Moment der Entfremdung der Florentiner von der kaiserlichen Partei.

An diese Erinnerungen nun knüpfte es an, wenn Domenico da Pescia sich erbot, indem er die Konklusionen Savonarolas verkündigte, für die Wahrheit derselben ins Feuer zu gehen; denn es werde ihn nicht verletzen. Demgegenüber erklärte ein Franziskaner, er wolle mit ihm ins Feuer gehen; er würde zwar mit ihm verbrennen, aber die Falschheit der Behauptungen der Frateschi werde damit doch erwiesen sein. So schien, da es keine von den beiden Parteien anerkannte kirchliche Autorität mehr gab, um ein festes Fundament zu haben, nichts weiter übrig zu bleiben, als auf jenen wunderlichen Zweikampf zu rekurrieren, bei dem die Entscheidung durch ein Mirakel geschehen sollte. Die Frateschi trugen selbst darauf an, um der Wahrheit der Verkündigungen des Frate auf diese Weise unerschütterlich sicher zu werden, was ihnen die Herrschaft in der Stadt verschafft hätte; einige wohl auch, so meinte man wenigstens, um sich von ihm trennen zu können, ohne dadurch kompromittiert zu werden. Daß nun Savonarola damit einverstanden gewesen ist, läßt sich nicht leugnen. In seinen Briefen an die Fürsten spricht er mit Nachdruck davon, daß die Wahrheit seiner Behauptungen nötigenfalls durch ein Wunder würde erhärtet werden, selbst vor versammeltem Konzilium. Alle seine Predigten atmen diese Voraussetzung, denn indem er das Geheimnis des Glaubens mit der göttlichen Weltregierung identifiziert, so wird es ihm undenkbar, daß die göttliche Wahrheit, die er zu verkündigen sich bewußt ist, nicht auch durch ein übernatürliches Zeichen bestätigt werden sollte. Seine Anhänger waren davon durchdrungen; Domenico da Pescia meinte, es würden Hunderte ebenso bereit sein, wie er, ins Feuer zu gehen. Domenico war ein phantastischer Enthusiast; aber es ist nicht ohne Wahrheit, wenn er sagt, die Frage stehe nicht zwischen den verschiedenen Mönchsorden, sondern zwischen dem Papst und dem Frate Hieronimo; wenn der Dominikaner verbrenne, so würde er mit seinem Kloster vernichtet sein; wenn er aber siege, so würde darin eine Verpflichtung für den Papst und die Kardinäle liegen, zur Renovation der Kirche zu schreiten. Die Vorfrage war nun aber, ob die Signoria diese Probe zulassen solle oder nicht. Am 30. März ist darüber in einer zahlreichen Pratica Beratung gepflogen worden. Die erste Einwendung gegen das Vorhaben war, daß die Sache eigentlich eine geistliche sei; im städtischen Palast habe man sich mit Geldangelegenheiten und mit Krieg zu beschäftigen; eine Sache, wie diese, aber gehöre nach Rom, oder man möge sie den beiden Mönchsorden etwa unter der Leitung des erzbischöflichen Vikars überlassen. Einige Mitglieder drückten sich mit tiefem Schmerz darüber aus, daß es soweit gekommen sei, und Florenz zum Gelächter der Welt werden müsse. Die Antwort darauf war, die Sache sei nicht allein eine geistliche, sondern zugleich gar sehr eine städtische; denn alle innere Unruhe und Entzweiung rühre davon her; würde die Signoria die Probe nicht zulassen, so würde man ihr mit Recht schuld geben können, sie suche die Entzweiung der Stadt zu erhalten und zu nähren. Eine viel vertretene Meinung war, die Probe selbst werde nicht zur Ausführung kommen; aber man werde doch sehen, an wem die Schuld liege, und der ganzen Sache Meister werden; sollte sie aber auch unglücklich endigen, so treffe die Stadt keine Schuld daran, denn die Herausforderung gehe von den Mönchsorden aus. Einen gewissen Anstoß gab es, daß Hieronimo nicht selbst die Probe bestehen wollte, sondern statt seiner Domenico da Pescia; der erklärte das damit, daß Hieronimo mit größeren Dingen sich zu beschäftigen habe. Ein Franziskaner, der sich früher erboten hatte, ins Feuer zu gehen, zog aus diesem Grunde sein Anerbieten zurück; aber ein anderer war für ihn eingetreten, und schon dies schien genug; denn es komme darauf an, ob die menschlichen Worte durch übernatürliche Zeichen bekräftigt werden würden. Die Anhänger des Frate zweifelten nicht, daß alles so verlaufen werde, wie es derselbe immer vorausgesagt habe; und daraus würde für die Stadt hinwiederum der größte Ruhm entspringen. Das Protokoll der Beratung macht den Eindruck, daß die Mehrzahl der Pratica die Feuerprobe guthieß. Man glaubte, die Sache sei schon zu weit gediehen, als daß man mit Ehren davon zurücktreten könne. Nur sollte Anstalt getroffen werden, daß sie mit Ruhe vollzogen würde, ohne Einmischung der Menge, aber auch ohne daß jemand entfliehen könne. Sehr wahrscheinlich, daß einiger üble Wille von seiten der Gegner diese Sache gefördert haben mag. In den Beratungen aber tritt dies nicht hervor. Die Probe wurde allen Ernstes gefordert, um die Entzweiung in der Stadt zu heben; die Frateschi selbst drangen nochmals darauf; sie waren so überzeugt wie ihr Führer selbst. Der Beschluß war, dem Streit in der Stadt durch die Probe ein Ende zu machen; wer von den beiden Mönchen unverletzt aus dem Feuer hervorgehe, dem wolle man glauben; sollte die Probe zum Nachteil des Bruders Hieronimo ausfallen, so sollte derselbe aus dem florentinischen Gebiet verbannt sein. Aus dem Zusammenhange der Dinge ergibt sich, daß man über die Frage, welche das Beharren der Kirche in ihren bisherigen Formen oder eine Umwandlung derselben in sich schloß, eine Entscheidung durch ein Wunder herbeizuführen dachte. Das Schicksal des Frate Hieronimo ist, daß er für die wichtigste Frage der Welt eine in der Tat unmögliche Entscheidung anrief. Darin lag aber, wenn wir ein Urteil fällen dürfen, eben sein Irrtum, daß er sich die Verbindung der göttlichen und menschlichen Dinge viel zu enge dachte; seinen Erleuchtungen, die zugleich Abstraktionen waren, maß er einen Wert bei, der ihnen nicht zukam.

Die Tore der Stadt wurden geschlossen, die Straßen durch die städtische Miliz, welche sie unter ihren Fahnen durchzogen, vor jedem Auflauf sichergestellt; die Zugänge zu dem Platz, auf welchem die Feuerprobe geschehen sollte, waren vor jedem Zudrang gesichert; einige der Oberhäupter der Frateschi, von denen man eine Störung fürchtete, wurden in dem Palast festgehalten. Es war am Sonnabend, dem 7. April, Vorabend vor Palmsonntag; die sechzehnte Stunde des Tages war dazu festgesetzt, die Plätze für die beiden Orden bestimmt. Zuerst erschienen die Franziskaner ohne besondere Zeremonie; hierauf die Dominikaner, von einer Anzahl ihrer Freunde begleitet, unter dem Gesang lateinischer Psalmen. Der Holzstoß war aufgerichtet, in dessen Mitte ein Weg offengelassen war, um, sobald er in Feuer stehe, durchzuschreiten.

Da erhob sich aber ein unvorhergesehener Anstoß; wenn der Dominikaner zwar sehr bereit war, die Feuerprobe zu bestehen, aber mit einer geweihten Hostie in der Hand, so widersetzten sich dem die Franziskaner, weil darin gleichsam eine Probe des Geheimnisses, auf welchem der christliche Glaube beruht, liegen würde. Aus dem Palast wurden einige Mitglieder der Regierung zu den Frati heruntergeschickt, zu jedem Teile eben solche, die sich überhaupt zu demselben hielten; allein ein Einverständnis war auf diesem Wege nicht zu erreichen; einige Argumente, welche Savonarola selbst vorbrachte, wurden von der anderen Partei nicht admittiert. Nachdem man eine Zeitlang hin und her geredet, zeigte die dem Frate entgegengesetzte vornehme Jugend, die sich zu einer Gesellschaft, genannt Compagnacci, organisiert hatte, in welcher Spini eine große Rolle spielte, nicht übel Lust, der Sache sogleich mit offener Gewalt ein Ende zu machen. Aber auch ohne dies war der Vorteil auf ihrer Seite; die Bedenklichkeiten der Dominikaner hatten auf das Volk einen nachteiligen Eindruck gemacht, zumal da der Franziskaner ohne alles weitere in das Feuer zu gehen sich vermaß. Die Signoria hielt für ratsam, den beiden Orden zu befehlen, sich zu entfernen, was dann von seiten der Dominikaner nicht geschah und nicht geschehen konnte, ohne ihnen eine Bedeckung beizugeben. Ihre Prätension, nur mit dem Kruzifix oder dem Sakrament in der Hand ins Feuer gehen zu wollen, wurde von der Menge fast als eine Beleidigung des Heiligsten betrachtet. Die Meinung gewann das Übergewicht, daß alles doch nur auf Betrug abgesehen gewesen sei. Es ist sehr begreiflich, daß das Volk, aufgeregt, wie es einmal war, auf Entschuldigungen keine Rücksicht nahm. Die Verstimmung war so allgemein, daß die Gegner zu weiteren Unternehmungen Mut bekamen. In San Marco dagegen bildete man sich ein, nicht allein nicht besiegt zu sein, sondern sogar gesiegt zu haben, da die Verzögerungen absichtlich von den Franziskanern veranlaßt worden wären, um die Probe, zu der die Dominikaner bereit gewesen, zu verhindern.

Den nächsten Morgen, eines Sonntags, wagte nun Savonarola in Widerspruch nicht allein mit der Sentenz des Papstes, sondern auch mit den Anordnungen der Signoria die Kanzel in San Marco nochmals zu besteigen; die Gläubigen scharten sich um ihn, überzeugt, daß er der Mann der Wahrheit und des guten Lebens sei und zugleich die Freiheit der Stadt beschütze. Aber schon erlebte man, daß die, welche nach San Marco gingen, unterwegs von einer Schar von Compagnacci verhöhnt und insultiert wurden, selbst wenn sie zu den größeren Häusern gehörten. Als nun am Abend bei der Vesper einer der Brüder von San Marco sich anschickte, in der Hauptkirche der Stadt zu predigen, wo sich bereits eine große Menge Volks versammelt hatte, so ließen die Gegner feindseliges, in der Kirche doppelt auffälliges Geschrei erschallen, und eine Unordnung entstand, welche die Fortsetzung der Predigt verhinderte, wie an dem letzten Himmelfahrtstag, was aber nun die Folgen, die man damals gefürchtet hatte, wirklich nach sich zog.

Savonarola, dem früher der allgemeine Beifall zur Seite gestanden hatte, erfuhr jetzt den allgemeinen Widerwillen; die klassisch gebildeten Florentiner haben bemerkt, daß darin wieder einmal der Wankelmut des Volkes und seiner Gunst zutage trete. Alles Volk bewegte sich nach San Marco, um dort der Sache ein Ende zu machen. Die Signoria konnte das nicht verhindern, sie wollte es nicht einmal ernstlich; die Gegner Savonarolas hatten auch im Palast die Oberhand. Alles trägt den Stempel einer inneren städtischen Unruhe, welche daher entsprang, daß die Partei, welche bisher das Übergewicht gehabt hatte, jetzt in Nachteil geriet und die andere den Moment für gekommen erachtete, um sich ihrer Gegner zu entledigen. Wohl beschloß nun die Signoria, daß ein jeder die Waffen niederlegen und Bruder Hieronimo sich in der Tat nicht allein aus der Stadt, sondern binnen zwölf Stunden aus dem florentinischen Gebiet entfernen solle. Weder das eine, noch das andere geschah. Nicht auf dem Frate allein aber beruhte der gegenwärtige Zustand, sondern noch mehr auf Francesco Valori, der bisher noch immer ein großes Ansehen in dem Palast besessen hatte, in diesem Augenblicke aber selbst nach San Marco gegangen war. Die Härte, mit der er in dem vorjährigen Prozeß gegen die vermeinten Verschwörer auf ihre Hinrichtung gedrungen und sie endlich durchgesetzt hatte, erweckte in den Familien der Betroffenen Haß und Rachsucht. Schon hörte man auch seinen Namen unter den feindseligen Ausrufungen der Menge; vielleicht aber ließ sich der Tumult noch bestehen, wenn Valori zur rechten Zeit von seinem Hause aus eine entgegengesetzte Bewaffnung ins Werk setzen konnte. Dahin ging der Rat der Brüder; dahin ging auch der Rat Savonarolas, der einem zuverlässigen und ausführlichen Tagebuche zufolge darin die einzige Rettung sah.

Indem aber war bereits auf der Piazza dei Signori eine gewaltsame Veränderung vorgegangen. Der Führer der städtischen Mannschaften, dem es obgelegen hätte, die Ordnung aufrechtzuerhalten, wurde von einer bewaffneten Schar, welche eigenmächtig herbeigekommen, abgeführt. Wohl traf nun auch ein Anhänger des Frate, Piero Corsini, auf dem Platze ein, aber er hatte nicht den Mut seiner Sache und ließ sich, plötzlich die Farbe wechselnd, bestimmen, an einem Angriff gegen das Haus Valoris teilzunehmen. Unter dem anwachsenden Tumult war Valori nur mit

Mühe in sein Haus gelangt. Die Signoria, welche die tumultuarische Bewegung doch nicht ganz und gar zum Meister der Stadt wollte werden lassen, ließ ihn durch einige ihrer Diener nach dem Palast zu kommen auffordern, wie es schien, um ihn zu retten, vielleicht auch nur, um ihn lebendig in den Händen zu haben. Als er aber von diesen begleitet unter Fackelschein aus seinem Hause heraustrat, wurde er von seinen Gegnern angefallen unter Führung von Vincenzio Ridolfi und Simone Tornabuoni, den nächsten Verwandten der im vergangenen August hingerichteten Ridolfi und Tornabuoni; unter dem Geschrei „Du sollst uns nicht länger regieren" wurde Valori ermordet; Vincenzio hat ihm den Kopf zerspalten. Es war Blutrache, die sie an ihm nahmen; aber Valori hatte bei seinem freilich einseitigen Verfahren die äußerste Legalität auf seiner Seite gehabt; die Rache, die man an ihm nahm, geschah im Aufruhr gegen die öffentliche Ordnung.

Der Tod Valoris, der bisher noch immer der große Mann der Stadt gewesen war, ist einer Revolution des Staates gleich zu achten; er enthielt einen Umsturz der bisherigen Verhältnisse der Parteien, so daß auch Savonarola sich nicht weiter behaupten konnte. Das Kloster war einigermaßen in Verteidigungsstand gesetzt; und zuweilen sind da auch Gefangene von der Gegenpartei eingebracht worden; Savonarola ermahnte sie in Zukunft gute Christen zu sein, und ließ sie gehen. Allein wie hätte das Kloster auf die Länge den überlegenen Angriffen widerstehen können? Die Signoria erließ den Befehl, daß alle Laien San Marco binnen einer Stunde verlassen sollten, unter der Verwarnung, daß sie sonst als Rebellen gegen die Kommune betrachtet werden würden. Man scheint das so verstanden und ausgelegt zu haben, daß allen denen Verzeihung angedeihen solle, welche sich von dem Frate trennen würden. Es selbst stand, das Sakrament in der Hand, vor dem Altar in der Mitte seiner Novizen; die übrigen Frati lagen auf den Knien, in angstvollem Gebet begriffen. Indem erschienen Beauftragte der Stadt, die ihn aufforderten, sich ohne weiteren Kampf zu den Füßen der Signoria zu stellen, von der er mit Milde und Gnade behandelt werden würde; er möge nicht so grausam gegen sich und sein Kloster sein, um dem Befehl zu widerstreben. Frate Hieronimo sagte, er würde gehorchen, aber er fürchte das aufgeregte Volk. Die Kommissarien erwiderten, sie wären mit gutem bewaffneten Geleit versehen, so daß niemand sie verletzen würde. Hierauf kündigte nun Savonarola seinen Klosterbrüdern, die er in der Bibliothek versammelte, seinen Entschluß an, der wilden Wut, mit der er gegen alles Erwarten angegriffen werde, nachzugeben und sich von ihnen zu trennen. Er ermahnte sie, im Glauben, Gebet und Geduld zu beharren, Gott werde sie nicht verlassen; er versicherte nochmals, daß kein Jota von allem, was er vorausgesagt, unerfüllt bleiben werde; dann stieg er mit den Kommissarien die Treppe hinab. Eine ungeheure Menge Volkes war versammelt, mit Fackeln und Leuchtern versehen; mitten durch die Menge, die ihn mit Schmähungen verhöhnte, wurde er mit Domenico da Pescia nach dem Palast gebracht. Der dritte, um den es dann hauptsächlich zu tun war, Silvestro Maruffi, hielt sich anfangs verborgen, wurde aber gar bald aufgefunden und ebenfalls in das Gefängnis des Palastes abgeführt.

ZEHNTES KAPITEL

Verdammung und Tod Savonarolas

Savonarola trug eine Doktrin vor, welche in sich selbst nicht ungeeignet war, dem Papsttum eine nachhaltige Opposition zu erwecken; das wahrhaft christliche Leben, das er in der Stadt einführte, gab ihm eine geeignete Grundlage zu einer Abweichung von dem herrschenden kirchlichen System, welches durch das Verhalten Papst Alexanders in sich selbst zweifelhafter wurde, als jemals früher. Und die politischen Verhältnisse, durch welche Florenz in eine dem Papsttum feindselige Haltung geriet, versprachen ihm einen Rückhalt bei jeder Abweichung von demselben. Aber nach und nach hatten sich diese Verhältnisse geändert. Im Interesse von Florenz lagen Friede und Freundschaft mit dem Papste. Hierüber erwachten die alten Gegner Savonarolas, in denen der Widerwille gegen seine demokratische Politik sich mit den Zweifeln an seiner göttlichen Mission vereinigte. Eben diese nun unternahmen die Dominikaner durch eine Feuerprobe zu erhärten. Indem Savonarola eine übernatürliche Bekräftigung seiner Doktrin in Anspruch nahm, hielt er die Einwohner in aufgeregter Spannung; da eine solche nicht eintrat, so wendete sich die Meinung gegen ihn, und seine städtischen Feinde bekamen das Übergewicht; er war jetzt ihr Gefangener. Was nun aber mit ihm geschehen sollte, war noch Gegenstand schwieriger Erwägung.

Um darüber Beschluß zu fassen, berief die Signoria gleich am nächsten Tage eine zahlreiche Pratica. Der Gonfaloniere eröffnete dieselbe mit einer leichten Andeutung über die vorgefallenen Unruhen und die Bemerkung, daß Bruder Hieronimo in den Händen der Signoria sei, wie deren Ehre erfordere; aber sie begehre Rat darüber, wie man weiter zu verfahren und ob man ihn dem Verlangen des Papstes gemäß nach Rom auszuantworten habe. Dieser ersten Frage fügte er noch eine zweite, auf den Zustand der Parteiung, in der man sich befand, bezügliche hinzu: Savonarola hatte nicht allein noch viele Anhänger in der Stadt, sondern die beiden vornehmsten Behörden, unter welche die Staatsangelegenheiten und die Kriminaljustiz gehörten, die Dieci und die Otto waren Freunde desselben, die letzteren in so hohem Grade, daß sie sich, als die Menge Partei gegen den Frate genommen, in der Stadt nicht hätten zeigen dürfen; so verhaßt waren auch sie dem Volke geworden. Der Gonfaloniere fragte nun, ob diese Ämter ihren bisherigen Inhabern verbleiben oder durch Neuwahl an andere übertragen werden sollten. Von den Ratschlägen, die dann geäußert wurden, erscheint der, welchen Bernardo Rucellai, einer der Angesehensten von der aristokratischen Faktion, gab, als der umsichtigste; er erinnerte, die Stadt sei in diesem Augenblicke nur schwach; denn verleitet von Frate Hieronimo habe man seit langer Zeit verabsäumt, die nötigen Maßregeln zu ergreifen, die alten Verbindungen der Republik außerhalb und innerhalb Italiens zu unterhalten; er erklärte sich zwar für ein Verhör des Bruder Hieronimo in aller Form, gedachte jedoch zugleich der Gefahr, die daraus entspringen könne, wenn ein Teil der Cittadini durch diese Konfession kompromittiert werde;

man müsse sich hüten, neue Aufregungen zu veranlassen. Wenn wir ihn recht verstehen, so war seine Meinung darauf gerichtet, vor allen Dingen die auswärtigen Verhältnisse ins Auge zu fassen, was nach der Beseitigung des Frate leicht geschehen könne, und allen ferneren inneren Entzweiungen, die aus den Bekenntnissen desselben hervorgehen könnten, möglichst vorzubeugen. Ein guter Kenner der Altertums, wie er war, erinnerte er an das Beispiel Cäsars, der die Briefschaften des Pompejus nicht hatte sehen wollen; er beurteilte die Sache aus dem Standpunkte des inneren Friedens und der Notwendigkeit einer veränderten, aber festen Politik. So hatte auch Vespucci auf die Gefahr aufmerksam gemacht, die darin liege, wenn man alles publizieren wolle, was Frate Hieronimo aussage; man sollte vielmehr davon nichts bekanntmachen, als was die Signoria bekanntzumachen für gut halte. Für die Auslieferung des Frate an Rom war eigentlich keine Stimme, dagegen die große Mehrheit für eine Veränderung in den Dieci und Otto, welche denn auch sofort ins Werk gesetzt wurde. Der mailändische Gesandte versichert, daß wenigstens in den Rat der Otto lauter Feinde Savonarolas eingesetzt worden seien. Auch Doffo Spini hatte in demselben Platz gefunden. Unter dieser Stimmung wurde nun auch das Verhör des Frate eingeleitet; gleich am 9. April ist es gewaltsam und formlos unter den Martern der Tortur begonnen worden. Zwei Tage darauf wurden 17 Essaminatori ernannt, ebenfalls fast alle seine Gegner.

Die Verhöre folgten dann bis zum 17. April ohne Anwendung der Folter. Wenn man sie liest, so findet man eine Anzahl von Angaben von hohem Interesse über Savonarolas Stellung, seine Verhältnisse im allgemeinen, die man nicht verwerfen dürfte, wiewohl die Art und Weise des Verhörs eher Abscheu erweckt. Das Bestreben war besonders dahin gerichtet, den verschiedenen Intelligenzen, durch welche Savonarola Autorität erlangt hatte, auf die Spur zu kommen; seine Aussagen darüber haben alle mögliche innere Wahrscheinlichkeit. Diese Verständnisse waren nicht von ihm provoziert, ihm aber deshalb lieb und wert, weil sie ihm auch in Rom ein gewisses Ansehen verschaffen mußten. Daß die Konfessionen vieles enthalten hätten, was man nicht ohnehin wissen konnte, läßt sich nicht sagen; eben deshalb schienen die Ergebnisse der Verhöre manchem noch nicht genügend, denn in dem Ausgesagten sei gleichsam nur die Rinde enthalten und nicht der Kern. Andere fürchteten, daß man durch ferneres Inquirieren nur neue Aufregungen veranlassen werde; für diejenigen, welche kompromittiert waren, wurde Rücksicht und Milde gefordert, denn nur die Führer seien strafbar, nicht die Menge, die ohne Verstand hinter anderen herlaufe. Die vornehmste Frage war allezeit, wie man sich gegen den Papst zu stellen habe, der die Auslieferung der Angeklagten noch immer forderte; sie wurde bereits am 13. April in einer Pratica erwogen.

In derselben war die überwiegende Meinung, die Forderung des Papstes, daß Savonarola und die beiden anderen in Haft genommenen Frati nach Rom geschickt würden, weder anzunehmen noch geradezu abzulehnen, vor allem nur darauf zu dringen, daß der Papst den Zehnten von den geistlichen Gütern bewillige, auf so lange, als es irgend möglich sei, und in solchen Formen, daß das Zugeständnis nach seinem Tode von seinen Nachfolgern nicht zurückgenommen werden könne.

Ohne darauf ausdrücklich einzugehen, forderte Alexander VI. die Auslieferung aufs neue, so daß am 5. Mai noch eine Pratica stattfinden mußte. Girolamo die Filippo Rucellai gab den Rat, den Papst zu ersuchen, die Exekution in Florenz geschehen zu lassen, damit die Schuldigen da bestraft würden, wo sie gesündigt hätten. Dem fügten andere hinzu, daß die Exekution auch deswegen in Florenz geschehen müsse, weil es daselbst noch viele Anhänger des Frate gebe; und zugleich müsse man den Papst auffordern, den Zehnten zu bewilligen. Da man aus dieser Rücksicht vermeiden mußte, ihn zu verletzen, noch auch für ratsam hielt, die Gefangenen ihm zuzuschicken, so traf man die Auskunft, daß er gebeten werden möge, Kommissare zu entsenden, um die Frati darüber zu vernehmen, was er von ihnen erforscht zu sehen wünsche; man verlangte Kommissarien auch für die Degradation, um alsdann die Exekution von der weltlichen Gewalt vornehmen zu lassen.

In diesen Deliberationen trat ein anderes Motiv unerwartet hervor; der große Gegensatz, welcher die Geschichte aller europäischen Kommunen durchzieht, der Widerstreit zwischen Adel und Gemeinde, mischte sich in diese Sache noch auf eine andere Weise, als es bisher der Fall gewesen war. Bisher hatte der Dominikanermönch das Volk für sich gehabt; in diesem Augenblick erweckte er Sympathien auch bei den großen Geschlechtern. Diese waren mit dem Gange der Dinge nicht ganz zufrieden. Manche bedauerten das Schicksal Valoris; den Frate Hieronimo hätten sie lieber gerettet, um sich seiner ein andermal bei vorkommender Gelegenheit bedienen zu können; sie trugen auf eine milde Behandlung der Gefangenen und möglichste Geheimhaltung ihrer Geständnisse an. Die Popolanen aber, welche an dem Anteil an der Regierung, den sie dem Dominikanermönch selbst verdankten, Geschmack gefunden hatten, forderten mit lautem Zuruf strenge Gerechtigkeit; besonders verlangten sie die Bestrafung aller derer, die an den in San Marco gepflogenen Intelligenzen teilgehabt hatten; die Hoffnung regte sich unter diesen, auf diese Weise die Macht der großen Geschlechter aufzulösen; die Lage war so drohend, daß die Großen in diesem Augenblick nicht ungern ein Oberhaupt an ihre Spitze gestellt hätten, nämlich Lorenzo di Pier Francesco de' Medici, mit welchem der Herzog von Mailand einverstanden war. Allein man sah, daß das bei dem Volk niemals durchzusetzen gewesen wäre und mußte zufrieden sein, die Regierung in dem schwankenden Zustand zu lassen, in dem sie sich befand. Die Sache des Frate war hiernach bereits nicht mehr die vornehmste, weder für die äußeren, noch für die inneren Angelegenheiten; aber wie sie einmal in Gang gesetzt worden, so mußte sie weiter zu Ende geführt werden.

Am 11. Mai erging ein neues Breve, in welchem der Papst die nahe Ankunft zweier päpstlicher Kommissare zu weiterem Verhör der drei Kinder des Verderbens – so bezeichnet er die Gefangenen – ankündigte und zugleich über die Degradation derselben Verfügung traf.

Am 19. Mai langten die beiden Kommissarien an; es waren der Dominikanergeneral Giovacchino Turriano und der Bischof von Jlerda, Francesco Romolino, ein Spanier; das Verhör begann am 20. Mai; es bezog sich besonders auf die kirchlichen, namentlich die konziliaren Angelegenheiten. Das Aktenstück durchzulesen ist ein sehr peinliches Geschäft, da man doch nicht alles verwerfen kann, was der Gefangene über seine Absichten aussagte, aber doch auch bei den Gewaltsamkeiten, die dem armen, schwachen Manne angetan wurden, nicht eben jedes Wort annehmen darf; seine Haltung war nicht unwürdig, aber nachgiebig.

Es ist unleugbar, daß die Bekenntnisse des Frate, soweit etwas davon verlautete, einen ungünstigen Eindruck auf die gläubigen Anhänger gemacht haben, denn sein Prophetentum, sein göttlicher Beruf selbst wurde dadurch zweifelhaft. Man sagte, auch unter den heftigsten Qualen der Tortur hätte ein wahrer Prophet nicht zugestehen dürfen, daß er das Volk mit falschen Weissagungen hintergangen habe; viele behaupteten, das Falsche seines Vorgehens erkenne man ja nun auch daraus, daß er von den päpstlichen Kommissaren zum Tode verurteilt werde. Darauf erwiderten andere, das habe er ja alles selbst vorausgesagt; wenn es nun geschehe, so diene es eben zum Beweis, daß er ein wahrer Prophet sei.

Was in ihm selbst vorging, sieht man aus seiner Auslegung der ersten Verse des einunddreißigsten Psalmes, die er in der Einsamkeit seines Gefängnisses niedergeschrieben hat. Auf seine Weise führt er die Figuren der Traurigkeit und der Hoffnung redend ein; wenn man von dieser Form absieht, so hat man ein Selbstgespräch vor sich aus den Tagen, in welchen er zwischen Leben und Tod schwebte, von einer tiefen inneren Wahrhaftigkeit. Er war von der gräßlichen Besorgnis ergriffen, daß die göttliche Gerechtigkeit in aller ihrer Strenge an ihm vollzogen werden würde; denn die göttliche Gerechtigkeit suche die Welt heim mit ihren Züchtigungen; habe sie nicht die Sündflut geschickt, Jerusalem zerstören lassen? Aus der Hölle sei keine Erlösung. Was habe ihm sein tränenvolles Gebet gefruchtet?

Zu dieser in den Traditionen der Kirche wurzelnden Angst gesellten sich aber noch andere, außerhalb derselben liegende Zweifel. Er höre sagen, Gott kümmere sich gar nicht um die untergeordneten Dinge dieser Welt. Wäre es wahr, daß er auf die Erde herabgestiegen und sich an das Kreuz habe schlagen lassen, so würde er auch herabkommen, um den Unglücklichen und Bedrängten beizustehen, und wenn die Engel und Heiligen wirklich Erbarmen fühlten, wie sollten sie nicht erscheinen, um ihn zu trösten? Wir wissen, er hatte immer an eine übernatürliche Rettung geglaubt; darüber, daß eine solche nicht erschien, war er an seinem Glauben beinahe irre geworden. Die Besorgnis wird in ihm wach, daß es auf Erden doch nichts weiter gebe, als was man mit Augen sehe und der Geist der Menschen dem verschwindenden Rauche gleiche. Noch sei niemand aus der anderen Welt zurückgekehrt, um von ihr Kunde zu geben. Auf diese Weise der Verzweiflung nahe gebracht, erinnert sich Savonarola doch wieder der Förderung Gottes, die er in allen seinem Tun sichtlich erfahren habe; eine sichtbare Hilfe, wie er sie immer gehofft habe – so sagt er sich jetzt –, sei doch weder notwendig, noch auch vielleicht nützlich; der Umgang mit den Engeln und den Heiligen, den er vermisse, sei nur wenigen zuteil geworden und auch diesen nur in den letzten, schwersten Augenblicken; es gebe auch einen göttlichen Beistand, der dem menschlichen Auge verborgen bleibe;

in seinem Herzen empfinde er Gott. Indem er sich hierauf gestützt zu neuem Gebet ermannt, so bestürmen ihn neue Beängstigungen; er erinnert sich, daß er nicht zu den Auserwählten gehöre, denen die Verheißung des ewigen Lebens gelte, denn er habe große Sünden begangen; er habe, so gesteht er ein, in der Kirche Ärgernis gegeben, er habe Himmel und Erde beleidigt. Der Himmel weise ihn von sich; die Erde wolle nichts von ihm wissen; für ihn sei das beste der Tod, selbst ein freiwilliger. Er sagt es nicht; aber es versteht sich ja, daß der freiwillige Tod auch ein ewiger sein müßte. Fragen wir nun, was ihn in diesem verzweifelten Zustand wieder aufrichtete, so war es allein die Idee der Barmherzigkeit Gottes, die noch größer sei, als die Gerechtigkeit; derer, welche nicht auserwählt, aber doch gerettet werden, sei eine unzählige Menge; auch ihn habe Gott nicht völlig fallen lassen; du hast, sagt er zu sich, dem Herrn viele Jahre gedient, dann aber dein Herz erhöht; du bist deinen eigenen Gedanken nachgegangen. Hierauf hat Gott seine Hand von dir abgezogen, dann bist du in die Tiefe des Meeres gefallen. Aber die Gnade Gottes hat dir die Hand gereicht, so daß du nicht umgekommen bist. Daraus schließt er, daß er, wenn nicht zu den Auserwählten, so doch auch nicht zu den Verworfenen gehöre.

Die Schrift ist dieselbe, in der auch die Lehre von der Rechtfertigung durch den Glauben in voller Deutlichkeit hervortritt; von mönchischer Werkheiligkeit ist darin keine Spur zu finden. Sie ist wie eine Beichte, ein religiöses Selbstgespräch, in welchem bei aller scholastischen und exegetischen Spitzfindigkeit ein tiefes, warmes und echtes religiöses Gefühl obwaltet.

Die darin unternommene Auslegung des Psalms geht nicht über die ersten Verse hinaus; man erzählt, Savonarola habe sie nicht zu Ende gebracht, weil ihm die Schreibmaterialien weggenommen wurden.

Am 22. Mai wurde er zum Tode verurteilt; die Motive, die zur Begründung dieses Urteils und seiner Ausführung angegeben wurden, finde ich nur in dem oft benutzten Tagebuche Parentis. Von seiten der Kirche wurden die drei Gefangenen für Ketzer erklärt, weil sie den Papst nicht als den wahren Papst anerkannt, die Worte der Heiligen Schrift verdreht und die ihnen anvertrauten Beichtgeheimnisse unter dem Schein, daß sie ihnen durch Visionen kund geworden seien, verlautbart hätten; von seiten der Stadt machte man ihnen zum Verbrechen, daß sie große Geldausgaben unnützerweise veranlaßt, die Stadt in Zwietracht erhalten und den Tod vieler ihrer Mitbürger verursacht hätten.

Die hochgebildeten Florentiner in der Fülle ihrer intellektuellen Entwicklung entschlossen sich doch, die kirchliche Satzung, daß die Ketzerei mit dem Tode durch das Feuer zu bestrafen sei (de haeretico comburendo) zur Ausführung zu bringen (23. Mai 1498). Die Verurteilten wurden zuerst an den Galgen angeschlagen und dann dem Feuer preisgegeben. Von Frate Hieronimo erzählt man, er habe, als er die Leiter hinaufgestiegen, die Augen weit geöffnet und den Blick über das unermeßliche Volk hinschweifen lassen. Die einen wollen wissen, er habe dann ausgerufen: „Was tat ich dir, mein Volk?“, die anderen, er habe gesagt: „Was tust du fortan, Florenz?“ Ich wage nicht, die eine oder die andere dieser Äußerungen zu bestätigen; die Reflexion ist gleichsam unwillkürlich. Denn in der Tat, was sollte aus diesem Volke werden, nachdem es seinen Führer in geistlichen und weltlichen Angelegenheiten verloren und gleichsam preisgegeben hatte.

Schlußbemerkungen

Wenden wir noch zum Schluß einen Blick auf die Neuerungen Savonarolas in den beiden Richtungen, in denen er sich bewegte, und ihre nächsten Folgen.

Die Demokratie, die er mit religiösen Antrieben belebt hatte, erhielt sich auch, nachdem diese durch seinen Tod unwirksam geworden waren. Im ersten Augenblick wurde der Einfluß der demokratischen Partei durch gewaltsame Maßregeln zurückgedrängt und die Idee gefaßt, die Staatsgewalt an einen kleinen Rat, etwa von 150 Personen zu bringen, und zwar im Einverständnis mit dem Herzog Lodovico Moro von Mailand. Aber diese Kombination scheiterte daran, daß der Herzog selbst von Frankreich und von Venedig, nicht ohne Beistimmung des Papstes, bekämpft und endlich gestürzt wurde. In dem Maße, als die Macht von Mailand zerfiel, kamen die Frateschi wieder empor; im März 1499 hatten sie alle Ämter im Besitz. Auch die Bigi gelangten wieder zu Ansehen, jedoch zugleich mit ihnen auch ihre alten Gegner, die im Jahre 1434 ausgeschlossenen Geschlechter, wie Peruzzi, Guadagni, so daß die Gleichberechtigung die Grundlage der Verfassung wurde, deren Mittelpunkt das Consiglio grande war und blieb. Die großen Geschlechter, die Urheber der Revolution von 1494, deren Verständnis mit Mailand und dem Papst Savonarolas Tod herbeigeführt hatte, wurden aufs neue bei den wichtigsten Ämtern, z. B. bei den Dieci, ausgeschlossen.

Der Popolo fühlte sich nun wahrhaft als Herr, und alle Kräfte wurden angestrengt, um Pisa zu erobern. Daß der Kapitän der Stadt, Paolo Vitelli, den Krieg doch nicht nach dem Wunsch des Popolo zum Ziele führte, gereichte ihm zum Verderben, weil er mit den Großen in gutem Vernehmen stand. Diese aber wurden durch die Hinrichtung, die man über ihn verhängte, doch nur sehr indirekt betroffen.

Eine fortwährende Agitation im Inneren nahm überhand, bei der die Großen eine Vermehrung der Amtsbefugnisse der höheren Stellen, die sie zu erlangen hofften, beabsichtigten, die Gemeinen eine solche aber verwarfen, so daß jenen nichts daran gelegen war, dieselben an sich zu bringen.

In der Republik spielte der Geldbesitz nach wie vor eine einflußreiche Rolle. Die Großen nehmen eine Prärogative in Anspruch, weil sie das Geld zu zahlen haben, dessen man bedarf; da man ihnen die erste nicht gewähren will, so verweigern sie, das Geld aufzubringen, welches doch für die Fortführung des Krieges gegen Pisa nicht entbehrt werden konnte.

In dieser widerspruchsvollen Lage regte sich ein allgemeines Gefühl, daß es so nicht weitergehen könne. In einer Pratica der vornehmsten Bürger wurden mancherlei Mittel und Wege angegeben, um eine Veränderung zustande zu bringen; sie liefen aber sämtlich darauf hinaus, entweder vom Consiglio grande geradezu abzusehen, oder doch den Senat der Ottanta anders zusammenzusetzen und ihm zugleich größere Gewalt zu verleihen. Bald aber wurde man inne, daß keines von beiden der Macht des Popolo gegenüber erreicht werden konnte. Nur das eine war möglich, durch eine stärkere Organisation des Amtes eines Gonfaloniere di Giustizia dem Staat mehr Einheit zu verleihen. Es war schon ein großer Schritt auf diesem Weg, daß Piero Soderini, auch einer der Granden und Reichen, aber der populärste von allen (er hatte sich gehütet, an der letzten Pratica Anteil zu nehmen) im März 1501 zum Gonfaloniere ernannt wurde. Die größere Autorität, die er ausübte, beruhte darauf, daß man ihm Genossen zur Seite setzte, denen er durch Geist und Ansehen weit überlegen war. Er vermied, eine Pratica der vornehmen Bürger zu berufen, verständigte sich aber mit den Gonfalonieren di Compagnia, so daß das popolare Element die Oberhand behielt und sogar neue Energie gewann. Solange aber die Signorie von zwei Monat zu zwei Monat wechselte, war doch dem Bedürfnis, das jedermann fühlte, nicht genug geschehen. Die Überzeugung brach sich Bahn und wurde immer allgemeiner, daß Florenz auf diese Weise nicht bestehen, noch zu seinem alten Range würde gelangen können.

Endlich trat eine Signorie ein, welche sich entschloß, eine Veränderung der Verfassung ernstlich in die Hand zu nehmen; sie schlug dem großen Rate die Gründung eines lebenslänglichen Gonfalonierats vor. In der natürlichen Konsequenz des Vorangegangenen lag es, daß derselbe Mann, der dieser Würde wieder einiges Ansehen verschafft hatte, jetzt dazu bestimmt wurde, sie zeit seines Lebens zu bekleiden; sie wurde mit Attributen ausgestattet, welche ihm zwar nicht eine unbeschränkte Autorität, aber doch einen durchgreifenden Einfluß gewährten.

Man darf nicht verkennen, daß auch hierbei eine Idee Savonarolas ausgeführt wurde; nur ohne Vorwalten der religiösen Impulse, die er in die Sache legte. Soderini gelangte zu einer Stelle, wie der Frate sie für Francesco Valori bestimmt hatte, jedoch ohne neuen Kampf und ohne Gewaltsamkeiten. Eine friedliche Regierung wurde gebildet, von wirklicher Autorität, aber auf populärer Grundlage. Mit dem Siege der Liga über die Franzosen ist doch alles wieder umgeschlagen. Die Optimaten machten dann gemeinschaftliche Sache mit den Medici, um das Gonfalonierat zu zerstören und die Demokratie niederzuhalten. Was sie jedoch auch dann noch zu bedeuten hatte, kann man daraus abnehmen, daß Niccolo Machiavelli aus ihr hervorgegangen ist; früher ein Freund Valoris schloß er sich später an Soderini an, unter dem er eigentlich seine Schule machte; er war immer der Meinung, die Regierung auf dem Popolo zu gründen.

Noch weitere Aussichten und Beziehungen knüpften sich an die religiöse Haltung des Dominikanerbruders. Man ist versucht, Wahrheit und Wahn, die sich in ihm vereinigten, wieder voneinander zu scheiden. Der Wahn betraf die unmittelbare Teilnahme Gottes an den irdischen Dingen, die Erleuchtung durch Vermittlung von Engeln oder auch ohne dieselbe, das Erwarten des Mirakels. Alles, was sich darauf bezieht, mußte zugrunde gehen. Die Wahrheit dagegen ist die Bedeutung des sittlichen Lebens und die Überzeugung von dem Widerspruch der wahren Religion mit dem Tun und Treiben der damaligen Hierarchie.

Seine Opposition gegen das Papsttum beruht auf ethischen und religiösen Grundlagen und hat eine Wirkung auf immer ausgeübt. Was von seinen Prophezeiungen im einzelnen in jener Zeit geglaubt wurde, ist sehr zweifelhafter Natur; in der Idee der Verbindung der französischen Kriegsmacht mit der Umgestaltung der Kirche ging Savonarola völlig irre. Allein es hat sich bewahrheitet, wenn er verkündigte, daß aus all den europäischen Verwicklungen eine neue Überflutung Italiens durch Barbaren, wozu er alle Transalpiner rechnete, folgen werde; von allen seinen Vorhersagungen war die vornehmste, daß eine Umgestaltung der Kirche bevorstehe; diese aber hat sich auf eine Weise erfüllt, von der er keine Idee hatte.

Wollte man ihn mit Luther vergleichen, der ihn doch in bezug auf die Lehre von der Rechtfertigung als seinen Vorgänger anerkannte, so beruht der Unterschied zwischen beiden auf zwei Momenten. Savonarola rechnete auf übernatürliche Zeichen und Wunder, während Luther dies, einzig auf das geschriebene Wort trauend, nicht allein verschmähte, sondern verabscheute und bekämpfte. Das andere, daß Savonarola an der konziliaren Idee festhielt und den Papst durch ein Konzilium zu stürzen gedachte; im Geist malte er sich aus, welch eine Rolle ihm dann zu spielen vergönnt sein werde, – nicht in irgendeiner hohen Würde, sondern durch den leitenden Einfluß, den er sich verschaffen werde. Der Ausgangspunkt Luthers dagegen ist, daß er die Infallibilität so gut der Konzilien, wie des Papstes selber leugnete; er nahm also Stellung außerhalb der Hierarchie der Kirche, Savonarola hielt an derselben fest. Luther wollte vor allem die Lehre, Savonarola nur das Leben und die Verfassung reformieren.

Eines der größten Verdienste Luthers um die spätere Entwicklung der Welt überhaupt liegt in der Unterscheidung des bürgerlichen und des kirchlichen Lebens; Savonarola aber suchte die Verbindung von beiden noch enger zu machen, als sie schon war. Denn für seine städtische Reform nahm er zugleich eine göttliche Autorität in Anspruch, während Luther mit sicherem Takt sich immer hütete, die bürgerliche und die religiöse Verfassung in eine unauflösliche Verkittung zu bringen. Bei weitem größere Verwandtschaft hat Savonarola in dieser Beziehung mit Calvin, der damit umging, ein städtisches Gemeinwesen dem religiösen Begriff gemäß einzurichten. Eine gewisse Ähnlichkeit mit den florentinischen haben die Genfer Ereignisse im Jahre 1538. Calvin und Fayel setzten sich dem Genfer Rate mit nicht minderer Heftigkeit entgegen, als Savonarola einer von ihm abweichenden Signorie; auch sie leiten den Widerstand, den sie finden, von satanischen Einwirkungen her und besteigen dem Verbote des großen Rates zum Trotz die Kanzel, umgeben von den vornehmsten Gläubigen. Auch von ihnen wurde die Menge, die ihnen früher angehangen, damals abtrünnig. Doch wurde in Genf der blutige Kampf noch vermieden; die Prediger wurden verwiesen und kamen später wieder zurück, um ihr Werk wieder aufzunehmen. Aber allezeit blieb zwischen ihnen und Savonarola der Unterschied, daß sie keine ihnen persönlich verliehene Autorität, kein Prophetentum in Anspruch nahmen. Alles beruhte bei Calvin auf der Auffassung der Stellen der Schrift, aus denen er die Form des christlichen Lebens herleitete. Und wenn Savonarola die weltliche Verfassung, durch die er seinen geistlichen Begriff zu realisieren suchte, erst in das Leben rief, so war dagegen bei Calvin ein Zusammentreffen der Beschlüsse des Großen Rates, welcher bereits bestand, mit seinen Ideen die Grundlage von allem, so daß in Genf und in der Schweiz überhaupt die republikanische Verfassung doch immer die Priorität hatte und die geistlichen Anordnungen nur eben annahm, während Savonarola durch sein prophetisches Ansehen das Oberhaupt zugleich der geistlichen und der weltlichen Verfassung sein wollte und werden mußte. Die Verwicklung seiner Geschichte liegt eben in dem Versuch, dies durchzusetzen. Die göttliche Autorität des Propheten und die göttliche Autorität des Papstes traten einander in Florenz gegenüber. An jenem Tag der Feuerprobe ging die erste zu Ende und die letzte stellte sich wieder her.

Wie aber die politischen, so sind auch die religiösen Tendenzen Savonarolas einige Jahrzehnte später noch einmal zu voller Geltung gekommen. Den Fortschritten der Reformation jenseits der Alpen zur Seite haben sich auch in Italien analoge Regungen erhoben. Man darf unbedenklich annehmen, daß die Predigten Savonarolas, kurz vorher viel gedruckt und viel verbreitet, namentlich durch die venezianische Presse, einen nicht geringen Einfluß auf diese Entwicklung ausgeübt haben. Aber wir wollen nicht auf die Agonien des italienischen Geistes eingehen; seine Regungen und ihre Unterdrückung bilden einen Teil der Geschichte der Wiederherstellung des Papsttums.

Filippo Strozzi und Cosimo Medici, der erste Großherzog von Toskana

Vom 13. bis zum 16. Jahrhundert hat es auch immer ein auswärtiges Florenz gegeben. Dem gehörte der größte aller Florentiner, Dante, an. Eine konstante Sitte der florentinischen Republik war es, die Mitbürger, die sich der vorherrschenden Partei nicht fügten, zu verbannen. Diese aber fühlten sich immer als Florentiner; durch den Handel, den sie in aller Welt trieben, gelangten sie zu Reichtümern, die ihnen eine Rückwirkung auf die Stadt möglich machten. Untereinander blieben sie immer in Verbindung; sie erscheinen besonders in den italienischen Städten als eine geschlossene Landsmannschaft, zuweilen unter der Bezeichnung der florentinischen Nation. Wie das Wort Stato die innere in Besitz gelangte Macht, so bezeichnet das Wort Nation die von derselben ausgeschlossenen Geschlechter in der Fremde. Die Geschichte von Florenz beruht großenteils auf dem Gegeneinanderwirken dieser Elemente; die Medici waren aus der Verbannung nach Haus gekommen, als ihnen die Regierung zufiel, und als sie selbst verbannt wurden, setzten sie Italien und selbst die auswärtigen Mächte mit ihren Versuchen, sich wiederherzustellen, in Bewegung. Ich will hier einen Moment dieses Streites zwischen dem auswärtigen und dem inneren Florenz erzählen, nur in einem Entwurf freilich, nicht in voller historischer Ausführung, und zwar den letzten, in welchem die republikanische Verfassung der Stadt in eine monarchische übergegangen ist. Widmen wir dem letzten Republikaner, Filippo Strozzi, ein Wort der Erinnerung, um dann den Begründer der Monarchie, Cosimo, auf seiner Laufbahn zu begleiten.

An den Unruhen des Jahres 1434 nahmen die Strozzi nicht den lebhaften Anteil, den ihre Verbündeten, die oligarchischen Geschlechter, von ihnen erwarteten; nach dem Siege Cosimos des Alten wurden sie dennoch aus der Stadt verwiesen. Mit den Medici ließen sich die Strozzi in beiderlei Hinsicht vergleichen, den allgemeinen Kulturbestrebungen, wie denn Palla Strozzi unter den Gönnern der wieder erwachenden klassischen Literatur einen ehrenvollen Platz einnimmt, und den glücklichen Handelsunternehmungen. Einer der Verbannten, Matteo Strozzi, starb in Armut; aber um so günstiger war das Glück seinem Sohne Filippo dem Älteren, zuerst in dem Anteil, den er an dem Geschäft der Brandolini in Palermo nahm, noch mehr in dem, welches er hierauf in Neapel gründete. Es war in den Zeiten des Königs Alfonso, der Sizilien und Neapel wieder verband; an den sich anschließend, gelangte Strozzi nach und nach zu großem Einfluß und zu Kredit. Man hat seiner geschickten Geschäftsführung zugeschrieben, daß die Stadt Neapel in den inneren Kriegen des Königreiches immer mit Lebensmitteln versehen blieb. Sonst hielt er sich von aller politischen Parteinahme fern. Er war von einer so sanften Gemütsart, daß er niemand beleidigte, durch und durch religiös, wohltätig und freigebig, voll von Sinn für literarische Beschäftigung, für Kultur und Landleben, wie er denn in seinem Garten zu Neapel seltene Gewächse pflegte, die er dann nach Florenz übergeführt hat. Durch seine friedfertige Haltung und die Empfehlung des Königs von Neapel wurden die Medici bewogen, ihm die Rückkehr nach Florenz zu gestatten, wo er unter den Kaufherrn der Stadt einen hohen Rang einnahm. Sein Bankhaus war das, bei dem man am liebsten sein Geld deponierte, weil man es unfehlbar, zuweilen in denselben Münzsorten, in denen es eingezahlt worden, zurückerhielt. In den Unruhen, die nach der Verschwörung der Pazzi eintraten, erwarb er sich das Verdienst, die Herstellung eines guten Verhältnisses zwischen Lorenzo und dem König von Neapel einzuleiten, so daß der alte Widerstreit der Häuser zunächst gehoben zu sein schien. Im Gefühl einer sicheren und glänzenden Existenz legte er Hand an, jenen Palast zu gründen, der noch heute bei dem Anblick des herrlichen Bauwerkes seinen Namen den Nachlebenden in Erinnerung bringt.

Wie schwer der religiöse Gesichtspunkt bei ihm wog, davon zeugt das Tagebuch, in welchem er in altväterlicher Sorgfalt die religiösen Akte, die sich mit dieser Gründung verbanden, verzeichnet hat. Unmittelbar nach seinem Tode gewann nun aber die Familie auch wieder politischen Einfluß. Zu den Regungen der Opposition gegen Piero Medici gehört es, daß die beiden Männer, die sich zuerst von diesem abwendeten, in Familienverbindung mit dem Haus Strozzi traten; Rucellai verlobte seine Tochter mit dem noch sehr jungen Lorenzo Strozzi, Soderini seinen Sohn mit einer jungen Dame aus diesem Hause, was ihnen durch deren Reichtümer einen Zuwachs an ihrer Autorität verschaffte. Es geschah ohne Vorwissen Pieros und sehr zu seinem Verdruß. Alfonso, ein Sohn Filippos aus seiner ersten Ehe, erscheint in den folgenden Konflikten als einer der entschlossensten Gegner der Medici; der Haß, der sich von der Verbannung herschrieb, wachte in ihm wieder auf. Später schloß er sich mit Eifer dem Gonfaloniere Soderini an. Nicht so ganz aber war dies die Gesinnung der zweiten Gemahlin Filippos, Selvaggia, einer geborenen Gianfigliazzi, die diesen überlebte; den religiösen Lebensernst ihres verstorbenen Gemahls scheint sie nicht geteilt zu haben; denn dieser hatte dem jüngsten Sohne, den sie ihm brachte, in der Taufe den Namen des Ortsheiligen der Florentiner, Giovambatista, beigelegt; sie zog es vor, nach dem Tode des Vaters demselben den Namen des Verstorbenen, Filippo, zu geben; es ist Filippo di Filippo Strozzi, von dessen Leben hier eine Skizze entworfen werden soll. Sein erstes Auftreten war weit davon entfernt, einen Mann von republikanischer Gesinnung in ihm ahnen zu lassen; er erschien vielmehr als ein Gegner der bestehenden Republik.

Mit Soderini zerfiel Selvaggia auch deshalb, weil er in den Erbschaftsangelegenheiten Alfonso ihren Kindern vorzog. Nun geschah es, daß die Witwe Piero Medicis, Alfonsina, die in Rom lebte, für ihre heranwachsende Tochter Clarice einen Gemahl nicht aus den Großen der Romagna, von denen sie selbst stammte – sie war eine Orsina, Enkelin des Stifters der Linie Bracciano –, sondern unter den angesehenen Bürgern von Florenz suchte. Nach einigen anderen wieder verworfenen Plänen ersah sie sich Filippo Strozzi zu ihrem Eidam. Selvaggia ging auf den Vorschlag Alfonsinas, die zugleich eine gute Aussteuer für ihre Tochter in Aussicht stellte, ein; im tiefsten Geheimnis wurde der junge Filippo, der eben im zwanzigsten Jahre stand und sich vortrefflich ausgebildet hatte – er zeigte eine entschiedene Neigung zur klassischen Literatur – und in jeder Beziehung glänzende Hoffnungen erweckte, mit Clarice versprochen; er hatte sich hierzu selbst unter mancherlei anderem Vorwande nach Rom begeben.

Als die Sache in Florenz bekannt wurde, machte sie ein Aufsehen, daß ein später Lebender kaum begreift. Aber gewiß hatte es eine große Tragweite, daß die Medici mit einem der reichsten Häuser in Florenz in Verbindung traten, was als ein vorbereitender Schritt zu ihrer Herstellung erschien. Der Gonfaloniere sah darin eine Gefährdung seiner Stellung überhaupt: denn das lebenslängliche Gonfalonierat, das er bekleidete, war die Ausführung einer antimediceischen, schon von Savonarola gehegten Idee; es beruhte auf dem Großen Rat und war eine wesentlich populäre Institution. Durch die Verbindung eines reichen Hauses mit den Medici ward es ohne Zweifel erschüttert. Bei der nächsten Gelegenheit hat er eine Rede im großen Consiglio gehalten, in der er den glücklichen Zustand, in welchem man sich befinde, hervorhob und vor jeder Veränderung nachdrücklich warnte: denn eine solche laufe dem allgemeinen Besten entgegen. Seine Partei glaubte, das Vorhaben für ungesetzlich erklären zu können, weil die Sentenz der Rebellion über das Haus Medici ausgesprochen worden sei. Um den Gonfaloniere scharte sich die Partei des alten Valori, die man als valorianische Sekte bezeichnete, nicht jedoch auch die Brüderschaft von S. Marco, welche es vielmehr unrecht fand, daß man die Vermählung eines jungen Paares verhindern wollte. Denn das alte Gesetz war doch auf den vorliegenden Fall nicht eigentlich anwendbar; nur auf die männlichen Nachkommen der Verurteilten erstreckte sich die Sentenz, nicht auf die weiblichen, für welche in einem solchen Fall eine geringe Geldbuße bestimmt war. Seine beste Stütze aber fand Filippo Strozzi in einigen der vornehmsten aristokratischen Häuser, Ridolfi, Salviati und besonders Rucellai, mit welchem letzerem die vorsichtige Selvaggia die oben erwähnte Familienverbindung geschlossen hatte, so daß ihre Sache zugleich eine aristokratische wurde. Es schien wohl einmal, als ob es zwischen den beiden Parteien hierüber zu einem offenen Bruche kommen könne; von allen Gegnern Filippos war sein Stiefbruder Alfonso der heftigste. In Florenz pflegte man jedoch, so weit es irgend tunlich war, das Äußerste zu vermeiden; man traf endlich einen Mittelweg: Filippo wurde zu einer Geldstrafe verurteilt und auf drei Jahre nach dem Neapolitanischen verwiesen. Aber das Strafgeld war leicht bezahlt, die Vermählung wurde vollzogen, und nach einiger Zeit traf Clarice in der Behausung der Strozzi in Florenz ein; es war eine junge Dame, die durch Gestalt, Geist und Haltung vielen Eindruck machte, so daß das Volk nur die Notwendigkeit bedauerte, in der sie war, ohne ihren Gemahl zu kommen. Soderini, der sie einst aus der Taufe gehoben, wurde dann zugleich durch ihre Bitten bewogen, in den Bestimmungen des Exils solche Erleichterungen zu treffen, daß Filippo Strozzi von demselben wenig zu leiden hatte. Die Opposition der aristokratischen Geschlechter wurde dadurch, wie sich denken läßt, nicht beseitigt; diese empfanden es alle Tage mehr, daß die Autorität, die sie in dem Staate unter Lorenzo Medici besessen hatten, bei dem Bestehen des Großen Rates und der Gonfaloniere, der mit demselben regierte, niemals wiederhergestellt werden konnte. Es geschah nicht ohne ihre Teilnahme, daß Soderini im Sommer des Jahres 1512 gestürzt wurde; doch war ihre Mitwirkung nicht der entscheidende Moment; dieser lag in einem europäischen Ereignisse, dem Siege der Ligue, vor der damals die Franzosen aus Italien weichen mußten. Der Kardinal Giovan de' Medici, zu dieser Zeit Legat des Papstes, erschien vor den Toren der Stadt; die Rückkehr seines Bruders Giuliano und der ganzen Familie erfolgte von selbst. Allein damit war der Kardinal nicht zufrieden, und wie man behauptete, auch das Heer der Ligue war es nicht: es forderte eine andere stabilere, zuverlässigere Verfassung. Hierauf nahmen die Medici die Regierung der Stadt wieder in die Hand: eine Staatsveränderung, die auf die gewohnte tumultuarische Weise durch ein Parlament und durch eine von demselben ernannte Balia vermittelt wurde. Der Große Rat wurde abgeschafft, das Institut der Accoppiatoren hergestellt; die Ernennung der Magistrate ging wie vor alters wieder von der Casa Medici aus. An sich war dies nun keineswegs der Sinn der aristokratischen Geschlechter gewesen, aber der Umschwung aller politischen Verhältnisse überhaupt und besonders die Wahl des Kardinals Medici zum Papst, – es ist Leo X., welche bald darauf erfolgte, verhinderte jeden Widerspruch: denn für die großen Familien wurde durch die enge Verbindung mit der römischen Kurie ein Weg zu politischer Wirksamkeit, der ihnen bisher versagt gewesen war, eröffnet. Die Medici richteten sich in Florenz ein, zuerst unter dem Bruder des Papstes, der als ein sehr gemäßigter, bürgerlich gesinnter Mann allgemein beliebt war, dann unter Lorenzo, dem Sohn Pieros, der dagegen eine fürstliche Hofhaltung um sich her bildete, überhaupt wie sein Vater ein großer Fürst zu sein trachtete.

Filippo Strozzi, der mit Lorenzo, seinem Schwager, in enger und vertraulicher Verbindung lebte, nahm an diesem Tun und Treiben keinen Anteil; er hütete sich vielmehr, eine Stellung anzunehmen, wie dieser ihm vorschlug, die seine bürgerlichen Verhältnisse, in denen er sich behagte, zerstört und ihn in andere versetzt hätte, die ihm nicht willkommen waren; er verbat sich selbst den Titel Messer, der ihm nicht zukomme, da er weder Doktor und Edelmann sei; in seiner Beschäftigung als Herr eines großen Handelshauses fand er Befriedigung. Der unerwartet frühe Tod Lorenzos war dadurch von großer Bedeutung, daß er der letzte der legitimen Sprößlinge der Linie des Hauses Medici war, welche die Herrschaft in Florenz erworben hatte: er hinterließ eine Tochter, – es ist die spätere Königin von Frankreich, Katharina Medici. Auch zwei Knaben waren übrig, aber beide waren natürliche Söhne, der eine Giulianos, Ippolito, der andere Lorenzos, Alessandro. Ihre unechte Geburt war kein Hindernis, daß sie nicht als fähig, einmal die Herrschaft von Florenz zu erlangen betrachtet worden wären. Zunächst ging der Tod Lorenzos ohne unangenehme Rückwirkung vorüber. Kardinal Giulio de' Medici, ein Sohn des älteren Giuliano, der in der Verschwörung der Pazzi umgekommen war –, eigentlich auch von zweifelhafter Legitimität, der nun die Verwaltung übernahm, wußte das Regiment der Medici zu behaupten, unterstützt von der Autorität des Papstes Leo. Aber ohne innere politische Gefährdung war die Stadt keinen Augenblick. Man verweilt mit Vergnügen bei dem Antagonismus der Ideen dieser Epoche, weil er in Männern von Geist, die zu den größten Schriftstellern aller Zeiten gehören, zum Ausdruck kommt. Guicciardini und Machiavell standen persönlich in freundschaftlichen Verhältnissen, aber in bezug auf die Idee des Staates finden wir sie auf den entgegengesetzten Seiten. Guicciardini hatte durchaus aristokratische, Machiavell populäre Sympathien. Sie wollten beide das Fürstentum; Guicciardini ein sehr beschränktes, aber durch die Aristokratie, Machiavell ein unbeschränktes und populäres. In diesem Sinne ist das Buch vom Fürsten geschrieben, das an den erwähnten Lorenzo gerichtet ist. Die Ratschläge, welche Machiavell ihm gab, beruhen vor allem darauf, daß die höchste Gewalt sich bei weitem besser auf das Volk gründen lasse, als auf die Großen. Die beiden Autoren, einander begegnend in vielen Wahrnehmungen und Grundsätzen, repräsentieren doch, man kann vielleicht nicht sagen, zwei Parteien; aber zwei Direktionen des öffentlichen Geistes in Florenz. Für die Entwicklung der Herrschaft des Hauses Medici kam es nun darauf an, in welches Verhältnis es sich zu denselben stellen würde. In gewissem Sinne kam der Gegensatz ihrer Erhaltung zu statten; Giulio wußte sie im Gleichgewicht zu halten. Als er nach dem Tode Hadrians VI., welcher der Nachfolger Leos war, unter dem Namen Klemens VII. selbst zur Tiara gelangte (1523), hatte es nicht selten den Anschein, als wolle er die populäre Partei unterstützen, er hat mehr als einmal gesagt: der Sinn seines Vorgängers Leo sei auf die Herstellung der alten republikanischen Verfassung gegangen. Die Verwaltung von Florenz vertraute er einem Manne verwandter Gesinnung an, dem Kardinal von Cortona, der in Gesellschaft des aufwachsenden Ippolito seinen Sitz in Florenz nahm. Wenn es zur Begründung der Autorität der Medici in Florenz beigetragen hatte, daß dieses Geschlecht zweimal das Papsttum verwaltete, so entsprang doch aus der Verbindung mit diesem auch wieder eine große Schwierigkeit: denn die Rücksichten, die die Politik des Römischen Stuhles bestimmten, konnten unmöglich eben dieselben sein, welche die Lage von Florenz an die Hand gab. Papst Klemens VII. war voll von Geist, aber er folgte immer momentanen, nicht selten einseitigen Impulsen; daß er nach mancherlei Schwankungen zwischen Kaiser Karl V. und König Franz I. sich auf die Seite des letzteren schlug, konnte unmöglich ohne Rückwirkung auf Florenz bleiben, wo sich die mediceische Autorität auf den Sieg, den die Liga, die sich jetzt in Karl V. darstellte, über Frankreich davongetragen hatte, gründete. Überdieß aber geschah nun abermals, daß eine Spaltung in der Familie hervortrat; die den Medici so eng verbundene Familie Strozzi fing an, sich im Gegensatz zu denselben selbständig zu regen.

Von jeher war Filippo Strozzi mit Giulio de' Medici vertraut gewesen; sie hatten wohl einst auf einem Bette zusammen geschlafen; Kardinal Giulio hatte immer als der beste Freund der Strozzi gegolten. Auch verdankten diese der Verbindung mit den Medici und mit Rom die größte Förderung in ihren Geschäften. Als Depositar der päpstlichen Einkünfte, was er, wie unter Leo und Hadrian, so auch unter Klemens blieb, stand Filippo mit allen Ländern der katholischen Welt in Geschäftsverbindung. In Frankreich hatte er eine Anzahl Bankhäuser, das vornehmste von allen zu Lyon; aber auch das neapolitanische, von welchem das Glück der Strozzi ausgegangen, genoß noch viel Ansehen und hatte Verzweigungen in der ganzen spanischen Monarchie, auch nach den Niederlanden hin. Diese Bankgeschäfte brachten Strozzi in ein unmittelbares Verhältnis zu den beiden großen, unter einander streitenden Potentaten, dem König Franz und dem Kaiser Karl: er mußte sich hüten, seine Gefälligkeiten gegen den einen so weit zu treiben, daß er mit dem anderen zerfallen wäre. Filippo Strozzi führte damals ein glückliches Leben: denn er war der reichste und angesehenste Privatmann in Florenz, hochgebildet, freigebig wie sein Vater, und schon wegen seiner Geschäfte seinen Freunden nützlich und selbst unentbehrlich. Clarice machte ihn zum Vater einer zahlreichen Familie, die um ihn her emporwuchs; mit den älteren von ihnen lebte er weniger in einem väterlichen, als in einem brüderlichen Verhältnis. So genoß er seine Tage, ohne die Begierde, von welcher die meisten anderen ergriffen waren, die Regierung in seiner Vaterstadt selbst an sich zu bringen, wohl aber mit dem Ehrgeiz, sein Haus noch glänzender zu machen, als es bisher gewesen war, und keinem anderen nachzustehen. In bezug auf die Regierung lag ihm nur daran, keine emporkommen zu sehen, die feindselig gegen ihn gesinnt sein könnte: denn davon hätte er auch als Privatmann Nachteile besorgen müssen. Allmählich aber stellten sich auch Differenzen mit Papst Klemens heraus: zu der Beförderung eines der Söhne aus der Familie zu den höchsten kirchlichen Würden war der Papst nicht so geneigt, wie die Strozzi erwarteten. Clarice, die das lebhaft empfand, wurde auch noch dadurch dem Papst entfremdet, daß er bei der Erbteilung der Verlassenschaft ihrer Mutter Alfonsina mit den Nachkommen Lorenzos für diese eine ungerechte Vorliebe gezeigt habe; aber dazu kamen doch auch Streitigkeiten von größerem Belang. Der Anlaß war folgender. Als die kaiserliche Partei, verbündet mit den Colonnesen, den Papst in Rom überfiel und zu einem Vertrag nötigte, gab sich Filippo dazu her, den Spaniern nach Neapel zu folgen als Geisel für die Erfüllung der päpstlichen Versprechungen, obwohl er es nur höchst ungern tat, zumal da seine Gemahlin durch eine Krankheit in Florenz gefesselt war.

Daß nun der Papst, jenem Akkord zum Trotz, die Colonnesen, denen er Verzeihung versprochen hatte, mit Feuer und Schwert angriff, mußte auf den Zustand Filippos eine höchst unangenehme Rückwirkung ausüben; er wurde in Neapel in engere Haft genommen. Clarice ließ sich in ihrer Sänfte nach Rom tragen, bekam aber von dem Papst, dem sie ihre Lage vorstellte, nur eine sehr kühle Antwort: er schien sich Filippos kaum noch zu erinnern.

Man begreift es, wenn hierauf Clarice in eine dem Hause, aus dem sie stammte, feindselige Stimmung geriet und sich ganz den Interessen der Strozzi anschloß, denen sie durch ihren Gemahl und ihre Kinder angehörte. Das hatte nun aber eine über die persönlichen Verhältnisse weithinausreichende Wirkung; die Republik Florenz, – denn noch immer war sie das – wurde dadurch in neue Bahnen gedrängt. Wir müssen der Wendung der Dinge, welche unter der Mitwirkung der Strozzi eintrat, eine kurze Erörterung widmen. Filippo seinerseits trat bereits mit einigen Ausgewanderten in Verbindung, mit der bestimmten Absicht, in der Regierung der Stadt eine Veränderung hervorzubringen: denn die alten republikanischen Zustände waren in Florenz noch keineswegs vergessen; einer Anzahl der angesehensten Familien widerstrebte es, unter den Medici zu stehen. Die Tendenzen regten sich wieder, welche unmittelbar nach der Staatsveränderung von 1512 hervorgetreten, aber durch Papst Leo zurückgedrängt worden waren.

Schon bei der ersten Annäherung der Kriegsgefahr traten Erschütterungen ein, die den Zustand der Stadt gefährdeten. Noch bei weitem mehr geschah das, als Rom im Mai 1527 von dem kaiserlichen Kriegsheer erstürmt und Klemens VII. aufs neue in der Engelsburg eingeschlossen und als ein Gefangener behandelt wurde. Einen Unfall wie diesen war die Regierung des Kardinals von Cortona auszuhalten nicht mehr fähig. Von beiden Parteien, sowohl der, welche auf eine Veränderung dachte, als der mediceischen zugleich angegangen, schwankte Filippo nicht eigentlich zwischen ihnen; aber er trug doch Bedenken, sich zu erklären. Seine Gemahlin hatte den Mut, vor ihm nach Florenz zu gehen, und Herzhaftigkeit genug, die Sache einzuleiten. Als geborene Mediceerin fand sie Glauben damit, wenn sie erklärte, dem Hause liege nichts daran, in welcher Qualität es auch immer in Florenz leben müsse: es werde sich dem unterwerfen, was von der Stadt beschlossen würde.

Man hat immer gesagt, daß sie dem Kardinal seine Feigheit und dem jungen Ippolito, der bei ihm war, seine dunkle und unechte Geburt vorgeworfen habe. Ich finde das nicht glaubwürdig überliefert; aber sehr erklärlich wäre es wohl, wenn ihr an der Fortsetzung des Hauses durch einen unechten Sprossen nicht viel gelegen gewesen wäre; und wie hätte sie nicht wünschen sollen, wenn ein Unglück eintrete, vor einer Rückwirkung desselben auf ihren Zweig der Familie gesichert zu sein. Vor allem stellte sie Ippolito und dem Kardinal die Gefahr vor, über Florenz ein ähnliches Schicksal hereinzuziehen, wie das, wovon Rom so eben heimgesucht worden war. Und vollkommen bewährte sich die Maxime, an die man sie erinnert hatte, daß nämlich große Unglücksfälle den Mut der Menschen brechen und ihre Widerstandskraft lähmen. Clarice wußte in der Tat es so weit zu bringen, daß von seiten des Kardinals und Ippolitos eine Kommission gutgeheißen wurde, um mit der Signorie zu überlegen, was unter den gegenwärtigen Umständen getan werden solle. Mit dieser Nachricht empfing Clarice ihren Gemahl, als er selbst nach Florenz kam. Vergegenwärtigen wir uns dessen Stellung, so war sie doch von der eigentümlichsten Art. Seine Mutter hatte sich einst den Medici zugewendet, um der demokratischen Partei des Gonfaloniere zu widerstehen; durch eine Verbindung der aristokratischen Geschlechter waren dann die Medici wiederhergestellt worden, Filippo Strozzi hatte gleichsam Teil an ihrer Gewalt; jetzt aber kam er nach Florenz, mit der Absicht, sich von ihnen zu trennen und ihren Gegnern beizutreten. Er wollte und mußte zuerst mit dem Kardinal und mit Ippolito sprechen. Clarice meinte, er solle nicht ohne gutes Geleit in den mediceischen Palast gehen, damit ihm nicht etwa dort etwas zu Leid geschehe, aber der Bruder Filippos – denn wir dürfen wohl in diese Familienberatungen eingehen – führte ihm zu Gemüt, daß er am sichersten sein werde, wenn er Vertrauen zeige. Und noch fürchtete man in dem Palast der Medici nicht eigentlich seine Feindseligkeit: Ippolito stellte ihm vor, es stehe ja nur bei ihm, die Oberhäupter der entgegengesetzten Faktion, Capponi und Vettori, zu berufen und zu gewinnen. Filippo hat jedoch dazu keine Anstalt gemacht; er trat vielmehr dem Beschluß der Signoria bei, daß die Stadt in den Zustand wiederhergestellt werden sollte, wie er vor dem Jahre 1512 gewesen sei; sein ganzes Bemühen war alsdann, den Kardnal und Ippolito dahin zu bringen, die bewaffnete Macht, die sie in der Stadt hatten, nicht zu gebrauchen, sondern vielmehr diese selbst zu verlassen, was dann im Geleit Filippo Strozzis geschah (16. Mai 1527).

Der Moment, auf den alles ankam, ist doch die Überredung des Kardinals von Cortona, in die Beratung in dem Palast zu willigen; man wird sie hauptsächlich der Clarice zuschreiben müssen, welche sich dabei ebenso gewandt wie entschlossen zeigte.

Sie hatte Sinn nicht allein für ihre Familie, sondern auch für persönlichen Ruhm und glaubte ein großes Werk ausgeführt zu haben. Bald darauf ist sie gestorben.

Abermals war es demnach eine Entzweiung in dem Hause Medici wie im Jahre 1494, wodurch der Sturz ihrer Regierung im Jahre 1527 herbeigeführt wurde. Das große Consiglio, das im Jahre 1512 aufgelöst worden war, wurde jetzt wiederhergestellt; noch entschiedener als im Jahre 1494 trat jetzt ein Capponi an die Spitze: Niccolò Capponi, dem man den größten Anteil an dem Ereignis zuschrieb, wurde zum Gonfaloniere auf 13 Monate (vom 1. Juni 1527 bis 1. Juli 1528) gewählt. Allein auch diesmal konnte sich die Veränderung nicht in der Form behaupten, die man ursprünglich beabsichtigte.

Filippo Strozzi, dem es nur darauf angekommen war, sich des Übergewichtes der römischen Kurie in Florenz, die ihm selbst sehr beschwerlich fiel, zu entledigen, mußte erleben, daß dagegen die populäre Partei ein Übergewicht erlangte, bei dem er doch auch nicht bestehen konnte. Die Feindseligkeit gegen das Gesamthaus Medici wuchs in einem Grade an, daß auch er von derselben betroffen zu werden fürchtete; er begab sich in sein Bankhaus zu Lyon.

In Florenz erwachten alle Erinnerungen an die alten republikanischen Zustände, auch an Savonarola; die Partei der Fratesken wurde mächtiger, als sie jemals unter Soderini gewesen war. Capponi ist so weit gebracht worden, daß er geradezu Predigten Savonarolas wiederholte und den Herrn Christus als König von Florenz ausrief; eine Tafel in diesem wunderlichen Sinne wurde in dem Palast aufgehängt.

Und kaum tat Capponi, überzeugt davon, daß die politische Lage eine offene Entzweiung mit Papst Klemens verbiete, einen Schritt zur Annäherung an denselben, so wurde er gestürzt, und die frateske Partei bekam in kurzem die öffentliche Gewalt wieder in die Hand. Sie war diesmal bewaffnet und wehrte sich auf das tapferste, immer in der Hoffnung, daß die alten Prophezeiungen des Frate sich nunmehr erfüllen, und sie, wenn sie in Gefahr gerate, die sie selbst nicht bestehen könne, mit unmittelbarer göttlicher Hilfe den Sieg davontragen würde. Aber indessen waren Kaiser Karl und Papst Klemens in ein enges Verständnis getreten und ein kaiserliches Heer schritt zu der Belagerung der Stadt, an deren Ausgang um so weniger ein Zweifel sein konnte, da auch Franz I. seinen Frieden mit dem Kaiser traf. Nicht auf unmittelbare himmlische Gewalten, die der begeisterte Prophet verkündet haben sollte, sondern auf die weltlichen Kräfte, das militärische Übergewicht kam es an. Einst vor fünfthalbhundert Jahren war ein deutscher Kaiser vor den Mauern von Florenz zurückgewichen; jetzt zwang ein deutscher Kaiser, dem zugleich ein großer Teil des südlichen Europas gehorchte, die Stadt zur Unterwerfung. Damals hatte die Stadt sich für den Papst geschlagen; jetzt unterwarf sie der Kaiser dem mit ihm verbündeten Papst. Für die allgemeinen Angelegenheiten der Welt ist das Ereignis von großem Gewicht; die Gegner des Papsttums in Italien wurden vernichtet. Aber indeß war in Deutschland die protestantische Partei erwachsen. Dieser gereichte die enge Verbindung zwischen Kaiser und Papst zu dem größten Anstoß. Man durchschaute, daß diese Vereinigung doch nicht eine Sache des Reiches noch auch eine geistlich religiöse Angelegenheit sei, sondern lediglich politische Ursachen habe. Daß der Kaiser nicht als Kaiser, sondern als Vertreter des Papsttums handele, war der Hauptvorwurf, den ihm Luther machte, und welcher zur Gründung des Schmalkaldischen Bundes den Anlaß gab. In gewissem Sinne kann man sagen, die Protestanten rächten Savonarola an dem Papsttum. Diese Kombinationen aber beschäftigen uns hier nicht; wir ziehen nur die florentinischen Angelegenheiten in Betracht.

Über die Zukunft der Stadt wurde durch die Eroberung nicht unbedingt entschieden. In der Kapitulation selbst, die sie im August 1530 einging, ward ein Knoten für die nächste Zukunft geschürzt: die Worte waren, daß der Kaiser das Recht haben solle, über die Regierung der Stadt binnen vier Monaten zu verfügen, mit Vorbehalt jedoch ihrer Freiheit. Über den Sinn des Wortes hat sich ein Streit erhoben, der uns noch viel beschäftigen wird und über den wir deshalb gleich hier eine Bemerkung einschalten. Mit Recht hat man hervorgehoben, daß der Kaiser unmöglich gemeint haben könne, die Medici von der Stadt ausgeschlossen zu halten; denn eben zu deren Gunsten hatte er die Waffen geführt. Welche Bedeutung aber konnte unter dieser Voraussetzung das Wort Freiheit noch haben. Man hat behauptet, damit habe nur gesagt sein sollen, daß die Stadt keinen fremden Herren unterworfen sein dürfe. So schon in jenen Zeiten; späterhin ist sogar die Meinung aufgetaucht, es sei nur von der individuellen Freiheit eines jeden die Rede gewesen. Weder der einen noch der anderen dieser Annahmen, die sehr wie eine Ausflucht aussehen, darf man beitreten. In dem Augenblick, daß die Kapitulation geschlossen wurde, war es doch nicht die Absicht, die Stadt den Medici unbedingt zu überliefern. Klemens VII. hat sich über die florentinischen Gesandten beklagt, durch welche die Kapitulation in einem für ihn ungünstigen Sinne getroffen worden sei. Die Worte können nur auf Konservation einer möglichst freien Verfassung, auch in dem vorauszusehenden Falle, daß die Medici wiederhergestellt wurden, berechnet gewesen sein. So hat denn Karl V. sich immer entschlossen erklärt, beides zu vereinigen. Die Verfassung sollte in der Art wiederhergestellt werden, wie sie vor der letzten Verjagung der Medici im Jahre 1527 bestanden hatte.

Dahin ging auch der Sinn derer, die von den Popularen zur Auswanderung genötigt, wieder zurückkamen und sich in Besitz ihrer alten Güter setzten, der siegreichen Partei überhaupt. Eine neue Einrichtung mußte auch deshalb getroffen werden, weil die Inhaber der Regierung schlechterdings die Mittel nicht aufbringen konnten, um die Forderungen des Heeres zu befriedigen. Um nicht ganz ungesetzlich zu verfahren, kam man auf die alte Form zurück, ein Parlament zu berufen, welches eine Balia ernannte, der eine ausgedehntere Befugnis zur Reform der Stadt eingeräumt wurde, als jemals einer früheren. Nicht ohne die gewaltsamste Reaktion, bei der Hunderte von Popularen mit Verbannung bestraft wurden, einige sogar mit dem Tod, wurde ein neues Regiment eingesetzt, das sich noch in den alten republikanischen Formen bewegte; noch immer wurde die Signoria von zwei Monat zu zwei Monat erwählt. Alles geschah unter der Einwirkung des päpstlichen Kommissars; der Papst aber zögerte noch, definitive Weisungen zu geben.

Kommen wir nun auf Filippo Strozzi zurück. Obwohl einer der vornehmsten Urheber der Staatsveränderung von 1527, war er doch von der popularen Entwicklung, die sie nahm, selbst zur Auswanderung genötigt worden. So lange die Dinge in Florenz zweifelhaft standen, hielt er sich ruhig; dann aber war er nach Rom gekommen, wohin ihn seine Geldgeschäfte riefen und wo er wegen der Hilfsquellen, die sein Reichtum eröffnete, gut aufgenommen wurde. Alle alten Feindseligkeiten schienen vergessen zu sein. Strozzi und Medici schienen wieder ein und dasselbe Interesse zu haben. Filippo gehörte zu denen, welche der Papst über die in Florenz zu treffenden Einrichtungen im intimsten Vertrauen zu Rate zog. Man hat ihm den Vorwurf gemacht, daß er Ratschläge sehr gewaltsamer Art gegeben habe. Wenn es sich so verhält, was wir weder ableugnen noch bestätigen wollen, so können sich dieselben doch nur auf die Herstellung einer festen Ordnung der Dinge den Popularen gegenüber bezogen haben, nicht sowohl auf eine monarchische, als auf eine aristokratische Verfassung. Seine Sinnesweise erhellt aus einem seiner Briefe vom Januar 1531, in welchem er den außerordentlichen und auffallenden Gedanken ausspricht, eine neue Nobilität in Florenz zu gründen; man solle die Kräfte und Gesinnungen der Familien Haus bei Haus erforschen und aus den Einverstandenen eine Vereinigung bilden, welcher die Regierung der Stadt ausschließlich zukommen würde; diese allein sollten als Nobili betrachtet werden, alle anderen als Plebejer, denen kein Anteil an der Regierung gestattet werden dürfe.

Wie es scheint, schwebte ihm der Amtsadel des alten Rom vor, die Nobilität unabhängig von dem Patriziat, wie denn in derselben Gens nicht einmal alle Familien zur Nobilität gehörten, und zugleich das Beispiel von Venedig, wo die Nicht-Nobili von allem Anteil an dem Regiment ausgeschlossen waren. Der Mann, an den er dies schrieb, ist Francesco Vettori, der neben Guicciardini einen hohen Rang unter den politischen Köpfen von Florenz einnahm. Von Vettori besitzen wir ein Gutachten, nach welchem er inmitten der großen Verlegenheiten, in denen man sich befand, daran zweifelte, eine wahrhaft republikanische Verfassung durchzuführen; es bleibe nichts übrig, als nur den Schein derselben zu retten, in der Tat aber mit Gewalt zu regieren, „die ganze Stadt“, sagt er, „ist wider uns, wir müssen das eine oder das andere tun“. Er hatte ein Regiment im Sinne, dessen Schwerpunkt in der Aristokratie liegen sollte, ebenso wie auch Strozzi selbst; die Medici würden eine Stellung eingenommen haben, die wenigstens nicht stärker gewesen wäre, als in dem Jahre 1527.

Papst Klemens VII. aber wäre mit einer solchen niemals zufriedenzustellen gewesen; er sagte unter anderem Nerli, dem Geschichtschreiber, der sich eine Zeitlang in Rom aufgehalten hatte, bei seinem Abschiede: er verlange eine Einrichtung von solcher Art, daß dem Hause Medici nicht nochmals widerfahren könne, was ihm im Jahre 1494 und 1527 begegnete, da seien die Medici verjagt worden; alle diejenigen aber, welche mit ihnen sich der Vorteile des Staates erfreuten, seien in ihren Stellen geblieben; die Einrichtung müsse eine solche sein, daß, wenn wieder ein Unfall eintrete, mit dem Hause Medici zugleich auch alle seine Freunde und Anhänger die Stadt verlassen müßten.

Davon waren, wie Nerli versichert, auch alle angesehenen Florentiner überzeugt, daß sie ohne das Haus Medici nicht würden bestehen können. Der Papst hatte wahrscheinlich in Erinnerung an die Unfälle des Jahres 1527 den Gedanken gefaßt, nicht wie damals dem Sohne Giulianos, Ippolito, den er indessen zum Kardinal erhoben hatte, sondern dem Sohne Lorenzos, Alessandro, der mehr zu einem Herrscher geboren schien, die erste Stelle in der Regierung zu Florenz anzuvertrauen. Er veranstaltete, daß Alessandro vom Kaiser durch Kauf ein neapolitanisches Herzogtum erhielt, was demselben einen fürstlichen Rang, auf welchen die Menschen immer vielen Wert legen, sicherte.

Nach mannigfaltigen Beratungen, an denen der Erzbischof von Capua, Schomberg, der einst im Kloster S. Marco gelebt hatte und die Parteiungen in Florenz genau kannte, Anteil nahm, kam man endlich überein, das Priorat, auf welchem seit 1282 die volkstümliche Macht beruhte, mit dem Gonfaloniere di Giustizia, d. h, die Signoria, überhaupt aufzuheben. Diese Maßregel soll zuerst durch Pucci bei dem Papst in Anregung gekommen sein. Auch die Gonfalonieri di Compagnia und diese Milizen selbst, welche eine populäre Macht konstituierten, wurden aufgehoben. Es blieb nur die siegreiche Partei übrig, die sich nun selbst organisierte. Die Balia, die kraft der ihr von dem Parlament übertragenen Gewalt alles angeordnet hatte, wurde zu einem Rate der Zweihundert, der selbst noch eine größere Zahl von Mitgliedern haben konnte, umgestaltet; aber dieser Rat wäre viel zu zahlreich gewesen, um ihm eine eigentliche Gewalt zu lassen; er behielt nur die Wahl eines engeren Rates von 48 Mitgliedern, dem dann alle wesentliche Autorität übertragen wurde. Es war ein lebenslänglicher Senat, der die legislative Gewalt ausüben, aber auch alle die Befugnisse, die gewöhnlich den Ministerien der auswärtigen Angelegenheiten, des Inneren und der Finanzen zufallen, besitzen sollte. Zu allen Ämtern von einiger Bedeutung sollte er ernennen, und die Besetzung der geringeren den Zweihundert überlassen bleiben. Die Organisation war also, daß alle wesentliche Macht den

Häuptern der vornehmsten Geschlechter, namentlich denen, die von den Popularen verjagt worden und jetzt zurückgekommen waren, anheimfiel; es waren die alten aristokratischen Freunde der Medici. Diese willigten ein, daß Alessandro Medici Vorsitzender – Proposto – in allen Konsilien sein und die Macht des abgeschafften Gonfalonierats ausüben solle; er sollte offiziell den Titel Doge führen; denn immer schwebte das Muster Venedigs vor den Blicken. Aber nicht unbedingt ward dem neuen Dogen die Gewalt zugesprochen; vier Mitglieder der Achtundvierzig sollten von drei Monat zu drei Monat durch die Accoppiatoren bestimmt werden, um demselben als seine Räte zur Seite zu stehen. Die Consiglieri sollten als der oberste Magistrat betrachtet werden; es wurde ihnen keine Besoldung, aber manches Ehrenvorrecht und zugleich eine hohe Autorität bewilligt; der Doge sollte in ihrer Versammlung die Propositionen machen; durch drei negative Bohnen aber sollten dieselben abgelehnt werden können. In dem Verhältnis des neuen Dogen zu diesen Oberhäuptern der Aristokratie bestand das Wesen der nunmehrigen Einrichtung, die noch immer eine republikanische blieb. Denn die Consiglieri stellten doch in sich einen Ausschuß der Achtundvierzig, der wieder auf dem Rat der Zweihundert beruhte, vor; es waren die Nobili, die Pregadi, die Savii und der Doge von Venedig in modifizierter Form.

Mit alledem würde jedoch die Absicht des Papstes noch nicht erreicht worden sein; denn ein innerer Sturm würde leicht eine neue Verjagung haben herbeiführen können; die Gewalt, welche die Medici in der früheren Epoche ausgeübt hatten, würde zwar einen Namen erhalten haben, aber noch keinen sicheren Bestand. Einen solchen konnte sie nur durch die Autorität des Kaisertums erhalten. Dem Kaiser Karl war von Rom aus in Erinnerung gebracht worden, daß die Regierung in Florenz geändert werden müsse; denn die Florentiner seien so von ganzem Herzen französisch gesinnt, daß der Kaiser von ihnen niemals etwas anderes als Untreue und Abfall erwarten könne; für ihn selbst würde es besser sein, die Regierung einem einzigen in die Hände zu geben. So ganz einfach ist jedoch der Antrag des Papstes Klemens zuletzt nicht gewesen; er hat dem Kaiser wiederholt, er begehre in Florenz nichts weiter für die Nachkommen seines Hauses, als was Papst Leo und er selbst in den früheren Jahren besessen habe, d. h. doch nicht die unbedingte Gewalt, sondern eine Art von Suprematie; aber er fügte hinzu, er wünsche sie unter kaiserlicher Autorität zu besitzen, wohin es früher noch niemals gekommen war. Auf diesen Punkt kam es nun vornehmlich an. Dem Kaiser wurde zugleich eine gewisse Abhängigkeit der festen Plätze der Florentiner von den Befehlshabern seiner Truppen nachgegeben, so daß die Befestigung der Medici in Toskana zugleich die Begründung oder vielmehr die Erneuerung der kaiserlichen Oberherrschaft in sich schloß. In diesem Sinne war nun das Diplom Karls V. abgefaßt und unter goldenem Siegel ausgefertigt, das in Florenz publiziert wurde. Darin wird den Florentinern Verzeihung für alles, was sie gegen Kaiser und Reich getan, zugesichert, zugleich aber Alessandro zum erblichen Oberhaupt der Republik erklärt. Der Kaiser hatte demselben seine natürliche Tochter zugesagt; er bedrohte die Florentiner mit seiner Ungnade, wenn sie von der festgesetzten Erbfolge jemals abweichen sollten.

Über die Verfassung sprach er sich nur insofern aus, als auch er, wie der Papst, eine populäre Verfassung für unzulässig erklärte.

Der Versuch war, das Ansehen der Aristokratie mit dem Fürstentum zu vereinigen; aber darin lag nun auch die große Schwierigkeit; denn, wie Napoleon einmal gesagt hat, irgendwo muß die oberste Gewalt ihren Sitz haben. Darin liegt der Angelpunkt aller Verfassungsstreitigkeiten, eine höchste Gewalt von Selbständigkeit und Energie mit den anderen Elementen des Staatslebens, die einen beratenden oder legislativen Anteil an derselben beanspruchen, auszugleichen. Hier schien nun der neue Herzog von dem Rat der Achtundvierzig gefesselt werden zu müssen. Aber es war ihm ein Vorrecht zugestanden, durch welches alles von Anfang an in Zweifel geriet; das Recht, seine Stelle durch andere vertreten zu lassen. Namentlich beauftragte er den Kardinal Cybo, den Sohn einer Schwester des Papstes Leo, so daß er dem mediceischen Hause vollständig angehörte, mit seiner Stellvertretung unter den vier Consiglieren; aber bald stellte sich heraus, daß Cybo nur weniger wichtige Geschäfte in dem Rate vortrug, die eigentlich bedeutenden Angelegenheiten eigenmächtig entschied. Und in den übrigen Ratsversammlungen hielt der Herzog für zulässig, sich nicht allein florentinischer Bürger, sondern auch solcher, welche Untertanen waren, und selbst Fremder als seiner Stellvertreter zu bedienen.

Wie es nun unter den Großen an Mißvergnügten hierüber nicht fehlen konnte, so wurde besonders Filippo Strozzi auf das widerwärtigste davon betroffen; er hatte allezeit mehr einer aristokratisch-republikanischen als einer aristokratisch-monarchischen Tendenz gehuldigt; dazu kamen nun wieder sehr persönliche Mißverhältnisse; die heranwachsenden Söhne Filippo Strozzis erlaubten sich im Vertrauen auf ihre mediceische Herkunft Unbotmäßigkeiten, die ihnen der Herzog nicht nachsehen wollte. Eine volle Entzweiung kam bei folgender Gelegenheit zum Ausbruch. Einst wurden bei einem Markte, den die jungen Damen zu besuchen pflegten, so daß es auch dann an Kavalieren nicht fehlte, von Giuliano Salviati unziemliche Worte gegen die junge und schöne Luise Strozzi, die vor kurzem verheiratet worden, in einem Kreise von jungen Männern, zu denen auch Piero Strozzi gehörte, ausgesprochen. „Weißt du“, sagte Piero, „daß ich ihr Bruder bin?“ „Ich weiß es wohl“, antwortete Giuliano Salviati. Piero sagte kein Wort; als aber Giuliano bald darauf in der Nacht nach Hause ging, wurde er überfallen und verwundet. Giuliano war im intimsten Vertrauen des Herzogs, der nun darauf hielt, daß die strengsten Nachforschungen stattfanden, wobei denn Piero selbst verhaftet wurde, ohne daß er dazu gebracht werden konnte, sich zu verantworten. Auf Befehl des Papstes wurde er losgelassen, aber zwischen Alessandro und den Strozzi war seitdem keine Freundschaft mehr. Als Luise nach einiger Zeit starb, behauptete man, sie habe von ihren eigenen Verwandten Gift bekommen, um sie jeder weiteren Beschimpfung zu entziehen.

Man sieht, in welcher Gradation die Zwietracht anstieg; sie ging so weit, daß Filippo Strozzi selbst des Versuches, den Herzog vergiften zu lassen, beschuldigt wurde, was er, und, wie es scheint, mit bestem Grunde ableugnete. Wie hätte aber unter Umständen, die nun solchem Verdachte Raum gaben, Strozzi länger neben

Alessandro leben sollen. Wenn er, durch und durch ein Aristokrat, wie er war, wenige Jahre früher aus Florenz gewichen war, weil er das Übergewicht der Demokratie nicht ertrug, so wurde ihm nun auch die Monarchie, an deren Herstellung er mitgearbeitet hatte, unerträglich. Abermals verließ er Florenz. Daß er sich von seiner Vaterstadt auf immer zu trennen gemeint hätte, läßt sich nicht denken. Seine Absicht ging vielmehr nur dahin, Alessandro zu stürzen, den er persönlich haßte. Einen natürlichen Rückhalt fand er an dem Kardinal Ippolito, der es nicht über sich gewinnen konnte, auf die weltliche Gewalt in Florenz Verzicht zu leisten und einen fortwährenden Antagonismus gegen den Duca unterhielt, wobei er an den florentinischen Kardinälen Ridolfi und Salviati, die immer einen Freund im Kollegium der Kardinäle, schon um einer zukünftigen Papstwahl willen, zu haben wünschten, Verbündete fand. Es war einst, wie oben angedeutet, auch der Ehrgeiz der Strozzi gewesen, ein Mitglied ihrer Familie zum Kardinalrat erhoben zu sehen; Papst Clemens soll es der Clarice, welche eben ihren Sohn Piero dazu empfahl, oftmals versprochen haben; zu den Beschwerden des Hauses gehörte es, daß das doch nicht geschah. Übrigens bezeigte der Papst doch auch wieder den Strozzi mancherlei Aufmerksamkeiten; seine Nichte Katharina Medici begab sich unter dem Geleit Filippos nach Frankreich, der dadurch in dem Königreich zu einer angesehenen Stellung gelangte. Ein Ausbruch der Zwietracht in der Familie wurde noch vermieden, so lange Papst Klemens lebte. Aber am 25. September 1534 ging er mit dem Tode ab. Mit den zu einer neuen Papstwahl herbeikommenden französischen Kardinälen erschien auch Filippo Strozzi nach Rom.

Unter dem neuen Papst Paul III. aus dem Hause Farnese hatte Filippo eine ziemlich schwierige Stellung, einmal wegen der Geldverhältnisse, über die er sich jedoch mit demselben vertrug, ferner weil der Hof noch mit den Anhängern des verstorbenen Klemens angefüllt war, die dessen florentinische Politik fortsetzten. Aber auch eine große Anzahl von Freunden fand Filippo in Rom. Ippolito trat mit seinen Ansprüchen offen hervor; die beiden genannten Kardinäle hielten an ihm fest; daß sie aber in Florenz etwas ausgerichtet haben würden, war doch nicht denkbar, wofern sie sich nicht mit der demokratischen Partei vereinigten. Die Ausgewanderten, welche doch zum bei weitem größten Teile der demokratischen Richtung angehörten, die vor der Eroberung in Florenz vorgewaltet hatte, strömten ihnen zu. Man faßte nun die Hoffnung, gerade durch diese Verbindung den Kaiser für Ippolito zu gewinnen; man meinte Karl V. zu überzeugen, daß unter Ippolito, der schon um seines Vaters willen die Zuneigung der Florentiner besitze, deren Devotion ihm gesicherter sein werde, als unter Alessandro, welcher in Florenz nun einmal verhaßt sei; sie dachten überhaupt, dem Kaiser den Herzog zu entfremden und dadurch diesen zugleich des Prinzipates und der ihm zugesagten Gemahlin zu berauben. Aus der Verbindung mit den demokratisch gesinnten Ausgewanderten entsprang nun aber auch eine Verlegenheit. Denn wie konnte Ippolito sich anheischig machen, ihre Ansprüche jemals zu befriedigen. Der Bruder und Biograph Filippos, der ihn sonst hoch in Ehren hält, schreibt ihm doch eine höchst zweideutige Politik zu, die freilich im Geiste der Zeit lag; er erzählt, Filippo habe dem Kardinal Ippolito die Hinneigungen für dessen Person größer vorgestellt, als sie doch gewesen seien, und auf die Verbindung mit den Ausgewanderten gedrungen, denen man nicht alles wörtlich zu halten brauche, was man ihnen in Aussicht stelle, er müsse den Haß des Volkes gegen Alessandro erregen und um keinen Preis den Versprechungen, die dieser selbst machen könnte, vertrauen; denn der werde, wenn er sich einmal befestigt habe und der Eidam des Kaisers geworden sei, doch von alledem nichts halten.

Das Kaisertum erscheint noch einmal in seiner vorwaltenden Autorität; es schien, als ob es für die Zukunft von Florenz nur darauf ankomme, den Kaiser, der eben von seiner Unternehmung gegen Tunis nach Neapel kam, zu überzeugen, daß Ippolito mehr Vertrauen verdiene und größere Sicherheit darbiete als Alessandro. In dieser Absicht machte sich nun Ippolito, von Strozzi begleitet, zu einer Reise nach Neapel auf. Allein unterwegs ward er von einer Krankheit betroffen, der er in wenigen Tagen erlag. Die allgemeine Meinung war, daß Alessandro ihn habe vergiften lassen. Lorenzo Strozzi macht den Mann namhaft, welcher dem Speisemeister des Kardinals die Dosis Gift gegeben habe, durch welche der letztere umgebracht worden sei. Der Leser begreift, wie schwer es dem Historiker wird, zwischen Anklage und Verteidigung, besonders wo Giftmischerei eine so große Rolle spielt, ein Urteil zu fällen.

Der Tod Ippolitos, welches auch die Ursache davon gewesen sein mag, zersprengte doch die Partei nicht, die sich um ihn gebildet hatte. Die Ausgewanderten versammelten sich zahlreich in Neapel, um dem Kaiser ihre Beschwerden vorzutragen. Dann aber hielt es auch Alessandro für notwendig, sich nach Neapel zu begeben, um jeder möglichen Entfremdung des Kaisers von seiner Sache entgegenzuwirken. Vor einigen Jahren hatten Guicciardini und Filippo Strozzi zusammengewirkt, um das Haus Medici nach Florenz zurückzuführen und daselbst festzustellen; jetzt erschien Guicciardini mit einigen anderen der vornehmsten Bürger im Geleite Alessandros; Filippo Strozzi stand auf der Seite der Ausgewanderten, und dort am Hofe des Kaisers wurde nun der Streit zwischen ihnen ausgefochten, der über die Herrschaft in Florenz entscheiden sollte. Es gehörte eine sehr wachsame Fürsorge dazu, um es nicht zwischen beiden Parteien zu tätlichen Feindseligkeiten kommen zu lassen; doch haben zwischen denselben auch Annäherungen stattgefunden, die aber sehr geheimgehalten wurden und damals keinen Erfolg hatten. Die vornehmsten Minister des Kaisers, Covos und Granvella, von welchen sich die Ausgewanderten nicht wenig versprachen, leiteten einen Schriftwechsel zwischen den beiden Parteien ein. Die Ausgewanderten drangen in ihren Eingaben hauptsächlich auf wörtliche Ausführung der in der Kapitulation gegebenen Verheißung, daß die Freiheit erhalten werden solle, und suchten durch eine Reihe grausenerregender Tatsachen nachzuweisen, daß Alessandro ein Tyrann sei. Die Gegenschrift von der Hand Guicciardinis ist insofern historisch nicht exakt, als sie einen ursprünglichen Gegensatz zwischen Populanen und Nobili in Florenz annimmt, bei welchem sich die Nobili an das Haus Medici angeschlossen, die Populanen sich demselben entgegengesetzt hätten; nicht für die früheren, nur für die letzten Jahre ist das richtig. Und auf den Kaiser mußte es Eindruck machen, wenn Guicciardini das schon früher vorgebrachte Argument in volles Licht stellte, daß es nämlich ein Widerspruch sein würde, wenn der Kaiser die Populanen, nachdem er sie mit den Waffen besiegt, jetzt wieder in den Besitz der Gewalt bringen wolle; so lasse sich das Wort Freiheit nicht verstehen; es bedeute nur eben die Selbständigkeit und Souveränität des Staates; was man als Grausamkeit Alessandros darstellte, wurde den Magistraten in Florenz zur Last gelegt, deren Beschlüsse der Herzog ausgeführt habe, nichts weiter.

Soviel man auch von dem verwerflichen Lebenswandel Alessandros erzählte, so wurde der Kaiser dadurch doch nicht gehindert, seine Tochter mit demselben zu vermählen; denn auf die eine oder die andere Weise mußte er der florentinischen Gebiete sich fest versichern, zumal da soeben Franz I., veranlaßt durch den Abgang der Sforza in Mailand, den in Cambrai geschlossenen Frieden brach und einen Anlauf nahm, um die Macht der Franzosen in Italien wiederherzustellen. Aber doch auch mit den Ausgewanderten wollte der Kaiser nicht vollständig brechen; der Herzog wurde bewogen, ihnen die Rückkehr und die Zurückgabe ihrer Güter zuzusagen, und Granvella ließ vernehmen, man werde demselben die Hände auf eine Weise binden, daß er niemand Unrecht tun könne. Damit aber waren die Ausgewanderten nicht zufrieden; denn nicht sowohl um ihre Güter, als um Herstellung der Freiheit sei es ihnen zu tun. Und wie hätten sie in einem Augenblick einen Schrittbreit zurücktreten sollen, da die Feindseligkeit der großen rivalisierenden Mächte wieder ausbrach und zu einem Krieg führte, dessen Ausgang niemand absehen konnte. Dabei bleibt es jedoch immer, daß es nicht so sehr die Restitution war, über welche man noch differierte, als der Grad der zuzugestehenden Freiheit.

Als der Kaiser kurz darauf nach Rom kam, sind die Verhandlungen fortgesetzt worden, aber ohne Erfolg; denn bei der Tiefe und Macht der Gegensätze war selbst eine äußere Ausgleichung nicht mehr möglich. Indes blieb Alessandro Herr und Meister in Florenz. Seine Vermählung mit der Tochter des Kaisers befestigte seine Stellung und verdoppelte sein Ansehen. Im Begriff, seinen Feldzug gegen Frankreich von Oberitalien her ins Werk zu setzen, nahm Karl V. seinen Weg durch Florenz; der Empfang, den er fand, mußte ihn in der Meinung bestärken, daß er sich bei dem bevorstehenden Kriege vollkommen auf Toskana verlassen könne.

In diesem Moment trat ein gräßliches Ereignis ein, welches alles das zu zerstören drohte. Wenn es wahr ist, daß Alessandro am Tode Ippolitos Schuld gehabt hat, so wäre eine entsprechende Rache dafür von einer Hand an ihm vollzogen worden, die er nicht fürchten konnte. Ein Sprößling der jüngeren Linie des Hauses Medici, Sohn Pier Francescos, Lorenzo, mit dem er scheinbar in engstem Vertrauen lebte, hatte ihn unter dem Vorwand, ihm ein Rendezvous mit einer Dame zu verschaffen, in sein Haus geführt; hier aber hat er ihn umgebracht; Alessandro wurde niedergeworfen; indem ihm Lorenzo den Mund zuhielt, wurde er von einem dazu vorbereiteten Diener gleichsam abgeschlachtet (5. Januar 1537). Fragen wir nach den Motiven der Handlung, so war auch hier eine Erbschaftsstreitigkeit im Spiel, wie einst bei der Abwendung der Strozzi von Soderini und später bei der Teilnahme Clarices an dem Ereignis von 1527. Lorenzo war mit seinem Vetter Cosimo über die Verlassenschaft von dessen Vater streitig; zwischen beiden waltete ein glühender Haß; daß nun Alessandro auf die Seite Cosimos trat, konnte ihm Lorenzo nicht vergeben. Aber zugleich war er der Vorstellung der Ausgewanderten, daß Alessandro ein Tyrann sei und den Tod verdiene, nicht unzugänglich geblieben. Rachsucht, Interesse und ein verworrener Begriff von dem Nachruhm, der den Mörder eines Tyrannen erwarte, bewogen ihn zu dieser Untat; er meinte ein florentinischer Brutus zu sein.

Aber nach vollbrachter Tat wagte er doch nicht, die weiteren Folgen derselben abzuwarten; er fürchtete, dem ersten Sturme der aufgeschreckten herrschenden Gewalt erliegen zu müssen. Flüchtigen Fußes eilte er zuerst nach Bologna, dann nach Venedig zu Filippo Strozzi, der ihm anfangs keinen Glauben schenken wollte, aber von der Wahrheit der Tatsache durch die blutende Hand des Mörders, die in der Qual der Verzweiflung von Alessandro mit den Zähnen war zerrissen worden, überzeugt wurde. Die ersten, denen Strozzi von dem Ereignisse Nachricht gab, waren die in Venedig verweilenden französischen Gesandten. Unverzüglich wandte er sich auch an den französischen Gesandten in Rom, dem er einiges Geld zugehen ließ, das ihn in den Stand setzen sollte, ein paar tausend Mann zu werben und unter einem angesehenen Führer nach Toskana vorrücken zu lassen. Alle Ausgewanderten wurden bei der Nachricht von der Idee durchzuckt, daß nun die Zeit gekommen sei, etwas auszurichten. Die alten Fratesken glaubten darin den Finger Gottes zu erkennen, der die Insolenz des stolzen Riesen durch seine Kraft niedergeworfen habe. Salvestro Aldobrandini, der als das größte Talent unter ihnen galt – er stand damals in päpstlichen Diensten in Bologna – schrieb an Filippo, man müsse den Augenblick ergreifen, in welchem die Gemüter durch die Größe des Ereignisses erschüttert, sich noch nicht wieder gesammelt haben; er habe bereits nach allen Seiten hin geschrieben, besonders auch in Rom angefragt, was die Kardinäle Ridolfi und Salviati zu tun dächten: man müsse rasch zu Werke gehen, das sei der letzte Akt des Schauspiels.

Wohin aber die Absichten, die sofort emportauchten, gerichtet waren, erkennt man aus dem Brief eines Mitgliedes der Familie an Filippo Strozzi, dessen Motto lautet: „Freiheit oder vielmehr Aristokratie“: denn in den Strozzi deckten sich diese Begriffe, während die Masse der Ausgewanderten an ihren demokratischen Prinzipien festhielt. Filippo begab sich nach Bologna, um die Unternehmungen gegen Florenz, von dem man meinte, es werde noch ohne Oberhaupt sein, mit seinem Ansehen bei den Ausgewanderten und mit seinem Gelde in Gang zu setzen. Schon aber war Florenz nicht mehr ohne Oberhaupt.

Lorenzo, der Mörder, behauptet: er habe sich zwar niemand anvertrauen können, aber soviel Kunde von der Gesinnung angesehener Bürger und von der Stimmung in Florenz gehabt, daß er geglaubt habe, die Stadt werde sich bei der Nachricht vom Tode ihres Tyrannen erheben, um ihre Freiheit wiederherzustellen. Der Kardinal Cybo, dem die erste Nachricht von dem Tode des Fürsten, den er in den

Geschäften vertrat, zukam, hielt sie anfangs geheim: denn auch er fürchtete, daß dieselbe den Ausbruch einer Empörung hervorrufen werde; er ließ vor allem den Führer der bewaffneten Macht, Alessandro Vitelli, an dessen treuer Gesinnung er nicht zweifelte, nach der Stadt zurückkommen; dann berief er die vier Consiglieren, hierauf den Rat der Achtundvierzig nach dem Hause der Medici und machte ihnen Mitteilung von dem Vorgefallenen. Diese baten ihn, die höchste Gewalt selbst so lange in der Hand zu behalten, bis ein definitiver Entschluß gefaßt sein werde. Cybo sträubte sich dagegen, weil bei der Lage der Dinge eine difinitive Auskunft nicht verzögert werden dürfe; welche aber konnte die sein? Die Feste von Florenz, in welche sich jetzt die Tochter des Kaisers mit ihren Kostbarkeiten zurückzog, war in den Händen einer kaiserlichen Besatzung, ebenso die Festungen von Pisa und Livorno, und ein Heerhaufen spanischer und deutscher Truppen stand in der Nähe; bei der geringsten Abweichung von dem kaiserlichen Systeme würde man eine Besitzergreifung der Stadt und des Gebietes durch die Spanier haben befürchten müssen. Nichts blieb übrig, als das Diplom des Kaisers zu beobachten, in welchem die Erbfolge im Mannesstamme des Hauses Medici angeordnet war. Nun aber war die ältere Linie durch den Tod des Papstes Klemens und des Kardinals Ippolito, endlich durch die Ermordung des Duca Alessandro, zu Ende gegangen; man mußte auf die jüngere zurückgreifen, von der noch zwei männliche Sprossen lebten. Aber der eine, Lorenzo, hatte sich durch seine Untat der Nachfolge selbst beraubt. Von allen Medici war nur noch einer übrig, Cosimo di Giovanni, von dessen Herkunft und Auferziehung wir sogleich hier eine kurze Nachricht einschalten. Er stammte von einem Bruder Cosimos des Alten, Lorenzo, die beide Söhne jenes Giovanni d'Averardo waren, von welchem die merkantile Größe des Hauses herrührte. Von dessen Sohne Pier Francesco stammten Giovanni und Lorenzo, die bei dem ersten Umsturz der mediceischen Herrschaft beteiligt waren. Die Republikaner hatten immer gefürchtet, daß einer von ihnen sich zum Herrn aufwerfen würde; besonders mißfiel es ihnen, daß der ältere, Giovanni, sich mit der damals oft genannten Madonna di Forli, Katharina Sforza, Nichte Lodovicos des Mohren, Witwe eines Riario vermählte; Lodovico Sforza schien ihn zum Oberhaupt der Republik, welche eine aristokratische Form annehmen sollte, bestimmt zu haben. Der Sohn, der aus dieser Ehe geboren wurde, empfing in der Taufe zu Ehren desselben den Namen Lodovico, den aber nach dem Sturz des Mohren die Mutter fallen ließ und durch den Namen ihres Gemahls ersetzte, wie das bei Filippo Strozzi geschehen war. Dieser Giovanni nun zeichnete sich dadurch vor allen Mediceern aus, daß er kriegerischen Ruhm erwarb; noch sehr jung, starb er an den Folgen einer Verwundung, die er in den Kämpfen mit den kaiserlichen Landsknechten an den Ufern des Mincio erhalten hatte, im November 1526. Er war mit einer Tochter Jacopo Salviatis, Maria, verheiratet, die ihm bereits einen Sohn geboren hatte, der auf den Wunsch Papst Leos in der Taufe den Namen Cosimo erhielt. Seine erste Erziehung empfing derselbe am Hofe zu Rom in Gemeinschaft mit Katharina Medici, die ungefähr von gleichem Alter war. Man erzählt, der sechsjährige Knabe habe einst in den Zimmern des Papstes Klemens vernommen, was dieser im Gespräch über obwaltende politische Verhältnisse gesagt hatte; zum Erstaunen der Mutter wiederholte der Knabe die Worte des Papstes, und selbst zu ihrem Schrecken: denn sie betrafen die geheimsten Angelegenheiten. In Florenz, wohin sie eben zurückkehrten, war doch ihres Bleibens nicht lange, da die Unruhen ausbrachen, vor welchen des Haus Medici aus dieser Stadt weichen mußte. Der junge Cosimo mußte einmal nach Venedig fliehen, dann aber vor den Truppen der Republik, die seinen Aufenthalt im Mugello bedrohten, seine Rettung in dem Kirchenstaate suchen; er war in Bologna, als der Kaiser daselbst von dem Papst gekrönt wurde. Die kaiserlichen Waffen, welche der Vater im Dienste des Papstes bekämpft hatte, führten die Familie und den Sohn nach ihrem Landgut Trebbio di Mugello und nach Florenz zurück, wo sie fortan verweilten. In ihrem Haus in Florenz sah man eine Anzahl von Geistlichen und Weltlichen von hervorragendem Verdienst; Ristori, der als Lehrer der Mathematik und Astronomie einen großen Ruf besaß, Romolo Lorenzi, Meister in den drei gelehrten Sprachen, Bernardo Ricci, ein Schüler Polizians; das Haus wurde als Herberge der Gelehrten bezeichnet. Und wer weiß nicht, wie vielen Einfluß die in einem Hause ein- und ausgehenden Freunde auf einen talentvollen Knaben ausüben? Der regelmäßige Lehrer Cosimos, Giovan Francesco Ricci, hat sich auch später als Mann von Fähigkeiten für häusliche und politische Geschäfte gezeigt. Mona Maria war eine liebenswürdige Wirtin, unzugänglich für ungehörige Annäherungen, und nahm Bedacht, den Sohn vor allen Verführungen der Jugend zu bewahren. Man sah ihn nur der Jagd, dem Fischfang und den leiblichen Übungen obliegen; daraus darf man noch nicht schließen, daß er nicht auch für alle Gegenstände des Lebens und der Politik offenen Sinn gehabt hätte. Er war immer in Freundschaft mit Alessandro gewesen und hatte ihn zu dem Wettstreit mit den Ausgewanderten nach Neapel begleitet.

Bei der ersten Nachricht von dem Tode Alessandros boten ihm einige Truppenführer in der Nachbarschaft an, sich ihm anzuschließen; er vermied es aber und begab sich mit bescheidenem Geleit nach Florenz.

Ob nun in dem Rat der Achtundvierzig wirklich ein ernstlich gemeinter Vorschlag gemacht worden ist, die Republik, wie sie früher bestanden hatte, wiederherzustellen, und welcher Art dieser gewesen ist, muß man dahingestellt sein lassen. Das Ereignis hat wieder zu politischen Reden, voll von Ostentation, Anlaß gegeben; man hat sogar gemeint, der Gedanke der Großen sei die Republik gewesen, das Volk habe die Monarchie gefordert. Durch den einzig glaubwürdigen Bericht, der von dem Ereignis vorliegt, von Francesco Vettori, wird im Grunde alles dies ausgeschlossen. Auf der einen Seite hatte man die kaiserliche Übermacht zu fürchten, auf der anderen Seite aber das Volk. „Wir besorgten", sagt er, „daß das Volk im Haß gegen uns zu den Waffen, die ihm noch gelassen waren, greifen und uns verjagen, berauben, ermorden möchte, wogegen es kein anderes Mittel gab, als die Wahl eines Oberhauptes, welche wir vollzogen."

Die Achtundvierzig also, in denen sich die mediceische Partei konzentrierte, vermieden diesmal das, was in den Jahren 1494 und 1527 geschehen war; sie setzten sich ein Oberhaupt aus dem Hause Medici; hätten sie sich entzweit, so würden sie verloren gewesen sein. Diese doppelte Rücksicht, auf die Anordnung des mächtigen Kaisers und auf die Gährung im Volke war der Ursprung der neuen Gewalt, welche dem jungen Cosimo übertragen wurde. Kein Zweifel, daß Cybo alles leitete, Vitelli bei der Ausführung vielen Anteil hatte. Eine Kommission wurde eingesetzt, um die Bedingungen, denen Cosimo sich zu unterwerfen habe, festzustellen. Merkwürdigerweise ist die vornehmste eben gegen den Kardinal Cybo gerichtet: man war seiner Stellvertretung, die so vielen Anstoß erregt hatte, müde; man bestimmte, daß zwar das neue Oberhaupt, der Primario der Stadt, einen Stellvertreter setzen dürfe, aber dieses immer ein Mitglied der Achtundvierzig selbst sein müsse. So sind auch die meisten anderen Bedingungen darauf berechnet, der florentinischen Bürgerschaft ihre Vorrechte zu sichern. Cosimo nahm dies alles an; sein angeborenes politisches Talent zeigte er dadurch, daß er vom ersten Augenblick an den Kampf zwischen Kaiser und Frankreich ins Auge faßte und sich entschieden auf die Seite des ersteren stellte, auf dessen Teilnahme und Einwirkung der ganze damalige Zustand beruhte.

Die rasche Entscheidung, die in Florenz erfolgte, darf vielleicht als ein europäisches Ereignis betrachtet werden: denn der Sinn der Antagonisten des Kaisers, der Franzosen ging eigentlich dahin, unverzüglich einen Invasionsversuch gegen das florentinische Gebiet ins Werk zu setzen, zugleich von Perugia, Bologna und der Romagna her; sie schlugen die Streitkräfte der Kaiserlichen in Toskana nur gering an und hofften im ersten Augenblick einen großen Erfolg davonzutragen. Filippo Strozzi begab sich in dieser Absicht nach Bologna; auch würde er gewiß unverweilt losgebrochen sein, wenn die Florentiner, was ja wirklich im ersten Augenblick in Vorschlag gekommen war, den natürlichen Sohn Alessandros, einen Knaben von fünf Jahren, zu ihrem Oberhaupt ernannt hätten; diesen verderbten Stamm wollte er nicht in Florenz aufs neue Wurzel schlagen lassen. Die Wahl Cosimos, den er gut kannte, wie er denn auch die oftmals sehr bedrängte häusliche Witschaft der Maria Salviati unterstützt zu haben scheint, brachte bei ihm einen seinen Eifer lähmenden Eindruck hervor.

Dasselbe fand, und gewiß in nicht geringerem Grade, auch bei den florentinischen Kardinälen, auf deren Beistand gezählt wurde, statt. In Rom machte die Ermordung Alessandros schon deshalb Eindruck, weil sie bei dem Wiederausbruch des allgemeinen Krieges und der türkischen Anfälle die verderblichste Wirkung nach sich ziehen könne. Die Ersetzung des Ermordeten durch Cosimo beruhigte die Gemüter und fand selbst bei denen Beifall, welche das bisherige Regiment in Florenz mißbilligten und verwarfen. Die florentinischen Kardinäle wendeten sich an den Kardinal Cybo, dem die rasch und durchgreifend getroffene Auskunft allein zugeschrieben wurde und den sie als ihr Oberhaupt anerkennen, mit der Erklärung, zwei oder drei von ihnen seien sehr bereit nach Florenz zu kommen und der neuen Regierung ihren Sinn zu eröffnen, welcher dahin gehe, daß der Staat zur Sicherheit und Befriedigung aller gereichen müsse, derer, welche regieren, und auch derer, welche regiert werden; ferner sowohl derer, welche sich in der Stadt, als derer, welche gegenwärtig außerhalb derselben sich befinden; was die öffentliche und private Wohlfahrt erheische. Ihrerseits hatte die neue Regierung nicht versäumt, einen Bevollmächtigten an den Papst abzuordnen, der demselben mit der Bitte um dessen Protektion von der geschehenen Veränderung Anzeige machen und zugleich die Kardinäle einladen sollte, in Person nach Florenz zu kommen. Es war Alessandro Strozzi, der die Kardinäle schon auf dem Weg nach Bologna fand; er stellte ihnen vor: unter den Männern, an welche die Regierung in Florenz gekommen sei, gebe es viele, die eine Aussöhnung mit ihnen wünschen; man hege die Absicht, eine solche Regierungsform einzuführen, bei welcher qualifizierte Personen ebenfalls Ansehen und Autorität genießen würden. Die Kardinäle waren nicht ohne Besorgnis, daß man sie nur einzuschläfern suche, aber sehr angenehm war ihnen doch die Einladung, nach Florenz zu kommen. In dem Briefe, in welchem Alessandro Strozzi dem Filippo Nachricht von dieser Verhandlung gibt, versichert er demselben, ein sehr verbreiteter Wunsch sei, daß die beiden Kardinäle und Filippo den Staat von Florenz – er meint dessen jetzige Einrichtung – unter ihre Protektion nehmen, unterstützen und selbst regieren sollen. Worte, die wohl so ernstlich nicht gemeint waren, allein doch die Aussicht eröffneten, daß bei der neuen Einrichtung des Staates den Ausgewanderten eine sichere und ehrenvolle Rückkehr vorbehalten bleiben werde. Dazu kam dann, daß Filippo aufmerksam gemacht wurde, er werde, nachdem dort die Hauptsache geschehen, nichts bewirken, als vielleicht eine Verwüstung des platten Landes zum abermaligen Ruin desselben.

Filippo sagt einmal, er sei kein Franzose, kein Spanier, sondern ein Florentiner: einen Angriff gegen seine Vaterstadt zu unternehmen, bei welchem auf einen wirklichen Erfolg nicht gerechnet werden konnte, widersprach seinen patriotischen Gefühlen; seine Absicht ging nur dahin, wieder eine sichere Stellung in Florenz zu finden; er war vor allen Dingen florentinischer Patriot und wollte es sein; in dieser Gesinnung stimmte er mit seinen florentinischen Freunden überein. Diesen gibt er zu vernehmen, er komme nicht mit den Ausgewanderten, die Schar der Ausgewanderten komme vielmehr mit ihm. Nichts wäre ihm erwünschter gewesen als eine Ordnung der Dinge, bei welcher er die Autorität, die ihm gebühre, wieder hätte erlangen können.

So trat in jenem Unternehmen, das auch in der zweifelhaften Haltung des Papstes Paul mancherlei Schwierigkeiten fand, eine Stockung ein, über welche die französischen Gesandten in Venedig ihr Erstaunen kundgaben: gewiß rühre alles von den Kardinälen her; möge die Sache von denselben nur gut verstanden, richtig gefaßt worden sein. Wenn man auf der einen Seite sagte, durch die Verzögerungen werde nichts erreicht, als daß die Feinde um so stärker würden; so wurde auf der anderen die treffende Bemerkung gemacht, daß alle Verbindung der Ausgewanderten mit den Franzosen nur dazu diene, um die Stadt um so mehr unter die Herrschaft der Spanier zu bringen.

Daran kann nun kein Zweifel sein, daß in diesem Moment von der Regierung in Florenz sowohl, wie von den Ausgewanderten die Möglichkeit einer Aussöhnung ernstlich erwogen worden ist.

Filippo billigte die Reise der Kardinäle nach Florenz, da deren in dem angeführten Briefe ausgedrückte Absicht vollkommen der seinen entsprach; er ließ denen, welche die Proklamation der Freiheit zu fürchten schienen, erklären, daß er mit jeder Regierungsform zufrieden sein werde, die ihnen einzurichten gefalle, vorausgesetzt, daß sie nicht eine geradezu tyrannische sei.

In Florenz kam es nun noch vor der Ankunft der Kardinäle, aber, wie man ausdrücklich versichert, unter der Einwirkung ihrer klugen Zögerungen so weit, daß die Wiederaufnahme der Ausgewanderten in aller Form beschlossen wurde (30. Januar 1537). Es hatte einen guten Eindruck gemacht, daß Salviati einen Einfall, der von Perugia her zu besorgen war, abwendete; so wünschte man denn auch den Gefahren, die von Bologna und der Romagna drohten, durch Filippo ein Ende gemacht zu sehen. Man erwartete, daß die Hoffnungslosigkeit eines Angriffs und diese Zugeständnisse dazu beitragen würden, allen Unruhen ein Ziel zu setzen. Auf eine Republik, versicherte Vettori, lasse sich jetzt nicht wieder zurückkommen: sie wäre für den Kranken eine zu starke Medizin, an der er sterben müsse; wenn man demselben aber das Leben rette, so lasse sich vielleicht mit der Zeit ein Zustand erwarten, in dem man einiges Gute erreichen könne. Vettori und Guicciardini, der von diesem als der beste Mann, den die Stadt besitze, gerühmt wird, gaben auch unter dem neuen Herrn die Hoffnung auf eine größere, namentlich aristokratische Freiheit nicht auf.

Filippo Strozzi, der indessen nichts versäumt hatte, um die Ruhe zu erhalten, begrüßte die erste Nachricht von dem durchgegangenen Herstellungsdekrete mit Freuden; es müsse nur so weit kommen, daß man sich der Wohltat der Restitution auch wirklich erfreuen könne. Als er nun aber das Dekret selbst in die Hände bekam, änderte sich seine Meinung; im allgemeinen setzte er daran aus, daß die Wiederherstellung nur denen zuteil werden sollte, die wegen der Angelegenheiten des Staates seit 1530 exiliert worden seien: denn wie leicht, daß den Zurückkommenden aus anderen Gründen als diesen Verfolgungen bereitet würden; wer im Vertrauen auf diese Zusage allein nach Florenz zurückkehre, bleibe in steter Gefahr seines Lebens. Dann aber hob er seine besonderen Anliegen hervor, die zugleich seinen Ehrgeiz und sein kaufmännisches Interesse betrafen: die Restitution, sagte er, beziehe sich bloß auf die unbeweglichen Güter; dabei aber verliere er alle seine Ansprüche auf die von ihm den Privatleuten und dem Staate gemachten Vorschüsse; auch würde er nicht wieder Mitglied der Achtundvierzig sein; denn in die besessenen Würden stelle man nicht wieder her; und endlich, das Dekret gelte nur für die florentinischen Bürger, so daß die Ausgewanderten aus der Landschaft, seine guten Freunde und Verbündeten, davon ausgeschlossen sein würden.

Man sieht, wie viel noch an einer wirklichen Verständigung fehlte. Die Kardinäle, die nun nach erhaltenem sicheren Geleit, ohne Waffen, aber in Begleitung einiger Ausgewanderten, unter denen Baccio Valori genannt wird, nach Florenz kamen, konnten es doch mit allen ihren Bemühungen nicht weiterbringen; wenn, wie man behauptet, in dem Volke eine ihnen günstige Stimmung vorhanden gewesen ist, so hat sie sich nicht äußern dürfen. Von den bewaffneten Mannschaften, besonders den Spaniern, wurden sie sogar bedroht. Man sollte kaum glauben, was gesagt worden ist, sie hätten Cosimo zur Abdankung überreden wollen; aber auch von den Konzessionen, die sie in Antrag brachten, von ihren Verhandlungen mit den aristokratisch gesinnten Bürgern fürchtete man in der Familie Cosimos eine nachteilige Rückwirkung: Maria Salviati nahm Partei gegen ihren Bruder, den Kardinal, der in ihrem Hause wohnte. Und auch diesmal bildeten die auswärtigen Angelegenheiten, die Beziehungen zu den großen Mächten und dem Papst ein entscheidendes Moment; wir haben einen Brief Cosimos, in welchem er den Kardinälen den Vorwurf macht, Florenz auf die französische Seite bringen zu wollen; Salviati gedenke durch den König noch einmal Papst zu werden; „aber so lange ich lebe", ruft er aus, „werden sie dies ihr Ziel niemals erreichen". Von dem Papst Paul erzählt Cosimo, er habe schon auf Alessandro in dem gleichen Sinne zu wirken gesucht; ihm selbst habe der Papst durch Alessandro eine Vermählung mit seiner Enkelin angetragen; man sei den Emissären seines Sohnes in Pisa auf die Spur gekommen; nachdem dem Papst alles andere, was er vorgehabt, aufs glücklichste gelungen, hege derselbe nur den Wunsch, Florenz von seiner Verbindung mit dem Kaiser abtrünnig zu machen: mit diesem Wunsche solle er sterben; daß er denselben nicht erreicht habe, solle gleichsam ein Gegengewicht gegen alles das bilden, was ihm gelungen sei.

So hatte auch Maria Salviati ein Gefühl davon, was die Herrschaft zu bedeuten habe, die an das Haus gelangt war; sie wollte davon keinen Schritt zurückweichen.

Als die Kardinäle unverrichteter Sache und auf die eine oder die andere Weise von Vitelli genötigt, Florenz verlassen hatten, wurde zwischen ihnen und den angesehensten Ausgewanderten in Monte Gaddo eine Zusammenkunft gehalten, um über ihre gemeinschaftlichen Angelegenheiten zu beraten. Baccio Valori und einige andere erklärten sich doch dafür, einen Angriff auf das florentinische Gebiet zu unternehmen; dazu forderten die Franzosen auf das dringendste auf. Aber Filippo Strozzi war dagegen; es mag ihm unangenehm gewesen sein, daß er aufs neue alle Auslagen zu tragen gehabt hätte; hauptsächlich aber rechnete er bei der veränderten Lage der Dinge nicht mehr auf Erfolg; er schob alle Schuld auf die Kardinäle, durch deren Annäherungen an die neue Regierung die beste Gelegenheit, dieselbe zu stürzen, verlorengegangen sei; er hat wohl gesagt, die Handlung des neuen Brutus werde für Florenz so fruchtlos sein, wie einst der Tod Cäsars für die römische Republik; man sehe ja, daß die Florentiner den Zaum bereits in das Maul genommen hätten; auch in Florenz werde auf den ermordeten Cäsar ein Augustus folgen. Obwohl im tiefsten Geheimnis – denn schon war er den übrigen Ausgewanderten verdächtig geworden – unterhielt er einen fortwährenden Briefwechsel mit Vettori, von dem er sagt, die schwerste Entbehrung, die ihm das Exil auflege, bestehe eben darin, daß er mit diesem Freunde nicht sprechen könne: denn seine aristokratischen Hinneigungen gab er niemals auf, und vor dem Kriegsunternehmen zeigt er beinahe eine Abscheu; er sagt sogar, es werde ihm lieber sein, von Florenz ausgeschlossen zu leben, wenn es nur gerettet werde, als es wieder zu bewohnen, wenn es vorher einer Verwüstung habe ausgesetzt werden müssen.

Für die Politik Filippos lag eine nicht geringe Störung darin, daß sein Sohn

Piero bei ihm eintraf: denn gegen seinen Willen war derselbe in das französische Heer eingetreten und hatte eine Besoldung von König Franz I. angenommen. Piero verlangte vor allem nach dem Glanze militärischer Unternehmungen; seine Ehre, sagte er, gelte ihm mehr, als der Wille seines Vaters – er hat das seinem Vater selbst unter die Augen gesagt – und das Leben.

Bis Ende März waren die namhaftesten Ausgewanderten in Bologna zusammen. Noch oft sind sie über ihre Lage zu Rate gegangen: der erste Beschluß wurde auch jetzt festgehalten, daß man nichts unternehmen könne, bevor die Franzosen in Piemont stärker geworden wären; denn würden die Kaiserlichen imstande bleiben, einen Teil ihres Heeres nach Toskana abrücken zu lassen, so würden die Ausgewanderten mit ihrer kleinen Schar ohne allen Zweifel überwältigt werden. Doch schien etwas anderes möglich und auch ratsam, sich nämlich eines festen Platzes innerhalb des florentinischen Gebietes, der sich verteidigen lasse, zu bemächtigen. Man hat mancherlei Versuche zu diesem Zweck geplant, die ohne Erfolg, aber auch unentdeckt blieben. Endlich machte eine Partei in Castrocaro den Ausgewanderten Hoffnung, ihnen diesen Platz zu überliefern. Aber der Kommissar der florentinischen Regierung kam dem Vorhaben auf die Spur; und ehe noch von Bologna her die Ausgewanderten, die sich sofort in Bewegung setzten, der Partei zu Hilfe kommen konnten, war dieselbe, es ist besonders die Familie del Bello, gezwungen worden, den Ort unter Vertrag zu verlassen. Und zugleich bezeigte der Papst Paul III. den Ausgewanderten so viele Ungunst, daß die vornehmsten von ihnen Bologna verließen; Ridolfi ging nach Rom, um bei dem Papst für ihre Sache ein gutes Wort einzulegen; Filippo begab sich nach Venedig zurück, wo er mit dem französischen Gesandten vertrauten Verkehr pflog. Aber Piero Strozzi und Baccio Valori blieben in Bologna.

Kurze Zeit darauf eröffnete sich ihnen eine neue Aussicht in Borgo S. Sepolcro durch einen angesehenen Einwohner, wie es scheint – denn nur sehr lückenhaft sind die Notizen, die uns darüber vorliegen – einen höheren Geistlichen, welcher sich bei dieser Gelegenheit an seinen Feinden zu rächen gedachte. In Bologna knüpfte man daran große Hoffnungen: denn man vernehme mit Gewißheit, daß in Florenz das größte Mißvergnügen, und selbst unter denen, welche in der Regierung seien, Mißverständnis hersche; man spreche dort freimütig zugunsten der Ausgewanderten; alles sehne sich nach einer Veränderung. Auch an anderen Orten regte sich Unzufriedenheit; Salvestro Aldobrandini hielt den Erfolg für gewiß und forderte den Kardinal Salviati auf, baldigst zurückzukommen, um die verschiedenen Meinungen zu einer einzigen, welche dessen eigene sein werde, zu vereinigen; inzwischen müsse Filippo alles tun, um die Franzosen zu einer unverzüglichen Tätigkeit anzuspornen. Soviel Klugheit aber auch Salvestro Aldobrandini sonst bewiesen haben mag, so ließ er sich doch damals zu wenig begründeten Erwartungen fortreißen, wie Ausgewanderte pflegen; selbst in dem Borgo hatte man noch nicht entschieden Partei genommen; man trug Bedenken, die Ausgewanderten aufzunehmen, da sie keineswegs alle Florentiner seien; und die angeblich entzweite florentinische Regierung war sehr wachsam.

Cosimo, welcher befürchtete, daß diese Partei auch von dem Papst begünstigt werde, sowie von Venedig, meinte, daß ein allgemeiner Angriff im Werke sei: er ließ alle festen Plätze an der Grenze besetzen, unter diesen auch den Borgo S. Sepolcro, den Ort, auf den es am meisten abgesehen war und wegen dessen man in Florenz bereits Verdacht geschöpft hatte. Die Maßregeln, welche zu einer allgemeinen Verteidigung getroffen wurden, sicherten auch den Borgo für die neue Regierung. Es mag dahingestellt bleiben, ob es auf einen allgemeinen Angriff abgesehen gewesen ist; dazu waren die Veranstaltungen der Franzosen nicht weit genug gediehen.

Und indem zeigte sich die Möglichkeit einer friedlichen Abkunft für die Ausgewanderten; der kaiserliche Gesandte Graf Sifuentes war nach Florenz gekommen mit dem Auftrag, die florentinischen Entzweiungen zu beruhigen und eine feste Ordnung daselbst einzuführen, was wenigstens den früheren Intentionen der kaiserlichen Minister entsprochen hätte. Er zeigte das dem Kardinal Salviati mit dem Ersuchen an, ihm einige Männer dieser Partei zuzuschicken, mit denen er über ihre Beschwerden und die Mittel, solchen abzuhelfen sich besprechen könne. Filippo war sehr geneigt, darauf einzugehen: denn er meinte, unter der Autorität des Kaisers werde sich leicht ein Zustand herstellen lassen, bei welchem die Ruhe der Stadt gesichert sei; nur hätte er gewünscht, daß die Beratungen außerhalb der Mauern von Florenz stattfänden, zwischen Abgeordneten der Bürger von drinnen und von draußen: denn in Florenz könne und dürfe man nicht reden. Zuletzt aber fügte er sich und ordnete selbst einen seiner Vertrauten zu der Versammlung ab. Zu eigentlichen Verhandlungen ist es jedoch dann nicht gekommen: Sifuentes verlangte die Vorschläge der Fuorusciti zu vernehmen; sie hatten aber keinen Auftrag, Vorschläge zu machen. Sifuentes erklärte ihnen, daß er dann mit ihnen nicht unterhandeln könne; er entließ sie aus der Stadt, bedeutete sie aber zugleich, nicht wiederzukommen ohne bestimmte Aufträge.

Auf eine ganz andere Weise als durch Verhandlungen sollten diese Fragen zur Entscheidung geführt werden.

Es war nun doch geschehen, was die Florentiner Ausgewanderten immer gefordert hatten: der Krieg zwischen Franz I. und Karl V. war in Piemont entbrannt, und wenigstens soviel war erreicht – denn auch durch deutsche Landsknechte waren die Franzosen mächtig verstärkt worden; Anfang Juni besetzten sie Pignerolo mit deutschen Hilfsvölkern – daß die Kaiserlichen keinen Truppenhaufen etwa nach Toskana hin abrücken lassen konnten. Im Sinne Franz' I. lag es nicht, eine allgemeine Entscheidung hervorzurufen; er wollte Piemont besetzen, um vor der Übermacht Karls V. sicher zu sein. Aber für Krieg und Frieden wäre es ihm doch unendlich förderlich gewesen, wenn die Kombinationen Karls V. in Toskana gescheitert wären. Die französischen Gesandten in Venedig drangen nachdrücklicher als jemals in Filippo Strozzi, zu einem neuen Unternehmen zu schreiten. Alle Ausgewanderten waren dafür: noch hatte ihnen Cosimo Medici keine besondere Achtung eingeflößt; sie sagten ihm nach, daß er mehr durch fremden Ehrgeiz und fremde Anstrengungen, als seine eigenen, zum Oberhaupt erhoben worden sei; aufgewachsen in untergeordneten Verhältnissen, mehr gewöhnt zu gehorchen, als zu befehlen, werde er keinen rechten Widerstand zu leisten wissen, zumal da die Stadt der alten Freiheit eingedenk und das ganze Land in großer Gärung sei. Der Plan wurde gefaßt, von zwei Seiten, der römischen und der bolognesischen, einzudringen; man rechnete auf zwei Heerhaufen, jeden von 5000 Mann, die sich bei Florenz vereinigen und einen Versuch auf die Stadt machen sollten; bei dem Vorrücken müsse man sich jedoch einiger fester Plätze Meister zu machen suchen, auf der einen Seite etwa von Montepulciano, auf der anderen von Prato, um für den Fall, daß der Anlauf nicht gelinge, einen Rückhalt zu haben, wo man sich behaupten könne.

Wieviel aber gehörte dazu, um ein Zusammenwirken dieser Art zu erzielen. Nur sehr ungern fügte sich Filippo Strozzi, der doch schlechterdings nicht entbehrt werden konnte, schon weil er das erforderliche Geld herbeizuschaffen einzig geeignet war, und sodann wegen des Ansehens, welches er überhaupt genoß. An sich war seine Stellung so beschaffen, daß er Bedenken tragen mußte, sich in ein so weitaussehendes Unternehmen einzulassen: aber vergebens sträubte er sich dagegen; seine Präzedentien rissen ihn gleichsam mit sich fort; er hatte nach allen Seiten hin sein Wort verpfändet, und ihm zur Seite regte sich sein ältester Sohn Piero, dem ein rücksichtsloser Unternehmungsgeist innewohnte; man hat damals Filippo gewarnt, die Meinung nicht aufkommen zu lassen, als wolle er seiner Familie die Herrschaft über Florenz verschaffen. Von Piero Strozzi, dem Sohne Clarices, einem Enkel des Piero Medici, wäre das wohl zu erwarten gewesen; nicht jedoch von Filippo. Dessen Bruder Lorenzo versichert, sein Sinn sei nicht dahingegangen, Cosimo zu stürzen: denn mit dem habe er keinen Hader; er habe nur gewünscht, die Regierung in Florenz soweit umzugestalten, als der natürliche Trieb des frei geborenen Menschen, Freiheit und Sicherheit in seinem Vaterland zu genießen, mit sich bringe. Wir kennen ihn wohl; so war von jeher seine Gesinnung; er wollte nicht herrschen, aber auch nicht beherrscht werden, darin eigentlich bestand sein Republikanismus; zum Parteiführer war er nicht geboren, ein wirkliches Oberhaupt der Ausgewanderten war Strozzi nicht; jede einseitige Gewalt, sowohl eine monarchische wie eine demokratische, war ihm in seiner Seele verhaßt; ein Mann, der das Leben genießen wollte und genoß. Noch blühten seine ausgebreiteten Handelsgeschäfte, er konnte als vornehmer Herr seinen Studien obliegen und seinen Vergnügungen nachgehen, was er liebte. Fein und gebildet, umsichtig nach allen Seiten, hauptsächlich darauf bedacht, seine Existenz zu wahren, was ihm nur bei einer freien Verfassung seiner Vaterstadt, die er von Herzen liebte, möglich war. Die Optimaten des alten Roms und die gleichberechtigten Aristokraten von Venedig waren das Ideal seines Ehrgeizes. Die Autorität des Kaisers verwarf er nicht unbedingt, insofern sie den Florentinern ein friedliches und gesetzlich geordnetes Leben sicherte. Wenn er sich jetzt zu der französischen Partei hielt, entschuldigte er sich damit, daß er dem König sehr beträchtliche Vorschüsse gemacht habe, die er verlieren würde, sobald er sich von ihm trenne. Und an einer Versöhnung zwischen dem Kaiser und dem König brauchte man noch nicht zu verzweifeln, wie ja Papst Paul III. kurz darauf eine solche wirklich zustande brachte; indem Filippo zu Frankreich hielt und einen Zustand aristokratischer Freiheit in Florenz herzustellen unternahm, meinte er doch auch, mit Cosimo und Karl V. nicht auf immer zu brechen.

Verwandte Tendenzen der Mäßigung verfolgte Kardinal Salviati; allein wie hätte man hoffen können, daß die Sache eben nach ihren Ansichten geleitet werden würde. Ihre nächsten Angehörigen waren anderer Meinung; der Bruder Salviatis, Bernardo, und der Sohn Filippos, Piero, dachten den Krieg unter allen Umständen durchzuführen, selbst auf die Gefahr hin, daß dabei die alte populäre Partei in Florenz wieder emporkäme. Baccio Valori, der bei der Belagerung und Eroberung von Florenz eifrig mitgewirkt hatte, und dem man auch jetzt als einem Kriegserfahrenen die Führung anzuvertrauen gedachte, mag nicht soweit gegangen sein; aber mit Filippo war er doch keineswegs einverstanden; er hatte selbst eine Art von Eifersucht gegen ihn.

Als nun Filippo Strozzi wieder nach Bologna kam, war noch alles in weitem Felde, die Rüstungen der Freunde von Rom her noch lange nicht beendigt und auch auf allen anderen Seiten alles erst im Werden, die florentinischen festen Plätze in zuverlässiger Hand und Florenz selbst gegen eine innere Empörung gesichert und das Volk auf das strengste in Zaum gehalten. Trotz alledem drangen die Kriegseifrigen unter den Ausgewanderten auf eine sofortige Unternehmung, wozu die bürgerlichen Entzweiungen in Pistoja den nächsten Anlaß gaben. Hier standen einander von jeher die Panciatici, die an die Gibellinen, und die Cancellieri, die an die Guelfen anknüpften, entgegen. Die ersteren, denen die reichen Besitzungen in der Ebene angehörten, waren jetzt mediceisch gesinnt; die anderen, die auf dem Hochlande vorwalteten, hatten Beziehungen zu den Ausgewanderten, welche hieran die Hoffnung knüpften, sich Pistojas zu bemächtigen und festen Fuß in Toskana zu fassen. Damit hing es zusammen, wenn sie Montemurlo, einen Flecken auf einer Anhöhe seitwärts der großen Straße, die von Prato nach Pistoja führt, in Besitz nahmen. Auch in Prato glaubten sie Freunde zu haben; Baccio Valori meinte, einen großen Eindruck werde es machen, wenn irgendwo in dem Gebiete eine feste Stellung genommen worden sei.

Filippo Strozzi war weniger zuversichtlich, doch faßte er Mut, als sein Sohn Piero herbeikam und eine nicht unansehnliche Schar am Fuße des Hügels aufstellte, die sogar einige Geschütze hatte. Sehr unangenehm wurde Filippo Strozzi davon berührt, daß die eindringenden Truppen Gewaltsamkeiten verübten, welche die Bevölkerung aufbringen mußten; denn sonst durfte er deren Beitritt erwarten, sowie er den ersten Vorteil errang. Die Sache der Ausgewanderten wäre gewiß keine verlorene gewesen, wenn der Gegner, den sie angriffen, eben auch nur Parteigänger und zusammengerafftes Volk um sich gehabt hätte; aber er hatte eine geordnete Kriegsmacht unter Alessandro Vitelli für sich. Die kaiserlichen Hilfsvölker brauchten nicht erst herbeizukommen; sie waren längst im Lande, da der Kaiser niemals aus den Augen verlor, wieviel ihm für seine Gesamtmacht an der Behauptung des militärischen Übergewichts in Toskana gelegen sei. Für den Zweck der

Franzosen war das Unternehmen der Ausgewanderten doch nur eine Nebensache, für den Zweck des Kaisers die Vernichtung derselben eine politische und militärische Notwendigkeit.

Indem nun die Ausgewanderten von diesem Schloß aus, das keine Mittel zur wirklichen Verteidigung darbot, eine Demonstration machten, die doch nur ein Streich in die Luft sein konnte und keinen wirklichen Erfolg hatte, setzte sich das Kriegsvolk Cosimos, entschlossen, der Sache ohne Verzug ein Ende zu machen, gegen sie in Bewegung: das spanisch-deutsche Kriegsvolk nahm eine Aufstellung, durch die es den Italienern, die den Eingedrungenen entgegengingen, den Rücken deckte, um sie dadurch bei gutem Mute zu halten. Prato und Pistoja, welche die Fuorusciti einzunehmen gedacht hatten, wurden gesichert, die Mannschaften der Ausgewanderten am Fuße des Hügels auseinandergeworfen. Dann ging man auf das Schloß los, in der Hoffnung, eine gute Beute zu machen. Es war, als hätten sich die Häupter der Ausgewanderten ihren Gegnern recht mit Absicht bloßgegeben. Wie hätten die zu den Fehden des Mittelalters angelegten Mauern und das jetzt zu einer behaglichen Wohnung eingerichtete Schloß den herandringenden Feinden widerstehen können? Dieselben Kräfte hatten Florenz selbst vor kurzem überwältigt. Wie die übrigen, so wurde auch Filippo Strozzi genötigt, sich gefangenzugeben; dem Kriegsmanne, der ihn überwältigte, sagte er: nur an Alessandro Vitelli ergebe er sich. Der redete ihn dann als ein guter Bekannter und Gevattersmann an; er soll ihm Hoffnung gemacht haben, ihm das Leben zu retten. Filippo wurde als ein Gefangener des Kaisers betrachtet; er gehörte zu der Reihe derer, die durch das Glück des Kaisers ihm in seine Hände geliefert worden sind, früher Franz I., Clemens VII., später der Kurfürst von Sachsen, der Landgraf von Hessen. Mit keinem von denen läßt sich Filippo vergleichen; für die Behauptung von Toskana ist jedoch seine Gefangennehmung ein wichtiges Ereignis.

Um die Lage Cosimos zu verstehen, und um zu begreifen, wie Filippo überhaupt als ein Gefangener des Kaisers betrachtet werden konnte, müssen wir das Verhältnis erörtern, in das dieser in den letzten Monaten zu Florenz getreten war. So entschieden Cosimo von allem Anfang sich auf seiten des Kaisers hielt, so wurde dadurch doch nicht verhindert, daß derselbe nicht die von Alessandro erbaute Festung von Florenz in Besitz genommen hätte; sehr unerwartet erklärte Alessandro Vitelli, er sei kaiserlicher Kriegshauptmann und halte die Festung für Karl V. besetzt. Cosimo war dabei nicht gefragt worden, und in eine gewisse Bestürzung geriet die Aristokratie, die ihn noch umgab, über den Verlust der vollen Unabhängigkeit, der darin liege: denn dadurch werde Florenz der Diskretion der Kaiserlichen überliefert. Cosimo erklärte anfangs, er werde dem nicht beistimmen, aber bald sah man, daß er doch mit Vitelli unterhandelte, und zwar, ohne daß die ihm beigegebenen aristokratischen Ratgeber gefragt worden wären.

Es war die Zeit, in der der kaiserliche Gesandte, Graf Sifuentes aus dem Hause Silva, in Florenz anlangte; anfangs war seine Haltung, wie wir wissen, eine vermittelnde, er schrieb an Kardinal Salviati und erhielt Antworten von ihm. Wenn er auch mit anderen von den Fuorusciti unterhandelte, so durfte man dies nicht für eine bloße Maske erklären. Nach der ursprünglichen Intention des kaiserlichen Hofes wäre er wohl auf eine Ausgleichung der beiden Parteien eingegangen. Man vermutete sogar, das Besetzthalten der Festungen für den Kaiser möge damit zusammenhängen, daß den Ausgewanderten Zugeständnisse gemacht werden sollten, was dann den Führern des Rates der Achtundvierzig nicht so ganz widerwärtig sein konnte, inwiefern das aristokratische Element durch die Teilnahme der großen Fuorusciti verstärkt worden wäre. Wohin aber wäre es dann mit der Autorität Cosimos gekommen? Denn noch war die in der Stadt getroffene Einrichtung, obwohl im Sinne des Kaisers, von demselben doch nicht bestätigt worden. Wenn nun aber die Ausgewanderten keinen Zweifel darüber ließen, daß sie auf französischer Seite standen, so lag es in der Natur der Sache, daß Cosimo sich um so mehr an das kaiserliche Interesse anschloß. Erst in diesem Gedränge hat überhaupt Cosimo seine ganze Stellung genommen. In einem seiner Briefe spricht er von der Pflicht seiner Unterwürfigkeit, und verheißt, nichts unterlassen zu wollen, was zum Vorteil und zum Dienste seiner Majestät gereiche. Das Mißvergnügen über die Vorenthaltung der Festung trat vor dem politischen Vorteil, den die Vereinigung mit dem Kaiser darbot, zurück. Dagegen wurde Sifuentes bewogen, ein vorläufiges Diplom auszustellen, worin das munizipale Dekret, durch welches der erlauchte Cosimo auf den Grund des früheren kaiserlichen Privilegiums zum Oberhaupt der Regierung von Florenz erklärt worden sei, bestätigt wird. Die Auslegung desselben zugunsten Cosimos, nachdem Lorenzo, der einen Anspruch hätte machen können, sich durch seine Mordtat des Verbrechens der beleidigten Majestät schuldig gemacht habe, wird darin ausdrücklich wiederholt.

Diese beiden Akte, die Besetzung der Festungen und die Anerkennung der obersten Würde Cosimos in der Republik entsprechen einander und bedingen sich wechselweise. Und wie hätte Cosimo eine ernstliche Einrede wegen der Festungen erheben sollen? Der Widerstand, den er den Ausgewanderten leistete, beruhte darauf. Der kaiserliche Befehlshaber der Festung von Florenz, Alessandro Vitelli, war es, der die Unternehmung gegen die Ausgewanderten, welche Prato und Pistoja bedrohten, leitete. Die Niederlage von Montemurlo ist nur zu geringerem Teil das Werk der mediceischen Partei in Florenz und des damaligen Staates; in der Hauptsache geschah sie durch deren Verbindung mit den kaiserlichen Truppen. In der Stadt vollzog man dann die Bestrafung der eingebrachten Gefangenen mit der unnachsichtigen Justiz, welche daselbst herkömmlich war, auf das grausamste. Man sah die einst mächtigen Florentiner, die ersten Männer, wie man glaubte, von Italien, reich, stolz und tapfer, doch nunmehr gefangen, in ledernem Koller, ohne Barett, in armseligem Aufzug, einige auf elenden Pferden, andere zu Fuß, nach der Stadt, nach dem Hause der Medici hineinführen, wo sie vor Maria und ihrem Sohn demütig niederknieten und eine erträglich gütige Antwort empfingen. Am Tage darauf sah man auf dem Platz ein Schafott errichten und vier von den Gefangenen enthaupten; an dem zweiten nochmals vier; auch an dem dritten, nicht minder an dem vierten. Da schrie das Volk vor Mitleid; man mußte innehalten und die übrigen in die festen Plätze verteilen, wo sie einer nach dem anderen umkamen. Ein Vorspiel waren jene Hinrichtungen, die Francesco Valori im Jahre 1497 veranlaßt hatte; jetzt wurde am 20. August dessen Neffe Baccio, einst bei der Eroberung der Stadt päpstlicher Kommissar, mit seinen nächsten Verwandten im Hofraum des Palastes des Podestà hingerichtet. Filippo Strozzi wurde von dieser Justiz zunächst nicht berührt, da er sich an Vitelli ergeben hatte und eigentlich ein Gefangener des Kaisers war.

Für Cosimo kam nun – denn die Gemüter der Florentiner waren noch immer in zweifelsvoller Gärung – zunächst alles darauf an, eine definitive Bestätigung des von Sifuentes vorläufig erteilten Diploms zu erlangen. Dazu wurde Averardo Serristori an den kaiserlichen Hof geschickt, der sich damals in Monzon befand, wo dann die Geschäfte, wie einst in Neapel, von Covos und Granvella besorgt wurden. Es fiel dem Gesandten auf, daß der Kaiser, wiewohl er gut italienisch sprach, doch seinen Bescheid in spanischer Sprache gab. Die Bestätigung des Privilegiums fand nicht die mindeste Schwierigkeit; denn für den Kaiser selbst hätte es kein zuverlässigeres Oberhaupt der Republik geben können, als Cosimo war. Die Ausfertigung ist nicht gerade am 30. September, welches Datum sie trägt, sondern erst im Anfang November erfolgt. Aus den schon von Sifuentes angegebenen Gründen wird Cosimo, nicht ohne Erwähnung des städtischen Dekrets, zum Oberhaupt der Regierung der florentinischen Republik erklärt; die Republik wird also beibehalten, Cosimo erscheint als ihr Oberhaupt und Primarius.

Nicht so glücklich wurden die übrigen Aufträge Cosimos vollzogen; er trug auf die Überlieferung der Festung in seine Hand an und sprach den Wunsch aus, mit der verwitweten Herzogin Margarethe vermählt zu werden. Über eine Vermählung derselben war aber der Kaiser bereits in Unterhandlungen mit dem Papst getreten, der sie für seinen Enkel Ottavio verlangte. Man hatte dem Kaiser vorgestellt, seine Tochter werde glücklicher in Florenz sein, als die doch immer unsichere Verwandtschaft mit einem Papst sie machen könne. Aber die Familienverbindung mit dem Papst hatte doch auch für den Kaiser ein großes Interesse, und Cosimo Medici, noch ein sehr junger Mann, konnte vielleicht durch eine andere Vermählung mit dem kaiserlichen Hof in Verbindung gebracht werden. Granvella sagte dem Gesandten, davon werde auch die Rückgabe der Festung abhängen. Zunächst aber wurde dieselbe verweigert; der Kaiser sagte wohl, die Ermordung Alessandros würde nicht möglich gewesen sein, wenn die Festung schon damals in seiner Hand gewesen wäre.

Die ganze Stellung Cosimos hing noch von den europäischen Verhältnissen, namentlich von Krieg oder Frieden zwischen Karl V. und Franz I. ab. Jene von Paul III. im Mai des Jahres 1538 vermittelte Zusammenkunft zwischen dem Kaiser und dem König zu Nizza erregte dem Herzog Cosimo – denn diesen Titel hatte er nunmehr angenommen – nicht wenig Bedenken. Der Papst brachte besonders durch die Vorstellung der von den Türken drohenden Gefahr einen Waffenstillstand auf zehn Jahre zustande, sowie zugleich für sich selbst die Vermählung Margarethens mit seinem Enkel Ottavio. Cosimo, der mit diesem Papst niemals in gutem Vernehmen stand und das farnesische Haus fürchtete, war darüber nicht wenig betroffen. Er meinte, in seiner Nähe eine unmittelbare Rückwirkung davon in dem Verhalten der Lucchesen wahrzunehmen; sie erlaubten sich mancherlei Provokationen an den Grenzen; namentlich fielen sie der Marchesana di Massa, Ricciarda Malespini beschwerlich, welche Cosimo in Schutz nahm; sie war eine Verwandte des Kardinals Cybo, der sich noch immer in Florenz befand, aber von dem Papst gehaßt und verfolgt wurde. Die Entfernung der Herzogin Margaretha von Florenz regte die Gemüter auf; man sprach laut davon, Cosimo solle seiner Regierung entsetzt und dafür im Neapolitanischen entschädigt werden. Über die Hinterlassenschaft Alessandros kam es zu Differenzen zwischen Cosimo und der Herzogin, deren Entscheidung der Papst nach Rom zu ziehen suchte. Cosimo erklärte, er werde dem Papst niemals zu Recht stehen, allerdings auch nicht dem Kaiser; aber aus einem anderen Grunde; auf dessen Wink würde er jeden Anspruch aufgeben und selbst die Erbschaft, die er von seinem eigenen Vater habe.

Der Kaiser hatte bei seiner Annäherung an Frankreich immer erklärt, daß er die Angelegenheiten Cosimos als seine eigenen betrachten werde; einen eigentümlichen Beweis davon gab er im Sommer 1538, nachdem an Stelle Vitellis Johann von Luna als Kommandant eingetreten war. Dieser ließ eines Tages den Herzog und den Kardinal Cybo einladen, ihn mit ihrer Garde und dem florentinischen Adel in dem Kastell zu besuchen. Unter dem Tor überreichte der Befehlshaber den Schlüssel des Kastells; denn dem kaiserlichen Befehl gemäß wolle er anerkennen, daß er dasselbe in Cosimos Namen besetzt halte. Hier befand sich nun damals noch Filippo Strozzi, um dessen Ausantwortung an ihn oder Bestrafung der Herzog bisher vergeblich gebeten hatte. Selbst im Gefängnis erschien Filippo noch angesehen und gefährlich. Cosimo fürchtete, wie dessen Gesandter versichert, die Reichtümer, die Verbindungen, selbst die Sprachgewandtheit Filippos, und machte unaufhörlich darauf aufmerksam, wieviel dem Kaiser selbst daran liegen müsse, sich desselben zu entledigen: denn die Freunde Filippos seien alles Feinde des Kaisers; von Frankreich und Venedig sowie von dem Papst werde die Größe und Macht des Kaisers verabscheut; wenn sie sich für Strozzi erklären, so sei der Grund davon, daß sie den florentinischen Staat, wie er jetzt geworden, zu erschüttern und damit den Kaiser in Nachteil zu bringen suchen; man müsse die Folgen erwägen, die es haben könne, wenn König Franz sich Mailands bemächtige. Er werde dann sich leicht zum Meister von Genua und Toskana machen und Neapel nochmals angreifen. Daß der Papst neutral bleibe, darauf könne man nicht viel geben: denn er werde nicht hindern, daß die alten Verbannten sich wieder regen und die Untertanen Cosimos zur Empörung reizen. Man erlebe jetzt, daß auch die nächsten Ratgeber des Kaisers, Covos und Granvella, sich zu der Sache Filippos hinneigen; wolle Gott, daß sie die wahren Gesinnungen Filippos gegen den Kaiser nicht zu empfinden bekommen.

Der Kaiser hatte nun seinerseits immer darauf bestanden, daß er wissen müsse, welchen Anteil Filippo an der Ermordnung des Duca Alessandro durch Lorenzo gehabt habe; jeden Anteil an der Ermordung seines Schwiegersohnes wolle er rächen und bestrafen.

In dem Kastell ist nun auch Filippo Strozzi darüber verhört worden, nicht ohne die Tortur gegen ihn anzuwenden; aber man hörte, diese sei doch nur leicht gewesen, und wenigstens hatte Filippo nicht soviel bekannt, um ihm darüber den Prozeß machen zu können. Der Kaiser hatte Filippo immer gehaßt und gefürchtet; endlich ward er zu dem Entschluß bewogen, seinen Gefangenen zu weiterer Untersuchung an Cosimo auszuantworten. Mit kaiserlicher Bewilligung wurden alle Anstalten getroffen, um Filippo Strozzi aus dem Kastell in den Palast von Florenz zu bringen, d. h. aus einem Gewahrsam, in welchem man ihn schonte, in eine Gefangenschaft, wo ihm alle Schrecken der Tortur und ein gräßliches Ende bevorstanden. In dieser Gefahr nun, in einer Art von Beängstigung über die Aussagen, die man ihm abpressen möchte, hat Filippo Strozzi Hand an sich selbst gelegt.

Man hat wohl gesagt, der kaiserliche Kastellan oder Cosimo selbst werde ihn getötet haben; aber jener, Johann von Luna, gehörte zu seinen Freunden; eben seiner schonungsvollen Behandlung sollte der Gefangene entrissen werden; und der Herzog hatte fürwahr das größte Interesse, über die Verbindungen Filippos, die ja mit dem Tode desselben nicht einmal zu Ende gingen, das Nähere zu erfahren; er war eben der vornehmste Feind, den Filippo Strozzi auf Erden hatte; in seine Hände zu fallen, war eine Schmach, die er nicht über sich ergehen lassen wollte. Nicht alles, was zur Verherrlichung dieses letzten florentinischen Republikaners gesagt worden ist, wird man wiederholen dürfen; aber die Tatsache selbst ist wahr; wir haben dafür einen unumstößlichen Beweis in dem Bericht eines Gesandten des Herzogs an den Kaiser.

Demzufolge ließ Luna bei den Vorbereitungen zur Abführung Strozzis dem Herzog und dem Kardinal Cybo zu wissen tun, Strozzi habe sich in dem Zimmer, das ihm zum Gefängnis diente, eingeschlossen. Hierauf wurde Piero Colonna mit einigen Edelleuten abgeschickt, welche die Kammer erbrachen. Sie fanden Filippo ausgestreckt auf dem Boden und tot, mit zwei Schwertern an seiner Seite, welche an der Spitze blutig waren, und ein anderes, noch in der Scheide auf einem Koffer liegend. Vielleicht darf man annehmen, daß diese Waffen von Luna ihm nicht ohne Voraussicht seines Vorhabens in den Händen gelassen worden sind. Neben ihm fand man einen ebenfalls mit Blut befleckten Brief von seiner Hand an Don Johann von Luna, in welchem er die ihm gemachten Beschuldigungen nochmals leugnete und sie dem Kardinal Cybo zur Last legte, die Aussagen in Abrede stellte, die er in seinem ersten Verhör gemacht hatte, zugleich über seine Verlassenschaft und sein Begräbnis verfügte. Er sprach darin wörtlich aus, daß er für das Vaterland sterbe. Er hatte kurz zuvor Plutarch gelesen, nicht gerade Lebensbeschreibungen, wie man vermuten könnte, sondern die Schrift über die, welche die Strafe der Gottheit spät erfahren, in welcher der Autor aus den Stellen der Philosophen und Poeten und einem reichen Schatz von Beispielen den Schluß zieht, daß die Missetat sich räche auf Erden. Der Gedanke wird darin ausgeführt, daß Tyrannen, um der Vorteile willen, die man ihnen verdanke, eine Zeitlang geduldet, aber zuletzt mit unfehlbarer Züchtigung heimgesucht werden. Für das Unrecht, das ihm geschieht, erwartet Strozzi die, wenngleich späte Rache der Gottheit an denen, die es verursachen; er meinte, daß das durch einen seiner eigenen Nachkommen geschehen werde. Er wiederholt den virgilianischen Vers:

„Möge mir aus meinen Gebeinen ein Rächer erstehen."

Der Kaiser lachte der Verweisung auf die Zukunft: „Daß doch", rief er aus, „alle meine Feinde auf diese Weise unterliegen möchten."

Nur an diese beglaubigten Umstände darf man sich halten. Jene großartige Erinnerung an Cato Uticensis, neben dem Filippo Strozzi im Jenseits eine Stelle zu finden gehofft habe, läßt sich doch nicht authentisch nachweisen. Allein auch die Nachricht, die Cosimo an den Kaiser gelangen ließ, beweist, daß Strozzi als Republikaner gestorben ist*. Alle Schwankungen in seinem Leben schreiben sich daher, daß er die aristokratische Republik im Gegensatz gegen einen gewaltsamen Fürsten und gegen eine unheilvolle Demokratie zu verteidigen entschlossen war. Zwischen diesen Tendenzen hat er sich Zeit seines Lebens bewegt. Einst führte ihn seine Mutter von der republikanischen Partei zu der Freundschaft der Medici zurück. Wir sahen, wie er sich mit diesen entzweit und zu ihrer Verjagung im Jahre 1527 beitrug. Allein die Republik nahm eine Wendung zur Demokratie, die er nicht aushalten konnte. Er trug dann dazu bei, daß die Medici wiederhergestellt wurden. Aber für die Monarchie, die er sich dann gefallen ließ, forderte er doch zugleich eine starke aristokratische Schranke, dem ersten Inhaber derselben setzte er sich um so mehr entgegen, als er sein naher Verwandter war; der aristokratische Gedanke hat in ihm eine sehr persönliche Färbung. Er näherte sich dann wieder der Demokratie, die er bekämpft hatte; mit deren Hilfe hoffte er, eine Republik, die einem jeden die gewünschte Freiheit gestatte, herzustellen. Aber viel zu schwach waren die Kräfte, die er ins Feld führte. In Cosimo erwuchs ihm ein Feind, dem er nicht gewachsen war. Strozzi war zugleich ein Anhänger und Gegner des Dominikanerbruders Savonarola. Sie wollten beide die Republik; Savonarola aber wollte sie auf die Demokratie begründen, die er mit der Aristokratie nicht zu versöhnen vermochte; Filippo Strozzi auf die Aristokratie, die er aber auch mit der Demokratie kombinieren zu müssen in den Fall kam. Savonarola war ein Mönch und vor allen Dingen ein Christ, Filippo ein vornehmer Kaufherr und in seiner Seele ein Heide. Als ihm bevorstand, was er über alles fürchtet, in die Hand seines siegreichen Feindes zu fallen, hat er sich getötet.

Begleiten wir nun Cosimo auf seinem Wege zur Alleinherrschaft. Im Frühjahr 1539 vermählte er sich im Sinne des Kaisers mit der zweiten Tochter des Vizekönigs von Neapel, Pedro de Toledo, Eleonora. Der Vizekönig bewilligte so wenig seiner Tochter eine Mitgift, wie einst der Kaiser der seinen, als sie sich mit Alessandro vermählte. Cosimo mußte eine Handschrift darüber ausstellen, daß er

* *Ranke hat in einer beigegebenen, von uns nicht abgedruckten „Note über den Tod Filippo Strozzis", ausgehend von einer Nachricht des zeitgenössischen Historikers Adriani, den Motiven des Selbstmordes Strozzis eine kritische Untersuchung gewidmet mit dem Ergebnis: Strozzi hat aus republikanischer Gesinnung den Tod gewählt. Ranke sagt: „Daß Strozzi das Gefühl gehabt habe, für die Freiheit zu sterben, ergibt sich aus unseren Dokumenten unwiderleglich."*

eine Mitgift bekommen habe, die er doch nie erhalten hatte, und sich noch überdies zu einer Schenkung verstehen. Er meint, Paul III. werde lachen, wenn er dies erfahre: denn dieser Papst hatte ihm seine Enkelin Vittoria angetragen unter den vorteilhaftesten Bedingungen. „Aber unter allen Umständen", sagt er, „wünsche ich, so oft wie möglich, dem Kaiser beweisen zu können, daß ich keinen anderen Herrn und Meister begehre, als seine Majestät allein."

Im Juni 1539 führten neapolitanische Galeeren die neue Fürstin unter dem Geleit ihres Bruders nach Livorno. In Florenz wurde sie von der Mutter Cosimos und dem florentinischen Adel mit nicht geringem Pomp empfangen. Der Herzog Cosimo spricht sich sehr befriedigt aus; denn er finde alles das Entgegenkommen, das man ihm versprochen habe. Nicht mit dem Kaiser, aber mit einer Familie ältester Grandezza, die ihren Ursprung von den Königen herleitete, war er dadurch in Verbindung getreten, und diese gewährte ihm fast einen noch stärkeren Rückhalt, da sie zugleich eine mächtige Partei bildete, die in inneren und äußeren Angelegenheiten maßgebend war, und auch ihrerseits nun ihre Größe auf den Herzog von Florenz gründete. Die enge Verbindung mit Neapel – denn die spanischen Vizekönige hatten allezeit eine gewisse Unabhängigkeit – kam dem Herzog von Florenz in allen seinen Angelegenheiten sehr zustatten. Papst Paul III. wäre sehr geneigt gewesen, die Familie Strozzi, Nachkommen Filippos, mit Fano zu belehnen. Aber Cosimo stellte dem Kaiser vor, wie gefährlich das nicht allein für Florenz, sondern auch für Neapel werden könne, da die Strozzi unauflöslich mit Frankreich verbunden seien; durch seinen Einfluß wurde es hintertrieben.

Es ist ein eigentümliches Verhältnis, daß die Strozzi an Katharina Medici, nunmehr Dauphine von Frankreich, in der sich die ältere Linie dieses Hauses fortsetzte, einen Rückhalt fanden, während die jüngere sich unbedingt an Karl V. und die Spanier anschloß. Aber diese waren jetzt in Italien die stärkeren; sie gaben dem Herzog auch für die inneren Einrichtungen, die er nunmehr traf, eine feste Anlehnung und Stütze.

Cosimo konnte insofern noch als Parteihaupt angesehen werden, als jener städtische Adel, der im Jahre 1530 wiederhergestellt worden, ihm gegen alle die Feindseligkeiten, die ihm von den Fuorusciti und deren Freunden in und außerhalb Italiens drohten, zur Seite gestanden hatte. Aber nicht durch dessen eigene Kraft war der Endzweck erreicht worden; es war hauptsächlich durch die Spanier geschehen. Die florentinische Aristokratie konnte jedoch in ihrem Kampfe mit der Demokratie den Fürsten nicht entbehren, ohne den sie erlegen wäre. Aus dem Kampfe zwischen Adel und Volk erhob sich das mediceische Fürstentum. Wenn man sich aller Orten darüber beklagte, daß das schöne Tyrrhenerland nun doch einer Gewaltherrschaft unterliege und die Nachkommenschaft der freien Florentiner mit beschränkenden Gesetzen und starken Auflagen heimgesucht werde, so war die Antwort: die Freiheit sei in Frechheit ausgeartet; bei einer eigentlichen republikanischen Verfassung würde Adel und gute Sitte untergegangen sein; Ordnung und Sicherheit, das sei die wahre Freiheit. Diese Verbindung mit Spanien aber gab dem Fürsten auch Anlaß und Mittel, sich um die alten Parteigenossen wenig zu kümmern.

Die früheren Medici hatten sich begnügt, bei der Verwaltung ihrem Anhang insoweit Raum zu lassen, als nichts gegen ihr Interesse geschah. Cosimo vereinigte die wesentliche Gewalt aller Magistraturen in sich und machte diese zu Organen seines Willens oder ließ sie untätig. Den Rat der Achtundvierzig beschäftigte er mit unbedeutenden politischen Nachrichten oder inneren Angelegenheiten von wenigem Belang, wie etwa den Sachen von Pistoja. Die Summe der Regierung konzentrierte sich allmählich in einer geheimen Pratica, wie ja auch der Sinn der früheren Zeiten oftmals dahin gegangen war, nicht durch Gonfaloniere und Signorie, sondern durch seine Pratica zu regieren; nur daß diese jetzt einem obersten Willen vollkommen unterworfen war.

Alle Beamten, die mit der Verwaltung der öffentlichen Einkünfte zu tun hatten, hielt Cosimo unter strengster Aufsicht, und da er selbst die, welche offenen Zugang zu ihm gehabt, wenn sie hierin fehlten, ohne Nachsicht, sogar am Leben, strafte, in einer Art von Schrecken; er lehrte die Magistraturen Subordination. Alle Ausprüche, auch der Zivilgerichte, unterlagen seinem Gutachten; als einst die Acht nicht gesprochen hatten, wie ihm wohlgetan dünkte, schickte er sie sämtlich nach Hause. Es war nur ein Schritt, so waren die Florentiner aus freien Bürgern, die ihre eigenen Angelegenheiten verwalteten, Untertanen eines Fürsten geworden.

Daß er nun keine innere Gegenwirkung erfuhr, gab seiner Politik nach außen hin, die er ganz nach eigenem Ermessen einrichtete, gleichsam ein persönliches Gepräge; sie war immer von dem Verhältnis des Kaisers zu dem Papsttum und zu dem König von Frankreich abhängig. Im Jahre 1540 brachen Unruhen in Perugia aus, die Papst Paul III. mit der Hilfe der Spanier von Neapel her zu unterdrücken suchte. Cosimo meinte, die Peruginer dahin bringen zu können, sich der Protektion des Kaisers zu unterwerfen. Er sprach mit einigen Ausgewanderten darüber, die sich sehr geneigt dazu zeigten; sein Gedanke war, daß er selbst diese Protektion zu handhaben beauftragt würde. So weit kam es nun nicht; auch ohne die Unterstützung der Spanier wußte der Papst die Peruginer zuletzt zu unterwerfen und durch eine Festung im Zaume zu halten. Dem Herzog kam es zustatten, daß die Vermählung Margarethens mit dem noch sehr jungen und rohen Ottavio Farnese keine glückliche war und das gute Verhältnis zwischen dem Kaiser und dem Papst keineswegs befestigte. Paul III., der die Festsetzung der spanischen Macht in Italien sehr ungern sah, neigte sich, was er auch in jedem Augenblick sagen mochte, doch in der Hauptsache zu den Franzosen. Und wenn diese den cosimesken Staat, zumal so lange er militärisch noch nicht befestigt war, bedrohten, immer in Verbindung mit den Ausgewanderten, so gewährte auch Paul III. diesen Aufnahme im Kirchenstaat: man sah Piero Strozzi und seine Anhänger, mit Schwert und Dolch bewaffnet, in Rom umhergehen; bei Nacht hatten sie Zusammenkünfte mit anderen Florentinern, die dem Herzog verdächtig waren, wie mit Ridolfi. Es bildete ein wesentliches Moment in der Politik Cosimos, wie er mit unaufhörlich regem Verdacht sich an allen Grenzen in Verteidigungsstand zu setzen und jeder Gefahr vorzubeugen beflissen ist. Dieser Gegensatz gegen den römischen Hof hat die Mitglieder des Schmalkaldischen Bundes einmal veranlaßt, ihn zum Eintritt in denselben einzuladen. Wie wenig aber kannten sie ihn, wenn sie dies hofften: er benutzte den Antrag nur, um dem Kaiser davon Meldung zu tun, bei dem er dadurch noch größere Rücksicht und mehr Vertrauen erwarb; er hat dem Kaiser wohl gesagt, ganz Italien hasse ihn; er habe nur zwei Freunde in Italien, ihn selbst und Andrea Doria. Cosimos Ehrgeiz bewegte sich unter dem Horizont der kaiserlichen Macht; für diese war er dadurch wichtig, daß er in dringenden Fällen das erforderliche Geld herbeischaffte. Er kam gar bald in den Ruf, daß er reich sei; er sagt einmal, er habe sich absichtlich diesen Ruf verschafft; denn es könne ihm nur nützen, wenn ein Feind, der ihn anzugreifen denke, die Mittel des Widerstandes bei ihm voraussetze. Bei dem Kaiser machte er dagegen geltend, wie er durch eine oder die andere Ausgabe, namentlich den Ankauf von Getreide für sein Land sehr erschöpft sei; aber Granvella, damals sein Freund, sagte ihm, er möge nur dafür sorgen, über vieles Geld verfügen zu können, dann werde er, der kaiserliche Minister, ihn großmachen.

Eigentlich ist dies der Weg gewesen, auf welchem Cosimo emporkam. Bei den Bedrängnissen, in die der Kaiser durch den Wiederausbruch des französischen Krieges im Jahre 1543 geriet, wurde er vermocht, dem Herzog, der ihm in Genua seinen Besuch machte, die bisher noch vorenthaltenen Festungen von Florenz und Livorno gegen die Zahlung von 150 000 Dukaten, die zu dem niederländischen Krieg unbedingt erforderlich waren, einzuräumen. Der Herzog wurde erst dadurch Herr und Meister in dem alten Gebiet von Florenz.

Die gesamte politische Lage aber war durch die Allianz des Königs Franz mit den Osmanen, deren Flotte jetzt im Tyrrhenischen Meer erschien, verändert. Cosimo mußte zu allen Maßregeln mitwirken, welche die italienische Küste gegen die Anfälle Barbarossas, der an der Spitze der türkischen Flotte stand, sichern konnten; er hat an den Beratschlagungen, die zu diesem Zweck in Genua gepflogen wurden, teilgenommen. Und wie nahe ihn diese Angelegenheit berührte, sieht man daraus, daß Barbarossa bei dem Anfall auf die Küste von Piero Strozzi begleitet wurde, welcher die Absicht hatte, Port Ercole an der Küste der Maremma zu besetzen, einen Platz, der dann zur Verbindung der kretisch-französischen Streitkräfte mit den Gegnern Cosimos und des Kaisers in Italien gedient haben würde. Bei den großen Vorteilen, welche die Franzosen im Jahre 1544 in Piemont erfochten, erwarb sich Cosimo dadurch ein Verdienst um die Kaiserlichen, daß er zu ihrer Unterstützung eine eben gerüstete Mannschaft abordnete; sie nahm ihren Weg über Genua und kam eben zur rechten Zeit und am rechten Ort an, um die erwünschte Wirkung hervorzubringen. Darin lag zugleich das eigene Interesse Cosimos: denn auch dort spielte Piero Strozzi eine Rolle; man hat ihm sogar die Absicht zugeschrieben, sich mittels dieser Verbindung der Stadt Trient zu bemächtigen.

In dem Schmalkaldischen Krieg schickte Cosimo dem Kaiser eine Schar leichter Reiterei zu, welche sehr gute Dienste leistete. Von vielem Wert für die Autorität des Kaisers war die Unterstützung, die er in den genuesischen Unruhen, die mit der Verschwörung Fiescos zusammenhängen, bei Herzog Cosimo fand. Man setzte voraus, daß nicht allein die französischen Minister, sondern auch die Herzogin von Ferrara, die Farnesen und selbst Paul III. mit Fiesco einverstanden gewesen seien. Cosimo, der von dieser Kombination selbst bedroht worden wäre, säumte keinen Augenblick, sich ihr mit aller Macht entgegenzusetzen. Seine Biographen haben ihm später immer zugeschrieben, daß er Genua für den Kaiser gerettet habe.

Und da Cosimo den Italienern nicht traute, so verwandte er Spanier zum Schutz der Küstenplätze; er sagte wohl, er setze deshalb Livorno in guten Stand, um dem Kaiser diesen Hafen zur Überfahrt von Spanien nach Italien darbieten zu können, wenn er durch irgendeinen Tumult in Genua verhindert werde, sich dahinzubegeben. Der florentinische Gesandte versicherte Karl V., sein Herr denke Tag und Nacht an nichts anderes, als wie er ihm gefällig sein könne. Karl V. antwortete: auch er betrachte die Angelegenheiten des Herzogs als seine eigenen; er liebe ihn nicht weniger, als den Prinzen von Spanien, seinen Sohn. Man erwartete schon in dieser Zeit, der Kaiser werde ihm Piombino und Siena überlassen. Zunächst von Piombino war damals wirklich die Rede. Der vornehmste gemeinschaftliche Gesichtspunkt war auf die Verteidigung der Seeküste gerichtet. Einen Teil derselben bildete das Gebiet der Appiani in Piombino, welche zugleich die Insel Elba besaßen, einen anderen die Maremma von Siena. Weder Appiano aber, noch Siena waren recht fähig, einem Anfall zu widerstehen; man zweifelte selbst, ob sie geneigt dazu wären; denn Jacopo Appiano war der Schwager des Kardinals Salviati, und obwohl er auch mit Cosimo in einem verwandtschaftlichen Verhältnis stand, ein unzweifelhafter Gegner desselben, und die Sienesen niemals ohne Verbindungen mit Frankreich und mit den Strozzi. Wenn es nun schon von alter Zeit her die Absicht der Florentiner gewesen war, sich Piombinos zu versichern, das zu dem pisanischen Gebiet gehörte, welches ihnen zum großen Teil zugefallen war, so kam Cosimo auf diesen Gedanken zurück. Bei einer neuen Geldforderung des Kaisers sagte er demselben, er könne sie nicht leisten, wenn ihm nicht auf das bestimmteste zugesagt werde, daß er Piombino erhalten solle. Sein Grund war, daß er das Geld nicht zusammenbringen könne, weil die Florentiner sich nicht schröpfen oder vielmehr – denn dies Wort gebrauchte er – schinden lassen würden, wenn man ihnen nicht diese Erwerbung in Aussicht stelle; jedoch wenn er diese Zusage erhalte, werde er seine Börse erschöpfen und seinen Untertanen das Fell über die Ohren ziehen. Karl V. war an sich nicht sehr geneigt dazu: denn von alter Zeit her wurde der Ort als überaus bedeutend für die Herrschaft in Italien angesehen; er wurde jedoch bewogen, dem Herzog Hoffnungen zu machen, wenn er ihm ein Anlehen von 150 000 Dukaten gewähre, wozu der Herzog sich entschloß. Insofern setzte Cosimo die Politik der alten Republikaner fort, daß er das florentinische Geld anwandte, um eine Gebietserweiterung zu erwerben.

Die bestimmte Zeit aber verfloß, ohne daß ein Schritt dazu geschehen wäre. Am kaiserlichen Hof hatten auch die Appiani einen gewissen Einfluß. Mit Lebhaftigkeit setzten sich die Genuesen dagegen; sie machten dem Kaiser sehr ansehnliche Versprechungen, wenn es nicht geschehe; und der kaiserliche Befehlshaber, der in Siena eine Festung gebaut hatte, erschien vielmehr als ein Gegner Cosimos, der sich dergestalt noch immer von allen Seiten her bedroht fühlte. In einer in tiefes Geheimnis gehüllten Meldung gab er dem Kaiser zu erkennen, daß von päpstlicher Seite ein Anschlag auf sein Leben gemacht sei; er wollte den Mann kennen, der beauftragt worden sei, das Attentat, wenn nicht zu vollziehen, so doch zu vermitteln. Von jener Rache, die ihm Filippo Strozzi angekündigt hatte, fürchtete er durch ein Zusammentreffen seiner äußeren Feinde mit den inneren betroffen zu werden.

Noch immer zuckten die Unruhen der Bürgerkriege nach. Die Besorgnisse bestimmten selbst Cosimos innere Politik: seine Gelderpressungen. Den ganzen Druck, den er über die Untertanen verhängte, leitete man daher, namentlich auch die Schärfung der polizeilichen Aufsicht in seinem Gebiet, selbst seine Gesetzgebung, wie er denn die Konfiskation über alle Stiftungen ausdehnte, die von den Verurteilten zugunsten eines Verwandten gemacht worden sein dürften.

Als Herzog von Florenz blieb er immer Cosimo Medici, der mit den Kräften, die ihm zuteil geworden, bedacht war, sich selbst zu verteidigen. Besonders waren es die Feindseligkeiten des römischen Papstes und des Hauses Farnese, welche den Herzog allenthalben beeinträchtigten und seine Besorgnis wach erhielten. Der Tod Pauls III. (10. November 1549) gewährte ihm nicht allein eine Erleichterung, sondern seine ganze Stellung wurde dadurch verändert; schon darin lag ein unschätzbarer Vorteil für ihn, daß nicht mehr eine Persönlichkeit, die sich ihm von jeher feindlich erwiesen, das Oberhaupt der Kirche, der Inhaber der weltlichen Macht in dem benachbarten Gebiet war. Es mußte nun doch dafür gesorgt werden, daß er keinen Nachfolger in seinem Sinne fand. Die kaiserlichen Minister hatten die Absicht gefaßt, den Kardinal Salviati zur Tiara zu erheben; Cosimo war notwendigerweise ganz dagegen; er wollte überhaupt keinen Florentiner, noch viel weniger aber einen solchen, den er als seinen Feind betrachtete, zum Papsttum erhoben sehen. Um jenen kaiserlichen Räten gefällig zu sein, schickte er denselben ein Empfehlungsschreiben für Salviati, aber nur ein ostensibles; insgeheim warnte er vor Salviati, der doch sein eigener Schwager war; denn, was derselbe auch sagen möge, er sei durchaus französisch gesinnt. Ein großes Ereignis, zu dem Cosimo selbst beigetragen hat, war es nun, daß nicht ohne seine Einwirkung Kardinal del Monte, der mit ihm in der letzten Zeit gut gestanden, aus dem Konklave als Papst hervorging; er nannte sich Julius III. Zuerst durch Cosimo, dem darüber eine besonders geheime Botschaft zuging, ließ derselbe den Kaiser versichern, daß er immer auf seiner Seite sein werde.

Aber noch war der neue Papst sehr schwach; das Haus Farnese blieb auch nach dem Tode Pauls III. überaus mächtig; es war von diesem stärker als je eine andere päpstliche Familie zurückgelassen worden. Die Farnesen traten als eine neue Potenz in dem mittleren Italien auf, sie stellten sich damals in entschiedenem Gegensatz gegen den Kaiser auf die Seite der Franzosen. In Frankreich aber hatte vor kurzem Heinrich II. den Thron bestiegen, der vor Ehrgeiz brannte, die Pläne seines Vaters auszuführen und gar bald eine Macht entwickelte, die ihm das Übergewicht in der Welt, vor allem in Italien zu verheißen schien. Da nun auf der anderen Seite die kaiserliche Macht nicht mehr so stark war, wie in den früheren Jahren, und überdies auf eine Weise verwaltet wurde, die das Mißvergnügen Cosimos erweckte, trat für diesen die Frage ein, ob er sich nicht auch den Franzosen nähern solle. Sein Gesandter in Rom suchte, – aber in einer Weise, die dem Herzog fast zu stark war, das in der Tat ins Werk zu setzen. Cosimo fühlte sich dadurch veranlaßt, ihm eine Weisung zu geben, die als das Programm seiner Politik für die folgende Zeit betrachtet werden kann. Darin erklärt er mit Nachdruck, daß er keineswegs ein Vasall des Kaisers und demselben unbedingt ergeben sei; er habe nur versprochen, nichts gegen ihn zu tun, und das wolle er halten, solange der Kaiser ihn gut behandle. Für die Abwandlung der Politik, die in dieser Äußerung enthalten ist, lagen für Cosimo auch nach einer anderen Seite hin die dringendsten Beweggründe vor. Von den Franzosen mußte er ernste und gefährliche Feindseligkeiten in Toskana erwarten. Katharina Medici, nunmehr Königin von Frankreich, erhob einen Erbanspruch auf die Verlassenschaft ihrer Linie und selbst auf die Besitznahme des Staates war ihr Absehen und das ihrer Freunde, der Strozzi, gerichtet: denn diese fanden an der Königin, die selbst der älteren Linie der Medici angehörte, der auch sie verwandt waren, Rückhalt und Schutz. Noch im Jahre 1550 verlautete, daß sie hofften, in kurzem des Staates von Florenz Meister zu werden. Cosimo spottete dieser Versuche, die vollkommen scheitern würden; gegen die privatrechtlichen Ansprüche der Königin, sagt er, werde er sich als Privatmann verteidigen; ihre Ansprüche auf den Staat erklärte er für lächerlich. Und der König möge nicht glauben, daß er, der Herzog, als Freund oder als Feind keine große Beachtung verdiene; er werde ihm das Gegenteil beweisen. Unmöglich könne König Heinrich Florenz einnehmen, ohne sich zugleich zum Meister von Italien überhaupt machen zu wollen. Auch werde er wohl von manchen Seiten dazu aufgefordert; das geschehe aber blos aus Eifersucht gegen den Kaiser. Sollte er die Herrschaft in Italien wirklich an sich bringen wollen, so würden alle gegen ihn sein; sie würden das ihre zurückfordern, und er selbst, Duca Cosimo, würde unter dieser Zahl sein und dann Verbündete finden; er warnt vor jedem Vorhaben, durch welches er genötigt werden würde, sich in die Arme des Kaisers nicht allein, sondern auch der Nachkommenschaft desselben zu werfen.

Ein Aktenstück von um so größerem Wert, als seine Fassung beweist, daß es nicht durch die Hand eines Staatssekretärs gegangen ist: Cosimo spricht darin seine eigensten Gedanken ohne allen Rückhalt aus. Eigentlich beginnt mit diesem Augenblick eine neue Epoche seines Lebens. Da die beiden großen Mächte in Italien unmittelbar aufeinander stießen, so wurde seine Lage bei weitem schwieriger, zugleich aber in sich bedeutender. Indem er seinen Staat den Franzosen gegenüber zu behaupten suchen mußte, durfte er mit ihnen doch nicht brechen. Je mächtiger aber die Franzosen in Italien wurden, um so wichtiger wurde seine Allianz für den Kaiser. Cosimo konnte den Gedanken fassen, im Bunde mit dem Kaiser seinen Staat nicht allein zu befestigen, sondern zu erweitern. Aber dazu mußte er Zeit und Gelegenheit abwarten, namentlich da er auch des Kaisers keineswegs alle Zeit sicher war; sein politisches Verhalten wurde zweideutig und doppelsinnig. Bei dem Wiederausbruch des Krieges im Jahre 1552 dachten die italienischen Fürsten daran, sich gegen die möglichen Folgen desselben durch einen Bund sicherzustellen, zu dem sie auch Cosimo einluden. Dieser beteiligte sich an den Verhandlungen, aber er versicherte dem Kaiser, daß er das nur tue, um ihm über den Gang dieser Angelegenheit zuverlässige Mitteilungen machen zu können; er schließt mit dem Worte: so möge ihm Gott Glück verleihen, wie er in dieser und jeder anderen Sache zu den Diensten des Kaisers entschlossen sei. Bei alledem behielt er sich doch vor, daß der Dienst des Kaisers ihm auch selber zu seinem Vorteil gereichen müsse.

Eine neue Geldforderung desselben lehnte er mit der Bemerkung ab: als ihm der Kaiser Piombino versprochen, seien die Florentiner bereitgewesen, ihn dabei nach Kräften zu unterstützen, jetzt aber nicht mehr; er habe sein Geld und seine Reputation verloren.

Der Moment war insofern von der größten Wichtigkeit für den Kaiser, als eben durch das Vorrücken des Kurfürsten Moritz nach den Tiroler Alpen, wo er sich aufhielt, um die Ausführung seines geistlich-weltlichen Systems zu überwachen, seine ganze Stellung in die größte Gefahr gebracht wurde. Aber auch für Cosimo trat damit eine entscheidende Krisis in seinen eigenen Angelegenheiten ein: denn was hätte für ihn wichtiger sein können, als der Kampf um den Besitz des ehedem gleichmächtigen Siena, der sich jetzt zwischen den beiden großen Mächten entspann. Zugleich setzten die Franzosen alle Gegner des Kaisers in Italien in Bewegung; es gelang ihnen, in Siena einen städtischen Tumult hervorzurufen, und mit Hilfe ihrer Freunde aus der Nachbarschaft die spanische Besatzung zu verjagen, bei der sich auch florentinische Mannschaften befanden. Man hätte erwarten sollen, daß sich Cosimo mit aller Kraft gerüstet hatte, die Franzosen wieder aus Siena zu vertreiben. Das Gegenteil aber geschah, er schloß einen Vertrag mit Frankreich. In demselben wurde ihm gewährt, was er immer gefordert hatte, daß er in seinem Staat ungestört bleiben und als ein Freund des Königs behandelt werden solle, wogegen er fortan zwar nichts gegen den Kaiser, aber auch nichts gegen die Franzosen und deren Freunde und Anhänger tun solle. Daß es damit ernstlich gemeint war, ergibt sich besonders aus dem letzten Artikel, in welchem für den Fall, daß der Kaiser mit Cosimo breche, von den Franzosen zugesagt wurde, ihm Piombino zu verschaffen. Der Vertrag sollte geheimbleiben, hauptsächlich für den Kaiser, gegen den Cosimo sein Verhalten durch allerlei Ausreden zu beschönigen suchte. Es war der erste und einzige Augenblick in Cosimos Leben, in welchem er von dem Kaiser abzufallen ernstlich gesonnen erschien. Die Haltung, die er einnahm, hatte noch einen anderweitigen Grund. In den beiden Männern, welche die Angelegenheiten des Kaisers im oberen und im mittleren Italien leiteten, Ferrante Gonzaga und Diego Mendoza, sah er seine persönlichen Gegner; er hat den Kaiser oft erinnert, er werde schlecht von ihnen bedient, und unter ihrer Führung werde alles zugrunde gehen. Derselben Meinung war auch der Herzog von Alba, der damals mit einer in Spanien zusammengebrachten Geldsumme zu dem Kaiser eilte. Die Toledos und der Herzog von Alba an ihrer Spitze waren nicht minder

Gegner Mendozas und Gonzagas, als der Herzog von Florenz, der zu ihrer Verwandtschaft gehörte. Alba traf nun in dem Moment bei dem Kaiser ein, als dieser sich entschloß, mit den Protestanten jenen Vertrag zwar nicht etwa zu schließen oder auch nur zu genehmigen, aber doch zuzulassen, auf welchem die eigentümliche Entwicklung der beiden Religionsparteien in Deutschland beruht. Seine Absicht war, mit allen seinen Kräften, sich nach den von den Franzosen eingenommenen Grenzplätzen des Reiches zu wenden. Da stellte ihm Alba vor, daß es nicht ratsam sei, wenn er seine italienischen Freunde verletze; namentlich nicht den Herzog Cosimo; er bewog den Kaiser, demselben Piombino zu gewähren. Der spanische Befehlshaber von Piombino machte auch keine Schwierigkeit, dem Herzog den Platz zu überlassen. Mendoza und Gonzaga verloren die Autorität, die sie bisher in Italien ausgeübt hatten. Man erkennt da erst recht, wie viel Cosimo an der Verbindung mit dem Hause Toledo und diesem an der Verbindung mit ihm gelegen war: denn die zweifelhafte oder vielmehr zu Frankreich neigende Haltung, welche Cosimo einen Augenblick einnahm, diente dazu, daß der Herzog von Alba und der Vizekönig von Neapel jetzt am kaiserlichen Hofe selbst das Übergewicht erlangten.

Des Preises, den er erringen werde, sicher, und mit der Politik des Kaisers ausgesöhnt, trug nun Cosimo kein Bedenken, den Vertrag zu zerreißen, den er soeben mit dem König von Frankreich geschlossen hatte. Er hatte dazu einen Grund, der sich gut hören ließ: in dem geheimen Vertrag war bestimmt, daß der König seine Anhänger, mit denen auch Cosimo Freundschaft haben solle, in kurzer Zeit namentlich angeben werde. Ob nun dabei nicht vorausgesetzt werden mußte, was dann geschah, mag dahingestellt bleiben. Als aber der König unter seinen Anhängern auch Piero Strozzi nannte, erklärte Cosimo, daß er unmöglich mit seinem Todfeind, der ihn aus Florenz zu verjagen trachte, Freundschaft halten könne.

Der Kaiser hatte indes mit seinem Feldzug gegen Frankreich kein Glück. Daß sein Unternehmen gegen Metz scheiterte, gereichte ihm auch in Italien zum Nachteil. Wenn man anfängt, schrieb Cosimo einmal an den Kaiser, die Reputation zu verlieren, so wächst den Feinden der Mut und die Hoffnung auf guten Erfolg. Es ist offenbar, daß der Kaiser der Unterstützung Cosimos auf das dringendste bedurfte und sich zu dem Preis verstehen mußte, den Cosimo verlangte, und der sich auf den vornehmsten Gegenstand bezog, welchen der Ehrgeiz eines Herzogs von Florenz ins Auge fassen konnte. So lange man unterhandelte, suchte Cosimo die Franzosen hinzuhalten, wozu ihm die Verbindung mit dem Papst, der den Frieden gewünscht hatte, behilflich war. Aber im November 1553 erlangte er von dem Kaiser die bestimmte Zusage, daß ihm ein Teil des sienesischen Gebietes, das man erobere, wenigstens auf so lange eingeräumt werden solle, bis er für die Kriegskosten, die er aufwenden werde, vollkommen entschädigt sei. Und zugleich bekam Cosimo die Versicherung, daß er, wenn er von den Franzosen selbst angegriffen werde, von den italienischen Truppen des Kaisers und ihren Führern mit aller ihrer Macht unterstützt werden sollte.

Und indem dies geschah, schritten die Franzosen zu der größten für Cosimo denkbaren Feindseligkeit. Man kennt ein Schreiben Cosimos, worin er seine Getreuen auffordert, Piero Strozzi umzubringen, und dafür außer dem auf den Kopf des Rebellen gesetzten Preis noch andere Belohnungen versprach. Eben diesen Piero Strozzi nun schickten die Franzosen mit der Autorität eines Stellvertreters des Königs nach Siena; sie sind dazu auch durch die Ereignisse in Korsika bewogen worden, das sie den Genuesen, denen es gehörte, zu entreißen soeben Anstalt getroffen hatten: denn sie wollten nicht dulden, daß Cosimo, wie er es tat, die Genuesen gegen sie unterstützte. Aber das Hauptmotiv lag doch in der erwähnten dynastischen Prätension der Königin von Frankreich; mit Hilfe der Guisen, die sich ihr damals angeschlossen, setzte sie die militärische Mission Piero Strozzis durch. Sie war eine persönliche Freundin Pieros, dem sie in seinen dem Christenglauben entgegengesetzten Meinungen, an denen er so lebhaft festhielt, wie sein Vater, beizupflichten in dem Rufe stand. Gegen Ende des Jahres 1553 erschien nun Piero Strozzi, von Korsika kommend, in Rom; am 7. Januar 1554 traf er in Siena ein; er drückte sich friedfertig aus: denn nur zur Verteidigung sei er gekommen, nicht zum Angriff. Aber Herzog Cosimo, von dem Gegenteil überzeugt, säumte nicht, zum Kriege zu schreiten. Noch im Laufe des Januars stand seine ganze Miliz in Bereitschaft; denn er wollte die Sache zu Ende bringen, ehe Piero Strozzi zu stark und für den florentinischen Staat gefährlich werden könne.

Man darf nicht vergessen, daß Heinrich II. bei seinem Unternehmen gegen Karl V. auf die einheimischen Feinde des Hauses Österreich zählte, wie das später auch Heinrich IV., Richelieu und Mazarin getan haben; Heinrich II. rechnete auf die Ausgewanderten von Mailand, Neapel und besonders von Florenz. Was man die florentinische Nation nannte, bestand hauptsächlich aus den großen und mit zahlreichen Dienerschaften versehenen Kaufhäusern, deren Geschäfte noch immer in gutem Gange waren, und den Ausgewanderten, die sich diesen anschlossen. Es war die große Genossenschaft, die sich einst unter Filippo Strozzi geschart hatte und die in Piero ihr Oberhaupt anerkannte. Die Häuser in Lyon, Venedig, Ancona und Rom wurden aufgefordert, alles, was in ihren Kräften stehe, zur Befreiung ihres Vaterlandes anzuwenden. In Lyon und Venedig säumte man nicht zu diesem Zweck Geld zu zahlen; in Rom und dem Kirchenstaat überhaupt nahm man überdies Truppen in Sold. Es war nicht viel anders als im Jahre 1537, wenn nun gerade auch im Gegensatz gegen die Richtungen Cosimos ein Unternehmen auf seinen Staat geplant wurde. Katharina Medici erschien als Patronin der republikanischen Freiheit in Florenz und in Siena. In Rom ist es darüber bei Gelegenheit eines Festes, das der eintretende florentinische Konsul seinen Landsleuten gab, zu einer für diese Verhältnisse charakteristischen Szene gekommen. Der Botschafter des Herzogs, Serristori, saß obenan; man war schon bei dem Nachtisch, als ein Sekretär der Kurie, die damals französisch war, weil sie nur von Frankreich Geld empfing, eintrat und sich anschickte, einen Brief des Königs zu verlesen, den er aus Frankreich mitgebracht hatte, wohin er gegangen war, um dem Kardinal Guise den roten Hut zu bringen. Serristori wollte dies nicht dulden und nahm den Brief an sich. Da er nun zugleich den Sekretär, der denselben zurückforderte, mit Scheltworten von sich wies, so erfolgte eine allgemeine Bewegung; die Gesellschaft bestand wenigstens aus sechzig Personen, wie er selbst angibt. Serristori wurde dazu genötigt, den Brief herauszugeben; nachdem er sich hierauf entfernt, ist derselbe verlesen worden. Darin wird es als der Zweck der Kriegführung des Königs mit ausdrücklichen Worten bezeichnet, die Stadt Florenz, die von jeher mit Frankreich verbündet gewesen, in ihre alte Freiheit wiederherzustellen und sie von dem unerträglichen Joche, unter dem sie schmachte, zu befreien.

Das war nun ganz der Sinn der ausgewanderten Florentiner. Bindo Altoviti, einer der vornehmsten Führer in Rom, ließ einen Stier abbilden, welcher das Joch, mit dem er an den Hörnern gefesselt ist, von sich schleudert. Die Wappen Cosimos wurden herabgerissen und beschmutzt. In Florenz nahm man ähnliche Kundgebungen wahr; man fand Maueranschläge gegen das Reich und den Kaiser zugunsten der Franzosen. So hatte dann der Kampf der beiden Armeen im Gebiet von Siena doch eine große Bedeutung. Der Führer, der das kaiserliche Heer im Namen des Herzogs von Florenz befehligte, Marchese von Marignano, verfuhr mit einer Vorsicht und Behutsamkeit, die beinahe als Furcht erschien. Piero Strozzi meinte jetzt das große Ziel seines Lebens zu erreichen; er hat sich sogar mit dem Gedanken getragen, bei der eben eintretenden Vakanz des Römischen Stuhles durch bewaffnete Macht die Wahl eines Papstes von der französischen Partei zu erzwingen. Was würde erfolgt sein, wenn der cosimeske Staat umgestürzt, ein französisch gesinnter Papst zur Tiara befördert und dann zugleich von Piemont her ein Angriff auf Mailand und von Siena her ein Angriff auf Neapel unternommen worden wäre? Strozzi hoffte, durch einen Einfall im florentinischen Gebiet alle Sympathien für die alte Freiheit und die Sache der Ausgewanderten zu erwecken. Nicht viel anders als vor siebzehn Jahren gegen Pistoja, wendete er sich jetzt gegen Arezzo, wo er Verständnisse hatte; diese wurden durch die Wachsamkeit der dortigen Regierung und eine kleine Garnison unterdrückt. Da nun aber Strozzi Lucignano innehatte und einige andere Kastelle einnahm, so hielt der Marchese von Marignano für notwendig, ihm in das florentinische Gebiet nachzurücken, wo es dann zu dem Zusammentreffen bei Marciano kam, welches entscheidend wurde (2. August 1554). Strozzi hatte wenig Kavallerie und kein Geschütz; eben in diesen Waffen war ihm der Marchese offenbar überlegen. Es ward diesem nicht schwer, erst die Reiterei und dann auch das Fußvolk Strozzis auseinanderzusprengen. Strozzi wurde verwundet, entkam aber glücklich nach Montalcino.

Cosimo faßte den verständigen Entschluß, die zahlreichen Gefangenen, die er gemacht hatte, in seinem Lande verpflegen und dann nach Hause gehen zu lassen. Es kam ihm nur darauf an, sich durch die Verjagung der Franzosen den Weg zur Eroberung von Siena zu eröffnen. Soeben hatte der Kaiser seinen Sohn mit dem Reichsvikariat über Siena belehnt: er sagte, die Gnaden und Privilegien, die Kaiser Karl IV. einst dieser Stadt verliehen habe, seien durch ihre empörerische Haltung verwirkt worden. Das trifft nun damit zusammen, daß er seinen Sohn, dem er bereits Neapel abgetreten, auch mit Mailand belehnte; die Abhängigkeit von Siena gehörte dazu, um den Spaniern in dem mittleren Italien eine feste Stellung zu verschaffen, wie sie in dem oberen und unteren die Übermacht besaßen. Man sieht, wieviel Cosimo dazu beitrug, dies Verhältnis zu begründen, aus einer Absicht freilich, wie sie seinem Interesse entsprach. Denn bei der Verleihung des Vikariats war dem Prinzen von Spanien das Recht gegeben, einen anderen Vikar an seiner Stelle einzusetzen. Wer aber hätte das anders sein können, als Cosimo selbst? Er führte den Krieg fort, gemäß dem schon früher gefaßten und dem Kaiser entwickelten Plane, die Stadt nicht zu erobern, sondern durch Einschließung zur Kapitulation zu zwingen. Das Heer des Herzogs von Florenz zählte 8000 Nicht-Italiener; aber es fand energischen Widerstand. Der französische Kommandant Montluc leitete die Verteidigung mit Bravour und Einsicht, es dauerte bis in den April 1555, ehe Siena sich unterwarf. Dann geschah es, unter den einander anscheinend widersprechenden Bedingungen, daß die Stadt sich dem Kaiser unterwerfen und dennoch ihre Freiheit behalten solle. Der Kaiser hat darüber seine Verwunderung ausgesprochen, der Herzog ihm erwidert: die Freiheit bedeute nichts anderes, als Fortdauer der munizipalen Formen der städtischen Regierung.

Damit aber war die Sache keineswegs beendigt. Siena bestand gleichsam aus zwei Republiken, der einen, die nunmehr unter einem spanischen Kardinal von einer städtischen Balia regiert wurde, und der anderen, die von den Franzosen und den unabhängigen Bürgern nach Montalcino verpflanzt, sich ebenfalls Republik von Siena nannte und als souveräne Potenz auftrat; sie übte das Recht aus, Münzen zu schlagen. Nur den dritten Teil des Gebietes hatte Cosimo kraft des oben erwähnten Vertrages in Besitz nehmen können. Mit Montalcino war er in fortwährendem Krieg, und mit der Balia von Siena stand er keineswegs gut, da diese die Herausgabe der Plätze, die er innehatte, in Anspruch nahm. Was aber bei weitem mehr bedeutete, war die Wendung der Dinge zugunsten der Franzosen, die durch den neuen Papst Paul IV. hervorgerufen wurde. Ein Nepot des Papstes, Caraffa, begab sich mit Strozzi und angesehenen Ausgewanderten aus Florenz und Neapel nach Frankreich, und es gelang ihnen, die alten auf eine Herrschaft in Italien zielenden Pläne Heinrichs II. und seiner Gemahlin wieder anzufrischen und in Gang zu setzen. Nochmals erschien ein französisches Heer in Oberitalien, das sich in Reggio mit den Truppen von Ferrara vereinigte. Man sprach aufs neue von der Überwältigung des Staates von Florenz. Strozzi war so tätig wie jemals; er entriß Ostia den Spaniern, die es besetzt hatten. Vizekönig von Neapel war damals der Herzog von Alba, er hatte sich bei seiner Reise dahin mit Cosimo besprochen, der ihm die besten Ratschläge gab, und nach einiger Zeit rückte er in den Kirchenstaat vor, dessen feste Plätze großenteils in seine Hand fielen. Papst Paul IV. blieb jedoch dabei, daß er den Spaniern, wie er sagte, den Maranen, Neapel entreißen müsse. Cosimo geriet abermals in eine zweideutige Stellung, da er auch mit Papst Paul IV., der persönliche Hochachtung für ihn hatte, und dessen Neffen, der sich für künftige Eventualitäten einen Rückhalt bei dem Herzoge von Florenz zu sichern wünschte, in ein freundschaftliches Verhältnis trat. Der innere Widerspruch dieser Tendenzen und die Unsicherheit der Lage überhaupt führten zu den weitaussehendsten und gewaltsamsten Plänen. Der Sohn Cosimos, Francesco, hat behauptet, allen Vorspiegelungen und Zusagen zum Trotz, sei es doch auf den Ruin Cosimos und dessen Familie abgesehen gewesen; er hat versichert, die Beweise dafür in den Händen gehabt zu haben. Wir erwähnten der auf den Tod Strozzis zielenden Anschläge Cosimos. Mit großer Bestimmtheit wird berichtet, Strozzi habe Veranstaltungen getroffen, um Cosimo und seine ganze Familie durch Gift aus der Welt zu schaffen. Bis in diese Region, wo alles gräßlich und ungreifbar wird, brauchen wir jedoch die damalige Politik nicht zu begleiten. Die nächst vorliegende Frage war, was mit Siena geschehen sollte. In den Friedensunterhandlungen, die zwischen Alba und Caraffa gepflogen wurden, forderten diese Siena für sich selbst oder einen anderen zuverlässigen Führer ihrer Partei; Cosimo sollte durch eine enge Verbindung mit Frankreich, die Vermählung seines ältesten Sohnes mit einer Tochter König Heinrichs II., sichergestellt werden. Er war jedoch nicht der Mann, der sich durch Vorschläge, deren Ausführung in weiter Ferne lag, hätte verlocken lassen. Aber auch mit den unbestimmten Zusicherungen der Spanier wollte er sich nicht begnügen. Karl V. hatte indessen die Verwaltung seiner Erblande seinem Sohne Philipp überlassen und sich nach Spanien zurückgezogen. An Philipp II., der sich in den Niederlanden aufhielt, schickte Cosimo einen seiner Schwäger, Luis de Toledo, mit der Erklärung, wofern Siena auf die Caraffa übergehe, so werde er keinen Augenblick zögern, sich mit diesen und den Franzosen zu verbinden. So war seine Politik überhaupt. Im Jahre 1552 hatte er durch seine Hinneigung zu Frankreich den Kaiser dahin gebracht, ihm Piombino zu überlassen; jetzt war die Drohung, mit den Caraffa und den Franzosen gemeinschaftliche Sache zu machen, das entscheidende Motiv für König Philipp, ihm Siena zu überlassen. Wir sagen nicht, daß die Hinneigungen zu der den Spaniern feindseligen Partei nur zum Schein vorgegeben worden seien, sie hatten auch ihrerseits Realitäten; aber hauptsächlich dienten sie doch dazu, den Kaiser und den König zu der Einwilligung in die Forderungen Cosimos zu vermögen. König Philipp wünschte selbst auf das dringendste einen haltbaren Zustand in Italien herzustellen. Wie er soeben mit den Farnesen eine sichernde Abkunft geschlossen und ihnen Piacenza zurückgegeben hatte, so wurde er auch bewogen, mit dem Herzog Cosimo in ein denselben befriedigendes Verhältnis zu treten. Durch einen Vertrag vom 3. Juli 1557 wurde Siena dem Herzog Cosimo zwar nicht mit absoluter Gewalt, wie er gefordert hatte, aber als Lehen des Königs von Spanien zugestanden. Von der Aufrechterhaltung der republikanischen Verfassung, welche die Spanier anfangs gefordert, standen sie ab. Aber unerbittlich verlangten sie den Besitz der wichtigen altsienesischen Seeplätze wie Port Ercole, Orbetello, und vor allem die Zurückgabe Piombinos und der Insel Elba. Piombino hatte Philipp II. von jeher für den Schlüssel von Italien erklärt; er wollte dieser ganzen Küste Meister sein. In dem Frieden von Cateau Cambresis (April 1559) mußten die Franzosen, welche Metz behielten, dagegen eine große Anzahl anderer Plätze und Landschaften herausgeben, namentlich auch die sienesischen.

Auch dann aber fand die Überlieferung derselben an Cosimo noch einige Schwierigkeiten. Die alten Cittadini von Siena, die sich nach Montalcino zurückgezogen hatten, meinten bei dem Abzug der französischen Truppen zu ihrer angestammten Freiheit zurückzukehren; sie wurden durch florentinische Ausgewanderte, die zu ihnen kamen, unter denen anfangs auch Bindo Altoviti wieder erschien, in dieser Gesinnung bestärkt; sie wollten sich an den Papst anschließen oder erst bei dem deutschen Reiche anfragen, ob Kaiser Karl wirklich berechtigt gewesen sei, Siena seiner Privilegien für verfallen zu erklären und seinen Sohn mit dem Vikariat zu belehnen. Aber indem die Franzosen sich nun wirklich entfernten, rückten die florentinischen Truppen mit großer Überlegenheit in die Nähe von Montalcino; die Einwohner wurden inne, daß ihre Freiheit nicht mehr zu behaupten war. Cosimo verstand sich dazu, den damaligen Befehlshaber und einige der einflußreichsten Mitglieder des Gemeinwesens durch Pensionen zu gewinnen. Hierauf überlieferte sich ihm die letzte Burgfeste der Republikaner; ein spanischer Kommissar empfing die Huldigung, übergab aber den Platz sogleich dem anwesenden florentinischen Kommissar, als ein Lehen des Königs von Spanien. Hierauf fielen auch die übrigen Orte des sienesischen Gebiets, wie Chiusi, Radicofani, in die Gewalt des Herzogs. Der Friede von Cateau Cambresis hatte darin seine wesentliche Bedeutung, daß die Franzosen die Herrschaft in Italien, nach der sie unter allen den letzten Regierungen gestrebt hatten, zu erringen nun wirklich aufgaben. Der Friede ist ein Markstein für die europäischen Verhältnisse überhaupt: das Deutsche Reich, welches dabei den Besitz von Metz, Toul und Verdun einbüßte, der seine alte Oberhoheit in Europa in sich schloß, verlor in Italien die Prärogative, die, nachdem sie lange in den Hintergrund getreten, von Karl V. wieder zur Geltung gebracht worden war, mehr jedoch zum Vorteil seines Hauses, als des Reiches, dessen Kaiser er war. Mailand wurde ein Teil der spanischen Monarchie; die beiden Republiken, welche Karl V. auf den Grund der noch nicht verjährten Reichsrechte ihrer Freiheiten beraubt, gingen an den Herzog Cosimo über, Florenz durch den Kaiser selbst, Siena durch Philipp II., dem ein nominelles Reichsvikariat übertragen worden war. König Philipp behielt sich dabei die wichtigsten Hafenplätze vor, welche die unmittelbare Verbindung der mittelitalienischen Küsten mit Spanien sicherten.

Behalten wir Cosimo im Auge: so ist es doch eine auffallende historische Erscheinung, wie er, indem er eine Position verteidigt, die ihm zuteil wurde, ohne daß er viel dazu getan hätte, zugleich zu einer Macht gelangte, welche die Republik und die früheren Medici kaum zu erwerben die Hoffnung hatten fassen können. Eben der Kampf mit den Ausgewanderten; die Angriffe, welche noch unter Filippo Strozzi gegen ihn gemacht wurden, führten ihn Schritt für Schritt dahin. Die Verbindung der Strozzi mit den Franzosen bewirkte, daß Karl V. und nach dessen Abgang Cosimo mit Philipp II. in Bundesgenossenschaft trat. Der Kampf mit den Strozzi führte Cosimo zur Eroberung von Siena und zur Vernichtung der sienesischen Republik. Faßt man Florenz als Staat, so waren die Ausgewanderten, indem sie die Unabhängigkeit von Siena verfochten, eigentlich gegen das Interesse ihrer Vaterstadt. Auf der anderen Seite hat dann auch das Festhalten dieses Interesses nicht wenig dazu beigetragen, die Herrschaft Cosimos in Florenz zu befestigen, wie er sich einmal ausdrückt, sie ließen sich für die Erweiterung des Gebietes die Haut über die Ohren ziehen, d. h. sie begünstigten die Gewaltherrschaft ihres Fürsten, weil er ihnen eine größere politische Stellung verschaffte. Damit aber war die innere Konnektion der Verhältnisse noch nicht erschöpft. Das neue Fürstentum Florenz war auf die Unterdrückung der republikanischen Ideen gerichtet, welche zugleich eine religiöse Färbung trugen. Cosimo war ein natürlicher Feind jeder Abweichung; selbst seine Feindseligkeit mit Paul III. konnte ihn nicht zu einer Entfernung von der Kirche fortreißen. Nach dem Frieden von Cateau Cambresis nahmen nun die religiösen Gegensätze den ersten Platz unter den Elementen der Weltbewegung ein. Cosimo schloß sich dem katholischen System mit Eifer und Hingebung an. Der Wechsel der Zeiten zeigt sich darin, daß Katharina Medici, die vor kurzem danach getrachtet hatte, Cosimo zu stürzen, jetzt in den Fall kam, denselben um Hilfe zu bitten. Cosimo erklärte es für seine Pflicht, der katholischen Religion in Frankreich und der französischen Krone beizustehen; durch einen Wechsel von 100 000 Dukaten, den er ihr schickte, wurde es der Königin möglich, die Schweizer zu werben, mit deren Hilfe sie den Prinzen von Condé bestand.

Noch wichtiger war es für Cosimo, daß er nach und nach dahin gelangte, als Bundesgenosse des Römischen Stuhles betrachtet zu werden. Der erste Schritt zur Begründung eines guten Verhältnisses zu Paul IV. geschah noch infolge jener durch die Caraffa herbeigeführten, auf Siena und Montalcino bezüglichen Irrungen. Kardinal Caraffa versagte einst dem florentinischen Botschafter die Audienz, die derselbe forderte, und verschloß ihm die Tür. Hierauf wendete sich Cosimo an Paul IV. selbst; denn sein Botschafter sei nicht an den Kardinal geschickt, sondern an den Papst. Es war eben die Zeit, in welcher Paul IV. an dem Verhalten seiner Nepoten ohnehin Ärgernis nahm und die kriegerische Politik verließ, die seine ersten Jahre bezeichnet. Man hat den Einreden des Herzogs Cosimo immer vielen Anteil daran zugeschrieben, wie er ja auch selbst den nächsten Vorteil davon hatte. Denn als die Kommune von Montalcino sich an den römischen Hof wendete, um demselben ihre Unterwerfung anzutragen, ward sie nunmehr von dem Papst zurückgewiesen, weil er unmöglich den allgemeinen Frieden, der eine heilige Sache sei, stören lassen könne. Man hat bemerkt, daß der Papst durch den Übergang des sienesischen Gebietes in die Hände Cosimos auch insofern in Nachteil geraten sei, als seiner weltlichen Macht eine andere von großer Nachhaltigkeit zur Seite trat. Aber von Dingen dieser Art sah der Papst in seinen späteren Jahren überhaupt ab; der Hersteller der römischen Inquisition lebte nur noch in den religiösen Ideen. Man sagt, Cosimo habe ihm vorgestellt, Siena sei ein Asyl der Ketzer, d. i. jener Italiener, die einer Reform zustrebten. Und so ganz unrichtig kann das nicht erscheinen, wenn man bemerkt, daß zwei namhafte Vorkämpfer dieser Richtung, Bernardino Ochino und Lelio Sozzini, geborene Sienesen waren; Aonio Paleario hat lange Zeit in Siena gelebt und gewirkt. Gewiß ist es, daß Cosimo zur Repression der abweichenden Meinungen in Italien mit Eifer seine Hand geboten hat. Was die Republik einst verweigert hatte, einen des Abfalls von der Kirche Beschuldigten (Savonarola) an den Papst auszuliefern, dazu entschloß sich Cosimo sogar mit Freuden; er trug kein Bedenken, einen der großen Repräsentanten der reformatorischen Richtung in Italien, Carnesecchi, den päpstlichen Behörden auszuliefern; er sagte, er würde in einem ähnlichen Fall selbst seinen Sohn ausliefern. Wie an der Herrschaft der spanischen Monarchie in Italien, so hatte Cosimo an der Repression der protestantischen Meinungen einen wesentlichen Anteil. Mit Papst Pius IV., der hauptsächlich durch den florentinischen Einfluß zur Tiara gelangt war, stand Cosimo fortwährend in intimen Beziehungen. Im Jahre 1561 finden wir ihn selbst in Rom; der Papst zog ihn in allen seinen Angelegenheiten, auch denen, welche Gnade oder Gerechtigkeit betrafen, zu Rate. Cosimo war nicht ohne Anteil an der Einberufung des Tridentinischen Konziliums; sein Bemühen war immer, ein gutes Verhältnis zwischen dem Papst und dem König von Spanien zu erhalten.

Er schloß sich ganz an die spanische Monarchie an, bei deren Gründung und Entwicklung er selbst emporgekommen war; denn von Karl V. schrieb sich die Wiederherstellung der Medici in Florenz her, von Philipp II. die definitive Erwerbung von Siena. Von keiner Seite hatte er dann noch etwas zu fürchten, weder von Frankreich noch vom Römischen Stuhl, die verbunden oder auch einzeln ihm die schwersten Tage gemacht hatten; sie waren jetzt beide seine Verbündeten. Die Ausgewanderten, deren sie sich oft gegen ihn hatten bedienen wollen, und zwar beide Parteien derselben, die Oligarchen wie die Demokraten, waren vollkommen vernichtet.

Sehr ansehnlich namentlich für die italienischen Verhältnisse war nun das Gebiet, das Cosimo beherrschte.

Die Linie, die seinen Staat umschloß, ward auf 650 Miglien berechnet. Nach Osten und Norden war derselbe von Gebirgen, die ihn wie unübersteigliche Mauern umgaben, an der päpstlichen Grenze von starken Festungen, an allen Buchten, Höhen und Landungsplätzen der Küste mit zahlreichen Türmen geschützt. Ein Land voll fruchtbarer Fluren, anmutiger Hügel, reicher Städte, von tätigem Volk bewohnt; das Florentinische voller Gewerbe, das Sienische noch der Garten von Italien genannt.

Cosimo ließ es nun sein Bemühen sein, dies Gebiet, das durch den Krieg verwüstet worden, zu der Kultur, die ihm natürlich ist, zurückzuführen. Er trug Sorge dafür, es in wehrhaftem Stand zu halten; während er die Städte, die ihm noch einmal hätten widerstehen können, waffenlos erhielt, gab er der Landmiliz nach dem Vorgang Soderinis, aber doch hauptsächlich aus eigenem Impuls eine Einrichtung, die auch den Zeitgenossen sehr bemerkenswert erschien. Er hatte aus dem ganzen Gebiet die frischesten und muntersten Leute zwischen 18 und 50 Jahren, Bauern und Handwerker und andere Einwohner, zu den Waffen aufzeichnen lassen, einige mit Pike und Brustharnisch, andere mit der Hakenbüchse. Er gewährte ihnen und ihren Häusern Befreiung von beinahe allen Abgaben und besondere Begünstigungen bei den Ämtern in ihren Gemeinden. Dafür mußten sie ihre Waffen selbst instand halten, bei den Übungen erscheinen und häufig zu den Musterungen nach der Stadt kommen. Im Jahre 1560 betrug die Anzahl der Milizen im Florentinischen 16 000, in dem neu eingerichteten sienischen Staat 6000 Mann. Ihr Anblick flößte den Fremden Bewunderung ein und erhielt das Ansehen Cosimos in Italien.

Aber seine Hauptsorge war auf die Gründung einer Seemacht gerichtet. Er hatte nun die Waldungen von Fichten und Steineichen in Besitz, welche den alten Pisanern die nächste Veranlassung zu ihren Seefahrten gegeben. Das Material zum Schiffbau hatte er in seinem Land. Wie bald waren Webereien von Segeltuch eingerichtet. Dann gründete er in Pisa ein Arsenal von 50 Gewölben; in Livorno befestigte er den wohlgelegenen Hafen und suchte die Stadt emporzubringen. Da mangelte es ihm nur an kundigen Seeleuten, die er dann aus der Fremde heranzog. Besonders leistete ihm dabei ein Mönch aus Pera gute Dienste, der in Zypern, Chios und in anderen orientalischen Landschaften, wo es Calogori seines Ordens von St. Basilius gab, eine Menge Bekanntschaften erworben und sich die Sprachen dieser Bevölkerungen zu eigen gemacht hatte, des Namens Dionysio Paläologo; dieser brachte ihm eine Menge Griechen, nicht jedoch ohne die Bedingung, daß ihnen im Florentinischen der griechische Ritus gestattet werden solle; er brachte ihm auch nicht wenig Venezianer, die unter dem Vorwand einer Wallfahrt nach Loreto ihre Heimat verließen, aber sich nach Livorno wendeten, um hier als Comiti, Aufseher oder Bombardiere auf den Galeeren des Herzogs zu dienen und ihre Fertigkeit an seinen Schiffen zu erproben. In den pisanischen Werkstätten fand man Leute, die in dem Arsenal von Venedig erzogen waren; auch Genuesen, Marseiller, Sizilianer wußte Cosimo in seine Dienste zu locken. Er ließ sich durch keine Schwierigkeit abschrecken. Anfangs schien es, als solle es ihm um so unglücklicher zur See gehen, je größer seine Erfolge zu Land gewesen waren. Bald an der asiatischen, bald an der afrikanischen Küste, bald bei Korsika fielen seine Galeeren dem Feinde in die Hände. Die Barbaresken, welche keine neue Seemacht aufkommen lassen wollten, lauerten häufig auf das Geschwader, wenn es auslief; und nur in einer solchen Anzahl, die eine starke Linie zu bilden vermochte, konnten ihnen die florentinischen Galeeren begegnen. Der Fürst hatte im Jahre 1566 9 bewaffnete Galeeren, eine zehnte auf den Werften, und er beschloß, vier größere nach venezianischem Muster zu bauen. Auch darin schloß er sich nun ganz der maritimen Politik des Königs Philipp an, der eine Aufgabe des europäischen Lebens erfüllte, wenn er der wachsenden Übermacht der Türken auf dem Mittelmeere entgegentrat. Um gegen die Türken gerüstet zu sein, hat der König die Hälfte der Kosten zu dem Bau der florentinischen Galeeren beigetragen, mit der Bedingung, daß ihm der Herzog nötigenfalls 7 Monate mit denselben dienen sollte. Genug, es kam zu einer florentinischen Seemacht. Die Galeeren geleiteten die Kauffahrer ruhig durch das westliche Mittelmeer. Auch nach Osten fuhren sie, nicht zum Geleit, sondern zum Angriff und zu einem wieder berechtigten Seeraub.

In diesem Sinne stiftete Cosimo den Orden St. Stefano, der zu einem Teil nach dem Muster der Malteser, zum anderen nach dem Vorbild der militärischen Orden der spanischen Krone eingerichtet war; die Ritter wurden verpflichtet, 3 Jahre im Seekrieg gegen die Türken zu dienen. Wie Philipp, so erfüllte auch Cosimo damit eine Pflicht; denn wenigstens die westliche Hälfte des Mittelmeers mußte gegen die Türken in Schutz genommen werden. Aber auch hier traf sein persönlicher Vorteil und selbst seine Parteistellung mit einem allgemeinen Interesse zusammen; denn der auswärtige Handel der Florentiner, der von alter Zeit her auf die Beziehung zu der Levante gegründet worden, war durch das Emporkommen der türkischen Macht in den größten Nachteil geraten. Davon rührte es zum Teil her, wenn die florentinischen Kaufhäuser in Rom allmählich zu Grunde gingen; man hatte ihrer früher 22 gezählt, nach und nach schmolzen sie bis auf ein einziges zusammen. Diese aber waren es eben gewesen, auf welche sich die Macht und das Ansehen der florentinischen Ausgewanderten stützte. Mit der allgemeinen Veränderung des Handels hängt es zusammen und entspricht ihr, wenn nun Cosimo besonders den westlichen Handel der Florentiner nicht sowohl pflegte, als selbst in die Hand nahm, angelehnt an die spanische Monarchie. Es fuhren für ihn immer zwei Galionen von Flandern nach Spanien, von Spanien nach Toskana. Er bekam Zinn aus England, Silber aus Portugal. Die Portugiesen richteten in Pisa eine Niederlage für die Waren ein, die sie auf dem Seewege aus Ostindien bezogen. Durch diese Verbindung mit dem Okzident wurde es ihm möglich, den florentinischen Webereien, die unter ihm wieder emporkamen, neue Absatzwege zu eröffnen; er wirkte ihnen Privilegien von König Philipp aus; aber der vornehmste Vorteil wurde allezeit ihm selber zuteil. Seine Kontore trieben den Zwischenhandel auf eigene Rechnung; bei einem Geschäft, das er in Antwerpen machte, hat er einmal Waren für 25 000 Dukaten in Zahlung angenommen und sie dann in seinem eigenen Lande vertrieben. An manchen Unternehmungen der Fugger hatte er Anteil. Dafür war er auch so bekannt, daß Pizarro ihn zur Teilnahme an der Ausbeutung der peruanischen Bergwerke einlud.

Eine eigentümliche Beziehung der florentinischen Zustände, wie sie nunmehr waren, zu der spanischen Monarchie tritt darin hervor, daß der letzte kriegerische Sproß der Strozzi bei dem Unternehmen der Franzosen, durch welches die Vereinigung Portugals mit der spanischen Monarchie verhindert werden sollte, unter den Auspizien der Königin Katharina Medici die Anführung übernommen hatte, bei welchem er zugrunde ging. Auf dem Wege, auf welchem Cosimo überhaupt emporgekommen war, gelangte er zu einer europäischen Stellung in der engsten Allianz mit der spanischen Monarchie, aber doch von höchst eigentümlichem Gepräge. Alles greift zusammen; und es hat eine gewisse Wahrheit der Beziehungen, wenn er die Gründung seines Ordens an dem Tag vollzog, an welchem er die Siege von Montemurlo und von Marciano errungen hatte; denn von diesen hing alles ab, was ihm gelang und was ihm einen Namen in der Welt gemacht hat. So wie er seine Herrschaft gegründet, so behauptete er sie auch und brachte sie zur Ausführung.

Es war ein Irrtum, der ihm bei seinem Emporkommen im Inneren sehr nützlich wurde, wenn man dafürhielt, die Neigung zu leichteren Beschäftigungen, die Gewöhnung an körperliche Tätigkeit schließe das Talent aus, einen Staat zu leiten. Seine ersten Erfolge hielt man fast für zufällig. Man hat wohl gesagt, bei seinem

Fischen und Vogelstellen habe er Adler gebeizt und Nordkaper seien ihm ins Netz gegangen. Auch in den folgenden Zeiten ließ Cosimo von seinen Neigungen nicht ab. Seine ganze Lust blieb, zu fischen und zu schwimmen; in jeder Leibesübung war er Meister; auf der Jagd, im Ballspiel, im Turnier kam ihm niemand gleich. Man sah ihn große Lasten heben. Auch in ihm lebte die Vorliebe für Kunst und Literatur, welche das Haus der Medici immer ausgezeichnet hat. Die schönen Sammlungen von Antiken, welche den Schmuck von Florenz bilden, rühren großenteils von ihm her; er veranstaltete mannigfaltige Ausgrabungen und liebte es wohl, eine gefundene Statuette mit eigener Hand zu reinigen; auch die Grabstätten der alten Etrusker hat er eröffnen lassen. Er befahl seinem Bailo in Konstantinopel, griechische Handschriften zusammenzubringen, so viel er nur irgend könne; indem er Bedacht nahm, die Schriften der Alten auch den ungelehrten Italienern zu lesen zu geben, sorgte er zugleich dafür, daß die Sprache, besonders der Florentiner, rein gehalten wurde. Man wird nicht sagen dürfen, daß er in dieser Beziehung mit dem alten Cosimo Medici, von dem er seinen Namen trug, oder mit Lorenzo il Magnifico zu vergleichen gewesen wäre. Aber dafür entwickelte er wieder Bestrebungen, die ihm ganz eigentümlich waren. Er hatte eine Metallgießerei, in der er oft selbst arbeitete; da hatte er mancherlei Schmieden, Öfen, Brennkolben, und es machte ihm Vergnügen, sie zu versuchen. Von der allgemeinen Neigung, Gold machen zu wollen, war er nicht frei. Berühmt sind seine Bemühungen für die Botanik, wobei er medizinische Zwecke nie aus den Augen verlor; aus allen Abendländern und dem Orient ließ er Heilkräuter herbeischaffen, mit denen er unaufhörlich neue Versuche machte; er glaubte gegen allerlei in Italien einheimische Übel Heilmittel gefunden zu haben.

Wie mancher Fürst hat über einer dieser Neigungen, etwa über der Jagd oder der Kunstliebhaberei oder der Beschäftigung mit der Botanik seine Regierung versäumt. Bei Cosimo war dies nicht der Fall. Er ging seinen Neigungen mit vollem Bewußtsein nach, immer mit dem Triebe, in ihnen etwas zu schaffen, zu erfinden. Wenn er sich damit beschäftigte, war er vertraulich mit seinen Dienern; da sollte man nichts von dem Fürsten merken und sich davon nichts merken lassen. Aber sowie es damit vorbei war, so war es, als kenne er seine alten Genossen in Spiel und Arbeit nicht mehr und habe sie nie gesehen; man pflegte zu sagen, er ziehe den Herzog aus und an. In Geschäften war er ganz Fürst. Da hätte man nie gewagt, die mindeste Vertraulichkeit gegen ihn zu äußern oder auch nur davon zu sprechen. Als ihn Vasari mit seinen Räten um sich her malen wollte, verbat er sich das; wisse der Maler aber eine Figur, die das Schweigen bedeute, die möge er anbringen. Man bemerkte, daß er, wenn er einen wichtigen Entschluß zu fassen hatte, sich nach Orten zurückzog, wo er eine vollkommene Einsamkeit genoß. Seinen Briefwechsel mit Philipp II. und dem Papst besorgte er allein. Er hatte eine Kassette mit grünem Samt bedeckt, in der er die geheimen Sachen vor jedem anderen verwahrte. Auch die Untertanen wies er an, Vorstellungen von einigem Belang an ihn zu eigenen Händen zu senden, und er versicherte sie, daß alles an ihn gelange, daß er alles berücksichtige. Der erste, der ihn alle Morgen sah, war der Sekretär des Kriminalgerichts; er brachte ihm die Namen der Verbrecher und die Bezeichnung der Übeltaten, die Meinung des Gerichts; der Beschließende aber war der Fürst. Niemand hielt seine Diener besser im Zaum; er rügte die kleinste Übertretung. Niemand kannte sein Land wie er. Er wußte immer genau, wieviel Öl, Essig, Getreide und Munition darin vorhanden war. Wollte man bauen, so hielt er sich stets unterrichtet, was man machte, wie weit man war. Er kannte jedermann und rief jedermann bei seinem Namen. Wenn er jemand sah, den er noch nicht kannte, fragte er ihn, wie er heiße, was er mache; nach 20 Jahren erinnerte er sich noch, was man einmal bei ihm gesucht habe. Cosimo war einer der ersten Selbstherrscher des modernen Europas. Sein Fürstentum beruhte nicht auf Erbe, noch auf übertragener Autorität, obwohl er an diese Ideen sich anlehnte; mitten in städtischen und europäischen Konflikten hat er es erworben und befestigt. Er umfaßte die wesentlichen Interessen des Fürstentums, wirtschaftliche und geistige Kultur, Handel und militärische Macht zu Lande und zur See. Aber alles war persönlich und trug zugleich das Gepräge, wir wollen nicht sagen der Zeit, sondern nur seiner eigenen Individualität.

Da ist es nicht gerade jener äußerliche Glanz, dem die früheren und damaligen italienischen Fürsten nachgestrebt, was ihm das meiste Vergnügen machte. Er hatte einmal einen königlichen Marstall mit den edelsten Pferden; bald darauf begnügte er sich mit dem notwendigen. Er wandte anfangs viel auf die Jagd; später sah er gern, wenn jeder Jagdgenosse seinen eigenen Falken und seinen eigenen Hund mitbrachte. Nachdem er eine Zeitlang offene Tafel gehalten hatte, stellte er es wieder ein. Er aß immer mit seiner Frau und seinen Kindern an einem Tisch; sie begleiteten ihn, so oft er verreiste, selbst als sie schon erwachsen waren.

Sehr auffallend ist es, daß er große Erwerbungen gemacht, mannigfaltige Kriege geführt und doch selbst nie auf dem Schlachtfeld erschienen ist. Sein ganzes Bemühen war, die Politik nach Zeit und Gelegenheit zu leiten und die Mittel des Krieges für den eintretenden Fall bereitzuhalten. Es hat etwas Wahres, wenn man ihn einen Tyrannen nannte; nicht allein inwiefern Tyrannis die Herrschaft bezeichnet, sondern auch wegen der Art und Weise, wie er sie ausübte. Er war gütig, solange man ihm gefiel; dann erschien er gerecht; mißfiel man ihm, so war er furchtbar anzusehen und grausam. Er regierte mit Schärfe, Strenge und Rache. Immer ging er mit seinen gelben Streithandschuhen, mit Schwert und Dolch einher; und mehr als einen Mord hat er mit eigener Hand vollbracht. Den Florentinern war in ihrer Knechtschaft ein Trost gewesen, daß die Ehre der Frauen unangegriffen blieb. Gerade das rechnete man Cosimo lange zu großem Lob, daß er darüber hielt. Nachdem aber seine toledanische Gemahlin gestorben, fing er trotz seiner Jahre, trotz der Lehre, die Machiavell gegeben, an, seiner Begier auch ihren freien Lauf zu lassen. Man sah den klugen und gewaltigen Fürsten tausend Torheiten begehen; in einer Nacht maskierte er sich öfter, um ohne Aufsehen immer mit der nämlichen Dame tanzen zu können. Er setzte selbst die Sicherheit hintan, und um seinen Liebschaften nachhängen zu können, ging er des Nachts mit einem einzigen Diener aus. Manches vornehme Geschlecht geriet hierüber in eine Art von Verzweiflung. Doch Machiavell hatte falsch geweissagt; der Schrecken war dergestalt über ihnen, daß sie sich nicht regten. Den Sforza Almeni, der ihm wegen seiner Buhlschaft mit

Eleonora degli Albizzi Ungelegenheiten verursachte, durchbohrte er mit eigener Hand. Auch in anderen Beziehungen hatte seine ganze Staatsverwaltung doch etwas Drückendes; in den Komödien der Zeit kommen Personen vor, die es in Florenz nicht aushalten können wegen der Zölle, mit denen sie gedrückt wurden. Es ist sehr wahr, daß Cosimo den Ackerbau wieder emporbrachte, indem er Ländereien urbar machte, Kolonisten einführte. Aber er behandelte dann die Landesprodukte wie seine Handelsgeschäfte; gleich nach der Ernte ergingen die strengsten Befehle, daß niemand von dem Ertrag etwas verkaufen solle, er selbst, der Herzog, wollte dieses Vorrecht allein haben; er wollte allerdings damit dem Mangel an Lebensmitteln vorbeugen, der oft die größten Unannehmlichkeiten hervorgebracht hatte; allein dabei machte er doch auch seinen Vorteil; nirgends bezahlte man das Korn so teuer als bei ihm. Seine Politik gereichte den Florentinern zur Befriedigung ihres Ehrgeizes, sie hatten Freude an den Erwerbungen Cosimos. Aber dafür waren sie auch der Willkür seiner Finanzmaßregeln unterworfen; er legte ihnen Zwangsanleihen auf, und zwar einem jeden, von dem er wußte, daß er Geld besaß. Das Kapital zahlte er wieder zurück, doch keine Zinsen. Unter Anwendung dieser Mittel stiegen seine Einkünfte von einer halben Million auf 1 100 000 Dukaten; der Überschuß betrug dann wenigstens eine halbe Million, über die er, wie er sagte, für sich selbst und für seine Freunde verfügte.

Und immer höher stieg er, nicht ohne den Einfluß seiner Geldmittel, empor. Daß er dem Kaiser Maximilian II. bei der drohenden Gefahr eines türkischen Anfalles 100 000 Dukaten auf der Stelle und binnen drei Monaten abermals 100 000 zahlen ließ, trug nicht wenig dazu bei, daß derselbe seine Schwester Johanna, Tochter des verstorbenen Kaisers Ferdinand, mit dem Sohne Cosimos, dessen präsumtivem Nachfolger, vermählte. Es war nicht ohne Beziehung auf diese neue Verwandtschaft, wenn Cosimo diesem seinem Sohne nun auch die Verwaltung seines Staates in aller Form übertrug, nicht jedoch ohne sich die eigentliche Herrschaft und deren Attribute vorzubehalten. Eine große Veränderung in den Geschäften führte das nicht herbei, da der vertraute Sekretär des Herzogs, Concini, eine ununterbrochene Kommunikation desselben mit dem Sohne, der sehr folgsam war, unterhielt.

An diese Verbindung mit dem Hause Österreich knüpfte der Herzog den Wunsch, zum Erzherzog erklärt zu werden; denn sein Haus sei ja nun ein und dasselbe mit dem Hause Österreich geworden. Der Freund Cosimos, Papst Pius IV., unterstützte das Gesuch bei dem Kaiser; der aber legte doch jener Verbindung einen so großen Wert nicht bei; er wandte ein, daß er bei seinem geheimen Rate Schwierigkeiten finde, und wenigstens erst mit den übrigen Erzherzögen und König Philipp Rücksprache nehmen müsse.

An dem Hofe zu Rom, wo man das als eine abschlägige Antwort ansah, faßte man nun einen anderen Gedanken: denn sehr geneigt waren die Päpste, ihrem mächtigen Nachbarn einen höheren Rang zuzuerkennen, als ihn etwa die Este oder Farnesen beanspruchten. Pius V., den Cosimo nicht viel weniger für sich gewonnen hatte, als Pius IV., hätte an sich kein Bedenken getragen, ihn zum Erzherzog zu ernennen; denn der Papst könne Kurfürsten und selbst Kaiser machen; sollte er nicht auch einen Erzherzog ernennen dürfen? Da man aber doch das dynastische Selbstgefühl des Hauses Österreich nicht verletzen wollte, so zog man es vor, Cosimo zum Großherzog zu erheben, und zwar auf den Rat des kaiserlichen Geschäftsträgers Ulrich Zasius. Man hat dabei auf den Rang eines obersten Herzogs von Schlesien und sogar auf den Titel des Großfürsten von Moskau Bezug genommen. – Am 18. Februar 1570 zog Cosimo wie ein Triumphator in Rom ein; er saß dem Papst zur Rechten, wie sonst nur die Könige. Für seine Vorfahren war es ein besonderer Ehrgeiz gewesen, etwa in die Verwandtschaft der Orsini zu kommen. Jetzt taten diese ihm eine Art Hofdienst: ein Orsino reichte ihm das Zepter, ein Colonna die Krone dar, mit der ihn der Papst königlich schmückte.

Es war der Gipfel dieses Daseins, das damit zu einem großen Ziele gelangte. Nichts Geringes fürwahr, daß jener junge Mensch, der sich einst in Trebbio nur mit Fischfang und Vogelbeizen beschäftigt hatte, der Stifter des Großherzogtums Toskana geworden war. Die Umstände hatten ihn begünstigt, aber durch eine angeborene politische Virtuosität hatte er sich allezeit zum Meister der Umstände gemacht. Und nicht auf die Herrschaft in seinem Gebiete beschränkte sich seine Wirksamkeit. Für das gesamte südliche Europa ist es von größtem Gewicht, daß er, an der spanischen Monarchie festhaltend, wenn irgendein anderer zur Behauptung ihrer Macht in Italien beigetragen hat. Das Übergewicht der spanischen Monarchie und die exklusive Herrschaft des Katholizismus in Italien beruhten auf der Haltung Cosimos und seinen Erfolgen.

Wie Italien sich damals gestaltete, so ist es im großen und ganzen bis ins 18. Jahrhundert geblieben. Toskana hat inmitten dieser Gestalt eine bedeutende, zu Zeiten glänzende Stellung behauptet.

Zu eigentlichem Genuß der errungenen Macht ist Cosimo nicht gelangt. Dieser Mann, der ganz Nerv und Lebenskraft, sinnlich und geistig gewesen, wurde am Ende seiner Tage – er starb im Frühjahr 1574 – an allen Gliedern gelähmt; er konnte weder die Hand zum Schreiben brauchen noch auch die Zunge zum Sprechen bewegen. Man versichert, seine geistige Kapazität sei immer dieselbe geblieben; er habe von allem, was vorging, auch dann noch Kenntnis genommen. Was er erfuhr, war jedoch nicht dazu angetan, ihm Beruhigung zu verschaffen. Noch schwebte der Präzedenzstreit mit Ferrara; der Kaiser wollte den Titel Großherzog nur unter gewissen Modifikationen genehmigen, die nicht in Cosimos Sinne waren, und König Philipp zeigte ihm eine Härte, die den Diensten, die er demselben geleistet hatte, nicht zu entsprechen schien.

BIOGRAPHISCHES NACHWORT DES HERAUSGEBERS

Gelehrtenleben pflegen im allgemeinen weniger bewegt und aufregend zu sein als die Lebensläufe anderer Berufe, zumal der Männer des Handelns und der politischen Tat. Das gilt auch für Ranke, wie denn überhaupt das neunzehnte Jahrhundert, von Deutschland her gesehen, eine Zeit verhältnismäßig großer Geborgenheit war, namentlich für die beruflich oder amtlich gesicherte Oberschicht des Bürgertums, deren Schicksal durch die kurze, ziemlich rasch ermattende Revolution nicht allzu tief berührt oder umgestaltet wurde. Zum geistigen Schaffen gehört zudem Stille und Versenkung, mögen auch die Eindrücke der Außenwelt dafür befruchtend, ja bis zu einem gewissen Grad dem Historiker unentbehrlich sein. Selbst aus mißlichen, ihm widerwärtigen Ereignissen wird er Anregungen schöpfen können. All dies trifft für Ranke zu.

Leben aber heißt bei ihm in erster Linie Schaffen; es geht vornehmlich in seinen Werken auf, und ihre Zahl ist, wie es der Länge seines Wirkens, seinem ungewöhnlichen Fleiß, seiner Arbeits- und Entdeckerfreudigkeit entsprach, erstaunlich. Denn vergessen wir nicht und schalten wir hier gleich zu Beginn dieser Betrachtung, die den Nachklang zur Ausgabe seiner Meisterwerke bilden soll, ein: nicht geringer ist die Zahl der größeren und kleineren Schriften, die in Gestalt von Büchern, Abhandlungen und Versuchen jene umranken. An ihm bewährt sich vollauf jenes zugespitzte, bewußt einseitige Wort Goethes, Genie sei Fleiß. Daß freilich Rankes Genius sich hierin nicht erschöpft, braucht kaum eigens betont zu werden. Er besaß auch Intuition, die Begnadung für seinen hohen Beruf, den die alten Griechen in Klio, einer der neun Musen, personifizierten. Es ist die der Geschichtsschreibung.

Nach dem eingangs Gesagten kann es nicht unsere Absicht sein, Rankes Leben im einzelnen zu erzählen, auch nicht die, Schritt für Schritt die Entwicklung seiner Anschauungen zu verfolgen und sein Verhältnis zu den Hauptschriften zu untersuchen. Dies wäre die Aufgabe einer wissenschaftlichen Biographie im strengen, umfassenden Sinn des Wortes und würde den Rahmen der vorliegenden Ausgabe seiner Meisterwerke sprengen. Außerdem ist ja einiges, und doch wohl das Unentbehrlichste, zu ihrer Entstehung, ihrer Würdigung und dem Platz, den sie in seinem Lebensgang einnehmen, jeweils schon in den vorausgeschickten Einleitungen des Herausgebers gesagt. Nichts liegt unserer auf volkstümliche Wirkung bedachten, wenn auch in wissenschaftlichem Geiste angelegten Edition ferner, als Rankephilologie zu treiben. Dessen wird schon in der Fachliteratur eher zu viel als zu wenig getan, so daß man meint, vor lauter Bäumen den Wald nicht mehr zu sehen. Uns obliegt hier nur, Aufbau, Phasen und Sinngehalt dieses großen Gelehrtendaseins im Zusammenhang seines Schaffens und seiner Zeit zu überblicken, möglichst auch zu seinem Verständnis da und dort einige persönliche Streiflichter anzubringen.

Man kennt die Wurzeln seiner Existenz. Es ist die thüringische Heimat, das Unstruttal mit seinen bewaldeten Höhenzügen, Wiehe, ein unbedeutendes Städtchen abseits von den großen Verkehrsadern, ein Elternhaus von bescheidenem Zuschnitt. Der Vater, dessen Vorfahren zumeist kleine Landgeistliche gewesen, war als Beamter im Dienste der Patrimonialgerichtsbarkeit der erste Jurist in ihrer Reihe, Justitiar und Notar; die Mutter, lebhafter als ihr Mann, ganz dem Hauswesen zugewandt, aber nicht ohne Phantasie. Beide hegten einen ausgeprägten Familiensinn, den ihr Sohn erbte und zeitlebens pflegte, wie sein ausgedehnter Briefwechsel beweist, der immer wieder liebevoll zu den Jugenderinnerungen zurückkehrt.

Der religiöse Grundklang seiner Erziehung und einer lutherischen Frömmigkeit, von vornherein stark, ist nie verhallt und rauscht, mit inniger Überzeugung festgehalten, durch sein ganzes Leben. Oft genug bricht diese Religiosität an Höhepunkten seiner Werke bekenntnistark und voll Glaubenszuversicht durch. In die irdische sündhafte Welt mit ihren oft teuflischen Gewalten schimmert der Widerschein des Jenseits, eines göttlichen Regiments hinein, und jede Epoche steht irgendwie zu Gott. So hat er es einmal mit einem berühmt gewordenen Satz ausgedrückt. Gleichwohl sollte man den Begriff der Geschichtstheologie selbst auf einen so frommen, theologisch geschulten und tief bewegten Geist nicht anwenden*. Das Wort ist zu begrifflich hart und zu schulmäßig, möchte man fast sagen. Es kann die Zartheit und Weite von Rankes Gläubigkeit nicht wiedergeben; sie gleicht den oft verschwimmenden, vielgebrochenen Nuancen der Himmelsfarben.

Wollte ein junger Mensch aus dem mittleren Bürgertum im Leben vorankommen und wie Ranke womöglich über den engen Kreis der Gebildeten seiner kleinstädtischen Umwelt hinauswachsen, die in merklichem Abstand vom Adel wie von Bauern und Ackbürgern ein selbstgenügsames, harmloses Dasein führte, dann war das akademische Studium das Gegebene. Als Vorbereitung dafür bot das kurfürstliche Sachsen vortreffliche Möglichkeiten.

Kloster Donndorf, wo Ranke seinen jüngeren Bruder Heinrich in die Welt der homerischen Helden einführen half, und die Fürstenschule von Schulpforta als Pflegestätten der Altertumskunde, fügten der Entwicklung Rankes und der daheim gehegten obrigkeits- und traditionstreuen, religiös-patriarchischen Denkweise ein weiteres Bildungselement von Dauer bei.

In der anschließenden Leipziger Studienzeit vollzog sich Rankes Abkehr von der Schultheologie, was jedoch durchaus keinen Bruch mit seiner religiösen Lebensstimmung bedeutete. Es blieb auch nicht bei der Wahl der Philologie als Berufsziel, so verpflichtend dem künftigen Historiker gerade diese Wissenschaft mit ihrer Forderung genauer, sinngemäßer und unverfälschter Interpretation der Texte wer-

---

* Die sachliche Bedeutung des Buches von *Carl Hinrichs* „Ranke und die Geschichtstheologie der Goethezeit" (1954) soll damit nicht bestritten werden.

den mußte. Im Suchen nach einem ausfüllenden Daseinsziel stieß er auf die Werke von Dichtern und Philosophen, wie Lessing, Herder, Friedrich Heinrich Jacobi, Kant und Fichte, Friedrich Schlegel und Jean Paul, während Goethe ihn weniger beschäftigt, ihn nur in ungleichem Maß berührt und keine prägenden Spuren in seinem Denken hinterlassen hat. Es kann heute als erwiesen gelten, daß Fichte auf Ranke starken Eindruck gemacht hat, und zwar war es vornehmlich Fichtes Lehre über Wesen und Bestimmung des Gelehrten; diesen stellte sie mitten in den Staat und dessen Gemeinschaftsleben hinein, wies ihm aber auch als Träger von Ideen eine hohe Aufgabe zu, wodurch er fast ranggleich in die Nähe des Regenten selbst gerückt wurde. Rankes Auffassung von seinem Historikerberuf und die Folgerung, die er daraus später für seinen Verkehr mit fürstlichen Häuptern zog, ist durch derartige Gedankengänge nicht unbeeinflußt geblieben. – Dazu kam anderes. Die romantischen Stimmungen der zeitgenössischen Geistesbewegung vermittelten Ranke solche Vorstellungen wie die vom Volksgeist und von der Idee der Nation, die sich bei ihm mit seiner religiösen, lutherischen obrigkeitlich-territorialen Staatsauffassung verschmolzen.

Auf die Romantik zurück ging vor allem auch der Gedanke, der in die Mitte von Rankes Denken führt, daß alles Besondere der geschichtlichen Welt die einmalige, tiefbegründete und -berechtigte Erscheinung eines Allgemeinen ist, Widerspiegelung der göttlichen Idee. Es wird hier deutlich, wie stark der junge Ranke sich bei aller Wirklichkeitsnähe seines Geschichtsbildes doch auch vom Gedankengut des Platonismus, ja sogar von neuplatonischen Emanationslehren hat ergreifen lassen. Neueste Forschung erst hat diesen eigenartigen Einschlag seines Denkens herausgearbeitet. Gleichwohl kann nicht genug betont werden, daß in bezug auf Rankes Stellung zur Philosophie in dieser Periode seiner Entwicklung, aber auch später von keiner Systemverhaftung die Rede ist, soweit man darunter die großen philosophischen Lehrgebäude des 18. und der ersten Hälfte des 19. Jahrhunderts versteht. Sein Studium dieser großen philosophischen Werke ging nicht allzu tief, ja seine Kenntnis von ihnen war begrenzt und lückenhaft. Hegel lehnte er geradezu ab. Bezeichnend für ihn, daß einer seiner nächsten Freunde und Briefpartner, der fast gleichaltrige, ebenfalls an der Universität Berlin wirkende Heinrich Ritter, kein Systematiker, sondern vornehmlich Historiker der Philosophie war. Der Geschichtsphilosophie im schulmäßigen Sinn des Wortes wie überhaupt der Spekulation stand Ranke fremd gegenüber. Das heißt nicht, daß er sich keine Gedanken über den Sinn, die Triebkräfte und den Wert der Geschichte, über ihr Verhältnis zur geistigen Welt und zu Gott machte. Im Gegenteil, er sann viel darüber nach, freilich mehr in Form von nachdenklichen Betrachtungen und Erleuchtungen, oft nur in geistvollen Randbemerkungen. Aber er äußerte sich immer in persönlichster Weise, ohne schematisch-systematisierende Denk- und Interpretationsansprüche zu erheben, wohl aber gewillt, durch die Geschichte weise zu werden.

Für Rankes Entwicklung fruchtbar, ja entscheidend wurde die Zeit seiner Tätigkeit als Oberlehrer in Frankfurt an der Oder, wo sein Jugendwerk über die

Geschichten der romanisch-germanischen Völker entstand. Sie brachte ihm, wie wir sahen, den Aufschwung zu eigener schöpferischer Arbeit und mit ihr die Grundlegung seiner quellenkritischen Methode. Wie weit sie ihn über Niebuhr hinausführte, den man hierin bis zu einem gewissen Grad als seinen Vorläufer ansehen kann, ist früher von uns dargetan und gewürdigt worden. Er hat ihr die nach ihm benannte Prägung gegeben, man möchte sagen, die ein für allemal klassische Form. Für sein Jahrhundert und darüber hinaus wurde er so zum Wegbahner und anerkannten Meister der Quellenkritik, damit aber auch zum Begründer einer neuen Geschichtsschreibung, so vieles an diesem jugendlichen Wurf noch unvollkommen erschien.

Alle Folgenden haben von Rankes Methode gelernt, so auch Jacob Burckhardt, sein ehemaliger Berliner Hörer, der in manchem sonst sein Antipode werden sollte.

Auf ihr ruht auch der Schwerpunkt der akademischen Lehrtätigkeit Rankes, die sich ihm mit der Übertragung einer außerordentlichen Professur, dann eines Ordinariats an der Universität Berlin eröffnete und auch sonst nicht überschätzt werden darf. Denn Ranke war kein Dozent von starker, gleichmäßig durchdringender oder gar hinreißender Wirkung, wie uns von einem seiner bedeutendsten Schüler, Heinrich von Sybel, bezeugt wird. Die Zahl seiner Hörer war von Anfang an nicht groß und nahm mit den Jahren eher ab als zu. Nicht seine Vorlesungen, die von ihm abgehaltenen Seminare bildeten die Hauptanziehung. In ihnen erzog er seine Schüler zu derselben ebenso strengen wie feinen Analyse der Quellenzeugnisse, die er selber in lebendigster Weise übte und in der kostbaren Beilage zu seinem Erstlingswerk in Gestalt vorbildlicher Musterbeispiele vorgemacht hatte. Gelehrte von Format wie Georg Waitz, der bedeutende Verfassungshistoriker in Göttingen, gaben ihrerseits die Lehre des Meisters im Geiste der kritischen Methode weiter. So auch Heinrich Sybel, der dann freilich als Haupt der preußisch-kleindeutschen Historikergruppe nationalen und liberalen Gepräges in gewissem Sinn von der Linie Rankescher Objektivität abrücken sollte. Denn ihm, Häusser und Treitschke kam es zwar ebenfalls auf wissenschaftliche Haltung, auf unverfäschte Erkenntnis und gerechtes Urteil an; andererseits legte diese neue Generation entscheidenden Wert darauf, durch die Historie die politische Willensbildung der Nation zu bestimmen. Für diese aber schwebten ihr andere weltanschauliche Voraussetzungen und Ideale vor als Ranke.

Zwei Dinge sind es neben der Grundlegung der quellenkritischen Methode, die schon in Rankes Erstlingswerk seine persönliche wie seine für die Geschichtswissenschaft bleibende bedeutsame Wesensart ausmachen, und eben diese Eigenschaften sollten sich nun in seinen weiteren Standardwerken immer wieder und noch glanzvoller entfalten. Das eine ist die früh erlangte Meisterschaft der Persönlichkeitsschilderung, also dessen, was wir historisches Porträt nennen. Das andere ist der Sinn fürs Allgemeine, fürs Spiel der großen Mächte, mit anderen Worten für die europäischen Auseinandersetzungen, der Rankes Geschichtsschreibung von früh an sein Merkmal aufprägt. Dies Streben zur universalen Betrachtung sollte ihn zeitlebens ebensowenig verlassen wie die Freude an der handelnden Persönlichkeit, ja am Menschen überhaupt. Im Zusammenspiel zwischen dem Imponderabile der menschlichen Individualität und der gleichfalls einmaligen Besonderheit der Staaten und Völker vollzieht sich der Gang der Geschichte. In diesem Prozeß folgen die Reiche und die durch sie vorwaltend bestimmten Zeitalter jeweils den ihnen innewohnenden großen Tendenzen, jenen geistig-politischen Kraftströmen, die Ranke „Ideen" nannte.

Die geistige Bewegtheit dieser ersten großen Phase seines Schaffens kommt auch darin zum Ausdruck, daß mehrere Arbeiten von grundsätzlich klärender Bedeutung sich in den dreißiger Jahren zusammendrängen. So die Einführung zur Historisch-politischen Zeitschrift (1832) und die ins gleiche Jahr fallenden „Reflexionen vom Einfluß der Theorie", wie denn überhaupt um diese Zeit herum Ranke unterm Eindruck der französischen Julirevolution das Bedürfnis verspürt, sich über die eigene politische Stellung Rechenschaft zu geben und auch aus diesem Grunde sich gern mit der Geschichte und dem Wahrheitsgehalt politischer Doktrinen auseinandersetzt. So wählte er beispielsweise als Thema seiner Rede zum Antritt der ordentlichen Professur an der Universität Berlin (1836) eine Erörterung „Über die Verwandtschaft und den Unterschied der Historie und der Politik". In den berühmten „Politischen Gesprächen" vom selben Jahr klang diese Fragestellung ebenfalls bedeutsam an*. Im Grunde lief die Klärung, die Ranke in diesen inneren Auseinandersetzungen erzielte, für ihn selber auf eine Lebensentscheidung hinaus. Er war und blieb der Mann der Kontemplation, nicht der Vita Activa, obgleich es zu mehr oder minder kurzen Berührungen mit ihr kam. Nicht als Politiker, als Historiker ist Ranke in die Ruhmeshalle der Geschichte eingegangen.

Wenn Ranke auf Bitte des Verlegers Perthes und ermuntert durch den Minister Bernstorff die Herausgabe der Historisch-Politischen Zeitschrift (1832) übernahm, so hoffte er für seine Person dadurch als Historiker eine lebendige Fühlung mit der Gegenwart zu gewinnen, zugleich aber wünschte er durch geschichtliche Besinnung und die Erörterung von Zeitfragen im historischen Geist auf die Gegensätze der politischen Parteien und Lehrmeinungen klärend, dämpfend und ausgleichend zu wirken – so auch auf den Kampf zwischen den Dogmen der Reaktion und der Revolution, die aus dem jüngsten französischen Umschwung (1830) Nahrung zogen. Auch das Gefühl für das individuelle Wachstum jedes Staates hoffte Ranke durch seine Zeitschrift zu stärken, was eine Warnung vor blinder Nachahmung ausländischer Verfassungsvorbilder einschloß. Die ersehnte Entgiftung der politischen Atmosphäre trat nicht ein. Die Zeitschrift, für die Ranke eine Reihe von Beiträgen geliefert hat, darunter wahre Kleinodien seiner Wissenschaft, brachte es nur auf zwei Bände und mußte ihr Erscheinen einstellen (1836). Sie hatte weder den Beifall der Ultras unter den Konservativen noch der Extremen auf der liberal-demokratischen Seite erringen können.

Zum kostbarsten, was Ranke für die Historisch-Politische Zeitschrift geschrie-

* So ist es zu verstehen, daß *Erich Rothacker* „Das politische Gespräch und andere Schriften" in einer Edition vom Jahre 1925 zu einer Art „Wissenschaftslehre" Rankes zusammenfassen konnte.

ben hat, gehörte der Essay über die Großen Mächte, aus dem man fälschlicherweise eine Lehre vom Primat der Außenpolitik über die innere hat herauslesen wollen. Kein Zweifel aber, daß gerade diese Studie zusammen mit jenen schon oben genannten kleinen Arbeiten des Meisters, wesentliche Anschauungen seiner Geschichtsauffassung ausdrückte.

Über seine Geschichtsauffassung hat sich Rankes öfters ausgesprochen; die Quintessenz seiner Anschauungen ist schon in einem viel angerufenen, allzu leicht nachgesprochenen Satz der Vorrede zu seinem Erstlingswerk niedergelegt. Er sagt da: „Man hat der Historie das Amt, die Vergangenheit zu richten, die Mitwelt zum Nutzen zukünftiger Jahre zu belehren, beigemessen; so hoher Ämter unterwindet sich gegenwärtiger Versuch nicht: er will bloß zeigen, wie es eigentlich gewesen." Ranke selbst hat für das scheinbar sehr einfache, aber schwer auszuschöpfende und zu deutende Wort keine Begründung gegeben. Es wendet sich dagegen, daß ein Historiker als Richter der Vergangenheit zum Nutzen der Mit- und Nachwelt ihr sein Urteil aufdrängen will. Es ist also aus einer bestimmten Abwehr heraus geschrieben. Man sollte es daher nicht einseitig, wie es allzu oft geschieht, als alleiniges Bekenntnis des Meisters werten und von anderen Zeugnissen ablösen, die Ähnliches oder gar mehr aussagen. Ranke will nicht etwa behaupten, es komme lediglich auf eine bloße, genaue Wiedergabe des Geschehens an. Weder der Geistlosigkeit noch dem Unlebendigen wollte er damit Schrittmacher sein. Vielmehr suchte er Geschichte vom Gedanklichen her zu verstehen, zumal aus den leitenden geistigen und politischen Stimmungen jedes Volkes und jeder Zeit, frei allerdings von wuchernder philosophischer Spekulation und parteiischer Verzerrung. Die Fähigkeit zu erzählen, die er selbst in so hohem Maße besaß, wünschte er der Historie erhalten zu sehen. Geschichte ist nach ihm das Abbild unentstellter Wirklichkeit, die mit den Mitteln des Geistes zu erfassen ist, jedoch ohne Vergewaltigung der Tatsachen; sie haben in sich ihre Würde, ihren Sinn und im Plan Gottes, den wir nur ahnen, nicht zu erkennen vermögen, ihren Platz.

So ist es kein nackter Empirismus, dem Ranke huldigt. Der echten Philosophie war er darum nicht Feind. Entscheidend war, wie zahlreiche seiner Aussprüche bezeugen, für ihn dies, daß das Wirkliche, das Objekt des Geschichtsforschers und -darstellers geistiger Art ist und der geistigen Erkenntnis zugänglich; diese hat er gegenständlich und anschaulich auszudrücken, voll Ehrfurcht gegenüber der geschichtlichen Welt. Ihr zu nahen erfordert ein ruhiges Ebenmaß des Denkens, eine Entäußerung von sich selbst, eine stille Versenkung und Zuversicht, die Weisheit werden möchte und es werden kann.

Rankes Objektivität, die mitunter falsch verstanden und daher als blutleer oder ausweichend angegriffen worden ist, war nicht gleichbedeutend mit Verzicht auf eigenes Urteil und die Bewertung von Tatsachen und Personen. Er war sich der subjektiven Bindungen und Voraussetzungen des Historikers bewußt, ebenso der daraus entspringenden Trübungen und Beirrungen der Erkenntnis. Doch wünschte er diese nach Kräften aus seinem Verlangen nach Wahrheit und Wahrhaftigkeit zu überwinden. Das berühmte Wort, er wolle nur zeigen, wie es gewesen sei, und er wolle, wie er ein andermal sagte, sein Selbst gleichsam auslöschen, bezeichnete ein hohes Idealziel der forschenden Erkenntnis, von dem ihm feststand, daß es in vollem Maß nie erreicht werden könne, daß man aber gleichwohl nicht aufhören dürfe, ihm nachzustreben. Das ist eine Lehre, zu der sich jeder Historiker auch heute bekennen darf, wie immer er zu Ranke und seinen Werken steht.

Über Rankes Anfängen liegt ein Glanz von Jugend, Schaffensfreudigkeit und Gelingen. Alles scheint sich zu vereinigen, ihn emporzutragen: das Charisma einer scheinbar mühelos sich durchsetzenden Begabung, glückhafte Funde neuer Quellenzeugnisse wie der venezianischen Relazionen, deren Eigenart selbst etwas Glänzendes, Farbe und Leben hatte; große ertragreiche Studienreisen an Orte, die von historischer Denkwürdigkeit waren und von geschichtlichem Reichtum überströmten, wie Wien, Prag, Florenz und Rom. Dazu die ersten folgenreichen Begegnungen mit Staatsmännern und Gelehrten von Rang, wie Metternich und Gentz, dann – als die wissenschaftliche Welt auf den erfolgreichen Neuling aufmerksam wurde – Anerkennung, Förderung durch die königliche Unterrichtsverwaltung und die Berufung an die Universität, die Aufnahme in die geistig führenden Zirkel der Berliner Gesellschaft, so der Umgang mit Varnhagen und seiner Frau Rahel, mit Bettina von Arnim. Was besagte der vereinzelte gehässige Angriff Heinrich Leos in Halle gegen den durchschlagenden wissenschaftlichen Erfolg des jungen Ranke und seine in Bälde weit ausstrahlende schulbildende Kraft? Die folgenden Leistungen, wiederum durch neue, horizonterweiternde Forschungsreisen und archivalische Entdeckungen unterbaut, blieben hinter dem Erstlingswerk nicht zurück. Die Themata werden großartiger, umfassender und reicher instrumentiert vorgetragen. Ihre Resonnanz wurde noch stärker und nachhaltiger.

Ein innerer Zusammenhang der großen Werke, zu denen die „Geschichten der Romanisch-Germanischen Völker" den Auftakt gebildet hatten, war der zeitlichen Folge nach unmittelbar gegeben; denn die „Osmanen und die spanische Monarchie" setzten die historischen Darstellungen des Mittelmeerraumes fort, „die Römischen Päpste" aber und die „Deutsche Reformationsgeschichte" schlossen, ihrem Gegenstand nach verwandt und doch gegensätzlich, an die zuvor geschilderte Renaissance an, stießen wuchtig und tief ins sechzehnte Jahrhundert vor, wo sie Höhepunkte der Schilderung für beide Bekenntnislager erreichten. Rückschauend kann man sagen: Renaissance, Reformation und Gegenreformation, alle in den europäischen Rahmen eingeordnet, machen den Hauptinhalt dieser Gruppe von Meisterwerken aus; sie stellen aber auch biographisch eine gewisse Einheit dar, umfassen sie doch in fortlaufendem Zuge die zwanziger und dreißiger Jahres seines Lebens. Sie umschließen die erste Periode eines großartigen, keinen Augenblick aussetzenden Schaffens, das zu rascher Reife führte und durch Spitzenleistungen gekrönt wurde. In diesen beiden Jahrzehnten vollzieht sich aber auch Rankes persönlicher Aufstieg innerhalb eines Staates, der dem ehemaligen kursächsischen Untertanen nach anfänglichem Widerstreben zur Heimat geworden war. Mit dem Beginn der vierziger Jahre, der ihm die Ernennung zum Historiographen des preußischen

Staates bringt (1841), ja schon geraume Zeit vorher steht Ranke auf der vollen Höhe von Leben, Wirken und Ansehen.

In Preußen brachte die von vielen freudig begrüßte Thronbesteigung Friedrich Wilhelms IV. (1840) die Dinge in lebhafte und, wie es zunächst schien, hoffnungsvolle Bewegung. Sie trieb neuen Entscheidungen, aber, nachdem der erste Rausch der Begeisterung für den hochbegabten, geistvollen Herrscher zu verfliegen begann, auch Enttäuschungen zu. Ranke wurde von dem Wandel des Geschehens und der Volksstimmungen mit betroffen.

Wie stark er in den älteren Vorstellungen des Deutschen Bundes und einer friedlich-dualistischen Leitung durch Preußen und Österreich lebte, ist aus zahlreichen Reflexen seiner preußischen Geschichte und deren Grundauffassung abzulesen. Die Jahre der Restaurationszeit waren der stillen wissenschaftlichen Arbeit günstig gewesen und hatten Ranke in seinem maßvollen Konservativismus nur bestärken können. Nun aber waren jene halkyonischen Tage, wie man sie mit Recht genannt hat, zu Ende. Die Einberufung des Vereinigten Landtags (1847), dieses erste halbe, verschwommene Zugeständnis der Krone an die Verfassungswünsche des Bürgertums, hatte Ranke als unvermeidlich angesehen. Der phantasievolle, geistreiche Romantiker auf dem Hohenzollernthron, der ihm gewogen war, hatte nach den revolutionären Ereignissen in Paris, in Wien und Berlin seinen Rat eingeholt, worauf Ranke in mehreren Denkschriften (Mai 1848) eine mittlere Linie zwischen Reaktion und Revolution empfahl, schließlich auch zu einer gemäßigten Konstitution mit starkem Königtum riet, ohne Unterwerfung unter das Dogma der Volkssouveränität. Ihn ängstigte das Schreckgespenst einer roten Republik ebenso wie einer Übersteigerung des Nationalbegriffs.

Die „Neun Bücher Preußischer Geschichte", mit denen eine zweite Reihe großer mehrbändiger Werke anhob, fielen in die stürmischste Zeit der Monarchie. Das Bild des altpreußischen Königtums solle, schrieb er an den König, der Nation entgegentreten in der Einfachheit, dem Ernst und der Notwendigkeit eines erhabenen Berufs. Indessen, eben diese überlieferten Grundlagen des preußischen Staates wurden durch die achtundvierziger Revolution angefochten und schwer erschüttert. Mit dem Verlangen, Preußen von Grund aus umzubilden, trat dessen Verhältnis zum übrigen Deutschland in ein neues Stadium von Hoffnungen, aber auch tiefgreifender Problematik. Sie wühlte zugleich alles auf, was an dem österreichischen Völkerreich, seiner inneren und äußeren Lage belastend, fragwürdig und neuerungsbedürftig erschien. In schicksalsvollem Ernst erhob sich die Frage der künftigen Führung Deutschlands vor der Nation. Sollte sie Preußen oder Österreich zufallen?

Mit der Schwierigkeit, ja Unlösbarkeit der deutschen Frage und zumal des Führungsproblems ringen Rankes Gedanken im weiteren Verlauf der ermattenden Revolution bis zum Abkommen von Olmütz (1850). Dieses erschien ihm zugleich als Rettung wie als Niederlage Preußens. Nach wie vor kam es Ranke mehr auf Eintracht der beiden deutschen Vormächte als auf nationalpolitische Einheit an, wie er denn auch der italienischen Einheitsbewegung eher besorgt als erfreut gegenüberstand.

Als Friedrich Wilhelm IV. in geistige Umnachtung verfiel, bereitete ihm dies Kummer. In dem fein durchdachten, etwas zu schonenden Artikel der Allgemeinen Deutschen Biographie (Band VII, 1878), den er dem Dahingeschiedenen widmete, wird man die anziehenden Züge des an sich so begabten und wohlmeinenden Herrschers eher wiederfinden als die seelische Problematik und politische Brüchigkeit seines Wesens. – Niemand hat im Vorhinein, ohne es zu ahnen, den wunden Punkt dieses von Ranke entworfenen Königsporträts so getroffen wie Friedrich Wilhelm selber, hat er doch in Erinnerung an das Versagen während der Märztage mehrfach zu Ranke gesagt: „Damals lagen wir alle auf dem Bauch!" –

Rankes Verhältnis zur weiteren Entwicklung der deutschen Einheitsfrage zu verfolgen ist nicht die Aufgabe dieser Betrachtungen. Einfach liegen hier die Dinge nicht*. Im Unterschied von dem nationalen, ihm fast revolutionär erscheinenden Schwung der vom Liberalismus herkommenden Einheitspolitiker und kleindeutschen Historikergruppe, machten sich bei ihm die Bindungen seiner konservativen Denkweise immer wieder geltend, so schon der sogenannten Neuen Ära des Prinzregenten Wilhelm (1858) gegenüber. In der Konfliktszeit stand er natürlich auf seiten der preußischen Krongewalt, nicht des Parlaments. Bismarcks zum Bruch mit Österreich hin treibende Politik jedoch widersprach seinen Grundanschauungen von der Erwünschtheit eines Zusammengehens der beiden deutschen Vormächte. Über ihre auseinanderstrebenden Interessen stellte er das Gemeinsame. Nach der Entscheidung des deutschen Bruderkrieges (1866) beklagte er das Schicksal des blinden Königs von Hannover. Des nunmehr gesprengten Bundes gedachte er in Nachrufen, die seine Verdienste mit fühlbarem innerem Anteil würdigten.

Bismarcks revolutionär anmutende Gewaltmethoden hatten in Ranke Unbehagen und Beunruhigung hervorgerufen. So konnte er denn auch die Schaffung des Bismarckschen Reichs nicht wie Treitschke als Herold des von Preußen geführten Nationalstaates begleiten. Doch näherte er sich ihm unter dem Eindruck der gewaltigen Ereignisse, als er ihrer konservativen Endwirkung inne wurde; ja er verwuchs allmählich mit ihm, und der neuen Gründung in der Mitte Europas unter preußischer Führung sprach er etwas wie eine Sendung im Kampf gegen aufkommende zerstörende Kräfte der modernen Welt zu. Es gab Berührungen und Übereinstimmungen mit der auf Erhaltung des europäischen Friedens bedachten Politik des großen Kanzlers in dessen Spätzeit. Doch wahrte Ranke den Einzelwendungen, Problemen und Lösungsversuchen der Bismarckschen Staatsführung gegenüber weitgehend seine innere Selbständigkeit, mehrfach auch kritischen Abstand.

Wir haben Ranke eine lange Strecke Weges bis in die zweite große Phase seines

* Aufschlußreich sind die beiden Veröffentlichungen *K. A. von Müllers* „Ein Moment der Zeit" — Ein unbekannter Vortrag Rankes aus dem Jahre 1862. Mitgeteilt aus dem Münchener Hausarchiv in: Historische Zeitschrift Band 151 (1935) sowie „Nachträge zu den Briefen Leopold Rankes an König Maximilian II. von Bayern". Sitzungsber. d. Bayer. Akademie d. Wissenschaften, Phil.-Histor. Abteilung, Heft 10 (1939).

Schaffens begleitet, die mit der „Preußischen Geschichte" einen ersten Markstein erreicht. Er war lange unverheiratet geblieben und in Gefahr, ein richtiger Hagestolz zu werden, wie er sich gelegentlich mit einem Anflug von Selbstironie, aber auch leiser Beklemmung nennt. So innig er die Beziehungen zu seiner ausgebreiteten Verwandtschaft, namentlich zu den Brüdern in seinem Briefwechsel pflegte, so gefestigt seine Stellung in der Berliner Gesellschaft war und sich weiterhin hob, war er doch einsam geblieben, wie es so oft das Schicksal derer ist, die ganz im Eifer der Produktion aufgehen, und zuweilen empfand er diese Einsamkeit. Erst in seinem achtundvierzigsten Lebensjahr (1843) heiratete er Clara Graves, eine sehr viel jüngere Irin, die er in Paris kennengelernt hatte; ihre Mutter stammte aus einem der ältesten irländischen Geschlechter, den Percevals. Sie blieb der heimatlichen Welt eng verbunden. Ein Teil der Briefe, die Ranke auf Reisen an sie richtete, war englisch, französisch und italienisch abgefaßt. Bald nach der Geburt ihrer Kinder wurde Clara leidend und konnte ihr Krankenlager nicht mehr verlassen. Nach ihrem Tod (1871), der an sich Rankes Lebensgewohnheiten nicht einschneidend veränderte, kam neue Einsamkeit über ihn; denn die Kinder hatten nun das Haus verlassen. Um so mehr suchte er in seinen Briefen das Glück der Erinnerung auf, das die Familie seinem frommen Sinn von jeher bedeutet hatte und jetzt durch ganze Generationen, von den Ahnen bis zu den Enkeln, Neffen und Nichten zu ihm sprach*.

Zu den Freundschaften seiner hohen Mannesjahre und seines Alters gehört die mit dem hochkonservativen, dabei aber sehr eigenwilligen Edwin Freiherrn von Manteuffel, dem Gouverneur von Schleswig, später Heerführer im siebziger Krieg und zuletzt Statthalter von Elsaß-Lothringen, der als Typus des politisierenden Generals gelten kann.

Kein Zweifel, daß Ranke den Umgang mit Menschen von Macht, Einfluß und Rang in seiner Art sehr genossen hat. Es war für ihn, den aus bescheidenen Verhältnissen stammenden Gelehrten, dem von Hause vornehmes Gesellschaftstreiben und höfischer Glanz fernlag, eine gewisse Lebensbereicherung. Neue Ausschnitte der Wirklichkeit, in der Politik gemacht wird, eröffneten sich ihm. Eine Reihe von Fürsten gehörte zu seinen Lesern, Verehrern und Schülern, darunter drei spätere Könige: die Kronprinzen Maximilian von Bayern, Karl von Württemberg und Herzog Georg von Cumberland, der den Hannoverschen Thron besteigen und (1866) an Preußen verlieren sollte. Rankes Forschungsreisen brachten ihn auch mit König Leopold von Belgien, mit dem Prinzgemahl der Königin Victoria, Albert von Koburg, und anderen Fürstlichkeiten in Berührung; in seinen Briefen spiegelt sich der Eindruck solcher Bekanntschaften mit sichtlicher Freude daran, auch nicht ohne allzumenschliche Beisätze, die freilich wiederum mit Rankes Hochschätzung von Gottesgnadentum und fürstlicher Autorität innerlich zusammenhängen.

---

* Dazu sehe man ein „Leopold von Ranke. Das Briefwerk". Eingeleitet und herausgegeben von W. P. Fuchs (1949) sowie „Neue Briefe". Gesammelt und bearbeitet von Bernhard Hoeft †. Nach seinem Tode herausgegeben von H. Herzfeld (1949).

Die menschlich schönste, für Ranke selbst wie für die geschichtliche Wissenschaft fruchtbarste Begegnung mit gekrönten Häuptern wurde die mit König Max II. von Bayern, diesem geistig hochempfänglichen, erkenntnisdurstigen, wahrhaft vornehmen Fürsten aus dem Mäcenatenhause Wittelsbach. Ihr verdanken wir die für den Monarchen zu Berchtesgaden im Herbst 1859 gehaltenen gedankenreichen Vorträge „Über die Epochen der Neueren Geschichte", eine Überschau von weltgeschichtlichem, großartigem Glanz, zugleich ein religiös gestimmtes Bekenntnis zur unaufhörlichen Bewegung des Lebens, wenn auch nicht zu einem beständigen Menschheitsfortschritt. Das Ganze zusammengehalten durch die Einsicht, daß die großen geistigen Tendenzen in sinnvoller Aufeinanderfolge sich entfalten, und die krönende Überzeugung, daß jede Epoche zu Gott stehe.

Eine bedeutsame Erweiterung seines Arbeitsbereichs schuf sich Ranke durch die Begründung der Historischen Kommission bei der Bayerischen Akademie der Wissenschaften in München, deren erster Präsident er wurde – als solcher unvergessen bis in unsere Tage, da diese hochangesehene gelehrte Körperschaft sich anschickt, die hundertste Jahrfeier ihres Bestehens zu begehen. Es sind wichtige wissenschaftliche Unternehmungen, vornehmlich auf weite Sicht angelegte Editionen, deren Programm Ranke einst vorgezeichnet hat, so die Jahrbücher des Deutschen Reiches und die seinen eigenen früheren Forschungsgebieten so nahekommenden Akten der Deutschen Reichstage. Eine der bedeutsamsten Leistungen der Kommission sollte die Allgemeine Deutsche Biographie werden, ein im historischen Geiste aufgebautes, für Geistes- und Naturwissenschaften unentbehrliches Nachschlagewerk. Ohne die verständnisvolle Förderung seines königlichen Gönners Maximilian hätte Ranke Gründung und Erhaltung der Münchener Historischen Kommission, der ersten dieser Art in Deutschland, nicht erzielen können; erst in einigem Abstand folgten ihr dann entsprechende Körperschaften mit rein landesgeschichtlicher Zielsetzung nach.

In die fünfziger und sechziger Jahre fielen die zwei großen Monumentalwerke der Französischen und Englischen Geschichte. Sie blieben dem Widerstreit der politischen Tagesgegensätze weit mehr entrückt als die Preußische Geschichte, die naturgemäß auf die Empfindlichkeiten der konservativen Rechten wie die Kritik der nun mächtig vordringenden nationalen und liberalen Zeitströmungen stoßen mußte. Die Reihe der Meisterwerke großen Stils war damit abgeschlossen, als Deutschland ins Zeichen der Reichsgründung trat, womit auch die letzte Phase von Rankes Schaffen und persönlichem Dasein anbrach.

Wollte man sich jedoch mit dieser Feststellung begnügen, so würde das seiner Lebensarbeit nicht gerecht werden. Wer ein zutreffendes Bild von ihr gewinnen will, wird nie vergessen dürfen, daß die großen Meisterwerke vorbereitet, gefolgt oder umrahmt sind von einer Menge anderer Veröffentlichungen, die im Zusammenhang mit jenen abrundendes, aber auch eigenes Gewicht haben. Einige sind von beträchtlichem Umfang. Eine ganze Reihe von ihnen fällt gerade in die siebziger Jahre, in denen nun ja auch die große Gesamtausgabe der bei Duncker und Humblot erscheinenden Werke Rankes Ruhm in breitere Leserkreise trägt. Eifrig sammelt der Meister die letzten Früchte in die Scheunen.

Um nur die wichtigsten dieser Veröffentlichungen hervorzuheben, treten wir nochmals einen Gang durch sein Oeuvre an: zur Welt der in einem seiner ersten Bücher so eindringlich geschilderten spanischen Monarchie gehört die Studie über den Sohn Philipps des Zweiten, Don Carlos (1829), dessen dichterische Idealisierung durch Schiller mit Recht die nüchterne, legendenfeindliche wissenschaftliche Forschung von Ranke bis zum neueren Spezialschrifttum auf den Plan gerufen hat. Seiner breit angelegten Reformationsgeschichte ließ Ranke zeitlich unmittelbar anschließend einen knappen Abriß „Zur Deutschen Geschichte vom Augsburger Religionsfrieden bis zum Dreißigjährigen Krieg" folgen. Es ist vorwiegend Reichs- und Reichstagsgeschichte von mehr als einem halben Jahrhundert, in ihrem Mittelpunkt die habsburgischen Herrscher, zunächst Ferdinand I., der bedeutende, in vielem realistischere Bruder Karls V. und seine psychologisch reizvollen Nachfolger, der religionspolitisch schillernde zweite Maximilian und der selstame Einsiedler im Schatten des Hradschin, Kaiser Rudolf II. inmitten seiner zweifelhaften Umgebung. Hier geht die Geschichtserzählung über den Gegensatz von Union und Liga hinweg bis zum Ausbruch des Dreißigjährigen Krieges heran. Mitten in dessen Probleme dagegen führte Rankes „Geschichte Wallensteins" hinein. Diesen erklärt er in der Vorrede dazu als „außerordentlichste Gestalt in den weitausgreifenden Bewegungen der Epoche", womit das für Rankes historische Wesensart charakteristische Doppelmotiv angeschlagen ist: Biographie und Zeitgeschichte verbinden sich. Gespeist namentlich aus neueren archivalischen Beständen von Wien, Dresden und Brüssel, wenn auch in den quellenmäßigen Unterlagen mitunter angreifbar, wurde Rankes Wallenstein ein vielgelesenes, mehrfach aufgelegtes Buch. Ein Spätwerk schon (1869), handelte es über eine der umstrittensten Persönlichkeiten deutscher Geschichte, zwar nicht eigentlich bahnbrechend, aber gewichtig genug auch in der der Erfassung Wallensteins eifrig zugewandten wissenschaftlichen Arbeit des 19. Jahrhunderts. – Das von Wallenstein entworfene Bild hatte zwar nicht die volle Leuchtkraft früherer Porträts, aber doch viel Farbe und Feinheit. Ricarda Huch hat psychologisch tiefer und wagemutiger gesehen, freilich ohne der Gesamterscheinung des Rätselhaften voll gerecht zu werden. Es blieb bei einer bloßen Seelenstudie, die die neurasthenische Komponente Wallensteins einseitig unterstrich*. Ein österreichischer Historiker des zwanzigsten Jahrhunderts, Heinrich Ritter von Srbik**, hat die Ursachen und Hintergründe für den Sturz des großen Glücksritters und Heeresorganisators in eindringlichster Weise aufgehellt, und des Tschechen Pekar*** Standardwerk hat Rankes Leistung in Problemstellung und Ergebnis überflügelt. – An Ranke vorbeizugehen, würde freilich auch heute jedem Wallensteinforscher zum Schaden gereichen. Denn wie behutsam sind alle Urteile über sachlich-historische Fragen wie der Personencharakteristik abgestimmt!

---

* *Ricarda Huch* „Wallenstein. Eine Charakterstudie" (1919).
** *H. Ritter von Srbik* „Wallensteins Ende. Ursachen, Verlauf und Folgen der Katastrophe (1920).
*** *Josef Pekar* „Wallenstein 1630—1634. Tragödie einer Verschwörung" (1937) 2 Bände.

Und die zunehmende Spannung der Erzählung, wo sie sich der Katastrophe zuwendet, wird auch der kühlste Leser als packend empfinden.

Wer mit Recht bedauerte, daß Ranke seine Preußische Geschichte so überraschend früh, nämlich schon nach dem Ende des Zweiten Schlesischen Krieges, abgebrochen hat, sah sich wenigstens teilweise entschädigt durch die kostbare Edition der Papiere des Großkanzlers Fürst über Staat und Hof Maria Theresias (im Jahre 1755) und Rankes weitgreifende Quellenstudie über den Ursprung des Siebenjährigen Krieges; sogar eine kurze, bündige Skizze über den Verlauf der Feldzüge bis zum Hubertusburger Frieden rang er sich ab. Nicht zu vergessen jenes zu wenig gekannte, auch von Treitschke unterschätzte* zweibändige Alterswerk (1871) über „Die Deutschen Mächte und der Fürstenbund" („Deutsche Geschichte von 1780 bis 1790"), das der Gegenwartsforschung ermutigenden Antrieb zu einem grundlegenden Werk über die hochgesinnte, weit in die Zukunft vorausdeutende Politik Carl Augusts von Weimar gegeben hat**.

Eine letzte Abrundung erfuhren diese friderizianischen Studien durch den verhältnismäßig kurzen Artikel der Allgemeinen Deutschen Biographie (Band VII, 1878), den Ranke dem König widmete, anscheinend aber nur als eine Skizze gewertet wissen wollte***.

Daß Ranke sich nicht verlockt fühlte, eine Geschichte der Französischen Revolution zu schreiben, versteht man aus ihrer ihm fremden Ideenwelt, und nun gar der terroristischen Art, wie sie sich zuletzt durchsetzte. Immerhin, auch er berührt das Ereignis der heraufziehenden Epochenwende in seinem Buch über „Ursprung und Beginn der Revolutions-Kriege (1791–92)". Thematisch stand es im Zeichen der Mächteauseinandersetzung. Hier kamen wieder einmal die historischen Tatsachen selbst seinen Neigungen und seiner Betrachtungsweise entgegen. Die modernen Historiker französischer und deutscher, auch englischer Zunge haben von diesem verwickelten Vorgang seither ein vertieftes und schärferes Bild gewonnen. Aber das Verdienst, sich – wie Ranke es nach seinen eigenen Worten anstrebte – über den Gegensatz der Parteien hinauszuheben und eine allgemeingültige Anschauung vorzubereiten, wird ihm heute kaum jemand bestreiten können.

Zum Zeitalter Napoleons aber, das Ranke nicht als solches behandelt hatte, gab er eine Ergänzung von wuchtigem Inhaltreichtum, die Edition der Denkwürdig-

---

* Dieses wegwerfende Urteil in einem Brief an Hermann Baumgarten vom 30. Oktober 1872 über die „fade hofmännische Weißbrennerei" des „schlechten" Buches ist zitiert in der Edition von *W. Andreas* „Briefe Heinrich von Treitschkes an Historiker und Politiker vom Oberrhein" S. 27 (1934). Dieses Urteil ist auch sonst charakteristisch für die Stellung Treitschkes zu Ranke.

** Gemeint ist hiermit der „Politische Briefwechsel des Herzogs und Großherzogs Carl August von Weimar", herausgegeben von *W. Andreas*, bearbeitet von *H. Tümmler*, namentlich Band 1 umfassend die Jahre 1778—1790 „Von den Anfängen der Regierung bis zum Ende des Fürstenbundes" (1954). Band 2 „Vom Beginn der Revolutionskriege bis in die Rheinbundzeit 1791—1807" ist im Erscheinen (1957/58).

*** Zusammen mit einem Bruchstück aus den ungedruckten Memoiren des englischen Gesandten Mitchell „Über den Ausbruch des siebenjährigen Krieges" haben ihn nach Rankes Tod Theodor Wiedemann und Alfred Dove in den Doppelband „Abhandlungen und Versuche. Neue Sammlung" (Werke Band 51 und 52) aufgenommen. — Der Artikel führt die Bezeichnung „Literarische Note" doch wohl in einschränkender Absicht.

keiten Hardenbergs und die beigefügte historische Darstellung. Ein Ganzes, das zunächst in die friedliche Struktur des achtzehnten Jahrhunderts, des Reichs und der kleinen Höfe zurückführt, dann aber mächtig sich ausweitet zu geschichtlichen Ereignissen von allgemeiner Tragweite: die bewegten Zeiten der preußisch-deutschen Politik vor und nach dem Basler Sonderfrieden, vor und nach Jena bis in die Vorentscheidung der Niederlage Napoleons während der Befreiungskriege hinein, nebst einem Schlußwort über dessen Ergebnisse. Also großes Welttheater europäischen Stils! „Tiefer als Hardenberg", so läßt Ranke dies Werk ausklingen, „hat noch niemals ein Staatsmann seinen Namen in die ehernen Tafeln der preußischen Geschichte eingegraben."

Einen eigenartigen Platz in Rankes Gesamtoeuvre nimmt die „Geschichte der Serbischen Revolution" ein. Hier handelt es sich um eine in späteren Neuauflagen zeitlich erweiterte und inhaltlich angereicherte Jugendarbeit* aus den Tagen seines ersten Wiener Studienaufenthaltes und seiner persönlichen Berührung mit böhmischen sowie südslawischen Gelehrten und Politikern, zumal mit Wuk Stepanowitsch Karadschitsch, dem treuen Sammler serbischer Lieder. Hier stieß er abermals in die türkische Welt und zugleich in die Mächteauseinandersetzung vor, die sich an der orientalischen Frage entzündete. Ein selbst von den Kennern Rankes weniger beachtetes Werk von geradezu phantastisch buntem Reiz, schildert es heroisch-wilde Anstrengungen eines unterdrückten, aber unverbrauchten, zukunftsvollen Volksstammes und bildet eine einzigartige Ergänzung zur germanisch-romanischen Welt, in der Ranke von der Frühzeit bis ins Alter lebte, diesmal nach der slawischen Seite hin. Für seine Zeitgenossen sicherlich in vielem fast eine politische Sensation. Eine Seltenheit in der damaligen, ja auch der späteren Historiographie, da sie meist die kleineren Randländer Europas weniger in ihr Blickfeld einbezieht. Ein Kleinod unserer Geschichtsschreibung!

Die letzten Lebensjahre Rankes waren ausschließlich seiner historischen Arbeit und dem Nachdenken über sein eigenes Leben, über Gott und Welt gewidmet. Der aktiven Politik hat er sich, nun im hohen Greisenalter angelangt, nicht mehr zugewandt. Er war zum Patriarchen der deutschen Geschichtswissenschaft geworden, dessen goldenes Doktorjubiläum und die sechzigste Wiederkehr seines Promotionstages, schließlich auch sein neunzigster Geburtstag feierlich begangen wurden. Unter den Gratulanten hatten sich das Kaiserpaar, der Kronprinz und der Reichskanzler Bismarck befunden. Es waren ihm die höchsten Ehren zuteil geworden, die sein Vaterland zu vergeben hatte. Schon Mitte der sechziger Jahre war er in den preußischen Adelsstand (1865) und zwei Jahre später zum Kanzler des Ordens Pour le Mérite erhoben worden. Wenige Jahre vor seinem Tode ernannte man ihn auch zum Wirklichen Geheimen Rat mit dem Prädikat Exzellenz (1882).

Es war eine große Überraschung, als der Fünfundachtzigjährige eine „Weltgeschichte" ankündigte, für deren Vollendung er ein Lustrum zu benötigen glaubte.

---

* Der zusammenfassende Titel lautete nun im 43. und 44. Band der Sämtlichen Werke (1879) „Serbien und die Türkei im neunzehnten Jahrhundert".

„Du kennst“, hatte er einst, im November 1826, an seinen Bruder Heinrich geschrieben, „meine alte Absicht, die Mär der Weltgeschichte aufzufinden; jenen Gang der Begebenheiten und Entwicklungen unseres Geschlechtes, der als ihr eigentlicher Inhalt, als ihre Mitte und ihr Wesen anzusehen ist. Alle die Taten und Leiden dieses wilden heftigen gewaltsamen, guten edlen ruhigen, dieses befleckten und reinen Geschöpfes, das wir selber sind, in ihrem Entstehen und in ihrer Gestalt zu verstehen und festzuhalten.“ An jene kühnen Jugendträume wiederanknüpfend, gereift durch die Werke seiner Mannesjahre und seiner Spätzeit, vorbereitet und angeregt durch frühere Vorlesungen zu neuer Schau, begann er nun tatsächlich, die „Mär der Weltgeschichte“ zu erzählen. Sie blieb ein Torso. Einem ersten Doppelband (Weihnachten 1880) folgten noch fünf weitere Bände. Mitten aus der Arbeit am siebenten raffte ihn der Tod hinweg (1886). Es war ihm noch beschieden, diese Völkergeschichte, die er als Menschheitsentwicklung und Gedanken Gottes auffaßte, über das ihm labyrinthisch erscheinende neunte Jahrhundert bis zum Tode Kaiser Ottos des Ersten als geschlossenes Werk auszuführen. Dann diktierte er noch einige Kapitel bis zum Ausgang Heinrichs des Vierten (1106), dieser tragischen Kaisergestalt des Hohen Mittelalters. Nach Rankes Tod wurden von seinen Helfern einige Ausarbeitungen herausgegeben, die bis zum Fall Konstantinopels, also bis zur Mitte des fünfzehnten Jahrhunderts reichten.

Man kann, ohne sich den Vorwurf mangelnder Achtung zuzuziehen, fragen, ob diesem letzten Versuch einer gewaltigen Zusammenfassung des Weltgeschehens und damit auch seiner eigenen vorausgegangenen Arbeiten die Bezeichnung Meisterwerk zuteil werden darf. Man wird die Frage eher verneinen müssen als bejahen und zum mindesten nur mit zwiespältigen Gefühlen ein Urteil abgeben, keineswegs aber bloß deshalb, weil dem Greis die Vollendung seines Unternehmens versagt blieb und sein Stil bisweilen Spuren des Alterns und der Ermattung aufweist.

Auch wenn man nicht die modernen Maßstäbe globaler Weltgeschichtsplanung anlegt, die ja meist nur durch einen ganzen Stab von Autoren gemeistert werden können, sind die Grenzen des Rankeschen Spätwerkes nicht zu übersehen*. Es bewegte sich lediglich in dem ihm vertrauten europäisch-vorderasiatischen Raum, ohne die uralten Kulturen des Fernen Ostens, der mittel- und südamerikanischen Welt zu berücksichtigen, und innerhalb des Abendlandes lag ihm das Slawentum ferner als das romanisch-germanische Element. Die Frühgeschichte Europas – längst eine ausgedehnte eigene, in sich vielverzweigte Wissenschaft geworden – kam bei Ranke nicht zu Wort, da er historisches Geschehen im Vorwort ausdrücklich erst von der Existenz geschriebener Überlieferungen an datiert. Ebensowenig wie die Prähistorie wurde die aufstrebende Anthropologie berücksichtigt. Daß der einsam Gewordene, der im älteren Gelehrtenstil ohne die Erleichterungen eines Institutsbetriebs und seiner Hilfskräfte weiterarbeitete, lediglich von dem einen oder anderen Amanuensis unterstützt, nicht mehr allen Erfordernissen einer gleichmäßigen Literaturverwertung Genüge leisten konnte, versteht sich von selbst. Die Einheitlich-

* Dazu siehe u. a. *H. Ritter von Srbik's* Rankekapitel in Band I S. 287 ff. seines Werkes „Geist und Geschichte vom deutschen Humanismus bis zur Gegenwart“ (1950).

keit, die frühere Werke wie etwa die Geschichte der Römischen Päpste oder die der deutschen Reformation besaßen, wurde nicht mehr erzielt; dafür waren die zeitlichen Ansatzpunkte der Entstehung, die Intensität der Arbeit, auch die wissenschaftlichen Unterlagen zu verschieden. Daß die Einzelwissenschaften mancherlei auszusetzen hatten, die Richtigkeit der quellenkritischen Erörterungen bezweifelten oder verwarfen, konnte nicht ausbleiben. Die schwersten Angriffe, wissenschaftlich weitgehend begründet, wenn auch nicht immer verständnisvoll gegenüber der geistigen Persönlichkeit Rankes, kamen späterhin von einem unbestreitbaren Kenner ersten Ranges wie Eduard Meyer und erstreckten sich auf das ganze Gebiet der Geschichte des Judentums, der Ägypter, Babylonier, Assyrer, aber auch der Griechen und Römer. – Freilich, wie großartig wirkten auch jetzt die Porträts führender Staatsmänner des Altertums, wie ergreifend und anschaulich waren Vorgänge wie der Einbruch der Germanen ins Römische Reich, die Ausbreitung des Arabertums im Mittelmeerraum und das Durchdringen des Christentums, seine Verschmelzung mit dem antiken Staat und das Werden einer neuen Weltreligion geschildert. Auch in den mittelalterlichen Partien seines Werkes zeigte die Palette des Meisters oft noch eine überraschende Kraft und Farbigkeit. Kein um gerechtes Urteil bemühter Historiker möchte schließlich trotz allem, was vom heutigen Stande der Wissenschaft dagegen einzuwenden ist, Rankes Weltgeschichte unter seinen Werken missen.

Ranke starb am 25. Mai 1886, zwei Jahre vor dem Tode des alten Kaisers, der wenig jünger gewesen war als er und ebenfalls ein Patriarchenalter von mehr als neunzig Jahren erreicht hat. Es war vier Jahre vor dem Sturze Bismarcks, womit für Deutschland eine Schicksalswende heraufzog, deren unselige Folgen sich erst später voll auswirken sollten. Nahezu ein Menschenalter nach dem Hingang Rankes brach der erste Weltkrieg aus. Die Mächte Europas, auf deren Eintracht bei aller Erkenntnis ihrer zum Teil in der Natur der Dinge liegenden Gegensätze auch Ranke Wert gelegt hatte, zerfleischten sich. Der Osten und der Westen, Rußland, Frankreich und England, denen Italien beisprang, bekämpften die Mitte des Erdteils, das Deutsche Reich und das ihm verbündete Österreich-Ungarn, und Versailles säte (1919) die Keime neuer Feindschaft aus. In der Geschichtswissenschaft seines Vaterlandes hatte sich noch zu Rankes Lebzeiten die Stimmung und Führung mehr nach dem Lager der kleindeutsch-preußischen Historiker hin verlagert. Doch ist bei namhaften Vertretern der ihm nachfolgenden Generation um die Jahrhundertwende eine Beeinflussung von beiden Seiten her, bisweilen auch ein Schwanken zwischen der Polarität von Ranke und Treitschke zu beobachten. Es fehlte auch nicht an solchen, die Rankes Mächtelehre fast dogmatisch festhielten oder übertrieben, wie das Beispiel von Max Lenz und insbesondere seine Napoleonauffassung zeigt*. Bereits aber war auch der politischen Geschichtschreibung, der man Ranke

* Hierzu darf ich auf die Ausführungen meines Werkes „Das Zeitalter Napoleons und die Erhebung der Völker" (1955 Heidelberg, bei Quelle & Meyer) verweisen; hier wird die Frage, ob und wie weit Napoleon — wie M. Lenz meint — fast zwangsläufig nur Erbe und Vollstrecker des französisch-englischen Weltgegensatzes gewesen sei, eingehend erörtert.

trotz der bei ihm nicht seltenen Berücksichtigung literarischer, geistiger und künstlerischer Strömungen zurechnen wird, mit Jacob Burckhardt und Wilhelm Dilthey eine ausgesprochene Gegenbewegung erwachsen, die das Kultur- und Geistesgeschichtliche ins Zentrum der Betrachtung zu rücken begann. In Friedrich Meineckes Werdegang spiegelt sich die Abfolge dieser Einflüsse. Auch weiterhin gewann die Kulturgeschichte an Boden, ohne die Pflege der Politischen, der Verfassungs- und Wirtschaftsgeschichte verdrängen zu können. Daneben dauerte viel Positivismus älterer und epigonaler Art namentlich in den Einzelwissenschaften und den Spezialfächern fort, obgleich seine Vorherrschaft bereits überschritten war. – Mit dem Sieg des Faschismus in Italien und fast noch mehr mit dem Einbruch des Nationalsozialismus in Deutschland und den von ihm vergewaltigten Nachbarländern hob für die deutsche Geschichtswissenschaft eine Periode an, die sie – von einigen Anregungen und Problemstellungen abgesehen – in schwere Verwirrung stürzte, das auf den Willen zur Objektivität gegründete überlieferte Geschichtsbild parteiisch verzerrte, und zum Teil nicht nur die methodischen und wissenschaftlichen, sondern auch die sittlichen Maßstäbe ins Gegenteil verkehrte.

Ist es nun schon das unentrinnbare Schicksal großer Geschichtsschreiber, der Vergänglichkeit ihren Tribut zu entrichten, d. h. überholt, verbessert und durch neue Sichten in Forschung und Darstellung überflügelt zu werden, dann mußte auch ein Klassiker der Historie wie Ranke vom ungeheuren Wandel der Zeiten und ihrer widerstreitenden Anschauungen berührt, ja betroffen werden.

Die Verehrung Jacob Burckhardts, die lange schon vor den beiden Weltkriegen eingesetzt hatte, nahm nun nach dem zweiten deutschen Zusammenbruch noch lebhaftere Formen an. Die dem großen Basler gewidmeten Veröffentlichungen häuften sich; manche zeigten Spitzen gegen die deutsche Geschichtswissenschaft, so auch mehr oder minder offen gegen Ranke, den man der Machtvergottung beschuldigte. Zum mindesten aber gab man nun mit oder ohne Ressentiment namentlich in Laienkreisen der Kulturgeschichte den Vorzug.

Dazu ist zu sagen: ob der Historiker sich vornehmlich die Darstellung von politischen Entwicklungen und Machtprozessen oder die Kulturschilderung als Aufgabe stellt, wird immer Sache der persönlichen Begabung und Neigung sein, wobei die Lebensideale und die Umwelteinflüsse mehr oder minder stark sich geltend machen. Auch ist das Leserpublikum nicht unabhängig von Veränderungen des Geschmacks und der Mode. Kein Zweifel, daß heute Jacob Burckhardt, dieser weit in die Zukunft schauende Prophet kommenden Unheils, auf Grund aller Erlebnisse und Leiden der jüngsten Vergangenheit vielen Menschen mehr zu sagen hat als Ranke. Dies bleibe auch fürderhin jedem unbenommen! – Die beiden Großen jedoch gegeneinander auszuspielen oder den Einen zugunsten des Anderen abzuwerten ist ein törichtes, engherziges Unterfangen. – Ihren weltanschaulichen Standpunkt im Rahmen ihrer persönlichen Entwicklung, ihres staatlichen und sozialen Umkreises aufzuhellen, ihr verschiedenartiges Verhältnis zur Macht, Gesellschaft und Kultur eindringlich zu untersuchen, dies allerdings gehört zu den reizvollsten und nächstliegenden historiographischen Aufgaben der Gegenwart. Inzwischen hat auch diese

Klärung bereits mit dem Willen zur Gerechtigkeit nach beiden Seiten hin in würdiger Weise begonnen*. Im übrigen aber sollte man, wie im Falle Goethe und Schiller, froh und stolz sein, daß der deutsche Kulturboden zwei so begnadete, grundverschiedene Meister der Geschichtsschreibung wie Ranke und Burckhardt hervorgebracht hat.

Nach Katastrophen schlagen die Stimmungspendel nur zu leicht und zu heftig nach der Gegenseite aus. So konnte es nach der Niederlage Deutschlands im zweiten Weltkrieg nicht ausbleiben, daß Ranke mitunter Gefahr lief, von Eiferern und herostratischen Naturen bedenklich nah an die Reihe Luther – Friedrich der Große – Bismarck herangerückt zu werden, die man als Vorläufer Hitlers und seiner Machthybris auf die Anklagebank versetzte. Eine unwissende und gehässige Verzerrung der geschichtlichen Tatsachen, bei der nicht selten mangelndes seelisches Gleichgewicht, politische Gleichschaltungsbedürfnisse oder Streberei nach der Gunst der neuen Machthaber und deren flache Umerziehungsexperimente mit im Spiel waren. Ernsthafte Gegenkritik braucht sich heute nicht mehr mit pseudowissenschaftlichen Eintagsfliegen solcher Art herumzuschlagen. – Gewichtiger ist der gegen Ranke erhobene Einwand, sein Mächtebild sei zu sehr auf Europa beschränkt geblieben; es bedürfe der planetarischen Ausweitung. Eine Feststellung, die sich folgerichtig aus der Horizonterweiterung der modernen Welt nach Amerika, Afrika, Australien, dem Fernen Osten hin und ihren globalen Kräfteverschlingungen ergab, wie sie die Epoche des Imperialismus in steigendem Maße angebahnt hat und immer noch steigert. Gewiß, Rankes Geschichtsbild war noch im älteren Europa verankert, aus dem er herkam, und man wird auch ihm gegenüber geltend machen, daß die Leistung jedes Historikers mit den Maßstäben seiner Zeit, nicht mit denen einer anderen Epoche und ihrer andersartigen Möglichkeiten gemessen werden will. Zudem, die Expansionen und kolonisatorischen Anstrengungen der imperialistischen Staatenwelt mit all ihren Umbildungen hat Ranke nur in der ersten Phase als Greis miterlebt. Liegen hier aber gewisse Grenzen bei ihm vor, so wird man immerhin selbst heute noch fragen dürfen, ob überhaupt ein einziger Historiker fähig ist, des gewaltig angeschwollenen weltgeschichtlichen Stoffs von planetarischer Reichweite Herr zu werden, geschweige denn, seiner Darstellung einen so einheitlichen Geist einzuhauchen, wie Ranke es in seinen Meisterwerken vermochte. Kollektivunternehmungen und Geschichtskompendien, mögen sie den Stand des Wissens noch so gewissenhaft und klar wiedergeben, können den Genius nie voll ersetzen.

Der Vorwurf, Ranke verweile als Historiker mehr auf den Höhen der Staatlichkeit und der Macht, während er die Regionen des niederen Volkes vernachlässige, ist schon zu seinen Lebzeiten erhoben worden, bisweilen sogar mit dem Zusatz, er zeige auch damit höfische Gesinnung. – Um so weniger konnte es ausbleiben, daß die alten Beanstandungen aus dem marxistischen Lager, Ranke berücksichtige die sozialen und ökonomischen Kräfte überhaupt zu wenig, in einem Jahrhundert der Massen, wie es das unsere ist, wiederaufgenommen wurden. Sie trafen zusammen

* Siehe dazu den 1948 gehaltenen Vortrag von *Friedrich Meinecke* „Ranke und Burckhardt“ in den Schriften der Deutschen Akademie d. Wissenschaften zu Berlin Heft 27 (1948).

mit den liberal-demokratischen Stimmen angelsächsischer Ideologien, als man sich anschickte, die geistig-politische Bilanz eines ungeheuerlichen Zusammenbruchs zu ziehen und dabei der deutschen Geschichtswissenschaft ihre Abhängigkeit von Ranke ankreidete. Wie steht es um die Berechtigung solcher Kritik? – Wenigstens andeutungsweise ist darauf einzugehen.

Man wird zugeben können, daß Ranke, da er als Sohn der Restaurationsepoche die neue Befestigung der Throne erlebte und entscheidende Eindrücke von ihr für Leben und Schaffen empfangen hat, die Welt von oben sah – ähnlich wie die von ihm so gern herangezogenen venezianischen Gesandten. Die Monarchen und ihre Staatsmänner bildeten nun einmal einen Hauptgegenstand seiner Schilderungen, zumal für die Zeiten des Absolutismus, d. h. der vorherrschenden Fürstengewalt. In dieser Sphäre wurde jahrhundertelang die hohe Politik Europas gemacht.

Daß Erhebungen wie der Bauernkrieg mitunter etwas blasser in der Farbe, vielleicht sogar mit geringerer innerer Anteilnahme geschildert wurden als die großen Mächteauseinandersetzungen und die Repräsentanten des fürstlichen Europas, mag zutreffen. Hier könnten Rankes Herkunft und Grundüberzeugung, sein Verhältnis zum Obrigkeitsgedanken lutherisch-patriarchalischen Ursprungs und seine konservative Sinnesart dergleichen Nuancen unmerklich mitbestimmt oder auf sie abgefärbt haben. Grundsätzlich jedoch, könnte man fast sagen, hatten Revolutionen ihren festen Platz in seinem Geschichtsbild, wie denn die Existenz von Spannungen ihm zur Fortentwicklung der Welt als lebensnotwendig erschien. Das Recht zur Empörung und den Ausbruch von Volksbewegungen sah er als unausweichliche Folge vorhandener Mißstände und als Bestandteil geschichtlichen Werdens an, die so unparteiisch wie möglich zu schildern dem Historiker aufgegeben ist. Selbst der Französischen Revolution, deren Ideen Ranke nicht auf das vormärzliche Deutschland übertragen sehen wollte und daher politisch bekämpfte, sprach er als Historiker Lebensanspruch und -raum nicht ab. Daß in seiner Beurteilung der Deutschen Revolution und des Fortgangs der nationalen Einheitsbewegung Ranke sich an seine eigensten politisch-sozialen Voraussetzungen und Ideale gebunden zeigte, wird selbst der Andersdenkende in Kauf nehmen müssen, wenn er sich klar macht, daß volle Objektivität oft beim besten Willen nicht erreichbar ist. Immer wieder beobachten wir ja, daß auch die Helden von Umsturzbewegungen irgendwie den eigenen Erlebnissen, den bewegenden Kräften und Ideologien ihres Milieus verpflichtet sind. Bewußt oder unbewußt lassen sie sich wie in ihren politischen Zielen, so auch in ihrer Geschichtsauffassung und deren Wertsetzungen dadurch bestimmen.

Was seine Person angeht, traute sich Ranke, obgleich er über seinen politischen Standort und sein Verhältnis zu den schwebenden Problemen sich Rechenschaft gab, durchaus die Fähigkeit zu, auch ihnen gegenüber eine über den Parteien stehende Urteilsweise, also einen hohen Grad von Objektivität zu erreichen. Unbefangener Forschung, die Achtung vor dem großen Gelehrten, die Kenntnis seiner Gesamtpersönlichkeit und ihrer letzten Weltanschauungsgründe mit echter wissenschaftlicher Kritik verbindet, wird es sicher gelingen, auch Rankes Stellung zu den Lebensmächten seiner rasch sich wandelnden Zeit, dem wachsenden Industrialismus und der Arbeiterbewegung sowie seine Beurteilung der damit von Staat und Gesellschaft zu lösenden Aufgaben weiter aufzuhellen*.

Mag Rankes Gang als Geschichtschreiber in dieser oder jener Eigenschaft seiner Wesenheit dem Wandel des historischen Urteils unterworfen sein und der Idealforderung nachfolgender Geschlechter nicht immer standhalten, so scheint er mir doch in Einem vorbildlich zu sein und vielleicht – wenn ein Sterblicher einen solchen Ausspruch wagen darf – Unvergänglichkeit zu besitzen. Es ist die einzigartige Verbindung von Wissenschaft und Künstlertum. Historiker, die ihm in dieser Hinsicht zu seinen Lebzeiten und nach seinem Tode gleichkamen oder mit ihm wetteifern konnten, hat Deutschland nur wenige hervorgebracht, und auch im Ausland sind derartige Erscheinungen selten, so viele rein wissenschaftlich hervorragende Vertreter der Historie überall vorhanden sind. Der Adel der Künstlerschaft kann nicht erworben werden!

Rankes vornehme Zurückhaltung in der Beurteilung historischer Persönlichkeiten und seine Scheu, fragwürdige oder schlimme Handlungen zu verdammen, wird leicht mißverstanden und ist ihm schon von seinen Zeitgenossen mitunter als Unentschiedenheit, als Leisetreterei oder gar als Charakterlosigkeit ausgelegt worden. In Wahrheit offenbaren sich darin feinste Gehalte seiner Geschichtsauffassung. Er mied Übertreibungen und Schärfen, wie sie anderen Historikern seines Jahrhunderts geläufig waren: aus Parteileidenschaft, aus politischem Temperament oder moralischem Pathos kehrten sie den Schulmeister oder Richter der Vergangenheit heraus. So Macaulay in England, so Schlosser und nach ihm Gervinus und Treitschke in Deutschland. Ranke genügte zur Charakterisierung geschichtlicher Menschen oft nur eine Andeutung. Damit entsprach er dem Gebot der Selbstentäußerung, die er vom Historiker forderte, und dem eigenen Drang, sein Selbst auszulöschen. Ein Verlangen, das seinem tiefsten Lebensgefühl entsprang.

Auch lag seiner Abneigung zu verurteilen kein mangelnder Sinn für sittliche Werte zugrunde. Er glaubte aber, da das Böse nun einmal in der Welt sei, das Urteil darüber Gott, der in der Geschichte walte, überlassen zu sollen. Mit Recht hat man auf die Gefahr einer solchen Auffassung hingewiesen, in allem den Plan der Gottheit zu sehen. Denn schließlich könnte sie dazu führen, dem durch Geburt, Beruf oder Begabung zum Handeln aufgerufenen Menschen die Verantwortung abzunehmen. Schwerlich lag dies in Rankes Absicht, und seiner Vorstellung von den Pflichten des Einzelnen gegenüber Gott und der Verbindung mit ihm dürfte es nicht entsprochen haben.

Der moderne Historiker, der durch die Lehre vom Verstehen gegangen ist und um das Geheimnis der Einfühlung ins Vergangene weiß, findet sich trotz manchem, was ihn von Ranke trennen mag, immer wieder zu ihm zurück, und gerne unterschreibt er das Wort des führenden niederländischen Geschichtsforschers Pieter Geyl,

* Einen beachtlichen Anlauf dazu nimmt das soeben erschienene Buch von *Rudolf Vierhaus* „Ranke und die soziale Welt" (1957), das mir erst nach Abschluß meines Manuskripts zu Gesicht kam.

der jüngst Ranke gerecht und feinsinnig gewürdigt hat*: „Zu verstehen ist eine Geisteshaltung, die nicht nur das Leben des Einzelnen bereichert; es ist der eigentliche Atem der Zivilisation, die wir aufgerufen sind, zu verteidigen.“

WILLY ANDREAS

* Siehe *Pieter Geyl* „Debates with Historians“ (Groningen und Den Haag 1955).

A.

Acuto, Giovanni, Condottiere
Agostino di Duccio, Bildhauer und Baumeister (geb. 1418)
Alarich, König der Westgoten (um 370–410)
Alberti, florent. Adelsfamilie
– Farinata degli, Condottiere
– Leon Battista, Künstler und Gelehrter (1404–1472)
Alberto Pio, Humanist
Albertus Magnus (Graf von Bollstädt), Gelehrter (1193–1280)
Albizzi, florent. Adelsfamilie
– Roderigo, florent. Adeliger
– Tomaso, florent. Adeliger
Alboin, Begründer des Langobardereichs in Italien (gest. 572)
Alessi, G. 1512–1572; Architekt, von Michelangelo beeinflußt. Tätig in Genua und Mailand.
Alexander der Große (356–323)
– VI. (Rodrigo Borgia), Papst (1492–1503)
Alfons I. von Aragon, König von Neapel und Sizilien (1416–1458)
Allori, Christofano, Maler (1577–1621)
Altdorfer, Albrecht, Maler, Baumeister und Zeichner (um 1480–1538)
Altichieri da Zevio, Maler (um 1320–1385)
Alunno, Niccolò, eigentlich Niecolò di Liberatore, Maler (um 1430–1502)
Amadeo (Amadei), Giovanni Antonio, Baumeister und Bildhauer (1447 bis 1522)
Amalasuntha, Regentin der Ostgoten (516–534)
Ambrosius, Kirchenlehrer (etwa 335–397)
Ammanati, Bartolommeo, Baumeister und Bildhauer (1511–1592)
Andrea di Firenze, Maler (14. Jahrh.)
Anjou, franz. Dynastie in Neapel
Antelami, Benedetto, Bildhauer (tätig 1177–1233)
Antonello da Messina, Maler (um 1430–1479)
Apollonius der Grieche, Mosaizist (1279 genannt)
Aretino, Pietro, Dichter (1492–1556)
Arezzo, Stadt im Arnotal; seit 1384 unter der Herrschaft von Florenz.
Ariost, Ludovico, Dichter (1474–1533)
Aristoteles, griech. Philosoph (384–322 v. Chr.)
Arius, alexandrinischer Presbyter (gest. 336)
Armin, Fürst der Cherusker (18 v. Chr. bis 19 n. Chr.)
Arnolfo di Cambio, Architekt (1232–1302)
Äschylus, griech. Tragiker (525–456 v. Chr.)
Attila, König der Hunnen (434–453 n. Chr.)
Augustin, Kirchenvater (354–430)
Augustus, römischer Kaiser (63 v. Chr. bis 14 n. Chr.)
Avanzi, Jacopo, Maler (2. Hälfte des 14. Jahrh.)
Averroes, arab. Philosoph (1126–1198)

B.

Bacon, Francis, Baron von Verulam, engl. Philosoph und Staatsmann (1561–1626)
Baldovinetti, Alessio, Maler (1427–1499)
Bandinelli, Bartolommeo, Bildhauer (1493–1560)
Barbiano, Alberigo da, Condottiere
Bardi, florent. Adelsfamilie
Barisanus da Trani, Erzgießer (2. Hälfte des 12. Jahrh.)
Barozzi da Vignola, Giacomo, Baumeister (1507–1573)
Bartolommeo della Porta, Maler (1475–1517)
Basiano von Parma, Dichter (15. Jahrh.)
Beccafumi, D., 1486–1551; Gleicht sich während seines Aufenthaltes in Rom 1519 Michelangelo an.
Bellini, Gentile, Maler (um 1427–1507)
– Giovanni, Maler (nach 1427–1516)
– Jacopo, Maler (um 1400 bis um 1464)
Bembo, Pietro, Humanist (1470–1547)
Bentivoglio, italien. Herrschergeschlecht
Benvenuto di Giovanni, Maler (1436 bis um 1518)
Bernini, Lorenzo, Baumeister, Bildhauer und Maler (1598–1680)
Bertoldo di Giovanni, Bronzebildner (gest. 1491)
Bibbiena, eigentl. Bernardo Dovizio, Dichter und Kardinal (1470–1520)
Bibliotheca Laurenziana (Florenz); Von Michelangelo Vestibül und Bibliothekssaal.
Bigarelli, Antonio, Bildhauer (1498–1565)

Boccaccio, Giovanni (1313–1375)
Boccati da Camerino, Giovanni, Maler (geb. um 1420)
Bojardo, Matteo Maria, Dichter (um 1434–1494)
Bologna, Giovanni da, fläm. Bildhauer und Architekt (um 1524–1608)
Bonanus, Erzgießer (12. Jahrh.)
Bonasia, Bartolommeo, Maler (um 1450–1527)
Bonaventura, eigentl. Johann von Fidanza, Kirchenlehrer (1221–1274)
Bonfigli, Benedetto, Maler (gest. 1496)
Bonifacio, Conte
Bonino da Campione, Architekt und Bildhauer (gestorben 1397)
Bontalenti, Bernardo, Baumeister und Maler (1536–1608)
Borgia, Cesare (1475–1507)
– Lucrezia (etwa 1480–1519)
Borromini, Francesco, Baumeister (1599–1667)
Botticelli, Sandro, Maler (etwa 1444–1510)
Bramante, Donato d'Angelo, Baumeister (1444–1514). Beginnt 1505 mit Planungen des Palastes des Vatikan und nimmt erste Arbeiten (ab 1506) am Neubau der Peterskirche vor (Zentraler Grundriß, Belvedere Hof)
Breughel, Pieter, der Ältere, Maler (1525[?]–1569)
Bronzino, Angelo, Maler (um 1502–1572)
Brunelleschi, Filippo, Baumeister und Bildhauer (1377–1446); Erneuerer der Architektur. Arbeitet am F. Hof von Cosimo dei Medici.
Bruni, Lionardo, Humanist (1369–1444)
Bruno, Giordano, Philosoph (1548–1600)
Buonarotti, florent. Bürgerfamilie
Burckhardt, Jakob, Kultur- und Kunsthistoriker (1818–1897)
Busketto der Grieche, Baumeister (11. Jahrh.)

C.

Calixtus III. (Alfonso de Borgia), Papst (1455–1458)
Callot, Jacques, Zeichner (1592–1635)
Calvin, Joh. (1509–1564)
Canaletto, Antonio, Maler (1697–1768)
– Bernardo Belotto, Maler (1720–1780)
Caracalla, römischer Kaiser (186–217 n. Chr.)
Caravaggio, Michel Angelo Amerighi, Maler (um 1565–1609)
Carpaccio, Vittore, Maler (um 1450 bis etwa 1526)
Carracci, Agostino, Maler (1557–1602)
– Annibale, Maler (1560–1609)
– Lodovico, Maler (1555–1619)
Carrara, ital. Herrschergeschlecht
Caesar, Gajus Julius (100–44 v. Chr.)
Castagno, Andrea del, Maler (1390–1457)
Castiglione, Baldassare, Graf, Schriftsteller (1478–1529)
Cato Priscus (etwa 234–149 v. Chr.)
Catull, Gajus Valerius, röm. Dichter (um 87–57 v. Chr.)
Cavalcanti, Guido, Philosoph und Dichter (vor 1259–1300)
Cavalieri, Giovanni Battista de, Zeichner und Kupferstecher (1525[?]–1601)
Cavallini, Pietro, Mosaizist (um 1250–1330)
Cavour, Camillo Benso, Graf, ital. Staatsmann (1810–1861)
Cellini, Benvenuto, Goldschmied und Bildhauer (1500–1571)
Cesare Da Sesto (1500–1571); Bildhauer, Goldschmied, schrieb berühmte Memoiren seines abenteuerlichen Lebens. 1523–1530 Rom, 1540–1549 Frankreich, um dann an den Hof von Cosimo dei Medici in Florenz zurückzukehren. 1477–1523; Schüler und Nachahmer Leonardos.
Cézanne, Paul, Maler (1839–1906)
Cicero, Marcus Tullius (106–43 v. Chr.)
Cimabue, eigentl. Cermi di Pepo, Maler (um 1240 bis nach 1302)
Civitali, Matteo, Bildhauer (1436–1501)
Clemens VII. (Giulio de' Medici), Papst (1523–1534)
Colleoni, Bartolomeo, Condottiere (1400–1475)
Colonna, röm. Adelsgeschlecht
– Vittoria, Dichterin (1492–1547)
Cornaro, Catarina (1454–1510)
Correggio, Antonio Allegri, Maler (um 1494–1534)
Cortona (Cortonar), Giulio R. Etruskische Gründung, 1411 zu Florenz. 1499–1546; Baumeister. Arbeitet mit Raffael zusammen. Beeinflußt durch Michelangelo. Arbeitete seit 1519 mit Raffael am Vatikan.
Cossa, Francesco, Maler (um 1435–1477)
Cozzarelli, Giacomo, Bildhauer und Baumeister (1453–1515)
Cranach, Lukas, Maler (1472–1553)

Credi, Lorenzo di, Maler (1459[?]–1537)
Crescentius, Nicola, röm. Bürger (11. Jahrh.)
Crescimbeni, Giovan Mario, Gelehrter und Dichter (1663–1728)
Crivelli, Carlo, Maler (etwa 1435 bis um 1495)
Cronaca, Simone, Baumeister (1457–1508)

D.

Dandolo, Enrico, Doge von Venedig (um 1108–1205)
Dante Alghieri (1265–1321)
Desiderio da Settignano, Bildhauer (1428–1464)
Dianti, Laura
Diokletian, röm. Kaiser (284–305 n. Chr.)
Dolci, Carlo, Maler (1616–1686)
Donatello, eigentl. Donato di Niccolò di Betto Bardi, Bildhauer (um 1386–1466)
Donati, florent. Adelsfamilie
Dossi, Dosso, Maler (1479[?]–1542)
Duccio di Boninsegna, Maler (um 1255–1319)
Duns Scotus, Johannes, Scholastiker (um 1270–1308)
Dürer, Albrecht (1471–1528)

E.

Eleonora von Aragon, Gemahlin Ercoles von Ferrara
Enea Pico
– Silvio siehe Pius II.
Erasmus von Rotterdam, Humanist (1467–1536)
Este, italien. Herrschergeschlecht
– Alfonso I., Herzog von Ferrara (1486–1535)
– Alfonso II., Herzog von Ferrara (gest. 1597)
– Baldassare, Maler (gest.1504[?])
– Beatrice, Gemahlin Lodovico Moros
– Borso, Herzog von Ferrara (gest. 1471)
– Ercole I., Herzog von Ferrara (1433–1505)
– Ercole II., Herzog von Ferrara (1508–1559)
Este, Ippolito, Kardinal (16. Jahrh.)
– Isabella, Markgräfin von Mantua
– Lionello, Fürst von Ferrara (gest. 1450)
– Niccolò, Fürst von Ferrara (1384 bis 1441)
Euklid von Megara, griech. Philosoph
Eusebius von Cäsarea, Kirchenschriftsteller (um 260 bis um 340)
Eyck, Jan van, Maler (um 1390 bis 1441)
Ezzelino (III.) da Roman (1194 bis 1259)

F.

Fa Presto siehe Giordano Luca.
Federighi, Antonio, Baumeister und Bildhauer (gest. um 1492)
Ferdinand II., König von Argon (1479–1516)
Ferrante I., König von Neapel (1458–1494)
Ficino, Marsilius, Humanist und Philosoph (1433–1499)
Fiesole, Etruskische Gründung im Osten von Florenz
Fiesole, Fra Giovanni da, auch Fra Beato Angelico, Maler (1387–1455)
– Mino da, Bildhauer (1431 bis 1484)
Filarete, Antonio Francesco di, Bildhauer und Architekt (um 1410 bis gegen 1470)
Fiorenzo da Lorenzo, Maler (um 1445–1525)
Florenz, Etruskische Kolonie, seit dem 11. Jhdt. Freie Stadt. Prinzipat von Cosimo und Lorenzo Medici, dann Herzogtum und Großherzogtum.
Fortezza de San Miniato, (Florenz) Durch Michelangelo (1530)
Foscari, Francesco, Doge von Venedig (1372–1457)
Francesco di Giorgio, Architekt (1439–1502)
Francia, eigentlich Francesco di Marco di Giacomo Raibolini, Maler (um 1450–1517)
Franz von Assisi (1182–1226)
– I., König von Frankreich (1515–1547)
Friedrich I., Barbarossa, Kaiser (1152–1190)
– II., Kaiser (1215–1250)
– III., Kaiser (1440–1493)
– II., der Große, König von Preußen (1740–1786)
– der Schöne von Österreich, Gegenkönig Ludwig des Bayern (1286–1330)

G.

Gaddi, Agnolo, Maler (um 1350–1396)
– Gaddo di Zanobi, Maler und Mosaikkünstler (um 1240 bis nach 1330)
– Taddeo, Maler (gest. 1366)
Galilei, Galileo, Physiker u. Astronom (1564–1642)

Galla Placidia, Tochter Kaiser Theodosius' des Großen (gest. 450 n. Chr.)
Garbo, Raffaellino del, Maler (um 1470–1524)
Garofalo, eigentl. Benvenuto Tisi, Maler (1481–1559)
Gatta, Bartolomeo della, Maler (um 1408–1491)
Gattamelata, Erasmo, Condottiere (um 1370–1443) 271 f.
Gauguin, Paul, Maler (1848–1903)
Geiserich, König der Vandalen (um 390–477)
Gentile da Fabriano, eigentl. Gentile di Niccolò di Giovanni Massi (um 1370–1427)
Gherardesca, Pisaner Adelsgeschlecht
Gherardesca, Ugolino della (gest. 1289)
Ghiberti, Lorenzo, Bildhauer und Goldschmied (1378–1455)
Ghirlandajo, Domenico, Maler (1449–1494)
– Ridolfo, Maler (1483–1561)
Giocondo, Fra Giovanni, Baumeister und Altertumsforscher (um 1433–1515)
Giordano, Luca, gen. Fa Presto, Maler (1632–1705)
Giorgione da Castelfranco, Maler, eigentl. Giorgio Barbarelli (1478 bis 1510)
Giotto di Bondone, Maler und Architekt (1266 oder 1276–1337)
Giovanni di Paolo, Maler (1403[?] bis 1482)
Giulio Romano, eigentl. Giulio di Pietro de' Gianuzzi, Maler und Architekt (1499–1546)
Gogh, Vincent van, Maler (1853 bis 1890)
Goldoni, Carlo, Lustspieldichter (1707–1793)
Gonzaga, ital. Herrschergeschlecht
– Giovanni Francesco, Markgraf von Mantua (1407–1444)
– Lodovico III., Markgraf von Mantua (1444–1478)
Goes, Hugo van der, Maler (um 1440–1482)
Goya y Lucientes, Francisco José, span. Maler (1746–1828)
Gozzoli, Benozzo, eigentl. Benozzo di Lese, Maler (1420–1497)
Greco, eigentl. Domenico Theotocopuli, Maler der span. Schule (1547–1614)
Gregor I., der Große, Papst (590 bis 604)
– II., Papst (715–734)
– IX. (Ugolino Graf von Segni), Papst (1227–1241)
– XI. (Pierre Roger de Beaufort), Papst (1370–1378)
Gregor von Nyssa, Kirchenvater (gest. um 394)
Gruamont, ital. Künstler
Grünewald, Matthias, Maler (zwischen 1470 und 1483 bis um 1530)
Guardi, Francesco, Maler (1712–1793)
Guarini, Giovanni Battista, Dichter (1537–1612)
Guarino, Humanist (1374–1460)
Guicciardini, Francesco, Geschichtsschreiber (1483–1540)
Guido di Como, Künstler (13. Jahrh.)
– da Siena, Maler (13. Jahrh.)

H.

Hadrian, Publius Älius, römischer Kaiser (117–138 n. Chr.)
Hannibal, karthagischer Heerführer (246–183 v. Chr.)
Heinrich VII., Kaiser (1308–1313)
Herodes, König von Judäa
Herodot, griech. Geschichtsschreiber (um 484 bis um 425 v. Chr.)
Honorius, Flavius, weström. Kaiser (395–423)
Hooch, Pieter de, Maler (1629 bis nach 1683)

I.

Jacopo da Casentino, eigentl. Jacopo Landini, Maler (1297 bis 1358)
– del Fiore, Maler (gest. 1439)
Jacopone da Todi, Dichter (um 1230–1306)
Jeanne d'Arc (1412–1431)
Inghirami, Tommaso, lat. Redner und Dichter (1470–1516)
Innozenz III. (Lothar Graf von Segni), Papst (1198–1216)
Josephus, Flavius, jüd. Geschichtsschreiber (37–95 n. Chr.)
Isabella, Königin von Spanien (1474–1504)
Isotta, Gemahlin von Sigismondo Malatesta
Jacopo Dell Indaco (1474–1526); Gehilfe Michelangelos.
Julian Apostata, röm. Kaiser (361–363)
Julius II. (Giuliano della Rovere), Papst (1603–1513)
Justinian I., oström. Kaiser (527 bis 565)
Justus van Gent, Maler (tätig um 1460–1480)

K.

Kant, Immanuel (1724–1804)
Karl der Große (768–814)
– V., Kaiser (1519–1556)
– VIII., König von Frankreich (1483–1498)
Katharina von Siena (1347–1380)
Kleopatra, Königin von Ägypten (51–30 v. Chr.)
Kolumbus, Christoph (um 1446 bis 1506)
Konradin (1252–1268)
Konstantin I., der Große, röm. Kaiser (306– 337)
Krafft, Adam, Bildhauer (um 1440 bis 1509)

L.

Lamberti, Niccolò di Piero, Bildhauer (gest. 1420)
Landini, Christoforo, Gelehrter (1424–1504)
Latini, Brunetto, Staatsmann, Gelehrter und Dichter (etwa 1220 bis 1294)
Laurana, Francesco, Bildhauer (etwa 1432–1502)
– Luciano, Baumeister (gest. 1483)
Leo I., der Große, Papst (440– 461)
– X. (Giovanni de' Medici), Papst (1513–1521)
Leonardo da Vinci (1452–1519) Überragendes künstlerisches Genie. Hinterläßt Sammlung mit wissenschaftlichen Betrachtungen, deren Umsetzung erst späteren Jahrhunderten vorbehalten blieb. Maler, Bildhauer, Baumeister, Ingenieur.
Lessing, Gotthold Ephraim (1729 bis 1781)
Lippi, Filippino, Maler (1457[?] bis 1504)
– Filippo, Maler (um 1406 bis 1469)
– Liutprand, Bischof von Cremona, Geschichtsschreiber (um 920 bis nach 970)
Livius, Titus, röm. Geschichtsschreiber (59 v. Chr. bis 17 n. Chr.)
Lochner, Stephan, Maler (gest. 1451)
Lombardi, eigentl. Pietro Solari, Bildhauer (etwa 1435–1515)
Longhena, Baldassare, Baumeister (um 1604–1682)
Loredano, Leonardo, Doge von Venedig
Lorenzetti, Ambrogio, Maler (tätig 1324–1348)
– Pietro, Maler (nachweisbar 1305–1348)
Lorenzo Monaco, eigentl. Piero di Giovanni, Maler (um 1370–1425)
Lothar von Supplinburg, Kaiser (1125–1137)
Loyola, Ignaz von, Stifter des Jesuiten-Ordens (1491–1556)
Lucian, griech. Satiriker (um 125 bis um 180 n. Chr.)
Ludwig der Bayer, Kaiser (1314 bis 1347)
– XII., König von Frankreich (1498–1515)
Luther, Martin (1483–1546)

M.

Macchiavelli, Niccolò, Staatsmann und Geschichtsschreiber (1469 bis 1527)
Maderna, Carlo, Baumeister (1556–1629)
Majano, Benedetto da, Bildhauer (1442–1497)
Malatesta, Condottierefamilie
– Paolo (gest. 1288)
– Sigismondo, Condottiere (1417–1468)
Manetti, Gianozzo, Humanist (1393 bis 1459)
Mantegna, Andrea, Maler (1431–1506), Kupferstecher, beeinflußt von Donatello. Bedeutung auf Dürer.
Manutio, Aldus, der Ältere, Humanist und Buchdrucker (1450 bis 1515)
Marc Aurel, röm. Kaiser (161 bis 180 n. Chr.)
Marco D'Oggiono (1498–1532) Schüler und Nachahmer Leonardos.
Margaritone von Arrezo, Maler, Bildhauer und Baumeister (um 1236 bis 1293)
Maria von Neapel, Gemahlin von Lionello d'Este
Marius, Gajus, röm. Feldherr (156 bis 86 v. Chr.)
Marot, Clément, Dichter (1496–1544)
Marrina, eigentl. Lorenzo di Mariano, Bildhauer (gest.1534)
Marsupini, Carlo, Gelehrter (gest. 1453)
Masaccio, eigentl. Tommaso di Ser Giovanni di Simone Guidi, Maler (1401–1428)
Masolino da Panicale, Maler (1383–1447)
Massimi, ital. Adelsgeschlecht
Matteo di Giovanni, gen. Matteo da Siena, Maler (um 1435–1495)
Maxentius, röm. Kaiser (306–312)
Maximilian I., Kaiser (1493–1519)
Mäzenas (gest. 8 v. Chr.)
Medici, ital. Herrscherfamilie,
– Cosimo (1389–1464)
– Cosimo I., Großherzog von Toskana (1519–1574)

– Giovanni, Gonfaloniere (1360–1428)
Medici, Giovanni, siehe Leo X.
– – delle bande nere (gest. 1526)
– Giuliano I. (gest. 1478)
– Ippolito, Kardinal (15. Jahrh.)
– Lorenzo II Magnifico (1448 bis 1492)
– Lorenzo II., Herzog von Urbino (1492–1519)
– Piero (1414–1469)
– Piero II. (1471–1503)
Melozzo da Forli, eigentl. Marco degli Ambrosi, Maler (1438 bis 1494)
Melzi, Francesco, Maler (um 1493 bis 1566)
Michelangelo Buonarroti (1475–1564)
Michelozzo di Bartolommeo, Baumeister und Bildhauer (1391–1472)
Milano, Giovanni da, Maler (erwähnt 1350–1369)
Montefeltre, Condottierefamilie,
– Federigo, Condottiere, Herzog von Urbino (1422–1482)
– Guido von, Feldherr (gest. 1298)
Montorsoli, Fra G. A., 1506–1563; Bildhauer und Baumeister. Steht in Verbindung mit Michelangelo.
Münster, Sebastian, Gelehrter (1489 bis 1552)

N.

Nanni d'Antonio di Banco, Bildhauer (um 1370–1422)
Nelli, Ottaviano, Maler (gest. 1444)
Nero, röm. Kaiser (54–68 n. Chr.)
Neroccio di Bartolommeo, Bildhauer und Maler (1447–1500)
Newton, Isaac, Physiker u. Astronom (1643–1727)
Niccolò d'Arezzo, Bildhauer (gest. 1421)
– di Gerini, Maler (2. Hälfte des 14. Jahrh.)
– Niccoli. Humanist (1363–1437)
Nikolaus V. (Thomas Parentucelli), Papst (1447–1455)
– von Ferrara, Bildhauer (12. Jahrh.)

O.

Orcagna, eigentl. Andrea di Cione, Künstler (1308[?]–1368)
Ordelaffi, Pino, Herr von Forli
Orsini, röm. Adelsgeschlecht, 427.
– Clarissa, Gemahlin von Lorenzo Il Magnifico
Otto I., der Große, Kaiser (936–973)
Ovid Naso, Publius, röm. Dichter (43 v. Chr. bis 17 n. Chr.)

P.

Palazzo dei Conversatori (Rom) Errichtet 1564–1568 nach den Plänen Michelangelos.
Palazzo del Museo del Campidoglio (Rom) Errichtet nach Entwürfen Michelangelos.
Palazzo della Signoria (Palazzo vecchio) (Florenz) Ausstattung des Sala dei Cinquecento durch Leonardo (1503–1505) und Michelangelo (1504).
Palazzo Farnese (Rom) Gesims und 1. Etage von Michelangelo (1511)
Palladio, Andrea, Architekt (1518 bis 1580)
Palma, Jacopo, gen. Il Vecchio, Maler (um 1480–1528)
Palmieri, Matteo, Geschichtsschreiber (15. Jahrh.)
Paolo Veronese, eigentl. Paolo Caliari, Maler (1528–1588)
Pasti, Matteo de, Medailleur (um 1410–1468)
Paul II. (Pietro Barbo), Papst (1464–1471)
– III. (Alessandro Farnese), Papst (1534–1549)
– IV. (Giovanni Pietro Caraffa), Papst (1555–1559)
Paulus Diakonus, langobard. Geschichtsschreiber (etwa 730 bis 800)
Pazzi, florent. Adelsfamilie
Peisistratos, Tyrann von Athen (um 605–528 v. Chr.)
Perugino, eigentl. Pietro Vannucci, Maler (1446–1523)
Peruzzi, florentinische Adelsfamilie
– Baldassare, Baumeister und Maler (1481–1537)
Peterskirche (Rom), seit 1547 wirkte Michelangelo am Bau mit.
Petrarca, Francesco (1304–1374)
Petruccio, Pandolfo, Tyrann von Siena
Philipp II., König von Spanien (1555–1598)
Piccinino, Nicola, Condottiere (1375–1444)
Pico, Giovanni, Graf von Mirandola, Humanist (1463–1494)
Piero di Cosimo, eigentl. Piero di Lorenzo, Maler (1462–1521)
– della Francesca, Maler (um 1420 bis 1492)
– di Giovanni Tedesco, Bildhauer (14. Jahrh.)

Pieta (Rom), Peterskirche, Skulptur Michelangelos.
Pinturicchio, eigentl. Bernardino di Betto Biagi, Maler (um 1454 bis 1513)
Piombo, Sebastiano del, Maler (1485–1547)
Pirckheimer, Wilibald, Humanist (1470–1530)
Pisanello, Vittore, Maler (um 1380 bis 1465)
Pisano, Andrea, Bildhauer und Baumeister (um 1273 bis um 1349)
– Giovanni, Bildhauer und Baumeister (etwa 1250–1328)
– Niccolò, Bildhauer und Baumeister (um 1206–1278)
– Nino, Bildhauer (gest. vor 1368)
Pitti, florent. Adelsfamilie,
– Luca, florent. Adeliger (15. Jahrhundert)
Pius II. (Enea Silvio Piccolomini), Pabst (1458–1464)
– V. (Michele Ghislieri), Papst (1566–1572)
Platon, griech. Philosoph (427 bis 347 v. Chr.)
Plautus, Titus Maccius, röm. Lustspieldichter (um 254–184 v. Chr.)
Plethon, Gcmistos, griech. Gelehrter (um 1355–1450)
Plinius, röm. Schriftsteller
Poggio Bracciolini, Humanist (1380 bis 1459)
Polenta, Francesca da, Gemahlin Gianciotto Malatestas (gest. um 1288)
Poliziano, Angelo, Humanist u. Dichter (1454–1494)
Pollajuolo, Antonio, Maler und Bildhauer (1429–1498)
– Piero, Maler (1143 bis um 1496)
Polygnot, griech. Maler (1. Hälfte des 5. Jahrh. v. Chr.)
Porta, Giacomo della, Baumeister (um 1540–1604)
Porta Pia (Rom) 1560 nach Zeichnungen Michelangelos errichtet.
Pontormo, J., 1494–1555; Unter Michelangelo schmückt er den übermalten Chor von S. Lorenzo aus (1546–1557). Feinfühliger Portraitmaler, Manierist.
Poussin, Nicolas, Maler (1593–1665)
Pozzo, Andrea dal, Baumeister u. Maler (1642–1709)
Prokop, byzant. Geschichtsschreiber (3. Jahrh. n. Chr.)
Puccio, Pietro di, Maler (1389 Genesisbilder)
Pulei, Luigi, Dichter (1432–1484)
Pythagoras, griech. Philosoph (geb. ctwa 580 v. Chr.)

Q.

Quercia, Jacopo della, Bildhauer (1374[?]–1438)

R.

Raffaelo da Montelupo (1504–1570), Schüler Michelangelos.
Raffaelo S. (1483–1520), Maler, Baumeister. Von Leonardo stark beeinflußt, ebenso Fra Bartolomeo. Ab 1515 Baumeister von Sankt Peter und Leiter der antiken Sammlungen in Rom mit außerordentlichem Einfluß auf alle Gebiete der Kunst.
Rembrandt van Ryn (l606–1669)
Renate, Tochter Ludwibs XII. von Frankreich, Gemahlin Ercoles II. von Ferrara
Reni, Guido, Maler (1575–1642)
Reuchlin, Joh., Humanist (1455–1522)
Ricci, florent. Adelsfamilie
Riccio, Andrea, Bildhauer (1470–1532)
Rienzi, Cola di, röm. Volkstribun (um 1313–1354)
Robbia, ital. Künstlerfamilie
– Andrea della, Bildhauer (1435–1525)
– Giovanni della, Bildhauer (1469 bis 1529)
Robbia, Luca della, Bildhauer (1399 bis 1482)
Robert Guiscard, Herzog von Apulien und Kalabrien (um 1015 bis 1085)
Roberti, Ercole de, Maler (um 1455 bis 1496)
Rodin, Auguste, Bildhauer (1840–1917)
Roger, König von Sizilien (1098–1154)
Romano, Giancristoforo, Bildhauer und Medailleur (um 1465–1512)
Romulus, Augustulus, röm. Kaiser (475–476)
Rosa, Salvator, Maler (1615–1673)
Rosellino, Antonio, Bildhauer (1427–1478)
– Bernardo, Bildhauer und Baumeister (1409–1464)
Rosselli, Cosimo, Maler (1439–1507)
Rubens, Peter Paul (1577–1640)
Rucellai, Giovanni, Dichter (1475–1525)
Ruggieri, Pisaner Adelsgeschlecht

S.

Sallust, röm. Geschichtsschreiber (86–36 v. Chr.)
Salutato, Coluccio, Gelehrter und Schriftsteller (1331–1406)
S. Domenico (Bologna), 1233 von Dominikanern errichtet. Die „Arca" wurde von Michelangelo 1494 vollendet.
S. Domenico (Cortona). Fra Angelico (Beginn des 15. Jhdts.)
S. Lorenzo (Florenz). Neue Sakristei mit den Gräbern von Giuliano und Lorenzo dei Medici von Michelangelo. (1520–1534)
S. Maria degli Angeli (Rom). 1561 von Michelangelo in den Diokletianthermen errichtet.
S. Pietro in Vincoli (Rom). Letzter Zustand des Grabes Julius II. von Michelangelo.
Sangallo, Antonio da, Baumeister (1483–1546)
Sangallo, G. G. (1445-1516); Bildhauer und Baumeister. Seine Entwürfe für das Äußere der Kirche S. Lorenzo in Florenz beeinflußten Michelangelo stark.
Sanmicheli, Michele, Baumeister (1484–1559)
Sano, Pietro di Menico, Maler (1406–1481)
Sansovino, eigentl. Jacopo Tatti, Bildhauer (1486–1570)
Santi, Giovanni, Maler (gest. 1494)
Sappho (um 600 v. Chr.)
Sarazeni, Sieneser Adelsgeschlecht
Sarto, Andrea del, Maler (1486–1531)
Sassetta, eigentl. Stefano di Giovanni, Maler (1392–1450)
Savonarola, Girolamo (1452–1498)
Scala, Can Grande della, Herrscher von Verona (1291–1329)
– Mastino II. della, Herrscher von Verona (1329–1351)
Scaliger, ital. Herrschergeschlecht
Schadow, Johann Gottfried, Bildhauer (1764–1850)
Schiavone, eigentl. Andrea Meldolla, Maler (um 1522–1582)
Schinkel, Karl Friedrich, Baumeister und Maler (1781–1841)
Schmitz, Bruno, Baumeister (1858–1916)
Scipio, patrizische röm. Familie, 21.
– Cornelius S. Africanus (235 bis 183 v. Chr.)
Scolari, Filippo, Condottiere
Sforza, ital. Herrscherfamilie
– Battista, Gemahlin Federigo da Montefeltres
– Bianca Maria, Gemahlin Kaiser Maximilians I.
– Francesco I., Herzog von Mailand (1454–1466)
– Lodovico „Il Moro" (1451 bis 1508)
Sigilgaide aus dem Geschlechtc der Rufolo
Sigismund, Kaiser (1411–1437)
Signorelli, Luca, Maler (1450 bis 1523)
Simone Martini, Maler (um 1283 bis um 1344)
Simonetta, Geliebte Giuliano Medicis (gest. 1476)
Sixtinische Kapelle (Rom), Wandgemälde Michelangelos, die das Gewölbe vollflächig bedecken (1512). Jüngste Gericht folgte später (1534–1541).
Sixtus IV. (Franocsco della Rovere), Papst (1471–1484)
Solari, Cristoforo, Bildhauer und Baumeister (vor 1475–1540)
Spinello, Aretino, Maler (um 1333 bis 1410)
Squarcione, Francesco, Maler (1394 bis 1474)
Stefano di Corrado Maconi, 172.
– da Verona, eigentl. Stefano da Zevio, Maler (geb. 1393)
Strozzi, florent. Adelsfamilie
– Tito, Humanist

T.

Tacitus, röm. (Geschichtsschreiber (um 55 bis um 120 n. Chr.)
Tafi, Andrea, Mosaizist (1213 bis 1294)
Talenti, Francesco, Baumeister und Bildhauer (14. Jahrh.)
Tankred von Lecce, König von Sizilien (1190–1194)
Tarquinius Superbus, letzter König von Rom (534–510 v. Chr.)
Tasso, Torquato, Dichter (1544 –1595)
Teja, König der Ostgoten (gest. 552)
Tertullian, Quintus Septimus Florens (um 160 bis nach 220)
Theoderich der Große, König der Ostgoten (471–526)
Theodora, Kaiserin, Gemahlin Kaiser Justinians I. (um 508–548)
Theokrit, griech. Dichter (um 270 v. Chr.)
Thomas von Aquino, Scholastiker (etwa 1225–1274)

Tiepolo, Giovanni Battista, Maler (1696–1770)
Tino da Camaino, Bildhauer (gest. 1337)
Tintoretto, eigentl. Jacopo Robusti, Maler (1518–1594)
Titus Flavius Vespasianus, röm. Kaiser (79–81 n. Chr.)
Tizian Vecelli (1477–1576)
Tolomei, sienesische Adelige
Torriti, Jacopo, Mosaizist (13. Jhdt.)
Toscanelli da Pozzo, Paolo, Mathematiker (1397–1482)
Trajan, Marcus Ulpius, röm. Kaiser (98–117 n. Chr.)
Trivulzio, Gian Giacomo, als franz. Marschall Statthalter von Mailand (1436–1518)
Tuldo, Niecolò, ghibellinischer Ritter
Tuornaboni, florent. Adelsfamilie
Tura, Cosimo, Maler (etwa 1432 bis 1495)

U.

Uberti, florent. Adelsfamilie
Uccello, Paolo, Maler (1397–1475)
Udine, Giovanni da, Maler (1487–1564)
Uzzano, Niccolò da, Bildhauer (15. Jahrh.)

V.

Vasari, Giorgio, Kunstschriftsteller und Künstler (1511–1574)
Vecchietta, eigentl. Lorenzo di Pietro, Künstler (um 1412 bis1480)
Velasquez, Diego Rodriguez de Silva, Maler (1599–1660)
Veneziano, Antonio, Maler (1370 bis 1380 nachweisbar)
– Domenico, Maler (gest. 1461)
– Lorenzo, Maler (14. Jahrhundert)
Veniero, Sebastiallo, Admiral
Vergil, röm. Dichter (70–19 v. Chr.)
Verrocchio, Andrea del, Bildhauer und Maler (1436–1488)
Villani, Giovanni, Geschichtsschreiber (gest. 1348)
Visconti, ital. Herrschergeschlecht
– Azzo, Herr von Mailand (1302 bis 1339)
– Gian Galeazzo, Herzog von Mailand (1347–1402)
Vite, Antonio, Maler (geb. nach 1428)
Vitruv, röm. Schriftsteller u. Kriegsbaumeister unter Cäsar und Augustus
Vittorino da Feltre, Humanist (1397–1446)
Vivarini, ital. Malerfamilie

W.

Weyden, Rogier van der, Maler (etwa 1400–1464)
Wilhelm I., der Eroberer, König von England (1066–1087)
– II., der Gute, König von Sizilien und Neapel (1166–1189)
Wiligelm, Meister W. von Modena, Bildhauer (12. Jahrh.)
Winckelmann, Joh. Joachim (1717–1768)

Z.

Ziani, Pietro, Doge von Venedig (1205–1229)
Zoppo, Marco, Maler (vor 1455 bis nach 1498)